国家社科基金重大项目"'一带一路'佛教交流史"
（项目编号：19ZDA239）中期成果

新声巧语

人间佛教学术论文集（一）

程恭让 —— 主编
韩焕忠 —— 副主编

中国社会科学出版社

图书在版编目（CIP）数据

新声巧语：人间佛教学术论文集．一／程恭让主编．－－北京：中国社会科学出版社，2024.6
ISBN 978－7－5227－3676－1

Ⅰ.①新… Ⅱ.①程… Ⅲ.①佛教—中国—文集 Ⅳ.① B948-53

中国国家版本馆 CIP 数据核字（2024）第 110739 号

出 版 人	赵剑英
责任编辑	韩国茹
责任校对	张爱华
责任印制	张雪娇
出　　版	中国社会科学出版社
社　　址	北京鼓楼西大街甲 158 号
邮　　编	100720
网　　址	http://www.csspw.cn
发 行 部	010－84083685
门 市 部	010－84029450
经　　销	新华书店及其他书店
印刷装订	北京君升印刷有限公司
版　　次	2024 年 6 月第 1 版
印　　次	2024 年 6 月第 1 次印刷
开　　本	710×1000　1/16
印　　张	40.75
插　　页	2
字　　数	566 千字
定　　价	248.00 元

凡购买中国社会科学出版社图书，如有质量问题请与本社营销中心联系调换
电话：010－84083683
版权所有　侵权必究

编委会

主　　编：程恭让
副 主 编：韩焕忠
编　　委：程恭让　韩焕忠　夏德美　邱高兴　王雪梅
　　　　　王　伟　赵　文　常红星　李子捷　韩国茹
　　　　　盛　宁　王若曦　胡明明　王慕飞　孙建生
　　　　　潘　飚　陈　陶　谷　龙　赵祉星　邝妍彬
　　　　　徐文静　毕光美　张芳芳　庞　禹　李　震
　　　　　于　腾
主办单位：上海大学佛教思想史与人间佛教研究中心
　　　　　上海大学中华文化基金项目组
协助单位：上海大学道安佛学研究中心
　　　　　上海大学文学院
　　　　　上海大学教育发展基金会
　　　　　宜兴大觉寺云湖书院
　　　　　南开大学宗教文化研究中心
　　　　　苏州大学宗教研究所
　　　　　中国计量大学宗教中国化研究院
　　　　　西北大学日本文化研究中心
　　　　　扬州大学佛学研究所

目　录

现代人间佛教的三个发展阶段及未来展望 | 程恭让　1

人间佛教是一种立场、观点和方法 | 韩焕忠　1

人间佛教与佛教文献、思想研究

早期瑜伽行派中的"戏论"与生死观 | 王蓓儿　3

从《瑜伽师地论》"世间"概念浅析"人间"概念 | 赵祉星　20

人间佛教视域下的阿赖耶识与如来藏关系研究 | 陈姝宇　38

《十地经》中"方便慧"系译语研究
　　——兼论大乘佛教与世间、众生交流互动的特质及
　　实现基础 | 张芳芳　63

论说一切有部佛学思想的"人间性" | 释妙宽　102

从人间佛教视角探究《金光明经》佛学思想的特质 | 毕光美　126

人间佛教与如来藏思想
　　——以太虚、印顺、星云的人间佛教理论为视角 | 段雨函　144

人间佛教视角的《观世音菩萨耳根圆通章》解读
　　——以"方便智慧"为核心 | 胡明明　159

1

人间佛教视域的佛教历史、文化、风俗

道安大师和星云大师仪式观比较 | 庞　禹　187

跨时空审视
　　——梁朝佛教交流的特点及其对人间佛教的启示 | 徐文静　206

优昙钵花
　　——人间佛教视域下义净律学思想之殇折与因革 | 于　腾　230

宝顶山"柳本尊十炼"石刻中的"人间佛教"问题
　　蠡议 | 陈子衿　李家迅　255

明代"西天僧团"与太虚、星云两位法师的显密观 | 王　安　279

撮录本《孔雀王咒经》生成时代考辨 | 柴　杰　301

佛教与上海地方文化的形成
　　——以宝云寺顾野王故事为例 | 王诗越　316

约所与庵寺：明清无锡金匮县教化活动的空间实践 | 韩　非　337

节日、仪礼与民俗嫁接
　　——人间佛教的日常生活 | 高鹏程　379

人间佛教教法思想研究

太虚与印顺的人间佛教
　　——从适应末法机宜到回归佛陀本怀 | 释智谛　395

现代人间佛教思想双重路径的展开
　　——以印顺与星云对传统佛教的判摄为中心 | 潘　飚　419

目 录

"心性本净说"在佛教的展开与转向
　　——兼论星云法师人间佛教思想"心性本净观"的承继与
　　　　超越｜庞　博　464

盂兰盆伦理的人间化意蕴
　　——兼谈星云的盂兰盆思想｜黄兴旺（如闻）　高争争　487

应世慈悲　处众智慧
　　——以《佛光菜根谭》为依据｜张颖慧　502

从《维摩诘经·入不二法门品》解析星云大师人间佛教的
　　现代实践｜韩壮波　519

星云大师的《维摩诘经》诠释｜吴倩倩　540

星云大师诠释"五十三参"的三重维度｜王　晶　564

试论星云大师人间佛教的涅槃观｜谷　龙　583

星云大师人间佛教的超越性问题研究｜张迅齐　602

论《佛光祈愿文》对愿文体式的开拓｜王　帅　619

现代人间佛教的三个发展阶段及未来展望

程恭让

上海大学文学院历史系教授

上海大学佛教思想史与人间佛教研究中心主任

现代人间佛教的思想与运动，从狭义的角度讲，应该是指在近现代中国社会、中国思想集体转型的总体背景下，从20世纪初年发展到今天，由汉传佛教及中华佛教衍生及发展出来的新佛教运动。这是一场波澜壮阔的佛教新文化运动，它是汉传佛教现代化、全球化的重要思想、实践运动，同时也是当代世界佛教现代化、全球化的重要组成部分。在这里，基于人间佛教在汉传佛教文化中发展及在现代人类文明中演绎的史实与逻辑，笔者认为可以把现代人间佛教的发展历程，以及与之相关的教界和学界（特别是汉语学界）人间佛教理论研究的过程，大致区分为三个时间段落。

第一，笔者认为从20世纪10—20年代开始，到20世纪50—60年代的大约五十年，是现代人间佛教理论建构与实践运动的第一个阶段，同时也是现代人间佛教理论问题研究的第一个时间段落。这一阶段的人间佛教思想理论家，当然以太虚大师（1890—1947）为最为卓越的代表。20世纪40年代初，印顺法师（1906—2005）先后写出《印度之佛教》《佛在人间》等作品，提出在现代佛教学术研究基础上重构佛教思想史及人间佛教思想史的立场，使他成为虽与太虚大师有一定思想路线的差异，然而在现代人间佛教发展历程中具有重要学术思想影响力的一位人间佛教思想家。同一时期的佛教学术界关于人间佛教理论问题的关注和研究，可谓相当薄弱，很多佛教学者根本尚未注意到人间佛教的存在和发展，当然也还没有可能对于人间佛教的理论问题展开深入细致的了解和研究。不过，这其中也有一些例外。如一位佛儒双栖的学者，20世纪著名的佛教思想家，同时也是20世纪著名现代新儒学思想家的梁漱溟先生（1893—1988），曾在20世纪20年代，当太虚大师刚刚尝试把人间佛教思想予以理论化的阶段，就毫不留情地针对晚清以来大悲应世的佛教模式，及太虚大师开启的新佛教运动，提出决绝性的批评意见，认为这些新佛教思潮有悖于"反身向后"的佛法根本宗旨，认为对于佛教的任何革新和改造都不会成功，即使成功也没有意义，甚至是有害无益。梁氏的这些批评，实际上出于其人对于人间佛教思想宗旨的根本误解（如他就误以"人天乘"为"人生佛教"，或"人间佛教"），但是他提出的反对佛教适应现代社会和文化的价值立场，是民国初年中国思想界文化保守主义思潮非常有特色也非常有力度的理论表现，而这一理论趋向甚至直到今天，仍然是那些以例如"世俗化"概念为学术基础，因而反对、批评人间佛教的人们的基本理论依据和基本价值思维。

第二，笔者认为从20世纪60年代末、70年代初期开始，到最近的时间，或可视为现代人间佛教发展的第二个阶段，同时也是现代人间佛教理论问题研究的第二个时间段落。在这一阶段，先后涌现出诸如印顺导师、赵朴初长者（1907—2000）、晓云法师（1912—2004）、星云大师（1927—2023）、圣严法师（1931—2009）、净慧长老（1933—2013）、证严上人、昭慧法师等一大批优秀的人间佛教的思想家、理论家、实践家、践行者，这些人或是在人间佛教学术思想的研究方面（如印顺法师），或是在特殊环境下的佛教拨乱反正方面（如赵朴初），或是在人间佛教理论与实践的深度、全面拓展方面（如星云大师、圣严法师），或是在创办佛教大学的文化、教育创新事业方面（如晓云法师、星云大师），或是在佛教的慈悲救济事业方面（如证严上人），或是在推动人间佛教中国化创新发展方面（如赵朴初、净慧长老），或是在人间佛教学术思想的新凝练方面（如昭慧法师等），都做出过其成就足以彪炳佛教史的杰出贡献。而在新时代佛教中国化的思维模式和政策影响下，中国大陆地区也正在崛起一大批重要的道场，其在中国佛教的内涵发展和国际交流方面，也作出过并且正在作出种种具有人间佛教精神的可贵探索，创造出相当可观的事业（如永寿法师、秋爽法师、永信法师、印顺法师、觉醒法师、普仁法师、真广法师、明海法师、觉智法师、慧仁法师等等），其未来的发展和成就，也值得予以预期和观察。尤其值得注意的是，在人间佛教发展的这一阶段，在伟大祖国的海峡两岸，同时都出现弘扬人间佛教思想、信仰的重要人物，这对于汉传佛教的继承和发扬，对于人间佛教的未来弘化，对于两岸文化的心灵契合、价值融和，都有特殊的意义与价值。此一阶段，与人间佛教的蓬勃发展相应，佛教学界也开始关注乃至重视人间佛教理论问题的研究，出现了一小批人间佛教问题研究的专家，乃至于进展到了今天，对于包括人间佛教理论问题在内的人间佛教理论、实践的研究，至少已经成为很多佛教学者乐意长期参与或偶尔友情出席的一个重要的学术事业。这期间在汉语佛教学界，形成"印顺导师思想之理论与实践学术研讨会"及"星云大师人间佛教理论实践学术研讨会"等重要而持续的人间佛教学术会议平台，在海峡两岸乃至全球汉语学界，全球国际佛教学界，都有力地推动了人间佛教的理论研究及广义的人间佛教问题的研究。

2023年元宵节星云大师圆寂时，笔者曾经在所写纪念文章《星云大师的离世是一个时代的终结》中，提出"后星云时代"的概念。我的直觉和敏感告诉我，伴随星云大师的离世，中国佛教、全球佛教，以及人间佛教的世界，已经发生、正在发生或者将会发生一些重要的变化。这是必然的，这是无可避免的，在某种意义上可以说这一点是不以人的意志为转移的。星云大师不仅是现代人间佛教的重要理论家，也是现代人间佛教的重要实践家，更是现代人间佛教的制度与价值的伟大鼎新者。他一生充分发扬佛教的般若智慧与善巧方便，在推动现代文明条件下佛教理论理性与佛教实践理性的新结合方面，开启了重要的经验，留给我们丰富的启示。同时，星云大师在人间佛教事业的发展方面，更是取得了举世公认的历史性成就。所以笔者认为把星云大师的离世视为现代人间佛教发展与理论研究第二个时间段落的结束，应该是合理的。

　　第三，当下，我们已经进入现代人间佛教发展的第三个阶段，同时这当然顺次也是人间佛教理论研究的第三个时间段落。人间佛教已经面临诸多的大师纷纷谢世，而我们尊敬的星云大师也已经谢世的阶段。大师们的纷纷谢世，对于人间佛教的前途、命运而言，当然不可以不说是一个严峻的挑战。也正是由于这一点，很多人对于人间佛教的未来并不看好，或者至少是忧心忡忡。不过，笔者的看法与这样的意见有些差异。这首先是因为，我们深知佛教原本不是所谓的"宗教"，即使人们一定要把佛教视为一种"宗教"，那么佛教也从其创立者释迦牟尼佛开始，就是一个高度重视"自性依止"的理性"宗教"，智慧"宗教"。所以，佛教徒从来都不会也不应该把对于导师或者领袖的崇拜，视为其人生的支撑性依据。其次则是因为，现代人间佛教更是在现代文明的条件下一个充分"祛魅"的佛教，现代人间佛教的导师们对此都有非常理性的认识，他们对于后人或者教团，也都有非常理性的指点。如星云大师早在2013年，就写下《真诚的告白》，并且作为一份公开的"遗嘱"，曾在当年的信众大会上当众宣读。这份"遗嘱"的最后，写有下面这段文字："对于人生的最后，我没有舍利子，各种繁文缛节一概全免，只要写上简单几个字，或是有心对我怀念者，可以唱诵'人间音缘'的佛曲。如果大家心中有人间佛教，时时奉行人间佛教，我想，这就是对我最好的怀念，也是我所衷心期盼的。"由此可见：星云大师早在谢世前的十年，就已经十分注意培养徒众和信众的"自依"精神。因此，笔者认为有充分的理由预期"后星云时代"的人间佛教，将会以经过试验和磨炼的自觉和理性，做到"心中有人间佛教，时时奉行人间佛教"。人间佛教的第三季，应该不会重演早期佛教史上那种"大师涅槃，弟子随灭"的局面，成为惶惶无主的第三季，而有可能演绎、发展为理性成熟、再造辉煌的第三季！

与人间佛教进入新时代的这种总体发展趋势相应，人间佛教的理论研究，相信也将会从人间佛教第一阶段、第二阶段对于佛教"现代性"问题不约而同的关注，今后更多地让位于对于佛法"后现代性"价值的考量；而伴随现代人间佛教拓展佛教的国际版图，佛教实现新一轮全球化弘化之后，今后的教界与学界对于佛教思想本质的理解与表述，对于人间佛教智慧本质的认识与体会，或许也将会出现一些重要的调整和变化。

笔者多年以来，一直深刻关注现代人间佛教问题的理论研究。通过对于佛教经典思想史与现代人间佛教问题融会贯通的诠释学研究，笔者曾经提出般若智慧是佛法纯粹理论理性，善巧方便是佛法纯粹实践理性，而般若智慧与善巧方便的辩证融和，即佛法纯粹理论理性与佛法纯粹实践理性的辩证融和，是大乘佛教教法义理学的核心义理原则，同时也是现代人间佛教普遍遵循的基础理论原则的结论。由此，笔者自认为在传统佛教思想与现代人间佛教的学理之间，发现理论血脉的真正一贯，也由此笔者以较为特殊的理论建构，充分论证了人间佛教理论的合理性、合法性问题。笔者在2015年出版《星云大师人间佛教思想研究》一书，对于星云大师的人间佛教及现代人间佛教，基于理论的视角作过系统的和深入的观察和分析。在三年疫情的特殊时期，笔者就对"后疫情时代"人间佛教的理论发展问题，发表过一些意见，提出后疫情时代人间佛教的思想方向，应当注意以下四个特点：一，"应该以佛教的诸行无常的理念再度唤起人类的谦卑意识"；二，"如实地承认人类物质文明及精神文明的价值，乃是人间佛教的基本思想和基本价值的依据"；三，"后疫情时代的人间佛教应当大声疾呼免疫力文明建设的课题"；及四，"将佛教文明的交流性的底质和人间佛教的交流性精神引领、拓展至于佛教史上空前深度的义理境域和空前广阔的社会文化空间"。笔者的这些判断，既是笔者自己研究佛教思想史及现代人间佛教理论问题得出的看法，也是笔者对人间佛教未来发展段落理论指向的一种预期。

以上，我们把人间佛教的历史轨迹与未来弘法周期，方便地划分为三个阶段。显然可见，虽然是三个阶段，但这三个阶段之间并非截然分开的关系，而是前一阶段的问题可能延续到后一阶段，而后一阶段的思考也孕育在早一时期。不过，概括说来，现代人间佛教的第一个五十年，是初步进行理论建构、初步进行实践探索的阶段；第二个五十年，则是人间佛教理论充分验证和人间佛教实践深度、广阔拓展的阶段；而现在直至未来一段时间的第三期人间佛教，则主要是应对后现代人类文明的人间佛教发展阶段。人间佛教在后现代时期的发展，将决定现代人间佛教的成败，将决定古老的佛教文明和智慧究竟能不能成为今后人类文明发展一种积极而重要的动力，同时这一发展过程还将在相当程度上检验传统中国佛教文化在当代人类文明中的地位和贡献。正是基于上述考量，我们上海大学中华文化基金项目及上海大学佛教思想史与人间佛教研究中心，特别启动了这部《新声巧语·人间佛教学术论文集》的策划工作。参与撰写这部论文集的学者，都是各高校、科研机构的优秀博士生和新进研究人员。"新声"，我们这里指的是创新性的理论话题；"巧语"，我们这里则指创新性的学术方法。我们希望这些学术新军加入中国佛教和人间佛教问题的研究，会为学界带来新的眼光，新的思考，新的智慧，也会带来后现代的意识和觉悟，从而为人间佛教问题的研究打开更多的意义窗口，为今后的佛教学研究生成更加崭新、多元的学术魅力。论文集的策划工作，得到宜兴云湖书院的大力协助，也得到很多大学、科研机构及一些学者的鼎力支持。在此，谨以心香一瓣，一并致以衷心的感谢！

2024 年 4 月 17 日

序于上海寓所

人间佛教是一种立场、观点和方法

韩焕忠

苏州大学宗教研究所教授

近些年来，随着佛学研究的深入，有关人间佛教的研究逐渐成为学术界的热点，围绕着太虚、印顺、赵朴初、净慧、星云等人的思想和实践，形成了许多非常深入、很有特色的学术成果，并与教界和政界展开了良性互动，为教界实现健康传承、发挥正面作用乃至加强"三支队伍"建设都作出了重要贡献。

在笔者看来，人间佛教不仅是近代以来在中国佛教界形成的一种思想潮流，正在开展的一种佛教实践，而且更是一种立场、观点和方法。

我们说人间佛教是一种立场，是基于对佛教的历史实践及其经论内涵来讲的。由于各种各样的原因，明清时期的佛教逐渐堕落为逃避世事的佛教，敬事天神的佛教，超度鬼神的佛教，僧众由于不学、窳败、陋劣，也由人天师表堕落为社会弱势群体，失去了社会大众的尊重和敬畏。进入民国之后，在欧风美雨的飘摇之中，在兵荒马乱的艰难之中，佛教传承中的这种颓势不仅没有出现转机，反而大有愈演愈烈的趋势。太虚大师有见于此，大声疾呼，佛教主要是为人生服务的，而不是为人死服务的；佛道是在人间成就的，而不是在天神和饿鬼之间成就的，因此而举起人生佛教和人间佛教的大纛，揭开了佛教改革的序幕。印顺法师从《阿含经》中读到"诸佛皆出人间，终不在天上成佛也"，深感"释尊之为教，有十方世界而详此土，立三世而重现在，志度一切有情而特以人类为本。释尊之本教，初不与末流之圆融者同，动言十方世界，一切有情也"，他甚至为此"喜极而泣"。① 这表明，人生佛教或人间佛教，作为一种口号或主张，虽然是从太虚开始的，但其基本精神，即佛说法的本怀，就是教化此时此地的人类，令其觉悟诸法实相，从烦恼和痛苦中解脱出来。这也启发学术界，在研究和理解佛教的经论时，必须站在人间的立场上，将其基本内容主要视为对人类生存状态的思考和探索。或者说，我们在解释佛教经论时，应充分彰显其中所蕴含的丰富的人文内涵。

我们说人间佛教是一种观点，是针对佛教未来的发展趋向来讲的。禅师家有所谓"欲知佛性义，当观时节因缘"的说法，佛教处于当今人民智力普遍得到开发、平等自由观念深入人心、科学理性思维非常活跃的时势之中，不可能像上古和中古那样借助于鬼神的护持而获得存在和发展的空间，而是必须充分挖掘和展现其深厚的文化底蕴和丰富的智慧因素，以展现其对现代人类精神生活的重要价值和作用。中国佛教协会原会长赵朴初居士认识到了这一点，他不仅大力倡导人间佛教，而且还特别重视佛教的五戒十善和六度万行。他说："假使人人都依照五戒十善的准则行事，那么，人民就会和平康乐，社会就会安定团结，国家就会繁荣昌盛，这样就会出现一种和平安定的世界，一种具有高度精神文明的世界。这就是人间佛教所要达到的目的。"② 这是作者的善良愿望，在一定意义上也是人类对美好未来的一种殷切向往。六度万行就是"上求佛道、下化众生，是以救度众生为己任的"菩萨行，"菩萨行的人间佛教的意义在于：果真人人能够学菩萨行，行菩萨道，且不说今后成佛不成佛，就是在当前使人们能够自觉地建立起高尚的道德品行，积极地建立起助人为乐的精神文明，也是有益于国家社会的，何况以此净化世间，建设人间净土"。③ 净慧法师提

---

① 印顺：《印度之佛教》，新竹：正闻出版社 1992 年版，第 33 页。
② 赵朴初：《佛教常识答问》，北京出版社 2009 年版，第 158 页。
③ 赵朴初：《佛教常识答问》，第 160—161 页。

倡生活禅，晚年更是提倡禅文化，以觉悟人生、奉献人生为目标，以善用其心、善待一切为入手处，努力开发佛教契合当代生活和世界的慈悲和智慧，这正是他认同人间佛教观念、实践人间佛教理念的充分体现。

我们说人间佛教是一种方法，是从佛教的弘扬必须具备善巧方便来讲的。佛法是破除众生执着的方法，是引导众生出离烦恼的解脱之法。正如佛在《法华经》中的说法，种种因缘譬喻，种种方便善巧，无非开示门径，诱引诸子逃出火宅而已。自此以来，历代弘道传法的祖师，莫不将究竟终极的佛教真理寓于方便之中，以善巧之法，使佛教在各个国度落地生根，从而成长为一种世界性的宗教。如净慧法师，就对我们所处时代的根性有着清醒的认识。他说："我们今天所处的社会，商业化、信息化、全球化的影响已经渗透到生活的每一个角落。今天的教育是以知识、技能为主的，重实际、重证验的科学式教育，这样的教育有它的优点，但也存在缺乏人文精神、缺乏人性关怀的致命弱点。"[1]为此他特地指出，佛教不是僧尼的专利品，而是社会大众"共同分享的信仰、文化和精神财富"，是"修己成人、提升道德、净化人心、祥和社会的文化宝藏"。他强烈呼吁："要开发这个宝藏，要开放这个宝藏，要打开山门，要打开藏经楼，更要打开我们教内每个人心灵的大门，迎接五湖四海的有心探宝的人。举办讲习佛法、讲习禅文化的夏令营，其目的就是要向世人敞开佛法宝藏的大门，迎接社会大众到佛门来探宝、取宝，以丰富大家的精神生活，培养大家的信仰生活，落实大家的清净生活，达到化解社会矛盾、平衡心理状态、树立生活目标、找到人生价值、创造美好未来的目的。"[2]他晚年还提出了"禅文化"的概念："禅文化不是禅的边缘化和异化，更不是禅的庸俗化。禅文化的灵魂，是禅在具体运用中所表现出来的那种虚灵不昧的超越意境。禅文化的表现形式多种多样，诗歌、绘画、书法、茶道、园林、

---

[1] 净慧：《夏令营的脚步》，四祖寺 2014 年版，第 2 页。
[2] 净慧：《夏令营的脚步》，第 60 页。

建筑、语言、服饰、饮食等种种文化现象和生活内容，都是禅的载体。"①在当代，以文化的方式展现佛教，弘扬佛教，为人们送上一剂佛法的清凉，可谓是最大的方便善巧。

多年以来，程恭让教授一直坚持梵汉佛典的对勘研究，他不仅从梵文佛典中得出佛教从来都是人间佛教、方便善巧乃佛教般若学题中应有之义等结论，还聚拢各种因缘，在上海大学人文学院成立佛教思想史与人间佛教研究中心，并计划定期召开人间佛教思想研讨会，为学术界，特别是青年学子们提供一个相互交流的平台。如今，第一届研讨会已圆满完成，青年学子们展现了他们的精彩成果。聆听和浏览之余，笔者深感这些年轻的作者们视野开阔，思维灵活，假以时日，定能使中国的佛学研究在世界学术论坛中大放光芒，心中十分高兴，备受鼓舞，于是写下这些话，谈一点自己的看法，以就正方家云尔。

2024 年 4 月 26 日星期五
记于苏州独墅湖畔虚室之中

---

① 净慧：《夏令营的脚步》，第 7 页。

人间佛教与佛教文献、思想研究

早期瑜伽行派中的"戏论"与生死观

王蓓儿

德国莱比锡大学博士生

摘　要：本文着眼于佛教中的生死议题及其与"戏论"之概念的联系。生死轮回在佛教教义中扮演着核心角色，引导我们思考生命的真正意义和解脱之道。研究主要聚焦于早期瑜伽行派经典《瑜伽师地论》，特别关注"戏论"这个概念在其中所起到的作用。文本所阐释的主题包括阿赖耶识与生死的关系、戏论在阿赖耶识产生过程中的作用、戏论作为生死轮回的主要因素等内容。最后，文章将结合星云大师人间佛教的基本关怀，从个人和社会两个层面上，探讨理解和破除戏论对于个体和社会的影响。

关 键 词：戏论；生死轮回；瑜伽行派；人间佛教

基金归属：本文为2019年度国家社科基金重大项目"'一带一路'佛教交流史"（编号：19ZDA239）的阶段性成果。

导　论

在佛陀的教法中，生死轮回始终是一个至关重要的议题，它不仅影响着个体修行者的信仰和实践，也贯穿于整个佛教教义的核心。生死观念在佛教中具有超越日常生活的意义，深入探讨了人类存在的根本问题，以及生命的真正价值和解脱之道。对生死问题的深入思考和领悟，不仅可以帮助我们更深层次地理解生命的意义，还能够引导我们超越生死轮回的桎梏。因此，本文旨在探讨在佛教中生死议题的重要性，并分析其对个体和社会的深远影响。

本文将重点放在早期瑜伽行派主要著作《瑜伽师地论》及相关经典上，考察其中关于生死问题的论述，并着重分析戏论这一概念在生死议题中所扮演的重要角色。文章将分为五个部分来展开：第一，探讨阿赖耶识与生死的关系；第二，深入分析戏论在阿赖耶识的生成和发展过程中所扮演的角色；第三，重点阐述戏论如何作为生死轮回的最主要因素；第四，总论了戏论与生死流转的关系；最后，结合人间佛教对于生死问题的基本关怀，笔者将着重探讨破除戏论对于解脱生死轮回、过好现实人生所具有的深刻意义。

一　阿赖耶识与生死轮回

阿赖耶识是瑜伽行派独树一帜的概念，也是将其和其他佛教学说区分开来的关键所在。瑜伽行派成立阿赖耶识概念的一大原因是出于解释生死流转之所依的需要。根据瑜伽行派学说，阿赖耶识是生命轮回的主体，它承载着过往生命的习气和业力，在受胎及整个生命过程中执持根身，维持身体的运转和感受。

在瑜伽行派的早期经典《解深密经》的《心意识相品》中，就直接表明了阿赖耶识在轮回的过程中，具备生理和心理的双重性[①]：

> 广慧当知，于六趣生死彼彼有情，堕彼彼有情众中，或在卵生、或在胎生、或在湿生、或在化生，身分生起，于中最初一切种子心识成熟、展转、和合、增长、广大，依二执受：一者、有色诸根及所依

[①] 本文并不欲作身—心二元的讨论，只是按照文本的分类和侧重，权且将两种执受命名为"生理"和"心理"层面。

执受；二者、相名分别言说戏论习气执受。①

其中，"有色诸根及所依"是阿赖耶识所依靠、抓握的生理基础，而"相名分别言说戏论习气"则是其心理基础，依于这双重的生理与心理基础，阿赖耶识在六道中以一期期生命的形式不断流转。接下来，我们将先后阐述阿赖耶识的生理和心理层面。

首先，身体是生命存在的物质基础，这一点在随后以词源学的角度解释阿赖耶识之名的段落中也被着重强调：

> 此识亦名阿陀那识。何以故？由此识于身随逐执持故。亦名阿赖耶识。何以故？由此识于身摄受、藏隐、同安危义故。②

根据文段中的描述，阿赖耶识又被称为阿陀那识。阿陀那（ādāna）之义是"于身随逐执持"，而阿赖耶（ālaya）是"于身摄受、藏隐、同安危"；这显示了阿赖耶识隐藏于肉体之中，与肉体相互依托、安危与共，阿赖耶识持有、把控着身体，而身体收容、承载着阿赖耶识，二者有着密切的相互依存的关系。

此外，《瑜伽师地论·摄决择分》中的《五识身相应地意地》系统地罗列了证明阿赖耶识必然存在的八个论述：（1）依止执受，（2）最初生起，（3）有明了性，（4）有种子性，（5）业用差别，（6）身受差别，（7）处无心定，（8）命终时识。③瑜伽行派学者用这八种现象的发生来证明阿

---

① 《解深密经》卷1，《大正藏》第16册，第676号，第692页中。
② 《解深密经》卷1，《大正藏》第16册，第676号，第692页中。
③ 《瑜伽师地论》卷51，《大正藏》第30册，第1579号，第579页上：由八种相，证阿赖耶识决定是有。谓若离阿赖耶识，依止执受不应道理，最初生起不应道理，有明了性不应道理，有种子性不应道理，业用差别不应道理，身受差别不应道理，处无心定不应道理，命终时识不应道理。

5

赖耶识的存在。其中，（1）（6）（7）（8）都直接与身体有关[①]，而（8）更是直接将死亡这一生命节点的存在直接构建在阿赖耶识的成立之上：个体死亡时，身体渐冷、失去感觉、意识消散，这都是由于阿赖耶识离开了身体的缘故[②]，当阿赖耶识不再执持身体，依赖于肉体显现的生命活动也就不复存在了。

然而，在佛教的观念中，死亡绝非个体生命的终止，当肉身衰老、败坏，生命活动停止，我们称之为"死亡"的时刻来临的时候，阿赖耶识的流转却没有停止，这就涉及阿赖耶识非生理层面的考察。

依据前文所引的《解深密经》段落，阿赖耶识的心理层面体现于对"相名分别言说戏论习气"的把握。由于梵文本的佚失，对于这个复合词语法上的理解很大程度上依赖于其对应的藏文[③]；一般可将其理解为"对于相、名、分别之言说的戏论习气"[④]，简称为"戏论习气"。与阿赖耶识在生理层面上执受"有色诸根及所依"不同的是：无论阿赖耶识是否有身体作为依托，戏论习气始终存在；也就是说，即使是离开了肉身，戏论习气依然伴随着阿赖耶识，驱动其不断轮回。《解深密经》中紧随其后的文段也

[①] 参阅：Schmithausen, Lambert, *Ālayavijñāna: On the Origin and the Early Development of a Central Concept of Yogācāra Philosophy*, Tokyo: The International Institute for Buddhist Studies, 1987, p.195；Kramer, Jowita, "Some Remarks on the Proofs of the'Store Mind' (Ālayavijñāna) and the Development of the Concept of Manas", *Text, History, and Philosophy*：*Abhidharma across Buddhist Scholastic Traditions*, Leiden：Brill, 2016, pp.148-150；Yamabe, Nobuyoshi 山部能宜，"Ālayavijñāna from a Practical Point of View", *Journal of Indian Philosophy*, Vol.46, No.2, 2018, pp.283-319.

[②] 《瑜伽师地论》卷51，《大正藏》第30册，第1579号，第579页下：何故若无阿赖耶识，命终时识不应道理？谓临终时或从上身分，识渐舍离冷触渐起，或从下身分，非彼意识有时不转，故知唯有阿赖耶识能执持身。此若舍离，即于身分冷触可得，身无觉受，意识不尔，是故若无阿赖耶识不应道理。

[③] 德格版大藏经，第49册，第106号，mdo sde, ca, 12b1: མཚན་མ་དང་མིང་དང་རྣམ་པར་རྟོག་པ་ལ་བརྗོད་པའི་སྤྲོས་པའི་བག་ཆགས།

[④] 根据 Schmithausen, Lambert, *Ālayavijñāna: On the Origin and the Early Development of a Central Concept of Yogācāra Philosophy*, Tokyo: The International Institute for Buddhist Studies, 1987, p.71 翻译的语法："the impression of the diversity of (/proliferous involvement in) the everyday usage of phenomena, names and conception".

佐证了这一点：

> 有色界中具二执受，无色界中不具二种。[1]

《瑜伽师地论·摄决择分》对此句的解释是：有色界兼有两种执受，而无色界只有（戏论）习气执受一种。[2] 戏论习气不受是否有色身这一条件的限制，在生死轮回中始终伴随着阿赖耶识，这个特点似乎提示了相较于生理上的执受，戏论习气执受与作为轮回主体的阿赖耶识有着更为直接的关联。

二 阿赖耶识之因：戏论

虽然在唯识学派丰富的名相系统中，戏论这个概念似乎并没有受到很多关注，然而通过考察早期瑜伽行派论典，笔者发现戏论在其中的重要性不容忽视。其重要性最为直观的体现是：它在论典中，直接被说明为阿赖耶识之因。

《瑜伽师地论·本地分》的《五识身相应地》中，对阿赖耶识作出了如下定义：

> 一切种子识，谓无始时来乐着戏论熏习为因，所生一切种子异熟识。[3]

这句话将"乐着戏论"直接解释为"一切种子识"即阿赖耶识之因；换句话说，阿赖耶识的产生与流转根植于对戏论的好乐执着中。虽然其对

---

[1] 《解深密经》卷1，《大正藏》第16册，第676号，第692页中。
[2] 《瑜伽师地论》卷51，《大正藏》第30册，第1579号，第580页上：了别内执受者，谓能了别遍计所执自性妄执习气，及诸色根根所依处，此于有色界；若在无色，唯有习气执受了别。
[3] 《瑜伽师地论》卷1，《大正藏》第30册，第1579号，第279页中。

应的梵文与藏文①中都没有"熏习"一词，但是文本中的"无始时来"（对应梵文：pūrvaka）足够说明，戏论的影响在累生累世的不断串习中根深蒂固，由此引起作为一切种子异熟体的阿赖耶识不断地生死轮回。

将"乐着戏论"说明为阿赖耶识之因的段落也同样出现在了《瑜伽师地论·本地分》《思所成地》的《胜义伽他》中：

> 乐戏论为因，若净不净业，诸种子异熟，及爱非爱果。②

随后的注释表明此颂"显因果相"③。这句颂文所显示的是两重因果：乐着戏论是因，种子异熟是果；净、不净业是因，爱、非爱果是果。前一重因果正呼应了上述《五识身相应地》的说法；并且，"乐着戏论"和"净不净业"这并列的二者也将同时作为生死之因，出现在下一节的论述中。

最后，《显扬圣教论》在解释阿赖耶识时，也有戏论为其因的说法：

> 阿赖耶识者，谓先世所作增长业烦恼为缘，无始时来戏论熏习为因，所生一切种子异熟识为体。④

此处再次把戏论熏习说为阿赖耶识之因；并且，在这个对于阿赖耶识的定义之中，相较于仅作为缘的业烦恼而言，作为因的戏论对于阿赖耶识有着更为直接的作用。

至此，我们可以明显看出，早期瑜伽行派实则对于戏论的作用极为重

---

① Bhattacharya, Vidhushekhara, ed., *The Yogācārabhūmi of Ācārya Asaṅga: the Sanskrit Text Compared with the Tibetan Version*, Calcutta: University of Calcutta, 1957, p.4：sarvabījakaṃ vijñānaṃ katamat / pūrvakaṃ prapañcaratihetum upādāya yaḥ sarvabījako vipāko nirvṛttaḥ//；德格版大藏经第 127 册，第 4035 号，sems tsam, tshi, 2b2：ས་བོན་ཐམས་ཅད་ཀྱི་རྣམ་པར་ཤེས་པ་གང་ཞེ་ན། སྤྲོས་པ་ལ་དགའ་བ་རྒྱུར་བྱས་པ་ནས་བོར་ཐམས་ཅད་ཀྱི་རྣམ་པར་སྨིན་པ་འཛོར་པར་འགྱུར་བ་གང་ཡིན་པའོ།
② 《瑜伽师地论》卷 16，《大正藏》第 30 册，第 1579 号，第 363 页下。
③ 《瑜伽师地论》卷 16，《大正藏》第 30 册，第 1579 号，第 365 页上：由第二颂，显因果相。
④ 《显扬圣教论》卷 1，《大正藏》第 31 册，第 1602 号，第 480 页下。

视，乃至于将其作为阿赖耶识——这个瑜伽行派最为核心的概念——的因来解释。那么，戏论本身的含义应该如何理解呢？

早在早期佛教，戏论（梵文：prapañca；藏文：སྤྲོས་པ་ 或 རྣམ་པར་སྤྲོས་པ་；巴利文：papañca）一词就已经被广泛使用，并且在不同语境下有着不同的含义，Ñāṇananda 比丘在他的专著[1]中对巴利文经典中戏论的使用做了详细的处理；他将这个词语译作"conceptual proliferation"（概念化的扩散/增殖），这个翻译也被西方学界广泛采用。而中观派也将戏论视作证悟空性所要克服的关键阻碍，它甚至出现于中观派根本经典《中论》的归敬偈中。[2]

由于篇幅限制，本文无法对戏论一词作全面的考察，此处着重罗列早期瑜伽行派典籍对于戏论一词所给出的直接定义。

《瑜伽师地论·本地分》之《闻所成地》和《显扬圣教论》对戏论作了类似的界定：

> 云何戏论？谓一切烦恼及杂烦恼诸蕴。[3]
> 戏论者，谓诸烦恼及杂烦恼诸蕴。[4]

两处都将戏论阐释为烦恼和具有烦恼的五蕴，突出戏论染污的特点。

而《瑜伽师地论·摄事分》对戏论之定义的侧重点则略有不同：

> 复次于六处灭，究竟寂静无戏论中，由戏论俱四种行相，不应思惟，不应分别，不应诘问，唯应依他增长觉慧，审谛观察真实意趣。

---

[1] Ñāṇananda, Bhikkhu, *Concept and Reality in Early Buddhist Thought: An Essay on Papañca and Papañca-Saññā-Saṅkhā*, Kandy: Buddhist Publication Society, 1971.

[2] 参阅：Saito, Akira 斎藤明，"Prapañca in the Mūlamadhyamakakārikā", *Bulletin of the International Institute for Buddhist Studies*, Vol.2, 2019, pp.1-9；释延正：《关于"戏论"在中观教学中之意义——以〈明句论〉为中心》，《福严佛学研究》2022 年第 17 期。

[3] 《瑜伽师地论》卷 13，《大正藏》第 30 册，第 1579 号，第 345 页下。

[4] 《显扬圣教论》卷 4，《大正藏》第 31 册，第 1602 号，第 500 页下。

> 云何为四？谓或有无、或异不异。以彼六处有生有灭，展转异相，施设可知。由生灭故，有无可得；有异相故，待他种类异性可得，待自种类前后无别不异可得。六处永灭，常寂静相，是故由彼戏论俱行四种行相，思惟观察不应道理。当知此中能引无义思惟分别所发语言，名为戏论。①

本段中，有四种行相被认为是具有戏论性的，即在究竟寂静的六处灭中，因为不正思维而给其附加上或有、或无、或异、或不异的差别；这些差别从根本上是不存在的，而戏论的表现就是将原本是"无"的东西附会为"有"。此处论典给戏论的定义为"能引无义思惟分别所发语言"，参照藏文②，笔者将其理解为：经过没有意义的思维和分别后，所说出的话语。此处戏论作为语言的特性非常明显。

此外，《瑜伽师地论·本地分》《思所成地》的《体义伽他》中还有一处文段貌似是戏论的定义③，但其对应的藏文为རྟོག་，通常对照梵文和汉语里的"vikalpa/分别"或"vitarka/寻"，而非"prapañca/戏论"，故而略过。

综上所述，早期瑜伽行派继承了先前学说中既有的戏论之概念，并将它与阿赖耶识的诠释深度结合，将其解释为阿赖耶识生起和流转之因。根据早期瑜伽行派论典的原意，对戏论一词的理解主要有两个方向：①烦恼义，烦恼及杂烦恼诸蕴；②语言义，无意义的思维分别所产生的话语。接下来，我们将结合瑜伽行派对"戏论"在生死轮回语境下的阐述，继续深入探讨其内涵与外延。

---

① 《瑜伽师地论》卷91，《大正藏》第30册，第1579号，第815页上。
② 德格版大藏经第131册，第4039号，sems tsam, zi, 220a7-b1: དེ་ལ་དོན་དང་ལྡན་པ་མ་ཡིན་པ་སེམས་ཤེ་ད་རྟོག་པ་སྐྱེ་བ་གང་ཡིན་པ་དེ་སྤྲོས་པ་ཞེས་བྱའོ།
③ 《瑜伽师地论》卷19，《大正藏》第30册，第1579号，第386页下：当知戏论略有三种，谓三种言事名为戏论，于四种言说有所宣谈亦名戏论，能发语言所有寻伺亦名戏论。

三　戏论是生死的最胜因

在本节中，笔者将重点考察《瑜伽师地论·本地分》《意地》中阐释戏论与生死的段落，以此检视在早期瑜伽行派理解下，戏论在生死轮回中所扮演的角色。

和《五识身相应地》一样，《意地》同样按照自性、所依、所缘、助伴、作业五个方面对心、意、识进行阐释。在最后的作业部分，心、意、识被认为具有不共于前五识的胜作业[①]，而死和生也被列于其中。之后，论典细致地阐释了死和生的过程，其中，有两种因被作为推动死和生的增上力反复提及，即"乐着戏论因"和"净不净业因"。

> §1.（云何死？……）彼于尔时由二种因增上力故而便命终，谓乐着戏论因增上力，及净不净业因增上力。[②]
>
> §2. 云何生？由我爱无间已生故，无始乐着戏论因已熏习故，净不净业因已熏习故。彼所依体由二种因增上力故，从自种子即于是处中有异熟无间得生。[③]

在此处所列的死、生两段中，"乐着戏论因"（prapañca-abhirati-hetu）和"净不净业因"被同时解释为命终和中有生的增上力。这两者的并列，我们已在第一节中援引的《瑜伽师地论·本地分》《思所成地》之《胜义伽他》中见到，其中，前者被说为是种子异熟（即阿赖耶识）之因，而后者则是可爱、不可爱果之因。

汉传注疏《瑜伽论记》和《瑜伽师地论略纂》对§1段分别作了如下

[①] 《瑜伽师地论》卷1，《大正藏》第30册，第1579号，第280页中—下：又诸意识望余识身有胜作业，谓分别所缘、审虑所缘、若醉、若狂、若梦、若觉、若闷、若醒、若能发起身业语业、若能离欲、若离欲退、若断善根、若续善根、若死、若生等。
[②] 《瑜伽师地论》卷1，《大正藏》第30册，第1579号，第281页下。
[③] 《瑜伽师地论》卷1，《大正藏》第30册，第1579号，第282页上。

注释：

> 第二文中，二因力者：初是名言种子，后是业。此人次生二因熟，今速舍命。①
>
> 第二文中，二因力者：初是名言种子，唯无记，是第八识因缘；后是有支种子，通善不善，是第八识增上缘。谓由当来二因力故，现在命终。或由名言种子势力尽故，现在不避不平等故死，或寿尽死；由有支种子势力尽故，现在业尽故死；合由二因力故，福尽故死。②

此中，《论记》将乐着戏论因直接理解为名言种子，而《略纂》也做了一样的处理，并给出了更细致的解释：乐着戏论因无记，是第八识的因缘。

《论记》对 §2 的注释和上述的解释也很近似：

> 无始乐着戏论因已熏习者，即是名言种子，望生中有是亲因缘；净不净业因已熏习故者，有分熏习，望生中有为增上缘。③

乐着戏论因即是名言种子，是生的"亲因缘"。与此相对，净不净业因是有分熏习，是生的"增上缘"。二者对于生的推动力之大小差异，由此可见。

基于两部汉传注疏，我们可以观察到两点：一、乐着戏论因被直接解释为"名言种子"，偏重于语言义。二、乐着戏论因被理解为因缘，相较于作为增上缘的净不净业因，更直接地作用于生死。对于第二点，《意地》在随后的入胎位一节表述得更为直观：

> §3. 又一切种子识，于生自体虽有净不净业因，然唯乐着戏论

---

① 《瑜伽论记》卷1，《大正藏》第42册，第1828号，第321页中。
② 《瑜伽师地论略纂》卷1，《大正藏》第43册，第1829号，第10页上。
③ 《瑜伽论记》卷1，《大正藏》第42册，第1828号，第322页中。

为最胜因；于生族姓、色、力、寿量、资具等果，即净不净业为最胜因。①

这一段很明显地指出了乐着戏论是生成自体的最胜因，直接推动了自体的产生；而净不净业，虽也作用于生自体，但其影响并不如乐着戏论，而是更主要地作用于族姓、色、力、寿量、资具等果报的产生。至此，我们可以更清楚地看到，戏论是生死轮回最为主要也最为直接的推手。

四 小结：戏论与生死流转

通过第一节到第三节的论述，笔者尝试证明戏论是生死轮回的主要推动力。首先，戏论习气和有色根身是阿赖耶识流转生死所依赖、把持的两种执受，并且戏论习气并不受有无色法、有无身体的限制，始终伴随着阿赖耶识的流转。其次，早期瑜伽行派论典直接将无始以来对戏论的好乐执着界定为作为轮回主体的阿赖耶识之因。最后，乐着戏论因和净不净业因被同时说为死、生过程中的增上力，而且论典和注疏都把乐着戏论视作为对于生而言，作用力更为强大的因。

此外，对于戏论内涵的理解上，早期瑜伽行派明确给出的解释主要有两点：一是烦恼义，二是语言义。汉传注疏的理解更偏重于后者。在笔者看来，除了p（r）apañca一词在早期佛典中既有的"无意义语言"的使用，将戏论等同于"言说"的处理在《摄大乘论》中已有迹可循：

> 复次，此阿赖耶识差别云何？略说应知或三种，或四种。此中三种者，谓三种熏习差别故：一、名言熏习差别，二、我见熏习差别，三、有支熏习差别。②

---

① 《瑜伽师地论》卷2，《大正藏》第30册，第1579号，第284页中。
② 《摄大乘论本》卷1，《大正藏》第31册，第1594号，第137页上—中。

此段落中，用作解释阿赖耶识的名言熏习、有支熏习分别对应了§1、§2、§3段中的乐着戏论和净不净业。汉传注疏或是沿袭了这个用法。

《摄大乘论》随后继续诠释阿赖耶识的一个段落也使用了戏论来解释"名言种子"，更明确了二者在含义上的关联：

> 复有有受尽相、无受尽相：有受尽相者，谓已成熟异熟果善、不善种子。无受尽相者，谓名言熏习种子，无始时来种种戏论流转种子故。此若无者，已作已作善恶二业，与果受尽，应不得成。又新名言熏习生起，应不得成。①

另一方面，这个段落侧重于说明名言种子的生生不息、难以断绝。异熟果是会受尽的，这或可以理解为一期生命的结束，或过往净、不净业所感得善、恶果报的了却。然而，名言种子，或说戏论习气，却不会受尽，由于新的名言不断熏发，延绵不绝，裹挟着阿赖耶识在一期又一期的生命中不断流转。这也呼应了§3中，把乐着戏论作为生自体最胜因的说法。

类似的诠释在其他早期瑜伽行派典籍中也可以找到，此处只再列举一处《瑜伽师地论·摄事分》的例子：

> 不调伏死者，谓于过去世，不调不伏，有随眠行，展转随眠，世俗说言士夫随眠，而命终已，于现在世，结生相续，有随眠行所摄自体而得生起，于现在世，乃至寿尽亦复如是，不调不伏。广说乃至而命终已，未来自体复得生起，又能摄取有随眠行，由摄取彼以为因故，便为生等众苦所缚，亦为贪等大缚所缚。②

---

① 《摄大乘论本》卷1，《大正藏》第31册，第1594号，第137页下。
② 《瑜伽师地论》卷85，《大正藏》第30册，第1579号，第776页下。

根据此处"世俗说言"所对应的藏文 ཐ་སྙད་དུ་གདགས་པ་[1]，应将其理解为"世俗言说"。这个段落把具有言说随眠的死亡状态称作"不调伏死"，因为言说随眠会一直辗转伴随直至命终，而命终时，此随眠又作为因生起新的自体，如此延续，连绵不绝。本段最后指出，如此由言说随眠推动，不断生生死死的过程，既为苦所系缚，亦为贪所系缚。与之相反，"调伏死"被描述为不再有（言说）随眠，没有了此随眠作为因，命终后就不再有下一世的自体的产生，也不再为苦、贪系缚而在生死轮回中流转。[2]

由此，我们可以看到，戏论推动着阿赖耶识不断生死轮回，在流转的过程中扮演了至关重要的角色。对于戏论的深入探讨不仅有助于我们理解佛教中生死观念，也为我们寻求解脱之道提供了重要的指引与启示。

五 立足于人间佛教的启示

生死是每个人都逃避不了的课题，我们也应认识到：戏论是将众生困于轮回桎梏的绳索。和业力产生异熟果报相比，戏论习气似乎是在用更为隐秘的方式推动着轮回，其运行的机制也更不露行迹。理解什么是戏论以及如何破除戏论可以帮助我们在生活中更好地应用佛法，这也符合星云大师所倡导的人间佛教之本怀。

如前文所说，早期瑜伽行派典籍对戏论给出了烦恼与语言两个方面的定义。一方面，作为"烦恼及烦恼诸蕴"的戏论更易理解，因为烦恼本身就是有漏，于是成为流转生死之因。另一方面，若取戏论的"无义语言"义，乃至于和注疏中一样直接将它等同于"名言种习"，我们又该如何解释它在生死轮回中的作用呢？

星云大师在《疑问与戏论》一文中引用了《中阿含经》著名的"十四

---

[1] 德格版大藏经，第 131 册，第 4039 号，sems tsam, zi, 136b5。
[2] 《瑜伽师地论》卷 85，《大正藏》第 30 册，第 1579 号，第 776 页下：调伏死者，谓于现在世已调已伏，无有随眠。而命终已，未来自体不复生起，亦不摄取有随眠行。不摄取彼以为因故，解脱生等众苦差别，亦复解脱贪等大缚。

问难"之公案，说佛陀虽然鼓励大家发问，但是对形而上的戏论默而不答。他总结这个例子道："佛教重视实践，其中纵有高妙哲理，也是为了契入真理，方便实践用的；凡是不着边际、不切实际的讨论，无益于人生问题的解决，都为佛陀所喝斥；佛陀甚至还引'毒箭'为喻，表明谈玄说妙、偏离生活，皆非究竟。"① "十四问难"中的形而上之言谈，仅仅停留在文字游戏的层面，而对于解脱、对于究竟离苦得乐毫无助益，这显然是被佛教认为是没有意义的。从这个角度而言，戏论的语言义和烦恼义似乎并没有根本上的差别。过多的闲话和无意义的言辞不仅浪费生命，而且会扰乱心灵的清净。进一步说，不断在无义之言谈中使用语言、概念、名相，实则是在串习自己有漏的见解、观念、习气。另外，戏论的烦恼义表现为现实的执着、错误的认知以及固有的成见，而所有的观念和成见都仰赖于语言。由此可见，没有意义的语言即是烦恼的来源，不断串习这种语言即是在加深烦恼，推动轮回。

可以看出，就个人层面而言，具有烦恼和语言性质的戏论是个体不断生生死死的隐蔽推手。但同时，我们也应当注意：对于生死的讨论，不应当将我们引向对于现实生活的忽视，换句话说，不应过于侧重"生前死后"而忽略对"现实人生"的理解和实践。② 这同样也是星云大师将佛法教育立足于现实人生的基本倡导。程恭让指出：人间佛教思想与原始佛教中体现出的价值观一致，即"以人道为中心""以现实人生为本位""高度重视社会参与及社会净化"。③ 这三个人间佛教的基本价值观对于我们思考如何在生活中应用语言是具有启发意义的。

当我们审视语言，我们会发现它不仅有时间上的传承性，还具有群体间的穿透力。在时间维度上，众生的阿赖耶识无论生生死死，始终带着名

---

① 释星云：《疑问与戏论》，《佛法真义》第1册，高雄：佛光文化2018年版，第315页。
② 程恭让：《从安世高〈佛说七处三观经〉的"生死"译语看中国佛教生死意识之最初厘定》，玉佛寺会议论文，2023年。
③ 程恭让：《原始佛教的三大核心价值暨星云大师人间佛教对佛教社会思想的新贡献》，载妙凡法师、李向平主编《人间佛教社会学论集》，高雄：佛光文化2018年版，第210—263页。

言习气，并且人从出生便受到文化中既有的语言、概念的熏陶，这种语言的使用会在代际间不断传承下去。而在空间维度上，语言作为人与人交流的工具，是可以穿破个体的思想壁垒，产生影响巨大的共业的。Waldron指出：语言是一种沟通的媒介，通过交流，不同个体的戏论习气可以塑造对于世界的共同感知。[①]也就是说，语言具有穿透个体边界、将人与人联结起来的能力。这意味着个体的言行会对他人产生影响，进而影响整个社会的氛围和行为模式。所以，从语言在时间和群体层面的穿透性上，我们不难看出语言对于个人、对于社会所能产生的巨大力量。在人间佛教的实践中，我们需要意识到自己的言行举止会对他人产生影响，因此应当谨慎选择言辞和行为，以促进积极向上的共业，而非使用没有意义的戏论，给自己和他人增添烦恼和执著。

在他的《佛教丛书》中，星云大师将《呵斥戏论》一文归于"般若"一章，这体现了破除戏论是一种智慧。文中说："佛陀为了示教利喜，开示众生入佛知见而降诞于世，为此一大事因缘，佛陀更以积极理智的态度住世说法，他禁绝弟子们做无意义的议论。"[②]少作没有意义的空谈，而多在解脱烦恼、超越生死的实践上下功夫，这是星云大师所倡导的。反过来说，如果正确使用，语言也可以是辅助修行的一种强大工具，它不仅可以传达智慧，还可以方便善巧地影响他人的情绪和行为。为了在人间佛教的实践中取得进步，修行者应当遵循星云大师提出的言语运用原则："说话时，态度要诚恳，语气要和善，遣词用字要婉转，不可盛气凌人。最好多说肯定句，少用疑问句，例如多说'当然'、'很好'、'没问题'等令人乐意接受的话。尤其，平时应该学习说令人感动的话，不要说讽刺别人的话；应说令人欢喜的话，不要说令人难堪的话；应说令人起信的话，不要说令人丧气的话；应说有益于人的话，不要说浪费别人时间的戏论。说话还要能皆大欢喜、面面俱到，要

---

① Waldron, William S., *The Buddhist Unconscious: The Ālaya-vijñāna in the Context of Indian Buddhist Thought*, London: Routledge, 2003, pp.168-169.
② 释星云：《呵斥戏论》，《佛教丛书》第6册，高雄：佛光文化2017年版，第187页。

替别人留有余地,千万不可专横武断,强辞夺理,更不可攻讦他人的短处,夸耀自己的长处。"①这样的言语方式不仅可以改善人际关系,增进互相理解,还可以净化心灵,培养一种善良、和善的修行态度。

综上所言,早期瑜伽行派将戏论视为累生累世的熏习、名相以及固有成见的体现,它们将个体牢牢地束缚在生死的循环之中。从个人意义上来讲,这种源自无义语言的执着和固执导致了人们在生死轮回中无休止地循环,无法解脱,所以想要超越生死,就需要理解和破除戏论。从更广泛的社会意义上来讲,我们需要认识到语言在产生共业方面的影响,从而思考如何在现实生活中使用语言。通过超越戏论的束缚、摆脱戏论的影响,个体可以实现心灵的解脱,迈向生死的超越;与此同时,遵循言语运用的原则,使得我们能够更好地与他人沟通,建立和谐的社会人际关系,这也是人间佛教所要倡导和追求的。

Prapañca in Early Yogācāra: A Perspective on Life and Death

Wang Beier

This article focuses on the topic of life and death in Buddhism and its connection to the concept of prapañca. The teachings on the cycle of life and death play a central role in Buddhist doctrines, guiding us to contemplate the meaning of life and the path to liberation. The research centres on the

---

① 释星云:《说话的要领》,《迷悟之间》第1册,台北:香海文化2001年版,第194页。

classic texts of the early Yogācāra, especially the *Yogācārabhūmi*, with special attention to the functions of prapañca. Themes explored in the article include the relationship between ālayavijñāna and life and death, the role of prapañca in the arising of ālayavijñāna, and prapañca as a primary factor in the cycle of life and death. Finally, the article integrates the fundamental concerns of Master Hsing Yun's Humanistic Buddhism, exploring the impact of understanding and overcoming prapañca on both the individual and societal levels.

Key words: *prapañca*; cycle of life and death; Yogācāra; Humanistic Buddhism

从《瑜伽师地论》"世间"概念浅析"人间"概念

赵祉星

西南民族大学博士生

摘　　要：从太虚大师开始，人间佛教理论逐渐成为当代佛学研究的主要视角之一。《瑜伽师地论》中提出五种世间，即欲世间、色世间、无色世间、有情世间、器世间。从三种世间而言，人间属于欲世间，开显人间佛教的对治义；从二种世间而言，人间属于有情世间，开显人间佛教的究竟义。但对治与究竟二义又并非割裂，而是不一不异的关系。文中包括人间佛教思想浅析、《瑜伽师地论》世间概念简析、世间所依分析、善知世间、从"世间"浅析人间佛教理论与实践、结语六个部分。第一部分叙述人间佛教的发展简史；第二到第四部分主要说明人间佛教所依为尽智与无生智，说明人间佛教根本所依的智慧；第五部分主要从对"人间"的施设说明人间佛教般若与方便善巧并举的理论构架；第六部分简要总结本文观点。

关　键　词：人间佛教；《瑜伽师地论》；世间；善知世间；方便善巧

基金归属：本文为2019年度国家社科基金重大项目"'一带一路'佛教交流史"（编号：19ZDA239）的阶段性成果。

一　人间佛教思想浅析

（一）人间佛教研究的含义、特点、价值方向

人间佛教理论由太虚大师首倡，后经过印顺法师、赵朴初、星云大师等的辩证、传播、实践，已逐渐成为佛教研究视角之一。但目前对"人间佛教"一词缺乏准确的定义，经查阅文献，笔者发现"人间佛教"大致包含以下四个方面的含义：首先，其问题意识是解决时弊；其次，其构建原则有二，即契理和契机；再次，其论证领域包括佛教与社会、经济、教育、政治、文化、环境、慈善等；最后，其理论构建基础有三，即自利利他、以人为本、出世入世不二。包含、运用或展开阐述以上四方面任一的研究，即可称之为对人间佛教的研究。针对以上四个方面，可知人间佛教理论有三个特点：一，随着时代变化而变化，即针对不同时代问题提出不同的"救弊药方"；二，以佛教为本位，即以佛教理论解决时代问题；三，以人为本，即人间佛教本怀为以人为中心，将佛教理论用于世间生活，切实作用于大众的日用常行，对人生产生积极作用。另外，程恭让教授提出人间佛教的三大价值方向，即佛教在世界观问题上介于天道、人道之间而以人道作为中性的价值方向，在人生观问题上介于现实人生、生前死后之间而以现实人生作为本位的价值方向，以及在社会观问题上介于个人修持和社会参与之间而高度重视社会参与及社会净化的价值方向。[1]

（二）人间佛教思想史简述

太虚法师（1890—1947）面对列强入侵、民族危难的情形，于民国初年提出"人生佛教"口号，成为佛教应用于解决时代弊病的开端。后在1933年发表《怎样来建设人间佛教》[2]，其中提出人间佛教是以佛教道理

---

[1] 程恭让：《原始佛教的三大核心价值暨星云大师人间佛教对佛教社会思想的新贡献》，载妙凡法师、李向平主编《人间佛教社会学论集》，高雄：佛光文化2018年版，第210页。
[2] 太虚：《第十四编支论》，《太虚大师全书》，CBETA 2023, TX24, No. 14, 第431页上。

来改良社会、使人们进步、将世界改善，反对以鬼神观看待佛教，倡导大乘佛教的精神与实践。太虚大师的佛教革命主张有三，即教理革命、教制革命、教产革命。教理革命重点在革除对佛教的神异、奸盗、闲隐、朽弃等倾向的理解，恢复佛教本来面目，即研究宇宙真理、人生真相，阐述大乘佛教普度众生的出世入世不二面向，引导人类进步，追求人间净土；教制革命指改良丛林的僧伽组织制度，将法与律相结合，倡导民主制度，革除于封建背景下形成的家长制；教产革命指改革庙产私占恶习，让庙产共有，并积极培育青年僧人、兴办佛教教育。在所依教义上太虚大师注重法界圆觉说。

印顺法师（1906—2005）为太虚法师弟子，继承和发扬了太虚法师"人生佛教"理念，使得人间佛教理论体系逐渐成熟。印顺法师在考察了印度佛教史之后，破斥神鬼化的佛教，提出自己的宗教观，探索纯正的佛教。他在《人间佛教要略》一文中提出："人间佛教，是整个法的重心，关涉到一切圣教。这一论题的核心，就是人、菩萨、佛——从人而发心学菩萨行，由学菩萨行而成佛。"[①]人间佛教的论题核心为"人·菩萨·佛"；理论原则为法与律的合一、缘起与空的统一、自利与利他的合一。印顺法师分析了三大时代倾向，即青年时代、处世时代、集体时代，提出了三个修持心要，即信、智、悲。在所依教义上他注重缘起性空说。

赵朴初居士（1907—2000）主要在大陆从社会实践领域推动了人间佛教的发展，"我提'人间佛教'实际就是从使佛教与社会主义社会相适应相协调的角度提的"[②]，并鼓励佛教徒为社会主义建设服务。首先，他主张将佛教视为一种文化，探索佛教在历史发展中对艺术、建筑、诗词、哲学、医药、科学等方面的积极影响；其次，在社会主义精神文明建设中，强调佛教并非"迷信"，而是要主动发挥其伦理道德和生活秩序建设的作用；再次，在社会主义物质文明建设中，将佛教作为社会总体的一部分，

---

① 印顺：《人间佛教要略》，《佛在人间》，CBETA 2023，Y14，No. 14，第 99 页上。
② 赵朴初：《赵朴初文集》（下卷），华文出版社 2007 年版，第 757 页。

发挥其慈善救济、经济建设的作用；最后，发挥佛教在维护世界和平上的作用，从宗教信仰角度宣扬世界和平的理念，避免战争。

星云大师（1927—2023）同赵朴初居士一样，虽不是虚云大师的亲传弟子，但勤恳践行太虚大师"人间佛教"思想。在《如何建设人间佛教》一文中，星云大师提出传统佛教的发展有违背佛陀本怀的趋势，程恭让教授将之概括为"学术化""形式化""山林化"。针对这三种趋势，星云大师提出真正的"人间佛教"应该具有的特征，一，人间佛教思想的四个核心元素为现实、大众、社会、利他；二，真修实证的价值高于纯粹的学术化。①

星云大师主要在台湾，从社会实践上推动了人间佛教的发展。1967年，他创办了佛光山。他十分注重教育的发展，创办了幼儿园、小学、大学等，并培养了一批僧才。另外，佛光山不仅建立了养老院等慈善机构，兴办教育，接引青年，积极参与社会建设与道德伦理建设，还积极推动两岸关系发展，与大陆教界和学界形成良好的互动关系，同时，还积极推动佛教在国际上的发展，影响卓著。星云大师在弘法过程中重视回归佛陀本怀，遵循佛语，并关注人的需求与关切，于思想上对众生进行化导。他在所依教义上注重华严思想。

从太虚大师到星云大师，体现了人间佛教思想和实践的展开过程。本文的研究对象是人间佛教理论中的"人间佛教"概念；切入视角为"世间"概念；所依文本为《瑜伽师地论》；目标为试图从"世间"概念说明人间佛教的究竟义，并兼论其对治义。

二 《瑜伽师地论》世间概念简析

（一）"世间"词义简析

《瑜伽论》中世间的对应名词为 loka，阳性名词，藏语为འཇིག་རྟེན་，可翻译为世间、世界、世俗、世人、尘世、社会等，英语可对应 world、universe、

---

① 程恭让：《星云大师人间佛教思想研究》，高雄：佛光文化2015年版，第102—103页。

the external、physical world；其形容词形式为 laukika、འཇིག་རྟེན, mundane、social，译为世间的，而 lokottara，འཇིག་རྟེན་ལས་འདས་པ, supramundane、beyond worldliness，译为出世间的。如"世间意和出世间意"梵语为"laukikaṃ lokottaram ca"，即"འཇིག་རྟེན་པ་དང༌། འཇིག་རྟེན་ལས་འདས་པའོ།"。另外，千明束道提到在《法法性分别论》《中边分别论》《现观庄严论》《大乘庄严经论》《宝性论》中用到的世间为 loka，出世间为 lokottara，出世间智为 lokottara-jñana。①吉原莹觉认为世间为 loka-dhātu（空海所用），世为迁流、时间等义，间为中、方位、空间等义，世间与世界为同义词，也有人伦立场上的"人间"之义，并且认为其与哲学意义上的世界观（Weltanschauung）和人生观（Lebensanschauung）是相同的。②从佛典来看，世间含义还包括变坏、三界等。刘仁明认为"世"除迁流外，还有破坏之义。世间与出世间的不同本质上就是"流转"与"解脱"的不同③，同样，姚卫群也提出世间是与涅槃相关的观念④。丁小平提出，一切能认识的、所认识的以及认识本身总和起来就是世间，世间由因缘所生，大乘的出世观是出世与入世不二的。⑤关于"世间"的理解，《瑜伽论》中则提出"五种世间"。

（二）《瑜伽论》世间概念简析

《瑜伽论》卷19中提出："言世间者，略有三种。一、欲世间，二、色世间，三、无色世间。"⑥主要指三界或三有，即欲界、色界、无色界，为堕摄界，是由所染、所净、清净而建立。欲界有三十六处，包括八大那

---

① 〔日〕千明束道：《"世间"·"出世间"问题的提起》，《印度学佛教学研究》1986年第35卷第1期。
② 〔日〕吉原莹觉：《Welt 与世间》，《印度学佛教学研究》1978年第27卷第1期。
③ 刘仁明：《流转与解脱——从原始佛教的世间与出世间观看人间佛教》，《五台山研究》2009年第1期。
④ 姚卫群：《禅宗"佛法在世间"思想的理论渊源》，《中华文化论坛》1999年第1期。
⑤ 丁小平：《佛教的出世思想》，《宗教学研究》2009年第1期。
⑥ 弥勒菩萨说，（唐）玄奘译：《瑜伽师地论》卷19，CBETA 2023, T30, No. 1579，第386页下。

落迦、八寒那落迦、饿鬼处所、非天处所、四大洲、八中洲、六处欲界天等，即下从无间，上超他化至摩罗宫，非定地；色界有十八处，是四静虑并静虑中间，有十七地；无色界四处所或无处所，即空处等四无色地，色无色界为定地所摄。人间佛教所指"人间"应属于人道所居处所，即欲界中四大洲。前略说有三种世间，后又于卷65中提出五种世间："依五种世间，即彼世间名堕诸法。谓有情世间、器世间、欲世间、色世间、无色世间。"[1] 有情世间与器世间摄一切有为法，即一切戏论事，即其能取、所依、所取法。有情世间名种类生死，于无始以来相续流转，刹那刹那任运坏灭，没有断绝，生死因断之后就不再相续，不由火灾等坏灭；器世间名器生死，被火水风灾等所坏灭，前后际断，生死因断后会复续。在欲界之中，器世间譬如王国，有情世间譬如臣民。

五种世间可分为两类，即二种世间和三种世间，其中并无矛盾，因为五种世间的分类方式并不是概念范畴上的区别，而是从其能指、所指进行的义理上的分别。三种世间主要从处所上进行分类，是对造业感果的说明；二种世间主要从生死或生灭而言，用于叙述造成生死之因，进而提出断除之法，转识成智。从《瑜伽论》来看，可将以上对"世间"词义的解释归于五种世间，如空间、社会概念的解释可归于三界、有情世间；"变坏"的解释可归为五种世间的特征；从涅槃和解脱对"世间"的解释可归入五种世间施设原因等。另外，目前学术研究探讨的人间佛教的"人间"范畴与世间不同，相对"世间"要小：一，从三世间而言，"人间"属于"欲界"范畴，具体为欲界中人道所居的南赡部洲，说明人间佛教对现实人生的价值取向；二，从二世间而言，"人间"属于有情世间范畴，说明人间佛教对解决人生根本问题的价值关怀。

---

[1] 弥勒菩萨说，（唐）玄奘译：《瑜伽师地论》卷65，CBETA 2023，T30，No. 1579，第662页下。

三 《瑜伽师地论》世间所依分析

（一）世间法分析

三种世间与五种世间均为堕摄界或堕摄法，摄一切戏论事。非堕摄界包括方便、萨迦耶见灭以及无戏论的无漏界。入世法即堕如是五种世间，出世法即不堕五种世间。由五相建立世间诸法的差别，即一切清净色及清净所取色，即除意所取色的色蕴相；一切染污心心所；一切无记心心所；一切当断或已断的善心心所；行于一切三摩地世间的无见无对色。由五相建立出世间诸法差别，即见道所断；修道所断；由想解脱而解脱的声闻、独觉、菩萨；彼所缘无见无对色；一分所治解脱之所解脱的有学和一切所治解脱之所解脱的无学。

一切世间法略有两种根本杂染，一是于真实义没有认识，因此也无正行；二是乐着戏论，不求真实。真实略有二种，包括依真如的诸法实性和依尽所有性的诸法一切性，包括自性、共性、他性、离性。根据真实品类包括四种真实，世间所成真实、道理所成真实、烦恼障净智所行真实、所知障净智所行真实。这四种真实"初二下劣，第三处中，第四最胜"[1]，真实义相通过无有相和无相二种相而显示，世间执着有相，即假说自性，也即一切分别戏论的根本，由此而为世间。假说自性包括五蕴、五识、五尘、心所法、四大、缘生法、生灭法、三世、日月、有无为法、涅槃等。无相即无以上提到的由假说自性建立的有相。出世间即是远离有无二边，是法相所摄的真实。佛已对此真实有圆满的了悟，菩萨等对此真实进行学修，凡夫即对真实无有认识和追求。从有情世间、器世间二种世间而言，凡夫乐着生死，不于生死发出离心，不能如实了知生死、于生死中不能生修空胜解，不能成熟佛法即一切有情，不于生死中发菩提心，不能从二障中解脱，也即对种类生死和器生死没有正确的认识。

---

[1] 弥勒菩萨说，（唐）玄奘译：《瑜伽师地论》卷36，CBETA 2023，T30，No. 1579，第491页中。

（二）世间所依分析

《瑜伽论》中明确提出，世间所依为阿赖耶识。"谓略说阿赖耶识是一切杂染根本。所以者何？由此识是有情世间生起根本，能生诸根、根所依处及转识等故。亦是器世间生起根本，由能生起器世间故。"[1] "生"为འཕེལ་བ་，有成熟、招集、圆满、生起等义，结合藏文本与汉文本翻译，对应梵文应为 ṛdhyati，字根为 √ṛdh，有增长、完成之义。阿赖耶识是一切杂染的根本，因其为有情世间和器世间生起的根本。由此而建立阿赖耶识的杂染还灭相。阿赖耶识为有情世间的生起根本，指阿赖耶识能生眼、耳、鼻、舌、身、意六根、根依处以及七种转识。有情世间的生起，首先因阿赖耶识为一切有情互起根本，即一切有情互见时会生苦、乐、不苦不乐三种受用，所以一切有情互为增上缘。另外，因阿赖耶识执持一切法种，种子于现在世为苦谛体即集谛因，于未来世是苦谛生因。阿赖耶识为器世间生起的根本义，指阿赖耶识了别外无分别器相。

阿赖耶识由一种相建立还灭，即由建立杂染转相而建立还灭。由四种相建立流转，即建立所缘转相、相应转相、互为缘性转相、阿赖耶识与转识俱转转相。阿赖耶识由两种所缘境转，一是了别内执受，在欲界和色界，阿赖耶识能了别遍计所执自性习气与诸色根和根所依处，在无色界则仅了别习气执受。二是了别外无分别器相，即能了别依止内执受的阿赖耶识，而成在一切时无有间断的器世间相。内执受阿赖耶识可理解为阿赖耶识相分。阿赖耶识的所缘境微细，恒时了别而转，阿赖耶识于所缘境念念生灭，刹那生灭相续流转，非断非常。相应转相义为，阿赖耶识与五遍行心所恒共相应，即作意、触、受、想、思。阿赖耶识的相应受为无记性摄。互为缘性转相义为，阿赖耶识与诸转识有二种缘性，一是阿赖耶识执持诸转识生起的种子，二是阿赖耶识为转识所依。因为五识依阿赖耶识所执色根而转，末那识依阿赖耶识而转，意识依末那而转。另外，诸识与阿

---

[1] 弥勒菩萨说，（唐）玄奘译：《瑜伽师地论》卷 51，CBETA 2023，T30，No. 1579，第 581 页上。

赖耶识有二种缘性，一是于现法中，种子可长养，即善不善、无记法熏习阿赖耶识种子；二是于后法中，受熏的种子能引异熟无记的阿赖耶识。阿赖耶识与转识俱转转相义为，阿赖耶识可与七种转识俱转、与三受俱转、与三性俱转。阿赖耶识执持清净善法种子，其非集谛因。另因其与流转相相违，世间所有善根因此而生，善法炽盛，可感未来诸可爱异熟果。杂染的阿赖耶识通过修习善法而得转灭。由清净种所生善法，转依即由修善法而对治阿赖耶识，而通达阿赖耶识，由此可观察自内一切杂染，了知自身外为所知障缚，内为烦恼障缚。阿赖耶识是一切戏论所摄的诸行之因，由缘真如境智的修习而得转依，转依无间，则断阿赖耶识，即断一切杂染。阿赖耶识体是无常，恒为一切烦恼所随，转依即远离一切粗重，转依为常，缘真如圣道而远离粗重。也就是说，阿赖耶识是烦恼转因，圣道不转因，转依是烦恼不转因，圣道转因，阿赖耶识为因令诸有情于善、净、无记法中不得自在，转依令有情于其中得大自在。

由此可知，由有情世间与器世间建立的阿赖耶识杂染相，主要为阿赖耶识流转相建立中的所缘转相。出世间即依阿赖耶识所持顺解脱分及顺抉择分种子，生起善法并修习之，依循真如圣道远离粗重，转依而灭阿赖耶识，得大圆镜智、平等性智、妙观察智、成所作智。

四 善知世间

（一）善知世间的内容

"善知世间"为"由诸菩萨如实了知有情世间流转差别，若器世间流转差别，若八种相观世间义，若诸世间所有胜义。是故说名善知世间"[①]。善知世间即对世间有胜解，对一切种、有情世间、器世间三者皆能如实了知，"善知"藏语为ཤེས་པ་，对应梵语应为 jñāna，意为了知、善知、遍知、

---

① 弥勒菩萨说，（唐）玄奘译：《瑜伽师地论》卷44，CBETA 2023，T30，No. 1579，第538页中。

理解、洞见、知识。首先，由善了别而悟入有情世间，悟入方式包括依三世前后际差别、死生，依一切时八万四千行差别。诸菩萨于一切有情世间，如实了知此世间极为艰险，甚为愚暗。诸菩萨即如实了知有情世间有诸种秽浊与无秽浊，及秽浊增长与消灭。有情世间依于五浊，包括寿浊、有情浊、烦恼浊、见浊、劫浊。其次，于器世间善了知，即如实了知诸器世间破坏成立及器世间的成住坏空差别。包括对东方等十方世界的有边、无边、成、坏善了知。再次，善知八种相观，为善知世间、世间集、世间灭、世间集行、世间灭行、世间爱味、过患、出离。最后，善知世间所有胜义，诸菩萨了知五蕴、四大、自性、假名。从眼所见色到意所知法界皆有言说。于所有世俗言说，包括姓名、种类、族姓、饮食、苦乐、寿量等皆有善知。

（二）善知世间的修习方式

另外，"善知"一义还包含"转"义。"菩萨成就如是等法，如其世间正所应知，如其世间正所应转，于彼一切皆如实知。是故名为善知世间。"[①]"世间解者，谓于一切种、有情世间及器世间，皆善通达故。"[②]主要体现在善知一切种上。一切种有四种，包括世间种子、出世种子、不清净种子、清净种子。世间种子包括三界诸行种子；出世种子为能证三乘、三乘果八圣道等的清净种子；不清净种子为欲界诸行种子；清净种子为世间净种子，即色、无色界诸行种子，和出世间净种子即能证三乘、三乘果八圣道等所有种子。由善知世间而转灭阿赖耶识所依主要为出世种子，也即修行声闻、缘觉、菩萨三乘，得三乘果。八圣道等清净种子，为三十七菩提分法，即有助于菩提（证悟）的修行法，包括四念住、四正断、四神足、五根、五力、七觉支。四念住为神念住、受念住、心念住、法念住；

---

① 弥勒菩萨说，（唐）玄奘译：《瑜伽师地论》卷44，CBETA 2023，T30，No. 1579，第538页下。
② 弥勒菩萨说，（唐）玄奘译：《瑜伽师地论》卷83，CBETA 2023，T30，No. 1579，第765页上。

四正断为于已生不善法为令断故，于未生不善法为不生故，于未生善法令生故，于已生善法为欲令住、令不忘失、令修圆满、令倍修习、令其增长、令其广大故，生欲、策励、发勤精进、策心、持心、正断；四神足为欲三摩地、勤三摩地、心三摩地、观三摩地断行成就神足；五根为信、精进、念、定、慧根；五力为信、精进、念、定、慧力；七觉支为念等、择法等、精进等、喜等、安等、定等、舍等觉支；八圣道为正见、正思维、正语、正业、正命、正精进、正念、正定。以上三十七法也可归为戒、定、慧三学。

（三）善知世间所依

菩提分所依智为尽智和无生智，"菩提分法是何义耶？答：尽无生智说名菩提"[1]。究竟现观即永断修所断时，即于现法中，一切烦恼永断，于当来世，一切依事永灭时，所有尽智、无生智生，包括出世尽无生智和世出世尽无生智。出世尽智指智与漏尽无分别，世出世尽智指智与漏尽有分别；出世无生智指苦谛所缘已灭，于当来世，以果不生为境的无分别智，世出世无生智指于当来世以果不生的有分别智。无生智是无漏智，可指阿罗汉果的智，即已断三界烦恼，不再受生于三界；也可指大乘菩萨证无生法忍的智慧，即远离生灭，契入真如实相并安住于真如的智慧，于微细烦恼也永灭除，不再起诸业行。究竟现观即在究竟位所起的尽智、无生智，究竟位为大乘五位之一，即佛果位，住于无上正等菩提，证得佛智，所以此处对菩提分的解释对应大乘菩萨的无生智。从一切种而言，如来有四一切种清净，即知一切种所依清净、一切种所缘清净、一切种心清净、一切种智清净。一切种所依清净义为一切烦恼、粗重、习气所依皆永灭，又于自体、自所欲取住舍中自在而转；一切种所缘清净为于种种若化、若变、若所显现的一切所缘皆自在转；一切种心清净为一切心粗重永灭，又于心

---

[1] 五百大阿罗汉等造，（唐）玄奘译：《阿毗达磨大毗婆沙论》，CBETA 2023，T27，No. 1545，第496页中。

中一切种善根皆积集；一切种智清净为一切无明品粗重永灭，又遍一切所知境中无障碍、智自在转。

总而言之，善知世间是依出世种子，修习善法，包括三乘、三乘果、八圣道等，转灭阿赖耶识。所依智为尽智和大乘菩萨无生智，果位为究竟位，对应种子状态为四一切种清净。从世间所依和善知世间可见人间佛教所依并非心意识，而是尽智和无生智。以上着重开显人间佛教的究竟义，但人间佛教并不止于此，下文从方便善巧开显人间佛教的对治义。

五 从"世间"浅析人间佛教理论与实践

（一）从"世间"浅析"人间"概念

1."世间"属于世俗谛施设

"谓诸菩萨略有四种施设建立，唯有如来及诸菩萨能正施设、能正建立；非余一切若天、若人、若诸沙门、若婆罗门，唯除闻已。何等为四？一者、法施设建立，二者、谛施设建立，三者、理施设建立，四者、乘施设建立。"[①]法施设建立义为，佛所说的素怛缆等十二分教、次第集结、次第安置、次第制立。谛施设建立义为，无量种，或立一谛不虚妄谛，或立二谛世俗谛、胜义谛，或立三谛乃至十谛。理施设建立为四道理，包括观待道理、作用道理、证成道理、法尔道理。观待道理中有两种观待，包括生起观待和施设观待，生起观待义为，诸蕴生起需要观待诸因和缘；施设观待义为，此蕴的施设观待名句文身。作用道理义为，诸蕴生后，由自缘而有自作用，有各种差别。证成道理义为，一切蕴皆是无常，众缘所生苦、空、无我，由此三量而如实观察，证成道理。法尔道理义为，一切皆以法尔为依，一切皆归法尔道理，令心安住、令心晓了。乘施设建立义为，声闻、独觉、无上大乘三种，一一各由七种行相施设建立。

[①] 弥勒菩萨说，（唐）玄奘译：《瑜伽师地论》卷46，CBETA 2023，T30，No. 1579，第547页中。

从四种施设来看，对"世间"的施设应属于谛施设建立，属世俗谛。"世俗谛者，谓名句文身，及依彼义一切言说，及依言说所解了义。又曾得世间心及心法，及彼所行境义。"[1]世俗谛即世间法的内容，同时通过对世俗谛的施设也开显了胜义谛。"胜义谛者，谓圣智，及彼所行境义，及彼相应心心法等。"[2]胜义谛即出世间法的内容。

从严格的施设义而言，论中虽有对人的安立，但并未有对人间的安立。但这不能否定"人间"的安立。首先，在论中，人、天、鬼及其他众生常同时被提起，说明相比于世间施设是从佛教义理本身的施设而言，对人的阐述，更多是从六道而言。那么，可以推知，在此严格施设义上而言，人间一词的提出，更多是从六道所居，也即欲世间或佛教宇宙论视角而言的。其次，根据三种世间与二种世间的提法，人间也可归为有情世间，有情世间所指并非处所，而是种类生死、器生死的分别，也即指向杂染与还灭，由此"人间"一词所指则具有世间与出世间的所有意义，这一点从人间佛教思想的理论中也可看出。星云大师提出：五乘共法、五戒十善、四无量心、六度四摄、因缘果报、禅净中道是人间的佛教。[3]其中并不局限于欲界以及人乘阐述人间佛教思想，而是通达佛教世出世间面，从五乘教法、佛陀本怀展开人间佛教理论。最后，寻章而有的严格的"施设"意义上的"人间"安立，并非"人间"义的全部，应从菩萨善巧方便来通达此义。

2. 从善巧方便浅析"人间"的施设

太虚大师说："人间佛教，是表明并非教人离开人类去做神做鬼，或皆出家到寺院山林里去做和尚的佛教，乃是以佛教的道理来改良社会，使

---

[1] 无著菩萨造，（唐）玄奘译：《显扬圣教论》卷2《1 摄事品》，CBETA 2023，T31，No. 1602，第485页下。

[2] 无著菩萨造，（唐）玄奘译：《显扬圣教论》卷2《1 摄事品》，CBETA 2023，T31，No. 1602，第485页下。

[3] 星云大师：《人间佛教的基本思想》，https://www.fgs.org.tw/fgs_book/fgs_frbook.aspx，2024年4月5日。

人类进步，把世界改善的佛教。"①星云大师说："我所谓的人间佛教，是希望用佛陀的开示教化作为改善我们人生的准绳，用佛法来净化我们的思想，让佛法作为我们生活的依据，使我们过得更有意义，更有价值。"②《瑜伽论》中提到，菩萨的方便善巧有十种，即憎背圣教有情，除其恚恼方便善巧；处中有情，令其趣入方便善巧；已趣入者，令其成熟方便善巧；已成熟者，令得解脱方便善巧：这前四种能令诸菩萨正安立所化有情于自利益；于诸世间一切异论方便善巧，能令诸菩萨善能摧伏一切异论；于诸菩萨净戒律仪受持和悔犯，能正观察方便善巧，能令诸菩萨不犯所犯，已犯可急速如法忏悔去除，于善清净菩萨所受净戒律仪，可以善修；于诸正愿方便善巧，能令诸菩萨能证未来一切所爱事业圆满；于声闻乘方便善巧、于独觉乘方便善巧、于其大乘方便善巧，能令诸菩萨于诸有情，随其种性、根器和胜解，说相称法、说顺正理：由这五事，能令诸菩萨现法当来一切事皆得究竟。由此可知，对"人间佛教"的理解不能离开菩萨的方便善巧。另外，需要注意的是，此处的方便善巧，不能离开以上对善知世间的分析，包括善知世间的所依、内容、修习方式等。程恭让教授认为："善巧方便与般若智慧的内在统一，不仅是全部佛法的思想基础，是大乘菩萨学行的思想基础，也是人间佛教的真正的思想基础。"③从《瑜伽论》"世间"概念对"人间"进行分析时，也可得出与程教授相同的结论。

  从善巧方便理解"人间"概念，蕴含四悉檀义。悉檀为遍施义。四悉檀（catvāraḥ siddhāntāḥ）为世界悉檀、各各为人悉檀、对治悉昙、第一义悉檀。世界悉檀即随顺众生所欲乐闻，分别为众生说五蕴、十二处、十八界等正因缘法，令得世间正见；各各为人悉檀指佛随顺人根器，应机说法，令其正信、善根生起；对治悉檀指针对不同的"病"开出不同的"药"；第一义悉檀指直接宣说诸法实相。一悉檀有四悉檀义。对应四种

---

① 太虚：《第十四编支论》，《太虚大师全书》，CBETA 2023，TX24，No. 14，第431页上。
② 星云大师：《如何建设人间佛教》，https://www.fgs.org.tw/fgs_book/fgs_frbook.aspx，2024年4月5日。
③ 程恭让：《星云大师人间佛教思想研究》，第734页。

四谛，世界悉檀对应生灭四谛；各各为人悉昙对应无生四谛；对治悉檀对应无量四谛；第一义悉檀对应无作四谛。生灭四谛指世出世皆是变异；无生四谛指一切贪嗔痴并无逼迫，本来是空，而不是与空相合。诸法不然不灭。无量四谛指，分别校计苦、集、灭、道有无量的相，不是二乘可见，而是菩萨见，有无量的相但彼此不杂。菩萨以此方便灭尘沙惑。从三悉檀说，有无量，从第一义说，则无无量，但虽无无量，从多为论又有无量。无作四谛指实相不可思议，不仅第一义悉檀没有无量，三悉檀和一切法都没有无量。

由此，从"人间"义可知，"人间"已蕴含佛教全部意义，同时，"人间佛教"并非世俗化的产物，而即为佛教本身。

（二）人间佛教理论与实践的具体内容分析

"云何世间极成真实？谓一切世间，于彼彼事随顺假立、世俗串习、悟入觉慧所见同性。"[1]诸世间依我和我所假立种种名相，包括有情、人、命者、生者、意生及儒童等，坚固认为名相各有自性，认为此即此，彼即彼，相互不通，以此决定胜解而有诸行，不由思维、筹量、观察后才有取想，而是无始时来便已形成。另外，《瑜伽论》中提出世间极成真实中包括水、火、风、色、声、香、味、触、饮食、衣、乘、诸庄严具、资产什物、涂香、花鬘、歌舞伎乐、种种光明、男女承事、田园、宅舍等事。"又安立此真实义相，当知即是无二所显。所言二者，谓有、非有。此中有者，谓所安立假说自性，即是世间长时所执，亦是世间一切分别戏论根本。"[2]世间真实义相的开显，一是从有、非有，从假说自性而提出世间分别戏论的根本，以及从之解脱的方式；二是善知世间，依顺解脱分和顺抉择分的清净种子，修习善法，转依而灭阿赖耶识；三是修习十种方便善

---

[1] 弥勒菩萨说，（唐）玄奘译：《瑜伽师地论》卷36，CBETA 2023，T30，No. 1579，第486页下。

[2] 弥勒菩萨说，（唐）玄奘译：《瑜伽师地论》卷36，CBETA 2023，T30，No. 1579，第486页下。

巧，得五种事，获得究竟解脱。从此处可见，人间佛教的究竟义和对治义实为一而非二。

（三）佛教社会活动与其他教派所提善法的区别

从世间极成真实来看，佛教虽与其他教派一样都进行社会活动，但所依与目标不同。佛教所依，仍为佛教理论，为的是教诫众生何为不实、何为真实、如何解脱。并非只在阿赖耶识杂染种子层面建立诸行，而是依尽智和无生智，从佛果位上建立诸行，为的是彻底断除烦恼障和所知障，转灭阿赖耶识，并运用方便善巧，获得究竟解脱。"若分别所摄智，唯名为世间；初正智所摄智，唯名出世间；第二正智所摄智，通名世间出世间。"[1] 其他教派所提善法，所依为分别所摄智，为世间智。而佛教所依智为出世间正智与世间出世间正智。"何等为正智？谓略有二种。一、唯出世间正智，二、世间出世间正智。"[2] 唯出世间正智，指的是声闻、独觉、菩萨通达真如，又由真如，诸菩萨于修习善知世间，善修方便，多分住于一切遍行真如智中，得圆满所知障清净境界；世间出世间正智指声闻、独觉由出正智通达真如后，得世间出世间正智，于安立假说中，生起出离心，厌怖三界过患，爱味出世果。又于此境多分安住，得圆满烦恼障清净境界，因又以世间言说相为境界，因此也说为世出世间正智，由此，方便善巧也远大于其他教派。

六　结语

人间佛教的提出，是在民族危难的背景下，为解决时代问题开出的救弊药方。随着时代的转变，佛教面临的问题有所不同，由此其理论发展与

---

[1] 弥勒菩萨说，（唐）玄奘译：《瑜伽师地论》卷72，CBETA 2023, T30, No. 1579, 第696页上。

[2] 弥勒菩萨说，（唐）玄奘译：《瑜伽师地论》卷72，CBETA 2023, T30, No. 1579, 第696页上。

实践亦有别。根据对《瑜伽论》"世间"概念的考察可知，从世间分析人间佛教的理论层次可分为，世出世间法、世出世间施设、世出世间所依、善知世间、方便善巧。世间法为堕五种世间，出世法即不堕五种世间，一切世间法有两种根本杂染，即于真实无所知及不求真实；世出世间施设，主要从世俗谛和胜义谛展开；世出世间所依为阿赖耶识，出世间所依为阿赖耶识所持顺解脱分、顺抉择分种子；善知世间即如实了知一切种、有情世间、器世间，转灭阿赖耶识，而得尽无生智，证究竟位；方便善巧有十种，得五事。从人间佛教实践上而言，所依主要为世间极成真实。简而言之，人间概念既不是一个抽象的教义概念，也不是具体的时空概念，可从世间理解人间一词，本文认为"人""人间""世出世间""方便善巧"为理解"人间"一词的关键。

A Brief Analysis of the Concept of "Mānuṣyaka" from the Concept of "Loka" in *Yogāoāryabhāmi-śāstra*

Zhao Zhixing

Abstract: Since Master Tai Xu, the theory of Humanistic Buddhism has gradually become one of the main perspectives of contemporary buddhist studies. In *Yogāoāryabhāmiśāstra's* theory, five loka are proposed, including Kāmadhātu, rūpadhātu, ārūpyadhātu, sattvaloka, bhājanaloka. From the perspective of the trayodhātavah, Mānuṣyaka belongs to Kāmadhātu and reveals the responding meaning of Humanistic Buddhism; from the perspective of dvauloka, Mānuṣyaka belongs to the loka of sattvaloka and reveals the ultimate meaning of Humanistic Buddhism. But the dichotomy between the responding and the utimate meaning is not a separation, but a different relationship. This paper includes six parts: analysis of the thoughts of Humanistic Buddhism, analysis of the concept of the loka in *Yogāoāryabhāmiśāstra*, analysis of the dependence of loka, analysis of the thoughts of lokajñatā, analysis of the theory and practice of Humanistic Buddhism from the "loka", and conclusion. The first part describes the brief history of the development of Humanistic Buddhism. The second to fourth parts mainly explain the ksayajñāna and the anutpādajñāna is the dependence of Humanistic Buddhism. The fifth part mainly explains the theoretical framework of paññā and upāyakauśalya of Humanistic Buddhism from the setting of "Mānuṣyaka"; The sixth part briefly describes the views of this paper.

Key words: Humanistic Buddhism; *Yogāoāryabhāmi-śāstra*; Loka; Lokajñatā; Upāyakauśalya

人间佛教视域下的阿赖耶识与如来藏关系研究

陈姝宇

西南民族大学博士生

摘　要：基于判教理论，唯识与如来藏的学说有明确的划分，分别被纳入不同的体系，甚至还产生了批判如来藏非大乘之说。阿赖耶识与如来藏的关系一直以来异议不断。由原典来看，阿赖耶识与如来藏之异同在各个经论中的体现皆有差异，二者关系主要可分为三种：同、异、非一非异。本文主要从不同时期的经论入手探讨二者关系，并由体、相、用三个层面来辨析二者在不同的体系中的真实意义。

关 键 词：阿赖耶识；如来藏；唯识；体相用；异同

基金归属：本文为 2019 年度国家社科基金重大项目"'一带一路'佛教交流史"（编号：19ZDA239）的阶段性成果。

以人间佛教之视角观照，阿赖耶识与如来藏关系之研究是对生死解脱的探讨，是以人为核心的世间法的探讨。唯识思想以八识为基点，通过研究心识、心所等一系列概念思想之生成论说明如何转识成智，化凡为圣；而如来藏思想则以如来藏为基点，通过自证本心之本体论说明如何转染成净，洞彻明心。首先，在现实层面，唯识思想和如来藏思想对于践行人间佛教，为世人指明人生方向，为众生增长福德智慧具有重要意义。其次，在教理层面，佛法本为圆融不二之法，人间佛教始终秉持包容开放的态度，以此态度研究佛法义理可如实通达佛法深意。若将这两种思想完全割裂而论，或专以一家之言论释，皆不能通达明了，且容易滋生谬误。最后，在修证层面，无论从唯识（渐悟）出发，还是由如来藏（顿悟）入手，皆为体味一如，遵循正法，超越生死，以求解脱。

一 阿赖耶识与如来藏源流发展

阿赖耶识、如来藏虽被判定到不同的学派之中，但并非割裂而论。本文即依经论探寻二者关系，发现二者之间绝非完全的分裂，而是存在交叉与联系。在此，我们主要从经论学说发展的三个阶段对其源流发展进行全面的梳理。

（一）萌芽阶段

原始佛教时期，阿含经中就已有阿赖耶识、如来藏的概念，但是没有系统的说明。如《增一阿含经·如来出现四德经》中说世间众生有爱阿赖耶，乐阿赖耶，欣阿赖耶，喜阿赖耶，皆是自我执着的心识，使众生不断轮回，跳不出生死。

《增一阿含经》中还最早提到"如来藏"这个名词："其有专心持增一，便为总持如来藏；正使今身不尽结，后生便得高才智。"[①]但此处的"如来藏"并非真如，而是泛指佛教经藏。原始佛教时期已有心性之说，但其对心性的描述，只停留于客观表述，并未分析论断，例如《杂阿含经》中说："心恼故众生恼，心净故众生净。"[②]心性既非善也非恶，心的染净取决于众生内心对善恶的选择。佛教的思维模式超出了二元对立模式，从无记的角度来看心性，心性并非染污，也非去除染污后才清净。

部派佛教时期，开始对心识进行探讨，但较为粗糙。心识为轮回主

---

① （东晋）僧伽提婆译：《增一阿含经》卷1，《大正藏》第2册，第550页下。
② （刘宋）求那跋陀罗译：《杂阿含经》卷10，《大正藏》第2册，第69页下。

体。为了说明轮回主体，犊子部提出"补特伽罗"说，大众部提出"根本识"，化地部说"穷生死蕴"，正量部说"果报识"，上座部说"有分识"，经量部说"一味蕴"。为说明心识活动，大众部、法密部、化地部都提出心所之说。但其说法不够完善，众部派争论不断，也与诸法无我相矛盾，具有较明显的"梵我"色彩。

这一时期，提出了心性本净说，认为心性本净，不被客尘所染，心的解脱是远离贪嗔痴慢疑等烦恼。如来藏思想是对心性本体层面的探讨，其源头可追溯到对心性问题的探讨，上部座、大众部、分别说部都认为心性本净，只因客尘烦恼所染，呈现不净。"谓或有执心性本净，如分别论者，彼说心本性清净，客尘烦恼所染污，故相不清净。"①在梵语中，心性（citta-prakrti，cittada）语义为心的本性、自体、实性、本然，并非实体。心性的探讨是基于对心自体的探讨，即心的本来面目，真心，并不具有"梵我"色彩。部派佛教时期对心性的探讨主要分为两个层面，一为心性之本体，即探究心性状态：本净或本染；二为心性之功能，探究如何修行证得心性清净，证悟佛性。

（二）发展阶段

初期大乘时期，以般若、中观经论为主，讲般若性空，此时也是如来藏思想萌芽时期。其中《华严经》中一切众生皆有如来智慧之说与如来藏主旨关系密切，经中"一切由心所造"思想是唯识心识论的理论依据。

公元二三世纪，如来藏学说开始在中国兴起。在《维摩诘所说经》《如来兴显经》《大哀经》等经典中早已有如来藏之雏形，但最早集中阐述如来藏思想的经典是《如来藏经》。《维摩诘所说经》中就已提到"如来种"。《如来兴显经》中认为"一切众生皆有如来智慧德相"，直接提到了"如来藏"。《大哀经》则为《宝性论》造论之主要依据，经中以无垢宝珠喻如来藏。《如来藏经》为初期如来藏思想的代表，经中以九种譬喻说明如来藏，

---

① （唐）玄奘译：《阿毗达摩大毗婆沙论》卷27，《大正藏》第27册，第140页中。

提出一切众生皆有如来藏，皆可成佛。

公元四五世纪，印度瑜伽行派唯识理论传入中国，逐渐形成了地论宗、摄论宗与唯识宗，开始了系统的心识研究。印顺法师在《唯识学探源》中认为唯心论可分为真心派与妄心派，在此，值得注意的是，以菩提流支及其弟子为代表的地论宗持真心说，如来藏学说也持真心之说，地论宗思想与如来藏学说是有密切联系的。以无著、世亲为所依的摄论宗则由真心说向妄心说过渡，持真妄和合说。唯识学经典《十地经论》《摄大乘论》《解深密经》《楞伽经》等都对阿赖耶识进行了细致的探讨。这个时期，如来藏相关经论也大量传入中国，如《大般涅槃经》《大法鼓经》《胜鬘经》《央掘魔罗经》《佛说不增不减经》《宝性论》《佛性论》，是如来藏思想的发展阶段，其"一切众生皆有佛性"的思想对中国佛教佛性论影响深刻。

（三）成熟阶段

公元六七世纪，唯识宗兴起，以玄奘为代表的唯识宗主要持妄心说，其理念与地论宗、摄论宗有所不同。此时有大量唯识经论译出，如《唯识三十颂》《瑜伽师地论》《成唯识论》《摄大乘论》《密严经》《楞伽经》等。

其中，《密严经》着重探讨了阿赖耶识与如来藏的关系，指出二者之间如金与指环，辗转无差别。《楞伽经》提出的"如来藏藏识"之说不同于其他经论，非常值得重视与探究，经中通过说明阿赖耶识与如来藏之间非一非异的关系，力图破除凡夫对名言、妄想以及我的执着，揭露生死本质为虚幻，建构出了超越生死的路径。

《大乘起信论》也继承了《楞伽经》中的观点，以心性说为基础，用"一心开二门"来说明如来藏。《大乘起信论》中主要从法界的角度来谈如来藏，而《楞伽经》主要从一心开二门中的生灭门来说，即从自觉圣智来看，阿赖耶识中蕴藏着光明如来藏，经中通过"如来藏藏识"说明如何转识成智，由生死来说如来藏。

此时期，具有代表性的如来藏经论主要还有《大乘法界无差别论》《楞严经》。《楞严经》中认为如来藏清净本然，周遍法界，阿赖耶识与如来藏如同瓶内虚空与瓶外虚空。阿赖耶识有生灭，始终在生死中辗转，如来藏不生不灭，为妙明真心。《大乘法界无差别论》主要从性相层面来说明如来藏，认为一切众生皆有清净如来藏。

唯识学说与如来藏学说在历史发展过程中被判别到不同的体系，但从以上历史源流及发展进程中可以发现，二者既有对立也有交叉，既相互独立也相互重合。唯识着重于对心识的探讨，从精细的心识运作机制来揭示真理；如来藏则着重于对心性的启发，直接揭示心性的各种状态，力求明心见性。但二者探讨的主体都离不开本体——"心"，此心既可以指阿赖耶识，也可以指妙明真心如来藏，在不同的学说、不同的经典、不同的语境下其所指不同，都随着历史的发展而逐渐丰富。正如黑格尔所说，历史与逻辑是统一的。人类思想的历史发展进程与逻辑进程是一致的。

在探究如来藏与阿赖耶识关系时，会出现许多疑问，比如众生的如来藏与佛之如来藏是否完全等同？在认为阿赖耶识是清净无垢识的经典中，无垢识是否就指如来藏？以及《楞伽经》中的"如来藏藏识"到底指的是阿赖耶识还是如来藏？等等。

在梳理经典文献的过程中，阿赖耶识与如来藏之间的关系主要分为三种：异、同、非一非异。

二 阿赖耶识非如来藏

唯识学继承了四五世纪印度的瑜伽行派思想，在中国被称作"有宗"。其奠基人为无著、世亲，无著主要代表作为《摄大乘论》《辨中边论》《金刚般若论》。世亲为无著之弟，主要论著为《唯识三十颂》《唯识二十论》《阿毗达摩俱舍论》以及《大乘百法明门论》。世亲之后分为两系，安慧一系被称为"无相唯识宗"，陈那一系则称作"有相唯识宗"，唐代玄奘西行求法所继承的是陈那一系的学说。玄奘从印度求法回来翻译了大量的唯识经典，如《解深密经》《瑜伽师地论》《成唯识论》等。

以玄奘为代表的唯识今学始终认为阿赖耶识不是如来藏，在《摄大乘论》《唯识三十颂》《瑜伽师地论》《解深密经》等经典中都认为阿赖耶识为妄心，是一切杂染的根本。

（一）杂染不净

阿赖耶识统摄前七识，是有情众生生起之根本，也是形成物质世界的根本。众生被无明所覆，将自身与世界都判定为实有，不知一切皆由阿赖耶识变现而出，因我执驱使生出善、恶，造就了不同的业果，所以阿赖耶识也是生死流转的根本。此阶段的阿赖耶识非如来藏。

正如《瑜伽师地论》中说：

> 阿赖耶识是一切杂染根本。所以者何？由此识是有情世间生起根本，能生诸根根所依处及转识等故，亦是器世间生起根本，由能生起器世间故，亦是有情互起根本，一切有情相望互为增上缘故。①

首先，从众生层面来看，阿赖耶识由染污的有漏种子聚合而成，因此阿赖耶识又称作种子。有漏种子里包含了善、恶、无记，本身具有杂染性。阿赖耶识是一切有情众生生起的根本，前七识都由它生起，无论是物质上的身体还是形而上的思想都由阿赖耶识生出。其次，从物质层面来看，众生所处的物质世界，例如目所能及的山川河流、花草树木、日月星辰，目所不能及的星球、星系、宇宙，都是由阿赖耶识生起。最后，从众生与物质世界的关系来看，二者互为根本，互为增上缘，相互联系影响。阿赖耶识是众生之间产生联系之所依。

又如《解深密经》中说：

---

① 弥勒菩萨说，（唐）玄奘译：《瑜伽师地论》卷51，《大正藏》第30册，第581页上—中。

阿陀那识甚深细，一切种子如瀑流，我于凡愚不开演，恐彼分别执为我。①

阿陀那识（阿赖耶识）恒转如瀑流，带有我执、烦恼，为念念无常的有为法。如上文所说，唯识学的经典中将阿赖耶识判定为杂染性，因此阿赖耶识是无常，有随眠烦恼的染污识，是一切烦恼产生的根源，也是众生生死流转的轮回主体。无论在过去、现在还是未来，阿赖耶识都连绵相续，永不断绝。

（二）虚妄如幻

关于阿赖耶识真妄的问题，直至今日仍有很多争议。因为各学派对阿赖耶识的界定不同，所依据的经论不同，在修行实践层面的体验也不同，所以产生了各种论断。总的来说，主要分为三种模式：真、妄、真妄和合。而唯识学中主要持妄心之说，认为阿赖耶识是生灭不断的妄心，不是真常不变之真心。在此层面，阿赖耶识绝非如来藏。

如《摄大乘论》中将阿赖耶识比喻为幻事、梦想、翳暗等，阿赖耶识所储存的烦恼种子皆为虚妄所致：

识如幻事、鹿渴、梦想、翳暗等譬，第一识似如此事。若无此，虚妄分别种子故，此识不成颠倒因缘。②

阿赖耶识为虚妄分别，只有如实观照，证得圆成实性，阿赖耶识才可转妄为真。玄奘继承了世亲、陈那一系学说，也继承了转依这一理念。赖永海教授在《中国佛性论》中认为，唯识前期转依对象为有情自体，后期则以阿赖耶识为所依。转依即解决生死问题，即成佛问题。

---

① （唐）玄奘译：《解深密经》卷1，《大正藏》第16册，第692页下。
② 无著造，（陈）真谛译：《摄大乘论》卷1，《大正藏》第31册，第118页上。

《唯识三十颂》中就认为八地菩萨以下，阿罗汉以及凡夫的阿赖耶识皆为杂染状态。八地菩萨以上、佛地以下能断除杂染的阿赖耶识，这时的第八识被称作异熟识。只有到佛位，阿赖耶识才转为清净无染状态，称为阿摩罗识（无垢识）。

唯识系列经典中在探究阿赖耶识时，从体、相、用的角度来看，阿赖耶识体为妄心，相为杂染状态，用为妄想，具有生灭。只有将妄想破除，才可转染成净，转妄为真，转识成智。唯识学在探讨阿赖耶识时与如来藏学说没有交叉，二者是独立的两个体系，但其转依之说在证果层面与如来藏学说有共通之处，转依的设立在唯识学与如来藏学说之间建立起了一道桥梁，对探讨如来藏与阿赖耶识的关系具有一定的连接性与融通性。

三 阿赖耶识为如来藏

在《密严经》《楞严经》这些大乘经典中，将阿赖耶识判定为真心，认为阿赖耶识本自无染。地论宗、禅宗等宗派也持此观点，认为阿赖耶识自体恒常清净，体味一如。说阿赖耶识与如来藏无异，主要是从本体层面来谈，与唯识学派的论述相比有较大差异，因此争议也较多。

（一）真常清净

地论宗中，世亲的《十地经论》认为阿赖耶识为真常净识、自性清净心，与如来藏无异。地论宗的南道派主张阿赖耶识为净识，例如慧远的《大乘义章》中引经据典说明阿赖耶识为真心：

> 前六及七，同名妄识，第八名真。妄中前六，迷于因缘虚假之法，妄取定性。故名为妄。第七妄识，心外无法，妄取有相，故名为妄。第八真识，体如一味，妙出情妄，故说为真。又复随缘种种，故异变体无失坏，故名为真。如一味药流出异味而体无异，又以恒沙真

法集成，内照自体恒法，故名为真。①

在此要明确的是前六识与第七识皆为妄识，所取之相皆为妄相，只有第八识为真。首先，第六识为意识，第七识为意根，根生起前六识，前六识皆受第七识影响，第七识末那识始终在恒审思量，以第八识的见分为我，生起我执，因此为妄。其次，第七识为我执之根源，无明烦恼俱生，生起我痴、我见、我爱、我慢之根本烦恼，以及一些心所，不清净，因此为妄。最后，第八识在体相用三个层面都出离于妄相，真实不虚。其体如如不动，始终如一。其相随缘种种，皆是相之变异：染污时与虚妄相应，形成生死；清净时与真如无异，自性常住。其用则在于转识成智，当第八识为正智、如如时，第七识、前六识也随之转识成智。

第八识为真，如一味药在不同的温度、不同的时间下会呈现出不同的味道，但这味药的本质并没有改变。真法虽由法界无数恒沙集成，但其本体如如不变，不增不减。这里的第八识就是恒常不变的自体，与如来藏无异。

（二）圆满无染

阿赖耶识为一切清净法之所依，若通过不断净化，自净其心，明心见性，则能转化为自性清净如来藏。如《密严经》中说阿赖耶识本质上清净常圆满，清净无染状态的阿赖耶识为涅槃（如来藏）：

阿赖耶识虽与能熏及诸心法乃至一切染净种子而同止住，性恒明洁。②

一切众生阿赖耶识，本来而有、圆满清净出过于世，同于涅盘。③

---

① （隋）慧远：《大乘义章》卷3，《大正藏》第44册，第525页中。
② （唐）地婆诃罗译：《大乘密严经》卷一，《大正藏》第16册，第727页中。
③ （唐）地婆诃罗译：《大乘密严经》卷二，《大正藏》第16册，第737页下。

阿赖耶识中包含了杂染的有漏种子和清净的无漏种子，是一切染净之法的根本，但其本体清净，不受染污。对于众生而言，藏识中的有漏种子减少，无漏种子就会增多，众生因藏识中有无漏种子，就认为藏识不净，殊不知藏识体性恒常，不增不减：

> 藏识亦尔，普现一切众生界中，性常圆洁不增不减，无智之人妄生计着。若有于此能正了知，即得无漏转依差别，此差别法得者甚难。如月在云中性恒明洁。藏识亦尔，于转识境界习气之中而常清净。如河中有木随流漂转，而木与流体相各别。藏识亦尔，诸识习气虽常与俱，不为所杂。诸仁者！阿赖耶识恒与一切染净之法而作所依，是诸圣人现法乐住三昧之境，人天等趣、诸佛国土悉以为因，常与诸乘而作种性，若能了悟即成佛道。①

这里的"藏识"与如来藏无异，第一个层面，强调一切众生皆有如来藏，以及藏识之体性。如来藏体性恒常，圆融皎洁，不增不减，愚昧之人妄想计着，不能跳脱出此幻境，将妄想当作真实，在生死中不断轮回。若能如实了知，将有漏种子转化为无漏种子，将阿赖耶识转化为大圆镜智，才可证得真正藏识，即清净如来藏。藏识就像夜晚的明月一样皎洁明澈，即使被云层遮蔽覆盖，但其性始终圆融洁净，不受染污，无明妄想如同云层，除去之后便可看见清净明月。

第二个层面，是要说明藏识在转依的过程中本体始终保持清净性，恒常不变。藏识就像河中漂流之木，虽随着流水（烦恼无明）漂流，但木与流水在体相上皆不同，即性质、状态皆不同。

第三个层面，则要表明藏识虽与其他诸识，各种习气，以及其储存的一切染净种子同时存在，共同作用，但不受烦恼习气染污，性常圆洁。如

---

① （唐）地婆诃罗译：《大乘密严经》卷2，《大正藏》第16册，第737页下—738页上。

同波浪在大海中翻滚不止，大海其体性依然恒常不变。

阿赖耶识是一切染净之法的根本，是解脱生死轮回的根本，也是涅槃成佛的依据。经中还说：

> 藏识体清净，众身所依止，或具三十二，佛相及轮王，或为种种形，世间皆悉见。①

阿赖耶识作为成佛的依凭，具备种种相，这里的三十二为数不胜数之意，主要包含两种类型，第一种为神圣相，即佛相、轮王相，极为殊胜，是慈悲、智慧的象征；第二种为普通相，即众生种种相。星云大师就曾强调，说此三十二相，目的是让众生生起欣喜爱乐之心。如此之说，更加方便接引众生，使众生生起成佛的信心。

值得注意的是，《密严经》中将如来藏与阿赖耶识的关系比喻成金与指环：

> 如来清净藏，世间阿赖耶，如金与指环，展转无差别。②

金与指环乃是性相上的差异，金非金指环，金为本体，而金指环虽体为金，其相呈现的是通过提炼、锻造而成的环状。在此，阿赖耶识与如来藏体虽同，相上仍有差异。阿赖耶识具有潜在的如来藏清净特性，需要通过修行才可去除烦恼虚妄，显现清净本体。

《楞严经》中将瓶中的虚空比喻成阿赖耶识，瓶外的虚空比喻为如来藏。这里的如来藏包含了阿赖耶识，阿赖耶识在瓶中为有限的，正如它会在转依中灭尽，而如来藏则是无限的，它始终恒常不变，自性清净，即使处于生死流转中的众生也具有不受染污的如来藏。如果破除瓶子本身，即

---

① （唐）地婆诃罗译：《大乘密严经》卷2，《大正藏》第16册，第738页上。
② （唐）地婆诃罗译：《大乘密严经》卷3，《大正藏》第16册，第747页上。

破除无明后，阿赖耶识与如来藏无异。阿赖耶识与如来藏的关系更多地体现了佛教超出二元对立的圆融境界，如来藏实际上为一，无二，去染存净的阿赖耶识也是如此。

相似的论述在《央掘魔罗经》中也可以看到，经中认为阿赖耶识是被无明烦恼所覆的如来藏，佛性在烦恼中住：

> 如瓶中灯瓶破则现，瓶者谓烦恼，灯者谓如来藏。[①]

阿赖耶识为瓶中灯，瓶为无明烦恼，灯为如来藏。只有将瓶子打破，将无明烦恼都破除，才会显现出光明如来藏。灯之光亮本来是无量无限的，阿赖耶识的本来面目也是如此，只是被无明烦恼限制遮蔽了。

宗密在《禅源诸诠集都序》中也说："第八识无别自体，但是真心以不觉故。"认为阿赖耶识为真心（如来藏），只是因不觉而被无明所覆。

综上可见，在体性层面，阿赖耶识虽与众多烦恼、习气种子俱生，但不受染污，体性恒常。在体相层面，阿赖耶识所储藏的有漏种子虽然会生出诸烦恼，是无明烦恼的成因，但阿赖耶识本身为无常、无我，没有主观意识，因此能转识成智，证得正智。在体用层面，阿赖耶识虽生灭不断，但藏有清净种子，可通过增长无漏种子，使阿赖耶识完全清净，即真正地转识成智，成就佛果。

四 阿赖耶识与如来藏非一非异

在《楞伽经》《大乘起信论》等经典中，同时宣说阿赖耶识与如来藏，认为阿赖耶识与如来藏为染净和合、真妄和合，二者之间的关系非一非异。基于世俗谛来说，阿赖耶识属于有为法，是为八地以下的众生而说。若从胜义谛来看，如来藏则属于无为法，自性清净，恒常不变，是不可思

[①] 求那跋陀罗译：《央掘魔罗经》卷2，《大正藏》第2册，第526页中。

议殊胜之法。但在《楞伽经》中阿赖耶识中隐藏着正智、如如。凡夫之如来藏，即被染污不净的如来藏，也会显出阿赖耶识的杂染相。所以，在此经中阿赖耶识与如来藏是相即相离、非一非异的状态。

（一）染净和合

《楞伽经》中染净和合的如来藏藏识（如来藏识藏），是如来藏与阿赖耶识（识藏）相即相离的状态。

《楞伽经》中说：

> 显示阿赖耶，殊胜之藏识；离于能所取，我说为真如。①
> 是故，大慧！菩萨摩诃萨欲得胜法，应净如来藏藏识之名。大慧！若无如来藏名藏识者，则无生灭。然诸凡夫及以圣人悉有生灭，是故一切诸修行者，虽见内境界住现法乐，而不舍于勇猛精进。大慧！此如来藏藏识本性清净，客尘所染而为不净。一切二乘及诸外道，臆度起见不能现证；如来于此分明现见，如观掌中庵摩勒果。②

《楞伽经》中染净和合的如来藏藏识，既是如来藏，也非如来藏。将阿赖耶识转化为清净识时，阿赖耶识即如来藏；当如来藏受到染污时，如来藏呈现之相状即阿赖耶识。阿赖耶识具有生灭，而如来藏无生灭。凡夫、声闻、缘觉，以及八地以下的菩萨都仍有生灭，只有证得八地以上的佛、菩萨才能断绝分段生死与变易生死。所以只有精进修行，才能证得自觉圣智境界，得三昧法乐。小乘与外道未证得，便会臆想此为不可证境界。如来藏境界（自觉圣智境界）清净自在，以自觉圣智观一切，就如在掌中观察一颗庵摩勒果，如实观照，面面俱到，圆融无碍。庵摩勒果的"庵摩"是梵文 āmra 的音译，本义为"清净"，在此用来比喻如来藏十分

---

① （大周）实叉难陀译：《大乘入楞伽经》卷6，《大正藏》第16册，第626页上。
② （大周）实叉难陀译：《大乘入楞伽经》卷6，《大正藏》第16册，第619页下—620页上。

贴切，因为如来藏自性清净。

如来藏识藏（阿赖耶识）被客尘所染所以呈现染相，转染为净后便为如来藏：

> 此如来藏识藏，一切声闻、缘觉心想所见。虽自性净，客尘所覆故，犹见不净，非诸如来。①

阿赖耶识不净时具有生灭现象，阿赖耶识清净时为如来藏便不生不灭，因此二者之间既相同又不同，就如同光与尘的关系，尘在光中，但尘并非光，若将尘的杂染成分去除，尘也与光无异，但从本质上来看，尘与光又不同。

（二）真妄和合

地论宗中的北道派主张真妄和合说："佛性真心与无明地，合为本识，名阿梨耶。"② 认为阿赖耶识是如来藏与无明妄想和合的识体，既有清净本体又有杂染相。

与地论宗北道派意见相同的还有摄论宗，也认为阿赖耶识真妄和合。摄论宗认为第八阿赖耶识具有解性、果报及染污三种义，还依阿赖耶识清净无染部分单独立第九识阿摩罗识（无垢识）。

《大乘起性论》延续了《楞伽经》之说，用"一心开二门"解决了阿赖耶识与如来藏在理论上的冲突，提供了一条更加圆融的路径：

> 心生灭者，依如来藏故有生灭心，所谓不生不灭与生灭和合，非一非异，名为阿梨耶识。③

---

① （宋）求那跋陀罗译：《楞伽阿跋多罗宝经》卷4，《大正藏》第16册，第510页下。
② （隋）慧远：《大乘义章》卷3，《大正藏》第44册，第534页下。
③ 马鸣菩萨造，（梁）真谛译：《大乘起信论》卷1，《大正藏》第32册，第576页中。

生灭是因妄念产生的现象，为妄。不生不灭则是恒常清净的真如（如来藏），为真。现象与本体不同，所以说非一；现象离不开本体，本体也不可能没有现象，如波浪与海水，所以说非异。现象与本体二者之间非一非异，阿梨耶识（阿赖耶识）就是这种真妄和合的产物。

《大乘起信论》中还将一心分为心真如门与心生灭门，并提出真妄互熏之说，即真如熏无明，无明熏真如：

> 熏习义者，如世间衣服实无于香，若人以香而熏习故则有香气。此亦如是，真如净法实无于染，但以无明而熏习故则有染相。无明染法实无净业，但以真如而熏习故则有净用。[1]

真妄互熏之说在历史上有很大的争议，《大乘起信论》甚至被判为"伪经"。以玄奘、欧阳竟无、王恩洋等为代表的高僧、学者多数是基于唯识学的理论来分析，认为无明为有为法，真如为无为法，无为法不受熏也不熏他。而《大乘起信论》中的熏习与唯识宗所说的熏习范围和角度都不同，自然意义也不同，"伪经"之说不能成立。《大乘起信论》中谈熏习，是在心生灭门中谈。真如具有被缠和离缠两种状态，无明熏习的真如为被缠状态，被客尘所覆，而非自性清净的真如本体。此时阿赖耶识中的杂染种子熏习被缠的如来藏，生起一切虚妄。

在心生灭门中，如来藏与阿赖耶识，真妄和合，非一非异。论中从真妄和合的角度来谈阿赖耶识与如来藏，生灭是由无明妄念而起的相对差别，是生灭变化现象。不生不灭是绝对平等的真如本体。不生不灭的真如本体和生灭变化现象完全不同，但二者相互联系。因为真如为体，生灭现象为用，二者的关系非一非异。《大乘起信论》中的说法与地论宗北道派相似，所以此论又被质疑为地论宗所撰。

---

[1] 马鸣菩萨造，（梁）真谛译：《大乘起信论》卷1，《大正藏》第32册，第578页上。

阿赖耶识与如来藏非一非异之特性，从体、相、用三个层面来说明，第一本体层面，阿赖耶识体性清净时，与如来藏无异。第二相的层面，阿赖耶识因无明烦恼染着，呈现不清净相，此时的阿赖耶识并非如来藏。但如果去除染污，转染成净，则可呈现清净如来藏。第三用的层面，阿赖耶识带动前七识一起运作，具有生灭，造诸漏业，是生死的成因；如来藏不生不灭，自性清净，是解脱生死的根本。犹如平静之水与风，如来藏为平静之水，无明烦恼为风，阿赖耶识就是被风吹动的水。只有让无明之风停止消失，断绝一切妄想执着，才可真正断除生死，回归本心，涅槃寂静。

五　修行层面的阿赖耶识与如来藏

无论是阿赖耶识转识成智，还是如来藏去染存净，都需要通过修行实践来完成。在转染为净、转妄为真、转迷为悟、化凡为圣的过程中，首先观心最为关键，其次要对治妄念，最后则转化染污。

（一）自观其心

观心，即知见、净化自心。阿赖耶识中包含了杂染和清净种子，每个人起心动念都会引发种子，那一念之间是善还是恶，都需要自知。种子、现行、熏习辗转相生，得明白心的状态和发展趋势，观察引发的情绪是正面还是负面，以及引发的原因和后果，才利于修心。长期坚持这样修行，了知自我的状态，明白自己的习性，既能对治烦恼又能发现自身潜力。虽然每部经典中修行的方式都不同，但与阿赖耶识、如来藏相关的经典都强调了修行的关键之一是观照自心，明了妄想之相。《楞伽经》中经常提到自心现量，一切烦恼皆由自心现，经中提出了四种成就法门：

菩萨摩诃萨成就四法，得修行者大方便。云何为四？谓：善分别自心现、观外性非性、离生住灭见、得自觉圣智善乐，是名菩萨摩诃萨成就四法，得修行者大方便。①

第一，"分别自心现"即观照自心，观察自心所现。第二，"观外性非性"，即观察外物外境皆无自性。第三，"离生住灭见"，观察内外一切法，皆无自性、无生。第四，"得自觉圣智"，即证得无生法忍，获意生身，具如幻三昧。

那么如何观照自心呢？《楞伽经》中也说明了方法：

> 云何菩萨摩诃萨善分别自心现？谓：如是观三界唯心分齐，离我我所，无动摇、离去来，无始虚伪习气所熏，三界种种色行系缚，身财建立，妄想随入现。是名菩萨摩诃萨善分别自心现。②

即要明白三界虚妄，乃唯心所造，种子受到无明所熏，被种种烦恼束缚，人们所留恋的声色财富其实都是一场虚空，就连人本身这个思考着的自我也是虚妄。观照自心也就是认清唯心世界的本质，摒除我执，断除妄念。

正如《楞伽经》中说：

> 如来之藏，是善不善因，能遍兴造一切趣生。譬如伎儿，变现诸趣，离我我所。不觉彼故，三缘和合方便而生。外道不觉，计着作者。为无始虚伪恶习所熏，名为识藏。生无明住地，与七识俱。如海浪身，常生不断。离无常过、离于我论，自性无垢，毕竟清净……修行者，作解脱想，不离不转，名如来藏识藏。③

---

① （宋）求那跋陀罗译：《楞伽阿跋多罗宝经》卷2，《大正藏》第16册，第489页中—489页下。
② （宋）求那跋陀罗译：《楞伽阿跋多罗宝经》卷2，《大正藏》第16册，第489页下。
③ （宋）求那跋陀罗译：《楞伽阿跋多罗宝经》卷4，《大正藏》第16册，第510页中。

如来藏具有善与不善的因缘，能造出世间种种。一切皆由因缘和合而生是为众生所说，但实质上这是一种不觉（没有觉悟）的状态，外道和凡夫常常执着于物质层面，认为现实的世界就是真实的世界。然而本质上一切皆是虚幻，皆是妄想。阿赖耶识被无明虚妄所熏染时，称作识藏。阿赖耶识如同大海一般，烦恼为海浪，无明之风一吹，阿赖耶识海便呈现种种海浪翻滚相，然而大海本来清净寂静，烦恼、无明皆是虚妄。一切皆是无常、无我、无垢、无自性。修行实践的过程中须如实了知所有状态，并如实观照，这种清清明明、圆融无碍的境界为如来藏境界。不离不转，即观察妄想，不离妄想，不生起任何情绪、评价，只是如实了知，这种状态下的阿赖耶识称作"如来藏识藏"，也即如来藏。

《楞伽经》主要从唯识三自性、二无我、五法的结构来分析，同时宣说阿赖耶识与如来藏，也是禅宗印心之作，经中明确地提出了修行的次第——圣智三相：无所有相、一切诸佛自愿处相、自觉圣智究竟之相，还讨论了修行的方式——顿与渐，认为"净除一切众生自心现流"为渐，即修行过程中慢慢除去杂染种子，逐步证得自性清净心（佛性）。"现一切无相色像""现无相、无有所有清静境界""显示不思议智最胜境界"为顿，即通过修行一念之间悟得佛性，清净无染，圆融自在。藏识中所说的顿悟就是观自心以及身心所受用的一切境界："譬如藏识，顿分别知自心现及身安立受用境界。"[①] 即观察自心的状态，以及生起的情绪、烦恼、无明。

（二）对治妄念

在修行的过程中，阿赖耶识中会频繁生出妄念、杂念，这是由于阿赖耶识里的烦恼种子浮现在了意识层面，不由自主地、毫无缘由地生出种种妄念，干扰内心。如果不能对治，会导致一系列的心理失衡，甚至产生严重的心理疾病。《楞严经》中所说的五十阴魔，就是无明妄想在五阴中引

---

① （宋）求那跋陀罗译：《楞伽阿跋多罗宝经》卷1，《大正藏》第16册，第486页上。

起的一系列妄念魔境，类似于心理障碍、心理疾病所造成的幻象，如若不能控制，便会走火入魔。《楞严经》中也提出了三种渐修次第来修行三摩提，对治妄念：

> 如是众生一一类中，亦各各具十二颠倒；犹如捏目乱花发生，颠倒妙圆真净明心，具足如斯虚妄乱想。汝今修证佛三摩提，于是本因元所乱想，立三渐次方得除灭；如净器中除去毒蜜，以诸汤水并杂灰香洗涤其器，后贮甘露。云何名为三种渐次？一者修习，除其助因；二者真修，刳其正性；三者增进，违其现业。[①]

第一为除助因，即要"永断五辛"；第二为真修，刳正性，就是要"严持清净戒律"，"永断淫心不食酒肉，以火净食无啖生气"[②]；第三违现业，即"清净持禁戒人心无贪淫，于外六尘不多流逸，因不流逸旋元自归，尘既不缘根无所偶，反流全一六用不行，十方国土皎然清净，譬如琉璃内悬明月"[③]。到了第三层，"快然妙圆平等获大安隐"，一切如来密圆净妙皆在其中显现，修行人可获得无生法忍。

需要注意的是，在持戒、诵念、坐禅等过程中，会激发阿赖耶识中存储的烦恼种子，使烦恼种子浮现到意识层面。面对这类烦恼，也必须及时对治。

（三）转化染妄

阿赖耶识中的烦恼种子乃是因长期熏习所致，除了要对治妄念，舍弃、消灭不善种子，还可多累积善种子，多造善业，因为善、无漏种子经

---

① （唐）般剌蜜帝译：《大佛顶如来密因修证了义诸菩萨万行首楞严经》卷8，《大正藏》第19册，第141页中。
② （唐）般剌蜜帝译：《大佛顶如来密因修证了义诸菩萨万行首楞严经》卷8，《大正藏》第19册，第141页中。
③ （唐）般剌蜜帝译：《大佛顶如来密因修证了义诸菩萨万行首楞严经》卷8，《大正藏》第19册，第141页下—142页上。

过长期熏习也会增长。

如《楞伽经》中说：

> 大慧！意识分别境界起执着时，生诸习气长养藏识，由是意俱我我所执思量随转无别体相，藏识为因为所缘故，执着自心所现境界，心聚生起展转为因。大慧！譬如海浪自心所现，境界风吹而有起灭，是故意识灭时七识亦灭。①

由阿赖耶识与末那识、意识的关系来看，阿赖耶识（第八识）为因，为所缘，执着于自心所现境界，则生起意识（第六识），意识生起后将阿赖耶识执着为我。末那识（第七识）又将意识计着为我所，与此同时将阿赖耶识计着为我，生出我执。意识生起后，由于受到种种熏习，具有了各种习气，诸多习气又反过来助长滋养阿赖耶识之无明烦恼。因此，意识、末那识、阿赖耶识总是互相辗转影响，若完全断除我执烦恼，意识、末那识也随之灭尽。总的来说，第六识是依第八识而生起，第七识则是执第八识与第六识共同生起，之后，第六识反熏第八识，使之烦恼种子增多，烦恼根据自心现起境界，第六识又再加以虚妄分别，生出种种妄想境界，第七识依第六识、第八识而生，由此辗转，相互为因而生。

从三自性层面来看，阿赖耶识因长期熏习，储藏了大量的烦恼种子，现行烦恼种子如同风，使自心境界如海浪起伏，然而一切唯心所现，只要了别依他起性、遍计所执性为虚妄习气，断二我执便可证得自性清净，即使外界狂风骤雨，自心如如不动。正所谓"三界唯是心，分别二自性；转依离人法，是则为真如"②。

若勤修戒定慧，抑制烦恼种子现行生起，修行圆满便可见道。达到阿罗汉、辟支佛以及八地以上的菩萨，烦恼种子便不会起现行，直到佛地，

---

① （大周）实叉难陀译：《大乘入楞伽经》卷3，《大正藏》第16册，第606页上。
② （大周）实叉难陀译：《大乘入楞伽经》卷6，《大正藏》第16册，第626页中。

才能完全断除人我执和法我执，阿赖耶识才能转为清静识。只有"令识虚妄深厌自生，知有涅槃不恋三界"①，才能转识成智，达到涅槃。

那么如何转化阿赖耶识里的这些有漏种子呢？

地论宗认为转化得依靠第六识——意识，慧远在《大乘义章》中说：

> 真心与妄和合名阿梨耶，亦名本识，亦名藏识，本为缘熏，变生六识。六中意识，起闻思修，熏于本识，成闻思修善法种子。本熏无明，令其渐薄，无明薄故，起阿陀那执我亦薄，执我薄故，生起六识，起惑亦薄，如是展转，有过斯尽，有德皆备，真修如是。②

阿赖耶识虽然是生死解脱的根本，但阿赖耶识本身在修行过程中不起作用，真正起作用的是第六识，第六识依第八识而生，二者相互熏习。第六意识经过闻思修的不断熏习，不断累积善种子。通过熏习使无明烦恼种子逐渐变少，第七识（阿陀那识）中的我执也会逐渐减少，此时的第六识生起的虚妄也会减少，如此反复辗转熏习，直至一切无明烦恼种子消失，阿赖耶识便可转化为大圆镜智。

禅宗在讲参禅时，却常说"离心意识参"，这不是与上面所说的用第六意识参矛盾吗？其实不然，在实际参禅过程中，最初还是得从心意识相应的心所入手，会出现许多妄念。接着妄念熄灭，只有一个念头，此时就得离开心意识的运作来参，连唯一的参禅念头也得放下，达到万念归一，最后一归于无，即"离心意识参"，如憨山大师所说："若果能用心，单在一念不生以前着力。"③

《成唯识论》中则分别根据境、行、果三个方面来谈转依，认为"转

---

① （唐）般剌蜜帝译：《大佛顶如来密因修证了义诸菩萨万行首楞严经》卷10，《大正藏》第19册，第155页上。
② （隋）慧远：《大乘义章》卷3，《大正藏》第44册，第527页下。
③ 《憨山老人梦游集》卷11，禅宗部类《语录别集》第73册，531页下。

依"包含了四种：一能转道，二所转依，三所转舍，四所转得。[①]首先从境上能转依、所转舍，然后从行上能转道，最后从果来看能转得。其中二所转依中包含了持种依和迷悟依，持种依以阿赖耶识为根本，而迷悟依则是真如，迷此真如则受生死之苦，悟此真如则得涅槃安乐。只有不断修习无分别智，断阿赖耶识中的二种障，才能转灭生死，转证涅槃。值得注意的是，这里的真如体性为净但呈杂染相，迷悟依真如之说即建立在此基础之上，真如体净只是被客尘所覆。

三所转舍中包含了所断舍和所弃舍，所断舍即要断烦恼障和所知障二种子，所弃舍即断余有漏和劣无漏二种子。

无论从哪个次第来谈转依，也无论转依的方法机理多么精细，最终都是为了让人能观照自心，照见真如实相，不被无明所侵。

从世俗谛来看，如来藏自性清净，属无为法，是恒常不变的真实本

[①] 护法等造，（唐）玄奘译：《成唯识论》卷十，《大正藏》第31册，第54页下—55页中：转依义别略有四种：
一能转道。此复有二：一能伏道，谓伏二障随眠势力，令不引起二障现行。此通有漏无漏二道加行根本，后得三智随其所应渐顿伏彼。二能断道，谓能永断二障随眠。此道定非有漏加行，漏曾习相执所引未泯相故，加行趣求所证所引未成办故。有义，根本无分别智亲证二空所显真理，无境相故能断随眠；后得不然，故非断道。有义，后得无分别智虽不亲证二空真理，无力能断迷理随眠，而于安立非安立相明了现前无倒证故，亦能永断迷事随眠。故《瑜伽》说修道位中有出世断道、世出世断道，无纯世间道能永害随眠，是曾习故相执引故。由斯理趣，诸见所断及修所断迷理随眠，唯有根本无分别智亲证理故能正断彼。余修所断迷事随眠，根本后得俱能正断。
二所转依。此复有二：一持种依，谓本识。由此能持染净法种，与染净法俱为所依，圣道转令舍染得净。余依他起性虽亦是依，而不能持种，故此不说。二迷悟依，谓真如。由此能作迷悟根本，诸染净法依之得生，圣道转令舍染得净。余虽亦作迷悟法依，而非根本，故此不说。
三所转舍。此复有二：一所断舍，谓二障种。真无间道现在前时，障治相违，彼便断灭永不成就，说之为舍。彼种断故，不复现行妄执我法，所执我法不对妄情亦说为舍，由此名舍遍计所执。二所弃舍，谓余有漏劣无漏种。金刚喻定现在前时，引极圆明纯净本识，非彼依故皆永弃舍。彼种舍已，现有漏法及劣无漏毕竟不生，既永不生亦说为舍，由此名舍生死劣法。有义，所余有漏法种及劣无漏，金刚喻定现在前时皆已弃舍，与二障种俱时舍故。有义，尔时犹未舍彼，与无间道不相违故，菩萨应无生死法故，此位应无所熏识故，住无间道应名佛故，后解脱道应无用故。由此应知，余有漏等解脱道起方弃舍之，第八净识非彼依故。
四所转得。此复有二：一所显得，谓大涅槃。此虽本来自性清净，而由客障覆令不显，真圣道生断彼障故，令其相显，名得涅槃。此依真如离障施设，故体即是清净法界。

体；阿赖耶识也具备潜在的清净本性，但需要转化，去除虚妄才能变为大圆镜智，也即如来藏。

从胜义谛来看，众生的如来藏被无明烦恼覆盖，但本体依然清净无染，只有通过修行断除一切烦恼，才可证得真正的如来藏；而阿赖耶识始终在轮回中流转，具有生灭，属有为法，自身隐含了正智，得通过转识成智来解决染污问题。

由此可见，在修行实践层面，阿赖耶识与如来藏的关系也是非一非异，相即相离，并非完全互相对立或者互相排斥，但也并非完全等同，在绝对平等清净条件下二者才可为一。

六 结语

在本体层面中，首先值得注意的是将阿赖耶识视为清净无染的真心之说，阿赖耶识为真心，是从本体上说阿赖耶识具备清净圆满的潜在特性，与如来藏无异，但非相上无异。如果没有把握其本质，在修行上会产生误导。其次，应该明确阿赖耶识回归本体是有前提条件的，而如来藏就是本体自身。《楞伽经》中的如来藏藏识，即阿赖耶识，通过转化为大圆镜智后，才可称作清净如来藏。摄论宗立第九识之说也是为了进一步说明二者之间的转化关系。最后，要强调的是众多经论中都将如来藏（真如）视为本体，其体性清净圆满。《大乘起信论》中就以真如为体，认为如来藏始终是清净本体，恒常不变。《楞严经》中曾强调，在果位中，菩提、涅槃、真如、佛性、庵摩罗识、空如来藏、大圆镜智，虽然是七种不同名称，但本体清净圆满，体性坚凝，如金刚王常住不坏。

从相状层面来看，阿赖耶识显现虚妄杂染相，是具有染污的有为法，阿赖耶识得经过转化才能清净无染。因为阿赖耶识是七识生起的根本，轮回的主体，也是统摄众生、世界以及联系二者的枢纽。《大乘起信论》中也以无明为相来加以说明，认为阿赖耶识随缘显相，显现出的是染污、虚妄。众生的如来藏被无明烦恼所覆，具有染污相，然而如来藏本体清静常住，即佛之如来藏。值得注意的是，因地众生的如来藏与佛的如来藏在相状上是存在差异的。《密严经》中金与指环的比喻更加清晰地说明了这一点，金与指环具有共同体性，从体上看二者无异，阿赖耶识为如来藏；但从呈现的相状来看，却是不同的，金不等同于金指环，杂染状态的阿赖耶识也并非如来藏。

从体用层面来看，如来藏生起一切世间、出世间的善因果，如来藏含摄了阿赖耶识的所有功能，不生不灭，具备一切功德，如来藏始终是清净不变的无为法，为佛性。染污状态的阿赖耶识不像如来藏那样，还是属于有为法，具有生灭。阿赖耶识生起众生、世间及一切因果的无记种子，只有去除虚妄分别，才与如来藏无异。一切法皆是因为妄念而有差别，如果脱离了妄念，一切法则没有境界差别，断除妄念便可证得涅槃，解脱生死。

从体、相、用三个层面综合来看，阿赖耶识与如来藏之间实质上是一体多面的关系。如《胜鬘经》中"空如来藏""不空如来藏"以及藏识（阿赖耶识）之说，为如来藏一体之三面。阿赖耶识与如来藏之间关系的研究，实质上是对心识与心性的讨论，是对现象与本体的讨论，也是对解脱生死的讨论，是从世间法层面去觉悟智慧，以人为本体来探寻真理。这与星云大师所强调的人间佛教之特性相契合，帮助众生看清生死本质，解脱痛苦，给予众生欢喜、利益，在当下仍具有不可或缺的重要意义。

A Study on Relationship between Ālaya-vijñāna and Tathāgatagarbha from the Perspective of Humanism Buddhism

Chen Shuyu

Abstract: Based on the theory of judgment, there is a clear division between the theories of Vijñnavda and Tathāgatagarbha. Ālaya-vijñāna and Tathāgatagarbha are incorporated into different systems respectively, and there are even criticisms that Tathāgatagarbha is not Mahayana. The relationship between Ālayavijñāna and Tathāgatagarbhaha always been controversial. Judging from the original scriptures, the similarities and differences between Ālayavijñāna and Tathāgatagarbha are reflected differently in various sutras. The relationship between the two can be mainly divided into three types: similarity, difference, and neither one nor different. This article mainly discusses the relationship between the two from the classics of different periods, and analyzes it from the three levels of nature, statu, and function, and analyzes the true meaning of the two under different systems.

Key words: Ālayavijñāna; Tathāgatagarbha; Vijñnavda; Nature-Statu; Function; Similarities and Differences

《十地经》中"方便慧"系译语研究
——兼论大乘佛教与世间、众生交流互动的特质及实现基础

张芳芳

上海大学博士生

摘　　要：本文采用文献学、历史语义学、思想史研究的方法，以梵汉文本互照的方式，对大乘佛教早期经典《十地经》中"方便慧"（"慧方便"）系译语进行考察，讨论大乘佛教"般若"与"方便"并重并举的理论建构，兼论大乘佛教与世间、众生交流互动的特质及实现基础。

关 键 词：大乘佛教；《十地经》；善巧方便；人间佛教

基金归属：本文为2019年度国家社科基金重大项目"'一带一路'佛教交流史"（编号：19ZDA239）的阶段性成果。

一　引言·问题的提出

佛教于两汉之际传入中国，其义理思想尤其是大乘佛教思想在中国本土文化的接纳与吸收融合下，形成中国佛教思想，一直闪耀着灼灼光辉。佛教传入未久，正值魏晋玄学盛行之际，作为大乘佛教义理基础一个要素的"般若"，迅速得到以"尚无"为宗旨的玄学体系的回应，"般若"也由此迅速成为教内外关注与讨论的热点。因对般若诠释上的不同，还产生了如六家七宗等围绕般若进行思想阐发的多个佛教义理学中心。然而，貌似

也由此开始，中国佛教的诠释体系将构建大乘佛教义理的基础完全倾倒性地偏向于"般若"这一要素。但大乘佛教义理的基础究竟是怎样的？具体包含哪些要素？它们之间的关系又是如何？这就需要重新回到对原典的翻译、理解与诠释当中来寻求答案。《十地经》是最早期的大乘经典之一，它被收于《华严经》，堪称其中最核心的单行品经，《十经地》不仅受到印度中观、唯识两系论师的高度重视，也是中国佛教地论学派乃至华严宗的思想来源。那么，在如此具有代表性的经典当中，大乘佛教思想的基础是如何呈现的，就有着极为重要的研究意义。

实际上，程恭让教授早已关注到《十地经》中"方便慧"（"慧方便"）这一译语反映出的初期大乘经典所呈现的本质性思想动向，他通过对《十地经》第七地中七组文献深入的语义学及诠释学分析，证成"方便慧"（"慧方便"）译语传述了初期大乘佛教般若智慧与善巧方便并列并举、不可偏废的思想原则。程恭让通过梵汉本的对勘工作，证明无论是"方便慧"，或是"慧方便"，其意思都指向方便及般若之间同时同处的并列关系，并且二者再与"智慧"一词形成同位关系，即"方便"这种智慧与"般若"这种智慧——"方便与般若"的智慧。这种术语的结构方式不只在《十地经》中，更在《八千颂般若》《法华经》《维摩经》中都是可以看到的。程恭让认为，方便这一概念在经文中是分为广义与狭义两种路径进行解释的。例如在《十地经》第七地梵本第 21 颂中，"回向于佛道，方便波罗蜜"所表达的"'以追求佛菩提为目标'作为方便本质意义上的表现"，即是对方便进行的广义解释，该广义的方便是在与般若对举的意义上来阐释的；与之相应的长行中，"能起无量智门，是方便波罗蜜"则是将方便置于十波罗蜜体系中，在与其他波罗蜜相互区别的意义上，对方便狭义的、具体的概念界定。该偈与长行的搭配正是通过广狭双重的角度揭显方便概念丰富、深刻的内涵。在《〈华严经·十地品〉第七地"方便慧"（"慧方便"）译语及所反映初期大乘经典的思想动向》一文最后的引申部分，作者还进行了设问，"对于菩萨实践过程，高度重视善巧方便品德的修学，高度重视般若与方便两种菩萨品德的并列并举、不可偏废"这一基本思想原则是否只适用于《十地经》第七地的情况？回答是否定的，并简列其他多地中二者的相关文献予以例证。①

本文正是基于此研究成果，以《十地经》梵汉对勘的方法，对《十地品》中其他各地出现的"方便慧"系译语进行的补充研究，并依该译语的考察论及大乘佛教与世间、众生交流互动的特质及实现基础。

二 《十地经》的版本、译本及影响

《十地经》，形成于大乘佛教初期，是华严系统中较早的核心经典。大本《华严经》正是在《兜沙经》《十地经》思想的基础上，又结合了《入法界品》等逐渐丰富起来的。②大本《华严经》初步形成后经过数次修改而最终定型，这从现存的六十华严、八十华严、藏译华严内容的比较明显可见。最早的大本《华严经》，与六十华严拥有相同或近似的构想及体系，其成书年代，据木村清孝推断大约为 400 年前后，编纂的地点应是西域的于阗或其周边地区。然而，大本《华严经》是经过长久的时间逐步丰富成熟的。其单品的成立时间要更早，相当于《十地品》的《十地经》，《入法界品》的节译本《佛说罗摩伽经》，以及相当于《性起品》的《如来兴显经》都是最早形成并流通的华严系统单行本经。并且，整部《华严经》的核心或支柱，即为《世间净眼品》《卢舍那佛品》，表述菩萨修行次第的《十地品》，以及展示具体修行之道的《入法界品》。无论从成立时间还是从思想核心来看，《十地经》都是华严系统经典中最为重要的主体内容之一。它在印度和中国等地流传都相当广泛，据木村

---

① 程恭让：《〈华严经·十地品〉第七地"方便慧"（"慧方便"）译语及所反映初期大乘经典的思想动向》，《2019 华严专宗国际学术研讨会论文集》，台北：华严莲社 2019 年版，第 29—53 页。

② 杨维中：《经典诠释与中国佛学》，宗教文化出版社 2006 年版，第 104 页。

清孝的考证，《十地经》最晚形成于3世纪后半叶[①]，在大乘早期相当一段时间内，《十地经》在印度都是单独流传的，并且在经文的体例上，该经具有相当完整的结构，依照中国佛教对佛经的常规判释，《十地经》是"三分"俱全的。

《十地经》无论在印度佛教发展史上，还是在中国佛教发展史上，都产生过非常重要的影响。印度中观学派与瑜伽学派最重要的两位代表人物龙树与世亲均为《十地经》作过论释，可知《十地经》的至高地位及重要价值。杨维中认为《十地品》中所提出或者充分发挥的佛学思想及其对大乘佛教修行方法的实际贡献，实属不胜枚举。[②]龙树时期所见的《华严经》，主要就是《十地经》(《十地品》)和《入法界品》。他为《十地经》作过注解，即姚秦鸠摩罗什所译的《十住毗婆沙论》(梵本不传)，该论的形式并非对经文进行逐句解释，而是先以偈颂概述《十地经》经文大意，再进行疏释，现存的十七卷是从初地欢喜地到二地离垢地一半的内容。此外，龙树在其《大智度论》当中也曾称引过《十地经》。

世亲为《十地经》所作的注释《十地经论》，在6世纪初由勒那摩提和菩提流支译出后，对中国佛教理论的影响极为深远，对其研究蔚为显学，在南北朝时期曾形成重要的地论学派。地论学派的众多代表人物不仅在当时的佛教界占据领袖地位，还对其后的佛教思想产生了重要影响。因对《十地经论》的诠释与主张不同，地论学派分化为南北两道，其中南道派的慧光—净影慧远一系成为智俨一系华严宗的思想先驱，地论学派所依之《十地经论》也成为华严诸祖对作为《华严经》主体思想之一的《十地品》进行注解的依托，并且，《十地经论》中世亲提出的如六相等学说更是直接被华严宗所继承。[③]除龙树的《十住毗婆沙论》与世亲的《十地经论》之外，德光《十地疏》、金刚军《十地释论》、坚慧《略释》

[①] 〔日〕木村清孝：《"华严十地"的形成过程——以其与〈菩提心经〉的关系为中心》，载吕建福主编《华严研究》第1辑，三秦出版社2012年版，第12页。
[②] 杨维中：《经典诠释与中国佛学》，第198页。
[③] 杨维中：《经典诠释与中国佛学》，第102—104页。

等也都是围绕《十地经》所展开的论著。①

关于《十地经》的现存文本，因其在尼泊尔流传广泛，故《十地经》梵文本现在仍流传于世。此外，《十地经》曾流传于印度、英国、法国、日本等国，于是出现过不同的校订本。其中 J. Rahder 的 daśabhūmikasūtra（1926）以及近藤隆晃的 daśabhūmīśvaro nāma mahāyānasūtram（1936）在学界常被使用。根据金京南②的数据，至 2009 年，被确认的《十地经》写本已出现 17 个，其中剑桥大学图书馆 Add.867.2 号的版本以及东京大学 No.167 号的版本是古写本；尼泊尔国立古文献馆所藏的唯一贝叶写本 muscriptA，No.3-737，被推定为 5—7 世纪所成立；其他 14 个校订本均属 18—19 世纪出现的较新写本，J. Rahder 本和近藤隆晃本就是新写本中的代表，是在众新写本的基础上校订而成的。

《十地经》的现存汉译本有六个，按照译出的时间顺序分别为：① 297 年西晋竺法护译《渐备一切智德经》5 卷，② 402—412 年姚秦鸠摩罗什译《十住经》4 卷，③ 418—420 年东晋佛驮跋陀罗译六十华严中的《十地品》5 卷，④ 508—511 年③北魏菩提流支译《十地经论》中对《十地经》的引文，⑤ 695—699 年唐实叉难陀译八十华严中的《十地品》6 卷，以及 ⑥ 774 年唐尸罗达摩译《佛说十地经》9 卷。④ 这六个译本还是有着一些差别，大致可分为两类，译出时间靠前的三个译本，在内容上与梵文古写本具有同一性；其余三个译本，在内容上与梵文新写本具有同一性。另有藏译本于 9 世纪初由印度胜友（Jinamitra）、天王菩提（Surendrabodhi）及西藏智军译 Sangs rgyas phal po che zhes bya ba shin tu rgyas pa chen povi mdo 中的 sa bcu pavi mdo，是属于较古内容的版本。⑤

---

① 王颂：《华严学研究的历史、现状与未来》，《宗教学研究》2018 年第 4 期。
② 金京南：《『十地経』のテキストに関して》，《印度学佛教学研究》2009 年 57 卷 2 号。
③ 一说为 516 年。张文良：《南朝十地学の一側面——法安の十地義解釈を中心とする》，《印度学佛教学研究》2014 年 62 卷 2 号。
④〔日〕外薗幸一：《Lalitavistara 嘱累品の研究（1）—『十地経』との対応部分を中心として》，《印度学佛教学研究》1982 年 31 卷 1 号。
⑤ 金京南：《『十地経』のテキストに関して》，《印度学佛教学研究》2009 年 57 卷 2 号。

三 《十地经》序分中"方便慧"系译语考察

本文对《十地经》的考察采用梵汉对勘的方法,为避免文献原文占比过大,在多个汉译本均出现"方便慧"系译语时,将选择与梵文新写本具有同一性的八十华严《十地品》作为代表列出引用,同时,其他汉译本的情况也会一并讨论说明。梵本则采用 Vaidya, P. L. 本 Daśabhūmikasūtram。[①]

一般来说,佛经通常分为序分、正宗分、流通分三大部分,序分简略地介绍说法的人、地、时、与会的听众及说法的背景等内容。包括《十地经论》引文在内的六个汉译本《十地经》可以说都是三分俱全的,只是六十华严与八十华严中因将《十地经》收为《十地品》,其中未出现"如是我闻"及"欢喜奉行"等字样。该六个汉译本的序分当中,除竺法护译《渐备一切智德经》外,"方便慧"系译语在其他五个译本中都出现了一次,均是以"智慧方便"的字样出现。该译语的出处是讲,佛陀在他化自在天宫宣说十地法门,前来集会的听众都是不退于阿耨多罗三藐三菩提的大菩萨,他们拥有众多的菩萨品德,在描述其中一项品德时就出现了"智慧方便"的译语:

【(唐)实叉难陀译】
……到一切菩萨智慧方便究竟彼岸……[②]

六个汉译本中,罗什、佛驮跋陀罗、菩提流支三个译本都将此句译为"到一切菩萨智慧方便彼岸",实叉难陀译本与此三者的差别是添加了"究竟"一词,表述为"到一切菩萨智慧方便究竟彼岸",尸罗达摩译本

[①] Vaidya, P. L.(ed.), *Daśabhūmikasūtram*. (Buddhist Sanskrit Texts series no.7). Darbhanga: The Mithila Institute of Post-Graduate Studies and Research inSanskrit Learning, 1967.

[②] (唐)实叉难陀译:《大方广佛华严经》卷34,《大正藏》第10册,第178页。

与此三者的差别是将"到"译为"已到"。从汉译多本的情况来看，这一句的译文几乎是一致的，尤其是在"智慧方便"译语的使用上。但因"智慧"一词指代甚广，很难从中把握到具体所指。

该句在现存梵本中为：sarvabodhisattvaprajñopāyaparamapāramitāprāptaiḥ，分解开来应为 sarva-bodhisattva-prajñā-upāya-parama-pāramitā-prāptaiḥ，prajñā 与 upāya 为相违释表并列关系，prajñā-upāya 与 parama-pāramitā 之间为持业释同位关系。该句的意思应为：（集会现场的）一切菩萨都已证得了般若及方便（这两种）最高的波罗蜜多。此处介绍前来参加集会的大菩萨们的品德时，在众多德目中唯有这一项是单独强调菩萨所证得的波罗蜜多，并且是以般若与方便两种波罗蜜多并举，可见般若与方便并重互依的密切关系。由此梵本的比勘，可知汉译本《十地经》序分当中"智慧方便"译语正是指"般若"与"方便"两种波罗蜜多。

四 第一地中"方便慧"系译语考察

从第一地开始即进入正宗分的部分。在第一地的内容当中，只有东晋佛驮跋陀罗译六十华严、唐实叉难陀译八十华严、唐尸罗达摩译《佛说十地经》三个译本出现有相关译语，分别使用为"智慧方便""智方便""方便慧"。前二者的出处为长行，后者出现在偈颂中。首先考察长行部分：

【（唐）实叉难陀译】
……念入一切如来智方便故生欢喜。[①]

该句经文出处是在讲菩萨已住第一地，在随念到某些事情时生欢喜

---

① （唐）实叉难陀译：《大方广佛华严经》卷34，《大正藏》第10册，第181页。

心。所念的事项众多，包括念诸佛、诸菩萨、清净诸波罗蜜、如来教化众生等，当中最后的一项即该句"念一切如来智慧方便"。"智慧方便""智方便"字样，使人很容易将其对应为上一例中"般若"及"方便"的关系。

梵本中该句对应为：pramudito bhavati sarvatathāgatajñānapraveśaprayogamanusmaran。其中，prayoga，精勤加行、加行方便，阳性单数对格；sarva-tathāgata-jñāna 与 praveśa 为依主释对格关系，sarva-tathāgata-jñāna-praveśa 与 prayoga 为依主释位格关系，prayoga 是做 anu-√ smṛ 的宾语。整句意思应为：[住于欢喜地的菩萨]随念"精勤于入一切如来的智慧"[生起欢喜]。在这里可以清晰地看到，该用例汉译本中的"智慧"一词在梵本中并非 prajñā 所指的般若这种波罗蜜多，而是对应为 jñāna，该词广义上是指普遍的、一般性的智慧，此处则特指如来的智慧；该用例汉译本中"方便"一词对应梵文为 prayoga，它是指结合、相应、精勤、加行，此处是指加行方便，并非 upāya 所指的方便这种波罗蜜多。

接下来再对照其他汉译本进行确认：西晋竺法护译《渐备一切智德经》："适发悦豫，念诸菩萨入如来慧精进之业。"[①] 姚秦鸠摩罗什译《十住经》："念一切佛一切菩萨所入智慧门方便故生欢喜心。"[②] 北魏菩提流支译《十地经论》："念入一切如来智行故生欢喜心。"[③] 唐尸罗达摩译《佛说十地经》："念当趣入一切如来智加行时，皆生欢喜。"[④] 可见，许是因为各底本的不同，许是由于复合词过长，四位译者对于"入如来智慧的主体"等一些问题的理解不尽相同，但这里我们只重点分析 jñāna 与 prayoga 二字在这四个译本中的体现情况，jñāna 一字分别译为"慧""智慧""智""智"，这大体是一致的，prayoga 一字分别译为"精进""方便""行""加行"，其

---

① （西晋）竺法护译：《渐备一切智德经》卷1，《大正藏》第10册，第461页。
② （姚秦）鸠摩罗什译：《十住经》卷1，《大正藏》第10册，第500页。
③ （北魏）菩提流支译：《十地经论》卷2，《大正藏》第26册，第136页。
④ （唐）尸罗达摩译：《佛说十地经》卷1，《大正藏》第10册，第538页。

中只有罗什使用了容易被当作波罗蜜多的"方便",其他均采用了"精勤加行"的类语。经过这四个汉译本的对照,再次确认佛驮跋陀罗和实叉难陀两个译本第一地中出现的"智慧方便""智方便"字样并非指般若与方便并举的"方便慧"系译语。并且,罗什译本中即使也使用"方便"的字样,但或许是考虑到区别于般若与方便并举的"方便慧"("慧方便"),而表述为"智慧门方便"。

接下来考察尸罗达摩译本第一地偈颂部分的"方便慧",出处是讲述初地菩萨发起"与佛齐等"这一伟大志愿。先来对照各汉译本的相应颂文①:

【(唐)尸罗达摩译】
悲先智为主,摄以方便慧;净意乐所持,如来力无量。
无碍智现前,随顺自然智;具受佛法海,发此最胜心。②

其他几个译本该偈颂的前两句也都出现了"慧"与"方便"的要素③,并且都没有出现"精勤"的意象,猜测此处的"方便"应是指波罗蜜多。梵本中该偈为:

prajñādhipatya kṛpapūrvamupāyayuktam
adhimukti-āśaya-viśuddha-balāpramāṇam |
āsaṅgatābhimukhatā-aparapraṇeyaṃ
samatopapeta-sugataṃ varacittajātam || 4 ||

该偈意思大致为:般若所主、大悲为先、结合方便,信解意乐清净,力量

---

① 《十地经论》对《十地经》的引文除序分部分外,后续均未出现偈颂内容。
② (唐)尸罗达摩译:《佛说十地经》卷2,《大正藏》第10册,第541页。
③ 竺法护译本一直使用"善权""善权方便"的字样。

不可度量，无碍［智］现前，不由他教，生起具足与佛齐等［这样］最胜的心。

实际上，在偈颂第一句就出现有 prajñā 和 upāya 的要素，二者正是作为波罗蜜多的"般若"与"方便"，但只有唐尸罗达摩译本将其表述为"方便慧"，其他译本当中都是分开来表述的，或许是因加上了"大悲"这一要素形成三者并列的缘故。"悲"这一要素在竺法护译本中使用了"本哀"一词，该译本常出现愍哀、慈哀、大哀等译语，都是以"哀"来表达菩萨的"大悲"。该偈本是讲述初地菩萨发起"要与诸佛齐等"的伟大志愿，而描述此志愿之前的文本"般若所主、大悲为先、结合方便，信解意乐清净，力量不可度量，无碍［智］现前，不由他教"，应当是指实现"与佛齐等"这一伟大志愿须经历的修行过程及状态，在对此过程及状态的表述中，将"般若""方便""大悲"三者进行了并举。其实将这三者并举的情况亦不新奇，在《〈华严经·十地品〉第七地"方便慧"（"慧方便"）译语及所反映初期大乘经典的思想动向》一文对第七地七组文献的考察中，有两组文献都包含此三者并举的表达，程恭让考证，"般若"与"方便"的配合是菩萨从第六地跨越到第七地这个关键节点上的必需，而"大悲""般若""方便"三者的配合则是菩萨从第七地跨越到第八地这个关键节点上的必需。并且，将"伟大的悲悯力"与"般若""方便"相并列，非常正确而清晰地处理了悲悯、般若、方便三者对于构建大乘佛教菩萨行的特殊生命净化性，尤其是使得大乘佛教的菩萨行得以超出声闻、独觉乘的基本理由。最重要是的，在两次最重要最关键的跨越上，善巧方便这种菩萨品德都起到极其重要的、不可替代的作用。①

---

① 程恭让：《〈华严经·十地品〉第七地"方便慧"（"慧方便"）译语及所反映初期大乘经典的思想动向》，《2019 华严专宗国际学术研讨会论文集》，第 49 页。

五　第四地中"方便慧"系译语考察

(一) 长行用例一

【(唐) 实叉难陀译】
随顺所闻甚深佛解脱故，思惟大智善巧方便故。[1]

《十地经》第二地、第三地的内容中似无该译语的使用，第四地中出现有4处，长行2处、偈颂2处。长行的第一处是讲第四地菩萨行持三十七道品的一系列原因与目的，其中最后一项出现有"慧方便"。

汉译本中只有鸠摩罗什、佛驮跋陀罗、实叉难陀三个译本当中使用了"智慧方便""智善巧方便"字样，其他三个译本只出现"方便"要素，并无"慧"的表述。

梵本中此句对应为：gambhīrabuddhadharmavimokṣaśravaṇānugamanatayā ca mahopāyakauśalyabalavicāraṇatayā ca。其中 mahā 与 upāyakauśalya 之间为持业释形容词关系，upāyakauśalya 与 bala 之间为持业释同位关系，upāyakauśalya-bala 与 vicāraṇa 之间为依主释具格关系，所以该句意思应为：为跟随听闻佛陀［所讲］的深奥的解脱法，为以大的善巧方便力思维观察。单从文本情况来看，这句当中的确只有"方便"这一要素，并无"般若"的出现，但从该用例可以明确："善巧方便"并不是菩萨思维观察的对象，而是菩萨思维观察事物的一种方式方法。

(二) 长行用例二

长行中第二处"慧方便"字样出现在上一用例之后，讲菩萨住第四地，所有身见、我、众生、寿者、蕴、处、界等一切推求心、爱着见都断灭了，而表现出种种菩萨品德，众德目中第一项即出现"慧方便"译语，大致是

---
[1] (唐) 实叉难陀译：《大方广佛华严经》卷36，《大正藏》第10册，第190页。

说四地菩萨随着所起的"方便慧"修习助道分,从而得润泽心、柔软心、调顺心等心,乃至随所闻法皆善修行心。出现"方便慧"的情况为:

【(唐)实叉难陀译】
此菩萨随所起方便慧,修习于道及助道分……①

按时间顺序,从竺法护到尸罗达摩的六个汉译本中分别以"善权智慧""慧方便""智慧方便""方便智""方便慧""方便慧"的形式出现,但多个译本此处都与"精进"联系在一起,故单凭汉译本仍难判断句中的"方便"是作为波罗蜜多还是作为精勤之义使用。

梵本该句对应为:sa bhūyasyā mātrayā yathā yathopāyaprajñābhinirhṛtāni mārgasamudāgamāya mārgāṅgāni bhāvayati。其中 upāya 与 prajñā 之间为相违释,upāya-prajñā 与 abhinirhṛta 之间为依主释对格关系,yathā 与 upāya-prajñā-abhinirhṛtāni 之间应为持业释副词关系。如此,该句语义应为:住四地的菩萨随其引发的方便与般若,为证道而修习助道分,随其更[得润泽心、柔软心、调顺心等心,乃至随所闻法皆善修行心]。明确可知,这里的"慧方便"译语,就是并举"般若"与"方便"两种波罗蜜多,四地菩萨对于人、法的推求心与爱着见都已断灭,正是随着自身已引发的这两种波罗蜜多,修习三十七道品,由此而得润泽心、柔软心乃至随所闻法皆善修行心等心。六个汉译本虽采用了不同译语,但均表达出了"方便"与"般若"两重要素,只是属于古写本的三个译本貌似将 abhinirhṛta 理解为"精进""精勤"之义,该字本身在《梵和大辞典中》还含有"修行""修习"的意象,如果说,古写与新写两底本此处并无不同的话,对 abhinirhṛta 采用"修行""修习"的意象,又以"精进"来表述,尽管周折一些,但也并非不可理解。当然,或许古写本的底本此处就是不同的。此外,长行二

---

① (唐)实叉难陀译:《大方广佛华严经》卷36,《大正藏》第10册,第190页。

与长行一的文献是紧密的承接关系,梵本中长行用例一末尾所表述的"以大方便力思维观察"尽管没有出现"般若"(prajñā)这一要素,但鸠摩罗什、佛驮跋陀罗、实叉难陀三个译本都将二者并列表述出来,可知是综合考虑了长行用例二此处文本对"般若"进行的适宜补充。

(三)偈颂用例一

出现有"慧方便"字样的第一处偈颂为:

【(东晋)佛驮跋陀罗译】
……甚深妙道法,及无碍解脱,大智慧方便。①

【(唐)实叉难陀译】
亦求妙道解脱处,及大方便修行彼。②

实际上,这正是本节长行用例一所对应的偈颂,长行中鸠摩罗什、佛驮跋陀罗、实叉难陀三个译本均使用"智慧方便""智善巧方便"的字样,其他译本只出现"方便",未出现"慧"。如前考察,长行用例一对应的梵本的确只出现"方便"要素,并无"慧"(般若)这一要素的体现,罗什、佛驮跋陀罗、实叉难陀三个译本是结合上下文对"般若"进行了补充。从对照的汉译本偈颂可见,罗什、佛驮跋陀罗二人仍然延续了这样的做法,增加了"慧"的字样,而实叉难陀译本则将其去掉了。

此处梵本对应为第四地第13偈的后半:

vaiśāradaṃ api ca dharma ahārya śāstuḥ
varavuddhaghoṣamabhiprārthayamāna dhīrāḥ |
gambhīramārgaratanaṃ ca vimokṣasthānaṃ

---

① (东晋)佛驮跋陀罗译:《大方广佛华严经》卷24,《大正藏》第9册,第554页。
② (唐)实叉难陀译:《大方广佛华严经》卷36,《大正藏》第10册,第190页。

mahatāmupāya samudāgama bhāvayanti || 13 ||

意思应为：[住四地的菩萨们]修习深奥的珍宝一样的道（法）和解脱之理，修习伟大的方便。由此可见，梵本中的偈颂与长行是对应一致的，其中同样只出现"方便"（upāya）这一要素。

（四）偈颂用例二

第四地偈颂中还有一处"慧方便"系的译语，除《十地经论》引文无偈颂外，其他汉译本中均出现了，使用为"善权智慧""智慧及方便""智方便"等形式。

【（唐）实叉难陀译】
菩萨住此具功德，以智方便修行道，
不为众魔心退转，譬如妙宝无能坏。[①]

偈文大意是讲，住于四地的菩萨所秉持的各种道法，即使经过无穷的时间，也是不被魔转的，就好比珍宝的光辉不会被雨和水所侵夺。

该偈在梵本中对应为第四地第20偈，"慧方便"出处在前半偈：

atra sthitāna vidunā guṇamāśayaṃ ca
jñānaṃ upāya caraṇaṃ ca viśuddhimārgaḥ |
no śakyu māranayutebhi nivartanāya
ratnaprabheva yatha varṣajalairahāryā || 20 ||

意思为：在此第四地，具有品德、意念、智慧、修持方便的聪明的菩萨，都有清净的道，因而不能被魔所转，正如珠宝之光明不能为雨水所劫夺。

---

① （唐）实叉难陀译：《大方广佛华严经》卷36，《大正藏》第10册，第191页。

从梵本可知，此处的"慧"（"智"）为 jñāna 一词，原文并非作为波罗蜜多的"般若"一词。此处虽不是将"般若"（prajñā）与"方便"（upāya）并举，但通过该用例可以确定的是"方便"波罗蜜多的实践，是被视为第四地菩萨一种重要的实践的。并且智慧（jñāna）一词在经典中也常常与般若（prajñā）不加特别的简别，若如是，则此句中被理解为包含"慧"与"方便"之辩证关系，也无不可。中土诸译文中，或正是包含了此意义。

六 第五地中"方便慧"系译语考察

（一）长行用例

第五地的内容，先讲五地菩萨如实知苦、集、灭、道四谛的智慧，并学习世间一切技艺，使真谛智与世间智调和相应。之后，讲五地菩萨以愿力故得见多佛，承事供养，听法修行，所得善根更加明净。接下来的一段经文中先后两次出现"方便慧"字样，同样，住于五地菩萨的善根以"方便慧"思维观察，更加明净，不被一切声闻、缘觉所倾动。

【（唐）实叉难陀译】

佛子！譬如真金，以砗磲磨莹，转更明净；此地菩萨所有善根亦复如是，以方便慧思惟观察，转更明净。佛子！菩萨住此难胜地，以方便智成就功德，下地善根所不能及。佛子！如日月星宿、宫殿光明，风力所持，不可沮坏，亦非余风所能倾动；此地菩萨所有善根亦复如是，以方便智随逐观察，不可沮坏，亦非一切声闻、独觉世间善根所能倾动。①

此处"方便慧"系译语的使用在各译本中表现不同，甚至同一译本前后两

---

① （唐）实叉难陀译：《大方广佛华严经》卷36，《大正藏》第10册，第192页。

处也不尽相同，例如竺法护译本当中分别使用为"善权慧"与"善权智慧"，罗什译本使用为"方便智慧"与"方便"，佛驮跋陀罗译本也使用为"方便智慧"与"方便"，实叉难陀译本使用为"方便慧"与"方便智"，尸罗达摩译本又使用为"方便慧"与"方便慧智"，只有菩提流支译本前后两处使用相同，都为"方便智"。那么，所有汉译本在此处均出现的相关表述是否为"方便"与"般若"两种波罗蜜多互依并举的译语，接下来对照梵本情况。

在梵本当中，该段文本对应为：

> tadyathāpi nāma bhavanto jinaputrāstadeva jātarūpaṃ musārgalvasṛṣṭaṃ bhūyasyā mātrayottapyate pariśudhyati prabhāsvarataraṃ bhavati, evameva bhavanto jinaputrā bodhisattvasya asyāṃ sudurjayāyāṃ bodhisattvabhūmau sthitasya tāni kuśalamūlānyupāyaprajñāvicāritāni bhūyasyā mātrayottapyante pariśuddhyanti, prabhāsvatarāṇi ca bhavanti, jñāna prayogaguṇābhinirhārādasaṃhāryavicāritatamāni ca bhavanti| tadyathāpi nāma bhavanto jinaputrāścandrasūryagrahajyotirnakṣatrāṇāṃ vimānāloka prabhavātamaṇḍalībhirasaṃhāryā bhavati mārutāsādhāraṇā ca, evameva bhavanto jinaputrā bodhisattvasya asyāṃ sudurjayāyāṃ bodhisattvabhūmau sthitasya tāni kuśalamūlānyupāyaprajñājñānacittavicāraṇānugatānyasaṃhāryāṇi bhavanti, sarvaśrāvakapratyekabuddhairlaukikāsādhāraṇāni ca bhavanti|

两处"方便慧"系译语在梵本中的对应位置已画线标出，果真是指"方便"（upāya）与"般若"（prajñā）两种波罗蜜多，并且，虽然汉译本中前后两处译语大多不同，但在梵本中前后是完全一致的。

此段整体意思应为：诸位胜者子啊！正譬如黄金以砗磲加以造饰而更加光明、清净，更加辉映。诸位胜者子啊！同样，住于此难胜地的菩萨的诸善根以方便和般若被思维观察，因而更加炽然、明净，更加光耀。而且因为引发作为智慧之加行的品德，所以是不可破坏的，是最为被思维观察的。诸位胜者子啊！譬如月亮、太阳、行星、星体、星宿、天宫的光明不可被风轮破坏，（其他）非凡的风也［不可破坏］。诸位胜者子啊！同样，住于此难胜地的菩萨的诸善根因为随顺方便和般若这种智慧的心行，所以是与一切的世人并非同等的声闻、缘觉所不能破坏的。

　　明确可见，该段汉译本的"方便慧"系译语正是指"方便"（upāya）与"般若"（prajñā）两种波罗蜜多并重并举的情况。本段中还有一个细节是非常值得一提的，实叉难陀译本前后两处都译为"方便慧"，但两处中间还出现一次"方便智"的字样，很容易令人联想到同是"方便慧"系译语，但通过梵本对照的情况可知，此"方便智"对应为 jñāna-prayoga，实为智慧加行、智慧相应的意思；尸罗达摩译本即将 jñāna-prayoga 译为"智加行"，按照字面来看是更加贴切的；其他几个汉译本此处并无相应的表述。如果更细心，我们还会发现梵本中第二次出现"upāya"（方便）与"jñāna"（般若）的时候，是这样表述的：upāya-prajñā-jñāna，具体分析的话，upāya 与 prajñā 为相违释表并列的关系，upāya-prajñā 与 jñāna 之间为持业释同位关系，意思是"方便与般若"这种"智慧"。jñāna 一字的解释一般有三个向度，一是指佛智，二是指普通意义上的知识、智慧，三则是指菩萨的智慧。显然，同位关系的"方便与般若"这种"jñāna"（upāya-prajñā-jñāna）不应是指普通意义上的知识、智慧，而此处的智慧也与佛智有所不同，所以，"jñāna"（upāya-prajñā-jñāna）也就是指菩萨特殊的智慧。而此处以"方便与般若"作为"智慧"一语的同位关系，从中足见两种波罗蜜多相互并列的重要性。此一细节使我们更加容易把握"方便"与"般若"两种波罗蜜多之间互依并重的关系，也更容易理解经文中一直将二者并重并举的缘由。这样一来，jñāna-prayoga（智加行）当中 jñāna 到底是什么样的一种智慧呢？结合上下文，我们以为应该是指"佛智"。

（二）偈颂用例

第五地长行之后的偈颂当中，前四偈是对上一地即第四地内容的回顾，揭示四地菩萨得以跃进第五地的前提条件，"方便慧"系译语出现在第三偈中，此偈正是对上一节长行用例二的重复：

【（唐）实叉难陀译】
惭愧为衣觉分鬘，净戒为香禅涂香，
智慧方便妙庄严，入总持林三昧苑。[①]

在上一节长行用例二中已经考察过，此处确为"般若"（prajñā）与"方便"（upāya）两种波罗蜜多的并重并举，并且五个汉译本中都是"智慧""方便"二重要素具足的。但目前考察的这一偈颂，竺法护译本只显示了"智慧"要素、尸罗达摩译本只显示了"方便"要素，其他三个译本则是二者具足。接下来对照梵本的情况再次确认。

梵本中该偈对应为第 13 偈：

hyapatrāpyavastravidunāṃ śuciśīlagandho
bodhyaṅgamālyavaradhyānavilepanaṃ ca |
prajñāvicāraṇavibhūṣaṇupāyaśreṣṭham
udyānadhāraṇita pañcamimākramanti || 13 ||

该偈意思应为：具有如同衣服的惭愧的诸多的智者，有如同香气的清净的戒律，有如同花鬘的觉支，有如同涂香的最好的禅那，有如同最佳装饰品的般若方便观察，有如同园林的陀罗尼，因此进入第五地。

从梵本的分析可知，汉译本此处偈颂中"方便慧"系译语就是指"般

[①] （唐）实叉难陀译：《大方广佛华严经》卷 36，《大正藏》第 10 册，第 192—193 页。

若"（prajñā）与"方便"（upāya）两种波罗蜜多的并重并举。并且，此处从第四地跃进到第五地的条件当中，可以抓取到惭愧、净戒、觉支、禅定、般若、方便、思维观察、陀罗尼总持这几个要项，可见般若与方便是具有并列意义的重要元素。汉译本特别是罗什译、东晋译及唐译都译为"智慧与方便"，或"智慧方便"，不仅译文相当准确，而且凸显了此处将"般若"与"方便"并列并举的佛学意义。

七 第六地中"方便慧"系译语考察

（一）长行用例一

第六地当中连续两个段落先后出现"方便慧"系译语，因这两处译语位置接近、关联紧密，故放在一个用例中来考察。六地经文中讲，菩萨进入第六地后，观察十二支缘起的道理而生缘起智，修空、无相、无愿三解脱门，而恒起大悲，不舍众生，即得般若波罗蜜现前。接下来讲住此第六地的菩萨般若现前后，还要修习满足十种心，最后一项即为"慧方便相应、和合之心"。接着又讲，要以这些心为基础，修三解脱门，"慧方便"相应，修菩提分法。这是两处相继出现的译语：

【（唐）实叉难陀译】
佛子！菩萨住此现前地，复更修习满足不可坏心、决定心、纯善心、甚深心、不退转心、不休息心、广大心、无边心、求智心、<u>方便慧</u>相应心，皆悉圆满。
佛子！菩萨以此心顺佛菩提，不惧异论，入诸智地，离二乘道，趣于佛智，诸烦恼魔无能沮坏，住于菩萨智慧光明，于空、无相、无愿法中皆善修习，<u>方便智慧</u>恒共相应，菩提分法常行不舍。①

---

① （唐）实叉难陀译：《大方广佛华严经》卷37，《大正藏》第10册，第194—195页。

在所有汉译本中，前后两处都是"慧""方便"二重要素具足的，尽管有些译本前后两处的译语稍有不同。

该段文字在梵本中对应为：

tasya bhūyasyā mātrayā asyāmabhimukhyāṃ bodhisattvabhūmau sthitasya bodhisattvasyabhedyāśayatā ca paripūryate | niyatāśayatā…kalyāṇāśayatā…gambhīrāśayatā…apratyudāvartyāśayatā…apratiprastrabdhāśayatā…vimalāśayatā…anantāśayatā…jñānābhilā-ṣāśayatā…upāyaprajñāsaṃprayogāśayatā ca paripūryate ||

tasyaite daśa bodhisattvāśayāḥ svanugatā bhavanti tathāgatabodhau | apratyudāvartanīyavīryaśca bhavati sarvaparapravādibhiḥ | samavasṛtaśca bhavati jñānabhūmau | vinivṛttaśca bhavati śrāvakapratyekabuddhabhūmibhyaḥ | ekāntikaśca bhavati buddhajñānābhimukhatāyām | asaṃhāryaśca bhavati sarvamārakleśasamudācāraiḥ | supratiṣṭhitaśca bhavati bodhisattvajñānālokatāyām | suparibhāvitaśca bhavati śūnyatānimittāpraṇihitadharmasamudācāraiḥ | saṃprayuktaśca bhavatyupāyaprajñāvicāraiḥ| vyavakīrṇaśca bhavati bodhipākṣikadharmābhinirhāraiḥ|

首先从画线部分可立即确认相继的两处均是 upāya（方便）与 prajñā（般若）两种波罗蜜多。

这两段文字的意思为：（第一段）住此现前地的菩萨更要具足不可破的意乐，以及具足决定的意乐、真善的意乐、深远的意乐、不退转的意乐、不止息的意乐、无垢的意乐、不限终末的意乐、渴仰智慧的意乐、方便与般若俱起结合的意乐。（第二段）菩萨的这十种意乐善随佛菩提，被一切异论［非难］英勇不退，入于（佛）智地，从声闻、缘觉地脱离，一向决定趣入于佛智，一切烦恼魔不可倾动，善住于菩萨的智慧光明，现行中善修空、无相、无愿法，关联于诸多的方便与般若思维、观察，常行成满菩提分法。

第一段内容极为清晰地表达了方便与般若二者之间的关系，在梵文的语义中，夫妻的结合就使用 saṃprayoga 一字，可见 upāya-prajñā-saṃprayoga 这种表述所传达的"方便"（upāya）与"般若"（prajñā）两种波罗蜜多俱起结合的紧密性、互依性。并且，将"方便与般若俱起结合的意乐"作为十种意乐的最后一种来列举，同时体现出"方便与般若俱起结合"对于菩萨道的修行，以及菩萨向更高阶位跃进过程中的重要性与归结性。

第一段讲六地菩萨观修十二因缘得般若现前及三解脱门后还要更加发起十种意乐，第二段似在解释为何六地菩萨要发起这十种意乐，这十种意乐可以实现哪些目标。具体说来，共有十项。第一段内容中我们知道十种意乐的最后一项即"方便"与"般若"两种波罗蜜多的俱起结合（saṃprayoga）。第二段在解释十种意乐所实现的十项目标中，第九项又特地列出"关联于诸多的方便与般若思维、观察"，并且，第二段梵本使用的又一语汇为 saṃprayukta（saṃ-pra–√yuj），这一字的语义是"完全地系在一起，完全地联系、连接、结合、束缚、牵引在一起"，该语汇 saṃprayukta 再次清晰表明"方便"与"般若"两种波罗蜜多紧密结合、互依不离、交融一体的关系，而这，正是菩萨思维、观察事物的方式方法。

（二）长行用例二

在第六地的内容中，还有一处长行出现"方便慧"系译语。六地菩萨修十二因缘、三解脱门、更发十种意乐的经文之后，又讲菩萨以愿力故得见多佛，供养赞叹、听法修行、得诸佛甚深法藏，所得善根更加明净。这一处的情况与五地的长行用例情况相似，六地菩萨的善根以"方便慧"思维观察，继续更加明净。这段文字在汉译本中为：

【(唐)实叉难陀译】

譬如真金,以毗琉璃宝数数磨莹,转更明净;此地菩萨所有善根亦复如是,以方便慧,随逐观察,转更明净,转复寂灭,无能映蔽。譬如月光,照众生身,令得清凉,四种风轮所不能坏;此地菩萨所有善根亦复如是,能灭无量百千亿那由他众生烦恼炽火,四种魔道所不能坏。①

该处表达在各汉译本中也都是"方便"与"慧"二重要素具足的。并且参照第五地的用例,此处应是指"方便"与"般若"两种波罗蜜多的并重并举。

梵本中该段文本对应为:

tadyathāpi nāma bhavanto jinaputrāstadeva jātarūpaṃ vaiḍūryaparisṛṣṭaṃ bhūyasyā mātrayottaptaprabhāsvarataraṃ bhavati, evam-eva bhavanto jinaputrā bodhisattvasya asyāmabhimukhyāṃ bodhisattvabhūmau sthitasya tāni kuśalamūlānyupāyaprajñājñānavicāritāni bhūyasyā mātrayottaptaprabhāsvaratarāṇi bhavanti, bhūyo bhūyaśca praśamāsaṃhāryatāṃ gacchanti | tadyathāpi nāma bhavanto jinaputrāścandrābhā sattvāśrayāṃśca prahlādayati asaṃhāryā ca bhavati catasṛbhirvātamaṇḍalībhiḥ, evameva bhavanto jinaputra bodhisattvasya asyāmabhimukhyāṃ bodhisattvabhūmau sthitasya tāni kuśalamūlānyanekeṣāṃ sattvakoṭinayutaśatasahasrāṇāṃ kleśajvālāḥ praśamayanti, prahlādayanti, asaṃhāryāṇi ca bhavanti caturbhirmārāvacaraiḥ |

---

① (唐)实叉难陀译:《大方广佛华严经》卷37,《大正藏》第10册,第195页。

首先，从画线部分明确可知该"慧方便"译语确指"方便"（upāya）与"般若"（prajñā）两种波罗蜜多。

整段意思应为：诸位胜者子啊！正如黄金以琉璃加以造饰更加炽然，更加辉映。诸位胜者子啊！同样，住于此现前地的菩萨的诸善根以方便和般若（俱起结合的方式）思维观察，更加炽然，更加光耀，转更寂灭，不可破坏。诸位胜者子啊！譬如月光照诸众生身心使之悦豫，四种风轮不能破坏。诸位胜者子啊！同样，住于此现前地的菩萨的诸善根，令百千俱胝那由他数众生诸烦恼火焰得以息灭，四种魔不能破坏。

六地当中同样出现了这一模式的描述，以"方便"和"般若"两种波罗蜜多紧密结合的方式思维观察，菩萨善根则更加炽然，更加辉映。实际从中传达的意思是，对于菩萨善根的累积生长，也就是对于菩萨道的进步、菩萨阶位的跃进来说，以"方便"和"般若"两种波罗蜜多紧密结合相应的方式思维观察事物，是必要的条件。并且，在多个菩萨地的表述当中，都反复强调致使菩萨善根更加辉映的这一必要条件，可见"方便"与"般若"两种波罗蜜多之间互依并重的关系，以及在菩萨阶位跃进的过程中显示出的必要性、统领性、归结性都是不言而喻的。

八　第八地中"方便慧"系译语考察

（一）长行用例一

第七地中"方便慧"系译语的出现次数，在十个菩萨地当中是最多的，程恭让的《〈华严经·十地品〉第七地"方便慧"（"慧方便"）译语及所反映初期大乘经典的思想动向》一文，正是专门以《十地经》第七地文本为考察对象，所作的极为细致、精深的分析。本文开篇已概述过该研究成果，故不再重复对七地文本的考察，直接进入第八地的部分。

第八地中，"方便慧"系译语出现两处，都在长行当中。第一处用例是在八地文本的开端，作为对七地内容的回顾性文字出现，意思是说菩萨在七地当中，善修习方便慧，善清静诸道，善集助道法，又依如来力及自身愿力、善根力等因行，入一切法无分别智而得无生法忍之果，七地菩萨得此无生法忍，即时进入第八地。汉译本对七地因行的回顾为：

【（唐）实叉难陀译】

尔时，金刚藏菩萨告解脱月菩萨言："佛子！菩萨摩诃萨于七地中，善修习<u>方便慧</u>，善清净诸道，善集助道法。大愿力所摄，如来力所加，自善力所持，常念如来力、无所畏、不共佛法，善清净深心思觉，能成就福德智慧，大慈大悲不舍众生，入无量智道。"[①]

这段回顾七地的内容，正是七地菩萨入一切法无分别智而得无生法忍随即跃进到第八地的前提。从经文的描述来看，在七地菩萨所行的众多德目当中被列于首要位置的，就是"方便与般若"。这就是说"方便与般若"是七地菩萨修行的最重要最前提的内容。

该段文字在梵本中对应为：

vajragarbho bodhisattva āha-yo'yaṃ bhavanto jinaputrā bodhisattvaḥ saptasu bodhisattvabhūmiṣu sukṛtavicayaḥ <u>prajñopāyābhyāṃ</u> supariśodhitamārgaḥ susaṃbhṛtasaṃbhāraḥ susaṃbhṛtasaṃbhāraḥ suparibaddhamahāpraṇidhānaḥ adhiṣṭhitatathāgatādhiṣṭhānaḥ svakuśalamūlabalādhānaprāptaḥ tathāgatabalavaiśāradyāveṇikabuddhadharmānugatasaṃjñāmanasikāraḥ supariśodhitādhyāśayasaṃkalpaḥ puṇyajñānabalābhyudgataḥ mahākaruṇākṛpābhyāṃ sarvasattvānutsṛṣṭaprayogaḥ apramāṇajñānapathānugataḥ, sa sarvadharmāṇāmādyanutpannatāṃ ca yathābhūtamavatarati |

---

① （唐）实叉难陀译：《大方广佛华严经》卷38，《大正藏》第10册，第199页。

其中 prajñopāyābhyām，prajñā 与 upāya 之间为相违释表并列关系，且为中性双数具格，明确表达了般若与方便并举的这种方式方法。该段梵文的意思为：金刚藏菩萨说："诸位胜者子啊！此［住于］七地的菩萨善以般若与方便（二者结合的方式）观察思择，善清净道，善修集资粮，被大愿所摄，被如来所加持，被自身的善根力所资持，心中随念如来的（十）力、（四）无所畏、（十八）不共法，善清净意乐与思维，生起福德力、智慧力，因大慈悲努力不舍一切众生，随入无量智道。"

前面已提过，这段表述七地菩萨所行之因的众多项目中，"方便与般若"是被列于首要位置的，可以说"方便与般若"是七地菩萨修行的最重要最前提的内容。然而，从梵本的分析可以了解得更加具体，这里的"方便与般若"正是指观待事物的方式方法，实际上前几地中已多次出现并强调"以'方便'（upāya）与'般若'（prajñā）相互结合的方式思维观察"，可知菩萨观待事物这一方式的关键。尤其在此段对七地菩萨所行之因的回顾中，更加明确了以"方便"和"般若"来观待事物的方式是该地菩萨修行过程中最前提的、至要的、总领性的德目。

（二）长行用例二

对七地菩萨修证内容的回顾之后，经文讲到菩萨已入第八地，远离一切心、意、识的分别，远离一切执着，以这种无分别智慧向着佛果任运地进修，因为八地菩萨已经成功地做到了无功用行，完全超越了一直到七地为止有功用的方式，这就犹如船驶入大海，不再需要用力设法推进，光随风力就能迅速接近佛的智慧。再接下来的内容即出现了"方便慧"系译语的第二处用例，说菩萨已入第八地之后，因为广大的"方便智慧"所引发的无功用行，菩萨可以任运地观察到一切世界的成、住、坏、空，一切地、水、火、风界的大、小、粗、细差别，乃至一切世界有情生命身、心的粗、细差别等无量微尘相，菩萨如此随有情的差别而成熟有情。汉译本中"方便慧"的情况为：

【（唐）实叉难陀译】

> 佛子！菩萨住此第八地，以<u>大方便善巧智</u>所起无功用觉慧，观一切智智所行境。所谓：观世间成，观世间坏；由此业集故成，由此业尽故坏。几时成几时坏，几时成住几时坏住，皆如实知；……①

各译本在该用例中使用的译语比较多样，实叉难陀与尸罗达摩译本都使用为"方便善巧妙智"，这与二者之前一贯使用的"慧方便"系译语是差异较大的，但竺法护的译本中"善权智"后面还跟着"度无极"的字样，似可判断该用例是在讲两种波罗蜜多。

该段文字在梵本中对应为：

> tatra bho jinaputra bodhisattvo'ṣṭamīṃ bodhisattvabhūmimanuprāpto mahatyā <u>upāyakauśalyajñānābhinirhārānābhogaprasṛtayā</u> bodhisattvabuddhyā sarvajñajñānaṃ vicārayan lokadhātusaṃbhavaṃ ca vicārayati, lokadhātuvibhavaṃ ca vicārayati |……

其中 upāyakauśalya 与 jñāna 之间为持业释同位关系，upāyakauśalya-jñāna 与 abhinirhāra 之间为依主释具格关系，upāyakauśalya-jñāna 与 prasṛtā 之间为依主释从格关系，upāyakauśalya-jñāna-abhinirhāra-prasṛtā 与 anābhoga-bodhisattva-buddhi 之间为持业释形容词关系。该段梵文的意思为：唯，诸位胜者子啊！已进入此第八菩萨地的菩萨，他以伟大的、从善巧方便这种智慧所引发而生的无功用的菩萨觉慧，来思维观察（佛）一切智，观察世界的生成，以及观察世界的坏灭……

这段文字中我们需要关注的是"从善巧方便这种智慧所引发而生的无功用的菩萨觉慧"（<u>upāyakauśalyajñānābhinirhārānābhogaprasṛtayā</u>

---

① （唐）实叉难陀译：《大方广佛华严经》卷38，《大正藏》第10册，第199页。

bodhisattvabuddhyā），在前几地内容的考察中，多地都出现"以方便与般若结合的方式思维观察"这种观待事物的方法，例如，在第四地偈颂用例二中，已经考察到 upāya 与 jñāna 之间的同位关系[①]，即"方便"波罗蜜多本身就是一种智慧；在第五地长行用例中，再次考察到 upāya-prajñā 与 jñāna 之间的同位关系[②]，即"方便"与"般若"两种波罗蜜多结合这样的佛智、智慧；并且在程恭让对第七地的考察中，同样出现 upāya-prajñā 与 jñāna 之间同位关系的表述。然而，第八地此处出现的"方便慧"系译语已经未再使用"方便"（upāya）与"般若"（prajñā）两种波罗蜜多的并举，而是采用了新的表述方式来传达八地菩萨对事物更优化的观待方式，即以"善巧方便这种智慧所引发而生的无功用的菩萨觉慧"来思维观察，不难发现，此处只采用了"方便"波罗蜜多这一要素进行代表，这恰恰证明了"方便"与"般若"结合的方式中"方便"波罗蜜所占据的主导性、至要性及统领性地位。

九 第九地中"方便慧"系译语考察

第九地的内容讲，九地菩萨能如实了知众生心、众生诸烦恼、诸业行、诸根器、诸见解、诸种姓及愿求、诸习气及随业受生等种种相，该地菩萨不但善说大乘教，更能宣说声闻、缘觉、如来地法，使不同根器的众生随其类别而得解脱。接下来的文本中出现"方便慧"字样，说此地菩萨为大法师，用无量"慧方便"、四无碍智起菩萨言辞说法：

【（唐）实叉难陀译】
佛子！菩萨住此善慧地，作大法师，具法师行，善能守护如来法

[①] ［菩萨］住此［第四地］，因智慧具有"功德"与"深愿"，具有"方便行"这种"智慧"，具有清净道法。
[②] 诸位胜者子啊！同样，住于此难胜地的菩萨的诸善根以"方便和般若"这种［佛］智于心随逐观察，是不可倾动的。

89

藏，以无量善巧智，起四无碍辩，用菩萨言辞而演说法。此菩萨常随四无碍智转，无暂舍离。①

此处译语在各汉译本中也非常多样，从竺法护到尸罗达摩的译本，分别使用为"圣慧""慧方便""慧方便""智方便""善巧智""智随行善巧"，表述各异，不好迅速确定是否指"般若"与"方便"两种波罗蜜多。

该段文字在梵本中对应为：

so'syāṃ sādhumatyāṃ bodhisattvabhūmau sthitaḥ san bodhisattvo dharmabhāṇakatvaṃ kārayati, tathāgatadharmakośaṃ ca rakṣati | sa dharmābhāṇakagatimupagato'pramāṇajñānānugatena kauśalyena catuḥpratisaṃvidabhinirhṛtayā bodhisattvavācā dharmaṃ deśayati | tasya satatasamitamasaṃbhinnāścatasro bodhisattvapratisaṃvido'nupravartante |

该段文字的意思为：菩萨住此善慧地，该菩萨做法师，并守护如来法藏。他成办法师行处，以随入无量智慧的善巧方便，通过引发四无碍解的菩萨语言说法。他恒常地、不间断地随转菩萨的四无碍解。

这段梵文中，并没有出现"方便"（upāya）与"般若"（prajñā）两种波罗蜜多，而是出现了"善巧"（kauśalya）与"智慧"（jñāna）。可知，其并非两种波罗蜜多结合这种标识性的表述，也就成为汉译本中翻译多样化的缘故。

该用例之前的经文说，九地菩萨可以如实了知众生诸心、诸烦恼、诸业行、诸根器、诸见解、诸种姓及愿求、诸习气及随业受生等种种相，故而随其不同为众生说法。该用例的这段文本，正是解释九地菩萨是如何获得这种随众生不同为其说法的能力，apramāṇajñānānugatena kauśalyena

---

① （唐）实叉难陀译：《大方广佛华严经》卷38，《大正藏》第10册，第202页。

catuḥpratisaṃvidabhinirhṛtayā bodhisattvavācā dharmaṃ deśayati，从这一句可知，九地菩萨是因为引发了四无碍解，才能够以这样的菩萨言辞为众生说法。那么又是什么引发了四无碍解？文本中明确给出，是由"以善巧（kauśalya）而悟入的无量智慧（jñāna）"引发菩萨的四无碍解。从这几句文本可以明确：九地菩萨拥有了四无碍解这种对众生观机说法的能力，根本原因就是在于"善巧"的成就。"善巧"与"方便"二语都作为"善巧方便"的略语使用，二者是互用的。这也就是说，九地菩萨拥有这种对众生观机说法的能力，根本原因正是在于"方便"波罗蜜多的成就。这也是为什么在梵本中没有出现"upāya"的情况下，罗什和佛驮跋陀罗译本仍直接采用了"慧方便"、菩提流支译本采用了"智方便"的译法。竺法护的早期译本更是直接使用"圣慧"来表达这种由善巧方便成就的智慧。综其要，九地菩萨做大法师对一切众生观机说法的能力，根本上是成就于"方便"波罗蜜多。

十　嘱累部分中"方便慧"系译语考察

（一）长行用例一

第十地的文本，实际上并未讲该地具体修治的内容，该地菩萨所做的就是成就和圆满诸菩萨道，有如天上的大云，为无量众生降大法雨，灭除众生一切烦恼使众生得到清凉。此地菩萨能随意进入一切如来广大无边的智慧，得到诸佛如来的智水灌顶，称为受职，从而成就无量三昧门、总持门及神通门。

实际上十地本身的内容当中并未出现"方便慧"系译语，但与十地内容相连的嘱累部分中则出现多次。嘱累部分说，在菩萨修行过程中，十地行相次第现前，则能趣入一切智，这就好比河流入海，有着次第，但各地菩萨在求取佛一切智的目标上是一致的。在讲述十地行相次第时，说菩萨在各地当中修行的情况有所差别，并用大地上的十种山王来比喻十地差别，再对每一地的修行内容进行简要概说。例如，将初地喻为雪山王，一切草药都在此山，取不可尽，初地菩萨也是如此，一切世间经书、技艺、文颂、咒术咸在其中，说不可尽；以香山王比喻二地，一切菩萨戒行、威仪咸在其中，说不可尽；又如，以马耳山王比喻六地，入缘起理声闻果证咸在其中，说不可尽。接下来对第七地的概说中，即出现"方便慧"系译语。将第七地喻为尼民陀罗山王，七地菩萨修行的内容为种种"方便智慧"：

【（唐）实叉难陀译】
　　如尼民陀罗山王，纯宝所成，大力龙神咸住其中，无有穷尽；菩萨所住远行地亦复如是，<u>方便智慧</u>独觉果证咸在其中，说不可尽。①

该段文字在梵文本中对应为：

tadyathāpi nāma bho jinaputra nimiṃdharo nāma mahāparvatarājaḥ sarvanāgamaharddhikānāmaparyantaḥ sarvanāgamaharddhigaṇanayā, evameva bho jinaputra dūraṃgamāyāṃ buddhabhūmau <u>upāyaprajñān</u>-<u>irdeśā</u>nāmaparyantaḥ pratyekabuddhaphalābhisamayaparipṛcchāanirdeśaiḥ ǀ

该段文本的意思为：唯！胜者子啊！譬如名为尼民陀罗的伟大的山王，其中一切具有伟大神通之力的龙神是无尽的，如果要计算一切具有伟大神力的诸龙的话。先生！胜者子啊！同样，［菩萨］在远行地，诸多的方便与般若之说，通过提问、宣说关于缘觉之果报，是不可穷尽的。这段文字是对七地内容的概要，可知其中最主体的内容就是"方便"与"般若"的并重并举，并且，七地果位胜过缘觉果位的原因也正在于七地菩萨具足了伟大的"方便"波罗蜜多。

---

① （唐）实叉难陀译：《大方广佛华严经》卷39，《大正藏》第10册，第209页。

七地当中"方便"与"般若"二种波罗蜜多并重并举、互依不离的相关论述是整个十地当中最丰富的。程恭让《〈华严经·十地品〉第七地"方便慧"("慧方便")译语及所反映初期大乘经典的思想动向》一文指出："第七地是以'方便'、'般若'两种波罗蜜多实现菩萨地的净化的，第七地带有总结意味的最后一颂，实际上表示了《十地经》此处是倾向把第七地的根本特质，界说为通过'方便'与'般若'的并列并举，净化前七地残存的生命杂质，使其至于彻底的纯净。"[1]

我们知道，七地是有功用行的最后一地，梵本中说明：第七地之前的菩萨行，被认为是"混杂的"；第七地的菩萨行，被认为既是"混杂的"，也是"纯粹清净的"；第八地乃至第十地的菩萨行，则被认为是"纯粹清净的"。而七地菩萨正是通过"方便"与"般若"二者结合，才使七地加上了"纯粹清净的"这一面向，当七地菩萨的"方便"与"般若"两种波罗蜜多结合的方式臻于圆满，即刻进入第八地那样一个"纯粹清净的""无功用行"的菩萨地中。可知"方便"与"般若"并重并举、互依不离的修持是七地菩萨所做的最重要、最突出的德目，也是整个十地修行当中最重要、最关键的一个突破口。

（二）长行用例二

接下来的经文继续讲述各地菩萨的差别相，例如，十地菩萨行犹如大海十相，以及十地菩萨发菩提心犹如打造大摩尼宝的十个过程。同样，经文对每一地都以极简的形式加以概述，在表述十地菩萨发菩提心次第差别时，再次出现"慧方便"系译语，以八十华严为例依次将十地菩萨发菩提心概说为：一者发一切智心；二者持戒头陀，正行明净；三者诸禅三昧，圆满无缺；四者道行清白，离诸垢秽；五者方便神通，内外明彻；六者缘起智慧，善能钻穿；七者贯以种种方便智缕；八者置于自在高幢之上；九

---

[1] 程恭让：《〈华严经·十地品〉第七地"方便慧"("慧方便")译语及所反映初期大乘经典的思想动向》，《2019华严专宗国际学术研讨会论文集》，第43页。

者观众生行,放闻持光;十者受佛智职,堕在佛数,能为众生广作佛事。[1] 这里对十地的概述比前面十大山王用例的概述更为精简,对第七地的概述已经仅剩"方便与般若"这一主体:

【(唐)实叉难陀译】
贯以种种方便智缕。[2]

各汉译本中也都明确表示出"方便"与"般若"两种要素。尽管表述极简,但结合多译本,仍可见到其要点信息,七地的修行内容是"方便"与"般若"两种波罗蜜多,并将二者喻为线缕,作用是贯穿。

该段文字在梵本中对应为 upāyaprajñāvicitraratnasūtrasvāviddhaḥ,其中 upāya 与 prajñā 之间为相违释表并列关系,ratna 与 sūtra 之间为持业释同位关系,vicitra 与 ratna-sūtra 之间为持业释形容词关系,upāya-prajñā 与 vicitra-ratna-sūtra 之间为持业释同位关系,sva 与 aviddha 之间为依主释对格关系,upāya-prajñā-vicitra-ratna-sūtra 与 sva-aviddha 之间为依主释具格关系。

如此,第七地这一句的意思为:以方便与般若这种种宝缕贯穿自身。可知汉译本中"方便慧"系译语,就是指"方便"与"般若"两种波罗蜜多;喻体为线缕,而且是珍宝所成的线缕;作用为贯穿,并且是贯穿自身。那么,"贯穿自身"是何义?结合后面对第八地的概述"置于自在高幢之上",就不难理解了,贯穿是指连通至更高更自在的第八地。这正如程恭让的考证中所指出的,"方便"与"般若"的配合既是菩萨从第六地跨越至第七地这个关键节点上的必需,又是从第七地跨越到第八地这个关键节点上的必需[3],至此,"贯穿自身"的具体所指便完全透彻。

如果将菩萨十地差别相的几个段落中关于七地的概述集合一下,仍以

---

[1] (唐)实叉难陀译:《大方广佛华严经》卷39,《大正藏》第10册,第209页。
[2] (唐)实叉难陀译:《大方广佛华严经》卷39,《大正藏》第10册,第209页。
[3] 程恭让:《〈华严经·十地品〉第七地"方便慧"("慧方便")译语及所反映初期大乘经典的思想动向》,《2019华严专宗国际学术研讨会论文集》,第43页。

八十华严为例，则为"纯宝所成，大力龙神咸住其中，无有穷尽"，"方便智慧独觉果证咸在其中，说不可尽"，"广大无量"，"广大觉慧善观察故"，"贯以宝缕"，"贯以种种方便智缕"，在各喻中具体对应为：

十山王喻 差别智	尼民陀罗山	纯宝所成，大力龙神咸住其中，无有穷尽
	第七地菩萨智	方便智慧独觉果证咸在其中，说不可尽
大海喻 差别因缘	大海第七相	广大无量
	第七地菩萨因缘	广大觉慧善观察故
摩尼宝喻 差别菩提心	摩尼宝第七相	贯以宝缕
	第七地菩提心	贯以种种方便智缕[②]

结合所有对七地的概述，提出要点，便是七地菩萨以"方便"与"智慧"相结合这种方式思维观察事物，二者结合的这种智慧是广大无量的，是贯通前地与后地的必要条件。由此更能理解，"方便慧"系译语之所以集中出现在第七地，正是因为"方便"与"智慧"结合这种对事物的观待方式在七地菩萨的修行德目中占据主体地位的缘故。

（三）偈颂用例一

在嘱累部分的偈颂中，关于"方便慧"系译语有两处集中的用例，每一处都使用了两次，分别出现在对第五地和第七地的描述中。偈颂最开始的内容是讲菩萨于菩萨道修习，积累百亿种善根，为利益一切众生的缘故，发起要修菩萨道的心。接下来开始较为详细地分述每一地的具体修行德目，第五地及第七地的修行德目当中，"方便慧"系译语都以标识性很强的字样出现：

【（唐）实叉难陀译】
……斯人趣入难胜地。

[①] （唐）实叉难陀译：《大方广佛华严经》卷39，《大正藏》第10册，第208—209页。

> 智慧方便善观察，种种示现救众生，
> 复供十力无上尊，趣入无生现前地。
> ……，得此微妙向七地。
> 智慧方便心广大，难行难伏难了知，
> 虽证寂灭勤修习，能趣如空不动地。[①]

在其他汉译本中，竺法护依旧延续对"善权"的使用，佛驮跋陀罗译本直接采用了罗什的译语"慧方便"，尸罗达摩译本同样直接采用了实叉难陀的译语"智慧方便"。

根据偈文内容可知：菩萨进入第五地之后，很好地以"方便"和"般若"来思维观察，于是种种示现，行利益众生之事救度众生；菩萨进入第七地之后，"方便"与"般若"的行持极为广大，那种朝向佛果的深切志愿难以测度，虽已证得寂灭，但仍然精勤于种种福业的修集。综其要，可以给出的信息是："方便"与"般若"结合这种观待事物的方法，在第五地时就是奋力修行的德目，然而第六地时"般若"波罗蜜多率先现前，已证得寂灭，如此一来，进入七地的菩萨应该入涅槃才是常理，但七地菩萨并非像声闻缘觉一样在般若现前时入于寂灭，而是发起更深切的朝向佛果的志愿、发起更广大的救度众生的悲心，在菩萨道上全力向前推进。那么，全力向前推进的办法是什么？唯有通过"方便"波罗蜜多的圆满。所以，菩萨在七地时正因"方便"波罗蜜多的圆满，同时，也是"方便"与"般若"相结合这种观待方式的圆满，才使菩萨得以跨越到第八地，开启任运的无功用行的另一阶段。

（四）偈颂用例二

接下来偈颂部分第二处"方便慧"系译语的用例，恰好是对长行用例中十地差别菩提心的总结，同样在第五地与第七地内容中出现：

[①]（唐）实叉难陀译：《大方广佛华严经》卷39，《大正藏》第10册，第210页。

【(唐)实叉难陀译】

十行超世发心初，持戒第二禅第三，
行净第四<u>成就五</u>，缘生第六<u>贯穿七</u>，
第八置在金刚幢，第九观察众稠林，
第十灌顶随王意，如是德宝渐清净。[①]

此处偈颂对各地的概要就更为精简了，每一地只采用一个关键词做代表甚至全部省略。但罗什译本和佛驮跋陀罗译本中，第五地和第七地都清晰举出"方便慧"的字样；实叉难陀和尸罗达摩译本则是在第七地中采用了方便与般若结合观待的作用"贯穿"，而第五地关键词则完全省略。但实际上，尸罗达摩译本在这段偈颂的前一段，即重复十地菩萨差别因缘的偈颂中，对第五地和第七地分别概述为"五地微妙方便慧"和"七广大慧八庄严"，明确显示第五地关键词为"方便慧"，而第七地使用的"广大慧"，显然是相对于第五地而言的，用于形容方便与般若相结合这种观待方式的圆满。

嘱累部分的梵本偈颂中并未出现 upayā 与 prajñā 组合的字样，但因其是对长行部分的重复，译者自然结合长行内容进行更为恰当的翻译，遂于相应之处把未被表现出的关键词表现出来，因此延续了对"方便慧"系译语的使用，这是极为合理的、适宜的。

十一　结语

(一)大乘佛教般若与方便并重并举、不相偏废的思想原则

简要回顾一下上文对《十地经》中"方便慧"（"慧方便"）系译语的考察，首先明确的是，该译语指"方便"与"般若"两种波罗蜜多的并重并举。序分中讲，来参与本场盛会的菩萨都是不退于阿耨多罗三藐三菩提的大菩萨，他们拥有众多的菩萨品德，其中一项就是"到一切菩萨智慧方

[①] (唐)实叉难陀译：《大方广佛华严经》卷39，《大正藏》第10册，第210页。

便究竟彼岸"。初地当中还将"方便""般若""大悲"三者并提。四地中讲，四地菩萨随着引发的方便与般若这两种波罗蜜多，修习三十七道品，由此而得润泽心、柔软心乃至随所闻法皆善修行心等心。五地当中回顾四地时讲到以"方便"和"般若"进行的思维观察是从四地跃进到五地的条件之一；又讲五地菩萨诸善根以"方便和般若"思维观察，更加炽然明净，更加光耀，不可倾动。六地中讲，此地菩萨诸善根以"方便和般若"思维观察，又更加炽然、更加光耀，转更寂灭，不可破坏；并且以"方便"和"般若"两种波罗蜜多紧密结合相应的方式思维观察事物，是菩萨善根累积生长亦即菩萨道向前跃进的必要条件。八地当中，回顾七地时可知，七地菩萨所行之因的众多项目中，"方便与般若"被列于首要位置，这是七地菩萨修行最重要、最主体的内容；而八地菩萨以"伟大的、从善巧方便这种智慧所引发而生的无功用的菩萨觉慧"来思维观察一切智，观察世界的成坏等，在这里，八地菩萨观待事物的方式已经开始单举"善巧方便"作为代表，正是说明一直以来"方便"与"般若"结合的观待方式中"方便"波罗蜜多的至要性与统领性地位。九地菩萨做大法师，获得了对众生观机说法的能力，是因为以"善巧方便"而悟入无量智慧，继而引发菩萨四无碍解，在根本上这全赖于"善巧方便"的成就。实际上，八地、九地菩萨对事情的观待方式，梵本已未再使用"方便"（upāya）与"般若"（prajñā）的并列并举，都是单举"方便"（upāya / kauśalya）这种智慧（jñāna）作为代表，但汉译本基于对菩萨观待方式这种智慧的理解，仍然延续了对"方便慧"系译语的使用。嘱累部分当中，概说十地菩萨差别相时，作为"方便"与"般若"并重并举的集中表述区，第五地和第七地的内容中都出现了"方便慧"系译语，尽管梵本中相应部分没有明确出现 upāya 与 prajñā 的并列，但译者基于对整体的理解与把握，准确地、适宜地、恰如其分地将二者表述出来。

通过对上述各"方便慧"系译语用例的详细考察，至此已经能够更好地、更全面地把握到它的整体。其一，"慧方便"系译语的内容是指

"方便"与"般若"两种波罗蜜多的并重并举，是将二者结合起来观待事物的一种方式。其二，将二者结合来观待事物的方式贯穿整个菩萨道的修行过程，它是菩萨善根的累积、菩萨道进步的必要条件，这种贯穿前地与后地的作用，最显著地体现在第七地当中。其三，对"方便"与"般若"相结合这种观待方式的修持，第五地和第七地是最发力的两个阶段，第五地对二者结合的修持是极为重要的一个基础，第六地时作为二者之一的"般若"先行圆满，随即进入七地后，菩萨正因全力修持"方便"，才不至于落入"般若"圆满后的寂灭。七地菩萨对"方便"的全力修持，一方面体现在追求佛果的志愿更加深切，另一方面体现在利益众生的悲心更加广大，这种全力的修持直至"方便"波罗蜜多继"般若"而实现圆满。其四，因七地"方便"波罗蜜多的圆满，八地以上菩萨对事物的观待方式已经从两种波罗蜜多的结合转为单举主导性的"善巧方便"，开启了无功用行真正的任运自在，对佛一切智及有情无情的观待再无任何阻碍，利益众生更无穷尽。其五，通过对包括第四地、第八地、第九地等多地多用例的考察，确证"方便"与"般若"两种波罗蜜多的结合当中，"方便"所占据的代表性、主导性以及统领性地位。

（二）大乘佛教与世间、众生交流互动的特质及实现基础

本文开篇时提到，作为大乘佛教义理基础一个要素的"般若"，从魏晋之际迅速成为教内外关注与讨论的热点。其后，中国佛教的诠释体系，将构建大乘佛教义理的基础完全倾倒性地偏向于"般若"这一要素。然而，从上述对《十地经》中"方便慧"（"慧方便"）系译语的考察，明确可知初期大乘佛教般若智慧与善巧方便并重并举、不相偏废的思想原则，甚至在菩萨道的修学过程中"善巧方便"所占据的至要性、统领性地位。

仅从嘱累品中第五地、第七地回顾偈文的分析即知，菩萨进入第五地之后，即修习结合"方便"与"般若"进行思维观察，并将这种观待事物的方法作为奋力修行的德目，也正是因此，第五地菩萨于是种种示现，行持利益众生之事。菩萨进入第七地之后，"方便"与"般若"的行持极为广大，那种朝向佛果的深切志愿难以测度，虽已证得寂灭，但仍然精勤于种种利益众生福业的修集。

　　实际上，不拘于五地与七地，《十地经》中多地内容都有着对方便作用的诸多描述。接下来将借助印顺法师对十地的阐释，结合本文所做的分析，对大乘佛教与世间、众生交流互动的特质，以及方便波罗蜜对此的根本性作用进行概说。印顺法师认为，初地菩萨虽能现证空性，仅是属于通过了第一关"凡圣关"。且直至五地之前的菩萨，见性空时则离一切相，了达法相时则离于空性的证知，所以空、有一直是互相出没，无法做到空有相并的。而五地菩萨因为在般若与方便两方面修行的增长，现证到空有不二，才能不住生死、不住涅槃，尽管第五地仅可以少时达到空有不二、真俗并观，但正是因此而超出小乘圣者的心境，所以到第五地才属于通过了第二关"大小乘关"。到第六地，如本文上述分析，在般若与方便共同奋力开发的进程中，般若圆满首先现证到常寂，但因菩萨大悲与方便的强力作用，而使其不落于永寂。菩萨到了第七地，方便同样达到圆满，即可于灭尽定中念念入同时念念出。印顺法师认为，约菩萨十波罗蜜来讲，第七地中方便波罗蜜最为殊胜，如火一般越来越炽然，正因第七地方便波罗蜜的圆满，而使五地菩萨极艰难而能进入的大乘深境（无相行）完全达成。从而八地菩萨得以任运地于三有中如普门大士观世音菩萨一样普现一切身形，为世间、众生普说一切法。第九地菩萨基于方便波罗蜜引发的四无碍解，在一切说法人中为第一大法师，能够遍法界而现神通现身说法，为无量差别根性的众生于一时一音说一切应机法门。到了第十地，菩萨的现通说法，则能长养一切众生善根，如大法云之法雨滂沛一般。①

　　由此我们不难明晓，大乘佛教菩萨道与二乘的差别就在于：二乘的修

---

① 印顺法师：《成佛之道》（增注本），《印顺法师佛学著作全集》第五卷，中华书局2009年版，第270—275页。

学是以自身求寂为特质，并不注重甚至抵触与世间、众生的联结；而大乘菩萨道的修学则恰恰体现出与世间、众生交流互动的特质。同时，能够实现与世间、众生交流互动正是基于方便波罗蜜的作用。

A Study on the Terminology of "upāya-prajñā" in the "Daśabhūmikasūtra": Also on the Characteristics and Implementation Basis of Communication with Secular World and Sentient beings in Mahayana Buddhism

Zhang Fangfang

Abstract: This article employs methods from philology, historical semantics, and intellectual history research. Through a comparative study of Sanskrit and Chinese texts, it examines the semantics and translation of terminology "upāya-prajñā" ("prajñā-upāya") in the early Mahayana Buddhist scripture, the Dasabhūmika Sūtra. It discusses the theoretical construction of Mahayana Buddhism, which emphasizes both "Prajnā pāramitā" (wisdom) and "upāya pāramitā" (skillful means), and also discusses the distinctive characteristics and implementation basis of communication with secular world and sentient beings in Mahayana Buddhism.

Key words: Mahayana Buddhism; *Daśabhūmikasūtra*; Upāya; Humanistic Buddhism

论说一切有部佛学思想的"人间性"

释妙宽

戒幢佛学研究所博士生

摘　要：说一切有部在佛教历史上曾形成"一切有宗遍行各地"的盛况，是现存仅有的两个能够将经典文献完整流传下来的部派之一，其中说一切有部的文献，相当完整地保留在了汉译经典中，而赤铜鍱部的文献则以巴利文的形式保留在斯里兰卡、缅甸等地。所以，这也就决定了我们今天如果要研究原始佛教的早期思想，乃至追溯大乘佛教的思想来源，则不可能回避"种别最繁，传译最备，而与大乘论书亦最相关"的说一切有部思想。而在说一切有部的佛学思想中，"人间性"的特点则表现得尤为突出，主要体现在五个方面：一是成佛唯在人间，二是教法唯在人间，三是佛弟子们唯在人间，四是佛学义理的安立以人间为中心，五是整个修证体系皆以人间为中心。这"五个特点"实际涵盖了说一切有部佛学思想的方方面面，充分体现了在说一切有部的佛学思想中以"人间为中心的价值方向"，所以，印顺法师在《大乘广五蕴论讲记》中也这样说，说一切有部其实就是讲人间的佛教。

关　键　词：说一切有部；人间性中心；人间佛教

基金归属：本文为2019年度国家社科基金重大项目"'一带一路'佛教交流史"（编号：19ZDA239）的阶段性成果。

"人间佛教"思想自太虚大师倡导以来，经过数十年的发展，已获得了教界、学界乃至民间的广泛认可,被誉为"二十世纪中国佛教最可宝贵的智慧结晶"[①]。然"人间佛教"的思想是否畅佛本怀?佛陀的教法又是否以人间为中心?这难免还需追根溯源地回到早期佛教的经典之中寻找相应的教理依据。程恭让教授在《原始佛教的三大核心价值暨星云大师人间佛教对佛教社会思想的新贡献》一文中,结合《杂阿含经》和《增一阿含经》等原始佛教的经典对此问题进行了详尽论证,并提出了原始佛教的一大核心价值就是以人间为中心[②],而这种"以人间为中心的价值方向"在部派佛教最具代表的说一切有部经典之中得到了更加广泛的印证。

说一切有部在佛教历史上曾形成"一切有宗遍行各地"[③]的盛况,是现存仅有的两个能够将经典文献完整流传下来的部派之一,其中说一切有部的文献,相当完整地保留在了汉译经典中,而赤铜鍱部的文献则以巴利文的形式保留在斯里兰卡、缅甸等地。所以,这也就决定了我们今天如果要研究原始佛教的早期思想,乃至追溯大乘佛教的思想来源,则不可能回避"种别最繁,传译最备,而与大乘论书亦最相关"[④]的说一切有部思想。而在说一切有部的佛学思想中,"人间性"的特点则表现得尤为突出,主要体现在五个方面:一是成佛唯在人间,二是教法唯在人间,三是佛弟子们唯在人间,四是佛学义理的安立以人间为中心,五是整个修证体系皆以人间为中心。这"五个特点"实际涵盖了说一切有部佛学思想的方方面面,充分体现了在说一切有部的佛学思想中"以人间为中心的价值方向",所以,印顺法师在《大乘广五蕴论讲记》中也这样说,说一切有部其实就是讲人间的佛教。[⑤]

---

① 邓子美:《二十世纪中国佛教智慧的结晶——人间佛教理论的建构与运作(下)》,《法音》1998年第7期。
② 程恭让:《原始佛教的三大核心价值暨星云大师人间佛教对佛教社会思想的新贡献》,载妙凡法师、李向平主编《人间佛教社会学论集》,高雄:佛光文化2018年版,第210页。
③ 吕澂:《印度佛学源流略讲》,人民出版社2002年版,第340页。
④ 吕澂:《印度佛学源流略讲》,第332页。
⑤ 印顺法师:《大乘广五蕴论讲记》,《印顺法师佛学著作集》第44册,台北:正闻出版社2016年版,第304—305页。

一　成佛在人间

　　根据说一切有部的观点，世间可分为三界，即欲界、色界和无色界。其中，欲界包含了天道、人道、畜生道、饿鬼道和地狱道；色界包含了第一静虑处、第二静虑处、第三静虑处和第四静虑处；无色界则包含空无边处、识无边处、无所有处和非想非非想处。[1] 在此三界之中，最后身菩萨必定于欲界的人间证得阿耨多罗三藐三菩提而成佛。为什么一定是欲界的人间呢？说一切有部认为，首先，菩萨在证道之时，必然是 "一坐起" 的，而所谓的 "一坐起" 就是指从顺抉择分的暖位经过三十四个心刹那而直接证得见道位、修道位和最后的佛果。[2] 那么，由于在见道生起最初的无漏智时，世第一法必须要缘欲界的苦谛[3]，而根据说一切有部 "上不缘下" 的原理，生于上界的众生，因为厌离下界苦集故，必不缘下界的苦谛、集谛与灭谛[4]，所以，菩萨若生于色界和无色界则必不能缘欲界的苦谛，即不可能生起最初的无漏智而见道[5]，故不能证得佛果。

　　其次，就欲界而言，天道、人道、畜生道、饿鬼道和地狱道，又可概括为天趣、人趣和恶趣。其中，天趣的众生由于福报太大享乐过多，故耽着于妙欲，不能生起厌离心，所以，对于断除烦恼、证得果位这些事情并

---

[1] 《阿毗达磨俱舍论》，《大正藏》第 29 册，东京：大藏出版株式会社 1988 年版，第 41 页。
[2] 《阿毗达磨俱舍论》卷 23："言一坐者，从暖善根乃至菩提，不起于座。"（《大正藏》第 29 册，第 121 页）《阿毗达磨大毗婆沙论》卷 182："以三十四心得阿耨多罗三藐三菩提。"（《大正藏》第 29 册，913 页）
[3] 《阿毗达磨顺正理论》卷 62："论曰：从世第一善根无间，即缘欲界苦圣谛境有无漏法智忍生，此忍名为苦法智忍。宁知此忍是无漏摄？从世第一无间而生，以契经中言世第一无间入正性决定，或正性离生，尔时名越异生地故。"（《大正藏》第 29 册，第 683 页）
[4] 《阿毗达磨大毗婆沙论》卷 28："若生上静虑地，必不缘下静虑地苦集及灭，以厌彼苦集故。"（《大正藏》第 27 册，第 145 页）
[5] 《阿毗达磨大毗婆沙论》卷 7："何故色无色界，不能入正性离生耶？答：非田非器，乃至广说。复次，若处能起忍智，彼处能入正性离生，色无色界虽能起智，而不起忍故不能入正性离生。复次，若处能起法智类智，彼处能入正性离生，色无色界虽起类智，而不起法智故不能入正性离生。复次，若处有胜依身及有苦受，彼处能入正性离生，色无色界虽有胜依身，而无苦受故不能入正性离生。"（《大正藏》第 27 册，第 33 页）

不感兴趣，对于证道成佛亦不能增上，故不能证得佛果。畜生道、饿鬼道和地狱道属于恶趣，恶趣是世间最苦的地方，恶趣的众生固然能够生起厌离心，但由于智慧低劣，不足以明了解脱的智慧[①]，即便有心解脱，亦属于有心而无力，故同样不能证得佛果。所以，能够证得佛果位者，唯人间之众生。故《阿毗达磨大毗婆沙论》云：

> 问：何不即于睹史多天成正等觉，而必来人间耶？答：随诸佛法故，谓过殑伽沙数诸佛世尊，皆于人中而取正觉故。复次，天趣身非阿耨多罗三藐三菩提所依止故。复次，唯人智见猛利能得阿耨多罗三藐三菩提故。复次，诸天耽着妙欲，于入正性离生、得果、离染等事非增上故。复次，人趣根性猛利多分能受如来正法，天趣不尔。复次，最后有菩萨必受胎生，天趣唯化生故。复次，有二事处佛出世间，一有厌心，二有猛利智，当知此二唯人趣有。复次，人天并是法器，为欲俱摄故来人间，若在天上则人无由往。又不可令天上成佛，来人间化人当疑佛，是幻所作不受法故，是以菩萨人间成佛。[②]

意思就是说，既然补处菩萨已经生于兜率天[③]中，为什么不直接在兜率天中证得佛果，有何必要一定来人间成佛呢？说一切有部的论师们认为原因有多种：其中，第一种说法是：为了随顺诸佛法的缘故，因为过去有超过恒河沙数[④]的诸佛世尊，都在人间证得了佛果，所以，菩萨也要在人间成佛；第二种说法是：由于天趣身并非成佛所需要证得的无上正等正

---

① 《俱舍论记》卷23："三恶趣虽有厌离，以厌苦故，无胜般若，以慧劣故。"（《大正藏》第41册，第350页）
② 《阿毗达磨大毗婆沙论》卷178：（《大正藏》第27册，第893页）
③ 蓝吉富主编《洛阳伽蓝记校释》卷1："兜率者，梵天之名，佛书称一日当地上四百年。西域记称为睹史多天（梵文Tusita）。"（《大藏经补编》第12册，台北：华宇出版社1985年版，第48页）
④ 印顺法师《药师经讲记》："殑伽沙，即恒河沙的异译。"（《印顺法师佛学著作集》第4册，第46页）

觉[①]的依止处，所以依天趣身则不能证得佛果；第三种说法是：由于唯有人趣的众生般若智慧才足够猛利，才能够证得无上正等正觉，所以，证得佛果非人间不可；第四种说法是：由于天趣的众生福报太大享乐太多，故多耽着于妙欲，对于断除烦恼、证得果位这些事情不感兴趣，故而对于证道成佛亦不能增上，因此不能在天趣成佛；第五种说法是：由于相对天趣而言，人趣的众生根性更加猛利，更能接受如来的正法，所以，有必要在人间成佛；第六种说法是：由于最后有菩萨必须是胎生，而天趣众生皆为化生，故必须要于人间成佛；第七种说法是：由于只有在厌离心和般若智慧两者具足的情况下，佛陀才会出现于世，而具足这两种情况的唯有人间，所以，必须要在人间成佛；而最后一种说法则认为，其实人趣与天趣都具备成佛的条件，但由于人趣的众生不能到天上，天趣的众生可以来人间，所以，为了统摄天上天下的一切众生，菩萨特意到人间来成佛。而且假如菩萨在天上成佛，佛陀若以天人身示现于人间，人间的众生就会怀疑佛陀是神通的幻化，难以令人间的众生信服，故而有必要到人间成佛。那么，显然在这里说一切有部的论师们对于菩萨为什么必须于人间证得佛果，并未给出一致的答案，但唯一公认的反而是问题本身，即菩萨必然是在人间成佛的。

二 教法在人间

佛法能令众生离苦得乐出于生死轮回，可谓世间之"良药"，但此"良药"亦需对机，因为毕竟唯有得到"病患"之认可，愿意用此"良药"，"良药"方能发挥治病救人的功效。说一切有部认为，在三界之中，唯有欲界人趣的众生方能真正认识到佛法之功效，能够珍重爱敬受持佛法，并依教奉行，余者即便能够听闻佛法，但于佛法皆不能受持奉行。为

---

① 河村照孝编集《金刚经注》卷1："阿耨多罗三藐三菩提者，华言无上正等正觉也。"（《卍新纂大日本续藏经》第24册，东京：株式会社国书刊行会1989年版，第538页。）

什么这样说呢？因为，受持佛法需要有厌离心和般若智慧这两个基本条件。首先色界、无色界的众生由于常处定中，没有苦受①，所以不能生起厌离心，故于佛法不能受持。其次，欲界恶趣的众生固然能够生起厌离心，但由于智慧低劣，不能明了解脱之智慧，所以，即便能够听闻佛法，亦不具备受持奉行的能力。最后，天道的众生虽然能够听闻佛法，亦具般若智慧，但由于天道的妙欲殊胜，诸天根本没有解脱的迫切需求，更不可能生起厌离心，所以，即便能够听闻佛法，也不会对于佛法产生殷重爱敬，受持奉行。如《杂阿含经》中就有一段关于帝释天主沉溺于享乐而无意修习佛法的描写：

> 如是我闻：一时，佛住王舍城。时，尊者大目揵连在耆阇崛山中。尔时，尊者大目揵连独一静处禅思，作是念："昔有时，释提桓因于界隔山石窟中，问世尊爱尽解脱之义，世尊为说，闻已随喜，似欲更有所问义，我今当往问其喜意。"作是念已，如力士屈申臂顷，于耆阇崛山没，至三十三天，去一分陀利池不远而住。
>
> 时，天帝释与五百婇女游戏浴池，有诸天女，音声美妙。尔时，帝释遥见尊者大目揵连，语诸天女言："莫歌。莫歌。"时，诸天女即便默然，天帝释即诣尊者大目揵连所，稽首礼足，退住一面。尊者大目揵连问帝释言："汝先于界隔山中问世尊爱尽解脱，闻已随喜，汝意云何？为闻说随喜？为更欲有所问，故随喜耶？"
>
> 天帝释语尊者大目揵连："我三十三天多着放逸乐，或忆先事，或时不忆。世尊今在王舍城迦兰陀竹园，尊者欲知我先界隔山中所问事者，今可往问世尊，如世尊说，汝当受持。然我此处有好堂观，新成未久，可入观看。"
>
> 时，尊者大目揵连默然受请，即与天帝释共入堂观。彼诸天女遥

---

① 《阿毗达磨大毗婆沙论》卷7："色无色界虽有胜依身，而无苦受故，不能入正性离生。"（《大正藏》第27册，第33页）

见帝释来，皆作天乐，或歌或舞。诸天女辈着身璎珞庄严之具，出妙音声，合于五乐，如善作乐，音声不异。诸天女辈既见尊者大目揵连，悉皆惭愧，入室藏隐。

时，天帝释语尊者大目揵连："观此堂观地好平正，其壁、柱、梁、重阁、窗牖、罗网、帘障，悉皆严好。"尊者大目揵连语帝释言："憍尸迦！先修善法福德因缘，成此妙果。"如是，帝释三自称叹，问尊者大目揵连，尊者大目揵连亦再三答。

时，尊者大目揵连作是念："今此帝释极自放逸，着界神住，叹此堂观，我当令彼心生厌离。"即入三昧，以神通力，以一足指撇其堂观，悉令震动。

时，尊者大目揵连即没不现。诸天女众见此堂观震掉动摇，颠沛恐怖，东西驰走，白帝释言："此是憍尸迦大师，有此大功德力耶？"时，天帝释语诸天女："此非我师，是大师弟子大目揵连，梵行清净，大德大力者。"

诸天女言："善哉！憍尸迦！乃有如此梵行大德大力同学，大师德力当复如何？"[①]

在这段描写中，目揵连尊者回忆起帝释天当初曾向佛陀请教过"爱尽解脱"之义，并在佛陀开示后，向佛陀表示了随喜这段往事。目揵连尊者觉得帝释天这个"随喜"可能有进一步探究、学习佛法的意思，所以，满怀期盼地前往三十三天，向帝释天请教其"随喜"背后的真意。但令人尴尬的是，当目揵连尊者来到三十三天后，发现帝释天并未修习任何佛法，反而正在与数百婇女戏乐，虽然帝释天也对尊者的到来表示了敬意，但当目揵连尊者问起之前的那段过往时，帝释天竟然因为"逸乐"的事情过多，早已将这段往事忘得一干二净了，不仅没有一丝探究

[①] 《杂阿含经》卷19，《大正藏》第2册，第133页。

佛学的迹象，反而只是极力地在向目揵连尊者展示、炫耀自己的观堂楼阁。即便后来目揵连尊者暗示这些所谓的亭台楼阁也不过是他往世修习善法所得的福报而已，但仍没有提起帝释天一丝一毫对于佛法的兴趣。所以，最后目揵连尊者也非常失望，无奈只能得出一个"此帝释极自放逸，着界神住"的结论了。

那么，在这里显然帝释天并不是不能听闻佛法，他们只是沉溺于逸乐，对于了脱生死没有迫切的需要，故而对于修习佛法没有兴趣，不能受持奉行而已。而人道则不同，人道的众生深知生命之苦难，即便人间的帝王将相，也不能避免生老病死的困扰，故而对于离苦得乐了脱生死就会抱有强烈的愿望，对于能够帮助众生解脱的佛法，自然也就能够生起信心，并珍视爱敬受持奉行。所以，《阿毗达磨大毗婆沙论》云：

> 云何爱敬？答：如有一类于佛法僧亲教轨范及余随一有智、尊重、同梵行者，爱乐心悦恭敬而住，若于是处有爱及敬，是谓爱敬。此中一类者，谓异生或圣者。异生于佛爱乐心悦恭敬住者，彼作是念：佛威力故，我等解脱灾横王役种种苦事，及得世间诸资生具。圣者于佛爱乐心悦恭敬住者，彼作是念：佛威力故我等永舍诸恶趣因，断二十种萨迦耶见，得正决定见四圣谛，于无边际生死轮回诸苦事中，已作分限。……复次彼二于佛俱作是念：佛为法王最初开示无上正法，令诸有情无倒了达，杂染清净系缚解脱，流转还灭生死涅槃，余无此能，故应爱敬。……而此中说殊胜爱敬唯在欲界人趣非余，唯佛法中有此爱敬。[1]

什么是爱敬呢？对于佛法僧三宝、亲教师、轨范师以及其他任何一位智者、尊长、同修，能够真心诚意恭敬地对待他们，并保持信任与敬

---

[1] 《阿毗达磨大毗婆沙论》卷29，《大正藏》第27册，第151页。

重[1]，这就是爱敬。在所有爱敬之中，有一类爱敬，是相对于佛法而生起的，其中，凡夫会认识到唯有凭借佛陀的威神力，才能使自己从各种灾难与徭役中解脱出来，并获得赖以生存的资具；圣者会认识到唯有凭借佛陀的威神力，自己才能避免投生于恶趣，断除二十种身见，并得以证入正性离生[2]现见于四圣谛，使原本应于无尽的痛苦中生死轮回的自己有了可以到达的彼岸……而同时无论是凡夫还是圣者，也都会认识到佛陀是大法王，是无上正法的开创者，能够令各类有情无倒地明了什么是杂染，什么是清净，什么是系缚，什么是解脱，令流转于生死的有情证得解脱的涅槃。那么，这一类爱敬就是最为殊胜的爱敬，也是唯于佛法中产生的爱敬，而这一类爱敬则只能在欲界的人趣中生起。

那么，由于只有欲界的人趣方能生起对于佛法的爱敬，才能真正受持奉行佛法，所以，显然佛陀的教法也就只能存在于人间了。故《阿毗达磨顺正理论》云："人中有教，天趣中无"[3]，即便欲界的天趣能够听闻佛法，但教法还是唯存于能受持奉行的人间。

三　佛弟子们在人间

佛法的继承者，当然就是指佛弟子，也就是所谓的七众：优婆塞、优婆夷、沙弥、沙弥尼、式叉摩那尼以及比丘和比丘尼。这七众弟子是怎么来的呢？当然就是根据对于佛法的受持奉行，也就是最基本的行为规范——戒律来划分的。如《阿毗达磨俱舍释论》云：

---

[1] 《阿毗达磨顺正理论》卷11："爱谓爱乐，体即是信。然爱有二：一有染污，二无染污，有染谓贪，无染谓信。信复有二：一忍许相，二愿乐相。若缘是处现前忍许，或即于中亦生愿乐。此中爱者是第二信，或于因中亦立果称。前信是爱邻近因故，名爱无失。敬谓敬重，体即是惭。谓如前释大善地法中言心自在性说为惭者，应知即是此中敬体。"（《大正藏》第29册，第393页）

[2] 印顺法师《如来藏之研究》："入'正性离生'，或作'正性决定'。入正性决定，或译作入正决定，罗什是译作'入正位'的。"（《印顺法师佛学著作集》第39册，第32页）

[3] 《阿毗达磨顺正理论》卷80，《大正藏》第29册，第774页。

云何成优婆塞？云何成优波婆娑？乃至云何成比丘？偈曰：五八十一切，恶处受离故，优婆塞布萨，沙弥及比丘。释曰：此说应知如次第于五种所应远离法受持远离故，是人即住优婆塞护。五所应远离者，谓杀生、不与取、邪淫行、妄语、饮酒类醉处。于八种所应远离法受持远离故，是人即住优波婆娑护。八所应远离者，谓杀生、不与取、非梵行、妄语、令醉饮、着香花观听舞歌等、眠坐高胜卧处、非时食。于十种所应远离法受持远离故，是人即住沙弥护。十所应远离者，是前所说八，又受畜金银等、着香花观听舞歌等，分为二故成十。一切所应远离身口二业，由受持远离故，是人即住比丘护。①

意思就是说，如果要成为优婆塞、优婆夷乃至比丘、比丘尼等佛陀的七众弟子，则必须要按照次第来受持、奉行相应的戒律。其中最初的优婆塞和优婆夷所受持的是不杀生、不偷盗、不邪淫、不妄语和不饮酒这五条最基本的戒律，只是根据男女的不同，男的为优婆塞，女的为优婆夷。而在受持五戒的基础上，如果再进一步，则可受持一日一夜的八关斋戒，即不杀生、不偷盗、不非梵行、不妄语、不饮酒、不着香花蔓及歌舞观听、不坐高广大床、不非时食，就会成为优波婆娑。②但由于优波婆娑只有一日一夜的时间，更倾向于是一种对于受持更高戒律（十戒）的尝试，所以不成七众之一。但在之后，如果正式受持了十戒，就会成为沙弥、沙弥尼或式叉摩那尼③，其中，男的为沙弥，女的为沙弥尼或式叉摩那尼④，而所受

---

① 《阿毗达磨俱舍释论》卷10，《大正藏》第29册，第230页。
② 河村照孝编集《四分律行事钞批》卷5："一日一夜为净行优婆塞者，其义大应言优波婆娑。"（《卍新纂大日本续藏经》第42册，第501页）
③ 《阿毗达磨俱舍释论》卷10："式叉摩那戒、沙弥尼戒与沙弥戒不异。"（《大正藏》第29册，第229页）《俱舍论记》卷14："勤策女先受十戒后受六法，虽更得六法，即同十戒中六戒故，所以，勤策女十戒，及正学六法，不异勤策十法。"（《大正藏》第41册，第217页）
④ 河村照孝编集《式叉摩那尼戒本》："梵语式叉摩那尼，此云学法女，谓于二年中具学三法：一学根本，谓四重也。二学六法，谓羯磨所得者。三学行法，谓大比丘尼一切诸戒威仪也。"（《卍新纂大日本续藏经》第40册，第778页）

持的十戒，也就是在原有八戒的基础上，将"不着香花蔓及歌舞观听"开为两戒，同时再增加一个"不蓄金银宝物"。最后，如果再进一步提升，则可受持具足戒，即远离一切的身口二业，男的就会成为比丘，女的就会成为比丘尼，从而和前面的五众一起构成了佛陀的七众弟子。

那么，既然只要受持了戒律就能够成为佛陀的弟子，这是不是就意味着佛陀的弟子会遍及三界呢？事实上，根据说一切有部的观点，戒可分为三种，即定共戒、道共戒和别解脱戒[①]，其中定共戒只需证得禅定就会自然生起戒体（无表色）发挥防非止恶的作用[②]；道共戒则是在证得无漏智时会自然生起戒体发挥防非止恶的作用[③]；而别解脱戒则需要依照特定的仪轨从他教而得，亦即要通过师父的教授[④]，令受戒者发戒产生戒体，从而通过戒体来发挥防非止恶的作用[⑤]。那么，由于佛陀的这七众弟子所受持的都是别解脱戒[⑥]，皆需由他教而发戒，而佛陀的教法又唯存于人间，

[①] 《阿毗达磨俱舍论》卷14："律仪差别，略有三种：一别解脱律仪，谓欲缠戒；二静虑生律仪，谓色缠戒；三道生律仪，谓无漏戒。"（《大正藏》第29册，第72页）《阿毗达磨大毗婆沙论》卷17："一切律仪总有四种：一别解脱律仪，二静虑律仪，三无漏律仪，四断律仪。"（《大正藏》第27册，第84页）《阿毗达磨俱舍论》卷14："静虑、无漏二种律仪，亦名断律仪。"（《大正藏》第29册，第73页）

[②] 《阿毗达磨俱舍论》卷14："静虑生者，谓此律仪从静虑生，或依静虑。若得静虑者，定成此律仪。"（《大正藏》第29册，第73页）

[③] 《阿毗达磨俱舍论》卷14："道生律仪圣者成就，此复有二：谓学、无学。"（《大正藏》第29册，第73页）

[④] 《阿毗达磨俱舍论》卷14："别解脱律仪由他教等得，能教他者说名为他，从如是他教力发戒，故说此戒由他教得。"（《大正藏》第29册，第74页）《俱舍论疏》卷14："论，此复二种至余五种戒二种他。谓别人及众，四人已上名曰僧伽。戒八众中苾刍等三从众得也。补特伽罗是别人，谓余五种从此得故。若勤策、勤策女从二人得；若近事、近事女近住从一人得。"（《大正藏》第41册，第643页）

[⑤] 《阿毗达磨俱舍论》卷14："谓受戒时初表无表，别别弃舍种种恶故。依初别舍义，立别解脱名。"（《大正藏》第29册，第73页）《俱舍论颂疏论本》卷15："谓别解脱，离根本罪及加行后起罪故，于一切发恶处，得别解脱戒。二从二得者，二谓二类：一有情类性罪遮罪，性谓杀生等，遮谓女人同宿等。二非情类性罪遮罪，性谓盗外财，遮谓掘地等。今受善戒，能离性罪及与遮罪。故从二类发罪处，得别解脱。三从现得者，论云，谓从现蕴处界得，非从去来，谓此律仪，有情处转，去来非是有情处故。"（《大正藏》第41册，第900页）

[⑥] 《阿毗达磨大毗婆沙论》卷123："问：何故唯依别解脱律仪，安立七众差别，不依余耶？答：以别解脱律仪渐次而得渐次安立故。"（《大正藏》第27册，第643页）

所以，这也就决定了佛陀的七众弟子必然也是唯存于人间的。故《阿毗达磨顺正理论》云：

> 恶趣无能觉耶正理，又非猛利惭愧所依，要此相应及损坏者，方可得有善恶律仪，故恶趣中无善恶戒。……若尔，何故契经中言：有卵生龙，半月八日每从宫出来至人间，求受八支近住斋戒。此得妙行，非得律仪，是故律仪唯人天有。然唯人具三种律仪，谓别解脱、静虑、无漏。若生欲天及生色界，皆容得有静虑律仪，然无想天但容成就。生无色界，彼俱非有无漏律仪，亦在无色。谓若生在欲界天中及生色界中，除中定无想，皆容得有无漏律仪。生无色中唯得成就，以无色故必不现起，无漏上生得成下故。[1]

那么在这里，说一切有部首先否定了恶趣众生所具有的受戒能力，为什么不能受戒呢？因为无论是受持善戒还是恶戒，都需要两个基本条件，一是要具备足够的智慧，有如法思择的能力，二是要有猛利的惭愧心。恶趣的众生由于不具备这两个条件，所以，没有受持戒律的可能。而对于契经中论及有龙王至人间求受八关斋戒的事例，说一切有部也认为，龙王即便能够求受八关斋戒，也不可能得到相应的戒体，所得的只不过是妙行而已。那么，除了恶趣的众生不能受持戒律以外，其他三界有情的持戒情况又如何呢？说一切有部认为，概括而言有以下三点：一、生于无色界的众生，由于无色界没有色法，不会产生无表色（戒体），所以，必然不会具有定共戒。同时，就道共戒而言，由于圣者可以投生到无色界，无色界虽亦不能起现行的道共戒无表色，但圣者的无漏智必不会退转，仍能成就圣者过去未来色界六地的道共戒，得不失故，所以，在无色界可以具有过去、未来的道共戒。二、生于色界的众生可具有定共戒，但由

---

[1] 《阿毗达磨顺正理论》卷39，《大正藏》第29册，第567页。

于定共戒是随心转的，色界的无想天当下无心，所以，无想天不具现行的定共戒，但由于无想定是依于第四禅而起的[1]，仍能成就第四禅过去未来的定共戒。所以，无想天可具过去未来定共戒。而同时就道共戒而言，由于色界的大梵天和无想天都属于外道的戒禁取见，在这两处必不可能生起无漏智，所以，在色界的大梵天和无想天中是不具道共戒的，而余处则可具有道共戒。三、最后就欲界而言，恶趣的众生不具有持戒的能力。欲天的众生可以具有定共戒和道共戒。[2]而人间的众生则不但可具有定共戒和道共戒，因为教法唯在人间，所以，人间还是三界之中唯一可具有别解脱戒的。

四　佛学义理的安立以人间为中心

那么，如果说佛陀的教法与弟子们皆存于人间，佛学的义理以人间为中心来构建显然就不可避免了。而这种"人间性"的特点，在说一切有部的佛学体系中，体现得尤为突出。

首先，从最基本的理论体系"蕴""处""界"的构建中，我们就可以发现，虽然这些概念具有高度的概括性，是从非常宏观的角度对于一切法进行的概括与总结[3]，但整个体系仍然体现出了以欲界为中心的特点。如在"五蕴"所包含的色、受、想、行、识中，色蕴在无色界就是不存在的；在"十二处"所包含的眼、耳、鼻、舌、身、意、色、声、香、味、触、法中，眼、耳、鼻、舌、身和色、声、香、味、触在无色界中皆不存在，同时香与味在色界的二禅以上亦不存在。而在"十八界"所包含的眼界、耳界、鼻界、舌界、身界、意界、色界、声界、香界、味界、触界、法界、眼识界、耳识界、鼻识界、舌识界、身识界和意识界中，无色界仅

---

[1] 《俱舍论颂疏论本》卷5："修无想定，依第四禅。"(《大正藏》第41册，第848页)
[2] 《俱舍论颂疏论本》卷15："别解脱戒，天趣无也。"(《大正藏》第41册，第903页)
[3] 《阿毗达磨顺正理论》卷3："诸蕴总摄一切有为，取蕴唯摄一切有漏，处界总摄一切法尽。五蕴、无为，名一切法。"(《大正藏》第29册，第342页)

有意界、法界和意识界，色界中则没有香界、味界和鼻识界、舌识界。显然，在"蕴""处""界"中唯有欲界才具足所有的要素，在色无色界不具足相关要素的情况下，"蕴""处""界"则不可避免只能以欲界为中心来构建了。

其次，如果说"蕴""处""界"的概括性太强，从宏观的角度，只能体现出以欲界为中心的特点，那么，在具体讨论到有情的流转与还灭时，"十二缘起"中所讨论的"有情"所体现出的就完全是人间的众生了。"十二缘起"是无明缘行，行缘识，识缘名色，名色缘六入，六入缘触，触缘受，受缘爱，爱缘取，取缘有，有缘生，生缘老死。其中"识缘名色""名色缘六入"，阐述的就是由初识而投胎[①]，由胎而成眼耳等六根的情形。我们知道，在"胎生""卵生""湿生"和"化生"这四种投生方式中，欲天以上皆为"化生"，也就是说，无论欲界的天人，还是色无色界的众生都不存在"胎生"，能够"胎生"的唯有欲界的人趣和部分的恶趣，而恶趣众生由于智慧低劣，不能修习佛法，难以明了流转与还灭的道理，所以，"十二缘起"中所谓的"识缘名色""名色缘六入"实际上体现的也就只可能是欲界的人趣，而对于"十二缘起"的理论构建也必然只能是围绕着人趣而展开的。故印顺法师在《佛在人间》中也这样说道：

> 如佛教根本教义中的十二缘起的识、名色、六处（眼耳鼻等成就），这唯欲界人间才有这完整的生长过程。他界如天与地狱等，都是化身的，顷刻即圆满六处，哪里有此阶段？又如无色界，既没有色法，即是有名无色，处中也但有意处而没有眼等五处了。佛这样的说明身心渐成的阶段，即是约此界人间而说的。[②]

---

① 《阿毗达磨顺正理论》卷29："识入母胎故，与羯剌蓝合，成有情身，故识缘名色亦得有前后。"（《大正藏》第29册，第503页）。《阿毗达磨顺正理论》卷3："复由此告阿难陀曰：识若无者，不入母胎。"（《大正藏》第29册，第345页）。

② 印顺法师：《佛在人间》，中华书局2010年版，第17页。

那么，如果说在"十二缘起"中"识缘名色""名色缘六入"这种"人间性"的特点还仅表现在整个体系的某一个环节，到了讨论阿罗汉的类别时，这种"人间性"的特点就更加明显了。说一切有部认为，阿罗汉根据"根性"的"利钝"可分为六种：即退法阿罗汉、思法阿罗汉、护法阿罗汉、安住法阿罗汉、堪达法阿罗汉和不动法阿罗汉[1]，其中"不动法阿罗汉"属于"利根"，必然不会退失果位，其他五种阿罗汉皆为"钝根"，有退失果位的可能性。而同时，说一切有部又认为，能够令阿罗汉退失的唯有欲界的人间，余界余趣的众生，皆不存在退失可能。如《阿毗达磨大毗婆沙论》云：

> 问何处有退？答：欲界有退，非余界。人趣有退，非余趣。问：欲界天中何故无退？答：无退具故。问：岂不彼天有五妙欲胜于人趣，宁说为无？答：诸契经中说，五退具天中非有，故说为无。……问：三恶趣中何故不退？答：彼无离染入圣道义，既无胜德，于何说退？问：色无色界既有胜德，何故无退？答：彼无退具，功德坚牢，是故不退。[2]

为什么在三界五趣之中，唯有欲界的人趣才存在退失可能呢？毕竟在其他的界趣，如欲界天，它的五妙欲甚至还远胜于人间，为什么欲天反而不存在退失呢？说一切有部认为，这是由于在欲界的三恶趣中没有断除烦恼的因缘，在色无色界和欲界天中又没有烦恼退失的因缘，前者烦恼未断未证果位是不可退，后者因缘不具是不能退，这是由众同分（界地趣生）的不同所决定的，故而余界余趣皆无。那么，既然在其他的界趣之中都不存在阿罗汉退失的可能性，显然，这种以退失阿罗汉为

---

[1] 《阿毗达磨大毗婆沙论》卷62："阿罗汉有六种：一退法、二思法、三护法、四安住法、五堪达法、六不动法。"(《大正藏》第27册，第319页）
[2] 《阿毗达磨大毗婆沙论》卷62，《大正藏》第27册，第318页。

主的六种阿罗汉的安立，则必然只能以人间为中心。

事实上，在说一切有部的佛学体系中，类似于"六种阿罗汉"的这种带有明显"人间性"特点的概念安立非常之多，如共圣功德中的"无诤相智""愿智"和"四无碍解"，这三种共圣功德，唯有欲界的人间才有，他界他趣皆不存在。[1] 又比如利根阿罗汉所修习的"超等至"，也唯有欲界人趣的阿罗汉[2]方能修习。再比如钝根阿罗汉如要转根成为利根阿罗汉，则需"练根"，而"练根"也唯存于欲界的人间。如此等等，无不体现了在说一切有部的佛学体系中，以欲界人间为中心来构建和安立相关概念的特点。

五 修证体系以人间为中心

如果说说一切有部对于义理概念的安立以人间为中心，还带有一定的主观色彩，那么，修证体系以人间为中心，则是由客观条件所决定的。

在说一切有部的修证体系中，从开始修行佛法到证得无学位主要包括五个部分，即顺解脱分、顺抉择分、见道位、修道位和无学位。这五个部分都分别体现出了不同的"人间性"，概括而言就是顺解脱分唯有在人间，顺抉择分关键在人间，见道位主要在人间，修道位不离于人间，无学位殊胜在人间。

为什么说顺解脱唯有在人间呢？根据说一切有部的观点，由于修习顺解脱分，主要是闻思二慧所成，其中思慧唯欲界所有，同时在欲界之中，又由

---

[1] 《阿毗达磨俱舍释论》卷20："释曰：但于不坏法阿罗汉相续中生，非余阿罗汉。何以故？余阿罗汉于自相续，有时不能令离余净生起。偈曰：人道生。释曰：此定在人道中修得，唯于三洲。"（《大正藏》第29册，第293页）《阿毗达磨俱舍释论》卷20："偈曰：愿智亦如此。释曰：此亦世俗智为性，依后定为地，依不坏法相续生，于人道修得。"（《大正藏》第29册，第293页）《阿毗达磨俱舍释论》卷20："释曰：无碍解有四种、一法无碍解、二义无碍解、三方言无碍解、四巧辩无碍解。此无碍解，应知如无诤三摩提。云何？如依不坏法相续生，于人道修得。"（《大正藏》第29册，第293页）

[2] 《阿毗达磨俱舍论》卷28："修超等至唯人三洲、不时解脱诸阿罗汉，定自在故、无烦恼故。"（《大正藏》第29册，第149页）

于欲天不具备厌离心，恶趣不具备般若智慧，所以，唯有同时具足这两个条件的人间方能修习顺解脱分。如《阿毗达磨顺正理论》云：

> 顺解脱分闻思所成，非修所成，诸有未殖顺解脱分者彼不能殖故。顺解脱分三业为体，最胜唯是意地意业，此思愿力摄起身语，亦得名为顺解脱分，有由少分施戒闻等，便能种殖顺解脱分。谓胜意乐至诚相续，厌背生死欣乐涅槃。与此相违，虽多修善，而不能殖顺解脱分。由意业胜殖此善根，故唯人中三方能殖厌离般若，余处劣故。①

在这里《顺正理论》所说明的就是以下三个问题：一、顺解脱分是依闻思二慧修习所成，并非依定慧修习所成，同时又由于思慧唯存于欲界②，所以，顺解脱分唯有欲界的众生方能修习，色界和无色界的众生不具备修习的条件。二、顺解脱分是以身语意三业为体，其中又以意业为主导，因为之所以称之为顺解脱分，就是缘于具有解脱的愿望，能以解脱的愿力来统摄身语二业。所以，只要能够厌离生死趣向涅槃解脱，以解脱的愿力来统摄身语二业，即便是施一食，持一戒，也能根植顺解脱分。反之，如果没有解脱的愿力，即便修习再多的善法，也不能根植顺解脱分。三、由于植此善根的关键在于解脱的愿力，需要厌离生死趣向涅槃，所以，就必须要具备厌离心和般若智慧，而在欲界之中，由于欲天的众生不具厌离心，恶趣的众生不具般若智慧，故而，唯有人间的众生才能修习顺解脱分。

如果说顺解脱分的修习是必须在人间，顺抉择分的修习则是关键在人间。为什么这样说呢？因为，说一切有部认为，顺抉择分包含了"暖""顶""忍"和"世第一法"四个部分，这四个部分之间是次第相生的关系，即由"暖"渐次修习而成"顶"，由"顶"渐次修习而成"忍"，

---

① 《阿毗达磨顺正理论》卷61，《大正藏》第29册，第682页。
② 《阿毗达磨大毗婆沙论》卷42："思所成慧唯欲界系。"（《大正藏》第27册，第218页）

再由"忍"渐次修习而成"世第一法"。① 其中，前三部分的"暖位""顶位"和"忍位"的初起必须要在人间，第四部分"世第一法"虽在欲天和人间都能生起②，却只有一刹那，所以，显然顺抉择分修习的关键还是在于人间，如果没有人间对于前三善根的修习，即便第四善根能够在欲天初起，也不具备生起的条件。如《阿毗达磨大毗婆沙论》云：

> 问：顺决择分何处起耶？答：欲界能起，非色无色界。于欲界中人天能起，非三恶趣，胜善根故。人中三洲能起非北俱卢。天中虽能起，而后起非初。谓先人中起已，后退生欲天中，由先习力续复能起。问：何故天中不能初起？答：彼处无胜厌离等作意故。问：恶趣中有胜厌离等作意，何故不起此善根耶？答：恶趣中无胜依身故。若有胜厌离等作意，亦有胜依身者，则能初起此类善根。欲天中虽有胜依身，而无胜厌离等作意，恶趣中虽有胜厌离等作意，而无胜依身，人中具二，故能初起。问：色无色界，何故不起此善根耶？答：若处能入正性离生彼处能起，色无色界既不能入正性离生，故不能起。③

在这里《顺正理论》首先说明了顺抉择分只能在欲界的人天中生起，其中"暖""顶"和"忍"这前三善根的初起，一定只能在人间四洲中的南瞻部洲、西牛贺洲或东胜神洲④，只有在人间生起以后，死后投生于欲

---

① 《阿毗达磨顺正理论》卷61："行者修习此暖善根，下中上品渐次增进，于佛所说苦集灭道生随顺信，观察诸有恒为猛盛焰所焚烧。于三宝中信为上首，有修所成顺决择分次善根起，名为顶法……此顶善根下中上品渐次增长至成满时，有修所成顺决择分胜善根起，名为忍法。"（《大正藏》第29册，第678页）
② 《阿毗达磨俱舍论》卷23："第四善根天处亦起，此无初后，一刹那故。"《大正藏》第29册，第120页）
③ 《阿毗达磨大毗婆沙论》卷7，《大正藏》第27册，第33页。
④ 北俱卢洲因福报较大，类似于欲天苦受轻微，亦难生起厌离心，故不可修习佛法。如《俱舍论记》卷23："天趣虽有胜般若，无深厌离，以苦轻故。北洲无深厌离，以苦轻故。"（《大正藏》第41册，第350页）

天，才有可能因为过去世的串习力[①]，在欲天中又再生起这三善根。而第四善根"世第一法"的初起虽然既可在欲天也可在人间，但只有一刹那的时间，因为增上忍位是无间入世第一法，世第一法又是无间入见道的。同时对于为什么不能在其他的界趣生起顺抉择分，《顺正理论》也作出了相应的解答：即欲天因为不具备厌离心，所以不能初起顺抉择分。恶趣中因为没有殊胜的所依身，所以不具备生起顺抉择分的条件。色无色界则是因为没有苦受不具备厌离心，同时又不能缘下界的苦集谛而见道，故不能生起顺抉择分。[②]

　　在顺抉择分后，世第一法会无间入见道。而根据说一切有部的观点，能够证得见道位的圣者，主要还是在人间。为什么这样说呢？因为，首先虽然欲天也能够生起世第一法而见道，但前三善根的初起一定要在人间，也就是说，必须要在人间证得忍位之后，同时又未证得增上忍位之前死去的行者（增上忍位会无间入世第一法，世第一法会无间入见道，故若证增上忍位必见道），才有可能投生欲天，并在欲天生起世第一法而见道。其次，即便在证得忍位的行者中，也只有未得根本定者才有可能死后投生欲天，因为已得根本定者，若生起暖等善根，则必于今生见道，不可能再投生欲天。如《阿毗达磨俱舍释论》云："若人依根本定生暖等善根，于今生若未见四谛必见四谛，厌恶心极重故。"[③] 所以，根据这三个条件，一要证得忍位之后，二要未得根本定，三要证得增上忍位之前，显然只有极少数行者会投生于欲天而见道。

　　修道位主要指的是见道以后，证得四果之前，可分为两种情况：一

[①] 《阿毗达磨大毗婆沙论》卷7："后退生欲天中，由先习力续复能起。"（《大正藏》第27册，第33页）

[②] 《阿毗达磨大毗婆沙论》卷7："何故色无色界，不能入正性离生耶？答：非田非器，乃至广说。复次若处能起忍智，彼处能入正性离生，色无色界虽能起智，而不起忍故不能入正性离生。复次若处能起法智类智，彼处能入正性离生，色无色界虽起类智，而不起法智故不能入正性离生。复次若处有胜依身及有苦受，彼处能入正性离生，色无色界虽有胜依身，而无苦受故不能入正性离生。"（《大正藏》第27册，第33页）

[③] 《阿毗达磨俱舍释论》卷16，《大正藏》第29册，第272页。

种是在见道之时仅证得初果、二果并未直接证得三果者[1]，另一种情况是在见道时以"超越证"直接证得三果者[2]。根据说一切有部的观点，在见道时不能直接证得三果的，根据其所断除的欲界修惑，可分为"极七返""家家"和"一来"等不同的种类，其中"极七返"是指一品欲界修惑未断的圣者，最多需要七次往返于欲天和人间投生，才能证得般涅槃。[3]"家家"者是指已经断除了欲界三品或四品修惑的圣者，已断三品修惑者最多需三次往返于欲天和人间投生，已断四品修或者最多需要二次往返于欲天和人间投生，方可证得般涅槃。[4]而"一来"者则是指已经断除了欲界六品修惑的圣者，仅需要在欲天和人间往返投生一次，即可证得般涅槃。[5]显然，在这里无论是"极七返"的圣人，还是证得"家家""一来"的圣者，最后如果要证得般涅槃，都必定要往返于欲天和人间之间投生，都不可离于人间。

而第二种情况，则是在见道时直接证得第三果者，这种圣人若今生未证得无学位，是唯一一种可以死后投生于色无色界，且必然是从人间死后投生于色无色界的圣者。为什么这样说呢？因为前一种圣人要在人天之间往返投生方能渐次证得第三果，所以，厌苦之心极强，如果证得了第三

---

[1] 《俱舍论颂疏论本》卷3："先凡夫位，断六品贪，名倍离欲。今入见道，至道类智，超越预流，直证第二，名超越证。"（《大正藏》第41册，第838页）
[2] 《俱舍论颂疏论本》卷3："先凡夫位，断九品惑，名全离欲。今入见道，至道类智，超前二果，直证第三，名超越证。"（《大正藏》第41册，第838页）
[3] 《阿毗达磨俱舍论》卷23："七返言显七往返生，是人天中各七生义。极言为显受生最多，非诸预流皆受七返故。契经说极七返生，是彼最多七返生义。"（《大正藏》第29册，第123页）
[4] 《阿毗达磨顺正理论》卷64："若三缘具转名家家。一由断惑，断欲修惑三四品故，谓惑于先异生位断，或今预流进修位断。二由成根，得能治彼无漏根故，谓已成就彼治道三品四品无漏诸根。三由受生，更受欲有三二生故，谓断三品更受三生，若断四品更受二生。"（《大正藏》第29册，第694页）
[5] 《阿毗达磨俱舍论》卷24："若断第六成一来果，彼往天上一来人间而般涅槃名一来果，过此以后更无生故。"（《大正藏》第29册，第124页）

果，是决定不会再往色无色界投生，必定会于现身般涅槃。① 而后一种圣者，由于能够在见道时以超越证直接证得第三果者，必然已得根本定②，而依根本定生起"暖""顶""忍"者是决定会于今生见道③，不会投生于欲天而见道的，所以，这种圣者必然是在人间。故而，我们可以这样说，在整个修道位中，唯有在见道位直接证得第三果，且于当生未证得无学位者方能投生于色无色界，而即便是这极少数的圣者，也必定是在人间死后，方能投生色无色界的。显然，在修道位中，无论前一种圣者，还是后一种圣人，无论投不投生于色无色界，圣者们实际上都会与人间发生千丝万缕的联系，都是不可离于人间的。

最后是无学位。在声闻所证得的四种果位中，前三果唯有欲界方能证得④，阿罗汉果则是三界之中皆能证得。但即便阿罗汉果能通于三界，也唯有人间所证得的阿罗汉是最为殊胜的。为什么这样说呢？因为，首先阿罗汉与佛陀所共同具有的三种共圣德"无诤相智""愿智"和"四无碍解"，唯有人间的利根阿罗汉才能证得⑤。而其次，阿罗汉所能证得的最高禅定

---

① 《阿毗达磨大毗婆沙论》卷174："谓彼或从极七返有，或从家家，或从一来，或从一间得不还果，彼得果已，必于此生得般涅槃。"（《大正藏》第27册，第874页）《俱舍论颂疏论本》卷24："若在圣位，经欲界生，厌欲界生，厌苦心强，必不往上色无色界，证不还已，定于现身，般涅槃故。"（《大正藏》第41册，第950页）

② 《俱舍论颂疏论本》卷3："若超越证者，必无依未至定，从第九解脱道中，得入根本。以超越者，先得根本，更不愿求，故不入也。"（《大正藏》第41册，第838页）

③ 《阿毗达磨俱舍释论》卷16："若人依根本定生暖等善根，于今生若未见四谛必见四谛，厌恶心极重故。"（《大正藏》第29册，第272页）

④ 《阿毗达磨俱舍释论》卷18："谓阿罗汉，此果于三界通得。此前二果，未离欲人所得故，于上不得。此义应理。第三果云何于上不应得？偈曰：上界无见道。释曰：于欲界上无见道。若离此道，已得离欲人至得阿那含果，无有是处。由此义，是故但于欲界有三果。"（《大正藏》第29册，第280页）

⑤ 《阿毗达磨俱舍释论》卷20："释曰：但于不坏法阿罗汉相续中生，非余阿罗汉。何以故？余阿罗汉于自相续，有时不能令离余诤生起。偈曰：人道生。释曰：此定在人道中修得，唯于三洲。"（《大正藏》第29册，第293页）《阿毗达磨俱舍释论》卷20："偈曰：愿智亦如此。释曰：此亦世俗智为性，依后定为地，依不坏法相续生，于人道修得。"（《大正藏》第29册，第293页）《阿毗达磨俱舍释论》卷20："释曰：无碍解有四种，一法无碍解、二义无碍解、三方言无碍解、四巧辩无碍解。此无碍解，应知如无诤三摩提。云何？如依不坏法相续生，于人道修得。"（《大正藏》第29册，第293页）

"超等至",也唯有欲界人趣的阿罗汉[①]方能修习。最后,利根的阿罗汉能够证得尽智与无生智,钝根的阿罗汉仅能证得尽智[②],而如果钝根的阿罗汉想要证得无生智,则需要通过"练根"来将钝根转化为利根,即从退法、思法等阿罗汉转变为不动法阿罗汉[③],而能"练根"者必依于欲界的人身[④]。所以说,虽然人间疾苦不如欲天及色无色界安乐,但于人间所证之阿罗汉却是最为殊胜的。

六 结语

最后,综上所述,我们可以发现,在说一切有部的佛学思想中,佛陀、教法与佛弟子们,也就是说佛、法、僧三宝实际上皆是唯存于人间的。而佛学义理的安立以及佛法的修证亦是以人间为中心,特别是在整个修证体系中,客观的修证条件就决定了顺解脱分唯有在人间,顺抉择分关键在人间,见道位主要在人间,修道位不离于人间,无学位殊胜在人间。而这些无不从方方面面体现了说一切有部佛学思想的"人间性"。那么,这种突出的以人间为中心的特点,显然不仅可以为人间佛教思想的基础研究提供大量教理依据,同时也充分地证明了原始佛教"以人间为中心的价值方向"。

[①] 《阿毗达磨俱舍论》卷28:"修超等至唯人三洲、不时解脱诸阿罗汉,定自在故、无烦恼故。"(《大正藏》第29册,第149页)
[②] 《阿毗达磨大毗婆沙论》卷102:"复次,通利钝根者得是尽智,唯利根者得是无生智。"(《大正藏》第27册,第527页)
[③] 《阿毗达磨大毗婆沙论》卷62:"不动法者谓彼本得不动种性,或由练根而得不动。"(《大正藏》第27册,第319页)
[④] 《阿毗达磨俱舍论》卷25:"论曰:求胜种性修练根者……此所依身唯人三洲,余无退故。"(《大正藏》第29册,第131页)

Demonstrate the Characteristics of the Sarvāstivāda School of Buddhist Thought of Human-centered

Shi Miaokuan

Abstract: The Sarvāstivāda school in the development of Buddhism once formed the grand occasion of "the Sarvāstivāda school be popular everywhere". It is one of the only two existing sects that can fully pass down the classic texts of ancient Buddhist thought. The ideas of the Sarvāstivāda school have remained quite intact in the Chinese translations of the classics. The idea of the Tāmraśāṭīya school is preserved in Pali form in areas such as Burma and Sri Lanka. So, this is what determines if we are now going to study the early ideas of primitive Buddhism, even trace the origin of Mahayana Buddhist thought. It is impossible to avoid the thoughts of the Sarvāstivāda school, which is "the most varied, the most fully translated, and the most closely related to Mahayana Buddhist thought". In the Buddhist thought of the Sarvāstivāda school, the characteristics of human-centered are particularly prominent, mainly reflected in five aspects: the first point is that becoming a Buddha only exists in the human world; the second point is that the Dharma exists only in the human world; the third point is that all the disciples of the Buddha exist only in the human world; the fourth point is that the construction of Buddhist concepts is centered on the human-centered; the fifth point is that all systems of Dharma practice are human-centered. These "five characteristics" actually summarize all aspects of the Buddhist thought of the Sarvāstivāda school. It fully embodies the value direction of "the human-centered as the center" in the Buddhist thought of the Sarvāstivāda school. Therefore, Master Yin Shun also said this in *Lectures on the Great Five Aggregates of Mahayana*, saying that the Sarvāstivāda school is actually a school of human-centered Buddhist thought.

Key words: The Sarvāstivāda school; human-centered characteristics; human-centered Buddhist thought

从人间佛教视角探究《金光明经》佛学思想的特质

毕光美

上海大学博士生

摘　要：《金光明经》是大乘佛教中期的一部重要经典，也是深度蕴含和贯彻"人间佛教思想"的一部佛经。文章以人间佛教视角为切入点，探究《金光明经》中的佛学思想特质，并从"人间性""生活性""利他性""喜乐性""时代性"和"普济性"六个方面对此经中人间佛教思想的基本特征、核心价值和实践导向进行了分析。旨在通过揭橥《金光明经》中人间佛教思想的丰富内涵和实践价值，展现佛教经典在现代社会中的积极作用和意义，进一步考察中期大乘经典中的佛教思想，开发传统佛教经典中的人间佛教理论资源。

关　键　词：《金光明经》；人间佛教视角；佛学思想

基金归属：本文为2019年度国家社科基金重大项目"'一带一路'佛教交流史"（编号：19ZDA239）的阶段性成果。

引　言

《金光明经》是中期大乘佛教的重要经典之一，同时也是一部深度蕴含和贯彻"人间佛教思想"的经典。我们知道，"人间佛教"的概念是20世纪30年代才被太虚大师提出的，之后由法尊法师、印顺长老、赵朴初居士等人进一步倡导和推行，到星云大师时，又进行了革新，使佛教更加顺应时代的发展。那么到底什么是"人间佛教思想"？太虚大师在《怎样来建设人间佛教》一文中如是说："人间佛教，是表明并非教人离开人类去做神做鬼或皆出家到寺院山林里去做和尚的佛教，乃是以佛教的道理来改良社会、使人类进步、把世界改善的佛教。"① 而星云大师对"人间佛教"的定义是："凡是佛说的、人要的、净化的、善美的；凡是能增添人间的光彩，增加人生的热力，给人带来安乐希望的，都是人间佛教。"② 对此，程恭让教授在其《论人间佛教的历史必然性》③ 一文中指出，太虚大师的定义是从"现象"的角度刻画何谓人间佛教，而星云大师的定义则可以说是从"本质"的角度来界说何谓人间佛教。两位大师的定义各有重点，两个定义放在一起，可以说非常完整、精确地揭示了人间佛教的内涵与外延、精神与特质。程教授进一步补充：人间佛教一方面持守传统佛教的基本价值、核心价值，一方面更加重视以人为本、现实人生及社会参与。同时具备上述两个方面价值指向的，就是人间佛教。结合上述观点，我们基本可以将人间佛教的核心要义理解为：既要尊重（佛教）传统也要结合现实，不仅要重视个人修行更要注重社会参与。

然而，我们需要注意的是："人间佛教"虽然是近代才提出来的概念，"人间佛教思想"却是佛陀创教以来就早已存在和极力倡导的。星云大师在其相关著述中，也反复强调人间佛教不是某个人或某个宗派的佛教，而是佛陀创教的本怀。所以"通过佛教经典来认识人间佛教的渊源是最可信的；通过佛教经典的思想基础来推动人间佛教的发展当是最可行的；通过佛教原始经典为依据，来认识星云大师人间佛教的理论实践

---

① 太虚：《怎样来建设人间佛教》，《太虚大师全集》第十四编·支论，http://tx.foyuan.net/book/Article14_011.html。
② 星云大师：《人间佛教语录》，新星出版社2019年版，第392页。
③ 程恭让：《论人间佛教的历史必然性》，《西南民族大学学报》（人文社会科学版）2016年第10期。

是最可靠的"[1]。

一 人间佛教视角的《金光明经》研究以及本文研究路向

关于《金光明经》的研究视角问题，目前学界研究成果中，有从文本对勘角度进行的研究，如《金光明经汉藏译本对比研究》[2]、《〈金光明经〉异译本词汇比较研究》[3]、《汉文—回鹘文〈金光明经·舍身饲虎〉校勘研究》[4]等论文；有从信仰的角度进行的研究，如《〈金光明经〉信仰及其忏法之流传》[5]、《西夏〈金光明最胜王经〉信仰研究》[6]；还有从佛教思想视角探讨的相关研究，如《从历时性建构的视角理解〈金光明经〉的善巧方便概念思想》[7]、《〈金光明经·王论品〉佛教政治思想略论》[8]、《佛教护国思想研究——以〈金光明经〉为中心》[9]等成果。而本文将以人间佛教的研究视角来讨论《金光明经》的佛学思想特质，在此首先对本文所采用的"人间佛教视角"进行说明。

本文的引言部分已指出，"人间佛教"的概念是由太虚大师在20世纪30年代提出的。然而，以人间佛教为视角的研究方法及理论概念却是始于印顺导师，他从教典自身，探求适应现代的佛法，在《人间佛教绪言》《从依机设教来说明人间佛教》《人间佛教要略》等讲记和著述中明确地讨论

---

[1] 释圆持：《人间佛教思想溯源》，收入《2013 星云大师人间佛教理论实践研究》，高雄：佛光文化 2013 年版，第 620—640 页。

[2] 英么措：《金光明经汉藏译本对比研究》，西南民族大学硕士学位论文，2020 年。

[3] 郝静：《〈金光明经〉异译本词汇比较研究》，四川外国语大学硕士学位论文，2020 年。

[4] 张铁山：《汉文—回鹘文〈金光明经·舍身饲虎〉校勘研究》，《新疆师范大学学报》（哲学社会科学版）2012 年第 4 期。

[5] 林鸣宇：《〈金光明经〉信仰及其忏法之流传》，《佛学研究》2004 年。

[6] 崔红芬：《西夏〈金光明最胜王经〉信仰研究》，《敦煌研究》2008 年第 2 期。

[7] 程恭让：《从历时性建构的视角理解〈金光明经〉的善巧方便概念思想》，《世界宗教研究》2019 年第 2 期。

[8] 程恭让：《〈金光明经·王论品〉佛教政治思想略论》，《戒幢佛学》第 6 期，2023 年。

[9] 赵永刚：《佛教护国思想研究——以〈金光明经〉为中心》，陕西师范大学硕士学位论文，2011 年。

人间佛教，并在《华雨集》中表明：他是继承太虚大师的思想路线，即非"鬼化"的人生佛教，而进一步地非"天化"地对人间佛教给以理论的证明。他是从印度佛教思想的演变过程中，探求契理契机的法门，也就是扬弃印度佛教史上衰老而濒临灭亡的佛教，而赞扬印度佛教的少壮时代[1]，认为这是适应现代，更能适应未来进步时代的佛法！[2] 我们可以说太虚大师为基于人间佛教视角的释经学思想奠定了基础、指明了方向，而印顺导师则是基于人间佛教视角进行释经学实践的第一人！

当今的人间佛教，经过杨文会居士、欧阳竟无居士、太虚大师、巨赞法师、赵朴初长老、慈航法师、东初法师、李子宽居士、印顺导师、星云大师、昭慧法师等无数僧信人士的努力，已经成为中国佛教发展的新传统。但当前人间佛教建设，无论在理论层面还是在实践、制度层面，都面临着新的问题和考验，需要我们更深地回归经典传统，为当代佛教的思想建设，提供契理契机的经典依据、思想理路和价值方向，也需要更好地回应时代问题。[3] 基于这样的现状和反思，程恭让教授完整提出了人间佛教视角释经学思想的理论建构。程教授长期致力于佛典汉译与佛教思想义理诠释研究，侧重从翻译与诠释的角度，来探讨大乘佛教经典在历史的传承及中国文化的开展中的可能性理解，尝试拓展佛教诠释学和大乘思想研究的新视野、新空间和新智慧。他在《〈药师经〉佛教思想的内涵、特质及其当代价值》一文中，提出基于人间佛教理论、实践视角的《药师经》佛教思想新诠释，指出：《药师经》引领众生回归现实人生问题的基本佛法立场，能够为21世纪人间佛教的理论反思，为当代佛教的思想建设，提

---

[1] 印顺法师将印度佛教的兴起、发展、衰落而灭亡，譬喻为人的一生，自出生、童真、少壮而衰老。他以这样的看法推重佛法的少壮时期，并认为从童真到壮年，一般是生命力强、重事实、极端的唯物论唯心论少有的一段时期。
[2] 释印顺：《印顺法师佛学著作全集》第12卷，中华书局2009年版，第46页。
[3] 程恭让、程理：《〈药师经〉佛教思想的内涵、特质及其当代价值》，《玄奘佛学研究》第29期，2018年。

供契理契机的经典依据、思想理路和价值方向。①此外，程教授还提出佛教诠释学的架构，可以在两个学术思想向度上展开：第一个学术思想向度，主要是讨论佛教的教法诠释有无可能及如何可能的问题，以及与之相关的佛教对于人类理解的根本看法问题；第二个学术思想向度，则主要是基于哲学诠释学的基本价值、立场，对于佛教各种思想、义理、制度、实践、文化、习俗等的内涵、脉络及其现代意义、价值等，加以分析说明的问题。②

以下，本文将以程恭让教授提出的第二个学术思想向度的佛教诠释学为指导，以上述讨论的人间佛教视角为切入点，结合星云大师曾高度概括的佛陀所展现出的六个人间佛教特性："人间性、生活性、利他性、喜乐性、时代性、普济性"③，对《金光明经》中的人间佛教思想做尝试性探究。由此进一步考察中期大乘经典中的佛教思想，开发传统佛教经典的人间佛教理论资源和善巧方便智慧。

二　以"人间性"和"生活性"为基本特征的人间佛教思想

在探讨《金光明经》中具有"人间性"和"生活性"特征的人间佛教思想之前，首先可以参考星云大师对人间佛教"人间性"和"生活性"的相关诠释：

> 人间性：佛陀不是来无影、去无踪的神仙，也不是玄想出来的上帝。佛陀的一切都具有人间的性格，他和我们一样，有父母、有家庭、有生活，在人间的生活中，表现他慈悲、戒行、般若等超越人间

---

① 程恭让、程理：《〈药师经〉佛教思想的内涵、特质及其当代价值》，《玄奘佛学研究》第29期，2018年。
② 程恭让：《从佛教诠释学的视角看星云大师的〈佛法真义〉》，《人间佛教学报·艺文》第19期，2019年。
③ 星云大师：《佛教·人间佛教》，新星出版社2019年版，第128—129页。

的智慧,所以他是人间性的佛陀。

  生活性:佛陀所发展的佛教,非常重视生活,对我们生活中的衣食住行,乃至行住坐卧,处处都有教导。甚至对于家庭、眷属的关系,参与社会、国家的活动等,都有明确的指示。[1]

  因为佛陀出生、修行、成道均在人间,佛陀所说的教法均是为人间而说,佛教的本质就是佛陀对人间的教化,这几乎是我们对人间佛教共同的理解,也是无诤的事实。那么从这一逻辑来看,所有的佛经宣扬的都是同一个教主释迦牟尼的教法,因此,包括《金光明经》在内的所有大乘经典都应当具有"人间性",并且佛陀创教除了教人解脱以外,还对人间生活的方方面面都有教导。所以,《金光明经》中无疑存在以"人间性"和"生活性"为基本特征的人间佛教思想。以下我们分别来看"人间性"和"生活性"思想特征在《金光明经》中的具体体现。

  在通常情况下,"世间"主要专指人世间,因此,就名称而言,人间、世间含义是相同的。[2]如果我们以"世间"为关键词,在《金光明经》现存的三个汉译本[3]中进行检索,会发现从北凉本到隋本再到唐本,分别出现了十八次、二十六次、四十三次。从关键词数量可以直观看出"世间"或"人间"在此经中有不断被强调的特征。一些比较典型的用例,如"救护世间""化导世间""哀悯世间""流布世间""名闻世间""正法久住世间"等,也凸显了《金光明经》中所宣说的佛法和所要救度的对象均在人世间。因此,我们完全可以说"人间性"随着这部经典的流传不断被凸显,同时,"人间性"特征是这部经所具有的最基本也是最重要的佛教思想特质之一。

---

[1] 星云大师:《佛教·人间佛教》,第 128 页。
[2] 释圆持:《人间佛教思想溯源》,收入《2013 星云大师人间佛教理论实践研究》,第 620—640 页。
[3] 现存的三个汉译本分别是:北凉昙无谶译的《金光明经》,四卷十八品;隋代宝贵合编的《合部金光明经》,八卷二十四品;唐代义净所译《金光明最胜王经》,十卷三十一品。

关于《金光明经》中"生活性"特征的人间佛教思想，本文仅以北凉昙无谶所译的四卷本为考察案例。日本学者泉芳璟曾通过对比今存梵文本和各种古代译本，发现：四卷本《金光明经》（即北凉昙无谶译本）是简单的、纯粹的，是保持了这部经最古老形式的版本。[①] 也就是说"汉译四卷本《金光明经》代表这部经定型之后最古老的形式"[②]。此译本共有十九品，但关于此本的科判，诸家均有不同意见，我们在此采用三论宗吉藏大师的观点，认为第一品《序品》为序分，最后两品《赞佛品》《嘱累品》为流通分，[③] 正宗分部分共有十六品经文。宽泛地来讲，正宗分的经文或多或少都具有"生活性"特征，其中的《四天王品》《大辩天神品》《功德天品》《坚牢地神品》《散脂鬼神品》作为此经得以广泛流传的核心内容，集中描述了诸天护国、护民的不可思议功能，反映了人们历来祈求国泰民安、生活美满的最朴素愿望。而《除病品》《流水长者子品》《舍身品》更是同时具有"人间性"和"生活性"的典型代表，经文分别讲述了佛陀于过去世化身大医王为众生行医治病，又化身王子舍身饲虎的故事，这些事迹不仅是生活中的故事，同时明确反映了佛陀弘法度众均在人间的特点。

三 以"利他性"和"喜乐性"为实践导向的人间佛教思想

《金光明经》中的人间佛教思想，除了有"人间性"和"生活性"的基本特质以外，还以"利他性"和"喜乐性"为实践导向。同样，我们先参考星云大师对这两个特性的诠释：

---

① The Suvarabhāsottamasūtra, A Mahayana Text called "The Golden Splendour", first prepared for publication by the Late Professor Bunyiu Nanjio, and after his death revised and edited by Hokei Idzumi. The Eastern Buddhist Society Kyoto, 1931. Introduction, xxiv, xxv.
② 程恭让：《从历时性建构的视角理解〈金光明经〉的善巧方便概念思想》，《世界宗教研究》2019 年第 2 期。
③ 赖永海主编，刘鹿鸣译注：《金光明经》，中华书局 2010 年版，第 8 页。

利他性：佛陀降生这个世界，完全是为了"示教利喜"，为了教化众生，为了给予众生利益，以利他为本怀。

喜乐性：佛教是个给人欢喜的宗教，佛陀的慈悲教义，就是为了解决众生的痛苦，给予众生快乐。[1]

马克思主义实践观提出，理论是实践的基础，而实践则是理论学习的目的，是检验和发展理论的唯一途径。我们依据马克思主义关于理论和实践辩证关系的指导，可以辩证理解佛教思想的最终目的是指导行佛实践，而行佛实践同样是检验佛教思想的标准和途径。前文已述，人间佛教思想是佛陀创教时就倡导的，其流传自原始佛教时期到《金光明经》所处的大乘佛教中期，直到今天，绵延不断。由此，我们能肯定地说：人间佛教思想是可以正确指导行佛实践的。那么以"利他性"和"喜乐性"为实践导向的人间佛教思想在《金光明经》中又是如何体现的呢？下文分别进行考察。

"利他"就是要给予他人利益与方便，一定程度上代表了慈悲、奉献等精神，结合星云大师的诠释，佛教的利他性最重要的就是要给予众生利益。我们在《金光明经》文本中也能直接看到"利他"的用例，例如隋代宝贵本的《合部金光明经》中有如是记载：

> 一切如来，不般涅槃；一切诸佛，身无破坏。但为成熟，诸众生故。方便胜智，示现涅槃。前际如来，不可思议；后际如来，常无破坏；中际如来，种种庄严，众生法界，皆为利他。[2]

此处用例出现在《寿量品》中，语境是信相菩萨询问世尊为何如来寿命不是无量的，而只有八十岁？世尊在回答这一问题后，得出上述结论，就

---

[1] 星云大师：《佛教·人间佛教》，第128页。
[2] （隋）宝贵合编：《合部金光明经》，《大正藏》第16册，第362页中—下。

是：一切如来，示现涅槃，是以方便智慧来成熟世间一切众生。

在唐代义净本的《金光明最胜王经》中，人间佛教思想的"利他性"更为常见，此处仅考察几处典型用例。第一处是《大辩才天女品》："昼夜不生于懈怠，自利利他无穷尽；所获果报施群生，于所求愿皆成就。"[①]第二处是《王法正论品》："由自利利他，治国以正法，具有谄佞者，应当如法治。"[②]第三处是《舍身品》："我等今者于自己身各生爱恋，无复智慧，不能于他而兴利益，然有上士怀大悲心，常为利他亡身济物。"[③]第四处是《舍身品》："我为汝等说，往昔利他缘；如是菩萨行，成佛因当学。"[④]观察上述用例，我们可以直观地发现：在唐代译本中，突出了"自利利他"的特点，强调利益众生也对佛菩萨自身修行有利，并且在具体的"利他"实践中，不仅可以正法利益众生，甚至为了利他可以亡身济物。此外，佛陀还主张不能盲目利他，如有谄佞者，就要用世间法治之。以上这些都是菩萨行的表现，是成佛修行应当学习的。

佛教是一个给人欢喜的宗教，佛陀的教义就是为了解除众生的痛苦，给予众生快乐，因此践行人间佛教思想要令众生喜乐，要使众生听闻佛法后心生欢喜。"喜乐"一词在词典中的解释就是"欢乐、高兴、喜闻乐见"，其释义与"欢喜"大体一致。我们在《金光明经》中几乎看不到"喜乐"的字样，但与之同义的"欢喜"随处可见，在《金光明经》的三个汉译本中，分别出现了三十四次、四十三次、六十五次，仅从数量上我们就能直观感受到整部经所传达的"喜乐性"。下面我们以《金光明最胜王经》中的一些代表性用例进行考察。

首先在三个不同的译本中，均能反复见到"欢喜踊跃"的表达，并且多出现在诸菩萨听闻佛法后的情形中。另外，在《善生王品》中，有如下偈颂："夜梦闻说佛福智，见有法师名宝积；处座端严如日轮，演说金光

---
① （唐）义净译：《金光明最胜王经》，《大正藏》第16册，第436页下。
② （唐）义净译：《金光明最胜王经》，《大正藏》第16册，第443页中。
③ （唐）义净译：《金光明最胜王经》，《大正藏》第16册，第451页中—下。
④ （唐）义净译：《金光明最胜王经》，《大正藏》第16册，第454页中。

从人间佛教视角探究《金光明经》佛学思想的特质

微妙典。尔时彼王从梦觉,生大欢喜充遍身……宝积法师受王请,许为说此《金光明》;周遍三千世界中,诸天大众咸欢喜……金光百福相庄严,所有见者皆欢喜;一切有情无不爱,俱胝天众亦同然。"① 从引文中几次出现"欢喜"的不同场合,以及诸菩萨听闻佛法"欢喜踊跃"的情形,我们可以看出无论是人王还是诸天大众,抑或是一切有情,只要听闻、受持这部经典都能心生欢喜,由此完全可以印证佛法具有的"喜乐性"。

其次,护国思想作为《金光明经》的核心思想之一,也是构成此经人间佛教思想的重要组成部分,仅在《四天王护国品》中,"欢喜"一词就出现了九次,例如:

> 佛告四天王:若有人王受持是经,恭敬供养者,为消衰患,令其安稳,亦复拥护城邑聚落……其土人民自生爱乐,上下和睦,犹如水乳,情相爱重,欢喜游戏,慈悲谦让,增长善根。②

> 尔时,四天王白佛言:世尊,于未来世,若有人王,乐听如是《金光明经》,为欲拥护自身、后妃、王子,乃至内官诸媒女等,城邑宫殿,皆得第一不可思议最上欢喜寂静安乐,于现世中,王位最高,自在昌盛,常得增长。③

以上两段话都是描述人王听闻、受持《金光明经》可以获得不可思议功德。在这一品经文中,还有其余七处相关的用例,在此不一一列出。从这些用例可以明显看出四天王护国实践的诸多功德和特质中,喜乐性是其不可缺少的重要特点。如上述引文中"欢喜""安乐"是相辅相成的,我们今天给人送祝福也常说"多喜乐,常安宁",因此,"喜乐性"也是人间佛教的重要实践导向。

---

① (唐)义净译:《金光明最胜王经》,《大正藏》第16册,第444页上—中。
② (唐)义净译:《金光明最胜王经》,《大正藏》第16册,第428页上。
③ (唐)义净译:《金光明最胜王经》,《大正藏》第16册,第428页中。

最后，在《大辩才天女品》《大吉祥天女品》《坚牢地神品》等描写女神的品类中，也有不少体现人间佛教思想"喜乐性"的用例。例如：

> 尔时，辩才天女闻是请已，告婆罗门言："善哉！大士！若有善男子女人能依如是咒及咒赞，如前所说受持法式，归敬三宝，虔心正念，于所求事，皆不唐捐，兼复受持读诵此《金光明》微妙经典，所愿求者，无不果遂，速得成就，除不至心。"时婆罗门，深心欢喜，合掌顶受。①

此段引文是憍陈如婆罗门告诉大众，若要请求辩才天女哀悯加护，于现世中得无碍辩、聪明大智、巧妙言词等智慧，需要念诵咒语，辩才天女听到咒赞后回答婆罗门的一段话。我们从中可以看到辩才天女肯定了婆罗门所念咒赞，并告知要同时受持读诵《金光明经》，婆罗门听后心中深感欢喜。所以此处同样显示了佛法是能让人欢喜也倡导给人喜乐的实践导向。

再如《坚牢地神品》中的一处用例：

> 尔时，坚牢地神即于众中，从座而起，合掌恭敬而白佛言：世尊！是《金光明最胜王经》，若现在世，若未来世，若在城邑聚落、王宫楼观，及阿兰若、山泽空林，有此经王流布之处，世尊！我当往诣其所，供养恭敬拥护流通。若有方处为说法师傅置高座演说经者，我以神力不现本身，在于座所，顶戴其足；我得闻法，深心**欢喜**，得餐法味，增益微光，度悦无量。自身既得如是利益，亦令大地深十六万八千逾缮那，至金刚轮际，令其地味悉皆增益，乃至四海所有土地，亦使肥浓田畴沃壤倍胜常日。亦复令此瞻部洲中江河池沼，

---

① （唐）义净译：《金光明最胜王经》，《大正藏》第16册，第438页下。

所有诸树药草丛林，种种花果根茎枝叶及诸苗稼，形象可爱，众所乐见，色香具足，皆堪受用。[①]

值得注意的是，此处用例与其他地方有较明显的区别，一是此处说法主体不再是世尊、诸佛菩萨或天王护法等天神，而是"城邑聚落、王宫楼观及阿兰若、山泽空林"等处的凡人说法师傅；二是此处闻法欢喜的主体不再是婆罗门、人王等世间人，而是坚牢地女神。我们可以看到在此一例中说法者和闻法者调换了身份，说明佛法从"天上"走向了"人间"，这是《金光明经》贯彻人间佛教思想的重要体现。另外，我们还可以发现在说法者和闻法者身份调换之后，其功能和实践性也发生了变化，因为坚牢地神有神力，故其闻法后不仅深心欢喜，而且可以使大地丰饶、土壤倍胜肥沃，江河池沼、树木花果、药草苗稼等一切受用，而这一切均来自"闻法欢喜"。

通过上述分析和讨论，可以看出佛陀"示教利喜"的本怀，以及《金光明经》中人间佛教思想"利他性"和"喜乐性"的实践导向。据此经中的大量用例来看，我们可以说在很大程度上二者其实是相辅相成的关系，无论是天神还是凡人因闻法欢喜所以度众利生，而利益众生的同时，也能像坚牢地神一样"深心欢喜，度悦无量"。

四 以"时代性"和"普济性"为核心价值的人间佛教思想

佛陀之教法以及各类经典之所以能够流传至今，重要的因素之一，就是其核心价值具有"时代性"和"普济性"。下面我们结合星云大师的诠释进行逐一分析。

时代性：佛陀因一大事因缘，降诞于世，特别与我们这个世间结

---

① （唐）义净译：《金光明最胜王经》，《大正藏》第16册，第440页上—中。

缘。虽然佛陀出生在二千五百年前，并且已经证入涅槃，但是佛陀对于我们世世代代的众生，都给予得度的因缘。所以到今天，我们还是以佛陀的思想、教法，作为我们的模范。

普济性：佛教虽然讲过去、现在、未来，但重在现世的普济；空间上，虽然有此世界、他世界、无量诸世界，也重视此世界的普济；讲到众生，虽然有十法界众生，更重在人类的普济。[1]

"时代性"的基本释义是：指某事物或现象与特定时代背景、时代精神相契合或相符合的性质或特点。它反映了事物与时代的密切关联，反映了时代对于某事物或现象的影响和塑造。结合这一释义和星云大师的诠释，可以发现，时代性的重要因素是要与特定时代背景、时代精神相契合！佛陀的教法具有时代性，更跨越时代性，这也是人间佛教思想历经数十个世纪依然能够经久不衰，佛陀距今两千多年仍然能够影响众生的原因所在。

同理来看，《金光明经》本身及其传播的历史无疑也是具有时代性的，具体来说这部经典能够与时代相得益彰，主要是因其所蕴含的放生护生思想、政治思想、护国思想、医学思想等，这些佛教思想不仅能指导人生，同时也是许多宗教信仰和宗教仪式实践的理论依据，下面我们就其中的部分代表性思想进行考察。

首先，我们来看护国思想和政治思想的"时代性"体现。《金光明经》与《法华经》《仁王经》被合称为"护国三经"，护国思想是《金光明经》的核心思想，传说诵持此经能带来不可思议的护国功能。这部经典中护国思想的具体实践，主要是由四大天王、功德天、大辩天、坚牢地神、散脂鬼神等诸天鬼神来实现的，这些神祇的法力和职责各不相同，但都有一个共同的功能，就是保护国土丰饶、人民安乐。我们知道，在任何一个

---

[1] 星云大师：《佛教·人间佛教》，第128—129页。

时代，无论是古代还是科技飞速发展的今天，"国土丰饶，人民安乐"都是人类最根本的愿望。《金光明经》的政治思想体现在《正论品》中，本品讲述了佛陀在过去世中以力尊相王的身份，对其子讲述治世正论，告诫其子要遮止十恶、推行十善，正法面前要亲疏平等，如此才能得到诸天护佑、国土丰实、人民安乐；若不以正法治世，不行平等，不修善事，则诸天远离、灾难生起、国家败乱。由此，我们可以看出该经政治思想的基本问题和中心问题，就是讨论王国政治权力的合理根据及其治国理政权力运作的合理原则。[①]这对于任何时代、任何地区的统治者均有参考意义。因此，护国思想和政治思想，前者面向民众百姓，后者针对君主王权，但毫无疑问二者均具有明显的时代特征。

其次，医学思想的"时代性"，同样也是《金光明经》中人间佛教思想核心价值的重要特征。我们知道，生老病死是众生无法避免的自然规律，疾病的产生与人的生理、心理、行为和生活环境等息息相关，而佛教的医学思想则普遍认为人生病的原因不外乎两种：一是外在的四大不调，二是内在的贪嗔痴毒。根据《金光明经》所载，地、水、火、风是组成物质的四大元素，人的身体也一样由四大组成，并且四大相合、聚集，人体才能健康舒适；反之，不聚集、不和合就会致病。其中，地大病相表现为身体沉重，坚结疼痛；水大病相为饮食不消，腹痛下痢；火大则会全身发热，大小便不通；风大会引起肺闷，气急呕吐。如果说四大不调是人致病的外在因素，那么贪、嗔、痴三毒即是使人致病的内在原因。正如《维摩诘经》中维摩诘居士所说："今我此病，皆从前世妄想颠倒、诸烦恼生……何谓病本？谓有攀缘，从有攀缘，则为病本。"[②]即现在所有的病，都是由过去的妄想造成的，一切烦恼和疾病的根本原因，都由我们内心攀缘外境所致。我们以《金光明经·除病品》中的一段经文为例，来进一步探讨其中的医学思想：

[①] 程恭让：《〈金光明经·王论品〉佛教政治思想略论》，《戒幢佛学》第 6 期，2023 年。
[②] 《维摩诘所说经》卷 2，《大正藏》第 14 册，第 545 页上。

> 云何当知，四大诸根，衰损代谢，而得诸病？云何当知，饮食时节，若食食已，身火不灭？云何当知，治风及热，水过肺病，及以等分？何时动风、何时动热、何时动水，以害众生？时父长者，即以偈颂，解说医方，而答其子：三月是夏，三月是秋，三月是冬，三月是春，是十二月，三三而说。从如是数，一岁四时；若二二说，足满六时；三三本摄，二二现时，随是时节，消息饮食，是能益身。医方所说，随时岁中，诸根四大，代谢增损，令身得病。有善医师，随顺四时三月将养，调和六大，随病饮食，及以汤药。多风病者，夏则发动；其热病者，秋则发动；等分病者，冬则发动；其肺病者，春则增剧。有风病者，夏则应服，肥腻咸酢，及以热食；有热病者，秋服冷甜，等分冬服，甜酢肥腻；肺病春服，肥腻辛热。饱食然后，则发肺病；于食消时，则发热病；食消已后，则发风病。如是四大，随三时发，风病羸损，补以酥腻；热病下药，服呵梨勒；等病应服，三种妙药，所谓甜辛，及以酥腻；肺病应服，随能吐药。若风热病，肺病等分，违时而发，应当任师，筹量随病，饮食汤药。[①]

通过这段讲述流水长者子向其父亲请教医法的引文，我们可以看出，其中包含十分丰富的医学思想，这段经文不仅传授了为病人治病的良方，还强调了医师应当具备的医术和医德。例如，"随是时节""随时岁中""随顺四时""筹量随病"就是说医师应当根据时间和季节为病人调理饮食，要根据病症调节饮食和汤药，还要观察病症的变化以调整药方。这些思想对中医学、药学均有很大的贡献，甚至对今天的西方心理学也有深刻的影响。

最后，我们再对《金光明经》中具有"普济性"的人间佛教思想进行考察。"普济"在词典中的释义是"普遍济助"，佛教主张慈悲为怀、慈悲

[①] 《金光明经》，《大正藏》第16册，第351—352页。

济世，因此"济助"应是其最根本的特质，那么"普遍"的范畴又是何指呢？结合星云大师对人间佛教普济性的诠释来看，在时间上，佛教是重在现世的普济；在空间上，是重此世界的普济；在十法界众生中，是重在人类的普济。依据这样的范畴界定，人间佛教思想的"普济性"就是要在现世的此世间普济人类。

在《金光明经》中，《除病品》《流水长者子品》《舍身品》讲述的几个佛本生故事是最典型的体现。《除病品》讲述佛陀在过去世时，曾是流水长者子，在瘟疫暴发的时候，他发心学医为众生治疗病苦，最后成为医术高超的大医王。本品经文详细介绍了流水长者子学习医法的过程和内容，突出了其为众生疗治疾苦而付出的种种实际行动。《流水长者子品》的内容接续《除病品》，讲述流水长者子医师，在一次行医治病途中，遇到一个水池中的十千条鱼因为没有水即将被晒死，于是流水长者子与他的两个儿子想办法从国王那里借来二十头大象驮水倒入水池中，最终救活了十千条鱼。不仅如此，流水长者子还从家里取来所有可吃的食物喂鱼，甚至没有给父母妻子留下任何吃的，之后又给这十千条鱼念诵佛号及佛法，最终使十千条鱼转生忉利天的故事。与上一品不同的是本品救度的对象是十千条鱼而非人类，但相同的是本品经文同样细致描述了流水长者子和他的两个儿子救助十千条鱼的过程。《舍身品》就是佛本生故事中"舍身饲虎"的原型，本品讲述了佛陀在过去世中，曾是一个王子，名叫萨埵，有一天他与兄弟三人去树林游观，看到一只母虎刚生了七只幼崽，因为没有吃的即将被饿死了，于是萨埵王子就牺牲了自己去喂虎，最终救活了母虎和七只幼虎。

仅就以上三个本生故事，我们足以看出《金光明经》中人间佛教思想体现的大愿和大行，佛陀以不同化身降诞世间，善巧救度众生，并且在此过程中从未出现不可思议的神迹力量，均是以凡人的实际行动来解除众生病痛，无论是从时间、空间的维度还是从救度对象的角度来看，都高度彰显了"普济性"的特点。

结　语

综上所述，"《金光明经》中蕴涵着丰富的人间佛教思想"这一结论是毋庸置疑的，并且大体上是以"人间性"和"生活性"为基本特征，以"利他性"和"喜乐性"为实践导向，以"时代性"和"普济性"为核心价值。通过上文对《金光明经》不同文本的内容进行分析，可以发现这些具有不同特质的人间佛教思想所传达的共同宗旨都是"以地球人类为基点，重视人们现实生活的改善和人类社会的建设，处理好入世间与出世间、做人与成佛、世俗生活与宗教生活的关系，处理好佛教与国家、社会、政治、经济、科技、文化等的关系"[①]。因此，从人间佛教的视角出发，对《金光明经》中的佛学思想，尤其是人间佛教思想进行挖掘和研究，一方面有利于增强传统佛法智慧在现实人生中的应用价值，另一方面对于不断丰富现代佛教理论资源也具有重要意义。

To Explore the Characteristics of Buddhist Thought in *the Golden Light Sutra* from the Perspective of Humanistic Buddhism

Bi Guangmei

Abstract: *The Golden Light Sutra* is an important classic in the middle and late period of Mahayana Buddhism, and it is also a Buddhist sutra that deeply

---

① 陈兵：《佛法在世间：人间佛教与现代社会》，中国时代经济出版社2008年版，第63页。

contains and carries out "Humanistic buddhism thought". From the perspective of Humanistic Buddhism, this paper probes into the characteristics of Buddhist thought in *the Golden Light Sutra*, and analyzes the basic characteristics, core values and practical orientation of human Buddhist thought in *the Golden Light Sutra* from six aspects: "human nature", "life nature", "altruism", "joy", "times nature" and "universal charity nature". The aim is to reveal the rich connotation and practical value of the human Buddhist thought in *the Golden Light Sutra*, show the positive role and significance of the Buddhist classics in modern society, further investigate the Buddhist thought in the middle Mahayana classics, and develop the theoretical resources of Humanistic Buddhism in the traditional Buddhist classics.

Key words: *The Golden Light Sutra*; Humanistic Buddhism perspective; Buddhism thought

人间佛教与如来藏思想

——以太虚、印顺、星云的人间佛教理论为视角

段雨函

中国人民大学博士生

摘　要：中国佛教特重于如来藏思想，而人间佛教又是中国佛教现代化转型的重要典范。通过考察人间佛教与如来藏思想的内在关联，有利于更深入思考佛教中国化与现代化的理论逻辑。本文一方面通过考察从太虚到印顺，再到星云的人间佛教理论，认为如来藏思想逐渐自觉化地成为人间佛教的理论基础；另一方面，通过简要梳理中、印如来藏思想的人间佛教精神，认为如来藏思想是展开人间佛教的必要条件。

关 键 词：太虚；印顺；星云；人间佛教；如来藏

基金归属：本文为2019年度国家社科基金重大项目"'一带一路'佛教交流史"（编号：19ZDA239）的阶段性成果。

一　问题的提出

在人间佛教的历史进程中，传统佛教的内涵被不断地加以现代化的阐释与实践。[①] 其中，当以太虚大师（1890—1947）、印顺法师（1906—

---

① 关于近些年中国人间佛教发展情况，可参见常红星、程恭让：《中国人间佛教发展报告》，载于《中国宗教报告》（2017—2018），社会科学文献出版社2020年版，第26—55页。

2005）和星云大师（1927—2023）的人间佛教理论最具代表性。而如来藏思想又曾长期占据中国佛教的主流，但在近现代以来曾招致了现代性的批判。①这些批判一方面折射了如来藏思想的现代性转型，另一方面又促使我们思考如来藏思想与人间佛教的关系。通过考察太虚、印顺和星云的人间佛教理论与如来藏思想的关系，可进一步丰富与挖掘人间佛教理论，亦能促进对佛教中国化与现代化的深入思考。因此，本文着眼于太虚、印顺和星云三人的人间佛教理论对如来藏思想的态度，挖掘如来藏思想的人间佛教精神。

二　太虚大师"契理契机"的人生佛教与如来藏思想

"契理契机"是现代佛教论述的重要概念②，而太虚大师"人生佛教"的理论根据就在于佛教"契理契机"的根本特征。他认为，"佛教"是由佛所证诸法实相的证法（契理），与众生由之证得诸法实相的方法组成（契机）③；"人生"从消极方面是对治"死、鬼的佛教"（契机），从积极的方面是由人生通达一切众生法界之缘生无生、无生妙生的真义（契理）④。其实，太虚大师"契理契机"的人生佛教是与"一切众生有如来藏/佛性"

---

① 林镇国：《佛教与现代性的遭逢》，《当代》1999年第140期。转载于《从佛教形上学到佛教诠释学》，贺照田主编《学术思想评论第八辑：后发展国家的现代性问题》，吉林人民出版社2002年版，第227—242页。当然，也有学者探讨了如来藏思想如何在现代社会发挥积极意义。如岩瀬真寿美曾探索了大乘佛教思想尤其是如来藏思想与现代人格塑造理论的联系。作者在考察日本家庭教育、学校教育、社会教育、终身教育和道德教育中的各种问题时，提出了大乘佛教思想可能具有道德教育意义的假设，尤其关注将如来藏思想应用于教育实践的可能性。作者试图追溯日本道德文化的根源，为新的教育理论构建奠定基础。参见〔日〕岩瀬真寿美《人間形成における"如来蔵思想"の教育の道徳の意義》，东京：国书刊行会2011年版。
② 关于"契理契机"概念的形成史、推展史和现代诠释的梳理，可参见宣方《"契理契机"的概念史考索》，《世界宗教研究》2023年第12期。
③ 释太虚：《人生佛教开题》，载明立志、潘平编《太虚大师说人生佛教》，团结出版社2007年版，第3页。
④ 释太虚：《人生佛教开题》，载明立志、潘平编《太虚大师说人生佛教》，第3—4页。

的如来藏思想紧密相连的。[①]

　　太虚大师在阐述"人生佛教"时，相比于"契理"更注重"契机"。"契机"表明特于人乘直进于大乘的重要意义。[②] 太虚大师认为佛教的目的与效果分为四种：（1）人生改善，（2）后世增胜，（3）生死解脱，（4）法界圆明。其中"人生改善"即人乘，"后世增胜"即天乘，综合前二加上"生死解脱"是二乘，综合前三加上"法界圆明"是大乘。为了对治传统佛教对"后世增胜"与"生死解脱"的偏重，太虚大师特重于人生改善而直进于法界圆明，由于法界圆明的大乘又包含"后世增胜"与"生死解脱"，因此人生佛教是"综合全部佛法而适应时机之佛教"。换言之，人生佛教并不止步于人间的改善，而必须要直进到法界圆明，必须要通达于"唯佛与佛乃能穷尽诸法实相"（法界）与"佛之知见"（圆明），亦即必然要直进于成佛。在中国佛教的传统解释中，"佛之知见"被认为是"佛性"。鸠摩罗什门下的慧叡（355—439）曾以《法华》"佛之知见"为"佛性"[③]，此后道生（355—434）[④]、智顗（539—598）[⑤]皆这样理解。总之，"一切众生有佛性"的如来藏思

[①] 侯博闻曾讨论了太虚大师对如来藏思想的解析与判摄，并认为如来藏思想为太虚人间佛教改革提供了理论基础。参见侯博闻《太虚大师如来藏思想研究》，黑龙江大学硕士学位论文，2017年。

[②] 释太虚：《人生佛教开题》，载明立志、潘平编《太虚大师说人生佛教》，第3页。

[③] 《出三藏记集》卷5："每至苦问：'佛之真主亦复虚妄，积功累德，谁为不惑之本？'或时有言：'佛若虚妄，谁为真者？若是虚妄，积功累德，谁为其主？'如其所探，今言佛有真业，众生有真性，虽未见其经证，明评量意，便为不乖。而亦曾问：'此土先有经言，一切众生皆当作佛，此当云何？答：言《法华》开佛知见，亦可皆有为佛性。若有佛性，复何为不得皆作佛耶？但此《法华》所明，明其唯有佛乘，无二无三，不明一切众生皆当作佛。皆当作佛，我未见之，亦不抑言无也。'"《大正藏》第55册，第42页上—中。

[④] 《法华经疏》："佛为一极，表一而为出也；理苟有三，圣亦可为三而出。但理中无三，唯妙一而已。故言以一大事出现于世，欲令众生开佛知见故。微意玄旨，意显于兹。此四句始终，为一义耳。良由众生，本有佛知见分，但为垢障不现耳，佛为开除，则得成之。"《续藏经》第27册，第4页下。

[⑤] 《妙法莲华经玄义》卷4："开佛之知见，发真中道，断无明惑，显真、应二身，缘感即应百佛世界，现十法界身、入三世佛智地，能自利、利他，真实大庆，名欢喜地也。此地具足四德：破二十五有烦恼名净；破二十五有业名我；不受二十五有报名乐；无二十五有生死名常。常、乐、我、净，名为佛性显，即此意也。"《大正藏》第33册，第721页下。

想是太虚大师人生佛教理论的必要条件，否则人生佛教便失去向上超拔的神圣性与动力因。

太虚大师虽然没有明确指出"一切众生有佛性"对于人生佛教的必要性，但多次强调"一切众生有佛性"的重要性。太虚早年曾作《佛藏择法眼图》《如来藏心迷悟图》，主张："以如来藏、佛性为宗本，来说明或融贯一切。"① 他晚年又讲《中国佛学》，首列一表，强调以"佛性"来贯通法界圆觉、法性空慧与法相唯识三宗。② 太虚强调："佛性，即是众生可能接受佛陀教化的可能性。……如果众生没有可能性，即不能接受佛陀的教化。"③ 在这个意义上，"佛性"既是契理的又是契机的，是"众生与佛相通的心法"，人生佛教也必须以佛性/如来藏思想为基础，否则便既没有众生成佛的可能，也没有佛教化众生的可能，以致"佛教"这一概念并不能成立。

可以说，由于太虚大师重在对治当时佛教界的陋习，因此更注重"契机"，特别强调人生佛教当机的重要意义；而如来藏思想虽然主张包含六道的"一切众生"都有成佛的可能性，更多彰显的是"契理"，但并不意味着成佛不是人生佛教的目的。太虚大师明确表示，全部佛教的真正目的乃是通达法界圆明。④ 因此，他必然会坚持"一切众生有佛性"的主张⑤，

---

① 释印顺：《如来藏之研究》，《印顺法师佛学著作全集》第18卷，中华书局2009年版，第3页。
② 释太虚：《中国佛学》，《太虚大师全书》第2卷，宗教文化出版社2005年版，第3—12页。
③ 释太虚：《中国佛学》，《太虚大师全书》第2卷，第4页。
④ 太虚认为："是四重为全部佛法所包容之目的。然以言终极，惟法界圆明之佛果始为究竟，亦可谓此乃全部佛教之真正目的；前三层皆为达此之方便也。"释太虚：《人生佛教之目的》，载明立志、潘平编《太虚大师说人生佛教》，第13页。
⑤ 《佛陀学纲》："学佛原有小乘大乘之别，小乘动机但求自己解脱，平常以小乘为真正的佛法；还有对于佛法真理不明白的，以为佛是鬼神，这都是错误，因此生下许多误会的评论。所以要辨清学佛的动机，可以约为四义：'皆有佛性，皆能成佛，自悯悯他，普成正觉。'就是说皆有成佛的可能性，皆有学佛平等的实性及可能性，所以皆可以成佛。这又可分做四层讲：第一重是相信宇宙万有有一种普遍完全的真理；第二重是相信这个真理有最高无上大觉悟的完全认识（无上菩提）；第三重是相信这个无上正觉有得到过的，如释迦；第四重是相信人人都可以得到。佛学根本信仰不出这四重。但现在人类，在知识上、行为上、能力上、物质

否则便只是"人生改善""后世增胜"与"生死解脱",那样既不能真正起到对治传统佛教的流弊,也不能真正起到改善人间的作用。

三 印顺法师人间佛教理论对如来藏思想同情之批判

太虚大师虽然提出了"人生佛教",但他的理论并不纯熟,并没有周密与深入地探讨"人生佛教"之"契理契机"的重要意义。印顺法师在消化太虚大师"人生佛教"的根本精神后,为与之区别而提出"人间佛教"。印顺法师的人间佛教理论虽然较之太虚更加严密,但其立足点并非中国佛教的语境,而是佛陀根本精神。由于离开了中国佛教的土壤,因此被认为难以落实其人间佛教理论。[①]

印顺法师的人间佛教理论是在对整体佛教形成自己的看法之后才提出的。[②] 印顺法师并不认为人间佛教的基本精神与核心内容是大乘佛教的创造,或中国佛教所独有,而是明确地将其归结到释迦牟尼佛最初的教义与实践。[③] 在这个意义上,印顺法师不仅反对"重死""重鬼"的佛教,而

生活、精神生活,都不圆满而生种种欲望,以至生种种痛苦,虽说都可成佛,而实处于可悲可悯的地位。把此世界人类众生所有痛苦,都看作如我自身痛苦一样,发自悯悯他心,才是大乘动机。这样发起大心,普为一切众生求得无上正觉,有真觉悟才能破迷,一切行为才能合理。惟佛法为能明白一切痛苦之源起于迷惑,根本铲除,可以说是彻底革命。而成佛的动机,可以说是在改造成全宇宙全人类的安全生活。"参见释太虚《佛陀学纲》,《太虚大师全书》第1卷,第198—199页。

① 何建明:《人间佛教的百年回顾与反思——以太虚、印顺和星云为中心》,《世界宗教研究》2006年第4期。
② 《游心法海六十年》:"在这长期动乱不安中,我开始成部的写作,与讲说而由别人记录成书。一方面,有几位同学——演培、续明、妙钦他们,希望我作些课外的讲说;一方面,是我对全体佛法的看法,逐渐凝定,也有了表示意见的意欲。如三十年所写的《佛在人间》、《佛教是无神论的宗教》、《法海探珍》,都是阐扬佛法的人间性,反对天(神)化;探求佛法本质,而舍弃过了时的方便。'佛法与现实佛界有距离',是一向存在于内心的问题。"参见释印顺:《华雨集(五)》,《印顺法师佛学著作全集》第12卷,第9页。
③ 魏道儒:《印顺法师"人间佛教"思想的内涵与特点》,《法音》2017年第7期。

且反对"天化""神化"的佛教[①],并以缘起中道和缘起性空的原始佛教与初期大乘思想为法义抉择,不同于太虚大师以真常唯心的如来藏为大乘根本[②]。印顺法师深感于现实佛教与纯正佛教的距离,因此决意理解佛法的本源与流变,把握更"纯正"(契理)的佛教。[③]在这种方针下,真常唯心的如来藏思想反而是对佛陀人间本怀一定程度的偏离,是纯正佛法一定程度的变质、衰落与神化,但其中之确当者亦可摄取。因此,印顺法师认为人间佛教应是"立本于根本佛教之淳朴,宏阐中期佛教(指'初期大乘')之行解(梵化之机应慎),摄取后期佛教之确当者,庶足以复兴佛教而畅佛之本怀也欤!"[④]

所谓"立足根本佛教之淳朴"即立足早期佛教淳朴的三宝:(1)佛宝,"诸佛皆出人间,终不在天上成佛也";(2)僧宝,僧伽中"思想是'见和同解',经济是'利和同均',规制是'戒和同遵'","内部是平等的,民主的,法治的,以羯磨而处理僧事的";(3)法宝,恪守八正道的理性德行,如实知缘起而大觉。所谓"宏阐中期佛教之行解",即阐扬以菩萨行为本而通于根本佛教的初期大乘,包括"解"和"行":(1)解,包括"对治"(对治异论互诤、对治世间与涅槃差别论、对治拘泥守旧的重律)和"第一义"(般若的深义与中道的贯通);(2)行,依"三心"(菩提愿、大悲心与般若慧)修六度、四摄而阐扬菩萨精神。所谓"摄取后期佛教之确当者",包括摄取"为'畏无我者'激发修学菩萨行方便"的如来藏,与"为'五事不具者'显了解说一切法空方便"的虚妄唯识论。印

---

① 《〈台湾当代净土思想的动向〉读后》:"三、大师说'人生佛教',我说'人间佛教':'一般专重死与鬼,太虚大师特提示人生佛教以为对治。然佛法以人为本,也不应天化、神化。不是鬼教,不是(天)神教,非鬼化非神化的人间佛教,才能阐明佛法的真义义。'"参见释印顺《华雨集(五)》,《印顺法师佛学著作全集》第12卷,第68—69页。
② 释印顺:《〈台湾当代净土思想的动向〉读后》,《华雨集(五)》,《印顺法师佛学著作全集》第12卷,第69页。
③ 林建德:《汉传佛教的展望与愿景——以印顺"人间佛教"为重心的探讨》,"印顺导师思想之理论与实践(第五届)——'印顺长老与人间佛教'海峡两岸学术研讨会",2004年,第4—5页。
④ 释印顺:《契理契机之人间佛教》,《印顺法师佛学著作全集》第12卷,第21—22页。

顺法师强调，对于古代经论的解行，只要确立"不神化的人间佛教"原则，多有可采用的。

说到底，印顺法师认为"缘起性空"才是人间佛教的理论基础，也是佛法的正义。[①] 如来藏思想由于摄化了梵我思想，是纯正佛法的演变，因此不能承担起佛法的正义。印顺法师的人间佛教理论构造的土壤本于印度佛教的发展脉络，可这样的理论对于在中国佛教发展脉络下的人间佛教又有多少建设性意义呢？相比于印度佛教，中国佛教对如来藏思想尤为致力，而"一切众生有佛性"的主张确立了成佛实践的根据，并成为中国佛教界长期的信条。印顺法师并没有深掘如来藏思想对人间佛教理论的积极贡献，因此在实践人间佛教的同时，如何结合传统佛教的优秀价值，是人间佛教后继者所要处理的。

四　星云大师人间佛教理论的如来藏思想基础

相比于印顺法师对人间佛教作的精密的理论探讨，星云大师则是从实践中弘扬人间佛教。星云大师一生致力于弘扬与发展人间佛教，在其非常重视的《人间佛教回归佛陀本怀》中，尤其强调了"一切众生有佛性"的如来藏/佛性思想，这一点相比于太虚和印顺，是人间佛教理论更进一步的迈进。这一点学界虽有讨论[②]，但仍有一定的阐释空间。

星云大师谈到自己对人间佛教的体认。他列举了人们对人间佛教的8

[①]《佛在人间》："学佛的，有的偏重于事，着重法相的差别，于空平等性不信不解，或者轻视他。这种见解，是不能与出世的佛法，尤其是与大乘法相应的，不能成就菩萨道。又有些人，执著本性，空理，醉心于理性的思惟或参证，而不重视法相，不重视佛法在人间的应有正行，这就是执理废事。唯有依据缘起性空，建立'二谛无碍的'中观，才能符合佛法的正宗。缘起不碍性空，性空不碍缘起；非但不相碍，而且是相依相成。世出世法的融摄统一，即人事以成佛道，非本此正观不可。既不偏此，又不偏彼，法性与法相并重，互相依成，互相推进，而达于现空无碍的中道。"参见释印顺《佛在人间》，《印顺法师佛学著作全集》第6卷，第73页。

[②] 王早娟：《星云法师如来藏思想探究》，《佛学研究》2017年第2期。

点重要质疑，基本集中在"认为人间佛教不具有超越性和神圣性"上。[1] 星云大师慨叹曾经的佛教失去了入世精神，失去了对信众的服务，失去了对佛化事业的实践，失去了佛教积极奋斗的真义，于是强调把人间佛教真正的原意还复回来，提出人间佛教的二十条内容。其中，最核心的内容便是阐发"我是佛"作为人间佛教的理论基础。

首先，星云大师继承太虚大师人生佛教之人生改善的功能，强调人间佛教的精神是自我的提升——"我们的人间佛教，要把自我提升，肯定自我，我有如来智慧德相，承认'我是佛'。"[2] 其次，大师认为人间佛教精神是把别人融入自我中，强调所有众生都是一体的，彰显缘起中道的真理。[3] 虽然信仰是复杂多元的，但在人间佛教的意义上，可以通过佛性来统一，人间佛教非但不与其他宗教信仰对立，反而是圆满一切宗教的说法。[4] 星云大师认为，既然人人是佛，人间佛教便不再说"六道轮回"，生命不再是传统佛教所认为的消极的，而是面向无限的未来与希望。[5] 而且，星云大师认为，既然人人皆有佛性，人间佛教的目的便不一定是成佛，而是觉悟自己，调和与统摄自我与世界，人间一切都是我的，一切也都是无我的。[6] 最后，星云大师不仅强调传统佛教所说的"心佛众生，三无差别"，而且强调生命的永恒不死就是真如佛性，就是人间佛教。[7]

在二十条内容中，星云大师反复强调人间佛教信仰"我是佛"，从而人们要为自己的行为负责，才能从自我觉悟中展开人间佛教的神圣性、超越性。毫无疑问，相比于印顺法师的理论导向，星云大师挖掘"一切众生有佛性"的现代意义，无意于探讨过去的历史中如来藏思想有没有

---

[1] 释星云：《序二 我对人间佛教的体认》，《人间佛教回归佛陀本怀》，人民出版社、宗教文化出版社2016年版，第7—8页。
[2] 释星云：《序二 我对人间佛教的体认》，《人间佛教回归佛陀本怀》，第8页。
[3] 释星云：《序二 我对人间佛教的体认》，《人间佛教回归佛陀本怀》，第11页。
[4] 释星云：《序二 我对人间佛教的体认》，《人间佛教回归佛陀本怀》，第9页。
[5] 释星云：《序二 我对人间佛教的体认》，《人间佛教回归佛陀本怀》，第9页。
[6] 释星云：《序二 我对人间佛教的体认》，《人间佛教回归佛陀本怀》，第11页。
[7] 释星云：《序二 我对人间佛教的体认》，《人间佛教回归佛陀本怀》，第14页。

对佛陀本怀的一定程度上的偏离或变质，而是面向无穷的未来与希望，强调如来藏思想当下的实践性，只有在实践中彰显人间佛教的本质，才是对佛陀本怀的回归。因为在星云大师看来，"佛说的、人要的、净化的、善美的；凡是契理契机的佛法，只要是对人类的利益、福祉有所增进，只要是能饶益众生、对社会国家有所贡献，都是人间佛教"[1]。人间佛教并不只在学术理论中，更重要的是要在当下的社会中实践出来。在这个意义上，星云大师将太虚大师人生佛教理论的"法界圆觉"思想，通过"我是佛"的实践导向，落实到日常佛教事业中。[2] 可以说，如来藏思想经过大师的吸收、消化与提炼，虽说不是人间佛教理论的唯一基础，但至少也是重要基础。

五 如来藏思想的人间佛教底色

印顺法师的人间佛教理论，对于如来藏思想只是"摄取后期佛教之确当者"，因为他认为如来藏思想只是"各为人人悉檀"，如来藏思想本质上并不与契理的缘起中道相关。这样一来，便会错失挖掘长期作为中国佛教主流的如来藏思想的现代意义。实际上，如来藏思想，尤其在中国佛教的语境下，是以人间佛教精神为底色的，而且从太虚到印顺再到星云，三位人间佛教大师的理解进路中，如来藏思想的人间佛教内涵也不断涌现出来。

在印度佛教语境中，"如来藏"最开始并不是一个抽象的哲学概念，而是根据上下文的不同而呈现不同的隐喻。比如，"tathāgata-garbha"（如来藏）

---

[1] 星云大师：《中国文化与五乘佛法》，《在入世与出世之间——星云大师人间佛教文集》，上海人民出版社2010年版，第254页。
[2] 《人间净土与弥陀净土》："过去的千经万论，是心是佛，是心作佛，'自依止、法依止、莫异依止'，肯定'我是佛'，相信我可以、我能、我会做到。在生活里增长慈悲、道德，受持三皈五戒、十善，重视因缘果报。从做人慢慢提升，人成即佛成，这就是人间佛教的神圣性，不管你是在人间或极乐世界，都是一贯相通的。"参见释星云《人间净土与弥陀净土》，《人间佛教学报·艺文》第30期，2020年。

这一复合词一般可作依主释和多财释，一般译为"如来的胎儿""如来的胎藏"和"包含如来"等。无论对"tathāgata-garbha"作依主释理解，还是作多财释理解，都不能将其归结为单一的精神内涵。① 因此，"tathāgata-garbha"一词的诞生不是源自义理的辨析，而是来自生活化的指示。比如，在《如来藏经》中，"tathāgata-garbha"被比作九种现实生活的常见事物，在《涅槃经》中"asmākam u [p] ari [t] ahāgatagarbho（'）stīi"（我们之上存在包含如来的［佛塔］）的表达②，都展现了"勿轻自己""勿轻他人"的人间佛教精神。在这个意义上，如来藏是从生活中来，深植于喜闻乐见的日常事务中，因此广为世俗大众所流传。③ 而且，相比于中观与唯识，如来藏思想又被称为"信（śraddhā）的宗教"④，只不过信的最终根据还是

---

① Zimmermann 认为从语法上讲 tathāgatagarbha 是一个多财释，但是根据经中的比喻，他也承认"如来的胚胎"的意涵会很突出，并盖过"包含如来"。他最终认为 garbha 的意涵很丰富，意思是"包含""出生""来自""胚胎""子宫""花萼""孩子""一个氏族的成员"，甚至"核心"，《如来藏经》从一开始就倾向于保持其语义范围不被缩小到单一的单词。Zimmermann Michael, *A Buddha Within: The Tathāgatagarbhasūtra—The Earliest Exposition of the Buddha-nature Teaching in India*, Tokyo: The International Research Institute for Advanced Buddhology, Soka University, 2002, p.42.

② 藏译本为"bdag cag la de bzhin gshegs pa'i snying po yod do"（在我们之中，如来藏存在）；法显译为"然后说如来之性"；昙无谶译为"应自分别如来秘藏不得不有"。参见加纳和雄《Tathāgatagarbhaḥ sarvasattvānām——涅槃经における如来藏の複合語解釈にかんする試論》,《불교학리뷰》2017 年 Vol. 22, 第 42—46 页。加纳和雄认为《涅槃经》中"在某人身体中"的表达与《如来藏经》的"garbhagata"一样，都不企图导向单一的理解，而是根据日常事物呈现义涵的多样性。参见 Kanō Kazuo, "Syntactic Analysis of the Term Tathāgatagarbha in Sanskrit Fragments and Multiple Meanings of Garbha in the *Mahāparinirvāṇamahāsūtra*", *Acta Asiatica*, Vol.118, 2020, pp.23-26.

③ 在提婆、龙召（Nāgāhvaya）时代的南印度毗地耶那伽罗（Vijayānagara）等地,《如来藏经》的偈颂，连童男童女们都会唱诵。参见多罗那它《印度佛教史》，张建木译，贵州大学出版社 2015 年版，第 86 页。

④ 〔日〕平川彰:《印度佛教史》，庄昆木译，台北：商周出版 2002 年版，第 373 页。平川彰、高崎直道、下田正弘多次强调如来藏思想的"信"。最近，下田正弘在 Eugène Obermiller、David Seyfort Ruegg 和 Michael Radich（何书群）的基础上提出如来藏思想是一种救度论（soteriology），参见〔日〕下田正弘《如来藏・仏性思想のあらたな理解に向けて》，载高崎直道监，桂紹隆、下田正弘、末木文美士、斎藤明编《如来藏と仏性》,《シリーズ大乗仏教》第 8 册，东京：春秋社 2014 年版，第 3—76 页。Shimoda Masahiro, "The Structure of the Soteriology of Tathāgatagarbha Thought as Seen from the Perspective of Different Modes of Discourse: A Response to Critical Buddhism", *Acta Asiatica*, Vol.118, 2020, pp.79-97.

自身的真如佛性而非外在他力，这奠定了如来藏思想之解脱成佛的内在超越性与神圣性。正是由于如来藏思想所具有的人间性与神圣性，以致其在《宝性论》和《楞伽经》中被认为"既是方便说法又是第一义谛"[①]。这也就构成了人间佛教所必需的"契理"与"契机"两大原则。如来藏思想不仅表明自身是"契理契机"的，而且强调这种"契理契机"的目的是说明"众生是如来"，蕴含积极的人间佛教实践意义。基于这些理由，如来藏思想的人间佛教特征非常明显。

中国佛教对印度如来藏思想最大的贡献，便是创造性地强化了它的哲学性与实践性，前者以华严宗为顶点，后者以禅宗为极致。首先是华严宗的如来藏思想。在华严宗的思想发展脉络中，如来藏思想被认为是华严学的通论。[②] 华严的法界缘起与如来藏缘起逐渐呈现融合的趋势，因为它们共享"理事无碍"的理论基底，以致后世以"法性宗"来表示。如来藏思想本身偏于价值不空的性质经过华严学的改造，逐渐深化了"真如缘起"的思想机制，并出现以如来藏自性清净心来统摄重重无尽的法界缘起的情况。[③] 这样一来，便从理论上奠定了人间佛教实践的动力源泉——普入法界的世俗性（方便）需要由内在的神圣性（圣谛）来贯穿。其次是禅宗的如来藏思想。印顺法师认为，如来藏思想发展到极致便是

[①] 段雨函：《"如来藏"概念的再探析——以法藏的四宗判教为切入点》，"道行天下——首届中国人民大学宗教学专业研究所论坛"，2023 年，第 97—110 页。

[②] 〔日〕大竹晋：《唯識説を中心とした初期華厳教学の研究——智儼·義湘から法藏へ》，东京：大藏出版社 2007 年版。

[③] 《修华严奥旨妄尽还源观》："今略明此观，总分六门：先、列名；后、广辨。一、显一体，谓自性清净圆明体。二、起二用：一者、海印森罗常住用；二者、法界圆明自在用。三、示三遍：一者、一尘普周法界遍；二者、一尘出生无尽遍；三者、一尘含容空有遍。四行四德：一者、随缘妙用无方德；二者、威仪住持有则德；三者、柔和质直摄生德；四者、普代众生受苦德。五、入五止：一者、照法清虚离缘止；二者、观人寂怕绝欲止；三者、性起繁兴法尔止；四者、定光显现无念止；五者、事理玄通非相止。六、起六观：一者、摄境归心真空观；二者、从心现境妙有观；三者、心境秘密圆融观；四者、智身影现众缘观；五者、多身入一境像观；六者、主伴互现帝网观。"《大正藏》第 45 册，第 637 页上—中。

禅宗。①比如，宗密（780—841）结合"宗""教"，会证"直显心性宗"与"显示真心即性教"，奠定了实践的主体性。而这对于人间佛教的落实显得尤为重要。在中国佛教的历史语境下，如来藏本质上是如来藏缘起，即空有（理事）互彻、空有（理事）互融呈现的甚深缘起，因此它仍然符合缘起中道的原则。人间佛教的理论不能回避传统如来藏思想的现代阐发。如来藏思想并不能离开与其他大乘佛教思想的互动而单独存在，并且深深地融入其他佛教思想之中，因此从太虚到印顺再到星云，都不得不重视占据中国佛教主流的如来藏思想。

从定义上来看，所谓"如来藏思想"即宣扬"一切众生是如来藏"的大乘佛学，包括三个方面：一是佛"契理契机"的所证法（adhigama-dharma）与所说法（deśanā-dharma）渗透一切众生（法身遍在义），二是众生皆能显现本具的自性清净（prakṛti-viśuddhi-gotra）与开发的离垢清净（āgantuka-mala-viśuddhi-gotra）的实践力量（种性显现义），三是连接众生与佛的实相平等无差别（真如无差别义）。②从这个定义来看，如来藏思想蕴含了人间佛教的精神。

首先，如来藏思想是佛教。佛教包括证法与教法，证法即佛陀觉悟的"极清净法界"，是无分别智所行的领域；教法是获得证法的原因，是佛陀通过语言文字将证法以契机的形式展现出来的"极清净法界的等流"。这二义实际上是《宝性论》对"法身"的定义，主要说明一切众生为如来法身所渗透。这与太虚法师对佛教的定义以及表明佛教是"众生的佛教"相吻合，奠定了"人生佛教"的理论基础。其次，如来藏思想的中心议题是成佛。成佛本质上是觉悟的完善，这意味着需要实践主体来增长善根功德。在涉及如来藏思想的论著中，往往以"增长功德"（guṇottāraṇa）的

---

① 印顺坦言："禅宗在弘扬如来藏的各宗中，可说它将如来藏思想发挥到最高的顶点，也更与如来藏相契应。"参见释印顺《以佛法研究佛法》，《印顺法师佛学著作全集》第7卷，第205页。

② E. H. Johnston ed., *The Ratnagotravibhāga Mahāyānottaratantraśāstra*, Patna: The Bihar Research Society, 1950, p.26.

"种性"（gotra）表示[①]，包含两方面：本性住种性与习所成种性，构成"种性显现"（gotra-saṃbhava）[②]。成佛的完成需要对人格进行凝练，也就是实践之力的显现。最后，如来藏思想的理解标准是诸法实相。学界分别从一元实体论、缘起性空论和宗教救度论的进路理解如来藏[③]，但大多顾此失彼。在如来藏思想总结性论著《宝性论》中，理解如来藏的根本标准只能是法性[④]，这为中国佛教后来成立法性宗，以区别法相宗与性空宗，提供了理论渊源[⑤]。

总之，从如来藏思想的历史演进与内在定义的大致框架来看，如来藏具有关乎实相的中道性与指涉伦理的价值主体性两方面的特征。这不仅奠定了人间佛教所必需的"契理"与"契机"，也提供了人间佛教必要的神圣性与超越性。如来藏以法性为基准，而法性本质上是甚深缘起，因此必然关乎着"契理"；如来藏以成佛为导向，成佛本质上是证法与教法结合的结果，因此必然指涉着"契机"。而这两者集合呈现的内在神圣性与超越性，纠正了认为人间佛教过于凡俗的误解。

[①] 《大乘庄严经论》卷一："问：若尔云何名性？答：功德度义故，度者出生功德义。由此道理，是故名性。"《大正藏》第 31 册，第 594 页下。

[②] 笔者将"saṃbhava"译为"显现"，参见段雨函《〈宝性论〉与性起思想》，"第三届武汉大学全国宗教学博士生论坛"，2023 年，第 127—140 页。

[③] 段雨函：《〈宝性论〉gotra 思想研究》，中国人民大学硕士学位论文，2022 年，第 8—13 页。

[④] sa khalv eṣa tathāgatagarbho dharmakāyāvipralambhas tathatāsaṃbhinnalakṣaṇo niyatagotrasvabhāvaḥ sarvadā ca sarvatra ca niravaśeṣayogena sattvadhātāv iti draṣṭavyaṃ dharmatāṃ pramāṇīkṛtya | E. H. Johnston ed., *The Ratnagotravibhāga Mahāyānottaratantraśāstra*, p.73. 藏译亦同梵本"以法性为基准"，参见〔日〕中村瑞隆《藏和对訳〈究竟一乘宝性论研究〉》，东京：铃木学术财团 1967 年版，第 143—144 页。汉译本对此句的翻译并不清楚。参见《究竟一乘宝性论》卷四："此明何义？明如来藏究竟如来法身不差别，真如体相毕竟定佛性体，于一切时、一切众生身中皆无余尽应知，此云何知？依法相知。"《大正藏》第 31 册，第 839 页中。笔者在《"如来藏"概念的再探析——以法藏的四宗判教为切入点》一文中指出，如来藏思想视域下的法性包含真实性与遍在性两个检证标准，两者举体互融互夺（真实性必然意味着遍在性，而遍在性必然指示着真实性），二者构成的实相义才是如来藏思想处理的第一问题。

[⑤] 如宗密指出性宗与空宗的十点不同。参见（唐）宗密《禅源诸诠集都序》卷 2，《大正藏》第 48 册，第 406 页上—407 页上。

六　结语

　　以上，本文一方面阐述了太虚、印顺和星云的人间佛教理论与如来藏思想的关系。其中，太虚的人生佛教深植于中国佛教的传统，因此以"佛性／如来藏"来贯通三宗，人生佛教实际上是以如来藏思想为必要条件的。印顺为探寻"纯正的佛教"，主要以印度佛教为导向，并不以如来藏思想为纯正的佛法，其人间佛教理论是建立在缘起中道的性空学之上，对如来藏思想多有同情之批判。星云大师在对佛教现代化的实践中，深化了太虚法师人生佛教理论，特别强调在佛教实践中对"我是佛"的贯彻，进一步确立了人间佛教的如来藏思想基础。从太虚到印顺再到星云的人间佛教理论对如来藏思想的自觉演进，反映了人间佛教作为传统中国佛教永葆青春的生命脉动，推进了如来藏思想的现代化诠释与实践。另一方面，本文简要论述了如来藏思想在印度佛教和中国佛教中的人间佛教特征，并从定义上指出如来藏思想不仅符合人间佛教"契理契机"的根本特征，也为人间佛教提供所必需的神圣性与超越性。

Humanistic Buddhism and Tathāgata-garbha Thought: Master Tai Xu, Master Yin Shun, and Master Hsing Yun

Duan Yuhan

Abstract: Chinese Buddhism places great emphasis on Tathāgata-garbha thought, and Humanistic Buddhism serves as a significant paradigm for the modernization transformation of Chinese Buddhism. By examining the intrinsic connection between Humanistic Buddhism and Tathāgata-garbha thought, it is conducive to a deeper reflection on the theoretical logic of Buddhist Sinicization and modernization. This paper, on the one hand, through examining the theories of Humanistic Buddhism from Master Tai Xu to Master Yin Shun and then to Master Tsing Yun, argues that Tathāgata-garbha thought gradually becomes the theoretical foundation of Humanistic Buddhism consciously. On the other hand, by briefly outlining the Humanistic Buddhist spirit of Chinese and Indian Tathāgata-garbha thought, it is suggested that Tathāgata-garbha thought is a necessary condition for the development of Humanistic Buddhism.

Key words: Master Tai Xu; Master Tsing Yun; Master Yin Shun; Humanistic Buddhism; Tathāgata-garbha

人间佛教视角的《观世音菩萨耳根圆通章》解读
——以"方便智慧"为核心

胡明明

上海大学道安佛学研究中心特聘研究员

摘　要：般若智慧与方便智慧是佛教中的两个重要概念，它们可以统摄大乘佛教义理，同样人间佛教理念也以它们为核心。而在中国佛教中出现的疑伪经，是中国僧人方便智慧的体现，它们对于佛教在中国的传播与发展有着重要贡献，因此应当正视它们所具有的价值。在著名的疑伪经《楞严经》中亦具备方便智慧，笔者通过分析《观世音菩萨耳根圆通章》中观世音菩萨的修行路径，认为它对于菩萨行人具有重要的借鉴意义，并且认为在实践中以方便智慧为指引是菩萨行得以顺利开展的关键。

关 键 词：人间佛教；方便智慧；疑伪经；菩萨道

基金归属：本文为2019年度国家社科基金重大项目"'一带一路'佛教交流史"（编号：19ZDA239）的阶段性成果。

引　言

"方便智慧"又称"方便波罗蜜"或"善巧方便"等，是佛教的重要概念之一。程恭让教授认为它"是佛陀、菩萨、圣者转依所得的一种特殊品德……是由慈悲心所激发佛法的实践智慧，是圣者的特殊能力，它由佛陀的证法菩提所规定，时时刻刻参考众生的根性，并以将其引归佛菩提为目标"[1]。在程教授的论述中可以发现这一圣者的实践智慧具备：（1）由其证法（般若智慧）所规定，（2）以众生为对象，（3）以将众生引向觉悟为目标，三者缺一不可。

前文说圣者的方便智慧由其证法（般若智慧）所规定，并非意味着般若智慧高于方便智慧，而是指它们二者之间存在张力关系，具体如《大智度论》所说：

> 般若与方便，本体是一，以所用小异，故别说。譬如金师以巧方便故，以金作种种异物，虽皆是金，而各异名。菩萨得是般若波罗蜜实相，所谓一切法性空、无所有、寂灭相，即欲灭度；以方便力故，不取涅槃证。是时，作是念："一切法性空，涅槃亦空，我今于菩萨功德未具足，不应取证；功德具足，乃可取证。"是时，菩萨以方便力，过二地，入菩萨位；住菩萨位中，知甚深微妙无文字法，引导众生，是名方便。[2]

引文首先说明般若智慧与方便智慧的"本体是一"，其次说明二者"以所用小异"，即二者本体为一但是作用不同，故立二名。至于它们的作用，"般若智慧"侧重于菩萨知诸法实相、可入涅槃，是一种"静观实相的趋向"[3]；而"方便智慧"侧重于不取涅槃、引导众生，是一种"佛法的实践智慧"[4]。因此般若有狭义与广义之分：狭义的"般若"与"方便"相对，即通达诸法实相的智慧[5]；广义的"般若"包含通达诸法实相的"般若

---

[1] 程恭让：《自序》，《佛典汉译、理解与诠释研究——以善巧方便一系概念思想为中心》卷上，中国社会科学出版社 2017 年版，第 7 页。
[2] （姚秦）鸠摩罗什译：《大智度论》卷 100，CBETA 2022，T25，No. 1509，第 754 页下。
[3] 程恭让：《佛典汉译、理解与诠释研究——以善巧方便一系概念思想为中心》卷上，第 7 页。
[4] 程恭让：《佛典汉译、理解与诠释研究——以善巧方便一系概念思想为中心》卷上，第 7 页。
[5] 以下若无特殊标注，所用"般若智慧"一词即指此狭义的概念。

智慧"与引导众生的"方便智慧"。前文所说的"证法"便指狭义的般若，它与方便相辅相成、并行不悖，具体而言二者是"不一不二、不即不离、平衡开发、辩证彰显"[①]的辩证关系。

公元1世纪左右兴起的大乘佛教运动，以悲智精神作为其最根本的教义、理念和实践宗旨。[②]这里的"智"重在自利，是明见一切事物及道理本质的高深智慧——般若智慧；"悲"重在利他，是引导、救度等与众生互动的能力，这种能力便是方便智慧的体现，而此二者的结合即构成了菩提心。经典中的佛陀本身便"悲智圆满"，是深具般若智慧与方便智慧的导师，如早期大乘经典《维摩诘经》中说："智度菩萨母，方便以为父，一切众导师，无不由是生。"[③]而大乘经典中被人所熟知的如观音、普贤、文殊等菩萨也都以"悲智双运"的形象出现。同样，作为大乘佛教精神实践者的菩萨行人无不以"上求佛道，下化众生"作为自身的追求目标，其中"上求佛道"是对于佛陀般若智慧（慧）的追求，"下化众生"重在利他，是对于佛陀方便智慧（悲）实践的努力。由此可见，整个大乘佛法的义理与实践体系都可以用般若智慧、方便智慧进行统摄。

（一）关于人间佛教

"人间佛教"是大乘佛教精神在中国新的社会背景、文化环境下的新发展，这一概念首先由太虚大师（1890—1947）于1933年10月的演讲《怎样来建设人间佛教》[④]中提出，后经过印顺导师（1906—2005）、赵朴初大德（1907—2000）、星云大师（1927—2023）、圣严法师（1930—2009），等佛教理论家与实践家的论证与实践，在理论上逐渐丰富，实践上更加深入。正如赵朴初所说："在当今的时代，中国佛教向何处去？……我以为我们社会主义中国的佛教徒，对于自己信奉的佛教，应当提倡人间佛教思

[①] 程恭让：《星云大师人间佛教思想研究》（下），高雄：佛光文化2022年版，第479页。
[②] 楼宇烈：《大乘佛法的悲智精神与人间佛教》，《佛学研究》2003年。
[③] （姚秦）鸠摩罗什译：《维摩诘所说经》卷2，CBETA 2022，T14，No. 475，第549页下。
[④] 本演讲稿后来发表于1934年1月出版的《海潮音》第十五卷第一号。

想。"① 人间佛教乃当今佛教实践的方向已成为越来越多人的共识。

对于人间佛教概念的基本解读，印顺导师曾提出"契理契机之人间佛教"②，"现在所揭示的人间佛教，既重契机，又重契理"③；星云大师也曾表示"整个契理契机的佛教都是人间佛教；人间佛教也即是佛教的全部"④，"我为人间佛教下了一个简要的注解：'佛说的，人要的，净化的，善美的'"⑤。所谓"契理"是指所说的法要契合于佛教的基本原理，即星云大师所说"佛说的"；"契机"是指所说的法要适合于众生根基、时代需要，即星云大师所说"人要的"。

对此，我们还可以做两方面解读：第一，人间佛教理念是契理契机的产物。近代佛教处于"内忧外患史无前例急剧变化的时代"⑥之中，面对这种时代变局亟须做出回应与调整⑦，所以以太虚大师为代表的佛教领袖应时代需求而提出"人间佛教"理念。第二，契理契机是人间佛教的理论核心与实践关键。正如太虚大师所说"非契真理则失佛学之体，非协时机则失佛学之用"⑧，所谓契理是契合般若智慧，它是"人间佛教"的方向保证，也是使佛教不同于其他宗教或思潮的根本；所谓契机则是契合时代需要，这便是弘法者"方便智慧"的体现，它是佛教保持旺盛生命力、发挥价值的必要条件。所以凡是佛教中契理契机的内容都属于人间佛教范畴，也自

---

① 赵朴初：《中国佛教协会三十年——在中国佛教协会第四届理事会第二次会议上》，《法音》1983年第6期。
② 印顺：《华雨集》（四），CBETA 2022，Y28，No. 28，第1页上。
③ 印顺：《佛在人间》，CBETA 2022，Y14，No. 14，第17页上。
④ 星云大师：《中国佛教阶段性的发展刍议》，载《人间佛教论文集》下册，台北：香海文化2008年版，第78页。
⑤ 星云大师：《法华经大意》，《星云大师全集》（网络版），http:// books.masterhsingyun.org/ArticleDetail/artcle9901，上网时间：2023年3月20日。
⑥ 释东初：《中国佛教近代史》（上册），台北：东初出版社1974年版，第4页。
⑦ 东初法师在《中国佛教近代史》中说："近代中国佛教，无可否认的，外受西教东来即西方文化及机械科学的影响，内受打倒迷信及反宗教运动，以及庙产兴学的迫害，激起佛教徒警觉，一面打倒以往历史传统的观念，革新佛教制度，一面接受新世界知识，以期迎头赶上时代，建设适应新时代社会所需要的新佛教。"第4页。
⑧ 太虚：《第二编　五乘共学》，CBETA 2022，TX03，No. 2，第206页上。

然是人间佛教理念在实践中所应坚持的关键内容。由此可见，人间佛教是般若智慧与方便智慧并重并举、交相辉映的佛教。①

（二）关于疑伪经

"疑伪经"由"伪经"与"疑经"两个概念组成，古代经录学家认为伪经是指那些并非翻译而来，而是由中国人模仿经论形式编撰而成的佛教文献。而疑经是由于来源或内容存在争论，而被怀疑并非翻译而来的佛教文献。简单而言，伪经是存在证据而被定性的文献，疑经是由于证据不足或存在争论的文献。由于历代经录学家对于疑经及伪经均采取排斥态度，因此常将二者并称为"疑伪经"，并将其排除于所编纂的"正藏"之外。

疑伪经是中国佛教发展到一定阶段的产物，是佛教中国化过程中的文化现象，它的出现标志着中国人对于佛教义理有了自主意识。最早记录疑伪经的是东晋道安撰写的《综理众经目录》，道安后的中国经录学家均持续关注疑伪经现象。道安的《综理众经目录》虽然现已不存，但在梁代僧祐撰写的《出三藏记集》中收录了其中的"疑经录"部分，而且僧祐在该书中还列有《新集疑经伪撰杂录》以收录疑伪经。隋开皇十三年（593）由法经等人编撰的《众经目录》（简称《法经录》）正式将疑伪经分为"疑惑"及"伪妄"两类，自此中国经录学家在经录中将"疑经"与"伪经"分别收录。在中国佛教目录的集大成者《开元释教录》中，智昇收录了"疑经"14部19卷、"伪经"392部1055卷。

对于中国历史上出现的疑伪经，当代学者多有分类。如牧田谛亮将其分为：（1）以满足主权者的意志的，（2）批判主权者施政的，（3）考虑与中国传统思想之间的调和或优劣（比较）的，（4）鼓吹特定的教义信仰的，（5）标有现存特定人名的，（6）单纯为治病祈福的迷信类经典，共6大

---

① 程恭让：《〈维摩诘经〉之〈方便品〉与人间佛教思想》，《玄奘佛学研究》第18期，2012年。

类[①];镰田茂雄将唐代疑伪经分为,(1)如来藏系疑伪经,(2)主张特定教义的佛经,(3)禅宗系疑经,(4)净土系疑经,(5)礼忏系疑经,(6)庶民信仰系疑经,(7)儒道二教系疑经,共7大类[②]。在这些疑伪经中,除了涉及政治、欺诈钱财等具有特殊目的的疑伪经,其他疑伪经对于佛教在中国的生存和发展具有重要的意义。[③]因为佛教产生于古印度,当其传入中国后,作为客体文化自然与作为主体文化的中国文化存在隔阂,这便需要佛教通过自身发生改变而获得更好的生存与发展。而疑伪经则是由具有中国思维和文化背景的人所撰写的佛教文献,因此在实际传播中就成了引导中国人理解、信仰佛教的桥梁,在客观上促进了佛教的传播,促进了佛教文化与中国文化的融合,促进了中国佛教思想的产生。

如被唐代智昇《开元释教录》及明佺等撰的《大周刊定众经录》皆判为伪经的《父母恩重经》,便是吸收了中国传统"孝道思想"而编辑的典籍,智昇更是称其"经引丁兰、董黯、郭巨等故知人造"[④]。全经讲述父母于子恩德之重,末尾则说"若有一切众生,能为父母作福造经烧香请佛礼拜供养三宝、或饮食众僧,当知是人能报父母其恩"[⑤],如此则在客观上实现了以孝道思想为切入点引导中国人信仰佛教的目的。

又如《提谓波利经》,据《续高僧传》载,沙门昙靖"以创开佛日,旧译诸经并从焚荡,人间诱道凭准无因,乃出《提谓波利经》二卷。意在通悟,而言多妄习"[⑥]。沙门昙靖想在北魏武帝灭佛运动后复兴佛教,但是由于在灭佛运动中前代所翻译的经典皆被焚毁,没有典籍作为弘法的依据,于是出《提谓波利经》二卷。其显著特点之一便是将佛教五戒与中国传统的五行、五方、五常、五脏等进行配比,并杂糅中国传统伦理

---

① 〔日〕牧田谛亮:《疑经研究》,京都:京都大学人文科学研究所1976年版,第40—84页。
② 〔日〕镰田茂雄:《中国佛教通史》第六卷,高雄:佛光文化2012年版,第482页。
③ 《方立天文集》第一册,中国人民大学出版社2006年版,第426页。
④ (唐)智昇:《开元释教录》卷18,CBETA 2022,T55,No.2154,第673页上。
⑤ 佚名:《父母恩重经》,CBETA 2022,T85,No.2887,第1404页上。
⑥ (唐)道宣:《续高僧传》卷1,CBETA 2022,T50,No.2060,第428页上。

与延命思想，便于民众理解佛教，至"隋开皇关壤，往往民间犹习《提谓》。义邑各持衣钵，月再兴斋，仪范正律，递相鉴检，甚具翔集云"①。隋代开皇年间的关中地区还有普通信众组成学习《提谓波利经》的组织，并按要求过宗教生活，足见这部经在民间的影响，亦可以看到昙靖为将佛教思想与中国传统思想相融合，促进佛教思想在中国传播所做的努力。

任继愈说："疑经的出现标志着佛教在中国的传播已进入一个新的阶段，一些佛教徒已不满足于仅仅翻译外来的佛教，而是把自己所掌握的佛教教义与中国传统的文化思想、宗教习俗结合起来，使用便于民众理解的语句，假借佛经的形式编撰出来进行传教。尽管正统的佛教学者排斥这类经典，但却不能阻止它们在民间流传。"②对此笔者较为认同，这些疑伪经的出现说明中国佛教学者对于佛教理论有了深入的理解与运用，客观上说明民众对于佛教信仰需求增强，部分疑伪经在一定程度上弥合了哲学性、思辨性较强的佛教理论与普通民众信仰之间的裂缝，促进了佛教在中国更广泛地传播。此外，另有一些理论性较强的疑伪经，是中国僧人在古印度佛教思想基础上建构的成果。这反映出中国僧人对佛教的理解和为佛教中国化所做的煞费苦心的努力。③因此我们可以说这些客观上促进了佛教在中国传播与发展的疑伪经，正是中国僧人"方便智慧"的产物。

被认为是在中国产生的疑伪经，有些甚至深深地影响了中国佛教思想，成为中国佛教传统经典中的重要组成部分，其中最著名的便是《楞严经》。《楞严经》全称《大佛顶如来密因修证了义诸菩萨万行首楞严经》，智昇于其所著《续古今译经图纪》中记载，该经是由中印度僧人般剌蜜谛于神龙元年（705）五月二十三日在广州制旨寺诵出，乌苌国沙门弥迦释迦译语、房融笔受、循州罗浮山南楼寺沙门怀迪证译。中国佛教界并无关

---

① （唐）道宣：《续高僧传》卷 1，CBETA 2022，T50，No. 2060，第 428 页上。
② 任继愈主编：《中国佛教史》第 3 卷，中国社会科学出版社 1988 年版，第 564—565 页。
③ 《方立天文集》第一册，第 418 页。

于本经真伪的争论，反而是传入日本后日本人对其真实性产生了怀疑[1]，近代学术界对其是否为翻译经典也产生了热烈讨论，其中多认为其是中国撰述的伪经[2]。尽管如此，任何人都无法否认《楞严经》在中国佛教历史上产生的巨大影响。

《楞严经》中的《观世音菩萨耳根圆通章》（以下简称《耳根圆通章》）记录了观音菩萨从因地修习耳根圆通法门直至成就后度化众生的内容，本章在历史上曾以单行本的形式在社会上传播，对于《楞严经》的传播、观音信仰的形成与传播都有着重要作用。作为《楞严经》中一篇较为完整的菩萨行实践的论述，笔者认为以"方便智慧"概念为核心、从人间佛的视角度对其进行解读有着重要意义。

一 《耳根圆通章》中的"方便智慧"概念

"方便智慧"一词出自观音菩萨十四无畏的"持名无畏"中：

> 此三千大千世界百亿日月，现住世间诸法王子，有六十二恒河沙数，修法垂范，教化众生、随顺众生，方便智慧各各不同。由我所得

---

[1] 日本学者小野玄妙在《佛教经典总论》中说："（对于《楞严经》真伪问题的讨论）乃译成后不久既已产生。奈良时代末入唐之戒明曾见闻：于代宗大历中，既有器器议论，且一时欲将之烧弃等纷议之事。"杨白衣译，台北：新文丰出版公司1983年版，第135页。日本僧人玄叡于《大乘三论大义钞》卷三中的记载则更为详细："此经本（指《楞严经》），是先入唐沙门普照法师所奉请也。经本东流，众师竞净，则于奈乐宫御宇胜宝感神圣武皇帝御代仲臣等，请集三论、法相法师等，而使检考。两宗法师相勘云，是真佛经。……然宝龟年中，使德清法师等，遣唐检之。德清法师，承大唐法详居士云，《大佛顶经》是房融之伪造，非真佛经也。智昇未详，谬编正录。然彼法详所出伪经之由，甚可笑也，恐繁不述。德清法师，效详士妄，而泥犁语亦传本朝，可伤之深矣。"

[2] 近代以来中国佛教研究受日本影响，对于《楞严经》的怀疑日渐增多，如梁启超在《古书真伪及其年代》中对《楞严经》涉伪有数点讨论，李翊灼在《佛家典籍校勘记》中列举五点依据认为其为中国伪作，欧阳竟无也曾从内容旨趣角度分析其为中国人伪作，杨白衣于《关于楞严的真伪辩》中提出十个疑点，吕澂所作《楞严百伪》更是列举出101条内容论证《楞严经》属于伪经，此外何恩格、罗香林、望月信亨、大村西崖等人也都曾指出疑点，认为该经为中国人伪作。

166

圆通本根发妙耳门，然后身心微妙含容遍周法界，能令众生持我名号，与彼共持六十二恒河沙诸法王子，二人福德正等无异。①

观音菩萨自叙在佛陀所教化的娑婆世界中共有百亿个太阳与月亮，而现在住于世间的菩萨却有如六十二条恒河的沙子的数量那么多。他们修习佛法、做众生的楷模，他们根据众生根机而度化众生的"方便智慧"各不相同。由于观音菩萨圆满通达"耳根圆通"法门而引发妙用，进而便可以以其身心用"微妙"的方式含摄、容纳整个法界，可以使执持其名号的众生与执持其他六十二条恒河沙子数量菩萨名号的众生，所得福德没有差别。这里提到了六十二条恒河沙菩萨度化众生的"方便智慧"各有不同，因此笔者首先探讨本处"方便智慧"的含义。

对于"方便智慧"，在《楞严经》的历代注疏中亦多有诠释，笔者将之归为如下两类。

第一，将"方便智慧"当作一个词进行诠释。持此类观点者，如明代真鉴说："菩萨饰行度生有二种：一者随自实行，二者随他权行……随顺二句，即随他所欲以利物，权行也。"②清代灵耀说："言随顺众生方便智慧即属权智，各各不同是权智不同。"③这里真鉴所谓"权行"、灵耀所谓"权智"即"方便智慧"的异名，如《大乘理趣六波罗蜜多经》中有："如是了知法性清净无相无名，具一切智，名为实智；为度众生假名方便，如是分别，是名权智。"④这里便将"了知法性清净无相无名"即了知诸法实相的智慧称为"实智"，也称"般若智慧"；将"为度众生假名方便"即巧妙引导众生通向解脱的智慧称为"权智"，也即"方便智慧"。如真鉴将"方便智慧"解释为"随他所欲以利物，权行也"，即根据众生所希望的、众

---

① （唐）般剌蜜帝译：《大佛顶如来密因修证了义诸菩萨万行首楞严经》卷6，CBETA 2022，T19，No. 945，第129页中—下。
② （明）真鉴：《楞严经正脉疏》卷6，CBETA 2022，X12，No. 275，第2359页上。
③ （清）灵耀：《楞严经观心定解》卷6，CBETA 2022，X15，No. 306，第753页下。
④ （唐）般若译：《大乘理趣六波罗蜜多经》卷10，CBETA 2022，T08，No. 261，第915页中。

生的根器而利益之。同时需要注意，他在前面作了"菩萨饬行度生"的说明，就是说这种"方便智慧"是由菩萨所发出，并且以"度生"即度化众生为目的，这也正是对于"先以欲钩牵，后令入佛智"[①]的最佳诠释。因此，真鉴与灵耀的解释在历代注疏中具有代表性。

第二，将"方便""智慧"各做一个词进行诠释。持此类观点者，如宋代子璿（965—1038）说："方便，权也；智慧，实也。"[②]明代函昰说："方便谓权，智慧谓实，即权实二智，皆化他事。"[③]"权、实"之说如前所说"如是了知法性清净无相无名，具一切智，名为实智；为度众生假名方便，如是分别，是名权智"，即"实智"是通达诸法实相的智慧，而"权智"是度众生的智慧。子璿仅将方便释为"权"，将智慧释为"实"，并没有对这两个词作进一步解释。笔者认为结合具体语境——"现住世间诸法王子，有六十二恒河沙数，修法垂范，教化众生、随顺众生，方便智慧各各不同"来看，这里更侧重于引导众生的含义。因而，函昰在子璿的基础上进一步说明"即权实二智，皆化他事"，所谓"化他"就是诸佛、菩萨通过引导众生，使之离恶而向善，因此函昰认为这里的"方便、智慧"都是用来引导众生的。

从以上两类解释来看，历代注疏家都知道"方便智慧"是一种实践智慧，但是对于本处的"方便智慧"是作一个词解释仅指"权智"，还是作"方便、智慧"两个词解分别指"权智"与"实智"，出现了分歧。对此笔者认为，诸佛、菩萨所证悟的"实智"即"般若智慧"是一致的，"般若波罗蜜，佛佛道同，更无异路"[④]，"佛佛道同，后佛出世，宛同先佛再来"[⑤]所诠释的便是此理。但是诸佛、菩萨由于各自处于不同的教化国土、面对不同的众生，因此其引导、教化众生的"方便智慧"便不相同，

---

① （姚秦）鸠摩罗什译：《维摩诘所说经》卷2，CBETA 2022, T14, No. 475, 第550页中。
② （宋）子璿：《首楞严义疏注经》卷6，CBETA 2022, T39, No. 1799, 第906页中。
③ （明）函昰：《楞严经直指》卷6，CBETA 2022, X14, No. 291, 第541页上。
④ （唐）一行：《大毗卢遮那成佛经疏》卷6，CBETA 2022, T39, No. 1796, 第645页下。
⑤ （清）通理：《楞严经指掌疏》卷1，CBETA 2022, X16, No. 308, 第14页上。

正如《维摩诘经》中所说："或有佛土以佛光明而作佛事，有以诸菩萨而作佛事，有以佛所化人而作佛事……或有清净佛土，寂寞无言、无说、无示、无识、无作、无为，而作佛事。"[1]即使在娑婆世界，由于佛陀面对的众生根器不同，也需要说声闻、缘觉、菩萨三乘佛法以施教化。因此本句中所说的"各各不同"就是指引导众生的"方便智慧"，无关诸佛、菩萨证悟的"般若智慧"。

具体到本句中所说六十二恒河沙数菩萨"教化众生、随顺众生，方便智慧各各不同"，首先由于菩萨以上求无上菩提、下化无量众生为目标，因此其自身便有教化众生的职责；其次由于各位菩萨所面对的众生根机与喜好各各不同，因而需要菩萨对他们进行随顺与教化。具体方法，如《十住经》中所说：

> 菩萨如是行时，布施，亦教化众生；爱语、利益、同事，亦教化众生。又以色身示现，亦教化众生；亦以说法教化众生，亦示菩萨行事教化众生，亦示诸佛大事教化众生，亦示生死过恶教化众生，亦示诸佛智慧利益教化众生。菩萨如是修习，以大神力，种种因缘方便道，教化众生。
>
> 是菩萨虽种种因缘方便，心常在佛智而不退失善根，又复常求转胜利益众生法。是人利益众生故，世间所有经书、伎艺、文章、算数、名性经书、治病医方，所谓治干消病……戏笑欢娱经书；国土、城郭……示诸宝聚；日、月、……占相吉凶、地动梦书怪相；身中诸相，布施、持戒、摄伏其心、禅定神通、四禅、四无量心、四无色定，凡诸不恼众生事、安乐众生事，怜愍众生故出，令入诸佛无上之法。[2]

---

[1]（姚秦）鸠摩罗什译：《维摩诘所说经》卷3，CBETA 2022，T14，No. 475，第 553 页下。
[2]（姚秦）鸠摩罗什译：《十住经》卷2，CBETA 2022，T10，No. 286，第 512 页中—下。

这里指出作为一名教化众生的菩萨,应该根据众生的种种喜好,而用四摄法、实践示范、说法、举例、显示后果、显示利益等方便智慧引导众生,同时,虽然他采用种种方便手段,但其心"住于佛智"进而寻找更好的利益众生的手段,学习世间一切知识,利用种种宝物,说种种法,只要是不恼害众生的事、利益安乐众生的事,菩萨都会由于大悲心的缘故进行使用,以令众生出离苦海、入诸佛法。这也说明并非任何方法、手段都可被称为"方便",只有"与'佛慧'相关联,能够将人们导向'佛慧'的方法、手段、技巧,才有资格被称为'方便'"[①],也只有可以根据众生喜好、根器,而采用种种方法、手段,将之引入"佛慧"的智慧,才可被称为"方便智慧",这一点与本文引言中所论是一致的。

二 观音菩萨的"方便智慧"

"方便智慧"是一名教化众生的菩萨利用种种手段与方法,引导众生进入"佛慧",前文以《十住经》中内容为例介绍了菩萨教化众生的"方便智慧"。其实在《耳根圆通章》中,观音菩萨用大量篇幅对自己教化众生的"方便智慧"做了说明,其内容可以分为三十二应身、十四无畏功德、四不思议无作妙德三部分。

(一)三十二应身

"三十二应身"是观音菩萨为了教化众生,顺应世间众生所欲而显现的三十二种应化形象。这三十二应身是由于观音菩萨修习金刚三昧(即耳根圆通)且与"佛如来同慈力"[②]即其慈力与佛相等而得以实现的,其内容重在"与乐":

---

① 程恭让:《佛典汉译、理解与诠释研究——以善巧方便一系概念思想为中心》,第 150 页。
② (唐)般剌蜜帝译:《大佛顶如来密因修证了义诸菩萨万行首楞严经》卷 6,CBETA 2022,T19, No. 945,第 128 页中。

若诸菩萨入三摩地，进修无漏胜解现圆，我现佛身而为说法，令其解脱；若诸有学寂静妙明胜妙现圆，我于彼前现独觉身而为说法，令其解脱；若诸有学断十二缘，缘断胜性胜妙现圆，我于彼前现缘觉身而为说法，令其解脱……若摩呼罗伽乐脱其伦，我于彼前现摩呼罗伽身而为说法，令其成就；若诸众生乐人修人，我现人身而为说法，令其成就；若诸非人有形无形、有想无想，乐度其伦，我于彼前皆现其身而为说法，令其成就。[1]

《法华经》中无尽意菩萨问："观世音菩萨云何游此娑婆世界？云何而为众生说法？方便之力，其事云何？"[2] 佛陀所答内容与上述引文大致相同。在这三十二应身的叙述中，其应化因缘为"众生所愿"，所现之相为"具足众生所愿者"，现身之后"为说法，令其成就"。作为应化因缘的众生也并非普通众生，而是本身在所愿部分已经实现很大成就的众生，按照众生所愿也可以做如下分类：（1）众生所欲实现"解脱"者，观音菩萨现相应身而为说法令其"解脱"；（2）众生所欲实现"乐欲"者，观音菩萨现相应身而为说法令其"成就"；（3）众生所欲实现"厌离"者，观音菩萨现相应身而为说法令其"成就"。所现形象根据众生所欲，涉及四圣法界中四类，六凡法界中天道众生七种、人道众生十二类，除迦楼罗外的天龙八部及人与非人两种，基本上涵盖了所有法界众生，也说明观音菩萨可以引导所有想要实现"增上"的法界众生得以成就，这些都是观音菩萨"方便智慧"的体现之一。

（二）十四无畏功德

"十四无畏功德"即由于观音菩萨修习金刚三昧（即耳根圆通）而与

---

[1] （唐）般剌蜜帝译：《大佛顶如来密因修证了义诸菩萨万行首楞严经》卷6，CBETA 2022，T19，No. 945，第128页中—129页上。

[2] （姚秦）鸠摩罗什译：《妙法莲华经》卷7，CBETA 2022，T09，No. 262，第57页上。

十方三世六道众生感受同样的痛苦，进而通过闻声救苦使得众生可以离除怖畏之心、实现安乐身心。这十四种无畏功德重在"拔苦"：

> 一者由我不自观音以观观者，令彼十方苦恼众生，观其音声即得解脱；二者知见旋复，令诸众生设入大火，火不能烧；……十三者六根圆通，明照无二含十方界，立大圆镜空如来藏，承顺十方微尘如来，秘密法门受领无失，能令法界无子众生，欲求女者诞生端正福德柔顺，众人爱敬有相之女；十四者此三千大千世界百亿日月，现住世间诸法王子，有六十二恒河沙数，修法垂范，教化众生、随顺众生，方便智慧各各不同。由我所得圆通本根发妙耳门，然后身心微妙含容遍周法界，能令众生持我名号，与彼共持六十二恒河沙诸法王子，二人福德正等无异。①

这十四种无畏可以总结为：苦恼无畏、火难无畏、水难无畏、罗刹难无畏、刀兵难无畏、鬼难无畏、枷锁难无畏、贼难无畏、离欲无畏、离嗔无畏、离痴无畏、求男无畏、求女无畏及持名无畏。其中前十三种都是在生活中常会遇到的种种使人怖畏的事情，而众生这十三种怖畏不仅可以靠第十四持名无畏而得解脱，众生更可因持名而获得种种福德，这些都是观音菩萨"方便智慧"的体现之二。

（三）四不思议无作妙德

"四不思议无作妙德"是观音菩萨通过获得圆满通达而修证"无上道"的原因，也是其所获得的四种不可思议的、可任运实现的微妙功德：

> 一者由我初获妙妙闻心心精遗闻，见闻觉知不能分隔，成一圆融

---

① （唐）般剌蜜帝译：《大佛顶如来密因修证了义诸菩萨万行首楞严经》卷6，CBETA 2022，T19，No. 945，第129页上—下。

清净宝觉，故我能现众多妙容，能说无边秘密神咒，其中或现一首三首五首七首九首十一首，……或慈或威或定或慧，救护众生得大自在。二者由我闻思脱出六尘，如声度垣不能为碍，故我妙能现一一形，诵一一咒，其形其咒能以无畏施诸众生，是故十方微尘国土皆名我为施无畏者。三者由我修习本妙圆通清净本根，所游世界皆令众生舍身珍宝求我哀愍。四者我得佛心证于究竟，能以珍宝种种供养十方如来，傍及法界六道众生，求妻得妻、求子得子、求三昧得三昧、求长寿得长寿，如是乃至求大涅槃得大涅槃。[1]

这四不思议无作妙德可总结为：妙容说咒不思议、以诸形咒施无畏不思议、破贪感求众生不思议、供佛利生不思议。笔者认为三十二应身、十四无畏功德、四不思议无作妙德都是观音菩萨根据众生种种欲求，通过种种方法、手段，使得众生实现一时的愿望，进而使其对观音菩萨生起信心，进而使其通过执持名号、广兴供养获得福德，最终使其得大自在、实现涅槃。

（四）观音菩萨获得"方便智慧"的根本原因

观音菩萨之所以具备这些"方便智慧"，根本原因是其"忽然超越世出世间，十方圆明，获二殊胜：一者上合十方诸佛本妙觉心，与佛如来同一慈力；二者下合十方一切六道众生，与诸众生同一悲仰"[2]，以下作逐一分析。

1. "忽然超越世出世间，十方圆明"

"忽然超越世出世间，十方圆明"是指修行耳根圆通的菩萨忽然超越了世间法与出世间法的束缚，获得四维上下一切智慧功德的究竟圆满，

---

[1] （唐）般剌蜜帝译：《大佛顶如来密因修证了义诸菩萨万行首楞严经》卷6，CBETA 2022，T19，No. 945，第129页下。

[2] （唐）般剌蜜帝译：《大佛顶如来密因修证了义诸菩萨万行首楞严经》卷6，CBETA 2022，T19，No. 945，第128页中。

也就是观音菩萨证得了既不执于有为法与无为法，又不离于有为法与无为法的中道智慧，实现了智慧的究竟圆满。于此，《弥勒菩萨所问经论》曾说：

> 不舍二义者，谓菩萨心不舍世谛、第一义谛故。此明何义？以诸菩萨实见一切有为诸法皆悉无常，观察众生不舍一切有为诸法，不离有为法、不舍无为法，如是菩萨摩诃萨般若行不退转因，说名方便。如圣者文殊师利于经中说："天子！菩萨摩诃萨般若智，知菩萨摩诃萨非行有为智、不堕无为智。如是菩萨摩诃萨，名为无畏菩萨。复次，天子！若诸菩萨观察众生不舍有为行，观察诸佛法不堕无为行，如是菩萨摩诃萨，名为无畏菩萨。"如是等。又随顺心所求之义，称心所求能成就行，名为方便。又以毕竟具足智故，名为方便。①

这里说明了具足"方便智慧"的菩萨既不舍世俗谛（有为法）、不舍第一义谛（无为法），又不离有为法、不离无为法，超越有为法与无为法绝对对立的中道智慧而不退失、转变。从这点看，观音菩萨"忽然超越世出世间，十方圆明"，便是具备这种"方便智慧"的菩萨。另外，"随顺心所求之义，称心所求能成就行，名为方便"，这里的"心所求"可以理解为是"人类实践理性的需求"②，而"称心所求能成就行"，就是具备"方便智慧"的菩萨可以满足众生实践理性的需求，如观音菩萨以三十二应身对于修行有一定成就且愿继续"增上"的众生说法教化，令其成就、满足；在十四无畏功德中对于有种种怖畏众生解救；以及在四不思议无作妙德中对于众生的满愿，皆是如此。"毕竟具足智故，名为方便"是指"般若与方便，本体是一""如鸟之双翼"，是同时具足且"不一不异、不

---

① （北魏）菩提流支：《弥勒菩萨所问经论》卷8，CBETA 2022，T26，No. 1525，第 265 页下—266 页上。
② 程恭让：《方便道与般若道的分判与融合——关于大乘佛教教法根本思想的一个阐释》（未刊稿）。

即不离、平衡开发、辩证彰显"①的广义的般若智慧之义，因此毕竟具足如此的智慧便是方便之义。而观音菩萨证悟"十方圆明"，也自然具足这样的方便智慧。

2."上合十方诸佛本妙觉心，与佛如来同一慈力"

"上合十方诸佛本妙觉心，与佛如来同一慈力"即指观音菩萨实现了其心与佛心相同、其智与佛智不二的状态，因此才可与诸佛如来同一慈力。对于诸佛与般若、方便之间的关系，《维摩诘经》中曾有过讨论，程恭让教授对此做过梵汉对勘，现移录于下：

【梵本】prajñapāramitā mātā bodhisatvāna māriṣa |
　　　　pitā copāyakauśalyaṃ yato jāvanti nāyakāḥ ||②

【支谦】母智度无极，父为权方便，
　　　　菩萨由是生，得佛一切见。③

【罗什】智度菩萨母，方便以为父，
　　　　一切众导师，无不由是生。④

【玄奘】慧度菩萨母，善方便为父，
　　　　世间真导师，无不由此生。⑤

【程恭让】诸位朋友！般若波罗蜜多是菩萨母，
　　　　善巧方便是菩萨父，导师们由此二者产生。⑥

这个偈诵一方面说明了般若智慧与方便智慧的辩证统一关系，另一方面也说明了诸佛如来皆因这种辩证统一的般若智慧与方便智慧而成就，

---

① 程恭让：《佛典汉译、理解与诠释研究——以善巧方便一系概念思想为中心》，第6页。
② 《梵文维摩经》第七品§6.第37例，第79页，转引自程恭让《佛典汉译、理解与诠释研究——以善巧方便一系概念思想为中心》，第369页。
③ （吴）支谦：《佛说维摩诘经》卷2，CBETA 2022, T14, No. 474, 第530页上。
④ （姚秦）鸠摩罗什译：《维摩诘所说经》卷2，CBETA 2022, T14, No. 475, 第549页下。
⑤ （唐）玄奘译：《说无垢称经》卷4，CBETA 2022, T14, No. 476, 第576页上。
⑥ 程恭让：《佛典汉译、理解与诠释研究——以善巧方便一系概念思想为中心》，第369页。

因此诸佛如来同时具备这二种智慧。同样，观音菩萨因为获得"十方圆明"，并"上合十方诸佛本妙觉心，与佛如来同一慈力"，即获得与诸佛如来相同之心、不二之智，那么他也自然具备这辩证统一的二种智慧，也正因如此他才有能力通过三十二应身、十四无畏功德、四不思议无作妙德来引导众生。

3. "下合十方一切六道众生，与诸众生同一悲仰"

真鉴认为："六道众生下，亦应有'本妙觉心'四字，译文略之耳。以佛与众生同具本心，而菩萨证此心时，上下俱合。合则先同其体，然后能同其慈力悲仰之二用也。"① 他认为诸佛与众生"同具本心"，而观音菩萨证得"心、佛、众生三无差别"的境界，自然可以真切体会到诸佛的大慈悲心与众生悲仰渴救两种状态，对此笔者较为赞同。

《大智度论》中曾说：

> "方便"者，具足般若波罗蜜故，知诸法空；大悲心故，怜愍众生；于是二法，以方便力不生染着。虽知诸法空，方便力故，亦不舍众生；虽不舍众生，亦知诸法实空。若于是二事等，即得入菩萨位。②

这里认为"方便"既具足知诸法空相的智慧，又具足大悲心而怜悯众生。由于方便之力，对于诸法空相与大悲心二者又俱不执着；由于方便之力，对于诸法空相与大悲心二者又俱不舍离；同时又可对诸法空相与大悲心作平等、辩证的持受，这样便可入菩萨位。同理，一个已入菩萨位的菩萨也会这样处理实相智慧与大悲心之间的关系。观音菩萨已经获得一切智慧功德的究竟圆满，已经实现了心、佛、众生三无差别的境界，他自然可以辩证统一地处理实相智慧与大悲心之间的关系，因此作为他大悲心体现

---

① （明）真鉴：《楞严经正脉疏》卷6，CBETA 2022，X12，No. 275，第353页中。
② （姚秦）鸠摩罗什译：《大智度论》卷27，CBETA 2022，T25，No. 1509，第262页下。

的十四无畏功德，也自然是由其"方便智慧"而产生。

三 从人间佛教角度解读

如前文所述，"人间佛教"是大乘佛教精神在中国新的社会背景、文化环境下的新发展，因此积极践行大乘菩萨道精神自然是人间佛教的题中应有之义。太虚大师反思中国佛教"说大乘教、行小乘行"等历史现象，认为："以现社会实在的情形和需要来说，今后我国的佛教徒，要从大乘佛教的理论上，向国家民族、世界人类实际地去体验修学。这大乘理论的实践行动，即所谓'菩萨行'。而这菩萨行要能够适应今时今地今人的实际需要，故也可名为'今菩萨行'。以简别向来只唱高调，名不符实的'菩萨行'。"[①]他认为应该"以凡夫之身学习菩萨发心修行"[②]，进而鼓励今菩萨行的实践者不断提升自己，积极参与各项社会工作，"使国家社会民众都得佛教徒之益"[③]。印顺导师继承太虚大师"以凡夫之身学习菩萨发心修行"的精神而提出"人菩萨行"的概念，主张"从人而发心修菩萨行，由学菩萨行圆满而成佛"[④]的修道路径，并认为："人间佛教的人菩萨行，不但是契机的，也是纯正的菩萨正常道。"[⑤]从以上这两位人间佛教理论家的观点可以看出，他们都积极主张以人身而学习、践行菩萨道，而践行菩萨道的关键便是需要菩萨行人拥有"方便智慧"，即所行内容应当既契合于佛法智慧，又契合于现实需要。

同样，《楞严经》中对于践行菩萨道有着积极的倡导。仅以该经主人公阿难为例，在第三卷的说偈赞佛中他就曾说："愿今得果成宝王，还度

[①] 太虚：《第十编 学行》，CBETA 2022，TX18，No.10，第30页上。
[②] 太虚：《第一编 佛法总学》，CBETA 2022，TX01，No.1，第448页上。
[③] 太虚：《第十编 学行》，CBETA 2022，TX18，No.10，第30页上。
[④] 印顺：《华雨集（四）》，CBETA 2022，Y28，No.28，第48页上。
[⑤] 印顺：《华雨集（四）》，CBETA 2022，Y28，No.28，第68页上。

如是恒沙众；将此深心奉尘刹，是则名为报佛恩。"[1]这两句就体现了阿难已经发出上求佛道、下化众生的菩提愿。而其后的"伏请世尊为证明，五浊恶世誓先入；如一众生未成佛，终不于此取泥洹"[2]，则重述了他要度尽众生的愿望，特别是他要在所有众生都成就后才入灭的发愿，体现出其殷重的慈悲心。在卷六文殊拣选圆通后，阿难又说："常闻如来说如是言：'自未得度先度人者，菩萨发心；自觉已圆能觉他者，如来应世。'我虽未度，愿度末劫一切众生。"[3]此处则更加明确地呈现了阿难要学习菩萨发心，发愿度化末劫众生的殷重的慈悲心，而慈悲心正是践行菩萨道的根本。

而观音菩萨在《耳根圆通章》中的自叙中也体现了强烈的菩萨精神，他在因地遇到善知识后，首先发"菩提心"确立了求取无上正觉的目标；然后开始学习佛法，"从闻思修，入三摩地"，不断提升自我；最终"超越世出世间，十方圆明，获二殊胜：一者上合十方诸佛本妙觉心，与佛如来同一慈力；二者下合十方一切六道众生，与诸众生同一悲仰"，即获得与佛陀相应的圆满的般若智慧及与众生相应之心。而此处的"二殊胜"即他真切体会到诸佛的妙心与众生悲仰渴救两种状态，由于他知晓了诸佛慈悲与智慧，因此在实践中可以实现"契理"；同时由于他了解众生的需求，因此可以在实践中实现"契机"。在具备了"契理契机"的方便智慧之后，他在教化众生的过程中才能顺应世间众生所欲而进行度化。从《耳根圆通章》全文中可以看出，观世音菩萨从因地修行到果地成就乃至度化众生经历了一个确立目标—提升自我—获得智慧—度化众生的过程，这也是可供人间佛教的菩萨行人学习的修行模式。

---

[1] （唐）般剌蜜帝译：《大佛顶如来密因修证了义诸菩萨万行首楞严经》卷3，CBETA 2022，T19，No.945，第119页中。
[2] （唐）般剌蜜帝译：《大佛顶如来密因修证了义诸菩萨万行首楞严经》卷3，CBETA 2022，T19，No.945，第119页中。
[3] （唐）般剌蜜帝译：《大佛顶如来密因修证了义诸菩萨万行首楞严经》卷6，CBETA 2022，T19，No.945，第131页下。

人间佛教是大乘佛教的现代化发展，是菩萨思想在当代社会人生活动中的具体实践。慈悲与智慧是菩萨行，是人间佛教的实践内容。[①]而观世音菩萨便由于其慈悲与智慧的菩萨形象被世人所熟知，因此太虚大师认为他是"修今菩萨行的模范"[②]。从《耳根圆通章》中观世音菩萨"确立目标—提升自我—获得智慧—度化众生"的修行过程，我们可以发现一位菩萨行人发菩提心的重要性，即菩提心是菩萨道的起点，也是为自己确立的远大目标——上求佛道、下化众生。一个人只有确立了这个目标后才会为之而努力，也只有发菩提心后为之努力的人才是真正的菩萨行人。

当菩萨行人确立了上求佛道、下化众生的目标后，便需要为实现这个目标而努力，进一步深入学习佛法，树立正确的佛法观念，并进行具体的修行实践，通过不断提升自己以在认识上实现"契理"，同时也应该广学各种知识为度化众生作准备，而这个过程也属于增长方便智慧的过程。

度化众生是菩萨的职责，是菩提心中"下化众生"的具体实践。但这不仅是经典中已经成就的菩萨所应做的，也是处于凡夫位的菩萨行人在不断提升自己、获得智慧之时所应做的，这也与"自未得度先度人者，菩萨发心"的理念相契合。《持人菩萨经》中说："诸菩萨学……以无极力行权方便、开化众生，能成无上正真之道"[③]，这就要求菩萨行人在开导、教化众生时应当具备"方便智慧"，如观世音菩萨面对不同生命状态的众生，展现三十二种状态进行度化，便是这种智慧的具体体现。如果利益众生的菩萨不具备这种智慧，其所做的各项度化众生的工作将无法顺利展开。

尚处于凡夫位的菩萨行人如果要践行菩萨道、实现度化众生的行愿，便一定要立足于现实人间生活，从周围的人推及社会大众，最后旁及诸趣

[①] 永本：《人间佛教视角的法华经解读》，高雄：佛光文化2020年版，第45页。
[②] 太虚：《第十编　学行》，CBETA 2022，TX18，No. 10，第31页上。
[③] （西晋）竺法护译：《持人菩萨经》卷1，CBETA 2022，T14，No. 481，第628页上。

众生，否则便是构建空中楼阁。而在具体实践中他面对的是拥有各种喜好、需求的社会人群，如《瑜伽师地论》卷41中所说：

【梵本】yathā 'pi tad bodhisattvo nṛtta-gīta-vāditādhimuktānāṃ sattvānāṃ rāja-corānna-pāna-veśyā-vīthī-kath' ādy-adhimuktānāṃ ca sattvānāṃ nṛtta-gīta-vāditena vicitrābhiś ca saṃbhinna-pralāpa-pratisaṃyuktābhiḥ saṃkathābhir anukamp' āśayena toṣayitv' āvarjya vaśyatāṃ vidheyatāṃ copanīyā-kuśalāt sthānād vyutthāpya kuśale sthāne pratiṣṭhāpayati. evaṃ saṃbhinna-pralāpī api bodhisattvaḥ an-āpattiko bhavati bahu ca puṇyaṃ prasūyate.①

【玄奘】又如菩萨见诸有情信乐倡伎吟咏歌讽，或有信乐王贼饮食淫荡街衢无义之论。菩萨于中皆悉善巧，于彼有情起怜愍心，发生利益安乐意乐。现前为作绮语，相应种种倡伎吟咏歌讽王贼饮食淫衢等论，令彼有情欢喜，引摄自在随属，方便奖导出不善处安立善处。菩萨如是现行绮语，无所违犯生多功德。②

【新译】又如，菩萨看到喜好舞蹈、音乐、赞颂的众生们，及喜好讨论国王、盗贼、食物、饮品，喜好讨论娼妓、市场等戏论的众生们，菩萨由于慈悲意乐之心而使用多种舞蹈、音乐、赞颂，使用聚集无益语交谈，从而令其欢喜、令其谦逊顺从，能引导他们，将其从不善处拔济出来、使其安住于善处。这样，虽然菩萨使用无义语交谈，但是他没有罪，并且会获得很多功德。

以上笔者将梵文、玄奘译本及笔者新译相对勘，从中可以看出本处所说的"菩萨"并非指代具备神通的观音菩萨一样的人，而是一个现实生活

---

① Wogihara, Unrai ed. *Bodhisattvabhūmi*. Tokyo：Sankibo Buddhist Book Store. 1971. pp. 168.13-20。
② （唐）玄奘译：《瑜伽师地论》卷41，CBETA 2022，T30，No. 1579，第 517 页下—518 页上。

中行于市井的具备了方便智慧的菩萨行人。在现实生活中，他所面对的是"喜好舞蹈、音乐、赞颂的众生们，及喜好讨论国王、盗贼、食物、饮品，喜好讨论娼妓、市场等戏论的众生们"等，因为这些人具有不同背景、知识结构、人生境遇、喜好及现实需求，因此他在开展度化工作时"首要在于顺应众生的根机与需要"[①]。当菩萨行人面对不同人群时先以同类人的姿态展现于其前，投其所好与其谈论相应的内容，当菩萨行人取得他们的信任并"令其欢喜、令其谦逊顺从"后便开始引导他们，使其脱离不善之处、安住于善处。只有这样的菩萨行人才能被称为具有"方便智慧"，才能契理契机地顺利开展教化工作。

如此一位具备"方便智慧"的菩萨行人不断从悲、智两方面提升自己，并积极在社会中开展教化、奉献的菩萨志业，在实践中不断圆满自己的人格，则其一定能实现从人道趣向佛道。而如果在社会中，这种具备方便智慧的菩萨行人达到一定数量，则在他们的积极努力下佛教就一定会实现"从遁世的佛教到救世的佛教"[②]的转变，进而将佛教中真正积极的一面传递给社会，进一步消除社会对于佛教的种种误解。

结　　论

总结以上讨论，我们可以得出以下观点：

1. 方便智慧与般若智慧是佛教中重要的两个概念，特别是作为诸佛、菩萨实践智慧的"方便智慧"，是他们与众生沟通、互动得以顺利开展的关键。

2. 般若智慧与方便智慧不一不二、不即不离、平衡开发、辩证彰显，这两种智慧可以统摄全部大乘佛法义理。而作为大乘佛教精神在中国新的社会背景、文化环境下发展而出的人间佛教，即是以太虚大师为代表

[①] 星云：《人间佛教语录》下册，台北：香海文化2008年版，第308页。
[②] 佛光山宗务委员会编：《佛光山徒众手册》，高雄：佛光山宗务委员会2006年版，第3页。

的佛教革新家方便智慧的体现，其理论架构也以般若智慧、方便智慧为核心。

3. 疑伪经是中国佛教发展到一定阶段的产物，是佛教中国化过程中的文化现象，它的出现标志着中国人对于佛教义理有了自主意识。当作为异质文化的佛教思想传入中国后，面对完全迥异的社会背景、文化环境，需要中国佛教僧人采取措施弥合二者之间的裂缝。因此在他们方便智慧的指导下，一批以中国思维撰述的佛教经典（疑伪经）出现了，虽然历代经录学家对其采取强烈的排斥态度，但是这些经典为佛教在中国的传播与发展，为中国三教融合作出了不可磨灭的贡献。这些经典有些甚至已经融入中国佛教传统之中，成为中国佛教文化不可分割的一部分。

4. 在被认为是中国撰述的《楞严经》中，也存在般若智慧与方便智慧概念，在该经中这些概念的运用与其他翻译而来的经典一致。

5. 人间佛教思想是大乘佛教精神在新环境下的发展，它以大乘佛教中的悲智精神为核心，大力提倡立足人间实践菩萨道，而践行菩萨道的关键是菩萨行人具备"方便智慧"。

6. 从《耳根圆通章》中可以发现观世音菩萨从因地确立目标—提升自我—获得智慧—度化众生的修行路径，这一路径对于人间佛教的菩萨行具有重要借鉴意义。现实生活中的菩萨行人，需要努力提升自己并精进学习佛法以树立正确的知见，首先在观念上做到"契理"；其次他应该积极融入社会，根据不同人的喜好与需求通过"先以欲钩牵，后令入佛智"的方式进行教化，从而在实践方法上做到"契机"。能做到"契理契机"地度化众生的菩萨行人，便是一位具有"方便智慧"的菩萨行人。

Interpretation of the Guan Shiyin Bodhisattva's Auricular Enlightenment Chapter from a Humanistic Buddhist Perspective

Hu Mingming

Abstract: Prajñā Wisdom and Expedient Wisdom, two key Buddhist concepts, may possibly cover the essence of all Mahayana doctrines. The two also serve as the core of Humanistic Buddhism. Chinese Sutras suspected to be apocrypha may be the embodiment of the Expedient Wisdom of the Chinese monks. Such sutras have made important contribution to the spread and development of Buddhism in China and thus deserve proper recognition of their value. The famous apocryphal Śūraṅgama Sūtra entails Expedient Wisdom. This paper analyzes the cultivation of Avalokitesvara's practice as documented in "The Chapter on Achieving Perfect Insight Through the Auditory Faculty", in the belief that such practice is a great resource of inspiration for one's Bodhisattva practice. The paper argues that the key of Humanistic Buddhist practice lies in guiding the Bodhisattva practice with Expedient Wisdom.

Key words: Humanistic Buddhism; Expedient Wisdom; Apocrypha; Bodhisattva practice

人间佛教视域的佛教历史、文化、风俗

道安大师和星云大师仪式观比较

庞 禹

上海大学博士生

摘 要：道安大师和星云大师在佛教界均有深远影响。道安大师被誉为中国佛教史上的开创性人物，他对佛教理论和实践都有卓越贡献，首次制定了僧团的仪规，创制了"道安三例"，为佛教中国化的仪式奠定了基础。两位大师的仪式观都体现了他们的善巧方便智，即巧妙运用各种方法和手段，以最适合的方式传播佛教教义，引导信众修行。道安大师的仪规制定和星云大师的佛教实践，都是他们善巧方便智的具体体现。两位大师的成就不仅在于他们的学识和修行，更在于他们对佛教事业的贡献和推动，为后世佛教发展留下了宝贵的财富。

关 键 词：道安大师；星云大师；仪式；善巧方便

基金归属：本文为2019年度国家社科基金重大项目"'一带一路'佛教交流史"（编号：19ZDA239）的阶段性成果。

一 道安大师和星云大师仪式观产生之背景

1. 道安三例及其产生的背景——针对当时的乱象

道安大师是中国佛教史上具有开创式贡献的人物。季羡林先生认为道安在中国佛教史上开创了一个新时期。方广锠先生指出，道安是中国佛教史上的一个划时代人物。道安大师对佛教理论和佛教实践都有突出贡献。道安大师对般若学进行了重点诠释,翻译了大量佛经,对自汉代传入的佛教典籍进行整理并且在中国佛教史上首次制定了僧团的仪规。所以程恭让教授曾撰文称道安大师为"深具善巧方便智的佛教中国化理论、实践奠基人"[①]。

道安为僧尼定下了三种例律,称为"道安三例"。梁慧皎在《高僧传》中记载:

> 安常注诸经,恐不合理,乃誓曰:"若所说不堪远理,愿见瑞相。"乃梦见胡道人,头白眉毛长,语安云:"君所注经,殊合道理。我不得入泥洹,住在西域,当相助弘通,可时时设食。"后《十诵律》至,远公乃知和上所梦宾头卢也。于是立座饭之,处处成则。安既德为物宗,学兼三藏,所制《僧尼轨范》、《佛法宪章》。条为三例:一曰行香定座上讲经上讲之法;二曰常日六时行道饮食唱时法;三曰布萨差使悔过等法。天下寺舍,遂则而从之。[②]

慧皎这里提到了道安的学问涵盖了佛教的三大体系(经、律、论)。他制定了《僧尼轨范》和《佛法宪章》这两部规范,其中分为三个主要部分:一是关于如何进行佛教仪式,如行香、定座以及讲经的规范;二是关于日常生活中,如六时行道、饮食唱诵的规范;三是关于布萨(佛教僧团的定期集会,进行说戒、忏悔等宗教活动)、差使以及悔过等事务的规范。全国的寺院都按照这些规范来行事。侯冲教授曾对道安三例进行过细致的研究。道安三例的具体内容,侯冲教授综合了汤用彤、镰田茂雄和方广锠等先生的说法,认为材料不足,已经无法考订清楚。但是侯冲教授从斋供仪式的视角出发,认为道安三例所制定的行香、定座、

[①] 程恭让:《道安大师是深具善巧方便智的佛教中国化理论、实践奠基人》,《佛教文化研究》2021年第1期。

[②] (梁)释慧皎撰,汤用彤校注:《高僧传》,中华书局1992年版,第183页。

上经、上讲之法，和后世诸如道宣等人所阐述的仪式戒律等相同，所以可以借鉴进行研究。[1]

实际上，在道宣的著述之中，一方面表达过对道安的推崇，另一方面直接表示其借鉴了道安所制定的轨范。在《四分律删繁补阙行事钞》中有：

说戒仪轨，佛法大纲；摄持正像，匡维众法。然凡情易满，见无深重；希作钦贵，数为贱薄；比虽行此法，多生慢怠；良由日染屡闻，便随心轻昧；以此论情，情可知矣。昔齐文宣王撰《在家布萨仪》，普照沙门道安开士撰《出家布萨法》，并行于世。但意解不同，心相各别；直得承用，文据莫凭。今求以经意，参以所闻；粗重撰次，备如后列。然生居像末，法就浇漓；若不共相敦遇，终无成办之益。故先引劝勉，后便文证。[2]

此门布置，据律不具；今行事者，通取诸部，共成一法。而诸家安设，各有不同。今取普照、道安二师为本，余则引律诚文，删补取中（十种）。[3]

六行香咒愿法。《四分》中：食竟，方为咒愿说法。而此土盛行，并在食前；道安法师布置此法，依而用之，于理无失。若至请家，施主令读经者，依语为之；主人口不言者，不须辄问，同类邪命。[4]

这里可以看出，道宣在讨论一些轨范、戒律、仪式等问题时，曾参考道安撰写的相关著述，并在道安著述基础之上进行了一定的修改和补充。另外，道宣表示，他制定的一些佛教仪式的环节是直接根据道安著述来规范布置的。所以就如侯冲教授所言，道安三例的研究可以与道宣所说结合

---

[1] 侯冲:《中国佛教仪式研究——以斋供仪式为中心》，上海师范大学博士学位论文，2009年，第34页。
[2] （唐）道宣:《四分律删繁补阙行事钞》，CBETA 2023，T40, No. 1804, 第34页中。
[3] （唐）道宣:《四分律删繁补阙行事钞》，CBETA 2023，T40, No. 1804, 第35页中。
[4] （唐）道宣:《四分律删繁补阙行事钞》，CBETA 2023，T40, No. 1804, 第136页中。

起来。①

道安制定轨范的原因，主要是在此之前僧尼的各种活动没有依据：

> 今时比丘或住一林居一院，皆和众立条，约束行止，俾不罹于愆失也。晋道安法师伤戒律之未全，痛威仪之多缺，故弥缝其阙，埭堰其流，立三例以命章，使一时而生信。一行香定座上讲，二六时礼忏，三布萨等法。过逾此法者，则别立遮防。②

> 僧传称，汉魏以来请僧设供同于祠祀，起坐威仪略无规矩。至晋朝安法师，始依经律作赴请礼赞等仪，立为三例：一行香定座上讲，二六时礼忏，三布萨等法。③

从这两则材料可以看出，自从汉魏以来，请僧人到家中设供的习俗类似于祭祀鬼神。当时，僧人的起坐威仪几乎没有任何规矩可言，直到晋朝的道安法师出现。道安法师因为感叹当时的戒律并不完备，痛惜僧侣们的威仪有所缺失，所以他决定补足这些缺失，阻止不良风气的蔓延，遂根据佛经和戒律制定了赴请、礼赞等仪式。侯冲教授认为，道安制定道安三例的背景不仅仅是像汤用彤和许理和等学者所认为的，是由于在襄阳时徒众逐渐增多，需要加以规范，还有一个重要原因是，僧尼受斋和举行斋供仪式缺乏相应的规矩。④

在道安大师没有制定相应的轨范之前，僧人和信众之间的互动，或者说传法的过程其实是比较混乱的。这种情况既妨碍了佛教的传播，也对僧人、信众造成了损害。道宣在《四分律删繁补阙行事钞》中说：

---

① 侯冲：《中国佛教仪式研究——以斋供仪式为中心》，上海师范大学博士学位论文，2009 年，第 40 页。
② （宋）赞宁：《大宋僧史略》，CBETA 2023，T54，No. 2126，第 241 页上。
③ （宋）志磐：《佛祖统纪》，CBETA 2023，T49，No. 2035，第 319 页上。
④ （唐）道宣：《四分律删繁补阙行事钞》，CBETA 2023，T40，No. 1804，第 135 页上。

夫昏俗多务，慧观难修；制营福分，用接愚惑。而施乃杂繁，皆多设食供。每于讣请，有违教法；外生讥毁，内长痴慢；反招苦趣，未成师诱。故撮略经训，试论如别。①

唐代僧人大觉对道宣的话加以解释，他说："夫昏俗多务，慧观难修者。立谓：俗人烦惑炽然，于真如理、观不然晓了，故曰昏俗。加复治生事务，繁杂多途，不可令修定慧、观照之解，故曰慧观难修也。制营福分等者，谓慧照既非其分，且修福业，使获报人天，且免三涂之苦，故言用接等也。即如下文云：由俗网系，静业难继；道门闲预，得专胜行。故分二途，即其义也。而施乃杂繁，皆多设食等者，立明：施通四等，或以衣服、卧具、资生所须、田园、器物等，并须惠施。而今就繁数者，不过设食。此门来意，正明对食请，以立其仪也。每于讣请，有违教法，乃至反招苦趣等者，正明比丘对施之时，威仪失则，不然轨生物善，何然消灾拔苦？特由进止乖方，坐立无准，招俗轻侮，不然于三宝境界深起敬心。缘此轻蔑，皆堕地狱，故曰反招苦趣。"②也就是说，道宣认为，所谓"俗人"常常被各种烦恼所困扰，对于真实的如理观察并不明了，因此被称为"昏俗"。再加上他们为了生计而忙碌，事务繁杂多样，无法让他们修行定慧观照，所以说"慧观难修"。而布施则繁杂多样，每次在讣告请求时有违背教法，甚至反招苦趣等情况，这正说明比丘在对待布施的时候，威仪失当。如果不能依循规矩产生善果，怎么能消除灾难、拔除痛苦呢？特别是因为进退失当，坐立无准，反而招致俗人轻视侮辱，且对于三宝失去敬畏之心。因为这种轻蔑，都会堕入地狱，所以说"反招苦趣"。针对这种情况，故制定相应的轨范。

2. 星云大师对经忏佛教的批评

星云大师曾多次表示对明清以来的经忏佛教和繁复的佛教仪式的反

---

① （唐）大觉：《四分律行事钞批》，CBETA 2023，X42，No. 736，第 1026 页上。
② （唐）大觉：《四分律行事钞批》，CBETA 2023，X42，No. 736，第 1029 页下。

对。星云大师把中国佛教发展史分为六个阶段：东传译经时期（秦汉魏晋时期）、八宗成立时期（陈隋李唐时期）、禅净争主时期（五代赵宋时期）、宫廷密教时期（元明皇朝时期）、经忏香火时期（清朝民国时期）和人间佛教时期（20世纪以后）。①在清朝民国时期，佛教中最为流行的并不是任何的译经活动或者宗派佛教，而是各种经忏仪式。星云大师说：

> 我们中国的经忏佛教，也是讹煞了多少的佛教人才，修行要增上很困难。做经忏，不要用心，一天经念下来，甚至于半个月、一个月，就够他吃饭了，不必要太辛苦。就是勉强地有一些有一点道心的人，也没有受很多的教育，顶多叫"四部头讲师"，就已经了不起了。你会讲《金刚经》、《地藏经》、《法华经》、《药师经》四部经，就等于是跟赶经忏的人一样，"会得香云盖，到处吃素菜"。慢慢地，佛教的教义、对外的推展不够，佛教徒行住坐卧等各种威仪不具备，教团的形象让人也起不了恭敬心。②

此处的表述同上面道宣和大觉的说法有些类似，都是说存在导致僧人没有威仪，教团形象遭到破坏，让人起不了恭敬之心的情况。不同之处在于，道宣的说法主要是针对道安制定轨范之前，僧团没有相应的轨范可以遵守，所以会招致混乱的状况，从而让人失去恭敬之心。星云大师面对的则是明清以来，僧团多数只顾做经忏，不去好好修行，对教义也没有什么理解，无法很好地讲经，导致佛教的教义无法得到很好的传扬，人们对教团失去了恭敬之心。

3. 担心众生无法得到救度

但是相信道安大师也好，星云大师也好，所担心者绝不仅仅是人们对

---

① 星云大师：《中国佛教阶段性的发展刍议》，《人间佛教论文集》，http:// books.masterh-singyun.org/ArticleDetail/artcle674。
② 星云大师：《人间佛教》，《随堂开示录 7》，http:// books.masterhsingyun.org/ArticleDetail/artcle10959。

僧团失去恭敬之心，更是由于这些乱象存在，人们无法真正得到救度。星云大师说：

> 但是，经忏并不是商业买卖的行为，有一些僧人因为经忏容易得到供养，讲经弘法比较困难，没有人会给予供养，利之所趋，造成一些对信仰不提升的人，就难免堕落了。……会诵经唱念，比做一个弘法布教的宗教师容易多了，但在佛教里作为一位宗教师，有这么简单吗？除了要有深厚的佛学素养，如果对社会没有服务，没有贡献，大众会需要你吗？[1]

在担心因为经忏导致僧人堕落之余，星云大师真正关心的更是不能为社会提供服务，没有贡献。同样，从上引《四分律删繁补阙行事钞》的内容来看，道安大师包括传承道安大师精神的僧人，真正担心的不仅是失去威仪，更是不能帮"俗人"消除灾难，拔除痛苦。

由此可见，道安大师和星云大师所面对的情况既有一定的相似之处，也有一些区别。相似之处在于在二位大师所处的时代，都曾经有过一些仪式上的乱象。二位大师对各自面对的乱象提出了自己的理解，做出了应对，并且实实在在地改变了混乱的状况。不同之处则是二位大师所处的时空不同，他们在中国佛教的发展中所肩负的使命自然不同。道安大师的使命是完成佛教仪式轨范从无到有的创制，而星云大师的使命是拨乱反正，使明清民国时期走上歧途的佛教仪式在人间佛教精神的指导下，再次走向正轨。

二 道俗相资、导俗化方

道宣在《四分律删繁补阙行事钞》中说：

---

[1] 星云大师：《中国佛教衰微的原因》，《人间佛论丛》，http:// books.masterhsingyun.org/ArticleDetail/artcle121。

夫道俗相资，有逾影响；虽形法两别，而所趣攸同。是故沙门处世，道缘须立；若不假彼外护，则无附法之心；既能受供资身，理须以法济俗。故得光显佛日，住持像运，使正法隐而重流，僧徒灭而更立者，其在兹乎！而浇末寡识寔多，明律知时人少。凡厥施化，止出喉心；于彼正教，都无诠述。所以事起非法，言成讹滥；反生不善，何名引接？皆由自无方寸，师心结法。①

大觉《四分律行事钞批》：

上篇讣请设则，对食立仪。既荷以事资理，须报其法药。故俯提弱丧，引悟迷方，使获益资神。相须义立，则彼此齐利，得无孤负。兹篇来意，厥旨若斯。言导者引也，谓是化导俗人之方法，故曰也。有本作道字者，谓以道俗相须，故云道也，谓是道人凡俗之法也。济云，导是能化，俗是所化，能所通举，故曰导俗化方篇也。夫道俗相资者，此谓俗人求福，故以四事供养，则是财施。道以化之归戒，令生信乐，即是法施也。有逾影响等者。逾由过也，道俗相假，过于影响。影假其形，响假其声也。影必应形，响必应声。道必假俗，俗必藉道。互相资成，义不孤立。道则待俗食以资身，俗则资道法以练神。以僧非贮畜之家，非俗何由活命？俗慕三归五戒，以作人天之因，则非道无以能。故曰也。虽形法两别者。立谓：俗形则靴衫冠带；道形则剃发染衣。俗法则是仁义礼智信，或五八之戒等；道法则戒定慧品。故言形法两别。以形与法曰两，各不相同称别。而所趣攸同者，攸是所也。此明道俗形仪虽异，若能勤行不已，取其终至趣极，皆到涅盘常乐，故言趣同。趣者至也，即《肇论》云："服像虽殊，妙期不二"是也。沙门者，此云息心，亦称寂志。道缘须立者，

---

① （唐）道宣：《四分律删繁补阙行事钞》，CBETA 2023，T40，No. 1804，第 156 页下。

明比丘既在世间欲修道者，要须其资缘，方能进道，故曰道缘须立也。若不假彼外护，无附法心者。谓俗能四事供给于僧，赖此以得进道，此是假义也。若阙衣服汤药，则不能修道，故言则无附法心也。[1]

这里强调既然接受了别人在物资或财务上的资助，就必须回报以佛法教诲。因此，要俯身提携那些软弱丧志的人，引导他们领悟迷失的方向，使他们获得益处，使互相资成、相互依存的意义得以确立。这样，彼此都能获得利益，不会辜负对方的期望。

"言导者引也"是说这是引导俗人的方法，所以称为"导"。"有本作道字者"，是因为道人和俗人相互依存，所以称为"道"，表示这是道人和凡俗之人的法则。

关于道人和俗人相互资助的问题，是指俗人为了求福，所以用四事（衣服、饮食、卧具、医药）来供养道人，这就是财施；道人用佛法来教化他们，使他们归戒并产生信仰和喜悦，这就是法施。故道人和俗人的相互依存关系超过了形影声响的依存关系。影子依赖于形体，声响依赖于声音，道人必须依赖于俗人，俗人也必须借助于道人。他们互相资助成就，不能孤立存在。道人需要俗人的食物来维持身体，俗人需要道人的佛法来修炼精神。僧人没有储存财物的家庭，没有俗人的供养就无法维持生活；俗人仰慕三归五戒，以此作为成为人天的因由，没有道人教化就无法实现。因此，虽然道人和俗人在形体和法则上有所不同，但他们的目标和追求是相同的。

沙门这个词在这里的意思是息心或寂志，表示出离世俗的修行者。道缘须立是指比丘在世间修行道法时，必须依赖各种资助才能进步，所以说道缘必须建立。如果没有俗人依附于佛法的心，比丘就无法修行。俗人能够通过四事供养比丘，使他们得以进步修行，这就是借助的意义。如果缺

---

[1] （唐）大觉：《四分律行事钞批》，CBETA 2023，X42，No. 736，第1063页下。

乏衣服、食物、卧具和医药等必需品，比丘就无法修行道法。

这里可以看出来，当时对斋供仪式的看法非常强调僧俗之间的互相布施。

星云大师也有类似的观点，他曾经表示："经忏的发展，其实一如托钵乞食，也是'财法二施'，彼此互利。"星云大师自己也有给人做经忏法事的经历，他曾说：

> 一九六三年，我创办寿山佛学院，免费供应膳宿给学佛的青年。于是，我节衣缩食，以便支付巨额的教育费用。不长于经忏佛事的我，也甘愿到殡仪馆诵经，替丧家通宵助念，并且费心于各处张罗师资。[1]

星云大师自己虽然不擅长做经忏法事，但是为了办学，依然选择去殡仪馆诵经。在这个过程中，不但丧家的亡灵得到超度，星云大师也筹措到了办学的经费。

星云大师还主张信众和出家人互相为对方"添油香"，他说：

> 信徒到寺庙喝一杯茶、吃一顿饭，认为不能侵损常住、叨扰常住，所以要添一点油香；或者他感到自己难得到这个道场来，要结个缘，在信徒的心理上，总觉得"钱进山门，福归施主"，因此他也会添一点油香。
>
> 不过站在寺庙出家人的立场，我认为信徒到寺庙添油香，出家众也要为信徒添油香。我们要如何为信徒添油香呢？可以赞美他、鼓励他、为他开示，让他得到你的开示、鼓励之后，能够很有精神的做人，在事业上不灰心、奋发上进，这就是为他添油香的功德。

---

[1] 星云大师：《钱，用了才是自己的》，《往事百语》，http:// books.masterhsingyun.org/Article-Detail/artcle6547。

一个出家人除了学习接受十方信施，更要学习如何为十方的信徒添油香。如果我们能把欢喜、佛法，把利益布施给大众，那么"佛光普照、法水长流"的理想就不困难了。[①]

从信徒的角度来看，他们到寺庙喝茶、吃饭，会觉得这是一种对寺庙的叨扰，因此会通过捐献一些财物（即"添油香"）来表达自己的感激和敬意。同时，信徒也认为通过这种方式可以为自己积累福报。然而，从出家人的角度来看，他们也应该为信徒"添油香"。这并不是指物质上的回馈，而是指精神上的支持和鼓励。出家人可以通过赞美、鼓励信徒，以及为他们开示佛法来帮助他们。这种"添油香"的方式实际上是一种心灵的滋养。星云大师强调出家人不仅要学会接受信徒的供养，更要学会如何为信徒提供精神上的支持。只有这样，佛教的理念才能真正普照众生，法水才能长流不息。这实际上是一种双向的互动关系：信徒通过供养出家人来表达自己的信仰和敬意，而出家人则通过为信徒提供精神上的支持来回报他们的供养，并进一步传播佛教的教义。这种互动关系有助于加强佛教社群内部的凝聚力和向心力，也有助于推动佛教文化的传承和发展。

综上所述，道安大师所传的仪式观和星云大师的仪式观都讲僧俗之间互相布施。出家人可以从这样的"应赴"活动中接受在家信众的供养和财物上的布施，更要通过这样的宗教实践，用正确的引导给信众带来利益。星云大师强调，过去佛教通过经忏佛事，为佛教接引了很多信众，建立了佛教和信众的关系；今后佛教更应通过各种礼仪，让佛教从寺院走向家庭，从丛林拓展到公司，唯有让佛教走向社会，走入家庭，成为人生的佛教、生活的佛教，佛教才能真正为人们所需要。

---

① 星云大师：《净财信施》，《僧事百讲》，http://books.masterhsingyun.org/ArticleDetail/artcle2405。

三　从善巧方便的视角看道安大师和星云大师的仪式观

1. 道安大师和星云大师的仪式观体现了他们的善巧方便智

程恭让教授在《佛典汉译、理解与诠释研究——以善巧方便一系概念思想为中心》一书的自序当中说："初期大乘经典……以善巧方便这一思想建构为基础，来解决诸如佛陀个人的证法菩提与面向众生的教法之间的张力关系……是由慈悲心所激发的佛法的实践智慧。"[1] 僧人受斋和斋供仪式是宗教实践的重要场景，也是僧人向大众传法的重要场合，这样的场合是非常需要善巧方便智的。

在《道安大师是深具善巧方便智的佛教中国化理论、实践奠基人》一文中，程恭让教授论证了道安大师深具善巧方便智。[2] 程教授认为道安大师对《般若经》的诠释没有停留在文字层面，而是深入经文的精神内核，他能够准确把握《般若经》中的般若智慧与方便智慧的辩证关系，理解到二者是佛教实践中不可或缺的两个方面。道安大师的解释强调了般若智慧的根本性，同时也认识到方便智慧在佛教传播和实践中的重要性。程教授进一步指出，道安大师认为般若智慧和方便智慧是相辅相成的。只有通过般若智慧，修行者才能洞察事物的真相；而方便智慧则帮助修行者根据具体情况灵活运用佛法，以达到教化众生的目的。这种辩证统一的观点体现了道安大师的善巧方便智。在道安大师的佛典汉译工作中，他提出了"五失本、三不易"的理论，这反映了他对佛典翻译实践中可能出现的问题有深刻的认识。这些理论不仅指导了当时的翻译工作，也为后来的佛典汉译提供了宝贵的经验和教训。道安大师对般若和方便的理解，也深刻影响到他的弟子们。道安大师的弟子们，如僧叡和慧远大师，都在他们的学术和宗教实践中体现了道安大师的教导。他们

---

[1] 程恭让:《佛典汉译、理解与诠释研究——以善巧方便一系概念思想为中心》，中国社会科学出版社2017年版，第6页。

[2] 程恭让:《道安大师是深具善巧方便智的佛教中国化理论、实践奠基人》，《佛教文化研究》2021年第1期。

对《般若经》与《法华经》的深入研究和讨论，显示了他们对师父教导的理解和应用。这种思想的传承和发展，进一步证明了道安大师在佛教教义解释和传播方面的善巧方便智。程教授还指出，道安大师不仅是理论上的大师，也是实践上的领袖。他在推动佛教中国化的过程中，展现了他的善巧方便智。他通过适应中国的文化和社会环境，使佛教在中土生根发芽，成为中国文化的重要组成部分。通过程恭让教授的分析，我们可以清晰地看出道安大师的善巧方便智慧。那么作为中国佛教实践的领袖，由道安所开创的中国佛教仪式理应也反映了他的善巧方便智。

道安大师的佛教仪式实践，体现了他的善巧方便智慧。比如道安大师强调因时因地因人制宜的传法方式。

《四分律删繁补阙行事钞》的导俗化方部分中有："为檀越说法，听说契经及分别义，得不具说文句。"①这也就是说，出家人在仪式中给斋主讲法，要根据具体情况决定讲说内容，不一定非得按照佛经的原文来讲解。

道安三例中还有设高坐、定座次、说法讲经等环节。道安大师制定的相关轨范的细节已无法考察，但是侯冲教授通过其他的材料进行了部分还原，在这些环节中亦可以感受到道安大师所传仪式传统中体现的实践智慧。

比如设高坐，据侯冲教授的研究，道安三例中设高坐的基本原则就是"量处度宜"。②座位高度的设置没有固定的标准，而是要按照听众的具体情况随宜安置，目的是让听众都能清晰听到声音。甚至为了达到更好的效果，能让听众更好地听到声音，僧众坐着站着甚至走动都是可以的。在定座次这一环节，原则上是按年龄尊卑来排座次，但是也要视具体情况而定。尤其是在举行无遮大会这种大型的法会仪式中，更要随机应变，灵活把握。

在佛教的斋供仪式中，一个重要环节就是诵经讲经。《法苑珠林》中

---

① （唐）道宣：《四分律删繁补阙行事钞》，CBETA 2023，T40，No. 1804，第156页下。
② 侯冲：《中国佛教仪式研究——以斋供仪式为中心》，上海师范大学博士学位论文，2009年，第50页。

有："又昔时有道安法师，集制三科上经上讲布萨等。先贤立制，不堕于地。天下法则，人皆习行。"① 侯冲教授认为，在诵经这一环节，可以参考《大比丘三千威仪》中的说法：一者当正法衣安坐；二者犍搥声绝，当先赞偈呗；三者当随因缘读；四者若有不可意人，不得于座上嗔恚；五者若有持物施者，当排下着前。侯教授强调第三点随因缘读非常值得注意。② 由此可以推断，道安在制定轨范时，在诵经这一环节应当也秉持随因缘读的原则，也就是说诵经要根据具体的情况来。

讲经也有相似的原则。侯冲教授认为讲经除了说契经时不具说文句外，还要应机说法，即要根据众生根宜说法。③ 这里也可以看出在讲经环节要根据实际情况，不能教条地实行。程恭让教授在《被低估、被误解的"善巧方便"——关于大乘佛教义理学思想实质的一种新诠释》一文中也指出，虽然光宅法云对《法华经》的善巧方便思想有误读，但是他所提出的"随宜所说意趣难解"是对于方便智概念非常精确的解释。④ 所以说，随宜说法的原则就是方便智的体现。

可以看出，在道安大师所开创的仪式传统中，透露出很深的实践智慧，它特别强调根据具体情况和条件进行进一步的宗教实践。

星云大师同样是一位深具善巧方便智的导师。在《星云大师人间佛教思想研究》一书中，程恭让教授用八个例证说明星云大师是深具善巧方便智的现代人间佛教导师。⑤ 在例证一中，大师对用人民群众喜闻乐见的方式将人们导入佛智表示支持；在例证五中，大师针对讲经方法问题提出，在当代说法布教中，要应用善巧方便，不宜照本宣科，要予以现代诠释。

---

① （唐）道世：《法苑珠林》，CBETA 2023，T53，No. 2122，第 578 页。
② 侯冲：《中国佛教仪式研究——以斋供仪式为中心》，上海师范大学博士学位论文，2009 年，第 59 页。
③ 侯冲：《中国佛教仪式研究——以斋供仪式为中心》，上海师范大学博士学位论文，2009 年，第 60 页。
④ 程恭让：《被低估、被误解的"善巧方便"——关于大乘佛教义理学思想实质的一种新诠释》，《传统文化研究》2023 年第 1 期。
⑤ 程恭让：《星云大师人间佛教思想研究》，高雄：佛光文化 2015 年版，第 739 页。

这些精神与道安三例中所体现的精神是相通的。

具体到经忏仪式中所体现的善巧方便，星云大师也说过：

> 经忏佛事虽然行久弊生，却也有其存在的理由，因为每个人根性不同，有些信徒可以一辈子不听经闻法，但是百年之后，却不能不找法师诵经超荐；有人参加了一场功德佛事之后，立刻被庄严的坛场所摄受而皈依三宝。所以，对于经忏佛事如果一味抱持禁止的态度，徒然失去了度众的方便。①

所以即便是面对自己不擅长，并且从明清以来给佛教带来许多弊端的经忏佛教，星云大师仍认可其作为度众的方便法门。从道安三例所传达的道安的仪式观来看，最初，这些仪式、法会其实本身就是为了度众的方便。

星云大师对经忏佛教的态度，秉承自太虚大师。程恭让、程珵的《太虚大师对"经忏法事"的批评的再讨论》一文就指出，太虚大师认为，虽然经忏法事是"末流"，佛门中的腐败多因于此，但是这只是佛教衰败的结果而非原因。太虚大师承认经忏的作用，提倡对经忏进行改革而非全盘否定。太虚大师所批判的，其实是腐化了的和形式化了的经忏佛事，而非本真的经忏佛事。②可以看出，星云大师对经忏的态度是与太虚大师一脉相承的。星云大师同样批评的是经过长时间的流传，逐渐腐化的、弊病丛生的经忏佛事，但是对可以度众的经忏佛事是支持的。道安大师开创的道安三例和太虚大师、星云大师所认可的本真的、度众的经忏佛事都体现了善巧方便的实践智慧。

---

① 星云大师：《错误不能一直下去》，《往事百语》，http:// books.masterhsingyun.org/Article-Detail/artcle6688。
② 程恭让、程珵：《太虚大师对"经忏佛教"的批评的再讨论》，载李四龙主编《楼宇烈先生八十帙颂寿文集》，九州出版社2013年版，第518页。

2. 明清以来佛教仪式沦为经忏佛教与"善巧方便"被低估误解是分不开的

从上文的分析可以看到,作为中国佛教仪式发端的道安三例,出自深具善巧方便智的道安大师之手,如果其精神能够得到很好的传承,佛教仪式尤其是经忏佛教发展到后来,并不会导致佛教的衰落。

程恭让教授在《被低估、被误解的"善巧方便"——关于大乘佛教义理学思想实质的一种新诠释》一文中,分析了善巧方便这一概念是如何从在初期大乘经典中具有十分重要的地位,发展到后来被低估和被误解的过程和原因。首先是在"实相印"问题上重般若而轻方便的理论趋势,之后是由于光宅法云对《法华经》善巧方便概念思想的误读对后世带来了深远影响,最后就是宋元以后对佛教义理的各种研究进入下降期,以至于发展到明清时期出现"慈悲多祸害,方便出下流"的说法。[①] 巧合的是,也正是在这个时期,佛教仪式逐渐失去了早期从道安三例所传承来的具有实践智慧的传统。

比如在宋代,出现了大量的经忏科仪,今日所流传的诸多佛教科仪大多是从宋代流传下来的,包括多种水陆科仪这种大规模的佛教仪式。佛教科仪虽然在宋代大量产生和传播,但是其目的变得十分功利化。比如在宗赜的《水陆缘起》中就记载有这种现象:

> 所以江、淮、两浙、川、广、福建水陆佛事,古今盛行。或保平安而不设水陆,则人以为不善;追资尊长而不设水陆,则人以为不孝;济拔卑幼而不设水陆,则人以为不慈。由是富者独立营办,贫者共财修设。[②]

---

① 程恭让:《被低估、被误解的"善巧方便"——关于大乘佛教义理学思想实质的一种新诠释》,《传统文化研究》2023 第 1 期。
② (宋)宗晓编:《施食通览》,CBETA 2023,X57,No. 961,第 121 页上。

这段文字一方面说明水陆法会在当时之盛行，另一方面也透露了水陆法会这种大型佛教仪式的举办具有更多的功利意味。不像早期道安三例所体现的，乃是用诸多善巧方便智慧引导众生入佛智的精神。宋代的水陆法会目的明确，或为求平安，或为荐亡，且如果不办水陆则会招致别人的非议，而办水陆法会则十分消耗钱财。星云大师就认为，帮信众举行法会，接受供养是合理的，但是如果劳师靡费则不可取。

明代洪武时期是佛教仪式发展的一个重要节点。洪武十四年（1381）设置了僧录司和各级管理僧务的机构。洪武十五年分出禅、讲、教三个部分。瑜伽教的僧人专门"演佛之利济之法，消一切现造之业，涤死者宿作之愆，以训世人"[①]。也就是说只有瑜伽教的僧人专门负责作法事，而禅、讲的僧人则不能从事法事活动。《金陵梵刹志》记载："今瑜伽显密法事仪式及诸真言密咒尽行考较稳当，可为一定成规，行于天下诸山寺院，永远遵守，为孝子顺孙慎终追远之道，人民州里之间祈禳伸请之用。恁僧录司行文书与诸山住持，并各处僧官知会，俱各差僧赴京，于内府关领法事仪式，回还习学。后三年，凡持瑜伽教僧赴京试验之时，若于今定成规仪式通者，方许为僧；若不省解，读念且生，须容周岁再试。若善于记诵，无度牒者，试后就当官给与。如不能者，发为民庶。钦此。"[②] 也就是说，明太祖对佛教科仪进行规范化，僧人不但要专门集中学习，还要接受考核。星云大师对此评价道："明太祖朱元璋早年曾出家为僧，后来藉明教、道教的力量完成统一大业，因此登基之后，除诏禁白莲社与明尊教之外，为恐佛教与民众结合，更颁令种种政策，采取僧俗隔离政策，将僧人分成禅、讲、教（瑜伽佛事之流）三类，'各承宗派，集众为寺'，其中，唯有'教僧'才能应世俗要求而作佛事，从此出现以赴应为专业的教僧，此即'应赴僧'之由来。……明代政府为遂其管理控制之实，鼓励僧人成为离群索居、隐遁山林的'兰若比丘'，或希望他们成为没有思想，而徒以

---

① （明）葛寅亮撰，何孝荣点校：《金陵梵刹志》（上），天津人民出版社2007年版，第53页。
② （明）葛寅亮撰，何孝荣点校：《金陵梵刹志》（上），第54页。

经忏为业的'应赴僧'。久而久之,遂形成所谓的'山林佛教'、'经忏佛教'、'死人佛教',‘山林寺院'丧失了原有的度众功能,成为远离大众的'阿兰若处',以致藏诸崇岭的'兰若比丘'。"[①] 正是因为专业的应赴僧出现,我们对比道安三例可以明显看到,在道安三例中由僧人随宜讲经说法的环节自不可能再有,佛教仪式变成了完全的教条化和功利化的存在。可以说,宋代以来的佛教仪式逐渐背离了道安大师所创道安三例中的精神。佛教仪式的发展历程跟善巧方便被误解和低估的历史境遇应该不是简单的巧合,可能正是由于在佛教实践当中失去了正确的理论指导,所以方便逐渐走向所谓的"下流"。

通过对道安三例和星云大师相关观点的分析,我们可以看出,作为同样深具善巧方便智慧的道安大师和星云大师,在佛教仪式这样的实践领域,虽然相隔一千五百多年的时空,但是由于其具有同样的善巧方便智慧,所以即使面对不同的社会现实,他们对很多问题的看法本质上是共通的。他们对仪式问题的观点就是一个很好的例证。

Comparison of Ritual Views between Venerable Master Dao An and Venerable Master Hsing Yun

Abstract: Both Venerable Master Dao An and Venerable Master Hsing Yun have made profound impacts on Buddhism. Venerable Master Dao An known as a groundbreaking figure in the history of Chinese Buddhism, has

---

[①] 星云大师:《山林寺院和都市寺院》,《人间佛教论文集》,http:// books.masterhsingyun.org/ArticleDetail/artcle744。

made outstanding contributions to Buddhist theory and practice. He was the first to formulate monastic rites and established "the three rules instituted by Ven. Dao-an", laying the foundation for the ritualization of Buddhism in China. The rituals of both masters reflect their upāyakauśalya, which involves cleverly applying various methods and means to disseminate Buddhist doctrines in the most suitable way and guide believers in their practice. The monastic rites formulated by Venerable Master Dao An and the Buddhist practices of Venerable Master Hsing Yun are both concrete embodiments of their upāyakauśalya. The achievements of the two masters lie not only in their knowledge and practice but also in their contributions to and promotion of Buddhism, leaving a valuable asset for the development of Buddhism in later generations.

Key words: Venerable Master Dao An; Venerable Master Hsing Yun ; rituals; upāyakauśalya

跨时空审视

——梁朝佛教交流的特点及其对人间佛教的启示

徐文静

西安外事学院七方教育研究院讲师

摘　要：梁朝时期，佛教的影响力达到了空前的高度，其所呈现出的强大文化吸引力，引起周边诸国的关注从而呈现出诸国纷纷来朝的繁荣景象。梁武帝由此成功构建起一个以建康为中心，辐射东、南、西三面的新佛教中心，生动诠释了佛教跨越地域、联结人心的交流属性。本文通过回顾和剖析梁朝佛教交流活动，旨在进行一次跨时空的深度解读，认为对于当今时代的人间佛教实践而言，继承和发扬佛教交流性本质应当借鉴梁武帝时代的经验，着力提升佛教文化的内在魅力与外在影响，同时建立一套持久有效的佛教人才培育系统，推动更加广泛、深远且持续的佛教文化双向交流、互动合作，从而在现代社会中重现佛教文化交流互鉴的历史辉煌。

关键词：梁朝；佛教交流；海路佛教；文化吸引力

基金归属：本文为 2019 年度国家社科基金重大项目"'一带一路'佛教交流史"（编号：19ZDA239）的阶段性成果。

梁朝佛教在梁武帝的大力扶植下，其思想义理和社会参与度均取得了重大突破并成为中国佛教史上不可忽视的一个阶段。程恭让教授指出在面对现代人间佛教发展的第三阶段时，应"将佛教文明的交流性的底质和人间佛教的交流性精神引领、拓展至于佛教史上空前深度的义理境域和空前广阔的社会文化空间"[①]。

梁武帝的佛教交流实践成功构建起一个以建康为中心，辐射东、南、西三面的新佛教中心，生动诠释了佛教交流性的本质特征。

一 诸夷来朝的交流盛况

梁元帝萧绎为《职贡图》作序言："皇帝君临天下之四十载，垂衣裳而赖兆民，坐岩廊而彰万国。"[②] 这里的皇帝指的就是梁武帝萧衍。"垂衣裳"象征着皇帝的尊贵地位和仁德治理，"岩廊"则代指朝廷或皇宫，"万国"则寓意其周边民族和国家。《梁书·诸夷传》记载："海南、东夷、西北戎诸国，地穷边裔，各有疆域。若山奇海异，怪类殊种，前古未闻，往牒不记。故知九州之外，八荒之表，辩方物土，莫究其极。高祖以德怀之，故朝贡岁至，美矣。"[③] 也展现出了梁武帝时期梁朝与诸国交流互动的盛况。《梁书·诸夷传》将梁朝的对外交往分为了三个区域：海南、海东以及西北。

（一）梁朝与海南诸国的交往

海南诸国，大抵在交州南及西南大海洲上，相去近者三五千里，远者二三万里，其西与西域诸国接。汉元鼎中，遣伏波将军路博德开百越，置日南郡。其徼外诸国，自武帝以来皆朝贡。后汉桓帝世，大秦、天竺皆由此道遣使贡献。及吴孙权时，遣宣化从事朱应、中郎康泰通焉。其所经及传闻，则有百数十国，因立记传。晋代通中国者盖

[①] 程恭让：《纪念星云大师辞世周年，勇敢面对现代人间佛教发展的第三阶段》，《人间佛教学报·艺文》第49期，2024年。
[②] （唐）欧阳询等编，汪绍楹校注：《艺文类聚》，上海古籍出版社1982年版，第996页。
[③] （唐）姚思廉：《梁书》，中华书局1973年版，第783页。

鲜，故不载史官。及宋、齐，至者有十余国，始为之传。自梁革运，其奉正朔，修贡职，航海岁至，逾于前代矣。①

以上文字为我们提供了中国古代对于海南诸国的认识以及海南诸国与中国政府之间的关系。从地理位置上看，海南诸国指的是交州南及西南大海洲区域，往西与西域诸国接。海南诸国自汉代就开始与中国政府交流互通。在晋代却没有相互之间交流往来的记载。直至南北朝时期，双方通过海路恢复交流。梁武帝登祚后，海南诸国承认其政治合法性并定期航海前来朝贡，其盛况超过了以前各代。有关海南诸国的风俗民情以及与梁朝相互之间交往的具体内容在《梁书》中有详细记载。当时与梁朝交流互通的海南诸国有：林邑国、扶南国、盘盘国、乾陀利国、狼牙修国、婆利国、中天竺国、狮子国。梁朝与海南诸国详细的交往时间和内容见附录1，以下简单列举。

林邑国，东汉马援拓展汉朝南方边境之时，在此立县，属于汉日南郡象林县。从林邑国的风俗习惯来看，"其王着法服，加璎珞，如佛像之饰"，"其大姓号婆罗门"，"国王事尼乾道，铸金银人像，大十围"②。尼乾，梵语Nirgrantha，又译为尼健、尼虔、尼犍，意思是离系、不系、无结、离三界系缚。尼乾是佛教认定的外道之一，常以裸体涂灰的苦行方式修行。

扶南国，位置在"日南郡之南，海西大湾中，去日南可七千里，在林邑西南三千余里。城去海五百里。有大江广十里，西北流，东入于海"③。扶南国是东南亚地区的大国，其周围有众多的附属国。另顿逊国位于扶南国南界三千余里，东通交州，西接天竺、安息等地，来往商贸日有万余人，是沟通东西交通的中转站。《梁书》在记载扶南国的风俗习性时，许多内容掺杂了神异色彩，因此不足以为据。

---

① （唐）姚思廉：《梁书》，第 783 页。
② （唐）姚思廉：《梁书》，第 786 页。
③ （唐）姚思廉：《梁书》，第 786—787 页。

海南诸国与梁朝交往有两个明显特征：其一，多贡献方物；其二，奉上表文。《梁书》中保存了当时各国上表文的内容，以下略举说明：

盘盘国奉表曰：

扬州阎浮提震旦天子：万善庄严，一切恭敬，犹如天净无云，明耀满目，天子身心清净，亦复如是。道俗济济并蒙圣王光化，济度一切，永作舟航，臣闻之庆善。我等至诚敬礼常胜天子足下，稽首问讯。今奉薄献，愿垂哀受。①

表文中"扬州阎浮提震旦天子""万善庄严""身心清净""济度一切"等都是佛教用语，盘盘国对梁朝社会的佛教文化氛围和梁武帝的佛教政策极力夸赞。

乾陀利国奉表文曰：

常胜天子陛下：诸佛世尊，常乐安乐。六通三达，为世间尊，是名如来，应供正觉。遗形舍利，造诸塔像。庄严国土，如须弥山。邑居聚落，次第罗满，城郭馆宇，如忉利天宫。具足四兵，能伏怨敌。国土安乐，无诸患难。人民和善，受化正法。庆无不通，犹处雪山，流注雪水，八味清净，百川洋溢，周回屈曲，顺趋大海，一切众生，咸得受用。于诸国土，殊胜第一，是名震旦。大梁扬都天子，仁荫四海，德合天心，虽人是天，降生护世，功德宝藏，救世大悲，为我尊生，威仪具足。是故至诚敬礼天子足下，稽首问讯。奉献金芙蓉、杂香药等，愿垂纳受。②

震旦乃梵文对"秦地"一词的异译，这里指的是萧梁王朝。表文中以

---

① （唐）姚思廉：《梁书》，第793页。
② （唐）姚思廉：《梁书》，第794—795页。

须弥山、忉利天等佛经中的世界来形容梁朝社会,以降生护世、救世大悲等形容佛陀和菩萨境界的词语来形容梁武帝,显示出乾陀利国对于梁朝佛教发展兴盛的认可,也从侧面表现出梁朝佛教在对外传播上已经有了显著的成效,获得了海外佛教信仰国家的认可。

狼牙修国奉表曰:

> 大吉天子足下:离淫怒痴,哀愍众生,慈心无量。端严相好,身光明朗,如水中月,普照十方。眉间白毫,其白如雪,其色照曜,亦如月光。……譬如梵王,世界之主,人天一切,莫不归依。敬礼大吉天子足下,犹如现前,忝承先业,庆嘉无量。今遣使问讯大意。欲自往,复畏大海风波不达。今奉薄献,愿大家曲垂领纳。①

哀愍、慈心都是佛教词语,眉间白毫等词是形容佛陀三十二相的用语。据此表文可知,该国是以佛教为信仰并因与梁朝的共同宗教信仰而相互交流。

以上海南诸国的上表文佛教色彩明显。在对梁武帝的称谓上有"扬州阎浮提震旦天子""常胜天子陛下""大吉天子足下"等,明显是梵语文字的习惯性称谓。周一良认为此类上表文原文是用梵文书写的。《梁书》中所收录的虽是汉语,但是其行文风格、措辞等都与汉译佛经极其相似。因此,这些表文是经过汉译之后被收录的。②在6世纪前后,海南诸国深受印度文化影响,且印度的语言、宗教文化对这些国家的影响是远超华夏文化的③,所以海南诸国多以佛教为其宗教信仰。这一点从各国上表文的表述中也可以清晰地了解到。至梁朝,梁武帝对佛教的支持和改革使得梁朝佛教在海南诸国获得认可,并且成为双方相互沟通交流的主要内容,这正体现

---

① (唐)姚思廉:《梁书》,第795—796页。
② 周一良:《魏晋南北朝史札记》,中华书局1985年版,第215页。
③ Paul Wheatley, *The Golden Khersonese: Studies in the Historical Geography of the Malay Peninsula before A.D. 1500*, University of Malaya Press, 1996, pp.177-185.

了佛教交流性的本质。

（二）梁朝与海东诸国的交往

《梁书》中所记载的海东诸国其大致地理范围相当于今天的朝鲜半岛以及日本周围。中国与海东诸国的交往自古就有，至梁朝交往更加频繁，相交国家也更多，其交通路线以海路为主："自晋过江，泛海东使，有高句骊、百济，而宋、齐间常通职贡，梁兴又有加焉。"[①]

高句骊与梁朝的交往在梁初就开始了。梁武帝即位后"进云车骑大将军"[②]。天监七年（508），高句骊接受梁朝册封。天监十一年、十五年，派遣使者贡献。普通七年（526），遣使贡献、中大通四年（532）、六年，大同元年（535）、七年，累奉表献方物。[③]

百济，是东夷三韩国（马韩、辰韩、弁韩）中的马韩。南朝时与百济的交往始于刘宋。元嘉中期，百济遣使贡献。萧齐永明中期，册封百济王太都督百济诸军事、镇东大将军、百济王等称号。梁朝天监元年（502），进太号征东将军；后百济因战败于高句骊而与梁朝之间的交往中断。直至"普通二年，王余隆始复遣使奉表，称：'累破句骊，今始与通好。'"[④]双方恢复交往，梁武帝册封百济王；普通五年（524），百济王之子明被封为持节、督百济诸军事、绥东将军、百济王；中大通六年（534），大同七年（541），多次遣使献方物并请《涅盘》等经义、毛诗博士；太清三年（549），遣使贡献，恰逢侯景之乱被囚，直至侯景之乱被平方得还其国。[⑤]梁朝的佛、儒文化开始向百济传播。

新罗乃是辰韩之一，位于百济东南五千余里，东濒大海，南北与高句骊、百济相接。魏时称为新卢，刘宋时称为新罗或斯罗。新罗与中国的交

---

① （唐）姚思廉：《梁书》，第 800—801 页。
② （唐）姚思廉：《梁书》，第 803 页。
③ （唐）姚思廉：《梁书》，第 803—804 页。
④ （唐）姚思廉：《梁书》，第 804 页。
⑤ （唐）姚思廉：《梁书》，第 805 页。

往始于梁朝。普通二年（521），始遣使随百济奉献方物。[①]

倭国即今之日本。《梁书》中对倭国的地理位置记载十分详细："去带方万二千余里，大抵在会稽之东，相去绝远。从带方至倭，循海水行，历韩国，乍东乍南，七千余里始度一海。海阔千余里，名瀚海，至一支国。又度一海千余里，名末卢国。又东南陆行五百里，至伊都国。又东南行百里，至奴国。又东行百里，至不弥国。又南水行二十日，至投马国。又南水行十日，陆行一月日，至邪马台国，即倭王所居。"[②]倭国与中国隔海相望，因此双方的交往必须经由海路交通才能实现。倭国从梁武帝即帝位始就开始与梁相交。梁武帝初期册封其王为征东大将军。

《梁书》中对海东诸国的记载中除以上所列举外，还包含文身国[③]、大汉国[④]。因《梁书》中并没有介绍其与梁朝相交的具体内容，故对此不做介绍。

此外，史书中还记载了扶桑国与梁朝的交往。姚思廉在有关扶桑国的记载中采用的是沙门慧深的说法。扶桑国沙门慧深在萧齐永元元年（499）至荆州，《高僧传》有关慧深的记载有两处：其一，"（慧基）以齐建武三年冬十一月卒于城傍寺，春秋八十有五。……基弟子僧行、慧旭、道恢并学业优深……后有沙门慧谅接掌僧任。谅亡，次沙门慧永。……永后次沙门慧深，亦基之弟子。深与同学法洪并以戒洁见重"[⑤]；其二，"时永明末始，丰县有比丘法存亦烧身供养。郡守萧缅遣沙门慧深为起灰塔"[⑥]。但是由于资料太少无法判断二人是否为同一人。据扶桑国慧深的描述，刘宋时，罽宾国有比丘五人游行至扶桑，带来佛法、经像等，随后扶桑乃教令出家，风俗遂改。扶桑国与梁朝的交往并没有记载。但是其中有一条相关记录，

[①] （唐）姚思廉：《梁书》，第 805 页。
[②] （唐）姚思廉：《梁书》，第 806 页。
[③] （唐）姚思廉：《梁书》，第 807 页。
[④] （唐）姚思廉：《梁书》，第 808 页。
[⑤] （清）陈梦雷：《古今图书集成选辑》，CBETA 2023，B16，No. 88，第 379 页中。
[⑥] （清）陈梦雷：《古今图书集成选辑》，CBETA 2023，B16，No. 88，第 379 页中。

天监六年（507），有人通过晋安出海而至一海岛[①]，晋安即今日福建南安，是通往海东（朝鲜半岛）的一个交通港口。

根据对《梁书》中海东诸国与梁朝交往的考察可以知道：海东诸国与梁朝之间是通过海上交通进行交往的；从交往内容上看，海东诸国诸如百济、扶桑都是有信仰佛教的国家，与梁之间以佛教为纽带进行交往。佛教经由西域传入中国再向东传入朝鲜半岛及今日本地区，梁朝成为佛教信仰的输出国；从交往方式上看，梁朝主要以册封的方式来巩固与海东诸国之间的关系。

（三）梁朝与西北诸国的交往

《梁书》中所记载的西北诸国指的是中国西北地区包含今甘肃、新疆、青海一带，以及中亚、西亚等国。在南朝初期"西域与江东隔碍，重译不交"[②]。西域与江东由于地理、政治和文化等方面的障碍，彼此之间的直接交流受到了限制，难以实现有效的互通往来。"隔碍"一词形象地描绘了两地之间的阻隔状态。直到"有梁受命，其奉正朔而朝阙庭者"[③]，即在梁朝统治时期，西域地区的政权开始承认梁朝的政治合法性并派遣使者朝贡或进谒，表明这些地区与梁朝之间建立了交流互动的良好关系。

河南王国，其祖先出自鲜卑慕容氏，以佛教为信仰。梁朝建立后册封河南王为征西将军。其与梁朝的交往主要是通过遣使贡献。例如："天监十三年，遣使献金装马脑钟二口，又表于益州立九层佛寺，诏许焉；十五年，又遣使献赤舞龙驹及方物。其使或岁再三至，或再岁一至；……普通元年，又奉献方物；……大通三年，诏以为宁西将军、护羌校尉、西秦河二州刺史。真死，子佛辅袭爵位，其世子又遣使献白龙驹于皇太子。"[④]"大同六年五月己卯，河南王遣使朝，献马及方物，求释迦像并经论十四

[①] （唐）姚思廉：《梁书》，第 808—809 页。
[②] （唐）姚思廉：《梁书》，第 809 页。
[③] （唐）姚思廉：《梁书》，第 809 页。
[④] （唐）姚思廉：《梁书》，第 810—811 页。

条。"① 高昌国南接河南,东连敦煌,西次龟兹,北邻敕勒,"大同中,子坚遣使献鸣盐枕、蒲陶、良马、氍毹等物"②。

滑国在魏晋时并不与中国相交,直至梁天监十五年(516)"其王厌带夷栗陀,始遣使献方物;普通元年,又遣使献黄师子、白貂裘、波斯锦等物;七年,又奉表贡献"③。周古柯国,呵跋檀国、胡蜜丹国都是滑国旁边的小国。普通元年(520),遣使跟随滑国使者来梁献方物。④白题国位于滑国东,"普通三年,遣使献方物"⑤。龟兹,西域旧国,普通二年,王尼瑞摩珠那胜遣使奉表贡献。⑥

与梁朝交往的西北诸国还有末国、宕昌国、武兴国、芮芮国,交往形式以遣使贡献和获得梁朝皇帝册封为主。除此之外,梁朝与于阗、波斯国之间的交往也包含有佛教内容,例如:"于阗国,西域之属也。……尤敬佛法。……天监九年,遣使献方物;十三年,又献波罗婆步鄣;十八年,又献琉璃罂;大同七年,又献外国刻玉佛。"⑦"波斯国,……城外佛寺二三百所……国东与滑国,西及南俱与婆罗门国,北与汎栗国接。中大通二年,遣使献佛牙。"⑧

通过对海南、海东、西北诸国与梁朝之间交往的考察,我们可以看到梁朝与东、南、西三面均维持着积极且频繁的交流互动。从交通方式看,梁朝利用海路与海南诸国和海东诸国建立了联系,而对于西北地区则借助陆路交通开展交往;从交往的内容看,梁朝着重通过文化交流与邻近国家增进联系,其外交手段更倾向于采用册封形式,而非军事征服的方式。海南、海东、西北多数国家以佛教为信仰,在与梁朝交流时以佛教为媒介。

---

① (唐)李延寿:《南史》,中华书局1975年版,第168页。
② (唐)姚思廉:《梁书》,第812页。
③ (唐)姚思廉:《梁书》,第812页。
④ (唐)姚思廉:《梁书》,第812—813页。
⑤ (唐)姚思廉:《梁书》,第813页。
⑥ (唐)姚思廉:《梁书》,第813页。
⑦ (唐)姚思廉:《梁书》,第813页。
⑧ (唐)姚思廉:《梁书》,第815页。

值得注意的是,海南、海东及西北诸国多信奉佛教,这使得佛教在双方之间交往过程中扮演了重要的纽带角色。相较于之前的朝代主要是引入佛经的做法,梁朝则是更多地引入了佛教器物,而在佛教文化向外传播时侧重于佛教经典和释经,这种差异化的佛教交流策略一方面体现出梁朝佛教的繁荣发展不仅在国内产生了深远影响,而且其影响力波及海外并获得了国际范围内的认可;另一方面也强有力地彰显了梁朝时期佛教文化的鼎盛局面。

二 "海路"视野下的梁朝佛教

程恭让、徐文静在《从"丝绸之路"到"一带一路":百年佛教交流研究的回顾与展望》一文中对南海区域海路佛教的研究情况做了详细梳理,认为目前海路佛教研究集中在四个方面:首先,关于佛教经海路传入中国问题的讨论;第二,关于佛教交流与中外海路交通关系的研究;第三,关于海上丝绸之路佛教文化交流中佛教典籍的整理与研究;第四,关于海上丝绸之路佛教文化交流重要人物的研究。[1] 而学界对梁朝海路佛教的研究主要集中在梁朝佛教文化交流的重要人物上。冯承钧《中国南洋交通史》[2] 一书的第四章专门讨论了南北朝时期往来南海之僧人;梁启超在《中国印度之交通》[3] 中对西行求法僧人进行了归纳,并指出较之5世纪和7世纪,西行求法运动在6世纪时则较为衰颓;《中国佛教史》第三卷[4] "南北朝时期的中外佛教文化交流"一节对南朝时期海路佛教交流做了简单概述,并对史书中有明确记载的东南亚、南亚区域经由海路来华的僧侣做了

---

[1] 程恭让、徐文静:《从"丝绸之路"到"一带一路":百年佛教交流研究的回顾与展望》,《西南民族大学学报》(人文社会科学版)2021年第6期。
[2] 冯承钧:《中国南洋交通史》,商务印书馆2011年版。
[3] 梁启超:《中国印度之交通》,载《佛学研究十八篇》,商务印书馆2014年版。
[4] 任继愈主编:《中国佛教史》第三卷,中国社会科学出版社1988年版,第124—127页。

介绍；何方耀在《晋唐时期南海求法高僧群体研究》[1]一书中对晋唐之间南海航道上的传法僧人做了系统的梳理及分类。通过梳理可以看出，对于梁朝海路佛教情况的研究多基于海南诸国也就是南海区域，本节则在海路交通视野下对梁朝与海南、海东地区之间的交流互动以及梁朝海路佛教交流的特色做一归纳说明。

（一）佛教物品成为交流的主要内容

首先，佛教文化的交流形式呈现多元化的态势。佛像、菩提等佛教物品纳入各国向梁进贡物品，拓宽了中外佛教之间交流的内容。

"在梁武帝时代，中国与南方诸国的交通非常发达，遣使和纳贡频繁。因此，佛像、佛经等也成了各国对梁朝的贡品。"[2] 日本学者河上麻由子将以佛教物品作为贡品朝贡的这种形式称为佛教式朝贡。在《佛教与朝贡的关系——以南北朝时期为中心》一文中，她将佛教式朝贡又详细地分为三种形态：赞美崇佛皇帝即崇拜型朝贡；选择佛教物品作为贡品即贡献型朝贡；要求把佛经等作为回赐品即请求型朝贡。河上麻由子通过对各国上表文书的分析，特别是对表文中所使用的词语在各佛经中的出处做了详细推断和说明。[3] 从上一节介绍诸国来华情况可以看出，各国向梁朝朝贡佛教贡品的贡献型朝贡已经成为中外佛教文化交流的重要内容。诸国所贡献的佛教物品主要有：扶南国的珊瑚佛像、天竺旃檀瑞像以及婆罗树叶等，盘盘国的牙像及塔、沉檀等香，菩提国真舍利及画塔、菩提树叶等，在这些贡品中，尤以佛像为多。除上文已经提及的佛教物品外，对佛舍利的重视也是梁朝佛教文化的一个主要内容。佛舍利是佛的遗骨，其后亦指高僧圆寂后焚烧所遗之骨。[4]《长阿含经》卷三《游行经》中有佛陀交代弟子供

---

[1] 何方耀：《晋唐时期南海求法高僧群体研究》，宗教文化出版社2008年版。
[2] 〔日〕镰田茂雄：《中国佛教史》第三卷，东京：东京大学出版社1984年版，第204—205页。
[3] 〔日〕河上麻由子：《佛教与朝贡的关系——以南北朝时期为中心》，《传统中国研究集刊》（第一辑），上海人民出版社2006年版。
[4] 丁福保编：《佛学大辞典》下册，上海书店出版社1991年版，第1518页。

奉舍利一事："讫收舍利，于四衢道起立塔庙，表刹悬缯，使诸行人皆见佛塔，思慕如来法王道化，生获福利，死得上天。"[①]《般泥洹经》中也有："讫收舍利，于四衢道，立塔起庙，表刹悬缯，奉施华香，拜谒礼事。"[②]都说明了佛舍利的重要性。佛舍利是佛陀真身的方便示现。梁朝与海南诸国的交往中，佛舍利受到了梁武帝的重视，例如，大同五年（539），梁武帝遣僧人释云宝前往扶南迎接佛发。

佛教传入中国的初期，其文化交流的核心载体是佛经。而至梁朝时期，随着海上交通的发展与国际交流的加深，佛教文化的交流形式呈现更加多元化的态势。这一阶段，除了经典的传译工作持续进行之外，文化交流的内容扩展到了佛教仪式用品、艺术造像等多个方面，标志着佛教文化传播不再限于文字层面的教义诠释，还涵盖了物质文化的互动交流。

（二）官方使节在以佛教文化为中心的对外交流中担任主要角色

印度佛教文化在中国境内的广泛流传，很大程度上倚仗于僧侣们的坚韧努力，他们在促进以佛教为核心的交流活动中均扮演了举足轻重的角色。外国僧人携带着大量的佛教经文和相关圣物踏足华夏大地并通过坚持不懈地将佛经翻译成汉语，确保了佛教教义得以深刻融入中国文化的脉络之中。与此同时，中国僧侣也表现出极高的求知热忱与坚定意志，他们不辞艰辛地向西方探寻佛法，这种行动进一步强化了佛教作为中国与其他国家之间文化交流关键纽带的地位。佛教成为中国与海外诸国相互交流的重要内容。双方之间的交流模式也逐渐从单一的传入转变为两国乃至多国间深入且频繁的互动对话。

梁朝佛教兴盛，但僧人传法求经活动较前代略显萧条。冯承钧曾说："南朝齐梁陈三代，一百一十年间无一西行求法之人。（唯有一往扶南迎佛

---

① （后秦）佛陀耶舍、竺佛念译：《长阿含经二十二卷·第一分游行经》，CBETA 2023，T01，No.1，第20—22页。
② 《般泥洹经》，CBETA 2023，T01，No.6，第183页。

发之云宝）外国译师至此可考者共有十人。内印度四人，西域三人，扶南三人。"①其中扶南僧人僧伽婆罗是现有记载中首次从南海道来中国传经之僧人。梁启超认为求经活动萧条的原因在于："中国方面，四世纪以前，佛教殆为无条理，无意识输入，殊不能满学者之欲望，故五世纪约百年间，相率为直接自动的输入运动。至六世纪时，所输入者已甚丰富，当图消化之以自建设，故其时为国内诸宗创立时代，而国外活动力反稍减焉。"②何方耀指出："海路西行求法活动……虽然仅以西行人数而论，似乎梁代为最多，但实际均为梁武帝外派使节。"③对于梁朝的海外求法活动似乎颇为遗憾。但笔者恰恰认为官方外派使节开始担任佛教交流的主要角色是梁朝海路佛教交流的一大特色，也是梁朝佛教发展兴盛的表现之一。梁武帝外派使节的求法活动共有三次：第一次，天监元年（502），梁武帝梦见一尊释迦檀像，于是派遣郝骞、谢文华共80人前往天竺求取佛像，直至天监十年，"骞负像东还，乃渡大海"，"中天竺释迦檀像至"④，之后该佛像由元帝在荆州城北造大明寺奉安。此次中外佛教之间的交流完全是由在家人主导，且未出现僧人是否随行的记录。第二次，昙裕跟随扶南使者前往扶南求取舍利。⑤第三次，大同五年（539），梁武帝因为扶南存有佛发而派遣僧人释云宝前往扶南迎请。"又言其国有佛发，长一丈二尺，诏遣沙门释云宝随使往迎之。"⑥沙门释云宝随使者一同前往扶南，此使者是张氾。《续高僧传》记载："大同中，敕直后张氾等送扶南献使返国，仍请名德三藏、大乘诸论、杂华经等。"⑦张氾此次前往扶南不仅是为了迎请佛发，还担负着邀请

---

① 冯承钧：《历代求法翻经录》，山西人民出版社2014年版，第42页。
② 梁启超：《佛学研究十八篇》，第130—131页。
③ 何方耀：《晋唐时期南海求法高僧群体研究》，第55页。
④ （宋）志磐撰：《佛祖统纪》，《法运通塞志之四·梁》，CBETA 2023，T49，No. 2035，第349页。
⑤ 转引自何方耀《晋唐时期南海求法高僧群体研究》。昙裕求舍利一事未见史书记载，其出处来自王勃《广州宝庄严寺舍利塔碑》。
⑥ （唐）姚思廉：《梁书》，第790页。
⑦ （唐）道宣撰，郭绍林点校：《续高僧传》上，中华书局2018年版，第19页。

高僧大德和大乘经论等任务。本次出使扶南国具体人数不详，但应该不会少。据此我们可以判断梁武帝时期的海外佛教交流活动参与人数不少于83人。梁武帝委派朝廷官员作为佛教交流活动的主要负责人，这一举措凸显出佛教在当时国家外交与政治事务中的显著地位及其重要作用。

（三）释经学被认可并成为梁朝佛教对外交流的内容

梁武帝推崇佛教，大力支持佛教经典的编撰、诠释工作，并主持了一系列规模宏大的译经活动。他设立译场，延请包括真谛在内的诸多国内、外高僧，一同投入到浩繁的译经事业之中。除此之外，梁朝时期佛教对外交流频繁，包括派遣使者到西域求法，邀请外国高僧来华弘法。这些活动中，对佛教经典的准确理解和解释至关重要，释经因此成为一个不可或缺的部分。梁武帝本人也亲自从事佛教经典的注疏工作，如注解《涅槃经》等重要佛典。在梁武帝的重视下，梁朝释经学高度发达，并引导和影响了当时及后世僧俗对于佛教经典的解读方式和理论构建。通过高水平的释经活动，中国的佛教思想得以与域外佛教流派交流互鉴，丰富了中国本土佛教的内容，并进一步促进了佛教文化的国际传播。

大同七年（541），百济向梁朝朝贡并"累遣使献方物并请《涅槃》等经义"[①]，梁朝高水平的释经成果已被国外认可。百济前来求取《涅槃经义疏》就证明了这一时期中国的佛教思想已经传播到周边国家和地区，获得了海外认可，使中国佛教在东亚乃至整个亚洲佛教文化圈内产生了深远的影响。梁朝时期的释经学不仅对国内佛教发展发挥了核心作用，更是在对外文化交流中扮演了桥梁角色，推动了佛教思想的交融和发展。

三 梁朝海路佛教交流的重要人物

佛教在中国的弘传主要依靠佛经的翻译，而佛经翻译的主体在唐朝

---

① （唐）姚思廉：《梁书》，第805页。

之前是梵僧而非华僧。齐梁陈三代虽译经数量不如前代，但"自宋世以来，广州常有出经者，可见南朝佛典多来自海上"[1]。刘宋时期经由海路来华的僧人众多，到了梁朝这一趋势继续发展，主要僧人有以下四位。

（一）智药三藏

梁武帝天监元年（502），智药三藏自西竺国持本国菩提树一株航海来华，将菩提树种于广州王园寺（今光孝寺），并预言："后一百七十年，有肉身菩萨，于此树下开演上乘度无量众，真传佛心印之法主也。"[2]虽然对智药三藏的记载非常少，但是智药三藏这一行为对中印文化交流和佛教在中国的传播具有深远的影响。他不仅引入了象征佛陀悟道的菩提树，使之成为中国佛教文化中的重要符号，而且通过种植菩提树并作出预言间接地为禅宗六祖慧能的到来和弘法埋下了历史伏笔。约675年，慧能在光孝寺（原王园寺）受戒，弘扬禅宗，成为中国禅宗的实际创始人，从而验证了智药三藏的预言。这一系列事件体现出中国禅宗发展史上一段重要的传承。

（二）曼陀罗

曼陀罗是扶南国沙门，天监二年（503）携梵本佛经及珊瑚像来华。曼陀罗虽然在梁从事翻译工作，但因其不善梁言，翻译出的经文多隐质难懂，因此后来与僧伽婆罗共同翻译经文，其所翻译的经文有：《宝云经》七卷，《法界体性无分别经》二卷，《文殊师利般若波罗蜜经》二卷，又称《文殊师利说般若波罗蜜经》。"其本并是曼陀罗从扶南国赍来献上。陀终没后，罗专事翻译。"[3]尽管曼陀罗直接参与翻译的经文只有三部，但他的贡献远不止于此。僧伽婆罗后续翻译的许多重要经典，其原始梵本都是由

---

[1] 汤用彤：《汉魏两晋南北朝佛教史》，中华书局2016年版，第287页。
[2] 明刻《光孝寺重修六祖菩提碑记》，《广州市文物志》第四编，中华书局2000年版，第60页。
[3] （隋）费长房：《历代三宝纪》，CBETA 2023，T49，No. 2034，第98页下。

曼陀罗从扶南国带来的。曼陀罗圆寂后,僧伽婆罗继续致力于这些经典的翻译事业,可以说曼陀罗为僧伽婆罗以及梁朝佛教译经事业奠定了坚实的基础。

(三)僧伽婆罗

僧伽婆罗,扶南国沙门。因听闻南朝佛法昌盛,于齐永明六年(488)左右由海路坐船抵达广州。僧伽婆罗虽不是在梁武帝时期到达中国,但入梁之后,"以天监五年被敕征召,于扬都寿光殿及正观寺、占云馆三处译上件经"①。梁武帝下令由沙门宝唱、慧超、僧智、法云以及袁昙允等人担任笔受。僧伽婆罗翻译的经典共十一部,分别有:《阿育王经》十卷(天监十一年六月二十六日,于扬都寿光殿译,初翻日帝躬自笔受,后委僧正慧超,令继并译正讫),《孔雀王陀罗尼经》二卷(第二出,与晋世帛尸利蜜译本同文小异),《文殊师利问经》二卷(天监十七年,敕僧伽婆罗于占云馆译,袁昙允笔受,光宅寺沙门法云详定),《度一切诸佛境界智严经》一卷,《菩萨藏经》一卷,《文殊师利所说般若波罗蜜经》一卷(第二译,小胜前曼陀罗所出二卷者),《舍利弗陀罗尼经》一卷,《八吉祥经》一卷,《十法经一卷》(普通元年译),《解脱道论》十三卷(天监十四年于馆译),《阿育王传》五卷(天监年第二译与魏世出者小异)。②

(四)真谛

真谛又名波罗末陀拘那罗陀,或云波罗末陀。西天竺优禅尼国人,他品行高洁,学识渊博,精通佛理,并以弘扬佛法闻名于世。大同年间,梁武帝派遣官员张汜等人护送扶南国使臣回国,并向扶南国请求邀请德高望重的三藏法师入梁。真谛因其声名远播和弘法活动受到推荐,遂携带经论随使者一同来到中国。一行人于大同十二年(546)八月十五日到

---

① (隋)费长房:《历代三宝纪》,CBETA 2023,T49,No.2034,第98页下。
② (隋)费长房:《历代三宝纪》,CBETA 2023,T49,No.2034,第98页中。

达南海。太清二年（548）抵达梁都建康（今南京），并受到梁武帝的亲自接见，开始从事译经工作。然而，由于当时社会动荡，特别是"侯景之乱"的暴发，导致翻译经典的计划未能顺利进行。尽管如此，真谛并未放弃，在战乱中辗转多地继续翻译工作，并与陆元哲等学者合作翻译《十七地论》等佛经。随着时间推移，直到梁元帝登基后国家局势趋于稳定，真谛得以在正观寺与其他僧侣共同翻译《金光明经》等重要佛典。尽管其间遭遇了战争和饥荒，真谛仍坚持不懈，对佛教在中国的传播作出了重大贡献。有关真谛在梁代所翻译的经书，详见附录2。

重视高僧群体是梁武帝时期佛教发展的一个显著现象。梁朝海路来华的高僧多是听闻梁朝佛教发展盛大慕名而来，这些僧人的到来丰富了汉传佛教经典。例如，真谛带来了大量印度大乘佛教的重要经典和论著，如《十七地论》等，并进行了系统的翻译工作。他的翻译不仅丰富了当时的汉传佛教经典宝库，且引入的印度瑜伽行派学说对中国佛教义理的发展产生了深远影响。通过翻译活动，真谛将印度当时最新的佛教思想和教义介绍给了中国的僧侣和学者，促进了中印两国在佛教哲学、修行方法等方面的深入交流，使得中国的佛教学者有机会接触到更为广泛和深邃的佛教理论体系，填补了当时中国佛教界对于印度瑜伽行派教义理解的空白，极大地丰富了汉传佛教的文献资源。另外，外来高僧通过译经、讲法活动促进佛教思想交流，推动了中印两国在佛教领域的深度对话，进一步促进了佛教本土化的发展，为后世诸多佛教宗派如天台宗、法相宗（唯识宗）等的理论构建提供了重要依据，对佛教中国化有着积极推动作用。梁武帝在组织佛经翻译时往往参与人数众多，因此在外来高僧的带领下，培养了大批能够从事梵汉互译的僧侣学者，为中国佛教的发展储备了人才资源。

四 梁朝"新佛教中心"的确立

南北朝时期，尽管政治格局分裂，战乱不断，但其文化交流并未停滞。梁武帝对佛教的弘扬与发展，使得南朝佛教兴盛达到了前所未有的程度。他不仅在国内大兴土木建造佛寺，制定和整饬僧伽制度，还亲自参与佛教经典的翻译与注疏工作，极大地推动了佛教文化的传播和发展。由于梁武帝对佛教的虔诚和推崇，南朝在国际上的宗教影响力显著增强，尤其是对于同样信仰佛教的南亚、东南亚诸国而言，具有很强的文化吸引力和精神共鸣。

佛教自印度传入中国，在很长一段时间内，印度是佛教文化的中心这一观念深入人心。陈金华认为由于"边地情结"而导致华夏本土的佛教徒诸如道宣、法显等人都以印度为"世界中心"，而中国则是佛法的边境。[1] 梁武帝则以佛教文化为载体，摆脱"边地情结"，建立了一个以建康为中心的新的佛教中心。

其一，梁朝的对外交往辐射南、东、西三面且多数以佛教文化为主要的交流内容。其中与海南、海东诸国之间的交往是通过海路交通实现的。因此通过海路来华的僧人，广州虽然是其达到地，但其最终目的地还是建康。从各国的上表文书中可以看到，周边国家认可梁朝的佛教文化以及佛教发展状况，从而与之建立友好关系。

其二，对内，梁武帝通过兴建寺庙、组织编译佛教典籍等方式大力支持佛教的发展，促使佛教文化在全国范围内广泛传播，甚至影响到了周边国家和地区，吸引了众多僧侣学者前来学习和交流，使得建康成为一个国际性的佛教学术交流平台；对外，梁武帝大力提倡对外文化交流，邀请印度等地的高僧如真谛等到中国传法、译经，促进了中外之间佛教文化的交流和互鉴。他支持并派遣官方使者前往海外求取佛经，同时也鼓励外国僧侣来华，建康由此成为当时重要的国际佛教文化交流中心。梁武帝对佛教的推广和对外交往政策，有效地构建了一条海路文化交通线，为后世中国与海外各国的长期友好往来和文化交流奠定了坚实的基础。

---

[1] 陈金华：《东亚佛教中的"边地情结"：论圣地及祖谱的建构》，《佛学研究》2012年总第21期。

结　语

梁朝与周边诸国之间以佛教文化作为沟通交流的主要内容，这一方面展现了梁朝佛教文化的强大吸引力，一方面体现了佛教交流性的本质。梁朝在梁武帝的带领下，以其深厚的佛教文化底蕴，作为与周边国家互动交流的纽带，形成了诸国纷纷遣使来朝的文化交流盛况。这一现象不仅有力证明了梁朝佛教文化所蕴含的强大感召力，而且从本质上凸显了佛教作为一种跨越国界的交流载体，在促进国际文化交流中的积极作用。

通过对梁朝时期佛教文化交流活动的深入考察与历史回顾，我们可以提炼出以下对今后人间佛教在实践中更好地发挥其交流性本质的重要启示。

首先，梁朝以佛教为重要桥梁，成功搭建起与周边诸国深厚的文化联系，并建立起新的佛教中心。这一成功案例深刻揭示了强大文化感召力对于文化交流的基础性作用。而梁朝强大文化感召力的基础是其对文化的重视。梁朝大力发展发展佛教义学并取得丰硕的成果，释经学成为对外佛教交流的内容；此外，梁朝通过兴建寺院、举办法会、改革僧制和戒律等佛教实践让佛教有了广阔的社会文化空间。因此，在推广人间佛教理念并加强国际间文化交流互动的过程中，必须重视对人间佛教义理和实践的并行并重，展现富有感染力和包容性的文化内涵，使之成为吸引各方积极参与和对话的磁石。

其次，以梁武帝为核心的梁朝政府对佛教文化的推崇以及对对外交流活动的积极引导与支持，是当时文化交流得以繁荣昌盛的关键要素之一。因此，今天推动人间佛教的国际交流工作时，同样需要政府层面的强有力支持和政策保障，包括但不限于设立专门的交流平台、制定鼓励跨文化交流的政策法规，从而营造有利于文化交流的良好环境和条件。

最后，梁朝能够形成持续不断的佛教文化交流盛况，离不开当时对人才的引进与培养。无论是高僧大德的往来讲学，还是译经人才的储备与提升,都显示了人才培养在文化交流过程中的核心地位。在当代人间佛教的发展中,应特别注重培养既通晓佛法又具备跨文化交流能力的专业人才,通过教育、研习和实践等方式,才能确保佛教文化的传承与创新并保持持久的活力与影响力。

综上所述,今后人间佛教在践行其交流性本质时,应当借鉴梁朝经验,着重强化文化魅力的塑造,争取政府的大力支持,并致力于构建一个持续有效的人才培养机制,以此实现更为广泛且深入的国际佛教文化交流与合作。

附　录 1

附录 1-1　　　　　　　　林邑国与梁相交概况

国家	时间	内容	备注
林邑	天监九年	文赞子天凯奉献白猴	诏曰:"林邑王范天凯介在海表,乃心款至,远修职贡,良有可嘉。宜班爵号,被以荣泽。可持节、督缘海诸军事、威南将军、林邑王。"
	天监十年	天凯累遣使献方物	天凯俄而病死,子弼毱跋摩立,奉表贡
	天监十三年	天凯累遣使献方物	
	普通七年	王高式胜铠遣使献方物	诏以为持节、督缘海诸军事、绥南将军、林邑王
	大通元年	遣使贡献	
	中大通二年	林邑王高式律陀罗跋摩遣使贡献	诏以为持节、督缘海诸军事、绥南将军、林邑王
	中大通六年	遣使献方物	

数据来源:(唐)姚思廉:《梁书·诸夷传》,中华书局 1973 年版,第 786—787 页。

附录 1-2　　　　　　　　扶南国与梁相交概况

国家	时间	内容	备注
扶南	天监二年	跋摩复遣使送珊瑚佛像，并献方物	诏曰："扶南王憍陈如阇邪跋摩，介居海表，世纂南服，厥诚远着，重译献踪。宜蒙酬纳，班以荣号。可安南将军、扶南王。"
	天监十年	跋摩累遣使贡献	
	天监十三年	跋摩累遣使贡献	
	天监十六年	遣使竺当抱老奉表贡献	
	天监十八年	复遣使送天竺旃檀瑞像、婆罗树叶，并献火齐珠、郁金、苏合等香	
	普通元年	累遣使献方物	
	中大通二年	累遣使献方物	
	大同元年	累遣使献方物	
	大同五年	复遣使献生犀	又言其国有佛发，长一丈二尺，诏遣沙门释云宝随使往迎之

数据来源：（唐）姚思廉：《梁书·诸夷传》，第 788—790 页。

附录 1-3　　　　　　　　海南其他诸国与梁相交概况

国家	时间	内容
盘盘国	大通元年	王使使奉表
	中大通元年五月	累遣使贡牙像及塔，并献沉檀等香数十种
	中大通六年八月	复使送菩提国真舍利及画塔，并献菩提树叶、詹糖等香
丹丹国	中大通二年	遣使奉表并奉送
	大同元年	遣使献金、银、琉璃、杂宝、香药等物

续表

国家	时间	内容
乾陀利国	天监十七年	毗邪跋摩遣长史毗员跋摩奉表
	普通元年	复遣使献方物
狼牙修国	天监十四年	遣使阿撤多奉表
婆利国	天监十六年	遣使奉表
	普通三年	其王频伽复遣使珠贝智贡白鹦鹉、青虫、兜鍪、琉璃器、古贝、螺杯、杂香、药等数十种。
中天竺国	天监	屈多遣长史竺罗达奉表
狮子国	大通元年	伽叶伽罗诃梨邪使奉表

数据来源：（唐）姚思廉：《梁书·诸夷传》，第793—800页。

附 录 2

附录2-1　　真谛翻译经书目录（仅梁朝）

佛经名称	卷数	时间及地点	备注
《仁王般若疏》	六卷	太清三年	
《中论疏》	二卷	太清三年于新吴美业寺	
《九识义记》	二卷	太清三年于新吴美业寺	
《转法轮义记》	一卷	太清三年	
《十七地论》	五卷	太清四年于富春陆元哲宅	沙门宝琼等二十余名德同译
《中论》	一卷	太清四年	
《如实论》	一卷	太清四年	
《十八部论》	一卷	太清四年	
《本有今无论》	一卷	太清四年	
《三世分别论》	一卷	太清四年	

续表

佛经名称	卷数	时间及地点	备注
《起信论疏》	二卷	太清四年	
《金光明疏》	十三卷	太清五年	
《金光明经》	七卷	承圣元年于扬州正观寺及扬雄宅	第二译，与梁世昙无谶所出者四品全别。又《广寿量品》后慧宝传萧梁笔受
《弥勒下生经》	一卷	承圣三年于豫章宝田寺	第二译为沙门慧显等名德十余僧出
《仁王般若经》	一卷	承圣三年于宝田寺	第二出，与晋世法护出者少异

数据来源：（隋）费长房：《历代三宝纪》卷十一，CBETA 2023，T49，No. 2034，第 98 页下—99 页上。

Cross-temporalExamination：The Characteristics of Buddhist Communication during the Liang Dynasty and Its Enlightenment on Human Buddhism

Xu Wenjing

Abstract: During the Liang Dynasty, the influence of Buddhism reached unprecedented heights, its powerful cultural appeal attracting the attention of neighboring countries and leading to a flourishing scene of diplomatic missions from various nations. Emperor Wu of Liang successfully established a new Buddhist center with Jiankang as its core, radiating influence across the east, south, and west, vividly exemplifying Buddhism's ability to transcend geographical boundaries and connect hearts. This article, by reviewing and analyzing Buddhist exchange activities during the Liang Dynasty, aims to conduct an in-depth interpretation across time and space. It seeks to examine how, for contemporary Buddhist practices, inheriting and promoting the communicative essence of Buddhist exchanges should draw inspiration from the experiences of Emperor Wu's era. Efforts should be made to enhance the intrinsic charm and external influence of Buddhist culture, while establishing a sustainable system for nurturing Buddhist talents. This will propel broader, profound, and enduring two-way exchanges and collaborative interactions within Buddhist culture, thus rekindling the historical brilliance of Buddhist cultural exchanges in modern society.

Key words: Liang Dynasty; Buddhist Exchanges; Maritime Buddhism; Cultural Attraction

优昙钵花

——人间佛教视域下义净律学思想之殇折与因革

于　腾

上海大学硕士生

摘　要：义净是中国佛教史上的代表人物。他不仅致力于大量佛经的翻译，并在律学领域作出了突出贡献。义净将根本说一切有部律典视为印度原始戒律的典范，将其作为改善中国律制的工具。其律学思想也体现了深耕根本说一切有部律、改革传统戒律史观、反对律学义学化以及借用中国文化等方面的努力。然而，尽管义净的律学思想相对完善且获得了朝廷的支持，但仍未能广泛流布。义净律学的失传说明中国戒律学"契理契机"与走向"佛教中国化"的两大永恒特点。当代对义净律学的研究可为当代戒律学提供历史经验，并为进一步彰显人间佛教戒律学与修持学的重要性提供有益的借鉴与启示。星云大师制定的"佛光新戒条"成为人间佛教戒学的杰出典范，其中的善巧方便智慧符合现代信众、社会及不同文明的需要，为中国佛教进一步走向世界、走向未来提供了戒律学方面的智慧。

关 键 词：义净；根本说一切有部律；戒律学；人间佛教

基金归属：本文为2019年度国家社科基金重大项目"'一带一路'佛教交流史"（编号：19ZDA239）的阶段性成果。

义净（635—713），俗名张文明，唐代齐州（今山东省济南市）人。

年少时于齐州土窟寺出家,并师从善遇、慧习两位大德,专注于研习律典。在早年,他主要研习了四分律以及法砺、道宣两位律师对四分律的注疏。咸亨二年(671),义净从广州开始沿海路西行求法。证圣元年(695)他携大量经书返回洛阳,并辗转洛阳、长安两地花费大量精力进行经典翻译工作,为后世流传了许多珍贵的佛经译本。他于先天二年(713)圆寂往生。义净的贡献巨大,与鸠摩罗什、真谛、玄奘并称"佛教四大译经家"[1],更是成为与法显、玄奘齐名的西行求法僧。义净所译经文众多,其中包括较为完整的根本说一切有部律(以下略称根有律)。对义净的研究一直是学术界关注之热点[2],近年来,学界对于以义净为主的中外佛教文化交流史及其作为海上丝绸之路佛教文化交流重要人物等专题进行了深入的讨论。[3]关于义净的贡献,学者的视野主要放在其佛典翻译[4],以及其与佛教中国化的关系上[5],对义净的戒律学关注则较少,仅吕澂、王建光、温金玉等学者对此进行了系统的阐释[6],而学界对根有律的研究主要集中于语言学领域[7]。义净的律学思想和根有律是我国佛教戒律学的重要组成部分,根有律的内容更是研究戒律史的重要文本材料,义净律学"昙花一现"般的

---

[1] 对于"佛教四大译经家"有两说,其一为鸠摩罗什、真谛、玄奘、义净,其二为鸠摩罗什、真谛、玄奘、不空,此处取前者。
[2] 参见黄益《义净研究在中国——中国学者对唐三藏义净法师的研究综述》,《德州学院学报》2019年第5期;马媛媛《深入挖掘义净文化 积极推进我国佛教中国化"首届义净文化论坛"综述》,《中国宗教》2023年第5期等。
[3] 程恭让、徐文静:《从"丝绸之路"到"一带一路":百年佛教交流研究的回顾与展望》,《西南民族大学学报》(人文社会科学版)2021年第6期;纪华传:《义净法师与海上丝绸之路的佛医交流》,《中国宗教》2023年第9期。
[4] 参见石小梅《唐代高僧义净的译事与译绩》,《昌吉学院学报》2019年第6期。
[5] 参见卓新平《论义净的文化意义及对佛教中国化的启迪》,《中国宗教》2023年第6期;张风雷《从义净论佛教中国化的复杂面向》,《中国宗教》2023年第8期;明生《义净对佛教中国化发展的影响》,《中国宗教》2023年第11期等。
[6] 参见冯相磊《当代大陆义净律学思想研究述评》,《中国佛学》2013年第1期;释智悟《论义净的戒律学贡献及其社会影响》,《德州学院学报》2019年第5期;冯相磊《唐代海上丝路高僧义净的戒律史观》,《中国宗教》2019年第12期等。
[7] 参见屈大成《汉译根本说一切有部律"窣堵波"考》,《佛学研究》2022年第2期;谭代龙、常净《论义净作品在历史语言研究中的语料价值》,《常熟理工学院学报》2023年第1期等。

兴盛与后来的失传，都还有一定的研究空间，其兴盛与失传的经验教训也为当代人间佛教戒律观提供了重要的启示与经验。故本文旨在对上述问题进行梳理，以就教于学界方家。

一　花绽出尘：义净律学思想之内容

义净深感中土僧团在持戒规范性上存在严重不足，对佛教发展感到忧心忡忡。此外，他发现中土的律制也存在不符合规范的弊端。为此，他决意西行天竺求法，以求印度"正统"的典范，来纠正中国佛教的"偏误"。[①]在此过程中，随着义净对印度戒律的关注与了解，形成了自己独特的律学思想。

（一）研习根有律，律典体现出对底层民众的关注

义净翻译经文众多，《宋高僧传》中记载："自天后久视迄睿宗景云，都翻出五十六部，二百三十卷。又别撰《大唐西域求法高僧传》、《南海寄归传内法传》[②]。别说罪要行法、受用三法、水要法、护命放生轨仪，凡五部，九卷。又出说一切有部跋窣堵，即诸律中犍度跋渠之类，盖梵音有楚夏耳，约七十八卷。"[③]而与义净同时代的士大夫卢璨所作《大唐隆兴翻经三藏义净法师之塔铭》中提道："前后所翻经总一百七部都四百二十八卷。"[④]所记数目虽有差异，但足以证明义净所翻译的经文数量之多，规模之大。

此外，义净"虽遍翻三藏，而偏攻律部"[⑤]，至今仍存的根有律包括《根本萨婆多部律摄》《根本说一切有部百一羯磨》《根本说一切有部尼陀

[①]　王邦维：《唐高僧义净生平及其著作论考》，重庆出版社1996年版，第145页。
[②]　原文如此，即《南海寄归内法传》。
[③]　（宋）赞宁撰，范祥雍点校：《宋高僧传》，中华书局1987年版，第3页。
[④]　（唐）圆照：《贞元新定释教目录》，CBETA 2023，T55，No.2157，第871页下。
[⑤]　（宋）赞宁：《宋高僧传》，第3页。

那目得迦》《根本说一切有部毗奈耶》《根本说一切有部苾刍尼毗奈耶》《根本说一切有部毗奈耶杂事》《根本说一切有部戒经》《根本说一切有部苾刍尼戒经》《根本说一切有部毗奈耶杂事摄颂》《根本说一切有部尼陀那目得迦摄颂》《根本说一切有部毗奈耶颂》《根本说一切有部毗奈耶药事》《根本说一切有部毗奈耶破僧事》《根本说一切有部毗奈耶出家事》《根本说一切有部毗奈耶安居事》《根本说一切有部毗奈耶随意事》《根本说一切有部毗奈耶皮革事》《根本说一切有部毗奈耶羯耻那事》，合18部。

义净在中印度的摩揭陀国地区取得了根有律，在其看来，中土所传的诸多律与根有律存在千丝万缕的联系。因此，义净在编著《南海寄归内法传》时，在中印对比的四十条目中提道："凡此所论，皆依根本说一切有部，不可将余部事见糅于斯。此与《十诵》大归相似。有部所分三部之别，一法护、二化地、三迦摄卑，此并不行五天，唯乌长那国及龟兹、于阗杂有行者。然《十诵律》亦不是根本有部也。"[①] 义净认为根有律更为纯正，比《四分律》《五分律》《解脱戒经》更能反映印度原本的戒律。基于此，义净着手研习与翻译根有律，希冀通过根有律改变国内律学"诸部互牵"的局面。

根有律内容非常广泛，主要由戒律条文与制戒因缘组成。制戒因缘主要反映了印度僧团的生活性和日常化特征，并且容纳了许多印度民间文学等内容，具有较高的价值。[②] 其中不乏对某些底层民众的描绘，如妇女、奴仆等。古印度女性地位低下，对女性群体的歧视问题较为突出，常常将女性视为不洁、欲望、善变、仇视等词汇的象征，而奴仆与婢女的社会地位则更加被忽视。由于根有律根植于当时的印度社会背景，其中不可避免地存在此类内容。但值得注意的是，由于佛教"众生平等"观念的影响，大乘律典中不断出现对底层民众价值的赞扬与肯定。根有律也在一定程度上受到大乘佛教思想和大乘信众的影响，律典中对底层民众的态度也有转

---

① （唐）义净原著，王邦维校注：《南海寄归内法传校注》，中华书局1995年版，第28页。
② 郜林涛：《根本说一切有部广律中的女性群体》，《名作欣赏》2010年第20期。

向的趋势,对于作为小乘律代表的根有律而言,这种价值性与进步性具有重要意义。

  时王舍城有一长者,娶妻未久便诞一男,颜容端正人所乐见,告其妻曰:"贤首!我今有子,多有费用,宜入大海经求珍货。"妻告言:"善。"长者即便持诸杂物入大海中,因风破舶往而不返。其妻辛苦,或假宗亲,或以自力长养小儿,以孤贫养育名曰贫生。①

  以上记载展现了长者妻贤惠的品质以及长者夫妇互相尊重、为子考虑的家庭氛围。在长者遇难后,长者妻子寻求母家帮助,同时自己努力以抚养遗孤。在为子命名时,她还寄予了对下一代安贫乐道的希望,这无不彰显长者妻独特的个人魅力与志向。

  既涉长途宿在山险,诸人皆睡,唯商主妇一人警觉。时有师子来入商营,是时妇人手旋火头趁却师子。空中天见说伽他曰:

  "未必诸事业,男子悉能为!随复是女人,有智驱师子。"②

  以上内容主要赞扬了商主妇的智慧与英勇。商主妇对危险保持高度警觉,敢于孤身一人与狮子作斗争,保障了整个商营的安全。这一则故事有着极为重要的价值,因为其中肯定了女性与男性同样有着解决问题的能力,这是一种极为可贵的观念转向!

  乃至如自在长者有病,寝卧床席,由其患苦,性多暴急,恶骂亲眷。是以妻子并弃而去,竟不供给。时彼长者先有一婢,心甚慈悲念:"此长者是我曹主,常以资财养活于我。今既患重,岂可不看?

---

① (唐)义净:《根本说一切有部毗奈耶》,CBETA 2023,T23,No.1443,第 811 页下。
② (唐)义净:《根本说一切有部毗奈耶》,CBETA 2023,T23,No.1442,第 804 页中。

妻儿虽不供给，我当毕命而供养之。"作是念已，往医人处。①

以上引文记载了长者婢知恩图报的事迹。她尽心供养曾赐予其恩惠的长者，不离不弃，彰显了长者婢不因隶属关系，而是从个人情感角度处理主仆关系，体现了纯粹的价值观。

其夫每以家物赠彼私妇，其妻亦以家物遗彼邪夫。夫妇两人破散财务几将略尽。长者禀性暴恶打其婢使，常与弊衣恶食，告言："由汝散我家资。"婢曰："我实久知破散所以，然而二俱家主不敢斥言。"时彼夫妇知婢讥剌，俱怀惭愧并默无言。②

以上内容记述了婢女在面对主人的无端指责时，勇于用平实的语言表达不满与抗议，使得主妇二人惭愧无言。这也从侧面突出了婢女的语言智慧以及不卑不亢的品质。

综上，义净西行求法带回经律论近四百余部，但他重点关注戒律部分，认为根有律更为纯正，也更有助于解决汉地戒律长久以来的弊端。根有律中尽管仍存在对社会底层民众的歧视，但在对他们价值的认同方面出现了转向的萌芽，底层民众在一定程度上也开始觉醒争取自身某些权利的意识。根有律此类内容在某种程度上为自身吸引更为广泛的信众开辟了新的道路。

（二）反对"律分五部"，提出"律分四部"

中土对于戒律史的认知体系存在一个极为现实的问题：印度的不同宗派按照各自的戒律修持，而中土佛教没有部派之分，各种戒律的传入存在明显的共时性特征，这就导致了僧团对戒律认知的混乱。

---

① （唐）义净：《根本说一切有部毗奈耶药事》，CBETA 2023，T24，No.1448，第 7 页下。
② （唐）义净：《根本说一切有部毗奈耶》，CBETA 2023，T23，No.1442，第 731 页中。

在南朝时期，出现了"律分五部"的观点，这一观点受西域佛教的影响，反映了中土僧众的早期戒律知识史建构。"律分五部"的观点先后受到法显、僧祐和道宣等人的不断完善，最终形成了新的五部说。①

但义净对此并不认同。《南海寄归内法传》中提道：

> 诸部流派，生起不同。西国相承，大纲唯四。（原文注：一、阿离耶莫诃僧祇尼迦耶，周云圣大众部……二、阿离耶悉他陛攞尼迦耶，周云圣上座部……三、阿离耶慕攞萨婆悉底婆拖尼迦耶，周云圣根本说一切有部……四、阿离耶三蜜栗底尼迦耶，周云圣正量部……然而部执所传，多有同异，且依现事，言其十八。分为五部，不闻于西国之耳。）②

在义净看来，佛教的原始戒律只有四部，即大众部、上座部、根本说一切有部和正量部。各部又各自分化，出现十八种律。在印度时也并未听及有关"律分五部"的提法。

对于"律分四部"的传播情况，义净也在《南海寄归内法传》中提及：

> 摩揭陀则四部通习，有部最盛。罗荼、信度则少兼三部，乃至正量尤多。北方皆全有部，时逢大众。南面则咸遵上座，余部少存。东裔诸国，杂行四部……师子洲并皆上座，而大众斥焉。然南海诸洲有十余国，纯唯根本有部，正量时钦，近日已来，少兼余二……斯乃咸遵佛法，多是小乘，唯末罗游少有大乘耳……南至占波，即是临邑。此国多是正量，少兼有部。西南一月至跋南国，旧云扶南，先是裸国，人多事天，后乃佛法盛流。③

---

① 王磊：《"律分五部"与中古佛教对戒律史的知识史建构》，《中国哲学史》2015 年第 4 期。
② （唐）义净：《南海寄归内法传校注》，第 10—11 页。
③ （唐）义净：《南海寄归内法传校注》，第 12—17 页。

此则引文主要谈到四部戒律在南亚及东南亚僧众间的流传情况，彰显四部流传之盛，也从侧面说明此时在南亚和东南亚大乘佛教式微，其地也均未提及"第五部"。

吕澂先生对此略有批评，提道："讹略之说沿习千年至于唐，义净再传律藏，而后辞辟之曰不闻西土。乃其别举四宗曰，大众、说一切有、正量、上座，各有律藏数百卷。又曰，一切有别有法藏、化地、饮光三家，但行西域云云。皆惑于有部一家之言，未云详审。"①吕澂先生认为实际上印度的戒律"综举即有八家，非五部，亦非四宗也"②。此八家为大众、跋耆子、说一切有、上座、化地、铜鍱、法藏、饮光。

无论是义净的"律分四部"，抑或是经由法显、僧祐到道宣等人不断发展的"律分五部"，都是为中土佛教整合、安排各种律典所建构的一种秩序，所提倡的一种范式。③不过，由于道宣创造性地将"律分五部"与"十八部"的部派分裂史进行了糅合，④而更容易被信众接受，因此义净的"律分四部"学说在时代发展的过程中逐渐落寞。

（三）反对律学义学化、杂糅化，提倡日常化、精简化

义净在《南海寄归内法传》中提道：

> 然东夏大纲，多行法护。关中诸处，僧祇旧兼。江南岭表，有部先盛。而云《十诵》《四分》者，多是取其经夹，以为题目。详观四部之差，律仪殊异，重轻悬隔，开制迥然。出家之侣，各依部执，无宜取他经事，替己重条，用自开文，见嫌余制。若尔则部别之义不著，许遮之理莫分。岂得以其一身，遍行于四？裂裳金仗之喻，乃表

---

① 《吕澂佛学论著选集》，齐鲁书社1991年版，第89—90页。
② 《吕澂佛学论著选集》，第90页。
③ 冯相磊：《唐代海上丝路高僧义净的戒律史观》，《中国宗教》2019年第12期。
④ 王磊：《"律分五部"与中古佛教对戒律史的知识史建构》，《中国哲学史》2015年第4期。

证灭不殊。行法之徒，须依自部。①

义净认为中土诸部互牵，派别混乱，因此僧众须行持自己受戒时的戒律，而不应去迎合遵守四种戒律的标准。

> 且神州持律，诸部互牵，而讲说撰录之家，遂乃章钞繁杂……律本自然落漠，读疏遂至终身。师弟相承，用为成则。论章段则科而更科，述结罪则句而还句。考其功也，实致为山之劳；覆其益焉，时有海珠之润。②

由此可见，义净深感中土诸部混杂，所讲戒律"不知所云"，这种所谓的义理探究对当时佛教戒律的帮助收效甚微。义净想要弘扬的根有律，是一种简单易学的、剥离过度义学化的戒律。他提道：

> 又凡是制作之家，意在令人易解，岂得故为密语，而更作解嘲？譬乎水溢平川，决入深井，有怀饮息，济命无由。准检律文，则不如此。论断轻重，但用数行，说罪方便，无烦半日。

在义净看来，应将佛教戒律解释由"密语"回归到"易解"的原貌，这样的戒律便捷易懂，简便日常，利于佛教僧众的修持，有助于佛法流布。

（四）弘扬持戒印度化

义净主张持戒印度化，对中土的某些戒律执行多有批评。中土许多僧众存有"佛生西国，彼出家者依西国之形仪；我住东川，离俗者习东川之

---

① （唐）义净：《南海寄归内法传校注》，第19页。
② （唐）义净：《南海寄归内法传校注》，第21页。

轨则"①的错误观点，为纠正中土僧团，义净所著《南海寄归内法传》中列举诸多条目，来纠正中土僧徒的失当。

在受戒的程序问题上，义净提出"西国出家轨仪，咸悉具有圣制"②，要经过问难、摄受、授五学处、十学处、十二无犯等程序。而反观中土，"又神州出家，皆由公度。既蒙落发，遂乃权依一师。师主本不问其一遮，弟子亦何曾请其十戒……岂有欲受之时，非常劳倦，亦既得已，戒不关怀，有始无终，可惜之甚。自有一会求受，受已不重参师，不诵戒经、不披律典，虚沾法位，自损损他。若此之流，成灭法者"③。义净认为中土受戒与行持缺少健全的程序与规范，致使受戒僧众不能持之以恒、有始有终。由此义净援引大量中印对比的规范，希冀给予中土僧众提供范例。

如饮食方面：

西方僧众将食之时，必须人人净洗手足，各各别踞小床。高可七寸，方才一尺，藤绳织内，脚圆且轻，卑幼之流，小拈随事。双足蹋地，前置盘盂。地以牛粪净涂，鲜叶布上，座去一肘，互不相触，未曾见有于大床上跏坐食者。且如圣制，床量长佛八指，以三倍之，长中人二十四指，当笏尺尺半。东夏诸寺，床高二尺已上，此则元不合坐，坐有高床之过。④

如衣着方面：

然四部之殊，以着裙表异。一切有部则两边向外双襵；大众部则右裾，襵在左边，向内插之，不令其堕。西方妇女着裙，与大众部无别。上座正量，制亦同斯，但以向外直翻傍插为异。腰绦之制，亦复

---

① （唐）义净：《南海寄归内法传校注》，第 74—75 页。
② （唐）义净：《南海寄归内法传校注》，第 123 页。
③ （唐）义净：《南海寄归内法传校注》，第 126—130 页。
④ （唐）义净：《南海寄归内法传校注》，第 31 页。

不同。尼则准部如僧，全无别体。且如神州祇支偏袒覆膊，方裙、襌裤、袍襦，咸乖本制，何但同袖及以连脊。至于披着不称律仪，服用并皆得罪。颇有着至西方，人皆共笑，怀惭内耻，裂充杂用。此即皆是非法衣服也。[①]

义净对中印的衣食住行等方面都做了细致的对比和纠误，不过其中某些方面确实与中土的地理、人文环境等背景存在明显差异，这就导致这些戒律在中国僧众中可能无法被全盘接受。但是从义净的初心而言，他坚持持戒印度化也是为了应对中土戒律的冗杂现状，提供的一次有力的调整尝试。

（五）撰述与修持中借用某些中国文化因素

义净在《南海寄归内法传》中提道："论断轻重，但用数行，说罪方便，无烦半日。此则西方南海法徒之大归也。至如神州之地，礼教盛行，敬事君亲，尊让耆长，廉素谦顺，义而后取。孝子忠臣，谨身节用。"[②] 在义净看来，根有律精简明晰，兼具实用性与简便性。出于方便中土僧众理解，也为了减少僧团对印度化戒律的排斥，义净在撰述与修持时借用了某些中国文化因素。

我国向来以礼仪之邦著称，义净特意提到师资之道，通过中印对比，令中土僧团明晰自身戒律行为有失偏颇。"凡礼拜者，意在敬上自卑之义也……然于床上礼拜，诸国所无。或敷毡席，亦不见有。欲敬反慢，岂成道理？至如床上席上，平怀尚不致恭，况礼尊师大师，此事若为安可？西国讲堂食堂之内，元来不置大床，多设木枮并小床子，听讲食时，用将踞坐，斯其本法矣。神州则大床方坐，其事久之。虽可随时设仪，而本末之

---

① （唐）义净：《南海寄归内法传校注》，第89—90页。
② （唐）义净：《南海寄归内法传校注》，第22页。

源须识。"①通过对"礼"的探讨，更能加深中土僧团的印象，引发民众对长期流行于中土的戒行的反省与思考，这也是儒家"慎独"观念的具体体现。这些探讨对中土僧侣重审自身，并改革戒律现状起到了很好的先导作用。

除此之外，义净从衣食住行等方面入手改革戒律时也借用了儒家文化中的一些既有规范。如饮食方面"食饐而餲，鱼馁而肉败，不食"，"色恶，不食，臭恶，不食"，这都体现了儒家对健康饮食的规定。"食不语，寝不言"，"君赐食，必正席先尝之。君赐腥，必熟而荐之。君赐生，必畜之。侍食于君，君祭，先饭"，都是儒家对饮食礼仪的要求。"冠毋免，劳毋袒，暑毋褰裳"，"君子不以绀緅饰，红紫不以为亵服"等，则为儒家对衣着礼仪与合制的规范。这些儒家思想深入人心，义净所推行的根有律的许多条文与儒家思想并行不悖，甚至在某些层面高度契合。这大大缓解了僧团与民众对新戒律的抵触心理，也是义净推行根有律的一个机敏的策略。

二 昙花一现：义净律学失传之原因

起初，义净新律学在唐代戒律界引起了不小的轰动。义净归国后，武则天亲自迎接，并为其提供了完备的译场用以翻译经文。此外，武则天与中宗相继为义净作了《大周新翻圣教序》《唐中兴三藏圣教序》，以彰显对义净的尊重。可见，对唐代统治者而言，义净是集佛教徒、佛教学者、佛教文明交流者等身份于一身的大德。此外，为了传播根有律，义净也积极传授弟子律学知识，"译缀之暇，曲授学徒。凡所行事皆尚急护。漉囊涤秽，特异常伦。学侣传行，遍于京洛"②。为了进一步使根有律在唐代戒律界能有一席之地，义净曾在少林寺重结戒坛，并主持传戒，

---

① （唐）义净：《南海寄归内法传校注》，第146—148页。
② （宋）赞宁：《宋高僧传》，第3页。

"欲令受戒忏仪共遵其处"[1]。但令人痛惜的是，这种种因缘都未能推动根有律真正在中国佛教界落地生根，义净的律学在其圆寂往生后不久就淡出了戒律界的历史舞台。义净律学何以在这么多殊胜因缘下却趋于落寞，值得我们进一步深思与考量。

（一）传统律学与义净律学的碰撞

义净所处的年代，中国佛教正处于辉煌的时期。唐以前中国各地所流行的戒律极不统一，大小乘戒律共存。隋唐时期律学开始得到发展，先后出现了法砺创立的相部宗、道宣创立的南山律宗以及怀素创立的东塔宗。三宗之中，以南山律宗为最盛，成为后来中国律学的正统。

与义净律学相比，南山律宗最显著的特点在于其强调会通诸部、杂糅各律。道宣通过对不同律本的整理与删补，将小乘戒律纳入大乘佛教体系之中，并积极主张"一戒具万行""一行摄诸戒"[2]。具体做法上，《四分律》虽受到大乘佛教的影响，其流传中存在某些大乘色彩的倾向，但其仍属于小乘戒律。道宣创造性地以心识为戒体，将《四分律》判为"分通大乘"的戒律，并进一步提出摄律仪、摄善法和饶益众生三戒互相融通的理论，服务于大乘佛教以成佛为最高的修行目标。[3] 自此，律学有了中国化的道路。太虚大师曾言："唐代励、宣、素三家，皆属此部，而后代以宣律师为正宗，以其行相备足，大小通和，实集声闻、菩萨律藏之大成也。"[4] 义净律学在与南山律宗会通圆融与灵活调适的较量中不幸落败而逐步走向沉寂。

可重新审视义净的思想，我们却发现义净并非一个"固守"的人。他也积极翻译有关净土的经典，将净土信仰与持戒紧密结合。[5] 如"愿在

---

[1] （唐）义净：《少林寺戒坛铭》，CBETA 2023，B3，No.1443，第833页上。
[2] 温金玉：《戒律的传播与本土化——从唐道宣与义净的弘律说起》，载《首届长安佛教国际学术研讨会论文集》第3册，陕西师范大学出版社2010年版，第248页。
[3] 杨曾文：《佛教戒律和唐代律宗》，《佛教文化研究》2015年第1期。
[4] 《太虚大师全书》第31卷，宗教文化出版社2005年版，第34页。
[5] 王建光：《中国律宗通史》，凤凰出版社2008年版，第231页。

在遭会而延庆，代代奉训以成襫，积义利乎同岳，委净定也如池。冀龙华之初会，听慈氏之玄漪。遍四生而运想，满三大之长祇"[1]，以表达持戒的目的是见到弥勒菩萨。实际上，义净在思想上具有会通的灵活性，但他仍然坚信只有纯正的根有律才是可以从根本上解决汉地戒律混乱的"良方"，因此在实际持戒中不愿也不能进行灵活调适。从这个角度而言，义净律学的落寞可以被视为历史的一种选择。

（二）戒律中国化与印度化的抉择

在近代，义净律学曾有复兴的可能，但也很快退出了历史舞台。弘一法师早年就曾积极研习义净律学：

> 是年阅藏，得见义净三藏所译有部律及《南海寄归内法传》，深为赞叹，谓较旧律为善。故《四分戒相表记》第一、二次草稿中，屡引义净之说，以纠正南山。其后自悟轻谤古德，有所未可，遂涂抹之。经多次删改，乃成最后之定本。以后虽未敢谤毁南山，但于南山三大部仍未用心穷研。故即专习有部律。二年之中，编《有部犯相摘记》一卷，《自行钞》一卷。其时徐蔚如居士创刻经处于天津。专刻南山宗律书，费资数万金，历时十余年，乃渐次完成。徐居士始闻余宗有部而轻南山，尝规劝之。以为吾国千余年来秉承南山一宗，今欲弘律，宜仍其贯，未可更张。余因是乃有兼学南山之意。尔后此意渐次增进。至辛未二月十五日，乃于佛前发愿，弃舍有部，专学南山。并随力弘扬，以赎昔年轻谤之罪。[2]

此外，弘一法师曾更为精准地言及其由义净律学转为南山律学的原因：

---

[1]（唐）义净：《南海寄归内法传校注》，第240页。
[2]《弘一大师全集》第一册，福建人民出版社1991年版，第194页。

关于有部律，我个人起初见之甚喜，研究多年；以后因朋友劝告，即改研南山律。其原因是南山律依《四分律》而成，又稍有变化，能适合吾国僧众之根器故。[1]

无论是"吾国千余年来秉承南山一宗，今欲弘律，宜仍其贯，未可更张"，抑或是"南山律依《四分律》而成，又稍有变化，能适合吾国僧众之根器故"，都体现出弘一法师基于汉地国情，适应戒律发展时代性的底层逻辑与良苦用心。弘一法师为使教界重树规范，挽回轻律的颓态，因地制宜地选取了一条适合当时时代背景与佛教中国化的道路，所以南山律宗成为弘一法师综合考虑后的最佳选择。温金玉先生曾言："弘一舍弃有部律，舍掉的是不应机的教规与自了的拘谨；选择南山宗，弘扬的是菩萨道，是中国固有的法统。所以舍有部崇南山，主要体现着一种时代特征与应机方便，而非律部本身的孰优孰劣。"[2]这种"方便"的取舍构成了佛教中国化的内在机制[3]——"善巧方便"在戒律上的殊胜表现形式。大乘佛教兴起的本质方向之一就是要把佛教作为普世宗教的一面大力弘扬起来，因此作为大乘佛教中心角色的菩萨的戒律及伦理原则问题，则成为一个高度繁难而复杂的问题。而以善巧方便概念为核心，检讨大乘菩萨的戒律、伦理及价值问题，直接迫近了大乘佛教伦理价值思想中最核心的层面。[4]

同样，重审义净思想时，我们会发现其中也不乏变革戒律中不合理的部分，并融合中国传统文化以适应戒律时代化与中国化的例子。如当时中土存在一些特殊的持戒现象——烧身或燃指供佛，引起了义净的注意。在他看来，有些"初学之流，情存猛利。未闲圣典，取信先人。将

---

[1] 《弘一大师全集》第一册，第 196 页。
[2] 温金玉：《戒律的调适与本土化——从义净与弘一的弘律说起》，载《仰望星空——当代哲学前沿问题论集》，中国人民大学出版社 2011 年版，第 463 页。
[3] 程恭让、常凯：《佛教中国化的"内在机制"问题——关于大乘佛教善巧方便思想的再思考》，《西南民族大学学报》（人文社会科学版）2019 年第 11 期。
[4] 程恭让：《佛典汉译、理解与诠释研究——以善巧方便一系概念思想为中心》，中国社会科学出版社 2017 年版，第 71 页。

烧指作精勤，用然肌为大福"①，以至于对佛典和教义有了错误的认知。义净还提出"舍身为众生"非常人所能为，如"仙预断命，岂律者所为；慈力舍身，非僧徒应作"②。这也与儒家"身体发肤，受之父母，不敢毁伤"，"君子无不敬也，敬身为大"有异曲同工之妙。这是义净调整戒律不合理条文并融会中国儒家思想的一次大胆尝试，也是一次戒与礼的融合。在根本义上，尊礼的儒者和持戒的佛教徒都认为自己所尊奉的礼和戒是圣人制定的，体现了最高、最究竟的真理，都具有不可动摇的神圣性。在具体制度规范方面，礼和戒分别适应中印不同的地理环境、生活习俗、政治制度，从而体现出很大的差异性。从长期的历史发展过程来看，礼和戒的根本义相对稳定，只有部分改变；但在具体义和制度层面则具有很大的可变性，这为礼与戒的融合提供了基本依据。③无数的律师都在积极寻求印度戒律与中国传统礼制的融合与创新，以建立具有中国特色的佛教"律制"。

义净无疑也是希冀寻求中国"律制"与佛教中国化的一位代表。但佛教中国化至少包含两个方面：其一，佛教对中国社会文化的适应；其二，佛教对中国社会文化的补充与发展。④诚然，义净借用了许多中国文化的词汇对戒律进行翻译，以增强中国社会对根有律的认同，并尽其所能地拓展中国"律制"的深度与广度。但不得不承认的是，义净所传的戒律在某种程度上与中国佛教的实际发展背道而驰，与中国佛教的现实情况相悖，这从底层和根本上解构了根有律在当时得以存在的根基与价值。义净也因此成为一个极具矛盾性的人物，他既想保持最纯正的印度化戒律，又积极尝试用儒家等传统文化与思维对戒律加以解释，以减少信持的阻力。然而，这种"中国化"，与其说是义净的主动努力，毋宁说是其想借用本土概念准确表达印度戒律的"正义"而不得已为之。

① （唐）义净：《南海寄归内法传校注》，第 222 页。
② （唐）义净：《南海寄归内法传校注》，第 222 页。
③ 夏德美：《戒与礼的冲突与融合》，《世界宗教文化》2023 年第 3 期。
④ 夏德美：《律制与礼制之间》，中国社会科学出版社 2022 年版，第 2 页。

从性质上而言，我们虽然不能否认义净对佛教中国化所做出的积极努力，但这主要还只是被动的中国化。①

从印度戒律学向中国戒律学的转变从本质上而言是从因果业报戒律学体系向体用戒律学体系转变的过程。②义净作为试图将印度戒律引进汉地以改变律学"颓态"的取经僧，他是极为不凡的。他面对汉地种种戒律弊端，迫切地需要一个蓝图模板来"规正"持戒，由此他在西行的过程中选择了根有律，但这使他不自觉地陷入了另一个泥淖——持戒过于印度化之中。纵然他采用中国文化加以解释，并在戒律中彰显了对汉地"失语"弱势群体的关注，但这只是一种被动的中国化。所以，从佛教中国化的宏观视角来观察义净，其无疑是一位"悲情"的人物。但从戒律史与中国佛教史的角度而言，根有律近乎完整的传译，使中国佛教由关注义理的般若玄学时代开始向重视实修的教理实践阶段转变③，这无不彰显了义净的殊胜贡献！

三 撷英采华：重审义净律学与戒律学的当代价值

戒律学在佛教三学——戒定慧中居于首位，这意味着戒律是佛教生存与发展的首要条件。对于任何一位佛教徒来说，建立信仰的第一步都是接受戒律。戒律不仅是信众修行的基本规范，更是衡量信众能否维持其身份的标准。随着佛教在 21 世纪成为世界性的宗教，必须建立起与当代社会相适应的新律学。在此背景下，对义净律学的进一步发掘理应成为新时代律学发展的关注重点。

首先，义净的律学保留了几乎全部的根有律，为我们研究根本说一切有部律提供了详尽的文本材料与文献支持，但对这部分经典的关注与进一

---

① 张风雷：《从义净论佛教中国化的复杂面向》，《中国宗教》2023 年第 8 期。
② 夏德美：《论中印佛教戒律学的哲学转型》，《世界宗教研究》2016 年第 1 期。
③ 释智悟：《论义净的戒律学贡献及其社会影响》，《德州学院学报》2019 年第 5 期。

步发掘极为有限。为此，星云大师曾批评道："义净为了赴印度求法，准备有十七年之久，这种恒心志愿，不是一般人所能及；等到一切就绪，快要成行，一些人纷纷退心不去，但他仍然奋勇向前，如此的求法精神，令人钦仰。义净到印度求法译经，造福东土，然而古圣先贤竭尽心血求得的佛典经藏，如今一些人却任其束之高阁，不去阅读，不去深入义理、实践教法，这是亟待有心人要去推广、责无旁贷的大事。"[1] 此外，就当代律学建设而言，义净律学思想的最重要之处则在于其批判价值。[2] 我国传统律学存在一个固有弊端就是律学义学化。即使律宗建立后，此问题也没有得到妥善处理，南山律宗的传承多是对道宣著作的再注释。义净对传统律学的批判为当代律学改革提供了极为关键的视角。

近现代以来，面对律学转型的重大佛教时代问题，基本上形成了两种态度。其一，以印光大师、弘一大师为代表的一派，强调律典的重要价值，坚持弘扬律典，并通过个人的刻苦修行，重新塑造佛教徒严守戒律的形象。其二，以太虚大师、星云大师为代表的一派，强调依据戒律精神，改革具体戒条，以适应现代佛教的需要。二派各有其殊胜的价值，但就本文所关注的义净律学的始末而言，星云大师所倡导的人间佛教戒律学无疑更加契合。

纵观我国戒律的发展史，盛行的律学包含了两个重要的特点，其一，满足了僧团自身发展的需要；其二，适应了当时历史阶段的社会形态，这与佛陀"契理契机、观机逗教"的观点不谋而合。星云大师曾言：

> 对于能够依教奉行的弟子，佛陀给予耐心的调教；对于不能依教奉行的弟子，也方便加以摄受；对于懈怠不知精进的弟子，则激励他上进；对于过分刚猛的弟子，就教他缓和渐进。无论聪明、愚笨，佛

---

[1] 《星云大师全集·怀古慨今》，新星出版社2019年版，第11页。
[2] 冯相磊：《当代大陆义净律学思想研究述评》，《中国佛学》2013年第1期。

陀都会观机逗教，契理契机的说法、开示，让教团更加清净、健全。[1]

这里大师不仅仅以极为形象的例证为我们说明了"契理契机、观机逗教"的含义，而且还强调了善巧方便这一重要的菩萨智在戒律学中的重要地位。如，大师曾举佛陀"杀一救百"的例子来阐释菩萨在戒律方面的慈悲及方便权智。善巧方便所具有的实践品格必然会引导人间佛教的修持实践朝稳中向好的方向转变，所以在当代建立适合人类修持的原则，必然也是出于当代佛教圣贤的善巧方便。[2]

另有：

> 戒律也是一样，每个地区都有时间、空间、文化的差异，因此，佛陀在《摩诃僧祇律》叮咛阿难在他涅槃前，要记得提醒他戒律要因时制宜，不可僵化："复次佛告阿难：'我临般泥洹时当语我，我当为诸比丘舍细微戒。'而汝不白，越比尼罪。"所以，当时佛陀制戒有开、有遮，依照当地的条件因缘来调整。不管在家、出家，只要能把四大根本戒律，不杀、不盗、不淫、不妄语持好，四威仪、四无量心都能做到，尤其四弘誓愿能如实学习、实践，这样大概就能成为一个了不起的佛教徒了……所谓"三千威仪、八万细行"，在平常为人处世，应对进退中，勤修戒定慧，息灭贪瞋痴，尊重、礼貌，给人接受，慈悲待人，降伏我们的烦恼习气，时时记得"饶益有情"，所谓"人成即佛成"，这就是佛陀在人间制戒的本怀了。[3]

此处大师着重强调了戒律因时制宜、时开时遮的智慧。印度时代的佛教戒律需要因应当时印度的历史文化因素，古代中国的佛教戒律需要因应

---

[1] 《星云大师全集·人间佛教佛陀本怀》，第 48 页。
[2] 程恭让：《星云大师的人间佛教修行学——〈贫僧有话要说〉关于人间佛教修行思想的纲要解说》，载《2018 星云大师人间佛教理论实践研究》，高雄：佛光文化 2019 年版，第 44 页。
[3] 《星云大师全集·人间佛教佛陀本怀》，第 181—182 页。

古代中国的历史文化因素,而 21 世纪的佛教已经是"世界性的"佛教,因而全世界不同的人文历史文化因素在戒条的制定中都是需要参考的内容;21 世纪的佛教还是人间佛教,这意味着佛教不仅是寺院的佛教、家庭的佛教,还是学校、社会的佛教,一句话就是生活化的佛教、社会化的佛教,佛教需要指导人类生活的这些方面,而这些方面很多是以前的佛教所未涉及的,所以传统佛教的戒律、清规,都已经不足以引导 21 世纪世界性的人间佛教的生活。① 此外,大乘戒律的特征应是"时或开许,时或遮止",基于大乘佛教的慈悲愿行,活用戒法,这也同样是人间佛教持戒的意义。这种"时开时遮"的制戒精神也蕴含了人间佛教戒律应因时制宜,满足现代人需求,符合当代社会发展的方向。

大师对人间佛教的戒律精神做出了说明:"所谓人间化的戒律,一方面固然消极地规范身心,止恶息罪;一方面更应积极广修善行,广做善事,发挥菩萨戒服务奉献的精神,以期自利利他。"② 新时代的戒律不仅要重审传统戒律,将合乎时宜的戒条加以有效传承,还要根据当代社会制定新的生活律仪,回归佛陀在人间制戒的本怀。因此,大师提倡:

> 我们主张应以戒律"不侵犯"的根本精神推广五戒、菩萨戒,方能匡救当今道德沦丧、社会失序的时弊;唯有提倡戒律规范人间化、生活化、现代化,建立人间佛教受持菩萨道自利利他的戒行,以八正道、四摄六度为戒律的内容,才能饶益众生。所以,人间佛教主张,八正道才是戒律,六度万行才是戒律,四摄法门才是戒律;具有饶益有情的内容,才是真正的戒律。③

传统的律学用语过于晦涩难懂,因此在重振重律受戒之风时,学界呼吁在

---

① 程恭让:《从〈贫僧有话要说〉看星云大师人间佛教思想最近期论定学说》,载《2015 人间佛教高峰论坛——人间佛教体认》,高雄:佛光文化 2016 年版,第 264 页。
② 《星云大师全集·人间佛教的戒定慧》,第 247 页。
③ 《星云大师全集·人间佛教的戒定慧》,第 249 页。

"实务研究"方面,应注重文字的浅白以及一些关键性义理的正确阐明。[1]大师所阐明的戒律学,语言平易近人,直指人心。在呼吁人间性,呼吁回归制戒本怀以及呼吁戒律日常化、精简化等诸多因缘的共同影响下,"佛光新戒条"应运而生。

"佛光新戒条"是大师提出的包括十要、十不要的准则。具体包括,十要:要正常吃早饭,要有表情回应,要能提拔后学,要能推荐好人,要肯赞叹别人,要能学习忍辱,要能长养慈悲,要有道德勇气,要能知道惭愧,要能守时守信。十不要:不可好买名牌,不可轻慢他人,不可嫉妒好事,不可侵犯他人,不可语言官僚,不可去做非人,不可承诺非法,不可打扰别人,不可轻易退票,不可无理情绪。尽管这些准则仅有二十条,却包罗万象,涉及个人与社会生活的方方面面。大师有意识地将"十要"居于前列,意在转变人们长久以来对佛教戒律的误解——佛教戒律对个人有着诸多限制。"十要"彰显了佛教的"人间性",展现了佛教积极、精进、不离世俗并服务大众的一面。大师提出的"十要""十不要"消弭了人与人之间的人为隔阂,促进了人际关系的亲密。前辈与后学、个人与他人、熟人与陌生人之间的交往都有了明确的戒律规范。若信众将"佛光新戒条"作为自己的人生指南,那么"浮躁""追求奢华"等心态将得到有效的纠正,佛法将从每个人心中自发地生起,庄严自己。这种新戒条也成为处理不同文明与人我关系的通用规范,为当今国与国、文明与文明间交往提供了佛法智慧。可见,"佛光新戒条"是对戒律规范的系统革新,体现了原则性与灵活性的有机结合,体现了出家与在家的平等,体现了修行不离生活的宗旨,为佛教走向更广泛的空间、更多元的文化、更丰富的人群,提供了规范、依据和动力。[2]

此外,大师针对佛教戒律是否过于限制个人的问题提出了深入的见

---

[1] 劳政武:《戒律学原理》,载《法藏文库·中国佛教学术论典》第98册,台北:佛光山文教基金会2001年版,第434页。
[2] 夏德美:《"佛光新戒条"与戒律的现代化转型》,《人间佛教学报·艺文》第31期,2021年。

解。大师说:"佛教的戒律,其根本精神是不侵犯;不侵犯而尊重他人,便能自由。譬如五戒中的不杀生,就是对别人的生命不侵犯;不偷盗,就是对别人的财产不侵犯;不邪淫,就是对别人的身体不侵犯;不妄语,就是对别人的名誉不侵犯;不饮酒,就是对自己的理智不伤害,进而不去侵犯别人。"[1]大师认为"戒"即"自由",通过不侵犯别人,进而尊重自由,那么个人与他人都能获得自由。大师进一步指出,越是自律的人,就越能够实现真正的自由。所以,戒律并非让我们去寻求行为的践行,而是要求我们坚守法律的准则。星云大师所提出的"佛光新戒条"完全打破了僧信界限,完全融合了世俗伦理与出世戒法,出家众可以持守,在家人可以学修,人人都能守法持戒,世界就会消除人我区别,以同理心来构建人类命运共同体。这就是"人间佛教"的使命,这就是"佛光新戒条"的普世意义,这就是佛陀一代时教为未来人类带来的一道光明。[2]

结　论

我们将义净的律学比作优昙钵花,既关注了它的特殊性——深耕根有律;反对"律分五部",提出"律分四部";反对律学义学化、杂糅化,提倡日常化、精简化;弘扬持戒印度化;撰述与修持中借用某些中国文化因素,也讨论了它逐步退出历史舞台的缘由——与传统律学的碰撞中圆融性与调适性不足;在戒律中国化与印度化的抉择中陷入被动的中国化。纵然他采用中国文化来解释戒律,并在戒律中体现了对汉地"失语"弱势群体的关注,彰显出殊胜的"人间性",但这只是一种被动的中国化。所以,从佛教中国化的宏观视角来观察义净,其无疑是一位"悲情"的人物,但从他的贡献与影响的角度来综合评判,我们仍然认为义净是当之无愧的人

---

[1] 《星云大师全集·人间佛教的戒定慧》,第243页。
[2] 温金玉:《新时代的新伦理——星云大师的"十要十不要"》,《人间佛教学报·艺文》第31期,2021年。

间佛教学的践行者。[①]因此，对义净律学的重审无疑对我们不断健全人间佛教戒律学起了重要的引导作用，这有利于纠正传统律学的弊端，批判性地继承和补充优良传统，并不断补充契理契机的新内容。佛法戒律并不是孤立存在的，而是应积极将其融入现实生活中，成为交往互动的行动准则。在生活中，应自觉遵守戒律，克己复礼，尊重他人，不侵犯他人并遵守法律。同时，还应做到"止持"与"作持"并重，这正是"人间佛教戒律学"的真正意义所在。

受持戒律最终导向的是"人权"与"生权"，这是戒律用以提升未来人类人格与素质的重要特质。以"佛光新戒条"为代表的人间佛教戒律学，以五戒、十善等为基础，引导我们不断完善人格，健全人格，并进一步实践"自利利他""自度度人"的道路，帮助我们证得属于自己的"圆满菩提"，这也恰恰是人间佛教戒律学的目标所在。

佛陀曾说偈言：世间百草芳华馥郁，逆风不熏，香韵难传，唯有近道闻教，长养慈悲喜舍的内德，香遍十方，不散不坏。德香虽然胜过世间杂华涂香，但不如一日受持斋戒，洁净贪嗔，寂灭常乐。此寂灭之戒香，远胜世间百花名香，人天福德之香。因此，对于戒行清净的信众，若一切行为举止都合乎规范，那么戒香将"芳馨遍世间，名闻满十方"。所以，对义净律学乃至当代戒律学的关注具有重大的理论及实践意义。

[①] 人间佛教的精神内核来自佛陀本怀，并非拘泥于特定的时空。基于此角度而言，人间佛教自然无所谓古今国别之分。此观点可参见于腾、程恭让《从圆仁入唐求法巡礼经历看大运河与海路之连接》，《人间佛教学报·艺文》第 50 期，2024 年；于腾《杖锡泛海：唐代海上丝绸之路南线高僧交往特征谫论》，《绵阳师范学院学报》（社会科学版）2024 年第 6 期。

Epiphyllum: The Death and Reform of Yi Jing's Buddhist Monastic Discipline Thought in the Perspective of Humanistic Buddhism

Yu Teng

Abstract: Yi Jing is a representative figure in the history of Chinese Buddhism. He not only devoted himself to the translation of a large number of Buddhist sutras, but also made outstanding contributions in the field of Buddhist monastic discipline. Yi jing regarded Mūlasarvāstivāda-Vinaya as a model for the original precepts of India, and Mūlasarvāstivāda-Vinaya as a tool for improving the Chinese Buddhist monastic discipline. His Buddhist monastic discipline thought also reflects his efforts to deeply cultivate Mūlasarvāstivāda-Vinaya, to reform the traditional view of the history of the precepts, to oppose to over-elaborate interpretations, and to borrow from Chinese culture. However, despite its relative perfection and support from the imperial court, Yi Jing's Buddhist monastic discipline thought was not widely disseminated. The loss of Yi Jing's Buddhist monastic discipline illustrates the eternal characteristics of Chinese precepts, which are both "in tune with reason and opportunity" and "towards the Chineseization of Buddhism". Contemporary research on the Yi Jing school of discipline can provide historical experience for contemporary precepts, and provide useful reference and inspiration for further highlighting the importance of the precepts and practices of Humanistic Buddhism. The "New Precepts of Buddha's Light" formulated by Master Hsing Yun has become an outstanding example of the precepts of Humanistic Buddhism in the new era, and the upāyakauśalya wisdom contained therein is in line with the rules and needs of modern believers, society, and different civilizations, and provides precepts and wisdom for the further advancement of Chinese Buddhism into the world and into the future.

Key words: Yi Jing; Mūlasarvāstivāda-Vinaya; Buddhist Monastic Discipline; Humanistic Buddhism

宝顶山"柳本尊十炼"石刻中的"人间佛教"问题蠡议

陈子衿　李家迅

四川大学硕士生

摘　要："柳本尊十炼"是川东地区极具地域特色的石刻题材。过往主要从其雕凿年代、宗教属性，以及艺术风格等角度展开研究。本文从大足宝顶山"柳本尊十炼"石刻出发，立足史料文献与实物资料的分析，认为南宋僧人赵智凤主持凿刻于宝顶山的该题材石刻不仅反映了柳本尊救助蜀地民众的行化事迹，其背后的营造意匠也体现出晚唐以来佛教受到本土儒家文化影响不断"中国化"的进程，属于"人间佛教"思想的实物反映。

关　键　词：柳本尊；赵智凤；十炼；儒家思想；人间佛教

基金归属：本文为2019年度国家社科基金重大项目"'一带一路'佛教交流史"（编号：19ZDA239）的阶段性成果。

一　问题的缘起

"柳本尊十炼"这一题材的石刻目前发现有四处，分别位于四川省安岳县石羊镇毗卢洞（图1）、高升乡大佛寺（图2）、重庆市大足区宝顶山大佛湾（图3）及小佛湾毗卢庵（图4）。而关于"柳本尊十炼"石刻的文

图1　石羊镇毗卢洞"柳本尊十炼"石刻

（李家迅摄）

图2　高升乡大佛寺"柳本尊十炼"石刻

（图片来源：四川大学考古学国家级实验教学示范中心、成都文物考古研究院、安岳县文物局：《四川安岳高升大佛寺、社皇庙、雷神洞摩崖造像调查简报》，《文物》2018年第6期）

图3 宝顶山大佛湾"柳本尊十炼"石刻

(陈子衿摄)

图4 小佛湾毗卢庵"柳本尊十炼"石刻线描图

(图片来源：米德昉：《重庆市大足区宝顶山圣寿寺毗卢庵造像的调查与研究》，《四川文物》2019年第2期)

章，除去考古报告相关文献外[1]，有的对"柳本尊十炼"石刻中的内容与人

---

[1] 参见曹丹、赵岭《安岳毗卢洞石窟调查研究》，《四川文物》1994年第3期；刘长久《也论安岳毗卢洞石窟——兼与曹丹、赵岭二君商榷》，《四川文物》1995年第5期；四川大学考古学国家级实验教学示范中心、成都文物考古研究院、安岳县文物局《四川安岳高升大佛寺、社皇庙、雷神洞摩崖造像调查简报》，《文物》2018年第6期；米德昉：《重庆市大足区宝顶山圣寿寺毗卢庵造像的调查与研究》，《四川文物》2019年第2期。

物进行了详细的列举与描述[1]，有的讨论了安岳、大足两处相关题材石刻的年代问题[2]，有的则对柳本尊、赵智凤这一教派的活动进行了梳理[3]，也有个别研究分析了"十炼"这一修行行为的佛教来源[4]，还有论文涉及《唐柳居士传》碑记中"天福"纪年的考证问题[5]。此外，彭冰针对毗卢洞、大佛湾两处"柳本尊十炼"石刻中出现的官员形象，分析了相关窟龛营造的历史背景，认为这些世俗形象说明了官方对营建宝顶山活动的支持。[6] 彭文提到赵智凤为避免遭官方打压而与儒家思想做出了适应与调整的观点，或许还有一些细节需要再作讨论。本文从彭文所提到的赵氏以儒家思想做出适应的历史语境出发，通过分析石刻空间内容的组织，探讨体现于宝顶山相关石刻中的"人间佛教"倾向。

二 柳本尊与造像者赵智凤的关联问题

要探讨大足宝顶山"柳本尊十炼"石刻，就不得不提及造像的主尊柳氏与传为雕造主持者的赵智凤，以及二者的关联。关于柳本尊的信息，《唐

---

[1] 王家祐：《柳本尊与密教》，《佛教研究》2001 年第 2 期。
[2] 参见王熙祥、黎方银《安岳、大足石窟中〈柳本尊十炼图〉比较》，《四川文物》1986 年（S1）；陈明光、邓金之《试述大足石刻与安岳石刻的关系》，《四川文物》1986 年（S1）；胡文和《安岳、大足"柳本尊十炼图"题刻和宋立〈唐柳居士传〉碑的研究》，《四川文物》1991 年第 3 期；李静杰、黎方银《大足安岳宋代石窟柳本尊十炼图像解析》，载重庆大足石刻艺术博物馆编《2005 年重庆大足石刻国际学术研讨会论文集》，文物出版社 2007 年版，第 190—223 页；彭冰《柳本尊十炼图中的官员形象研究》，《长江文明》2018 年第 3 期。
[3] 胡文和：《安岳、大足"柳本尊十炼图"题刻和宋立〈唐柳居士传〉碑的研究》，《四川文物》1991 年第 3 期。
[4] 参见傅成金《安岳石刻〈柳居士十炼窟〉内容初探》，《四川文物》1996 年第 4 期；李静杰、黎方银：《大足安岳宋代石窟柳本尊十炼图像解析》，载重庆大足石刻艺术博物馆编《2005 年重庆大足石刻国际学术研讨会论文集》，第 190—223 页。
[5] 陈明光：《〈宋刻《唐柳本尊传碑》校补〉文中"天福"纪年的考察与辨正——兼大足、安岳石刻柳本尊"十炼图"题记"天福"年号的由来质疑》，《世界宗教研究》2004 年第 4 期。
[6] 彭冰：《柳本尊十炼图中的官员形象研究》，《长江文明》2018 年第 3 期。

柳居士碑》有详细记载。[①]另关于赵智凤的记载，主要集中于大足石刻的铭文中，例如："宝顶赵智凤，刻石追孝，心可取焉，以成绝句。"[②]"重庆郡属邑曰大足城东三十里有山曰宝顶，有寺曰圣寿，建立自唐至宋熙宁年间，敕赐令号，相传为毗卢氏脱俗炼形之所也……周遭凡云百尺，悉镌天竺诸境及冥司判官罗汉千象……皆毗卢之功也。寺因著名朝廷久也……今考其书，毗卢佛再世，托生于本邑米粮里赵延富之家……清苦七十余年……"[③]王象之《舆地纪胜》卷一百六十一载："宝峰山在足县东三十里，有龛岩，道者赵智凤修行之所。"[④] 从这些记载可知，赵智凤惨淡经营宝顶石窟七十余年，把柳本尊塑造成毗卢遮那佛，并奉为主尊。文献中还明确记载赵氏继承了柳氏的法脉。上述是根据文献记载所得出的传统观点，张小涛的博士论文《癫狂的民间——两宋安岳、大足〈柳本尊十炼图〉世俗化、民间化的嬗变》一文亦有所提及。[⑤]

---

① 参见（清）刘燕庭《金石苑》第四本，载刘长久、胡文和、李永翘编著《大足石刻研究》，四川省社会科学院出版社1985年版，第294—297页。关于柳本尊的生年，有三说：安岳毗卢洞"第六炼"题刻中记载唐大中九年（855）"显法身"，而据《唐柳本尊传》碑记所载卒年往上推测则是唐会昌三年（843），还有清嘉庆十七年（1812）《汉州志》所说的唐开成年间（836—840）。据《汉州志》载，柳本尊于唐大中九年得道，加之毗卢洞"第六炼"的描述仅为："显法身，出现世间，修诸苦行，转大法轮"（更多是有关得道的描述），所以说其生年不应是大中九年。碍于缺乏更有说服力的材料，本文认为柳本尊生于836—843年。至于其卒年，安岳毗卢洞"第五炼"题刻提到为天福（复）三年（903），《唐柳本尊传》碑记中为天福七年（907）。就卒年而言，毗卢洞"第五炼"天福（复）三年的说法应当有误，因为毗卢洞、大佛湾题刻及《唐柳本尊传》碑记均记述了天福（复）三年后柳本尊的行化事迹。按，关于柳本尊的碑刻原文中，均刻为"天福"，即唐昭宗天复年号，但天复仅四年，请读者注意。正文中与碑刻保持一致，仍用"天福"。
② 重庆大足石刻艺术博物馆、重庆市社会科学院大足石刻艺术研究所编：《大足石刻铭文录》，重庆出版社1999年版，第233页。
③ 重庆大足石刻艺术博物馆、重庆市社会科学院大足石刻艺术研究所编：《大足石刻铭文录》，第218页。
④ （宋）王象之编著，赵一生点校：《舆地纪胜》第十册卷一百六十一，浙江古籍出版社2012年版，第3460页。
⑤ 张小涛：《癫狂的民间——两宋安岳、大足〈柳本尊十炼图〉世俗化、民间化的嬗变》，中央美术学院博士学位论文，2015年，第41—44页。

但过往研究中，有学者认为柳本尊与赵智凤并无直接关联。[1]胡文和先生提出的新观点几乎完全推翻了过往文献对于柳与赵二人关系的记载，以及赵氏作为大足石刻雕凿主持者的认知。这些观点似乎过于绝对化了，还有待商榷。近年来又有大足学者米德昉对川东地区柳本尊信仰问题进行详细的分析。[2]他认为，且不论柳本尊与赵智凤之间是否存在真正意义上的法脉关系，也不去争议赵氏是否严格奉行柳本尊的一套教法，必须承认的一点是，南宋中后期的近百年内，赵智凤一派所提倡的新型佛教主导了以大足和安岳为中心的川东地区民众的信仰。如果从佛教的"正统性"与"民间性"角度论，该教以崇信柳本尊为标志，在民间力量的推动下，于特定的时间流行在有限的区域。[3]可见，米先生认为尽管不能肯定柳与赵有多么强的关联性，但赵氏在川东地区以柳氏为信仰标志，展开传教、造像等一系列活动是符合客观逻辑的。柳本尊信仰或许不是赵氏及其团队所绝对信奉的，不过可能存在借助柳本尊弘传自己主张的宗教信仰的情况。从这个角度看，柳、赵二人仍是具有联系的。

基于柳与赵关系的争议，笔者重新梳理文献发现：第一，过往研究可能相对忽略了从地理空间的角度分析赵与柳二人的关系。从文献记载中我们可以看到，柳本尊出身于嘉州城北，曾游历峨眉山，后因成都多厉鬼，便领众人北上驱鬼。碑文详细记载了他于天福元年到七年（901—907）在

---

[1] 胡文和文中指出，柳氏的宗教活动，以佛教的修证来看，也只算得上是方便法门。柳氏虽然修习大轮五部密咒，却与唐代中国佛教密宗无任何直接或间接的师承关系。胡氏认为柳氏不是中国唐代佛教密宗的传人，而是独自以居士身份修习密教的卓越者，且赵智凤与柳氏教派并无直接和间接的师承关系。胡氏还认为，关于赵氏主持宝顶大小佛湾造像的雕凿工程，是否从始至终为其本人所主持的问题还需要商榷。胡文和：《安岳、大足"柳本尊十炼图"题刻和宋立〈唐柳居士传〉碑的研究》，《四川文物》1991年第3期。

[2] 米德昉在《南宋川东社会中的柳本尊信仰及其影响》一文中指出，赵智凤游访川西之时柳本尊去世已二百余载，二人很难说有直接传承关系。从宝顶山杂糅了华严、密教、禅宗、净土以及儒家孝道思想的造像体系而言，仅凭"密教"或"非密教"的概念去解读赵智凤的佛教思想，未免有点简单化了。宝顶山的很多造像内容及形式为佛教史上首创，其复杂性与多元性非某宗或某派思想所能统摄。米德昉：《南宋川东社会中的柳本尊信仰及其影响》，《佛学研究》2021年第2期。

[3] 米德昉：《南宋川东社会中的柳本尊信仰及其影响》，《佛学研究》2021年第2期。

嘉州、成都、广汉一带救济民众，大行善事。当时西蜀主是前蜀王建，他闻知柳氏之事后，也对其褒赞不已，并召见了他，予以赞助（虽然柳并未全部接受，但确实得到了官方的关注和宣扬）。[①]

这里有两点重要信息：一，其活动范围主要在川西一线：嘉州—峨眉山—象耳山（眉山地区）—成都—广汉；二，柳本尊在川西影响力非常大，不仅是在民间，他还得到了当时西蜀的实际统治者王建，以及广汉太守赵公等官方的关注与支持，可谓官民皆崇。又有记载："蜀广政二十六年……咒西金刚火首金刚深沙大神，赐院中奉事，又赐杨直京紫绶金鱼，稗领住持事□□□□□□□。"[②] 这是杨直京受到后蜀孟志祥封赏的事迹，亦可见柳派在前后二蜀时期一直受到官方的嘉赏与重视。

值得注意的是，碑文记载："因因□曰□□院已，而至广汉，留数日，忽忆'遇汉即回'之语，于是还弥蒙。广汉太守赵公，遣吏请目睛，欲试可。"[③] "乃严饰道场，请诵咒，而光明四发。遂留供养三日，赐钱帛名香，居士不受，乞归弥蒙。因下令'□□'。"[④] 其中提到的"弥蒙"，就位于今成都北部新都与彭州（彭县）交界处，即广汉的西南方。譬如《四川通志》卷之十记载："弥蒙水在县北即新都之弥牟水上源也……《寰宇记》弥蒙水在蒙阳县南二百五十步源出九陇县琅歧山……"[⑤] 蒙阳县即濛阳县，四川历史地名，唐置，明初废，故治在今彭州濛阳镇。关于"弥蒙"的位置在《新都县志》《彭县志》中都有相关记载，不再赘

---

① 另有"求于'二'居士持诵，夫人疾有廖，蜀主大悦，俱封银青光禄大夫，检校太子、太傅，内殿侍□□"。这时候柳本尊本人已经去世，二居士可能是其弟子袁承贵和杨直京，柳本尊去世后，二人"共持大教"。关于这段碑文中"蜀主"是指前蜀主王建，还是后蜀主孟知祥，难以判定，但可以肯定的是柳派依旧受到了当时当地最高统治者的封赐。陈明光：《重新校补宋刻〈唐柳本尊传〉碑》，《敦煌研究》2006年第3期。
② 陈明光：《重新校补宋刻〈唐柳本尊传〉碑》，《敦煌研究》2006年第3期。
③ 陈明光：《重新校补宋刻〈唐柳本尊传〉碑》，《敦煌研究》2006年第3期。
④ 陈明光：《重新校补宋刻〈唐柳本尊传〉碑》，《敦煌研究》2006年第3期。
⑤ （嘉庆）《四川通志》卷之十，清嘉庆二十一年木刻本。

述。[1]"归弥蒙""还弥蒙"证明柳氏长期驻此地,因而此地应是其修行道场之一。而在对赵智凤的记载中又明确写道:"传至宋高宗绍兴二十九年七月十有四日,有曰赵智凤始生于米粮里沙溪。年甫五岁,靡尚华饰,以所居近旧有古佛岩,遂落发剪爪,入其中为僧。年十六,西往弥牟,云游三昼尽还,命工首建圣寿本尊殿,因名其山曰宝顶。"[2]"赵本尊,名智凤,绍兴庚辰年(1160年)生于米粮之沙溪。五岁入山,持念经咒十有六年,西往弥牟。复回山,修建本尊殿,传授柳本尊法旨,遂名其山曰宝鼎。舍耳炼顶报亲,散施符法救民。嘉熙年间(1237—1240年)承直郎昌州军事判官席存著为之铭。"[3]赵智凤出生在大足附近,"西往弥牟"就是前往柳本尊当年长期驻留的道场弥蒙。《四川通志》卷二十三:"湔水:在县北三十里,自彭县流入,又东北二十里入汉州金堂县界,旧志谓之清白江,其水经弥牟镇北,亦名弥牟河。"[4]弥牟镇就在今天成都北的彭州(彭县),弥牟河就是现今彭州青白江的一段。王天祥等在论文中提到赵智凤前往弥牟的原因是去学习柳本尊法旨,但对于弥牟在哪儿没有过多解释。[5]胡文和也提到了赵氏去弥牟圣地,可能是他见到安岳的十炼图或听说了有关柳氏的传奇故事。[6]这里要指出,并没有直接的文献能证明赵一定去过安岳地区,胡文部分观点还有待深入考证。

再看《重开宝顶石碑记》的记载:"树生瘿,一日柳破其瘿而婴儿出,

---

[1] 《新都县志》:"自都江而下,益以蒲阳、南溪、弥蒙……"(道光)《新都县志》卷二,清道光二十四年木刻本。《方舆纪要》卷六十七《彭县》:"蒙江,在县东,亦曰弥蒙水,源出九陇山,至蒙阳故县南,合于沱江。"(清)顾祖禹:《方舆纪要》卷六十七,清嘉庆十七年敷文阁刻本。
[2] 重庆大足石刻艺术博物馆、重庆市社会科学院大足石刻艺术研究所编:《大足石刻铭文录》,第218页。
[3] 重庆大足石刻艺术博物馆、重庆市社会科学院大足石刻艺术研究所编:《大足石刻铭文录》,第211页。
[4] (雍正)《四川通志》卷二十三,清文渊阁四库全书本。
[5] 王天祥、李琦:《建构、转述与重释——赵智凤形象考释》,《西南民族大学学报》(人文社科版)2008年第9期。
[6] 胡文和:《安岳、大足"柳本尊十炼图"题刻和宋立〈唐柳居士传〉碑的研究》,《四川文物》1991年第3期。

焉州之都故吏以为祥，遂收鞠为子，比长修诸苦行，转大法轮，其化甚行。时明宗赐其院额曰大轮。至宋神宗熙宁间敕号曰：寿圣本尊。后智凤因持其教，故亦以是为号。"①这里主要讲述了柳本尊部分生平事迹，以及后唐明宗将他修行的寺院赐名为"大轮"，到宋神宗熙宁年间又敕其"寿圣本尊"号。后来赵氏维持该教派，故而在大足修寺院时使用了此名。从碑记的铭文中可见，柳本尊去世后，无论是五代的后唐还是北宋时期，官方都对柳氏修行的寺院进行了敕号，柳氏教派较高的影响力与教法的合法性都是毋庸置疑。《唐柳本尊传》碑也记载："而至广汉，留数日，忽忆'遇汉即回'之语，于是还弥蒙。广汉太守赵公……天福三年七月三日也。四年春，舍宅奉居士，为四众庙院□毗卢庵大轮院是也。居士遣其徒主持，还归弥蒙……"②因此这一"四众庙院"可能就是前述"大轮院"。结合两则材料来看，柳氏的道场大轮院，应该也在弥蒙附近（广汉某处）。这点在米德昉《南宋川东社会中的柳本尊信仰及其影响》一文中有所提及，③因米文未详细分析，故在此解释说明。笔者认为赵氏回到大足后传授的"柳本尊法旨"，应是其青年时代前往弥牟之所学。因为赵氏去往的柳氏道场，在前后蜀时期，乃至宋代影响力都较大，若是其没受到任何影响是很难讲通的。

第二，席存著在铭文中明确提到赵氏"舍耳炼顶报亲"。"舍耳"与"炼顶"应与十炼中的第五"割耳"与第七"炼顶"有关，也有可能在此指代全部十炼修行。无论前者还是后者，都是对赵氏"十炼"行为的明确记载。虽然不能说十炼修行为柳氏独有与首创，但结合前述铭文中"传授柳本尊法旨"，以及西行弥牟至柳氏道场来看，赵氏的"十炼"很可能是因柳氏而起。赵氏"散施符法救民"，也与柳氏"救苦恼众生""今成都多厉鬼，去往除之"等一系列救苦救难的行迹高度相似。从以上诸多行为来看，同样不能否认柳氏对赵氏产生的强烈影响。

---

① 重庆大足石刻艺术博物馆、重庆市社会科学院大足石刻艺术研究所编：《大足石刻铭文录》，第212页。
② 陈明光：《重新校补宋刻〈唐柳本尊传〉碑》，《敦煌研究》2006年第3期。
③ 米德昉：《南宋川东社会中的柳本尊信仰及其影响》，《佛学研究》2021年第2期。

第三，写下上述直接说明二人关联铭文的席存著在正史中并无过多记载，《四川通志》《重庆府志》《大足县志》中的材料基本上也与铭文相同，《荣昌县志》记录的宋代地方官中亦有其名，即"承直郎嘉熙间知昌州军州事判官"，以上相关文献可能皆参考了石刻铭文。其官名"承直郎"属宋代文散官，职位"昌州军州事判官"是昌州地区的行政助理，掌簿书案牍文移付受督催之事。[①] 这意味着席氏本人的文辞记述能力不会太差，也同样说明这段铭文内容应具有一定可信度。

赵氏对柳氏的推崇与学习，在其后来的行迹、寺院取名，以及宗教实践等诸多细节中可见一斑。综合上述分析，柳氏应是对赵氏产生了不小的影响。在明确柳、赵二人的关联后，也就能进一步探讨赵智凤主持雕凿的"十炼图"中所反映的思想内涵了。

三 大佛湾"柳本尊十炼"事迹中的"人间佛教"倾向

所谓"人间佛教"思想，始于太虚大师20世纪初所主张的"人生佛教"，后经印顺、赵朴初等数代大德进一步弘扬，使得该思想变得更为完备。"人间佛教"思想表达出强烈的入世态度，具有一定的"世俗化"[②]特质。程恭让依据星云大师所著《人间佛教回归佛陀本怀》，提出了人间佛教理论与实践发展的三大方向，即"佛法化""中国化"与"全球化"，其中"佛法化"的基本精神便是"佛陀本怀"。[③] 而这在宝顶山大佛湾"柳本尊十炼"石刻中是有充分反映的。

毗卢洞、大佛湾两处"柳本尊十炼"石刻以及《唐柳本尊传》碑记皆

[①] 《五代会要》卷十："诸道推巡及军事判官，准从八品官例。诸军将校，内诸司使司副、供奉官、殿直，临时奏听圣旨。"（宋）王溥撰：《五代会要》卷十《刑法杂录》，中华书局1998年版，第124页。

[②] 这里的世俗化并非一般意义上的佛教世俗化，而是"用入世的事业做出世的资粮"。

[③] 参见程恭让《人间佛教理论、实践的三大方向——以星云大师〈人间佛教佛陀本怀〉为依据》，《西南民族大学学报》（人文社会科学版）2017年第8期。

记录有唐末"广明之乱"后柳本尊在蜀地治病救人的事迹,如大佛湾"十炼"题刻(毗卢洞题刻内容与之相近)中"第三炼踝""第五割耳"与"第九炼阴"(图5、图6)。相关录文如下:

第三炼踝

本尊教主,宴坐峨眉,历时已久,忽睹僧谓曰:"居士止此山中,有何利益?不如往九州十县,救疗病苦众生。"便辞山而去。于天福二年(902)正月十八日,本尊将檀香一两为一炷,于左脚踝上烧炼,供养诸佛。愿共一切众生,举足下足,皆遇道场,永不践邪谄之地,感四天王为作证明。

第五割耳

本尊贤圣,令徒弟往弥蒙,躬往金堂、金水行化救病。经历诸处,亲往戒敕。诸民钦仰,皆归正教。于天福四年(904)二月十五日午时,割耳供养诸佛,感浮丘大圣顶上现身以为证明。

第九炼阴

本尊教主,天福五年(905)前十二月中旬,马头巷丘绍得病,身死三日,皈依本尊求救,合家发愿,若得再生,剪发齐眉终生给侍。本尊具大悲心,以香水洒之,丘绍立苏。于是丘绍夫妇、二女俱来侍奉,以报恩德,不离左右。闰十二月十五日,本尊用腊布裹阴经,一昼夜烧炼,以示绝欲。感天,降七宝盖,祥云瑞雾,捧拥而来。本界腾奏,蜀王叹服。

以上部分题刻虽带有神异色彩,但诵经及咒术确实属于为人们所接受的几类治疗方式(往往起到心理慰藉的作用)。唐《弘赞法华传》记载:"释僧彻……曾行遇癫者……令诵《法华》。癫者,素不识字……句句授之……得五六卷,疮渐觉愈。一部既了,鬓眉平复,肤色如常。"[1] 再如

---

[1] (唐)惠详:《弘赞法华传》,《大正藏》第51册,第37页。

图5　宝顶山大佛湾"柳本尊十炼"石刻 局部"第三炼踝""第五炼耳"
（陈子衿摄）

图6　宝顶山大佛湾"柳本尊十炼"石刻 局部"第九炼阴"
（陈子衿摄）

《唐六典》记载："隋太医有咒禁博士一人，皇朝因之又置咒禁师、咒禁工佐之……有禁咒出于释氏。"①《唐柳本尊传》碑中也提到柳本尊主修"大

---

① （唐）李林甫等撰，陈仲夫点校：《唐六典》太常寺卷第十四，中华书局1992年版，第411页。

轮五部密咒",而毗卢洞第六炼题刻又有"宋熙宁年（1068—1077）敕赐号寿圣本尊院，永作救世医主"的记录。不论上述方法的临床医治效果如何，当时的佛教弟子在一定程度上承担了医师的职能，柳本尊也同为其中一员。

除去救病活动外，"第一炼指""第六炼心""第八舍臂"及"第十炼膝"（图7、图8）的内容也能体现出他的发心：

第一炼指
本尊教主，于光启二年（886）遇见人多疫疾，教主悯之，遂盟于佛，持咒灭之，在本宅道场中，炼左手第二指一节，供养诸佛，誓救苦恼众生。感圣贤摄受，通不语云："汝誓愿广大。汝当西去，遇弥即住，遇汉即回。"遂游礼灵山，却回归县。

第六炼心
本尊贤圣，于天福五年（905）七月三日，以香蜡烛一条炼心，供养诸佛。发菩提心，广大如法界，究竟若虚空，令一切众生，永断烦恼。感大轮明王现身证明。一切众生悉得醒悟。

第八舍臂
本尊教主，于天福五年（905），在成都玉津坊道场内，截下一只左臂，经四十八刀方断，刀刀发愿，誓救众生，以应阿弥陀佛四十八愿。顶上百千天乐，不鼓自鸣。本界厢吏谢洪具表奏闻，蜀王叹异，遣使褒奖。

第十炼膝
本尊贤圣，蜀王钦仰日久，因诏问曰："卿修何道，自号本尊？卿禀何灵，救于百姓？"对曰："予精修日炼，誓求无漏无为之果，专持大轮五部密咒，救度众生。"于天福六年（906）正月十八日，将印香烧炼两膝。供养诸佛，发愿与一切众生，龙华三会，同得相见。

图7　宝顶山大佛湾"柳本尊十炼"石刻 局部"第一炼指"
（陈子衿摄）

图8　宝顶山大佛湾"柳本尊十炼"石刻 局部"第六炼心""第八舍臂""第十炼膝"
（陈子衿摄）

虽然烧炼、割舍不同人体部位的行为在今日显得残忍而荒诞，但李静杰等结合经籍与诸多佛教弟子的事迹，认为烧炼供养主要体现了《法华经》思想，而割舍布施则源自《华严经》思想。[1]这也说明柳本尊的十炼举动并非旁门左道（正如彭冰所说，对这些宗教活动的定性往往取决于官方的态度[2]），而是佛教正统修行行为（但与中土密教可能无甚联系，目前仅在苏悉地法中发现有"割己肉护摩"的仪轨，[3]而这涉及"治罚本尊"阿毗遮噜迦之法，与供养发愿无关），其中蕴含着发慈悲心、救度众生的目的。

唐乾宁二年至乾宁四年（895—897），西川节度使王建（847—918）多次出兵东川，地方局势一直不甚稳定。而据"十炼"题刻与前文所提的《唐柳本尊传》碑记文本，柳本尊于光启二年（886）十一月来到峨眉山，后为"救疗病苦众生"可能于唐天福元年（901）正月前动身前往成都地区。[4]"十炼"的苦行修炼方式并不值得提倡，但柳本尊发慈悲心，并身体力行救助深陷苦难的蜀地民众，即行菩萨道以"增加人间的幸福与美满"[5]，却正是佛陀的"本怀"。故就柳本尊的十炼事迹而言，其中的确体现了今日"人间佛教"所主张的"入世"倾向。

四 宝顶山相关窟龛营造历史背景再议及题材设计中的"人间佛教"体现

前述与柳本尊相关的"大轮五部密咒"也记录在《北梦琐言》一书中：

---

[1] 李静杰、黎方银：《大足安岳宋代石窟柳本尊十炼图像解析》，载重庆大足石刻艺术博物馆编《2005年重庆大足石刻国际学术研讨会论文集》，第190—223页。
[2] 彭冰：《柳本尊十炼图中的官员形象研究》，《长江文明》2018年第3期。
[3] （唐）输波迦罗：《苏悉地羯罗经》，《大正藏》第18册，第633页。
[4] 陈明光：《重新校补宋刻〈唐柳本尊传〉碑》，《敦煌研究》2006年第3期。
[5] 星云大师：《人间佛教回归佛陀本怀》，人民出版社、宗教文化出版社2016年版，第5页。

> 释教五部持念中，有大轮咒术，以之救病，亦不甚效。然其摄人精魂，率皆狂走，或登屋梁，或啮瓷碗。闾阎敬奉，殆似神圣。此辈由是广获金帛。陵州贵平县牛鞞村民有周达者，贩鬻此术，一旦沸油煎其阴，以充供养，观者如堵，或惊或笑。初自忘痛，寻以致殂也。中间僧昭浦说，朗州有僧号周大悲者，行此咒术，一旦炼阴而毙。与愚所见，何姓氏恰同，而其事无殊也？盖小人用道欺天，残形自罚，以其事同，因而录之。①

著文者孙光宪生活于唐末至宋初，原为陵州贵平（今四川仁寿）人。该书虽完成于孙氏江陵为官后，但此则逸文前半部分很可能为孙氏尚在陵州时所见闻。他本人作为受儒家"经史"教育的官吏，②对"大轮咒术"与割舍烧炼持负面态度，认为此术乃为收敛钱财，纯属江湖之术。

这种自残行为往往也被官方所禁止，《资治通鉴》中曾提到后周世宗显德二年（955）五月颁布的禁令："禁僧俗舍身、断手足、炼指、挂灯、带钳之类幻惑流俗者。"③至宋徽宗赵佶时期（1100—1126年在位），相关政令频出，如北宋大观四年（1110）二月有："禁然（燃）顶、炼臂、刺血、断指。"④这些材料能够说明烧炼、割舍之术并不局限于四川地区，而一度在民间广为流行，故官方不得不下政令禁止僧俗烧炼、割舍。但禁令似乎未能奏效，清人辑《宋会要辑稿》中记述政和五年（1115）十一月之诏："毁伤肢体，有害风教。况夷人之法，中华岂可效之？累有处分，终未能革，可遍行下，违者以大不恭论。添赏钱三千贯文。监司、守臣知

---

① （五代）孙光宪撰，贾二强校点：《北梦琐言》逸文卷第三《大轮咒术》，中华书局2002年版，第417页。
② 《宋史》卷四百八十三《世家六》载："光宪博通经史，尤勤学。聚书数千卷，或自抄写。孜孜雠校，老而不废。"（元）脱脱等撰：《宋史》卷四百八十三《世家六》，中华书局1985年版，第13956页。
③ （宋）司马光编著，（元）胡三省音注：《资治通鉴》卷第二百九十二《后周纪三》，中华书局1956年版，第9527页。
④ （元）脱脱等撰：《宋史》卷二十《本纪第二十》，第383页。

而不举觉，与同罪。京师委开封府严行禁止。"[1]徽宗也于政和七年（1117）四月表态：

> 朕乃昊天上帝之子，为大霄帝君，目睹中华被金狄之教，焚指炼臂，舍身以求正觉，朕甚怜悯。遂哀恳上帝，愿为人主，令天下归于正道。[2]

"会昌灭佛"与"世宗灭佛"后，佛教遭受了重大的打击，虽然之后又有恢复，但终不及先前。唐代思想家韩愈曾以"道统"之说表示儒家应有治世之为，至北宋中期儒学复兴，儒学家对韩愈的这一主张多有响应，对佛教的批判愈发猛烈，如石介（1005—1045）在《怪说》中提道："夫尧、舜、禹、汤、文王、武王、周、孔之道，万世常行不可易之道也。佛、老以妖妄怪诞之教坏乱之……吾以攻乎坏乱破碎我圣人之道者。"[3]而韩愈提出的"华夷之分"在上述诏令中也有着充分体现。这一背景下，源自佛教的毁坏肢体行为也就意味着对官方主流思想的冲撞。不过，需要注意的是，宝顶山大佛湾窟群中留存了部分南宋官员的题字，以及赞颂柳、赵的题刻。这一现象与前述官方所持的打压态度相左，下文将针对该问题再展开分析。

（一）官方打压再议

学界多推测赵智凤于南宋淳熙至淳祐年间（1174—1252）营造宝顶山窟群。参考《佛祖统纪》的记载，南宋以来的诸位皇帝并未表现出明显的排斥佛教的态度，这一点与尊崇道教的徽宗有所不同（现存的禁止割舍、烧炼的政令也多出自徽宗朝）。宋孝宗赵昚（1162—1189 年在位）甚至作

---

[1] （清）徐松编，刘琳等校点：《宋会要辑稿》，上海古籍出版社 2014 年版，第 8318 页。
[2] （清）毕沅编著：《续资治通鉴》卷第九十二《宋纪九十二》，中华书局 1957 年版，第 2386 页。
[3] （宋）石介著，陈植锷点校：《徂徕石先生文集》卷五，中华书局 1984 年版，第 63 页。

有《原道辨》(又名《三教论》)一文以表达对韩愈《原道》的批判,认为:"三教本不相远,特所施不同。至其末流昧者,执之而自为异耳。"① 不过,南宋官方确曾打击民间宗教结社,例如"白衣礼佛会""白衣道"等。② 故有学者据此认为柳、赵教派难免会遭受同样的打压。③ 不过,将柳、赵教派与以上民间结社相提并论确有不当之处,其理由如下。

第一,北宋末年方腊起义时,有"吃菜事魔"教徒参与响应。④ 而所谓"吃菜事魔"者,据庄绰的描述,多流行于福建、浙江等地,不食荤酒,不事神佛祖先,崇拜日月,以张角为祖,吸收了部分佛教因素,嗜好杀人。⑤ 北宋末年平定方腊起义后,温、台地方有"吃菜事魔"教徒改名为"白衣礼佛会"继续活跃于民间。⑥ 而嘉泰二年(1202)活跃于江浙闽地区的"白衣道"信众的活动特点也与"白衣礼佛会"存在相近之处,他们"杂混男女,夜聚晓散,相率成风,呼吸之间,千百相应"⑦,故而再次引发了官员的担忧。以上民间宗教社团很可能是摩尼教/明教(或受其影响的民间宗教),志磐转引《夷坚志》记载:"吃菜事魔,三山尤炽。为首者紫帽宽衫,妇人黑冠白服,称为明教会……日月为资敬。"⑧《宋会要辑稿》中也记载:"今来明教行者各于所居乡村建立屋宇,号为斋堂。如温州共有四十余处,并是私建无名额佛堂……建设道场,鼓扇愚民,男女夜

---

① 参见(宋)李心传《建炎以来朝野杂记乙集》卷三《上德三》,清乾隆武英殿本。
② 需要说明的是,另有一民间宗教团体"白莲菜"创立于南宋绍兴初,其创始人茅子元在乾道二年(1166)被皇帝召见,受"劝修净业白莲导师慈照宗主"称号。参见(清)唐时《如来香》卷五,清康熙孙丕璨刻本,第35页。但其弟子茅阇黎后又受到"白衣道"的影响,参见杨讷编《元代白莲教资料汇编》,中华书局1989年版,第280页。另外,志磐的《佛祖统纪》在参考宗鉴《释门正统》时,也对早期"白莲菜"进行了"污名化"。但不论是"白莲菜"还是"白云菜"(二者有所混淆),起初都与佛教有着密切联系。不过,依照《佛祖统纪》卷54《事魔邪党》之说,二者受到官方打压主要是因为其部分教徒也修习摩尼教之道。故下文讨论的民间结社团体主要还是"白衣道"。
③ 彭冰:《柳本尊十炼图中的官员形象研究》,《长江文明》2018年第3期。
④ 参见(宋)庄绰撰,萧鲁阳点校《鸡肋编》,中华书局1983年版,第11页。
⑤ (宋)庄绰:《鸡肋编》,第11—12页。
⑥ (清)徐松编:《宋会要辑稿》,第8342页。
⑦ (清)徐松编:《宋会要辑稿》,第8360页。
⑧ (宋)志磐:《佛祖统纪》,《大正藏》第49册,第475页。

聚晓散。"① 与之相关的论述还有很多，本文不再赘述。由上述文献可知，南宋官方所打击的民间宗教结社主要是东南地区的摩尼教，以及融入了摩尼教色彩的佛教团体。

其次，对柳、赵教派宗教思想渊源的梳理虽尚存争论，但其并未尊奉摩尼教经典，也未从这一教派的现存遗迹中发现其他"异端邪说"。相关证据即宝顶山小佛湾经目塔上所镌刻的佛典，皆出自《开元释教录略出》与《大唐贞元续开元释教录》。② 综合以上来看，将川东地区的柳、赵教派与"私设庵舍"的民间摩尼教结社相类比可能并不妥当。另外，将儒家思想融入宝顶山部分窟龛的营造中可能也并非赵智凤为逃避官方打击而采取的权宜之策。

（二）宝顶山相关窟龛营造中的"人间佛教"倾向

宝顶山大佛湾的石刻题材涉及"正觉像""牧牛图""护法神龛""六道轮回图""华严三圣""千手观音""涅槃圣迹""孔雀明王""毗卢道场""父母恩重经变相""大方便佛报恩经变相""观无量寿佛经变相""锁六耗图""地狱变相"与"柳本尊十炼图"等；而小佛湾则包括"行孝报恩经变窟""毗卢庵（四号龛）""千佛""华严三圣窟"及"毗卢庵（九号龛，'柳本尊十炼'）"等。石羊镇毗卢洞与高升乡大佛寺，其石刻题材分别为"柳本尊十炼"、"幽居洞"、"水月观音"、"华严三圣"、"玉皇窟"（清道光新修），以及"柳本尊十炼（仅剩炼心、割耳、炼踝三身）""华严三圣"。

就题材的组织方面，上述窟龛存在共性，皆雕凿了"华严三圣"与"柳本尊十炼"；而且小佛湾四号龛的题材也与石羊镇毗卢洞"幽居洞"一致（图9、图10），即右释迦牟尼，中毗卢遮那佛，左柳本尊。这可能意味着"华严三圣"与"柳本尊"相关题材在柳、赵教派中具有较特殊的地

---

① （清）徐松编：《宋会要辑稿》，第8325页。而南宋官方禁止私设的庵舍，可能就是与摩尼教有关的佛堂。
② 参见方广锠《重庆大足宝顶山小佛湾大藏塔录文与研究》，《大足学刊》2018年第二辑。

位。但除去以上内容外，宝顶山窟群也有着自身的特点，其中体现了赵智凤的"人间佛教"倾向，以及将未见于安岳宋代相关窟龛中的儒家思想融入了大、小佛湾。

图 9　宝顶山小佛湾毗卢庵（四号龛）

（图片来源：郭相颖主编，邓之金编：《大足石刻雕塑全集》宝顶石窟卷下，重庆出版社 1999 年版，第 124 页）

图 10　石羊镇毗卢洞"幽居洞"

（李家迅摄）

宝顶山"柳本尊十炼"石刻中的"人间佛教"问题蠡议

上文已提到孝宗曾撰写了《原道辨》一文以表达他的思想主张，强调"以佛修心，以道持身，以儒治世"。而这一"三教合一论"可能也对赵智凤的营建活动造成了影响。原因在于，首先，孝宗与浙江地区的僧人多有来往，其中包括阿育王山广利禅寺的主持蕴闻，而乾道五年（1169）孝宗召见蕴闻时也提道："三教一也，但门户不同"[①]；再者，小佛湾"毗卢庵（第九龛）"其后有一方石刻（图11），上刻有一座供奉于禁中的阿育王塔，题记表明这方石刻的内容为阿育王山广利禅寺主持道权于嘉定十年（1217）所书写，后可能于绍定四年（1231）刻制完成[②]。目前尚无直接材料说明这一记录嘉定八年宋宁宗奉迎舍利塔的石刻源自何处，但该石刻或许能够表明赵智凤曾与广利禅寺的僧人有所接触，[③]从而受到了影响。

图11 宝顶山小佛湾毗卢庵（九号龛）"舍利宝塔"图拓片

（图片来源：米德昉：《重庆市大足区宝顶山圣寿寺毗卢庵造像的调查与研究》，《四川文物》2019年第2期）

[①] （清）徐松：《宋会要辑稿》，第9977页。
[②] 米德昉：《重庆市大足区宝顶山圣寿寺毗卢庵造像的调查与研究》，《四川文物》2019年第2期。
[③] 这里还存在另一种情况。陆游曾记录了川僧前往江浙学佛的情况："荆州绝无禅林，惟二圣而已。然蜀僧出关，必走江浙。回者又已自谓有得……"见（宋）陆游《入蜀记》，商务印书馆1936年版，第46页。这也意味着可能有江浙学禅归来的川僧拜访过宝顶山。

275

在这种儒佛相融的背景下，儒家的"孝道"成为除"华严三圣""柳本尊"外，赵智凤石窟营造的另一重点。《孝经》这一儒家典籍至北宋末已被列入"十三经"，孝宗时期在大足北山中就已凿刻了现存为数不多的《古文孝经》石碑，其开篇表示："身体发肤，受之父母，不敢毁伤，孝之始也。"前文提到"柳本尊十炼"石刻中具有种种自残行为，而赵智凤在宝顶山大佛湾凿刻"父母恩重经变相""大方便佛报恩经变相"等伪经题材，一方面可能确有"追孝"之义，另一方面可能也是为了冲淡"柳本尊十炼"石刻中自残行为的反儒家色彩。在小佛湾第九龛"柳本尊十炼"石刻的门龛外侧，同样镌刻了"佛报恩重经""大孝释迦佛"的颂词（图12）；而且第九龛下方也正是"行孝报恩经变窟"（即"大方便佛报恩经变相"）。这表明宝顶山"柳本尊十炼"石刻与"大方便佛报恩经变相"的石刻题材组合纯属有意而为之。

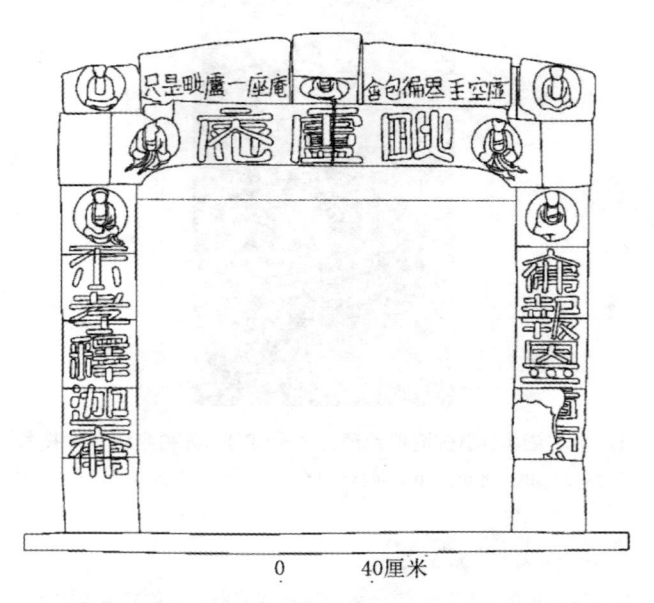

图12 宝顶山小佛湾毗卢庵（九号龛）外龛线图

（图片来源：米德昉：《重庆市大足区宝顶山圣寿寺毗卢庵造像的调查与研究》，《四川文物》2019年第2期）

结　语

"柳本尊十炼"石刻所记述的行化事迹,体现了唐末以来柳本尊发慈悲心救助蜀地民众的菩萨事业。其中所描绘的割舍、烧炼行为,从民间广为流行到受北宋官方打压,后又通过深受柳氏影响的赵智凤对宝顶山石刻题材内容的经营组织而被淡化,反映了晚唐以来佛教受到本土儒家文化影响不断"中国化"的进程。而这一"中国化"表现出的佛教对国家政治治理权力的尊重,也正是人间佛教精神的体现。所以说"佛法化""中国化"不仅是现代人间佛教的发展方向,同样也是过去佛法绵延不绝直至今日的重要原因。

Discussing the Humanistic Buddhism in Sculptures of Benzun Liu's ten Religious Practices in Baodin Mountain

Chen Zijin；Li Jiaxun

Abstract: The Benzun Liu's ten religious practices are distinctive sculptural theme appeared in the East region of Sichuan Province. Researches in the past have always concentrated on its age of carving, religious characteristics, as well as artistic style. This study relied on the analyses of historical texts and material objects, from the sculptures of Benzun Liu's ten religious practices located in Baodin Mountain, considered that the sculptures carved in Baodin Mountain led by Zhifeng Zhao not only reflected the deeds of Benzun Liu's salvation in

Sichuan, but also gave the expression to ideology behind those that reflected the progress to sinicize Buddhism influenced by the Confucianism from the late Tang Dynasty. It is a physical reflection of the idea of Humanistic Buddhism.

Key words: Benzun Liu; Zhifeng Zhao; the ten religious practices; Confucianism; Humanistic Buddhism

明代"西天僧团"与太虚、星云两位法师的显密观

王 安

复旦大学博士生

摘 要:"西天僧团"是一个显密圆融、兼有印藏汉佛教传承的僧团。僧团在团体建设上强调以戒律对出家、在家信众予以规范;在密法弘传上以先显后密为原则,基本上只对确有天分且已经出家的弟子传授密教修法,且在传法前会先传戒律;在佛教传承上促进了汉、藏、印佛教间的交流,也促进了显密两种传承间的交流,更在圆融印、藏、汉佛教的基础上建立了《吉祥上乐中围修证仪》等修行仪轨。人间佛教是近现代以来汉传佛教中产生的佛教运动,太虚、星云两位法师均是人间佛教的代表性人物。两位法师都主张融通各种密法传承、建立显密圆融的佛教,也都强调密教应以显教的戒律、教理为基础,不能脱离显教而修习密教。两相比较,可以发现"西天僧团"的种种倾向与两位法师的显密观基本上是一致的。

关 键 词:显密观;西天僧团;智光;太虚;星云

基金归属:本文为2019年度国家社科基金重大项目"'一带一路'佛教交流史"(编号:19ZDA239)的阶段性成果。本论文得到国家留学基金资助,基金号202306100114。

"西天僧团"是明代由"西天僧"萨哈拶释哩(又译萨诃咱释哩、

撒哈咱失哩等）开创，由其弟子智光发扬光大的僧人团体。在现有研究中，邓锐龄的《明西天佛子大国师智光事迹考》[①]、杜常顺的《明代"西天僧"考略》[②]及何孝荣的《印僧撒哈咱失里与元明时期印度密教在中国的传播》[③]主要从碑刻资料及史籍文献方面对"西天僧团"及其代表人物的史事做了考证，而沈卫荣、安海燕的《明代汉译藏传密教文献和西域僧团——兼谈汉藏佛教史研究的语文学方法》及安海燕的《明代汉译藏传密教文献与北京的藏传佛教——兼论明代北京藏传佛教格局的形成》[④]主要从《大乘要道密集》等汉译藏传密教文献的角度对"西天僧团"与藏传佛教的密切关系做了考证。以上研究均从文献史料的角度对"西天僧团"的成员、著作等做了考证，搜集了与"西天僧团"相关的历史资料，这些资料说明"西天僧团"是一个以印度密教传承为核心且兼传藏传密教的僧人集团。从现有的资料来看，"西天僧团"虽以其对印度密教的传承而知名，但事实上是一个显密圆融、兼有印藏汉佛教传承的僧团。在近现代兴起的人间佛教运动中，太虚、星云两位法师均主张在戒律、教理的基础上圆融汉藏、显密佛教，而"西天僧团"则正有这种倾向。因此，本文将从现有研究中已搜集的史料出发，从重视戒律的传统、显密有序的次第、多种文化交流及印藏汉佛教圆融等角度对"西天僧团"做出考察，并辨析"西天僧团"与太虚、星云两位法师显密观之间的相通之处。

[①] 邓锐龄：《明西天佛子大国师智光事迹考》，《中国藏学》1994 年第 3 期。
[②] 杜常顺：《明代"西天僧"考略》，《世界宗教研究》2006 年第 1 期。
[③] 何孝荣：《印僧撒哈咱失里与元明时期印度密教在中国的传播》，《西南大学学报》（社会科学版）2016 年第 2 期。
[④] 沈卫荣、安海燕：《明代汉译藏传密教文献和西域僧团——兼谈汉藏佛教史研究的语文学方法》，《清华大学学报》（哲学社会科学版）2011 年第 2 期；安海燕：《明代汉译藏传密教文献与北京的藏传佛教——兼论明代北京藏传佛教格局的形成》，《青海民族研究》2019 年第 1 期等。

一 "西天僧团"重视戒律的传统

从现有史料来看,"西天僧团"的祖师萨哈拶释哩对戒律极为重视。这种重视首先表现在萨哈拶释哩多次向在家信徒传戒的行动上。据《萨哈拶释哩塔铭》的记载:萨哈拶释哩"从信度河至突厥,遍历屈支、高昌诸国,其国王臣喜师至者,无不秉受戒法","元主闻师道行,召至燕京,馆于大吉祥法云禅寺,诏就内花园结坛,授灌顶净戒";明太祖也曾下令"移文各郡,民有从善者,许令诣蒋山受菩萨戒法,所司无禁"[1]。据《西天善世禅师设利塔碑》的记载:从萨哈拶释哩处"受授菩萨戒"的"示众弟子"有"黄福灯、蒋智等八万余人"[2],可见其传戒活动成果显著。由此可见,萨哈拶释哩无论是在印度、西域还是在中原,无论面对的是统治者还是庶民,都一以贯之地将传授戒律视作化导在家信徒的第一要务。

关于萨哈拶释哩所传戒律的具体内容,《塔铭》中载其"有《示众语》三卷及新译《八支性戒》本一卷传于世"[3],《智光塔铭》中也记载智光曾"译其师板的达四众弟子菩萨戒,词简理明,众所推服"[4]。从上文中萨哈拶释哩曾为国王及民众传菩萨戒的记载来看,此处的"四众弟子菩萨戒"应指以在家男女二众、出家男女二众为传戒对象的大乘菩萨戒。《八支性戒》(又称《八支了义》)的具体内容可以参考宋濂所作的《八支了义净戒序赞》,其内容为:"善世禅师萨诃拶释理自天竺来东土,敷宣正法,化导诸有情众。近依契经,开演《八支了义净戒》,分别事理二犯,事犯易遮,理犯难制。于是推致其极,使人咸知法性本空,初无证修,断常不立,真

---

[1] (明)来复:《萨哈拶释哩塔铭》,载北京图书馆金石组编《北京图书馆藏中国历代石刻拓本汇编》第51册,中州古籍出版社1990年影印整理本,第17页。
[2] (明)来复:《西天善世禅师设利塔碑》,载赵林恩收录点校《五台山碑文》下册,山西出版传媒集团、山西人民出版社2016年版,第798页。
[3] (明)来复:《萨哈拶释哩塔铭》,载北京图书馆金石组编《北京图书馆藏中国历代石刻拓本汇编》第51册,第17页。
[4] (明)杨荣:《智光塔铭》,载北京图书馆金石组编《北京图书馆藏中国历代石刻拓本汇编》第51册,第77页。

妄双泯。佛之大戒，盖无逾于此矣。禅师既已著为仪文，命其弟子智光译为华言以广流通。而请金华宋濂为之序，濂遂合爪作礼而说赞曰：'我闻波罗提木叉，二百五十为防止，于中各具四威仪，合为一千无剩欠。过去见在及未来，循环终始至三千，若以三千摄众义，分配身口七支间，渐成二万一千数，对治三毒诸恶业。大无不统小无遗，辗转八万四千门，法门高深固难测，终不能违事理外。事戒为缘通万境，乃于别别无因果，据行凌犯即制伏，是则名为别解脱。理戒由其断惑故，道性虚通随类遣，不随缘别起缠缚，是则名为正解脱。西天佛子最善巧，开演八戒度众生，重轻利钝尽包罗，内外无为亦如是。法门虽多趋则一，此谓持简以御烦，有能被此护命铠，魔军虽强不敢侵。三学殊涂戒为首，由戒生定以至慧，愿入毗卢大道场，一念不生成正觉。'"①可以看出，《八支性戒》是萨哈拶释哩的作品，由智光译为汉文，其内容主要是以般若性空的思想为基础，从事、理两个方面对八支净戒（即八关斋戒）做出的分析讲解。结合《萨哈拶释哩塔铭》中"习通五明、经律论之学"②的记载，可见萨哈拶释哩对戒律学有着深入的研究。

在重视向在家信徒传戒授戒的同时，萨哈拶释哩本人及其弟子也严格地持守出家僧人的戒律。《萨哈拶释哩塔铭》中载其"囊金匮帛之施充斥几席，师皆视之漠如，一无所取。或强之受，则随以济贫乏"，且"居无服玩，出不骑乘"。《底哇答思塔铭》载其印度弟子底哇答思"朝夕劳勤，栖心禅定，饥无半食，寒不重裘，为师所爱重"③。《智光塔铭》亦载智光曾对皇帝所赐的仪仗"出入屏不敢用"，皇帝知道后派人问询，智光以"平生但持经戒，非有汗马之劳。宠锡所临，谨受藏之足矣，

---

① （明）宋濂：《八支了义净戒序赞》，《宋学士文集·芝园后集》第6卷，浙江古籍出版社2014年点校本，第1614页。
② （明）来复：《萨哈拶释哩塔铭》，载北京图书馆金石组编《北京图书馆藏中国历代石刻拓本汇编》第51册，第17页。
③ （明）程南云：《底哇答思塔铭》，载北京图书馆金石组编《北京图书馆藏中国历代石刻拓本汇编》第51册，第90页。

用之岂不过耶？"[1]撰碑者往往认为萨哈拶释哩等人做出这些行为是因为生活作风俭朴；但从佛教戒律的角度来看，这更是因为他们严格地持守出家僧人的戒律。按照戒律规定，萨哈拶释哩不取财宝是由于出家人不应捉持金银财物，如《四分律》中规定："沙门释子不应受取金银，弃舍珠宝，不着饰好"[2]；"居无服玩"是因为出家人只应蓄积三衣，如《四分律》中规定："世尊听诸比丘持三衣，不得长"[3]；"出不骑乘"是因为出家人除老、病等特殊情况外不应乘车马出行，如《摩诃僧祇律》中规定："若比丘无病乘乘者，得越比尼罪"[4]；底哇答思"饥无半食"是因为出家人不得啮半食，如《摩诃僧祇律》中规定："（比丘）不得啮半食，应当学"[5]；"寒不重裘"是因为在印度的自然环境下生活的出家人不应蓄积裘皮一类衣物，如《根本萨婆多部律摄》中规定："若在中国，诸皮裘衣及熊罴等皮，皆不应畜。"[6]智光不用皇帝所赐仪仗也是因为其中包含许多违反戒律之物。据《智光塔铭》记载，历任皇帝赐给智光的仪仗包括"孔雀锁、金伞盖、幡幢及银镀金隽炉、盆罐、供器、法乐、几案、坐床、舆马诸物"，以及"玉印、宝冠、金织袈裟、禅衣、时服、棕舆、鞍马、定器之类"。出家人不应乘车马、不应佩戴珠宝装饰这一点上文已经提及，而《十诵律》中也明确规定："若比丘，若宝、若似宝，自取、教取，波逸提。……若比丘有似宝物，作男子庄严具、女人庄严具、器仗斗具，捉举是物，波逸提。"[7]

---

[1] （明）杨荣：《智光塔铭》，载北京图书馆金石组编《北京图书馆藏中国历代石刻拓本汇编》第51册，第77页。
[2] （后秦）佛陀耶舍、竺佛念等译：《四分律》卷54，CBETA 2023，T22，No. 1428，第969页上。
[3] （后秦）佛陀耶舍、竺佛念等译：《四分律》卷6，CBETA 2023，T22，No. 1428，第601页下。
[4] （东晋）佛陀跋陀罗共法显译：《摩诃僧祇律》卷31，CBETA 2023，T22，No. 1425，第485页上。
[5] （东晋）佛陀跋陀罗共法显译：《摩诃僧祇律》卷22，CBETA 2023，T22，No. 1425，第405页上。
[6] 胜友集，（唐）义净译：《根本萨婆多部律摄》卷5，CBETA 2023，T25，No. 1458，第554页上。
[7] （后秦）弗若多罗译：《十诵律》卷15，CBETA 2023，T23，No. 1435，第108页中。

即比丘不应接触由珍贵物品制成的仪仗、工具。可以想象，智光碍于皇权不敢拒收赏赐，但使用这些仪仗又涉及犯戒，因此只能权且收下，并以自己没有大功的借口推辞不用。

综上所述，萨哈拶释哩重视传授菩萨戒、八支净戒等针对在家信众的戒律，又精研戒律学，自己与弟子也均能以身作则，在生活中严守出家僧人的戒律。这些事迹都可以表现出"西天僧团"对戒律的高度重视。从史料来看，许多"西天僧团"的僧人也确实因持守戒律而扬名。《智光塔铭》提及仁宗、宣宗均在诰文中称赞他"持戒精严""○严戒行"；在智光身后，祭文称赞他"毗尼严洁"，像赞中称赞他"立志坚刚，秉戒专笃，行熟毗尼，悟彻般若"，塔铭的作者杨荣也称赞他"精严戒行息万缘"[1]。《秀峰寺碑》提及智光弟子智深"戒行精严，人多钦仰"[2]。《慈济塔碑》记载皇帝在诰文中称赞智光弟子三曼达室哩"恪守毗尼""恪守清规弗怠"[3]。可见，"西天僧团"中确实有着重视戒律的传统，在僧团建设上强调以戒律对出家、在家信众予以规范。

二 "西天僧团"显密有序的次第

虽然萨哈拶释哩、智光等人传承的主要是印度密教，但从塔铭中的记载来看，"西天僧团"却以对戒律及佛经的传播而知名。如前文所述，萨哈拶释哩"有《示众语》三卷及新译《八支性戒》本一卷传于世"[4]。《示众语》内容不详，而新译《八支性戒》，是对八支净戒的分析讲解，

---

[1] （明）杨荣：《智光塔铭》，载北京图书馆金石组编《北京图书馆藏中国历代石刻拓本汇编》第51册，第77页。
[2] （明）黎澄：《秀峰寺碑》，载北京图书馆金石组编《北京图书馆藏中国历代石刻拓本汇编》第51册，第108页。
[3] （明）道深：《慈济塔碑》，载北京图书馆金石组编《北京图书馆藏中国历代石刻拓本汇编》第52册，第142页。
[4] （明）来复：《萨哈拶释哩塔铭》，载北京图书馆金石组编《北京图书馆藏中国历代石刻拓本汇编》第51册，第17页。

并不涉及密教修法的内容。《智光塔铭》中提及智光"所译显密经义，及所传《心经》、《八支了义》、《真实名经》、《仁王护国经》、《大白伞盖经》，并行于世"①。《八支了义》应指智光译出的《八支了义净戒》，而《心经》《真实名经》《仁王护国经》《大白伞盖经》四部经典虽均包含陀罗尼，但并不包含修持仪轨、瑜伽观想等具体的密教修法。可见，这些经律以显教或显密共通的内容为主。但同时，据安海燕的研究，萨哈拶释哩及智光均出现在《吉祥喜金刚集轮甘露泉》《如来顶髻尊胜佛母现证仪》《吉祥上乐中围修证仪》及《圣观自在菩萨求修》四部密教仪轨文献的传承名录中②，可见师徒二人在密教修持上均有相当程度的造诣。那么，为什么师徒二人的碑铭中均未提及"西天僧团"独有的传承，即上述密教修法呢？事实上，智光在教授弟子时会"各随其器宇引掖之"③，即根据弟子的天分来选择教授的内容。也就是说，戒律、佛经等佛典是"西天僧团"向大众公开传播的内容，因此流传于世；而密教修法则不可公开传授，因此隐秘不彰。

除对在家、出家弟子传法有别外，"西天僧团"中的出家僧人也需要有一定的天分和显教知识才能修习密教。祖师萨哈拶释哩本人学法的经历是"出家于迦湿弥罗国之苏啰萨寺，礼速拶那释哩为师，习通五明、经律论之学，辨析邪正。虽国之老宿，莫或过焉"，之后才"自以言说非究竟法，乃复精修禅定，不出山者十余季。时有慧学沙门迦麻啰释哩，为国人所尊，师往谒之，陈所见，遂蒙印可"④。需要注意的是，"禅定"一词在密教的修习体系之中常有特殊含义。如高山杉提到元代僧人文才："已经知道西藏密教将秘典分为所作、所行、禅定（亦名修习）、大禅定（亦名

---

① （明）杨荣：《智光塔铭》，载北京图书馆金石组编《北京图书馆藏中国历代石刻拓本汇编》，第51册，第77页。
② 安海燕：《明代汉译藏传密教文献研究》，中国藏学出版社2019年版，第8—9、134—135页。
③ （明）杨荣：《智光塔铭》，载北京图书馆金石组编《北京图书馆藏中国历代石刻拓本汇编》第51册，第77页。
④ （明）来复：《萨哈拶释哩塔铭》，载北京图书馆金石组编《北京图书馆藏中国历代石刻拓本汇编》第51册，第17页。

大修习）四部的四分法（《慧灯记》卷下叶四十四左），我们现在译成作、修、瑜伽和无上瑜伽四部。"[1]刻于明代的《班丹扎释寿像碑》也提及："窃闻密乘以修习禅定而为本，无碍方便而为用。"[2]可见"禅定"在密教修习体系中指代的实际上是瑜伽观想等密教修法。由此可见，萨哈拶释哩在"迦湿弥罗国"（今克什米尔地区）出家后先学习五明及经律论等显教知识，在学有所成后才开始密教修行。《桑渴巴辣实行碑》也提到"广发扬密乘"的作用是"饶益上根利器，傍及法界有情"[3]，即密教修行主要由天分超群的弟子完成。

从现存的碑记等材料来看，"西天僧团"的僧人在学习密教前需要经过两个步骤：一是学习梵语，二是受持戒律。

"西天僧团"的祖师萨哈拶释哩"以五明之学驰声西竺久矣"[4]，五明中即包含研究梵语音字的声明学。他在教授智光时先是"传天竺《声明记论》"，之后"遂授心印玄音"[5]。智光在教导非天竺籍的弟子时，也将梵语学习放在极为重要的位置。其弟子道深在拜入智光门下后即"学西天梵书字义"；禅牒室哩曾追随智光"〇西天经，其性〇〇，日记千言"，"所著述总督墨书八千西天字《大般若经》二部"[6]；三曼达室哩受具足戒后也是在师兄月纳的指导下"习西天梵典，日记千言，尤喜书梵天字"[7]。从史料

---

[1] 高山杉：《〈慧灯记〉所提〈心经〉西夏蒙古翻本》，《东方早报·上海书评》2011年11月19日。
[2] 《班丹扎释寿像碑》，载北京图书馆金石组编《北京图书馆藏中国历代石刻拓本汇编》第51册，第79页。
[3] （明）道深：《桑渴巴辣实行碑》，载北京图书馆金石组编《北京图书馆藏中国历代石刻拓本汇编》第52册，第10页。
[4] （明）来复：《萨哈拶释哩塔铭》，载北京图书馆金石组编《北京图书馆藏中国历代石刻拓本汇编》第51册，第17页。
[5] （明）杨荣：《智光塔铭》，载北京图书馆金石组编《北京图书馆藏中国历代石刻拓本汇编》第51册，第77页。
[6] （明）道深：《禅牒塔铭》，载北京图书馆金石组编《北京图书馆藏中国历代石刻拓本汇编》第52册，第99页。
[7] （明）道深：《慈济塔碑》，载北京图书馆金石组编《北京图书馆藏中国历代石刻拓本汇编》第52册，第142页。

推断，"西天僧团"所学的梵语知识主要在显教、密教两个方面发挥作用。从显教的角度来看，学习梵语有助于僧人阅读梵文经典。据《西天善世禅师设利塔碑》的记载：萨哈拶释哩临终前曾嘱咐一弟子"善守梵夹、贝叶、桦皮等经"，又让另一弟子持"吾此梵书一帙"至五台山①，可见萨哈拶释哩随身带有许多梵文经卷，三曼达室哩学习的"西天梵典"及禅牒室哩书写的梵文《大般若经》很可能就来源于这些经卷之中。《明文海》中有赵统作《观贝叶经记》，载其"寓能仁寺"时观看寺内所藏"国初时胡僧自天竺持来，后又有遗僧自西域取来"的"贝叶经"及"桦皮经"②。据《四库全书总目》载，赵统为"临潼人，嘉靖乙未进士"③，因此在北京活动的时间应为1535年前后，从以上记载可知，这些梵文经卷直至此时仍然保存完好。可想而知，要读懂这些梵文经卷，自然要学习梵语声明。从密教的角度来看，智光等人传承的密教修法中包含许多念诵真言、观想梵字的步骤④，修习者需要掌握梵语音字才能修行。

　　大体上看，修持密教的僧人要受持显、密两种戒律。显教方面的受戒包括受沙弥戒、具足戒等戒律。萨哈拶释哩及智光等人对比丘戒的持守前文已经提及，而智光的弟子在修习密教之前也大多已经受过显教戒。如禅牒室哩在幼年拜师智光时"受沙弥戒"⑤；三曼达室哩在十四岁时于智光"猊座下薙染受具"即受具足戒；智深在拜入智光门下前已经是"自幼出家"的僧人⑥；桑渴巴辣认为想要"参授秘密"即学习密教的"内外大臣"，需要"礼之为金刚上师"，"授其座下削法为徒"，即出家为僧后才能传

---

① （明）来复：《西天善世禅师设利塔碑》，载赵林恩收录点校《五台山碑文》下册，第798页。
② （明）赵统：《观贝叶经记》，载（清）黄宗羲编《明文海》卷376，清涵芬楼抄本，第15页—17页。
③ 《四库全书总目》卷174，武英殿刻本，第8页中。
④ 参见《吉祥上乐中围修证仪》《观自在菩萨求修》等智光译出的密教仪轨。
⑤ （明）道深：《禅牒塔铭》，载北京图书馆金石组编《北京图书馆藏中国历代石刻拓本汇编》第52册，第99页。
⑥ （明）黎澄：《秀峰寺碑》，载北京图书馆金石组编《北京图书馆藏中国历代石刻拓本汇编》第51册，第108页。

授[1]。而密教方面的受戒则是受"四灌顶戒"。据田中公明的研究可知,"四灌顶"是后期密教中授予弟子密教修习资格的入门仪式[2],这与"西天僧团"的相关史料吻合。如道深拜入智光门下后"受灌顶戒"[3];禅牒室哩在学习《金刚鬘》等密教修法前"蒙恩得度,愈加精进。受灌顶戒"[4];三曼达室哩在"授号嚕葛主戒"后学习密教[5],其中"号嚕葛"应是"abhiṣeka"即"灌顶"的译音;桑渴巴辣在"广发扬密乘"即作密教修法前也要"洁四灌顶戒"[6]。诚然,萨哈拶释哩曾经为元代皇帝授灌顶戒。又据何孝荣的研究:明代皇宫内设置西天经厂以举行印度密教法事,其职责主要由受密教僧侣指导的宦官承担。[7] 由于佛教戒律规定"不能男不应与出家受具足"[8],即宦官无法受具足戒;但由于西天经厂需要为皇家举办法事,其代表的皇权不可侵犯,因此只能越过显教戒而直接"与受灌顶主戒"[9]。这些都是"西天僧团"直接为在家弟子授灌顶戒的例子。不过从禅牒室哩、三曼达室哩等人的经历来看,这种情况终究是受皇权影响做出的权宜之计而非常例。一般来说,"西天僧团"的弟子应该先剃发出家,受沙弥戒、具足戒,其中确有天分者才能进一步受密教灌顶戒,进而学习密教修法。此外,即便在这种受皇权影响的状况下,萨哈拶释哩等人也坚持授戒后方传密法的原则,这也可以说明"西天僧团"对密教传法的谨慎态度。

---

[1] （明）道深:《桑渴巴辣实行碑》,载北京图书馆金石组编《北京图书馆藏中国历代石刻拓本汇编》第 52 册,第 10 页。

[2] 田中公明:《チベット密教》,东京:春秋社 1993 年版,第 211 页。

[3] （明）道深:《宝藏寺碑》,载北京图书馆金石组编《北京图书馆藏中国历代石刻拓本汇编》第 51 册,第 93 页。

[4] （明）道深:《禅牒塔铭》,载北京图书馆金石组编《北京图书馆藏中国历代石刻拓本汇编》第 52 册,第 99 页。

[5] （明）道深:《慈济塔碑》,载北京图书馆金石组编《北京图书馆藏中国历代石刻拓本汇编》第 52 册,第 142 页。

[6] （明）道深:《桑渴巴辣实行碑》,载北京图书馆金石组编《北京图书馆藏中国历代石刻拓本汇编》第 52 册,第 10 页。

[7] 何孝荣:《明代皇宫中的佛教建筑与崇佛活动》,《故宫学刊》2008 年第 1 期。

[8] （后秦）弗若多罗译:《十诵律》卷 21,CBETA 2023,T23,No.1435,第 153 页中一下。

[9] （明）道深:《禅牒塔铭》,载北京图书馆金石组编《北京图书馆藏中国历代石刻拓本汇编》第 52 册,第 99 页。

综上所述,"西天僧团"的传法次第大概可以概括如下:(1)对在家弟子及社会大众,主要传授菩萨戒、八支净戒等在家戒律及显密共通的佛经;(2)对出家弟子,先授沙弥戒、比丘戒等显教戒,同时教授梵语音字,学习梵文经论;(3)对于确有天分者,授予灌顶戒后传授密教修法;(4)在因皇权干预等特殊情况下,需要为未出家者传授密教时,至少需要授予灌顶戒后方能传法。从显、密两分的角度看,(1)(2)两个层次所传之法属于显教或显密共通的教法,(3)(4)两个层次方属密教。从这个意义上说,除部分特殊情况外,"西天僧团"在密法弘传上以先显后密为原则,基本上只对确有天分且已经出家的弟子传授密教修法,且在传法前会先传戒律,这种谨慎的态度减少了密教修法被滥传滥用的可能。

三 "西天僧团"与多文化交流及印藏汉佛教圆融

从族群的角度来看,"西天僧团"及与智光等人交际往来的僧人包含印度僧人、汉族僧人、藏族僧人及其他来自非汉文化族群的僧人。在史料详载的僧人中,"西天僧团"中的印度僧人包括"生与释迦同国,……迦罗卫"[1]即出生于迦毗罗卫国(今尼泊尔南部)的萨哈拶释哩,"系出西天东印土"[2]即出生于东印度的底哇答思,"中天竺国之人"[3]的桑渴巴辣;汉族僧人包括"姓王,山东武定州庆云人也"[4]的智光,"世家山西蔚州人,姓翟氏"的释迦哑儿塔[5];来自交南(今越南)的僧人包括"交

---

[1] (明)来复:《西天善世禅师设利塔碑》,载赵林恩收录点校《五台山碑文》下册,第796—798页。
[2] (明)程南云:《底哇苔思塔铭》,载北京图书馆金石组编《北京图书馆藏中国历代石刻拓本汇编》第51册,第90页。
[3] (明)道深:《桑渴巴辣实行碑》,载北京图书馆金石组编《北京图书馆藏中国历代石刻拓本汇编》第52册,第10页。
[4] (明)杨荣:《智光塔铭》,载北京图书馆金石组编《北京图书馆藏中国历代石刻拓本汇编》第51册,第77页。
[5] (明)李纶:《西域寺重修碑略》,载(清)于敏中等编纂《日下旧闻考》卷96,北京古籍出版社1985年版,第1609页。

南名僧"[1]智深,出身于"交南国望族"[2]的禅牒室哩,"谱系交南国"[3]的三曼达室哩,及与智深"有同乡之谊"[4]的月纳耶实哩、吾巴帖耶实哩、帖纳实哩、吾答耶实哩、捴耶实哩、纳耶实哩[5];此外还有出身于播州土司杨氏族人的道深[6]。可见,"西天僧团"虽然以印度佛教传承为核心,但僧人的文化、族群背景是多样化的。

除此之外,"西天僧团"中的智光及三曼达室哩均与藏族僧人关系密切。根据邓锐龄的研究,智光曾分别于1384年、1388年及1402年三度出使西域,在三次出使中与噶举派帕木竹巴政权统治者札巴监藏等藏地政教人物多有交往,且在第三次迎请了后来被明成祖赐号大宝法王的噶玛噶举派僧人哈立麻。[7]又据安海燕的研究,智光与格鲁派僧人大慈法王释迦也失及与萨迦派关系密切的西天佛子班丹扎释都有很深的交情和缘分,且智光弟子三曼达室哩也曾和班丹扎思巴、迦隆、也先等藏族僧人学习密法。[8]此外,《西天佛子源流录》中也提到了智光与藏传佛教僧人交流的两处细节。"永乐乙酉,……智光上师推荐法尊班丹坚错于朝。"[9]班丹坚错是西天佛子班丹扎释之师,"永乐乙酉"即永乐三年(1405),时智光正奉明成祖的命令出使西藏,他应该就是在此时与班丹坚错及班丹扎释熟识的。此后,在班丹扎释追访大宝法王转世时,被认为是大宝法王转世者的孩童

---

[1] (明)黎澄:《秀峰寺碑》,载北京图书馆金石组编《北京图书馆藏中国历代石刻拓本汇编》第51册,第108页。
[2] (明)道深:《禅牒塔铭》,载北京图书馆金石组编《北京图书馆藏中国历代石刻拓本汇编》第52册,第99页。
[3] (明)道深:《慈济塔碑》,载北京图书馆金石组编《北京图书馆藏中国历代石刻拓本汇编》第52册,第142页。
[4] (明)黎澄:《秀峰寺碑》,载北京图书馆金石组编《北京图书馆藏中国历代石刻拓本汇编》第51册,第108页。
[5] 杜常顺:《明代"西天僧"考略》,《世界宗教研究》2006年第1期。
[6] 杜常顺:《明代"西天僧"考略》,《世界宗教研究》2006年第1期。
[7] 邓锐龄:《明西天佛子大国师智光事迹考》,《中国藏学》1994年第3期。
[8] 安海燕:《明代汉译藏传密教文献研究》,第10页。
[9] (明)沙迦室哩编,张润平等点校:《金刚乘起信庄严宝鬘西天佛子源流录》,载张润平、苏航、罗炤编著《西天佛子源流录——文献与初步研究》,中国社会科学出版社2012年版,第163页。

曾"谓佛子言：'昔日长足法师智光，其安乐否？'又示行像，佛子乃信，实是葛哩麻巴真后身也"①。转世者在此处对智光的记忆被视作向班丹扎释证明自己身份的证据，也能够说明智光与哈立麻及班丹扎释均有深交。可见，智光与萨迦、噶举及格鲁派等藏传佛教主要宗派的僧人均有交往。

智光法师能够与如此多的印度僧人、藏族僧人深交，自然是由于他多次参与明廷的使团，与明廷关系深厚；但从佛教教内的角度来看，也是因为他在密教方面有着深厚的造诣。以桑渴巴辣为例，他"生性刚直"且"诸教中之泛泛者，一无逊让之。盖彼所得秘密高广，而尝所谓密中之密，则诸人亦不能与之议论"，却"独惟敬让无隐上师（即智光）道学兼明"②，以致拜入智光门下成为其弟子。可见智光对密教的深厚修习是桑渴巴辣与其交往的主要因素。此外，据安海燕的研究，智光曾继承萨迦派所传的密教修法③；从三曼达室哩拜师藏传佛教僧人的情况也可得知，互相教习密教修法是智光等人与藏传佛教僧侣相交中的重要活动之一。

从塔铭资料来看，萨哈拶释哩在今克什米尔地区学习佛教，继承了拶那释哩及迦麻啰释哩两位印度沙门的佛教传承。④到了智光一代，他除传承萨哈拶释哩的法脉外，还"至尼八辣梵天竺国宣传圣化，众皆感慕。已而谒麻曷菩提上师，传金刚鬘坛场四十二会"⑤，即从尼八辣（据廖旸的考证，位于今尼泊尔巴内帕周边⑥）的"麻曷菩提上师"处学得密教仪轨集成《金刚鬘》⑦。

---

① （明）沙迦室哩编，张润平等点校：《金刚乘起信庄严宝鬘西天佛子源流录》，载张润平、苏航、罗炤编著《西天佛子源流录——文献与初步研究》，第172—173页。
② （明）道深：《桑渴巴辣实行碑》，载北京图书馆金石组编《北京图书馆藏中国历代石刻拓本汇编》第52册，第10页。
③ 安海燕：《明代汉译藏传密教文献研究》，第156—159页。
④ （明）来复：《西天善世禅师设利塔碑》，载赵林恩收录点校《五台山碑文》下册，第796—798页。
⑤ （明）杨荣：《智光塔铭》，载北京图书馆金石组编《北京图书馆藏中国历代石刻拓本汇编》第51册，第77页。
⑥ 廖旸：《藏文文献中的西天高僧室利沙事迹辑考》，《中国藏学》2011年第1期。
⑦ 对《金刚鬘》的介绍详见杨清凡《无畏生护与曼荼罗仪轨在西藏的译传：以〈金刚鬘〉与〈究竟瑜伽鬘〉文本为中心》，《故宫博物院院刊》2018年第3期。

在萨哈拶释哩和智光的塔铭之外,根据安海燕等人的研究,还有其他数则文献也提及了智光的传承谱系①,其中《吉祥上乐中围修证仪》包含两份不同的传承谱系。一份传承谱系分别在第一、第二则中出现,内容以"大持金刚"为首,末尾的三位祖师是:"莎拶那室哩二合发得啰二合巴达－妙仁吉祥上师,萨曷拶室哩二合发得啰二合巴达－俱生吉祥上师,雅纳啰释迷。"②《圣观自在菩萨求修》中也有一份传承谱系,为首的两位祖师是"释迦牟尼佛,金刚手菩萨",末尾的两位祖师是"妙仁吉祥上师,俱生吉祥上师";该文献的开头又有"大明天竺迦湿弥罗国板的达善世禅师俱生吉祥传,门资雅纳啰释迷智光译"③。两份传承谱系的内容稍有不同,但末尾均记录了妙仁吉祥、俱生吉祥两位上师至智光(雅纳啰释迷)的传承谱系。与《萨哈拶释哩塔铭》对照,可知妙仁吉祥(莎拶那室哩)就是萨哈拶释哩在"苏啰萨寺"的师父"速拶那释哩",可见这两份传承谱系记录了萨哈拶释哩(俱生吉祥)和智光(雅纳啰释迷)的印度传承。而另一份传承谱系在第二则的"奉献吉祥大黑兄妹二尊诵"部分中出现,内容以"斡资啰二合塔啰"为首,至"辣麻摄啰藏卜"为止。④根据安海燕的研究,这份传承与《吉祥喜金刚集轮甘露泉》和《如来顶髻尊胜佛母现证仪》中提及的传承谱系基本相同,记录的是大黑天修法的上师传承,且其中包含八思巴帝师等萨迦派高僧。⑤可见,除《塔铭》所记的传承之外,智光也曾跟随藏传佛教僧人学习萨迦派修法,而《吉祥上乐中围修证仪》就是智光整理印、藏密教修法而建立的修行仪轨。

此外,虽然"西天僧团"以密教传承为核心,但"西天僧团"的僧人大多不会因显密之别而与其他僧人产生隔阂。《萨哈拶释哩塔铭》的

---

① 安海燕:《明代汉译藏传密教文献研究》,第155—159页。
② 《吉祥上乐中围修证仪》,载则一编《中国藏密宝典》第4册,民族出版社2001年影印本,第178—179、240—241页。
③ 《观自在菩萨求修》,《观音密集玄文九种》,中国国家图书馆藏明抄本,第13页上一中。
④ 《吉祥上乐中围修证仪》,载则一编《中国藏密宝典》第4册,第274—275页。
⑤ 安海燕:《明代汉译藏传密教文献研究》,第156—158、275—276页。

明代"西天僧团"与太虚、星云两位法师的显密观

作者是时任灵隐寺住持的禅宗僧侣来复,他在塔铭中提及他与萨哈拶释哩"笃禅悦之好","相知为甚",因此应智光之请为萨哈拶释哩撰写塔铭。①智光曾在江南"遍参诸尊宿,语契豁然"②,可见智光与江南地区的禅宗僧人相处融洽。智光弟子道深号"圆融显密宗师",且曾"从僧录左阐教法主大师讲《华严》、《圆觉》、《楞严》等经,大小宗乘等律,《唯识》、《百法》等论"③。据杜常顺的研究,"法主大师"即慧进,是一名义学高僧④,可见道深亦不拘泥显密之分,且除密教外对显教经义也有深入研究。"西天僧团"中当然也有如桑渴巴辣一样自负"所得秘密高广,而尝所谓密中之密",因而对其他僧侣"一无逊让"⑤的僧人,不过从萨哈拶释哩、智光直至道深三代弟子均与显教僧人交好的情况来看,这一类僧人仍属相对少数。

综上所述,"西天僧团"内的僧人族群背景多样,且智光等僧人深度参与了明廷出使尼泊尔等地的活动,在与印度僧人、藏族僧人的交往中互相传授密教修法,又结合两种传承整理出新的仪轨;一般与汉传显教系统的僧人相处融洽,较少拘泥显密之分。这说明"西天僧团"不仅促进了汉、藏、印佛教间的交流,也促进了显密两种传承间的交流。值得注意的是,《吉祥上乐中围修证仪》这部仪轨既包含印、藏密教传持,又被译作汉文,因此它同时包含了三种文化属性。从这个角度看,《吉祥上乐中围修证仪》是以智光为代表的"西天僧团"以密教修法为核心,圆融印、藏、汉佛教的成果之一。

---

① (明)来复:《萨哈拶释哩塔铭》,载北京图书馆金石组编《北京图书馆藏中国历代石刻拓本汇编》第51册,第17页。
② (明)杨荣:《智光塔铭》,载北京图书馆金石组编《北京图书馆藏中国历代石刻拓本汇编》第51册,第77页。
③ 《宝藏寺碑》,载北京图书馆金石组编《北京图书馆藏中国历代石刻拓本汇编》第51册,第93页。
④ 杜常顺:《明代"西天僧"考略》,《世界宗教研究》2006年第1期。
⑤ (明)道深:《桑渴巴辣实行碑》,载北京图书馆金石组编《北京图书馆藏中国历代石刻拓本汇编》第52册,第10页。

四 "西天僧团"与太虚、星云的显密观

人间佛教是近现代以来汉传佛教中产生的佛教运动。自太虚法师发表"佛教革命三大主张以来,人间佛教已经走过了百年多的历程。太虚法师是近现代人间佛教运动的开创者;而星云法师则倡导并实践了'星云模式的人间佛教',是人间佛教运动的推进者和实践者之一"[1]。因此,两位法师均是人间佛教运动中出现的代表性人物。

关于太虚法师的显密观,学界已经有了一定的研究。[2] 从整体上看,太虚法师在显密融通问题上的基本原则是一贯的。他在《今佛教中之男女僧俗显密问题》中提出:"密依显理显律则转成佛;密离显理显律则还为魔。"[3] 在《论即身成佛》中,他针对密教中"即身成佛"的说法,认为教的"正理"应该是"密宗各种事相行轨以教理诠释持为密教秘本"[4]。在《中国现时密宗复兴之趋势》中,针对国内密宗复兴趋势,他提出:"要之,欲密宗复兴而无害有利者,当由有力比丘分子,以出家戒律为基础,以性相教理为轨范,而后饱参日密及藏密,同化而成一种中密,实为当今唯一之急务,唯一之企图。"[5] 他在《略述西藏之佛教序》中评论格鲁派时提及:"民十四春间,吾鉴于如醉如痴之学密潮流,作今日佛教中显密僧俗男女问题一篇。即主张学密宗者,思想必以教理为轨,行为必以律仪为范,然后密宗之方便功用,方不失为佛教之方便功用。"[6] 在《论时事新报所谓经咒

---

[1] 何建明:《人间佛教的百年回顾与反思——以太虚、印顺和星云为中心》,《世界宗教研究》2006年第4期。

[2] 参见罗同兵《显密之理,相应一贯——太虚大师融通汉藏显密佛教的思想》,《宗教学研究》2001年第3期;丁小平《太虚法师对藏传密教的融铸》,《武汉理工大学学报》(社会科学版)2009年第6期;李茂宁《太虚大师显密融贯思想研究》,湖南师范大学硕士学位论文,2020年等。

[3] 《太虚大师全书》卷19《今佛教中之男女僧俗显密问题》,宗教文化出版社2005年版,第118页。

[4] 《太虚大师全书》卷16《论即身成佛》,第418页。

[5] 《太虚大师全书》卷16《中国现时密宗复兴之趋势》,第425页。

[6] 《太虚大师全书》卷32《略述西藏之佛教序》,第337页。

救国》中，他认为汉地佛教中的"焰口、施食及水陆仪轨"及"禅林之早晚课诵及各祈祷，律宗之沙弥五十三咒，净土之往生咒，天台之大悲忏，华严之显密圆通等"均为密行，并提出："至今后，则律、禅、净、密皆将融摄为行法，而为教理行果之世界佛教开建乎！"①在《王师愈诤潮中的闲话》中，针对当时东密传入中国出现的种种乱象，他提出："革去东密之荒谬部分，摄其精要，融合台密、藏密及被轻实重之所云杂密，继印度超岩寺重建系统之组织，以小大戒律绳其行，以性相教理轨其解（台贤不过性相教理之融会，亦须以性相绳之故，不足依）则密宗乃可重兴！"②可见，太虚法师对显密融通问题的基本原则可以概括为：在以戒律为基础、以显教教理为规范的前提下融合各个佛教系统中的密教传统，进而开创显密圆融的新佛教。

从现有资料来看，星云法师的显密观大体上包含两个方面，一个方面是积极推动显密融合，提倡禅净密三修；另一方面是认为密教需要以显教为基础，谨慎规范密法修习。

星云法师曾说："佛光山开山时，我把宗风定为'八宗兼弘'，就是希望大家不要分别，不管什么宗，都是一个佛教。"③为了推动汉藏圆融、显密圆融，星云法师曾于1985年担任"中华汉藏文化协会"的首任理事长，并于1986年在佛光山举办以"显密融和与世界佛教发展"为主题的世界显密佛学会议，该会议是"佛教界首次探讨有关显密融和问题的世界性学术会议"④；他在会议上以"显密融合"为主题作演说，将显密两教视为"佛学的两大主流"，反复强调显密两教"并行不悖"，应该"交流沟

---

① 《太虚大师全书》卷16《论时事新报所谓经咒救国》，第434、438页。
② 《太虚大师全书》卷33《王师愈诤潮中的闲话》，第402—403页。
③ 释星云：《第三讲 密行修持》，《僧事百讲4·集会共修》，《星云大师全集》第三类·教科书，https:// books.masterhsingyun.org/ArticleDetail/artcle2442，2024年4月3日。
④ 释星云：《显密融和》，《随堂开示录25·各类致词（1）》，《星云大师全集》第四类·讲演集，https:// books.masterhsingyun.org/ArticleDetail/artcle16392，2024年4月3日。

通""融和贯通"①。他又提倡禅净密三修，认为一般显教道场早课时念诵的《楞严咒》《大悲咒》《十小咒》《供养咒》《往生咒》等咒语也是密咒，且"密教的道场，也诵念显教的经文"，从这个意义上说，"其实我们的修行都包括了禅、净、密"，甚至"在一堂佛事里，往往修禅、修净、修密同时进行。禅、净、密相互融合"②；还在1993年后多次举办"禅密净三修法会"，内容包括"打坐、念佛、持咒、拜愿、开示、献灯"③。综上所述，星云法师重视密教的地位，积极推动显密两教的融会贯通，提倡禅净密三修，并通过佛学会议及法会等形式在实际行动上践行这种理念。

另外，星云法师又在教导信众时强调："人间佛教的信徒、弟子及弘扬者要清楚，密教不是你们能接触的"④，"佛光山提倡人间佛教，徒众未经核准，不得私自研修密教"⑤。从这些记载来看，星云法师似乎反对信徒修习密教；但事实上，星云法师对密教修习的态度是"不倡导修密"，但也"并不予以排斥"⑥。在《佛教丛书》的《弟子》中，他对唐代的一行，日本的最澄和空海，西藏的莲花生、米拉日巴、八思巴、宗喀巴、四世班禅，及近代的持松、法尊等密教修习者均予以颂扬赞叹⑦，这足以说明他并不反对密教修习本身。只不过，他根据藏传佛教的传统，强调"学密要有十年

---

① 释星云：《一九八五年》，《一九八六年》，《星云大师年谱2·（一九七四年～一九八九年）》，《星云大师全集》第六类·传记，https:// books.masterhsingyun.org/ArticleDetail/artcle15304, https:// books.masterhsingyun.org/ArticleDetail/artcle15305，2024年4月3日。

② 释星云：《第三讲 密行修持》，《僧事百讲4·集会共修》，《星云大师全集》第三类·教科书，https:// books.masterhsingyun.org/ArticleDetail/artcle2442，2024年4月3日。

③ 释星云：《第十一课 从佛光山认识人间佛教》，《佛光教科书11·佛光学》，《星云大师全集》第三类·教科书，https:// books.masterhsingyun.org/ArticleDetail/artcle4626，2024年4月3日。

④ 释星云：《常住、大众、我》，《随堂开示录5·教育讲习（5）》，《星云大师全集》第四类·讲演集，https:// books.masterhsingyun.org/ArticleDetail/artcle10914，2024年4月3日。

⑤ 释星云：《懂得关心佛教未来前途》，《如是说4》，《星云大师全集》第五类·文丛，https:// books.masterhsingyun.org/ArticleDetail/artcle17838，2024年4月3日。

⑥ 释星云：《欢喜与不欢喜》，《往事百语1》，《星云大师全集》第三类·教科书，https:// books.masterhsingyun.org/ArticleDetail/artcle6442，2024年4月3日。

⑦ 释星云：《佛教丛书8·弟子（1）》，《佛教丛书9·弟子（2）》，《佛教丛书10·弟子（3）》，《星云大师全集》第三类·教科书，https:// books.masterhsingyun.org/ArticleDetail/artcle16103，2024年4月3日。

显教的基础，否则容易走火入魔"①，"要显教通达，佛法具足之后，才有条件修学密教"②，认为密乘是建立在"显教经论的中观性空思想、大悲菩提心、菩萨修行次第"基础之上的③。他看到历史上经忏密教的盛行带来信仰的堕落，宫廷密教成为皇室纵欲享乐的工具而造成中国佛教衰微④；又看到"现代部分学人轻显重密，忽视了显教经论的重要，盲目追求灌顶咒法，欲求快速成佛，或求世俗双修法，以神通相炫耀，卖弄玄虚"，已经"偏离了佛陀教法的本怀"⑤；加上存在"某些喇嘛个人行为不当"⑥，在忽略显教教法的情况下以"即身成佛""神通"等引诱信徒⑦，且"密宗的仪轨非常的复杂，诸如灌顶、结手印等，都不容易学习。如果想专修密宗，除了六皈依之外，必须跟随具正知正见的上师，才能如法学习"⑧。鉴于以上情况，星云法师不提倡信徒专修密宗，认为佛光山的信众"可以修持显教法门，诵念密宗咒语，而收显密兼修之效"⑨，即以显密兼修作为修习的目标；且

---

① 释星云：《欢喜与不欢喜》，《往事百语1》，《星云大师全集》第三类·教科书，https:// books.masterhsingyun.org/ArticleDetail/artcle6442，2024年4月3日。
② 释星云：《要有基本功的养成》，《如是说9》，《星云大师全集》第五类·文丛，https:// books.masterhsingyun.org/ArticleDetail/artcle20007，2024年4月3日。
③ 释星云：《伍、密教与政治社会的关系》，《佛教丛书16·宗派（2）/密宗》，《星云大师全集》第三类·教科书，https:// books.masterhsingyun.org/ArticleDetail/artcle6772，2024年4月3日。
④ 释星云：《七、中国佛教衰微的原因》，《人间佛教佛陀本怀·第四章 佛教东传中国后的发展》，《星云大师全集》第二类·人间佛教论丛，https:// books.masterhsingyun.org/ArticleDetail/artcle121，2024年4月3日。
⑤ 释星云：《伍、密教与政治社会的关系》，《佛教丛书16·宗派（2）/密宗》，《星云大师全集》第三类·教科书，https:// books.masterhsingyun.org/ArticleDetail/artcle6772，2024年4月3日。
⑥ 释星云：《我召开佛教显密会议》，《百年佛缘12·行佛篇（2）》，《星云大师全集》第六类·传记，https:// books.masterhsingyun.org/ArticleDetail/artcle5727，2024年4月3日。
⑦ 释星云：《佛教对"宗教之间"的看法》，《人间佛教当代问题座谈会2》，《星云大师全集》第二类·人间佛教论丛，https:// books.masterhsingyun.org/ArticleDetail/artcle1745，2024年4月3日。
⑧ 释星云：《从佛教各宗各派说到各种修持的方法》，《讲演集9·宗教与体验》，《星云大师全集》第四类·讲演集，https:// books.masterhsingyun.org/ArticleDetail/artcle3702，2024年4月3日。
⑨ 释星云：《从佛教各宗各派说到各种修持的方法》，《讲演集9·宗教与体验》，《星云大师全集》第四类·讲演集，https:// books.masterhsingyun.org/ArticleDetail/artcle3702，2024年4月3日。

强调"无论参禅打坐、诵经念佛，或是持咒修密，都必须以'戒'来规范自己，让自己的起心动念能够不断净化"[1]，即强调包括密教在内的各种修行方法都要以戒律为基础。

可以看出，星云法师与太虚法师在显密观上有一定的相通之处。一方面，针对佛教中显教密教相互分离以致对立的问题，二位法师都主张融通各种密法传承、融通显密，进而建立显密圆融的佛教；另一方面，二位法师也都看到密教被滥传滥用的危害，因此强调密教应以显教的戒律、教理为基础，绝不能在脱离显教的情况下修习密教。

回顾萨哈拶释哩、智光等人的史事，可以发现"西天僧团"的几个倾向也与太虚、星云二位法师的显密观一致。一、重视戒律，强调以戒律规范在家、出家信徒的倾向与二位法师重视戒律规范作用的主张一致；二、讲究次第，以显教的戒律及学理为密教修行基础的倾向与二位法师认为密教以显教为基础，密教修习不能脱离显教的主张一致；三、促进多族群僧人相互交流，圆融印、藏、汉佛教的倾向与二位法师融通显教及各种密法传承，建立显密圆融佛教的主张一致。太虚大师在阅览《西藏之佛教》后曾认为宗喀巴大师在教理行果、律仪与密宗三个方面与他提倡的观点相同，并发出"时相去者五六百年，地相隔者数万余里，竟有如是之形契神合者，信足增吾人之勇气与决心矣"[2]的感叹。从"西天僧团"的史事来看，萨哈拶释哩、智光等人与太虚、星云二位法师虽时隔数百年且传承不同，但在显密观问题上也是"形契神合"，这一事实是值得注意的。

当然，由于时代原因，"西天僧团"的发展一直受到专制皇权的影响。哪怕是萨哈拶释哩、智光等影响巨大的高僧，同样也需要在皇权和戒律、传法次第之间取得微妙的平衡。而发展至桑渴巴辣、禅牒室哩、三曼达室哩等第三代弟子时，僧团的活动范围已被局限于宫廷之中，僧团的主

---

[1] 释星云：《第一章 人间佛教的戒学》，《人间佛教的戒定慧》，《星云大师全集》第二类·人间佛教论丛，https://books.masterhsingyun.org/ArticleDetail/artcle463，2024年4月3日。

[2] 《太虚大师全书》卷32《略述西藏之佛教序》，第337页。

要活动变成了为皇家法事培养宦官，明显地带上了宫廷密教的色彩。近代以来，随着由太虚大师等人领导的佛教复兴运动的开展，密教逐渐受到重视，各种密教思潮相继传入内地并形成热潮，时至今日已经百有余年。[①]不过，由于各地在文化上的差别，诸佛教传承对显密判教的不同，加上学法、传法者的修为人品参差不齐等原因，太虚法师于百年前提出的在戒律、教理的基础上圆融日密藏密，建设中密的设想尚未完全实现，星云法师在提及密教时亦坦承佛教团结融合的理想"太难实现了"[②]。现如今，人间佛教运动已经成为佛教复兴运动的主要趋势。结合"西天僧团"融合印、藏、汉佛教，兼传显密的历史，如何在当下的社会条件下实现显密圆融和谐的理想，仍是有识之士需要思考的问题之一。

The "Xitian Sangha" of the Ming Dynasty and the Esoteric and Exoteric Views of Tai Xu and Hsing Yun

Wang An

Abstract: The "Xitian Sangha" is a monastic community that integrates the teachings of both exoteric and esoteric Buddhism, incorporating various Buddhist lineages. The community emphasizes the establishment of monastic rules to regulate both monastic and lay practitioners. Regarding the dissemination of esoteric teachings, it follows the principle of first teaching exoteric doctrines

---

[①] 何建明：《中国近现代密教文化复兴运动浅探》，《华中师范大学学报》（人文社会科学版）2009 年第 3 期。

[②] 释星云：《常住、大众、我》，《随堂开示录 5·教育讲习（5）》，《星云大师全集》第四类·讲演集，https:// books.masterhsingyun.org/ArticleDetail/artcle10914，2024 年 4 月 3 日。

before introducing esoteric practices. Esoteric teachings are mainly transmitted to those who show aptitude and have already taken monastic vows, with an emphasis on transmitting precepts before teachings. Furthermore, the "Xitian Sangha" has facilitated Buddhist exchanges among different regions, promoting interactions between exoteric and esoteric traditions. Moreover, it has established rituals such as the *Jixiangshanglezhongweixiuzhengyi* based on the integration of various Buddhist traditions. Humanistic Buddhism is a modern Buddhist movement within Chinese Buddhism. Tai Xu and Hsing Yun are representative figures of this movement. Both masters advocate for the integration of various esoteric Buddhist lineages and the establishment of a harmonious relationship between exoteric and esoteric Buddhism. They emphasize that esoteric practices should be based on the precepts and doctrinal teachings of exoteric Buddhism, without deviating from its principles. A comparison between the tendencies of the "Xitian Sangha" and the views of these two masters reveals a fundamental alignment in their exoteric-esoteric perspectives.

Key words: Exoteric-esoteric perspectives; Xitian Sangha; Zhi Guang; Tai Xu; Hsing Yun

撮录本《孔雀王咒经》生成时代考辨

柴 杰

兰州交通大学讲师

摘　要：《孔雀明王经》于东晋时期传入中土，及至盛唐、中唐时代，出现多种译本，非常流行，孔雀明王信仰也随之臻至极盛。《大正藏》收录有六部《孔雀明王经》汉译本，其中，传鸠摩罗什译《孔雀王咒经》为撮录本，其内容不仅包括佛教，还摘抄了目前学界认为是伪经的《安宅神咒经》，更涉及了道教。尤其是其中引用了道教文献《太上妙法本相经》之《度国王品》，该品文字可见于570年甄鸾的《笑道论》，故可定《太上妙法本相经》的形成时代不晚于570年。加上撮录本《孔雀王咒经》的名称最早出现于597年的《长房录》，故可推定撮录本《孔雀王咒经》的形成大体在北周天和五年（570）至隋开皇十七年（597）之间。

关　键　字：《孔雀王咒经》；疑伪经；《笑道论》；《太上妙法本相经》

基金归属：本文为2019年度国家社科基金重大项目"'一带一路'佛教交流史"（编号：19ZDA239）的阶段性成果。

《大正藏》中收录了六部《孔雀明王经》的汉译本，其中，传鸠摩罗什译《孔雀王咒经》目前被大部分学者推定为"中土伪撰"[1]，内容属于多种文献的撮录。为行文之便，以下统称"撮录本《孔雀王咒经》"。至于撮录本《孔雀王咒经》生成的时间，学界存在不同意见。一种意见认为其生成年代当在北周至隋代之间，另一种意见认为其形成时间应更晚，属唐代之物。笔者近期致力于对孔雀明王信仰的研究，发现从撮录本的引文入手，有望将撮录本《孔雀王咒经》之生成年代进一步具体化。

一 撮录本《孔雀王咒经》的"伪经"来源

为了方便讨论，笔者把撮录本《孔雀王咒经》的内容分为三部分，第一部分是此经中"已上三七行《经音》指为疑伪经"的文本内容；第二部分是关于《孔雀明王经》的内容，也就是慧琳认为的"自南无佛、南无法"以下，约五六纸是真经部分；第三部分乃剩余部分，以及后附简单仪轨。为明晰起见，对比内容均采用表格形式展示，囿于篇幅，仅撷取其中比较重要者进行分析。

表1　　撮录本《孔雀王咒经》与《佛说安宅神咒经》之对比

撮录本《孔雀王咒经》	《佛说安宅神咒经》
东方大神龙王七里结界金刚宅， 南方大神龙王七里结界金刚宅， 西方大龙王七里结界金刚宅， 北方大神龙王七里结界金刚宅， 中央大神龙王七里结界金刚宅。	东方大神龙王七里结界金刚宅， 南方大神龙王七里结界金刚宅， 西方大神龙王七里结界金刚宅， 北方大神龙王七里结界金刚宅。

---

[1] （唐）慧琳：《一切经音义》，《大正藏》第54册，第555页上；（后唐）可洪：《新集藏经音义随函录》，《高丽藏》第34册，第878页中；方广锠：《药师佛探源——对"药师佛"汉译佛典的文献学考察》，《宗教学研究》2014年第4期；郑芳宜：《汉译〈孔雀明王经〉之演变与法门研究》，佛光大学硕士学位论文，2020年，第33页。吕建福：《中国密教史》（修订版），中国社会科学出版社2011年版，第158页；（日）田久保周誉《初期孔雀经类とその大乘の展開》，《丰山教学大会纪要》第6辑，1978年，第7页。以上论文皆对此经的内容做过讨论，推断可能是中土伪经。

续表

撮录本《孔雀王咒经》	《佛说安宅神咒经》
东方薄鸠深山沙罗佉收汝百鬼项着枷，南方薄鸠深山沙罗佉收汝百鬼项着枷，西方薄鸠深山沙罗佉收汝百鬼项着枷，北方薄鸠深山沙罗佉收汝百鬼项着枷，中央薄鸠深山沙罗佉收汝百鬼项着枷。①	东方婆鸠深山娑罗伽扠汝百鬼颈着枷，南方婆鸠深山娑罗伽扠汝百鬼颈着枷，西方婆鸠深山娑罗伽扠汝百鬼颈着枷，北方婆鸠深山娑罗伽扠汝百鬼颈着枷。②

稍作对比即不难发现，以上内容与《佛说安宅神咒经》卷二十一基本是一致的，不同之处仅在于撮录本《孔雀王咒经》中增加了中央方位的内容，主旨在于迎合中土流行的五行理论和五方思想。

《佛说安宅神咒经》亦被学术界推定为"伪经"。所谓"伪经"，是中国古代佛教徒自己撰述而假托"佛说"并借汉文翻译形式出现的佛教经典。古印度所产生的佛经中，虽也有许多假托之佛说，但中国佛教徒历来皆把从印度、西域传入的经典一概视为"真经"。"伪经"的出现是中国佛教发展到一定历史阶段的产物，是佛教中国化过程的产物，这些经典对研究佛教在中国的发展史，有重要参考价值。至于《佛说安宅神咒经》之真伪，古来就有不同的说法。萧梁僧祐《出三藏记集》卷四将其收录于"失译杂经录"内，隋法经《众经目录》卷四指其为伪经，而唐智昇《开元释教录》卷十八则以本经为真典。熊娟依《佛说安宅神咒经》的内容明显具有中国特有的道教、阴阳家文化以及民间传统习俗的痕迹，使用了"五行""六甲""青龙""白虎""朱雀""玄武""伏龙"等词汇，判断此经应属于伪经。在佛典文献中进行查验可知，这些传统文化词汇主要出现在中土撰著类佛典中，也见于密教部佛典中，其他翻译佛经中基本不见使用。熊娟也对此经的制作地方进行了推测，根据文

---

① （后秦）鸠摩罗什译：《孔雀王咒经》，《大正藏》第19册，第481页。
② 《佛说安宅神咒经》，《大正藏》第21册，第11页下—12页上。

中"檀山"可能处于北方，判定这部经编撰的地方可能是北方。[①] 看来，推定《佛说安宅神咒经》为"伪经"，当无大误。

二 撮录本《孔雀王咒经》的佛典来源

表2　　撮录本《孔雀王咒经》与《妙法莲华经》之对比

撮录本《孔雀王咒经》	鸠摩罗什译《妙法莲华经》卷一
有八龙王：难陀龙王，跋难陀龙王，娑伽罗龙王和修吉龙王，德叉迦龙王，阿那婆达多龙王，摩那斯龙王，优钵罗龙王，各与若干百千眷属。	有八龙王：难陀龙王、跋难陀龙王、娑伽罗龙王、和修吉龙王、德叉迦龙王、阿那婆达多龙王、摩那斯龙王、优钵罗龙王等，各与若干百千眷属俱。
有四乾闼婆王：乐乾闼婆王、乐音乾闼婆王、美乾闼婆王、美音乾闼婆王，各与若干百千眷属。	有四乾闼婆王：乐乾闼婆王、乐音乾闼婆王、美乾闼婆王、美音乾闼婆王，各与若干百千眷属俱。
有四阿修罗王：婆稚阿修罗王，佉罗骞驮阿修罗王，毗摩质多罗阿修罗王，罗睺罗修罗王。各与若干百千眷属。俱来入此室使我咒句如意成。	有四阿修罗王：婆稚阿修罗王、佉罗骞驮阿修罗王、毗摩质多罗阿修罗王、罗睺阿修罗王，各与若干百千眷属俱。
有四迦楼罗王：大威德迦楼罗王，大满迦楼罗王，大身迦楼罗王，如意迦楼罗王，各与若干百千眷属，俱来入此室使我咒句如意成。[①]	有四迦楼罗王：大威德迦楼罗王、大身迦楼罗王、大满迦楼罗王、如意迦楼罗王，各与若干百千眷属俱。韦提希子阿阇世王，与若干百千眷属俱。各礼佛足，退坐一面妙。[②]

观表2，撮录本《孔雀王咒经》的内容与《妙法莲华经》卷一所见几无二致，移录痕迹非常明显。撮录本《孔雀王咒经》的不少内容皆摘抄自鸠摩罗什译《妙法莲华经》卷一，只是偶有字词稍有变通而已。表1、表2中的内容皆有龙王的出现，除以上内容外，第一部分的其余内容也同样有龙王名号。

---

① 熊娟：《汉文佛典疑伪经研究》，上海古籍出版社2015年版，第229页。
② （后秦）鸠摩罗什译：《孔雀王咒经》，《大正藏》第19册，第482页中。
③ （后秦）鸠摩罗什译：《妙法莲华经》卷1，《大正藏》第9册，第2页上。

撮录本《孔雀王咒经》又言：

如是三说。东方青帝大神龙王各领八万四千鬼持于东方。南方赤帝大神龙王各领八万四千鬼持于南方。西方白帝大神龙王各领八万四千鬼持于西方。北方黑帝大神龙王各领八万四千鬼持于北方。中央黄帝大神龙王各领八万四千鬼持于中方。

东方大神龙王金刚密迹士普贤菩萨药王药上救脱菩萨入，南方大神龙王金刚密迹士普贤菩萨药王药上救脱菩萨入，西方大神龙王金刚密迹士普贤菩萨药王药上救脱菩萨入，北方大神龙王金刚密迹士普贤菩萨药王药上救脱菩萨入，中央大神龙王金刚密迹士普贤菩萨药王药上救脱菩萨入。

东方大神龙王名诃头诃于佛大会时自言我当护是汝摩诃般若波罗蜜神咒，南方大神龙王名诃楼勒叉提于佛大会时自言我当护是汝摩诃般若波罗蜜神咒，西方大神龙王名那头华于佛大会时自言我当护是汝摩诃般若波罗蜜神咒，北方大神龙王名诃梨勒叉提于佛大会时自言我当护是汝摩诃般若波罗蜜神咒。[①]

以上内容在其他经典中未找到相同文字，推而论之，有可能是制作此经者自创或者摘自失传经典，其中有龙王。《孔雀明王经》与龙王结缘始自南朝梁，彼时僧伽婆罗译《孔雀王咒经》首次出现大量龙王名号，有190个之多，堪称佛经中龙王名号数目最多者。[②] 嗣后重译的义净译本、不空译本中均保留了这些龙王名号。

[①]（后秦）鸠摩罗什译：《孔雀王咒经》，《大正藏》第19册，第482页中。
[②] 柴杰、杨富学：《唐室孔雀明王经法及其在东瀛的赓续》，《河南师范大学学报》（哲学社会科学版）2023年第3期。

表3　　撮録本《孔雀王咒経》与帛尸梨蜜多羅訳本之対比

撮録本《孔雀王咒経》	帛尸訳《佛説大金色孔雀王咒経》
南無佛南無法南無僧、南無過去七佛等正覚、南無辟支佛南無諸佛南無諸阿羅漢弥勒等一切菩薩、南無諸阿那含南無斯陀含南無須陀洹、南無世間正法者正向者。我礼彼衆已、欲行大金色孔雀王咒経、願如意成吉。告諸鬼神等聴、虚空在地及水居者……十四羅刹女、一名黒暗二名作黒暗、三名鳩盤茶四名白居、五名華眼六名取子、七名取髪八名作黄、九名垂下十名極垂下、十一名伺便十二名閻羅使、十三名閻羅刹十四名啖鬼。汝等受我香華飲食、擁護及諸眷属、使我咒句如意成吉。①	南無佛南無法南無比丘僧、南無七佛等正覚、南無辟支佛南無諸羅漢、南無弥勒等一切菩薩、南無諸阿那含南無斯陀含南無須陀洹、南無世間正信向者、我礼彼衆已、欲説《大孔雀王咒経》、愿如意成就。吉諸鬼神等明聴、若空虚在地及水居者……十四羅刹女、一名黒暗二名作黒暗、三名鳩盤茶四名白具、五名華眼六名取子、七名取髪八名作黄、九名垂下十名極垂下、十一名伺便十二名閻羅使、十三名閻羅羅刹十四名啖鬼。汝等受我華香飲食、擁護某甲及諸眷属、使我咒句如意成就吉。②

从表3不难発現，此経中関于《孔雀明王経》之内容与帛尸梨蜜多羅訳《佛説大金色孔雀王咒経》所見完全一致，可定該内容乃摘抄自后者。之后的"爾時四天王白佛言：世尊！我口当説是陀羅尼咒，用治一切衆生疾病諸悪故。而説咒曰：三咩三摩、三咩阿跋地、毗首提跋地、尼薩隷"之語，筆者推測可能是抄写者添加上去的。

表4　撮録本《孔雀王咒経》与《七佛八菩薩所説大陀羅尼神咒経》之対比

撮録本《孔雀王咒経》	失訳《七佛八菩薩所説大陀羅尼神咒経》
佛説曠野鬼神阿咤婆拘咒経、除衆生苦患諸疾。爾時鬼神即説咒曰：頭留弥、頭留弥、陀咩多陀咩、頭留咩、頭留咩呤、尼利尼利、那羅那羅、尼利尼利尼利尼利、那羅毱富尼利、豆茶汀豆茶汀、摩訶豆茶汀、豆茶汀、究……世尊此陀	佛説曠野鬼神阿咤婆拘咒経、除衆生苦患諸疾。爾時鬼神即説咒曰：頭留弥、頭留弥、陀咩多陀咩、頭留咩、頭留咩呤、尼利尼利、那羅那羅、尼利尼利尼利尼利、那羅毱富尼利、豆茶汀豆茶汀、摩訶豆茶汀、豆茶汀、究……世尊此陀

---

① （后秦）鳩摩羅什訳：《孔雀王咒経》，《大正蔵》第19冊，第483頁。
② （東晋）帛尸梨蜜多羅訳：《佛説大金色孔雀王咒》，《大正蔵》第19冊，第479頁。

续表

撮录本《孔雀王咒经》	失译《七佛八菩萨所说大陀罗尼神咒经》
罗尼句。为四部众令得安隐离诸恼患,众魔恶鬼盗贼水火,旋岚恶风罗刹恶鬼,热病冷病风病等分诸病,家业衰耗所向不利,恶兽卒暴,急诵此咒一切解脱,今当重说陀罗尼咒。①	罗尼句。为四部众令得安隐离诸恼患,众魔恶鬼盗贼水火,旋岚恶风罗刹恶鬼,热病冷病风病等分诸病,家业衰耗所向不利,恶兽卒暴,急诵此咒一切解脱,今当重说陀罗尼咒。②

从表4中不难发现,撮录本《孔雀王咒经》的部分内容出自东晋失译《七佛八菩萨所说大陀罗尼神咒经》卷二。

最后的孔雀明王仪轨,撮录本《孔雀王咒经》有如下规定:"孔雀王咒场,用牛屎涂地,用散七色华,幡四十九枚,刀四枚,镜四枚,箭一百枚,弓一张,瓦七枚盛浆,黑羊毛绳十六寻,薄饼二十五番,然七油灯,酪一器,麨浆一器,饭一器,薄饼一器,安石榴一器,华一器。"③ 揆诸相关的孔雀明王经典的坛场仪轨,可以看出,其内容与僧伽婆罗译本、义净译本、不空译本中的仪轨不同,比最早出现仪轨的南朝梁僧伽婆罗译本还要简单。复据大塚伸夫研究,萧梁僧伽婆罗译本的底本在印度形成的时代大约是5世纪后半期,④ 彼时以除灾、治病为目的的密教仪轨就已经形成了。

三 撮录本《孔雀王咒经》之道教来源

除了佛教典籍之外,在道藏经典中也可以看到与撮录本《孔雀王咒经》几乎一致的文字。撮录本《孔雀王咒经》有言:

---

① (后秦)鸠摩罗什译:《孔雀王咒经》,《大正藏》第19册,第484页中。
② (东晋)失译:《七佛八菩萨所说大陀罗尼神咒经》卷2,《大正藏》第21册,第543页下—544页上。
③ (后秦)鸠摩罗什译:《孔雀王咒经》,《大正藏》第19册,第484页下。
④ 〔日〕大塚伸夫:《最初期密教の实态—『孔雀明王經』を中心》,《大正大学研究纪要》第89号,2004年,第308—284页。

东方檀殿军，头广百步，口开谷山，十十五五合依吞；南方檀殿军，头广百步，口开谷山，十十五五合依吞；西方檀殿军，头广百步，口开谷山，十十五五合依吞；北方檀殿军，头广百步，口开谷山，十十五五合依吞；中央檀殿军，头广百步，口开谷山，十十五五合依吞。[1]

早在后唐时代，可洪即认为《孔雀王咒经》中"东方檀殿军，头广百步，口开谷山，十十五五合依吞"乃出自《广弘明集》所引甄鸾《笑道论》，文曰：

又《度国王品》。东方开明招真神，身着黑帻有玄文，身广百步。头柱天，主食邪魔。口容山，朝食五百，暮啖三千。五十五，合衣吞。[2]

大致相同的文字，又见于唐宋时期的道藏文献《元辰章醮立成历》卷上：

东方开明，招真大神。身着青衣黑帻，身广百步。头长柱天，至食邪鬼。口容山岳，朝食五百，暮啖万千。十十五五，合衣而吞。[3]

不难看出，撮录本《孔雀王咒经》的这段文字与《度国王品》《元辰章醮立成历》的内容几无二致。又，北周甄鸾《笑道论》作为批评对象，引用了《度国王品》的文字。推而论之，《度国王品》比《笑道论》要早。

---

[1] （后秦）鸠摩罗什译：《孔雀王咒经》，《大正藏》第19册，第4页。
[2] （唐）道宣：《广弘明集》，《大正藏》第52册，第149页中。
[3] 《元辰章醮立成历》卷上，《道藏》第32册，文物出版社1988年版，第708页。

甄鸾《笑道论》所引的《广说品》《南极真人间事品》《有无生成品》《度国王品》《度身品》都属于道教文献《太上妙法本相经》。①因此，上述内容摘抄于道藏经典，当无可疑。至于《元辰章醮立成历》的生成时间，朱越利已有考订，认为有可能是在唐宋期间制作的道藏本。②时代较晚，可以忽略不计。

值得注意的是，明代在武当山崖洞里发现了道门《孔雀明王经》一部三卷，具名《太上元始天尊说宝月光皇后圣母天尊孔雀明王经》，万历三十五年（1607）天师张国祥刊《续道藏》时奉旨校梓入藏。此本是活动于永乐、洪熙、宣德时期（1403—1435）的武当紫霄宫提点李玄玉发现的。③该道经从结构、内容、功能等均仿效佛门《孔雀明王经》，尤其是不空译本，应为元明时代正一派道士之作，充分展示出佛道文化融通的历史语境中，孔雀明王信仰借由道教之力在内地进一步扩张的史实。经中言："详夫此经，原是《大洞经》中骨髓，经中之造化，经中之运用。因此广传下世。"④可见，《孔雀明王经》与道教有联系始见于撮录本《孔雀王咒经》，到了明代就出现了专门的道藏《孔雀明王经》。

四 撮录本《孔雀王咒经》形成年代考辨

撮录本《孔雀王咒经》的形成时间，目前存在唐代前期说与周隋之际说。前者由田久保周誉提出，他认为该经内容应撮录自失译《大金色孔雀王咒经》和《佛说大金色孔雀王咒经》。以之与其他《孔雀明王经》文本相比较，可以发现撮录本《孔雀王咒经》前半部分的祈愿文文体确实是中国式的，在祈愿文后面还有"已上三纸七行《经音》指为伪经"的注释，故可认定为中土撰述的伪经，其形成时间应更晚，应为唐代之

---

① 刘屹：《敦煌道经与中古道教》，甘肃教育出版社2013年版，第309—338页。
② 朱越利主编：《道藏说略》下册，北京燕山出版社2009年版，第498页。
③ 《太上元始天尊说宝月光皇后圣母天尊孔雀明王经》卷上，《道藏》第34册，第599—600页。
④ 《太上元始天尊说宝月光皇后圣母天尊孔雀明王经》卷上，《道藏》第34册，第579页。

物，时代稍早于730年智昇所编《开元释教录》。①

然观历代经录，撮录本《孔雀王咒经》之名虽不见于萧梁僧祐《出三藏记集》和隋沙门法经等撰《众经目录》，但可见于隋费长房《历代三宝纪》：

> 《大金色孔雀王经》一卷（在逍遥园出，并结界场法悉备具）……晋安帝世，天竺国三藏法师鸠摩罗什婆，秦言童寿。弘始三年冬到常安，秦王姚兴厚加礼遇，乃延请入西明阁及逍遥园别馆安置。敕令僧䂮集诸沙门八百余人，咨受什旨，更出大品。②

唐释道宣《大唐内典录》也有此经的记载，从内容看是沿袭了《长房录》的说法。所以，撮录本《孔雀王咒经》的生成时间应该是在隋代《长房录》撰写之前，推定为唐代，有点儿过晚。

与田久保周誉不同，吕建福推定撮录本《孔雀王咒经》为北周至隋代之物，证据在于该译本之原注有言前三纸七行为中土附加，最末一段结坛法也为中土附加；尤其是《开元录》中同题经有如下附注："亦名《大金色孔雀王经》，（罗什）在逍遥园出，并结界场法悉备具，房云：'见《别录》。'"③然对勘《长房录》，并无"见《别录》"之语，故只能将其推定至隋代或稍前；其次，经首不仅加上了与汉译本《孔雀明王经》内容无关的经文（似乎是抄取《安宅神咒经》《灌顶经》的神名等内容杂糅合成），后面还加上了坛法等内容的文字，坛法出现于周隋之际开始传译的持明密法中，所以这个译本当形成于周隋时期。④

就上述两种观点而言，唐代说有些偏晚，周隋之际说虽较为可取，但

---

① 〔日〕田久保周誉：《初期孔雀经类とその大乘的展開》，《丰山教学大会纪要》第6辑，1978年，第7页。
② （隋）费长房：《历代三宝纪》，《大正藏》第49册，第78页中—79页上。
③ （唐）智昇：《开元释教录》卷4，《大正藏》第55册，第512页上。
④ 吕建福：《中国密教史》（修订版），第158页。

论证过于简略,且时间范围有失宽泛。

如前所述,撮录本《孔雀王咒经》的核心内容是从帛尸梨蜜多罗译《佛说大金色孔雀王咒经》中摘抄出来的,其他内容是从《佛说安宅神咒经》、鸠摩罗什译《妙法莲华经》、东晋失译《七佛八菩萨所说大陀罗尼神咒经》,以及道藏《太上妙法本相经》中摘录出来的,也有几处是制作者自创或者是从失传经典中摘录的。既然是撮录本,当然其生成年代要比摘抄所据经典晚。

目前学界把《佛说大金色孔雀王咒经》比定为东晋时期帛尸梨蜜多罗译本。果若是,则该经译成之时当在帛尸梨蜜多罗在中土生活的年代317—322年。《妙法莲华经》由鸠摩罗什译于5世纪初。《大正藏》收录的失译《佛说安宅神咒经》学界已经确定它为中土疑伪经,而且对它的生成时间也有讨论研究。熊娟认为《佛说安宅神咒经》不是后汉的译本,推断此经制作时代应该是在东晋前后[1],又因其最早被《出三藏记集》卷四《新集续撰失译杂经录》记载[2],随后各经录次第收录,推而论之,萧梁时代应是此经制作的下限。失译《七佛八菩萨所说大陀罗尼神咒经》据载为东晋所译。

撮录本《孔雀王咒经》后附简单的坛场仪轨,可见,制作者应对密教经典之坛场仪轨比较熟悉。据吕建福考证,密教是在梁末周隋之际传入中土的,最早的经典是南朝萧梁时期所译《牟梨曼陀罗咒经》。还有一种可能,撮录本《孔雀王咒经》的制作者熟知《孔雀明王经》经典之坛场仪轨,而《孔雀明王经》诸汉译本中,最早出现坛场仪轨的是萧梁僧伽婆罗译本,但该经后附的仪轨还未形成《孔雀明王经》专属的仪轨内容,显示的是简易的密教坛场仪轨。尤有进者,《孔雀明王经》出现大量龙王名号,亦始见于僧伽婆罗译本。撮录本《孔雀王咒经》中也有大量与龙王相关的内容。由是以观,撮录本《孔雀王咒经》当形成于518年僧伽婆罗译本出

---

[1] 熊娟:《汉文佛典疑伪经研究》,第229页。
[2] (南朝梁)僧祐撰,苏晋仁、萧鍊子点校:《出三藏记集》,中华书局1995年版,第180页。

现之后。

撮录本《孔雀王咒经》融摄了道教经典《太上妙法本相经》的内容。柏夷、刘屹指甄鸾《笑道论》所引《度国王品》属于《太上妙法本相经》之一品。[1] 甄鸾《笑道论》撰写于天和五年（570）二月十五日，故而可以推定《太上妙法本相经》的形成时代应不晚于570年。[2] 美国亚利桑那州立大学柏夷（Stephen R. Bokenkamp）教授将其进一步考订为6世纪中期之物，[3] 当可信从。职是之故，撮录本《孔雀王咒经》的形成时代上限应不早于570年前后。

撮录本《孔雀王咒经》之名最早见于隋费长房《历代三宝纪》，经题"开皇十七年（597）翻经学士臣费长房上"。质言之，撮录本《孔雀王咒经》的形成时代大致可以界定在北周天和五年（570）至隋开皇十七年（597）之间。

撮录本《孔雀王咒经》的形成，与北朝、隋代中土所撰疑伪经盛行的历史背景息息相关。《续高僧传》记载：

> 释道辩，姓田氏，范阳人。有《别记》云，着纳擎锡入于母胎，因而生焉。天性疏朗，才术高世。虽曰耳聋，及对孝文，不爽帝旨。由是荣观显美，远近钦兹。剖定邪正，开释封滞，是所长也。初住北台，后随南迁，道光河洛。魏国有经号《大法尊王》，八十余卷，盛

---

[1] Stephen R. Bokenkamp, "Stages of Transcendence: The Bhūmi Concept in Taoist Scripture", Robert E. Buswell(ed.), *Chinese Buddhist Apocrypha*, Honolulu: University of Hawaii Press, 1990, pp. 119-147, esp. 130-132；刘屹：《敦煌道经与中古道教》，甘肃教育出版社2013年版，第312页。

[2] 山田俊：《道は人を度はず人自ら道を求む—〈太上妙法本相經〉の思想》，《熊本县立大学文学部纪要》第1卷，1995年，第227—250页；Kistofer Schipper and Franciscus Verellen (eds.), *The Taoist Canon: A Historical Companion to the Daozang*. Vol. 1, Chicago-London: The University of Chicago Press, 2004, pp. 523-525.

[3] Stephen R. Bokenkamp, "Stages of Transcendence: The Bhūmi Concept in Taoist Scripture", Robert E. Buswell(ed.), *Chinese Buddhist Apocrypha*, Honolulu: University of Hawaii Press, 1990, pp. 119-147, esp. 130-132.

行于世,辩执读知伪,集而焚之。①

道辩作为北魏高僧,随孝文帝由平城移居洛阳,当时洛阳正盛行《大法尊王经》。该经八十余卷,道辩阅览后,发现其竟然是伪经,便将其收集起来予以焚毁。说明北魏时期就有伪经"盛行于世"。北魏太平真君五年(444),太武帝灭佛,佛典之类焚毁殆尽。当复佛之际,佛典缺乏,于是昙靖撰写了《提谓波利经》二卷:

> 时又有沙门昙靖者,以创开佛日,旧译诸经,并从焚荡,人间诱导,凭准无因。乃出《提谓波利经》二卷,意在通悟,而言多妄习。故其文云:"东方泰山,汉言岱岳,阴阳交代故。"谓代岳出于魏世,乃曰汉言,不辩时代,斯一妄也。太山即此方言,乃以代岳译之。两语相翻,不识梵、魏,斯二妄也。其例甚众,具在经文,寻之可领。旧录别有《提谓经》一卷,与诸经语同。但靖加五方五行,用石糅金,疑成伪耳。并不测其终。隋初开皇关壤,往往民间犹习《提谓》,邑义各持衣钵,月再兴斋,仪范正律,递相监检,甚具翔集云。②

该经乃是指导庶民修习佛教的经典,通俗易懂,但妄说很多。"这种连撰者之名都敢清清楚楚地印出的疑经竟出现在统治及指导佛教教团的监福曹所在地,而又成为善导庶民的佛典,明显可说是一件当局默认的事"。③

由上可知,6世纪之后北魏就出现了不少伪经。过去汉译的佛典应该是出家者必须奉戴、护持的,故有许多地方难以为在俗的庶民所接受。

---

① (唐)道宣撰,郭绍林点校:《续高僧传》卷六《道辩传》,中华书局2014年版,第193—194页。
② (唐)道宣撰,郭绍林点校:《续高僧传》卷一《昙靖传》,第13页。
③ 〔日〕中村元等:《中国佛教发展史》(上),余万居译,台北:天华出版公司1984年版,第142页。

如今有了庶民极易明了的佛典，自然可使信徒之数增加，疑经之盛行对于佛教之弘传中国社会，充任了很重要的角色。疑伪经的流行最主要的原因就是法宝经典的缺失，此外也有利于庶民接受。

一般的佛教概念其实包含了三个层次的内容，第一个层次是佛陀的觉悟，即佛的菩提，佛陀在菩提树下证得的大彻大悟的人生境界。第二个层次是佛陀觉悟后适应当时人们的需要，基于善巧方便和智慧，对其菩提境界作阐释和开示的佛法。这一层次的佛法，包括佛陀、当时及后世其他贤圣弟子基于佛陀正觉所讲述的佛法。第三个层次，则是"佛菩提"即所谓"佛法"进一步适应历史文明的要求，在不同历史时期、不同文化区域中，以一定制度化架构的形式所呈现的佛教。

五 结论

撮录本《孔雀王咒经》的内容基本是从帛尸译《佛说大金色孔雀王咒经》、失译《佛说安宅神咒经》、鸠摩罗什译《妙法莲华经》卷一和失译《七佛八菩萨所说大陀罗尼神咒经》中抄录出来的，还有一小部分内容出自道藏《太上妙法本相经》。究其实，当属撮录本。这些文字占去了撮录本《孔雀王咒经》的主体，抄录文字既有佛教经典（主要是密教经典与疑伪经），也有道教经典，佛道杂糅的特征非常明显。尤其是撮录本《孔雀王咒经》对甄鸾《笑道论》所引《度国王品》的吸纳，特别值得关注。《度国王品》属于道教经典《太上妙法本相经》的一品，而甄鸾《笑道论》撰写于570年，故可定《太上妙法本相经》的形成时代不晚于570年。加上撮录本《孔雀王咒经》的名称最早出现于597年形成的《长房录》，故可推定撮录本《孔雀王咒经》的形成大体在北周天和五年（570）至隋开皇十七年（597）之间。撮录本的形成，与北魏以来"中土伪经"的流行背景息息相关。

Dating on the Extracted Version of *The Peacock King Sutra*

Chai Jie

Abstract: *The Peacock King Sutra* was introduced to Middle earth during the Eastern Jin Dynasty, and various translations emerged during the prosperous Tang and Middle Tang dynasties, making it very popular. The belief in Peacock King also reached its peak. The Taisho Tripiṭaka contains six Chinese translations of the *The Peacock King Sutra*, among which the translation of *The Peacock King Mantra* by Kumarajiva is a condensed version. It not only includes Buddhist content, but also extracts the content of the *Anzhai Shenzhou Jing*, which is currently considered a fake scripture by the academic community, and also involves Taoist content. From the analysis of the excerpted classic content and scriptures, the formation century of the excerpted version of the *The Peacock King Sutra* can be roughly defined between 570 and 597 years.

Key words: *The Peacock King Sutra*; suspected pseudo-scripture; *Buddhist Canon*; Daoist Text

佛教与上海地方文化的形成
——以宝云寺顾野王故事为例

王诗越

上海师范大学博士生

摘　要：上海亭林宝云寺有顾野王托梦寺僧，告知新寺址为其故宅的故事。通过考证这一故事的源头，可知其出现于五代，最早记录此事的文本不仅疑点重重，且与史载多有不符。其所记恐非史实，而是宝云寺僧的创作，目的在于借助神异故事和前贤名迹构建寺院的神圣历史，并为所处之地增饰文化古迹，以获得更多的关注和支持。北宋时期，宝云寺僧请人重新撰文，对这一故事进行了完善。南宋以来，顾野王故事得到广泛接受和认可，成为地方上的文化常识。而地方其他群体则对其进行了新的诠释，并制造出更多相关的事物。一直到今天，顾野王都是亭林的"文化名片"。这一案例有助于我们进一步认识佛教在上海地方文化形成中的推动作用。

关　键　词：上海佛教；地方文化；宝云寺；顾野王

基金归属：本文为2019年度国家社科基金重大项目"'一带一路'佛教交流史"（编号：19ZDA239）的阶段性成果。

"上海的宗教对于上海城市的发展、都市文化的变化以及民众的生活都产生过一定的影响。"[1]各教之中以佛教传入最早，盛极一时，对上海[2]

---

① 陈伯海主编：《上海文化通史》第十一篇《宗教》，上海文艺出版社2001年版，第1103页。
② 本文中的"上海"取广义，指今上海市全境范围。

佛教与上海地方文化的形成

地方社会有着广泛的参与，在地方文化的形成和发展过程中起到过重要作用。可以说，不对上海佛教有深入的研究，就不能对上海地方文化的发展脉络有清楚的认识，也就不能对上海史或上海文化史有全面的、完整的了解和把握。而上海亭林宝云寺的顾野王故事就是我们观察佛教与上海地方文化之间关系的一个重要案例。

宝云寺始建于唐大中十三年（859），初名法云院[①]，位于华亭县顾亭林市（后为亭林镇，今属上海市金山区亭林镇）西北，五代开运元年（944）迁入寺南新址，宋、元、明、清屡有修建，至清咸丰十一年（1861）毁于兵燹，仅存的山门也于1975年因城镇建设拆除。从五代开始，宝云寺记文中屡屡称引顾野王（519—581），记述了一个顾野王托梦寺僧，告知寺所迁新址为其故宅的故事。顾野王，吴郡吴县（治今江苏苏州）人，是南北朝时期著名的文字训诂学家、地理学家，历仕梁、陈二朝，官至黄门侍郎、光禄卿。宝云寺的顾野王故事在地方上广泛流传，顾野王故宅之说逐渐成为地方社会各界的共识，成为亭林重要的文化古迹，并被载入方志之中。一直到今日，顾野王也是亭林镇、金山区独特的"文化名片"。上海市金山区亭林镇政府于2019年修建顾公广场，立顾野王铜像，以纪念顾野王1500年诞辰，并从是年开始多次举办顾野王主题文化活动，进一步展现和传承地方文化。[②]

但是通过细读宝云寺历代记文可以发现，最早记述顾野王故事的文本不但疑点重重，而且与唐宋史籍记载多有不符，恐非史实，而是宝云寺僧通过记文所创作的一则传说故事。它出现于五代，完善于北宋，南宋以来继续流传，最终得到广泛的认可和接受。其背后所反映的是佛教积极参与

[①] 宝云寺初名法云院，旋改院为寺，北宋治平元年（1064）获额宝云。为行文方便，本文中除引用史料外统称为宝云寺。
[②] 相关新闻报道可见薄小波《"江东孔子儒"诞辰1500周年，亭林古镇建成"顾公广场"》，网址：https:// www.whb.cn/commonDetail/290051（2024年4月3日摘取）；薄小波《"传江南千年文脉，书人文不朽华章"这场江南文化盛事在金山亭林举行》，网址：https:// www.whb.cn/commonDetail/907566（2024年4月3日摘取）。

社会生活，在促进自身发展的同时也推动了地方文化的形成。本文在前人的研究基础上[①]，依据宝云寺历代记文、地方志和文人笔记，运用史源学和层累说等历史学研究方法，对顾野王故事的出现、完善、接受和繁衍的过程进行考证和梳理，并尝试对故事产生的原因进行解释和说明，以期对认识佛教与上海地方文化之间的关系有所裨益。

一　五代：顾野王故事的出现

顾野王托梦寺僧，告知宝云寺新址为其故宅的故事最早出现于五代开运二年（945）的《顾亭林法云寺感梦伽蓝神记》（以下简称《五代记》），照录全文如下：

> 开运元年仲春月十有一日，造寺成，匠者毕手。其夜三更，梦二人青衣来，云："梁朝侍郎至也！"后忽见一人紫衣金鱼，仪容清秀，谓曰："此地，吾之故宅，荒已久矣。师今为我于上造立佛寺，吾甚欣喜。请立吾形象，吾当护此寺也。"明日，道琛、智晖各言所梦，其事不异，皆未信之。明夜复梦，云："师何不信？但寻旧寺基水际古碑文为据。"二人明旦乃彼求之，果见损折古碑，皆文字破灭分散，独一片分明，云："寺南高基，顾野王曾于此修《舆地志》。"二人叹曰："此寺当兴，冥感如此！"遂于东偏别选良材，构屋一间，立像当面，并二青衣侍卫。集僧众唱呗，具香火用以□赞。当是年季冬月望日也，其夜，众咸梦神来谢，曰："吾获其利，皆师之故也。"凡有

[①] 目前有关亭林宝云寺的研究，主要可分为三类：一是对宝云寺碑刻的编目和考察，参见施蛰存《云间语小录·宝云寺碑刻》，文汇出版社2000年版，第258—260页。黄兆欢《亭林宝云寺碑刻考略》，《上海文博论丛》2014年第1期。二是对宝云寺历史沿革的梳理，参见阮仁泽、高振农主编《上海宗教史》第二章《佛教在上海的传播和发展》，上海人民出版社1992年版，第65—66页。韩婉钰《亭林宝云寺的历史变迁》，《上海佛教》2021年第5期。三是对顾野王和亭林及宝云寺的关系提出怀疑，参见黄兆欢《顾野王与亭林》，《金山报》2014年7月18日第8版。

吉凶，无不预报，具在别录。今聊以直笔纪其实事，其游□□□□此知其所以然也。

    时开运二年岁次乙巳孟春月二十一日记。寺主僧道琛同僧众立石，维那僧智恩勾当，檀越弟子禅牙□。[①]

这篇记文较详细地叙述了宝云寺建成之后，寺僧三次梦到顾野王的神异故事。第一次，顾野王托梦告诉寺僧，宝云寺所在之地为其故宅，请寺僧立其形象，他将护持此寺。但是寺僧道琛、智晖起初都不相信。因此顾野王第二次托梦，指引寺僧寻找水边的古碑为据，可证实其言。寺僧依言寻找，果然发现古碑，其上文字磨灭，唯有一句"寺南高基，顾野王曾于此修《舆地志》"可辨别。寺僧由此相信梦中顾野王所言非虚，于是在寺内建造房屋，奉祀顾野王为伽蓝神。最后，顾野王托梦向众僧表达感谢。这篇记文延续了《高僧传》以来的佛教记梦传统，对梦境进行了详细的描绘，并通过寻到古碑这一验证梦境的环节，强调梦境真实不虚，强化故事的神异色彩。[②]这篇记文看似交代了事件的前因后果，但是细读该文，可以发现其中不但存在诸多可疑之处，而且与唐宋史籍记载多有不符。

这篇记文的可疑之处在于：第一，事件缘起的可疑。记文开篇仅仅说"开运元年仲春月十有一日，造寺成"，完全不提寺院的位置或是造寺的缘起，行文过于简略，留下了大量的空白。而且宝云寺始建于唐大中十三年（859），并于次年建成，此前已有沈珹撰于大中十四年的《大唐苏州华亭

[①] 缪荃孙：《江苏金石志》卷七，载《石刻史料新编》第1辑第13册，台北：新文丰出版公司1982年版，第9610页。另有碑拓存世，见北京图书馆金石组编《北京图书馆藏中国历代石刻拓本汇编》第36册，中州古籍出版社1989年版，第102页。经比对，二者字词一致。
[②] 有关佛教传记中梦的书写，参见耿朝晖《〈高僧传〉梦的梳理与文学解析》，《青海社会科学》2010年第4期；梁丽玲《历代僧传感通梦的书写与特色》，《台大佛学研究》第30期，2015年。

顾亭林市新创法云禅院记》[1]（以下简称《唐记》）存世，叙述了创寺的缘起和经过。此处又说"造寺成"，是指新建了一座佛寺？还是原寺的重建？若是重建，是原址重建还是异地重建？记文对此均未交代。直到北宋时期的记文才说明是因大水坏寺而迁建。

第二，故宅出现的可疑。记文中既没有对寺院基址或者环境的描述，又没有提到在建寺过程中有什么古迹遗址的发现。而当竣工后，其夜突然有顾野王托梦之事，称此地曾为其故宅，凭空出现，令读者感到有些突兀。

第三，唯一证据的可疑。二僧寻到古碑，仅有"寺南高基，顾野王曾于此修《舆地志》"一句可分辨，这成为证明寺址为顾野王故宅的唯一证据。但是，这一证据也是疑点重重。首先，记文称这块古碑位于"旧寺基水际"，应指宝云寺旧址的近水处。但这块碑立于何时，寺僧此前为何从未注意到它的存在？其次，寺南高基之"寺"是指哪一座佛寺？是宝云寺还是另有一座佛寺？若是前者，据《唐记》，宝云寺改院为寺是在唐大中十四年（860），则此碑应立于大中十四年以后，方能称作"寺南"。然而同样是撰于唐代大中十四年的《唐记》和咸通二年（861）的宝云寺经幢题记[2]都没有提到此地有顾野王相关遗迹。若是后者，在方志中未见同时期亭林有其他佛寺的记载。再次，这一句话由于缺乏上下文，也有在文章中援引典故、引用他文的可能性，未必是实指。最后，后来之人似都未亲眼见到此碑。五代以后的记文多是在重复寻到古碑，仅有十四字可辨这

---

[1] 缪荃孙：《江苏金石志》卷六，第9579页。另有碑拓存世，见北京图书馆金石组编《北京图书馆藏中国历代石刻拓本汇编》第32册，第178页。《全唐文》亦载，字词略有差异，且缺少末段撰写时间和助缘名录，见（清）董诰等编《全唐文》卷七九二，中华书局1983年版，第8306—8307页。

[2] 宝云寺经幢上刻《一切如来白伞盖大佛顶陀罗尼真言》和刻经题记，今仅存幢身石柱，列为上海市金山区文物保护点，已移入金山区大慈路398号亭林小学校园内保护。题记录文见吴贵芳《淞故漫谈·上海唐代铭刻考录》，上海人民出版社1991年版，第68—69页。笔者曾在孔夫子旧书网上见到碑拓，网址：http://book.kongfz.com/5946/1375045459/（2021年3月20日摘取）。另，台湾"中研院"史语所亦有收藏碑拓，题作《白伞盖真言幢碑阴》，可在史语所数位典藏数据库整合系统中查询。

一情况，没有提供更多的信息或是证据。对此，今人黄兆欢也非常困惑："'寺南高基'这句话可谓字字珠玑，被无数次引用以证明顾野王与亭林的关系，记载这句话的那块残碑也可谓珍贵无比，本可以成为强有力的证据。但是，这块碑估计已经散失了，甚至没有见到相关著录或者其他可以证明其存在的证据。"①

除以上疑点外，这篇记文还有与史籍记载不符之处：第一，顾野王的官职不符。在记文所描绘的梦中，顾野王出场前有二人云"梁朝侍郎至也"，然而据《陈书》《南史》记载，顾野王在梁朝担任过的官职中并无侍郎。梁亡入陈以后，才担任黄门侍郎之职，可被简称侍郎。②因此准确的称呼应为"陈朝侍郎"，而非梁朝。元代牟巘（1227—1311）就已注意到这个问题，他在撰写《重修宝云寺记》时写到顾野王"陈宣帝时，除黄门侍郎。此云梁朝，不忘梁也"③。将此解释为顾野王不忘故梁。因为牟巘本人为南宋遗民，入元后不仕，应是联想到了自身经历故而有此一说，抑或是借之以表明自己不忘故宋。但是，若是不忘梁朝，则不应用陈朝所授之官。因此，不忘梁朝的说法似不能成立。

第二，顾野王的形象不符。在记文中，顾野王主动托梦，为僧众在故宅上建立佛寺而感到欣喜，并表示他将会护持此寺。其所呈现的是一个亲近佛教、护持佛寺的人物形象。而唐宋史籍中记载的顾野王则是遍观经史，学识渊博，被称作"江东孔子"的儒者形象。首先，正史中的《陈书》记载：

> 野王幼好学。七岁，读《五经》，略知大旨。九岁能属文，尝制

---

① 黄兆欢：《顾野王与亭林》，《金山报》2014年7月18日第8版。
② （唐）姚思廉：《陈书》卷三〇，中华书局1972年版，第399—400页。（唐）李延寿：《南史》卷六九，中华书局1975年版，第1688页。
③ 缪荃孙：《江苏金石志》卷一九，第9934页。另有碑拓存世，见北京图书馆金石组编《北京图书馆藏中国历代石刻拓本汇编》第49册，第2页。牟巘该文由赵孟頫书写，亦有墨迹本流传，题作《松江宝云寺记》。

《日赋》，领军朱异见而奇之。年十二，随父之建安，撰《建安地记》二篇。长而遍观经史，精记嘿识，天文地理、蓍龟占候、虫篆奇字，无所不通。①

顾野王七岁开始读《五经》，九岁开始便能作文，长大后博通经史。其次，地方志如唐代《吴地记》、南宋《吴郡志》和《云间志》的人物传记所载与《陈书》相类，其中均未提及顾野王的佛教信仰，或者与佛教有何关系。②最后，在笔记和诗歌中，顾野王被赞誉为"江东孔子"。如北宋马永易《实宾录》记："陈顾野王，吴人也，博识洽闻，多所著述，时人号曰'江东孔子'。"③又如南宋诗人刘嘉谟游览吴江县顾公祠时，有《顾公祠》诗曰："博洽倾当世，江东孔子儒。荒墟访遗庙，老稚辄名呼。"④可见，唐宋史籍中的顾野王更多的是一个博学多闻，被赞誉为"江东孔子"的儒者形象。对比之下，《五代记》中的顾野王除了修《舆地志》与史载一致外，其余多有不符，其亲近佛教、护持佛寺的人物形象更像是宝云寺僧通过记文进行的塑造。

第三，顾野王的行迹不符。《五代记》对顾野王故居言之凿凿，但是在《陈书》《南史》等正史的本传中，都没有记载顾野王在亭林留下过足迹。那么，历史上的顾野王与亭林究竟有无联系呢？某种意义上说是有的。顾野王和亭林唯一的联系在于，顾野王在侯景之乱平定之后（梁元帝承圣元年，552）曾经"监海盐县"⑤。而包括亭林在内的金山区域确实曾

---

① （唐）姚思廉：《陈书》卷三〇，第399页。
② （唐）陆广微：《吴地记》，江苏古籍出版社1999年版，第37页；（宋）范成大：《吴郡志》卷二二《人物》，江苏古籍出版社1999年版，第328页；（宋）杨潜修，朱瑞常等纂：绍熙《云间志》卷上《人物》，载中华书局编辑部编《宋元方志丛刊》第1册，中华书局1990年版，第18页。
③ （宋）马永易：《实宾录》卷二《江东孔子》，载《景印文渊阁四库全书》第920册，台北：商务印书馆1986年版，第307—308页。
④ （明）莫旦：弘治《吴江志》卷一九《集诗·五言绝句》，台北：学生书局1987年版，第768页。
⑤ （唐）姚思廉：《陈书》卷三〇，第399页。

长期隶属于海盐县。但是，恰在萧梁天监七年（508）、中大通六年（534）时，海盐县析出东北境域，先后设置了前京县、胥浦县。① 虽然两县存在的时间不长，但当顾野王监海盐县时，亭林一带已经不属于海盐县管辖。从中可以看到，《五代记》的作者应有一定的历史知识，知晓顾野王著有《舆地志》，曾到过海盐县任职，且是在梁朝之时，而亭林曾隶属海盐县。这样便能理解记文中为何要用"梁朝侍郎"了。但是作者或许不熟悉海盐县的辖境变化，且直接用了顾野王此后担任的更高官职，未留意此职乃陈朝所授。

《五代记》未署作者之名，只是在文中说"今聊以直笔纪其实事"，并在落款中写明是"寺主僧道琛同僧众立石"。这篇记文或许是有意不署作者名字，意在强调顾野王托梦故事是全寺僧人共同的、真实的经历。结合撰写之人历史知识有限的情况来看，其作者或许就是寺中僧人。记文完成后便刻入碑石，立于寺中，至今仍有碑拓存世。我们将这一文本的形成视作宝云寺僧意志的反映。综合以上可知，顾野王曾在亭林居住并修志一事缺乏明确的、直接的证据，恐非史实，而是宝云寺僧在记文中借助历史人物，杂糅人物事迹而创作的一则传说故事。

至于这一故事产生的目的，从"此寺当兴，冥感如此"等语句可以看出，记文描述宝云寺能够感通鬼神，为先贤带来利乐，使得顾野王这般名儒也服膺于佛教，护持佛寺，意在凸显宝云寺的神圣性和佛教的殊胜，同时也为地方增饰文化古迹，强调此地有古圣先贤的遗迹，以吸引更多的民众信奉佛教，更多的文人关注和前来参访。由此推测这一故事产生的原因，或有以下两个：一是与宝云寺迁址重建相关。宝云寺旧址已毁，原先传承有序的近百年历史出现了断裂。如今迁入新址，需要重大或神异的事件体现其寺不凡，其址为一地之胜，可以重新建构寺院的神圣历史。二是与当时上海文化资源有限相关。亭林所属的华亭县（治今上海市松江区），

---

① 有关海盐县辖境的变迁情况，参见谭其骧《海盐县的建置沿革、县治迁移和辖境变迁》，载谭其骧《长水集续编》，人民出版社 1994 年版，第 274—286 页。

是唐玄宗天宝十载（751）割昆山、嘉兴、海盐三县部分土地所设。到了唐末五代，"华亭经济水平与相邻的海盐、昆山已十分接近，户口也快速增长"①，但在文化方面并无显著表现，从设县到唐朝灭亡的一百五十多年中仅有三名进士②，也很少有名公巨贤留下足迹或是诗歌题咏。而佛教方面亦是如此。整个隋唐两朝，上海出现的佛教高僧（包括驻锡僧和本籍僧）数量有限，在僧史僧传中有记载者，笔者所见仅有慧旻、德诚、藏奂三名。③

二　北宋：顾野王故事的完善

顾野王故事出现以后，便开始了在地方上的传播。到了北宋时期，该说已在华亭县境内较为流行。但《五代记》文字过于简略，留下了大量空白，读来疑点重重，使得一些文人墨客不敢轻易相信。如景祐二年（1035），时任华亭知县唐询（1005—1064）依据旧经的记载游览地方古迹，选取其中著名者作《华亭十咏》诗，其首即为《顾亭林》，诗下小注称："顾亭林湖，在东南三十五里，湖南又有顾亭林，相传陈顾野王居此，因以为名焉。"④其用"相传"二字，或是沿用了其所见旧图经中的字眼，表明顾野王曾在亭林居住一事为地方上流传的说法，唐询本人没有看到确凿的证据，不敢肯定。

或许是意识到了《五代记》中存在诸多疏漏，不利于顾野王故事的继续传播和广泛接受，宝云寺请人撰文重新书写这一故事，在文中填补疏漏、增加细节，以加强其合理性和真实性，令更多的人信服。庆历七年（1047），宝云寺重修伽蓝神殿完毕，请释灵鉴撰写《大宋秀州华亭县顾亭

---

① 张剑光：《开天盛世时期江南经济的发展水平》，载张剑光《中古时期江南经济与文化论稿》，上海古籍出版社 2019 年版，第 50 页。
② （宋）杨潜修，朱瑞常等纂：绍熙《云间志》卷中《进士题名》，第 38 页。
③ 参见王诗越《宋代上海佛教研究》，上海师范大学硕士学位论文，2021 年，第 15 页。
④ （宋）杨潜修，朱瑞常等纂：绍熙《云间志》卷下《诗》，第 44 页。

林法云寺重修护伽蓝神堂碑》[1]（以下简称《宋记》），在文中对《五代记》一些不合理之处加以修订，今将顾野王托梦故事的相关内容节录如下，以作对比（不同之处画线标出）：

>……<u>至天福五年（940）岁次庚子，大雨滂澍，为水荡没，基址毕毁，非□□□□也。有道琛、智晖者，与众谋曰：'寺南有地，形势广平，中有高基，疑昔台榭之所。故瓦旧材，赋□□□，近而且胜，省费易就，若之何？'众皆然之，乃迁于此。明年（941）春，首建堂舍，众工齐事。</u>至开运元年□□仲春月十有一日，寺成工讫。是夜，梦二小竖报曰："梁朝侍郎至矣！"有顷，见一大官，金紫甚洁，丰神清秀，且曰：<u>"吾昔居此处，今为佛宫，吾获其利矣！当立吾像，主而护焉。"</u>琛、晖所梦，各如其言，咸未之异也。<u>明夕，又梦之</u>，曰："师谓我为妄耶？明日可寻古院基侧水中断碑为验。"二人晨起，遂往求之，果得断碑。其文剥缺，不可尽识，唯一处分明，云："寺南高基，顾野王曾于此修《舆地志》。"因始异之，即于东偏构屋立像以安之。其诸灵异，事载于碑。[2]

将此文与《五代记》对比，我们可以看到存在三处明显的不同。

第一，详细交代了建寺的缘起。《五代记》只说开运元年（944）建寺完成，留下了大量的空白，容易引起读者的疑惑。而《宋记》则费笔墨交

---

[1] 此碑有残，作者名失，仅存"钱唐西湖石函宝胜兰若传天台教"的头衔，推测其作者为释灵鉴，理由有三：一是头衔一致。灵鉴于庆历八年（1048）撰《重迁聪道人坟志铭》，落款"钱塘西湖石函宝胜兰若传天台教沙门灵鉴撰"，与《宋记》只相隔一年，时间接近，头衔一致。二是灵鉴为华亭籍僧人，为本地佛教撰文较多，除《重迁聪道人坟志铭》外，此后于嘉祐七年（1062）十二月还撰有《隆平寺宝塔铭》。第三，《云间志》在宝云寺条下记寺"有沈璇及灵鉴《寺记》、《伽蓝神记》"。沈璇的《寺记》即上文所引《唐记》。《伽蓝神记》应即此文，则为灵鉴所撰。综上，定为灵鉴所作。

[2] 缪荃孙：《江苏金石志》卷八，第9637—9638页。另有碑拓存世，见北京图书馆金石组编《北京图书馆藏中国历代石刻拓本汇编》第38册，第108页。经比对，本段引文二者字词一致。

代事情之缘起:"至天福五年(940)岁次庚子,大雨滂澍,为水荡没,基址毕毁",可见因天福五年大雨,寺院基址都被水冲坏,无法继续维持,故寺僧商议另寻地方,迁往他处。如此明确是寺院的迁建工程,填补了《五代记》的空白,避免可能引起的疑问和猜测。

第二,增加了寺僧对高基的细节描述。《五代记》中没有对所迁往的基址进行描述,而《宋记》中则详细记录了寺僧道琛、智晖与众僧商议的话语,其言称:"寺南有地,形势广平,中有高基,疑昔台榭之所。故瓦旧材,赋□□□,近而且胜,省费易就,若之何?"从中可知,原寺的南边不远处有一块宽阔平坦的空地,当中有高起的台基,寺僧怀疑那里曾经建有楼台水榭,是一块胜地,因此商量迁往。这样增加了细节描述,便为下文引出顾野王故宅作了一定的铺垫,加强了合理性。

第三,调整了顾野王的语序。《五代记》中顾野王一共托梦三次,《宋记》则将其压缩为两次,并对顾野王的语序作了调整。在《宋记》中,顾野王第一次托梦时就明言"吾昔居此处,今为佛宫,吾获其利矣",相比于《五代记》的"师今为我于上造立佛寺,吾甚欣喜",《宋记》更直截了当地表明佛教可以使顾野王获得香火供养,为其带来利乐,由此体现佛教的殊胜。

除了以上三处不同外,《宋记》与《五代记》相比,还有几处相同的地方:

第一,重复断碑之文。记文中并没有提供更多的证据,只是在重复"寺南高基,顾野王曾于此修《舆地志》"这一句断碑上唯一可辨的话,并在后文作诗曰:"惟此佛寺,梁贤故宅。厥初感梦,断碑明白。"但是仅此十四个字实不能成为"明白"的证据。而撰者本人似也未亲见此碑,只是试图在记文中加以确认,以增加真实性。

第二,仍误记顾野王的官职。《宋记》开篇就说"顾亭林法云寺护伽蓝神者,故梁黄[①]门侍郎兼太学博□□□也,讳野王",此处依旧将顾野王

---

① "黄"字,《江苏金石志》本无,据《北京图书馆藏中国历代石刻拓本汇编》本补。

的官衔称为"故梁黄门侍郎"。而后文的诗句"惟此佛寺,梁贤故宅"也是称顾野王为梁朝的贤人。

综上可以看到,《宋记》重新书写了顾野王托梦的故事,在文中填补疏漏、增加细节,使之更加详细和合理,令读者能更清楚地了解故事的来龙去脉,可以说是对顾野王故事进行的一次完善。但是,《宋记》并未提供更多的证据,只是在重复断碑上的十四个字,试图以此强化其真实性。

三 南宋以来:顾野王故事的接受和繁衍

南宋以来,顾野王故事继续在地方上流行,并且被广泛接受。诸多文献都对宝云寺址为顾野王故宅之说表示认可,鲜有怀疑。顾野王曾在亭林居住的说法逐渐成为地方上的共识,作为信史载入方志之中。宝云寺创作的顾野王故事成为地方上的文化常识,在此基础上,其他社会群体对顾野王故事又进行了新的诠释,具体包括将顾野王解释为亭林得名的由来,将读书堆、墨池、古松等更多地方景物联系到了顾野王身上,可以说丰富了亭林顾野王文化的内容。

(一)顾野王故事被广泛接受

顾野王故事在地方上广泛流传,顾野王故宅的说法被更多的人所接受,宝云寺记文、上海地方志、文人笔记中都肯定宝云寺址就是顾野王故宅。

首先,元、明、清三代的宝云寺记文都肯定寺址为顾野王故宅。元至大元年(1308),牟巘撰《重修宝云寺记》,开篇写道:"顾亭林湖在华亭东南三十五里,湖南有顾亭林,顾公野王尝居此,因以为名,具载《图志》,可覆视也。其地今为宝云寺。"[1]明成化四年(1468),钱溥(1408—1488)撰《重建宝云寺记》也说:"石晋开运元年,以水潦迁寺于南,即

---

[1] 缪荃孙:《江苏金石志》卷一九,第9933—9934页。

陈侍郎顾野王遗址也。"①清嘉庆二十三年（1818），时任松江知府宋如林撰《重修松江宝云寺记》，开篇也说道："宝云禅寺为云间名刹，梁顾侍郎野王遗迹在焉。"②

其次，地方志的编撰者都认可这一说法，将其作为信史记入志书之中。如南宋绍熙《云间志》记载宝云寺："初名法云寺，在顾亭林市西北隅，大中十三年建，晋天福五年，湖水坏寺基，始迁寺南高基，即陈顾黄门故宅。寺有顾黄门祠。"③元至元《嘉禾志》的记载与此相同。④明清方志在寺院、镇市、第宅、古迹等多个章节下均对宝云寺和顾野王故居有所记载，并且肯定宝云寺址就是顾野王故宅。如明正德《松江府志》记载宝云寺："在亭林镇，初名法云，在市西北，唐大中十三年建。晋天福五年，湖水坏寺，始迁于今所，其地即梁顾野王故宅，寺之初成，有野王显梦事，因祠为伽蓝神，其详见记。"⑤记亭林镇："古迹顾亭林即此地也。镇有宝云寺，即顾野王故居。"⑥记古迹顾亭林时也说："因野王居此得名，宝云寺址即其地也。"⑦清嘉庆《松江府志》的记载也与之相类，同样肯定宝云寺为顾野王故宅，如其记亭林镇："原名顾亭林，梁顾野王故居在焉，镇之宝云寺是也。"⑧一直到 20 世纪 80 年代开始的第一轮修志，金山县新修方志也认可宝云寺为顾野王故宅。如《金山县志》记宝云寺"晋天福五年

---

① （明）陈威修，顾清纂：正德《松江府志》卷一九《寺观中》，载四库全书存目丛书编纂委员会编《四库全书存目丛书》史部 181 册，齐鲁书社 1996 年版，第 658 页。
② （清）宋如林：《重修松江宝云寺记》，方志中未载全文，仅《华娄续志残稿·金石志》著录了此碑信息。笔者于孔夫子旧书网购到碑拓，网址：http:// book.kongfz.com/4581/1853694509/（2021 年 3 月 20 日摘取）。
③ （宋）杨潜修，朱瑞常等纂：绍熙《云间志》卷中《寺观》，第 23 页。
④ （元）单庆修，徐硕纂：至元《嘉禾志》卷十《寺院》，载中华书局编辑部编《宋元方志丛刊》第 5 册，第 4478 页。
⑤ （明）陈威修，顾清纂：正德《松江府志》卷一九《寺院中》，第 657 页。
⑥ （明）陈威修，顾清纂：正德《松江府志》卷九《镇市》，第 512 页。
⑦ （明）陈威修，顾清纂：正德《松江府志》卷二一《古迹》，第 681 页。
⑧ （清）宋如林修，孙星衍纂：嘉庆《松江府志》卷二《镇市》，载上海书店出版社编《中国地方志集成·上海府县志辑》第 1 册，上海书店出版社 2010 年版，第 94 页。

（940年），毁于水灾，后建新寺于梁顾野王故宅（今大寺场）"①。

最后，文人笔记中也肯定了此事。上海之外的文人也熟知亭林宝云寺的顾野王故事，认可宝云寺即为顾野王故宅。如明代杭州文人郎瑛（1487—1566）在笔记《七修类稿》中写道："淞江华亭县亭林乡乃梁顾野王所居之地，今宝林寺是也，尚像野王为伽蓝。"②并且针对嘉靖《南畿志》中只记载顾亭林有顾野王祠堂，而漏载其他诸多古迹的情况提出了批评。

顾野王故事在广泛传播和接受后，上海文人将这位苏州人顾野王视作地方先贤，为其立祠奉祀，并认为顾野王是地方文化发展过程中重要的一环。如元代邵亨贞（1309—1401）认为："华亭为滨海壮邑，因九峰三泖之胜而置司官焉。晋陆士衡、陈顾野王而下，人才辈出，民俗殷富，逮唐宋间，几与列郡抗。"③将晋代陆机（261—303）和陈代顾野王视作早期上海地方的代表人物。明代张之象（1507—1587）则在"（崇真）道院侧创四贤祠，祀张季鹰、陆士衡、士龙、顾野王"④，即以魏晋南北朝时期的张翰、陆机、陆云（262—303）、顾野王为地方四贤，并每年两祀。上海地方志中也多为顾野王立传。

（二）顾野王故事的繁衍

顾野王故事在广泛传播并被接受以后，顾野王曾在亭林居住已经成为地方上的共识。在顾野王故事成为地方文化常识的基础上，其他社会群体也对顾野王故事进行了新的诠释，具体包括将顾野王解释为亭林得名的由来，将读书堆、墨池、古松等多种地方景物联系到了顾野王身上。

---

① 上海市金山县县志编纂委员会编：《金山县志》第三十八编《宗教》第一章《佛教》，上海人民出版社1990年版，第1092页。
② （明）郎瑛：《七修类稿》卷二五《辩证类》，上海书店出版社2009年版，第264页。引文中"宝林"应为"宝云"之误。
③ （明）方岳贡修，陈继儒纂：崇祯《松江府志》卷七《风俗》，书目文献出版社1991年版，第174页。
④ （明）方岳贡修，陈继儒纂：崇祯《松江府志》卷四《山》，第95页。

1. 顾野王成为亭林得名的由来

首先，唐代至五代时期，未见亭林是因顾野王而得名的记载。亭林早在唐代已形成市集，名为顾亭林市，在《唐记》中已有此称呼。至明代发展为亭林镇，明清地方志中多记此名。《唐记》中描述宝云寺："在市西北隅，其地阜势极秀"，并记录买地建寺者之言："此地信人极众，僧徒颇多，可以买此地为瞻礼之所。"全文未提顾亭林市得名的缘由。而《五代记》创作了顾野王的传说故事，提出了顾野王故宅之说，但也没有将地方的得名联系到顾野王身上。

其次，亭林因顾野王而得名的说法始于北宋。上文已提到，北宋华亭知县唐询依据旧图经游览地方古迹，在《顾亭林》诗下注明："相传陈顾野王居此，因以为名焉。"[①]可见，北宋时在地方上已经流传有亭林得名于顾野王的说法。但这一时期，该说法尚未被广泛认同，唐询本人也心存疑惑。

最后，南宋以后，亭林得名于顾野王的说法获得了广泛认可，被作为信史载入方志之中。绍熙《云间志》在古迹顾亭林下记载："《旧经》：顾亭林湖在东南三十五里，湖南有顾亭林，陈顾野王居此，因以为名焉。"[②]志中虽是引用《旧经》，但与唐询所见相比，已无"相传"二字。二者所见《旧经》应为北宋大中祥符《秀州图经》，此书今已佚[③]，不知"相传"二字是否为原文。但显然唐询对此说有疑，而《云间志》的编撰者则认同该说。此后方志也都认可亭林得名于顾野王，如正德《松江府志》记载："顾亭林，因野王居此得名，宝云寺址即其地也。"[④]嘉庆《松江府志》也记载："顾亭林，陈黄门侍郎顾野王居此，故名。"[⑤]除了地方志肯定外，其他

[①] （宋）杨潜修，朱瑞常等纂：绍熙《云间志》卷下《诗》，第 44 页。
[②] （宋）杨潜修，朱瑞常等纂：绍熙《云间志》卷上《古迹》，第 20 页。
[③] 相关研究参见桂始馨《宋代方志考证与研究》，上海人民出版社 2021 年版，第 295—296 页。
[④] （明）陈威修，顾清纂：正德《松江府志》卷二一《古迹》，第 681 页。
[⑤] （清）宋如林修，孙星衍纂：嘉庆《松江府志》卷七四《名迹志·古迹》，载上海书店出版社编《中国地方志集成·上海府县志辑》第 2 册，第 695 页。

佛教与上海地方文化的形成

地区的文人前来游访古迹时也对此表示认同，未提出质疑。如清代金石学家叶奕苞（1629—1686）在亭林抄录《唐记》的碑刻时写道：

> 右碑题云《唐苏州华亭县顾亭林市新创法云禅院记》，大中十四年十月廿五日吴兴沈珹述并书，今在松江亭林镇法云精舍石莲房。其地近顾野王冢，又于寺基见断碑曰："寺南高基，顾野王曾于此修《舆地志》"凡十四字，故市名有顾字。碑阴载庆历七年重修伽蓝神梁贤顾君祠堂，僧灵鉴为侑神诗，序云寄顾亭林法云精舍云云。则今之市镇去顾字者，为俗人忘其所自也。①

俗人，可指百姓、民众。叶奕苞在了解亭林历史后认为，从此前的顾亭林到如今省去"顾"字而称为亭林，是地方上的百姓们忘了自己乡镇的渊源和由来。言语中有批评之意。可见在时人看来，顾野王就是亭林的得名由来。

一直到今天，除前引黄兆欢曾对顾野王与亭林的关系有所怀疑外，金山区和亭林镇的各级新修方志多深信亭林源于顾野王。如《金山县志》认为："南北朝梁、陈年间，著名文字训诂学家顾野王游学隐居于此，其宅旁有林，人称'顾亭林宅'，亭林之名源此。"②《亭林镇志》也认为："至南朝梁陈之间，顾野王于镇西高阜结茅筑舍，后称读书堆（墩）。宅南有亭有林，宅北有湖，人称"顾亭林"、"亭林湖"。亭林之名，由此而来。"③

2. 更多与顾野王相关的景物出现

顾野王读书墩，南宋时因避讳改称顾野王读书堆，顾名思义乃是一土

---

① （清）叶奕苞：《金石录补》卷二一《唐法云禅院碑》，载《石刻史料新编》第1辑第12册，第9091页。
② 上海市金山县县志编纂委员会编：《金山县志》第四编《乡镇概况》第一章《县属镇》，第129页。
③ 上海市金山县亭林镇人民政府编：《亭林镇志·概述》，上海科学普及出版社1993年版，第1页。

丘,顾野王曾于其上读书。读书堆在唐代、五代、北宋时期的宝云寺文献中均未提及,较早见载于南宋绍熙《云间志》,其记古迹顾亭林时称:"今为宝云寺,寺有《伽蓝神记》云:'寺南高基,野王曾于此修《舆地志》。'世传以为顾野王读书墩。"[1]可见地方上已流传有寺南高基顾野王修志处为读书堆的说法。但《云间志》的编撰者对此颇有疑问,故用"世传"二字表明。而到了后代明清时期方志中,对读书堆的记载愈加详细,且都认同其为亭林的古迹。如明正德《松江府志》载:

> 读书堆,在亭林宝云寺后,即野王修《舆地志》处。其高数丈,横亘数十亩,林樾苍然。寺僧尝欲作亭其上以奉野王,不果。今其后□为居民所侵。[2]
>
> 顾府君宅,在亭林镇。地有高丘,梁黄门侍郎顾野王于此修《舆地志》……宅今为宝云寺,高丘正当寺后,时呼野王读书堆。[3]
>
> (亭林)镇有宝云寺,即顾野王故居。有读书堆、烽楼基诸迹□在。[4]

从其描述可知,读书堆在明代已成为亭林的古迹之一,是位于宝云寺北侧的高丘,高数丈,绵延数十亩,其上多种有树木。但是这种说法与《五代记》《宋记》等宝云寺记文相悖。在此前宝云寺记文的叙事逻辑中,寺南高基为顾野王故宅,是其修《舆地志》的地方,也是五代时期宝云寺迁建之地,寺僧已在基址上建立佛寺,那么顾野王修志处应在如今宝云寺内。然而正德《松江府志》等方志的叙事逻辑,则是在寺后另有一个高丘称作读书堆,并且此读书堆才是顾野王修志、读书的地方。显然二者的记述为两个不同的地方,一在寺内,一在寺外,形成了两套叙事逻辑。这一说法

---

[1] (宋)杨潜修,朱瑞常等纂:绍熙《云间志》卷上《古迹》,第 20 页。
[2] (明)陈威修,顾清纂:正德《松江府志》卷二一《古迹》,第 681 页。
[3] (明)陈威修,顾清纂:正德《松江府志》卷一六《第宅》,第 605 页。
[4] (明)陈威修,顾清纂:正德《松江府志》卷九《镇市》,第 512 页。

不断被后世方志所继承,一直到新修地方志时,《上海园林志》更将读书堆视作上海地区最早的园林:

> 上海园林是从南北朝开始逐步发展起来的……到了梁末陈初（551~581 年），位于今金山县亭林镇出现了一座未命名的宅园，园主是语言文字学家、史学家顾野王，乡人以该园是顾晚年读书写作之处，称为"读书堆"……这是现今上海地区有文字记载的最早的宅园。①
> 顾野王读书堆，遗址在今金山县亭林镇寺平南路西大通路北，建于南朝梁天正元年至陈太建十三年（551~581 年）间，为上海市辖境内已知的最古老的宅邸园林。②

随着宝云寺在近代渐废，其"寺南高基——顾野王修志处——宝云寺新址"的叙事逻辑逐渐淡出视野。今读书堆依然存在，位于亭林大通路和寺平南路交界处，其旁又新建了顾公广场。亭林地方所继承的是明清方志繁衍出的"地有高丘——顾野王修志读书处——宝云寺后的读书堆"这套叙事逻辑，宣传读书堆才是顾野王修《舆地志》的地方。而民间又在此基础上演绎出了新的顾野王传说故事：顾野王隐居亭林修书时遇到凤凰降临，凤凰将所驮经书化为一座有灵气的小山丘，顾野王知山之灵秀，便移居山丘上完成了《舆地志》的修纂，并在此和慕名上山的学子谈诗论经，使得读书习文蔚然成风，后人便称此山为读书堆。③

除了读书堆外，还有野王墨池、野王松等与顾野王相关的景物出现。正德《松江府志》记载："寺有沼，深黑，冬夏不竭，云野王墨池；有古

---

① 《上海园林志》编纂委员会编：《上海园林志·总述》，上海社会科学院出版社 2000 年版，第 2 页。
② 《上海园林志》编纂委员会编：《上海园林志》第一篇《私园、寺园》第一章《宅园、墓园、寺园》，第 52 页。
③ 罗杨总主编，黄美娟本卷主编：《中国民间故事丛书·上海·金山卷》，知识产权出版社 2016 年版，第 97—98 页。

松，云野王手植。盖附会云。"① 可见明代时在宝云寺已出现顾野王墨池、顾野王手植古松等景物。而正德《松江府志》的编撰者对其有所怀疑，认为是有人附会，并非史实。而到了嘉庆《松江府志》，则完全认可这些景物，并将其列入"亭林八景"之中："（亭林）镇有墨池、楞严塔、八角井、剔牙松、仙人洞、览翠楼、松雪碑，与读书堆为八景。"② 可见在清代中期，墨池、古松以及读书堆都已经成为亭林镇的代表性景观。"亭林八景"的说法一直流传至今，被载入新修的《金山县志》《亭林镇志》之中。

此外，明清时期，在顾野王的家乡苏州又出现了顾野王舍宅为光福寺的说法。光福寺，在苏州吴县光福山上，早期的方志北宋《吴郡图经续记》、南宋《吴郡志》都未记载建寺之人。③ 至迟在明初，苏州民间已经流传有寺为顾野王宅的说法，但不受方志编纂者认可。明洪武《苏州府志》记载："光福山，在县西南七十里，或云龟山，上有光福寺，即梁九真太守顾氏之家山也。俗云顾野王宅，非是。"④ 谓光福为九真太守顾氏的故乡，并非顾野王宅。此后的方志多沿袭这一说法，否定寺为顾野王宅。而到了清末，地方文人开始认可顾野王舍宅为寺的说法。清道光年间，顾震涛撰《吴门表隐》称："光福名龟山，汉顾融隐此，名顾氏家山。至十四世孙陈黄门野王，舍宅为寺。志中误载梁九真太守顾某舍宅云。"⑤ 认为方志记载均误，光福寺确为顾野王舍宅而建。苏州光福寺顾野王舍宅为寺说的出现和认可，从时间上来看要晚于上海宝云寺顾野王故事的流行，有可能是受到了宝云寺记文所塑造的顾野王亲近佛教、护持佛寺这一形象的影响，从而衍生出的更多与佛教的联系。

---

① （明）陈威修，顾清纂：正德《松江府志》卷一六《第宅》，第 605 页。
② （清）宋如林修、孙星衍纂：嘉庆《松江府志》卷二《镇市》，载上海书店出版社编《中国地方志集成·上海府县志辑》第 1 册，第 94 页。
③ （宋）朱长文：《吴郡图经续记》卷中《寺院》，江苏古籍出版社 1999 年版，第 38—39 页。
　（宋）范成大：《吴郡志》卷三三《郭外寺》，第 503 页。
④ （明）卢熊纂修：洪武《苏州府志》卷二《山》，台北：成文出版社 1983 年版，第 139 页。
⑤ （清）顾震涛：《吴门表隐》卷二，江苏古籍出版社 1999 年版，第 17 页。

四　结　语

综合上文，我们可以将顾野王故事的出现、完善、接受和繁衍的过程整理出一个清晰的脉络：五代时期，宝云寺僧创作出顾野王的传说故事，提出宝云寺址为顾野王故宅的说法。北宋时期，宝云寺请僧灵鉴重新撰文，填补疏漏，增加细节，试图使这一故事更加详细、合理和真实。南宋以来，顾野王故事广泛流传，获得认可，成为地方上的文化常识。在此基础上，地方上的其他社会群体也对顾野王故事进行了新的诠释，具体包括将顾野王解释为亭林得名的由来，将读书堆、墨池、古松等更多景物联系到了顾野王身上，丰富了亭林顾野王文化的内容。

顾野王故事的产生，是宝云寺旧寺已毁，迁入新址之际，需要重大或神异的事件体现其寺不凡，并且在地方文化资源有限的情况下，借助历史人物，运用写作传统，杂糅人物事迹而创作的一则传说故事。其目的在于，一来借此重新建构寺院的神圣历史，抬高寺院的地位，凸显佛教的殊胜，从而获得更多信众的支持。二来为地方增饰文化古迹，强调此地历史悠久，有古圣先贤遗迹，从而获得更多文人的关注。其背后反映的是佛教积极参与社会生活，在促进自身发展的同时也推动了地方文化的形成。由于顾野王的史载有限，目前的证据不能确证其在亭林留下足迹，除非将来有更多新资料的发现。但是作为苏州人的顾野王最终被上海地方所认可和接受，成为地方先贤受人奉祀，并被纳入到地方文化史的叙述之中，其影响一直持续至今。佛教在其中可谓是最初的创作者和重要的推动者。以宝云寺为代表的上海佛教所表现出自古以来的积极入世，关注社会，重视对地方建设的参与[①]，这正是人间佛教精神的体现，也是佛教能够不断发展、绵延不绝的重要原因。

[①] 宝云寺并非上海佛教中的孤证，笔者曾对宋代上海佛教对地方文化事业和公益事业的参与及推动作用做过梳理，本文的部分观点亦源于其时。参见王诗越《宋代上海佛教研究》，上海师范大学硕士学位论文，2021年，第35—48页。

Buddhism and the Formation of Shanghai Local Culture: Taking the Story of Gu Yewang in Baoyun Temple as an Example

Wang Shiyue

Abstract: Shanghai Baoyun Temple had a story about Gu Yewang appeared in temple monks' dreams and told them that the address of the temple was his former residence. By examining the source of this story, we know it appeared in the Five Dynasties period. The earliest text to record this matter not only had many doubts, but also had many discrepancies with historical records. The text was not a historical fact, but a creation by the monks from Baoyun Temple. Their goals were to build the sacred history of the temple and to add cultural relics to the location in order to gain more attention and support. During the Northern Song Dynasty, the monks of Baoyun Temple asked someone to rewrite the article in order to improve the story. Since the Southern Song Dynasty, the story of Gu Yewang had been widely accepted and recognized. Meanwhile, other local groups had provided new interpretations of it and reproduced more related things. Until today, Gu Yewang has been a cultural symbol of Tinglin Town. This case helps us further understand the driving role of Buddhism in the formation of Shanghai local culture.

Key words: Shanghai Buddhism; Local culture; Baoyun Temple; Gu Yewang

约所与庵寺：明清无锡金匮县教化活动的空间实践

韩 非

上海大学博士生

摘　要：庵寺在数量上的优势、晚明以来佛儒二家思想上的亲缘性以及"神道设教"的理念，使得江南地区乡约所普遍设置在佛寺中。雍乾之际无锡金匮县各乡约所的选址偏好等级规模较大的市镇，而其中士绅家族存在与否则起到关键作用。从行政区划角度看，清中期镇级乡约所具有典型的跨乡都、不跨区扇的特征。从空间范围看，每个镇级乡约所的辐射范围即10里左右，在整个县域中，其教化效果则随着距县治距离的增大而递减。不过，在约所影响不及的县境交界处，庵寺的大量分布为之提供了宗教性补充，换言之，二者间的互动与互补不仅反映出近世佛教与中国传统社会治理体系的融合，亦体现出人间佛教在明清社会的一种表现形式。

关　键　词：乡约所；寺庙；江南市镇；乡都区扇

基金归属：本文为2019年度国家社科基金重大项目"'一带一路'佛教交流史"（编号：19ZDA239）的阶段性成果。

翻检16—18世纪江南地区的方志材料，即可发现"学校"或"官署"条下往往记载以教化庶民为目标的乡约宣讲活动。可以说，除针对特定识字群体的官学、书院与社学（义学）教育外，乡约是彼时官方推行、规模最大且制度化的道德塑造活动。当时为求宣讲成效，尤其是在雍正七年

（1729）政令的强制要求下[①]，地方官员往往选择若干固定空间作为讲约场所，乡约所因此在王朝境内得以广泛设立。

学界目前有关乡约所的研究依然处于起步阶段，尽管已有学者点明约所的设立往往借助于佛寺庵观[②]，但也仅停留在对现象的简单描述而缺乏深入分析。因此在本文中，笔者将以常州府无锡、金匮县为主，兼及苏州府常熟县、杭州府钱塘县等地的事例，讨论同一县域内约所与庵寺在教化职能上的合作与分工，并分析士大夫普遍将乡约所设立在佛寺中的原因。

一 乡约所普遍设置在庵寺中的原因

笔者根据对江南地区乡镇志的梳理，发现该地区在16、17世纪存在两个大规模推广乡约的关键时刻，即嘉靖五年（1526）和康熙二十三年至二十五年（1684—1686），时任主政官员分别为直隶苏松巡抚陈凤梧和江宁巡抚汤斌。饶有趣味的是，两位着力推行乡约的巡抚，皆视淫祠或寺观的某些行为为教化阻碍，并尝试取缔之。陈氏强调："遵照洪武礼制，每里建里社坛场一所，就查本处淫祠寺观毁改为之，不必劳民伤财。"[③]汤氏则认为："妇女好为冶游之习，靓妆艳服，连袂僧院。或群聚寺观，裸身燃臂，亏体诲淫……淫祠一事挟祸福之说……苏松淫祠，有五通、五显、及刘猛将、五方贤圣诸名号，皆荒诞不经。"[④]因此严禁妇

[①] （清）素尔讷等纂修，霍有明、郭海文校注：《钦定学政全书校注》卷七十四《讲约事例》载："雍正七年奏准：令直省各州县大乡大村、人居稠密之处，俱设立讲约之所……如地方官不实力奉行者，该督、抚据实参处。"武汉大学出版社2009年版，第292页。

[②] 代表性的研究论文有：张海英：《清代江南地区的乡约》，载《明清史评论》（第二辑），中华书局2019年版，第170—185页。冯贤亮：《从寺庙到乡约局：明清江南的思想教化》，《吉林大学社会科学学报》2022年第3期。

[③] （明）王朝用：《淞南志》卷十三《艺文志·王巷社约碑记》，《昆山历代乡镇旧志集成》，广陵书社2019年版，第165页。

[④] （清）汤斌著，范志亭、范哲辑校：《汤子遗书》卷二《奏疏·请毁淫祠疏》，《汤斌集》，中州古籍出版社2003年版，第83—84页。

女进庙烧香，并强力禁毁淫祠。[1]尽管正统儒家官员在官方话语层面对僧寺道观持负面态度，但民间习俗的韧性很快使得政令变为一纸空文。嘉靖初年的乡约所大多就地取材，"择庙宇中之宽敞者为之"[2]；汤斌也明令允许"各府州县城内（乡约所），或城隍庙、或择宽敞寺院"[3]。

正如有学者指出，传统时期的"儒、道、佛教都混杂着方术、祭祀和各种崇拜方式，是一个整体"[4]；而明清时期的王朝境内，佛教的世俗化倾向又使之具备强力的渗透性，因此淫祠和小佛寺之间本就不易作严格区分。袾宏曾针对钱塘县"移檄查毁淫祠"事认为："盖里豪于守（土地）庙僧有隙，朦胧开报。学使不知其详，毁之……故知自古毁淫祠者，未必皆淫祠。"[5]于是乎，彼时多数士绅在现实层面多采取更为灵活的手段，积极与佛教中的劝善教化理念相配合[6]，其中最为典型者，则是在庵寺中兼设乡约所，在佛寺中宣讲儒家义理。

据《万历钱塘县志》"纪制·署余"条记载，当地所属26处乡约所中，设立于佛教寺庙者15处、民间祠庙者6处、道观者2处。[7]显然，庵寺占比达58%。另据《康熙常熟县志》卷三《官署》"附乡约所"条记载[8]，

---

[1] 值得注意的是，汤斌禁毁淫祠的同时，也着意修葺儒家传统内的圣贤祠以表彰之。如崇明人沈寓，在康熙三十三年（1694）撰写的《拜至德庙记（即吴泰伯庙）》中云，康熙二十六年，"潜庵汤公继梁公之所为，抚吴越千有余载，撤至德庙重新之，还民居，芟荆榛，去瓦砾塌者翘之，折者蠹之。余时得觐其光"云云。（清）沈寓：《白华庄藏稿钞文集》卷九，《清代诗文集汇编》第154册，上海古籍出版社2010年版，第121页。

[2] （清）陶煦：《周庄镇志六卷》卷二《公署》"乡约所"条，《昆山历代乡镇旧志集成》，第511页。

[3] （清）汤斌：《汤子遗书》卷九《苏松告谕·钦遵上谕以明教化以善风俗事》，《汤斌集》，第605—606页。

[4] 李天纲：《金泽：江南民间祭祀探源》，生活·读书·新知三联书店2017年版，第7页。

[5] （明）云栖袾宏撰，明学主编：《池莲大师全集》第三册《直道录》"毁淫祠"条，上海古籍出版社2011年版，第1546页。

[6] 当然，不排除某些保守缙绅固守儒门家法，将气节沦丧、国家破败之根源归因于崇信佛教；又，部分士大夫由于信仰天主教，因而参与到贬斥佛教的队伍中。见（清）沈寓《白华庄藏稿钞文集》卷六《施节母寿序》、卷十《徐三癫脚传》，《清代诗文集汇编》第154册，第86、134—135页。

[7] （明）聂心汤等撰：《万历钱塘县志》"纪制·署余"，中国国家图书馆藏，第十五、十六页。

[8] （清）杨振藻等撰：《康熙常熟县志》，《中国地方志集成·江苏府县志辑》第21册，江苏古籍出版社1991年版，第50—51页。

大约康熙二十五年（1686），常熟知县杨振藻，"择神宫佛宇"建64处乡约所，并"按八卦以定八方"。笔者统计其中在城11个乡约所中，设立于佛教庵寺者8处、民间祠庙（金总管庙）者1处、道观者1处、儒学明伦堂者1处；在乡53个乡约所中，庵寺33处、民祠6处、道观14处。换言之，佛寺内设立约所者，约占总数的64%。

可以说，将乡约所设立于佛寺之内，是江南地区士大夫最为普遍的选择。与之相比，乡约宣讲尽管属于典型的儒家教化活动，并时常与社学教育相结合[①]，但文献中记载将约所设置在官学或书院的比例远低于庵寺。笔者认为，产生这一现象的关键，即在于乡约教化的庶民性特征，换言之，乡约宣讲本身的受众是目不识丁的乡民，它首先要求内容通俗与影响广泛，而佛教的普适性则与之最为契合。具体而言：

首先，学宫只对官员及生员等特定识字阶层开放[②]；尽管书院或社学的开放程度更高，但毕竟二者皆为问学之地，庶民平常亦无法游观。事实上，此类教育场域能否容纳乡民，端赖生员阶层的态度取向。因此，根据最稳妥的观点来看，儒学场域面向大众的时刻，只有每月朔望宣讲的两天而已，其影响力实在有限。进而言之，在特定县域内，学宫只有一座且位于县城，书院及社学或可分布于周边乡村，但至多不过十余所，且以人口密集的市镇为主，这对于动辄数万人的江南县境来说，实在是杯水车薪。相较而言，佛寺道观等宗教场所不仅属于特定地区的公共空间，随时面向士庶开放；而且数量及分布密度皆倍于儒学，穷乡僻壤亦不乏乡村小庙。因此，借用道观尤其是庵寺设立乡约所，实能最大程度地发挥维风导俗之效。

[①] 按，值得注意的是，晚明以降将社学设置在庙观中的情况也较为常见，如清初山东昌乐县籍官员阎世绳在自述蒙学教育时即强调，其八岁时启蒙师邢缙即设教于卧佛寺；九岁时，塾师田曾庆亦设学于观音庵。见氏著《塾师录》，该材料由洪业发现并整理刊行，见洪业《阎贞宪先生遗稿五种》，《洪业论学集》，中华书局1981年版，第298页。

[②] 黄进兴：《清末民初儒教的"去宗教化"》，见氏著《从理学到伦理学：清末民初道德意识的转化》，中华书局2014年版，第237—241页。

约所与庵寺：明清无锡金匮县教化活动的空间实践

其次，佛儒二教在思想及行为上具有亲缘性。"三教一家"说在晚明知识界颇为流行，袾宏即认为三教虽有长幼尊卑之分，"然深浅虽殊而同归于一理"，"三教则诚一家矣"①。而彼时融合儒、释二家的阳明学派恰恰又是乡约宣讲的重要推手。据《云居圣水寺志》记载，王阳明"每过钱塘即榻云居"②；时僧法聚即"闻阳明先生讲良知有省，后参方契、悟宗旨"③；而圣水寺高僧良晋在出家后，"复究心儒术，诣阳明先生，闻良知之说，具悉三教异同之旨"④。笔者曾对万历朝钱塘县的乡约制度进行研究，指出具备阳明学背景的官绅在其间发挥了关键作用，而与阳明有关的云居山圣水寺内即设置乡约所，迨非偶然。

进而言之，乡约宣讲文本——《六谕》中通俗性的教化精神，尤其是"孝顺父母"等内容，实与佛教相通。袾宏即强调为僧宜孝父母，"戒虽万行、以孝为宗"，"孝养父母、净业正因"⑤。因此，在庵寺中设立乡约所，亦契合"佛儒配合"的原则⑥，不违法门教旨。

同样，乡约宣讲过程中的簿计环节，与彼时流行的功过格颇有关联，袁黄在《当官功过格》中即强调："亲讲乡约，惩劝有方，诲诱顽民，平其忿心，改恶从善，各因人受益之大小而定功。"⑦众所周知，袁黄受云谷禅师影响甚深，而袾宏同样改功过格为《自知录》⑧以修身，乡约与佛教之间的渊源，于兹可见。

最后，在庵寺这一地方公共宗教空间中设立约所，既符合儒家"神道

---

① （明）云栖袾宏：《莲池大师全集》第三册《正讹集》，第1532页。
② （清）释通渊等撰：《云居圣水寺志》卷二《侨寓》，《中国佛寺志丛刊》第74册，广陵书社2006年版，第78页。
③ （清）释通渊等撰：《云居圣水寺志》卷二《侨寓》，第78页。
④ （清）释通渊等撰：《云居圣水寺志》卷二《耆宿》，第72—73页。
⑤ （明）云栖袾宏：《莲池大师全集》第三册《竹窗三笔》，第1493页。
⑥ （明）云栖袾宏：《莲池大师全集》第三册《竹窗随笔》"佛儒配合"条云："佛儒二教，圣人其设化各有所主，固不必歧而二之，亦不必强而合之……儒主治世、佛主出世……"第1459页。
⑦ （明）袁了凡撰：《当官功过格》"功格·礼"条，载（清）陈宏谋辑《五种遗规》"从政遗规·卷下"，线装书局2015年版，第379—383页。
⑧ （明）云栖袾宏：《莲池大师全集》第二册《自知录》，第857—876页。

341

设教"的原则，又与乡约文本中的果报故事相呼应。晚明陕西籍县令文翔凤即认为："讲约每于庙观者，非但空闲之所便于聚集，实于鬼神法度相维设教。而有司之法不平，亦不可以对神明。"[1] 显然，在寺庙中宣讲乡约亦可以监督官员施政与赏罚是否公平。

今广州市越秀区杨箕村玉虚宫内存嘉庆四年（1799）《重修北帝庙碑记》云，该庙"一乡之中奉为福主，亦为乡约。约之为义，约束其荡检逾闲之谓，约要其讲信修睦之礼。假而有不由其道者，则于庙中是惩……凡我父老，四时诣庙宣讲，训诫子弟、和乡党、睦邻里、厚风俗、正人伦"云云[2]。尽管当地在道观中宣讲乡约，但其依凭神灵以劝惩乡民的精神，则与佛教相通。事实上，正由于清朝各地普遍借宗教场所宣讲乡约，晚清乡约宣讲便与善书合流，例如佛山市西樵山云泉仙馆则颁发化用《圣谕广训》的《宣讲博闻录》来传道[3]。

在对乡约所设置于庵寺中的现象进行功能性解释后，笔者将以清代无锡、金匮县为例，对乡约所与庵寺的分布进行空间分析，以图揭示二者在乡民教化上的互补作用。

二　市镇乡约所的等级、分布原则与乡区隶属关系

笔者通过对江南地区各方志的初步考索认为，与晚明相比，康雍时期的乡约制度有两个典型变化：第一，乡约所得到广泛设置，除县城及其周边的学宫、书院外，主要各乡也都普遍设立约所。第二，乡约所主要选址于各市镇，即镇级乡约所的普遍化。

以雍乾之交的金匮县为例，乾隆七年（1742）版《金匮县志》卷七《官司》记载知县职司"讲乡约"，每月朔望讲于城内公所崇安寺；诸约正

---

[1] （清）李渔辑：文太青《讲约十则之一》，载《资治新书》卷五《文告部》"讲乡约"条，《李渔全集》，浙江古籍出版社 2014 年版，第 166 页。
[2] 该碑文录自"历代石刻拓片汇编"数据库，中华书局"籍合网"。
[3] 西樵云泉仙馆编：《宣讲博闻录》，广西师范大学出版社 2015 年版。

讲于各乡公所，即"东门外、北门外、泰伯梅村镇、荡口镇、安镇、张泾桥镇、东亭镇、八字桥镇"，共9处乡约所。[①]

笔者以道光十九年（1839）华湛恩所编《金匮县舆地全图》中的"金匮县分城图""金匮县舆地全图"为底图[②]，参考《乾隆金匮县志》卷一《图》中"两县全景图"中的记载[③]，标识出金匮县城及各镇乡约所方位如下：

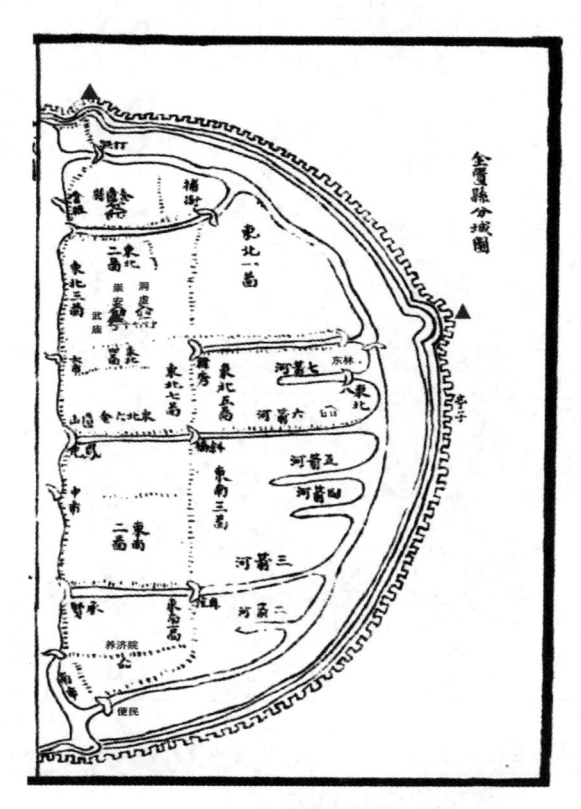

图1 金匮县分城图

（资料来源：道光《金匮县舆地全图》分城图，《无锡文库》（第二辑），凤凰出版社2012年版，第325页）

---

① （清）王允谦、华希闵：《乾隆金匮县志》卷七《官司表》，《无锡文库》（第一辑），凤凰出版社2011年版，第663页。
② （清）华湛恩：《金匮县舆地全图》（不分卷），《无锡文库》（第二辑），凤凰出版社2012年版，第324—325页。笔者所用图，则取自中国国家图书馆藏该书电子资源。
③ （清）王允谦、华希闵：《乾隆金匮县志》卷一《图》，第582页。

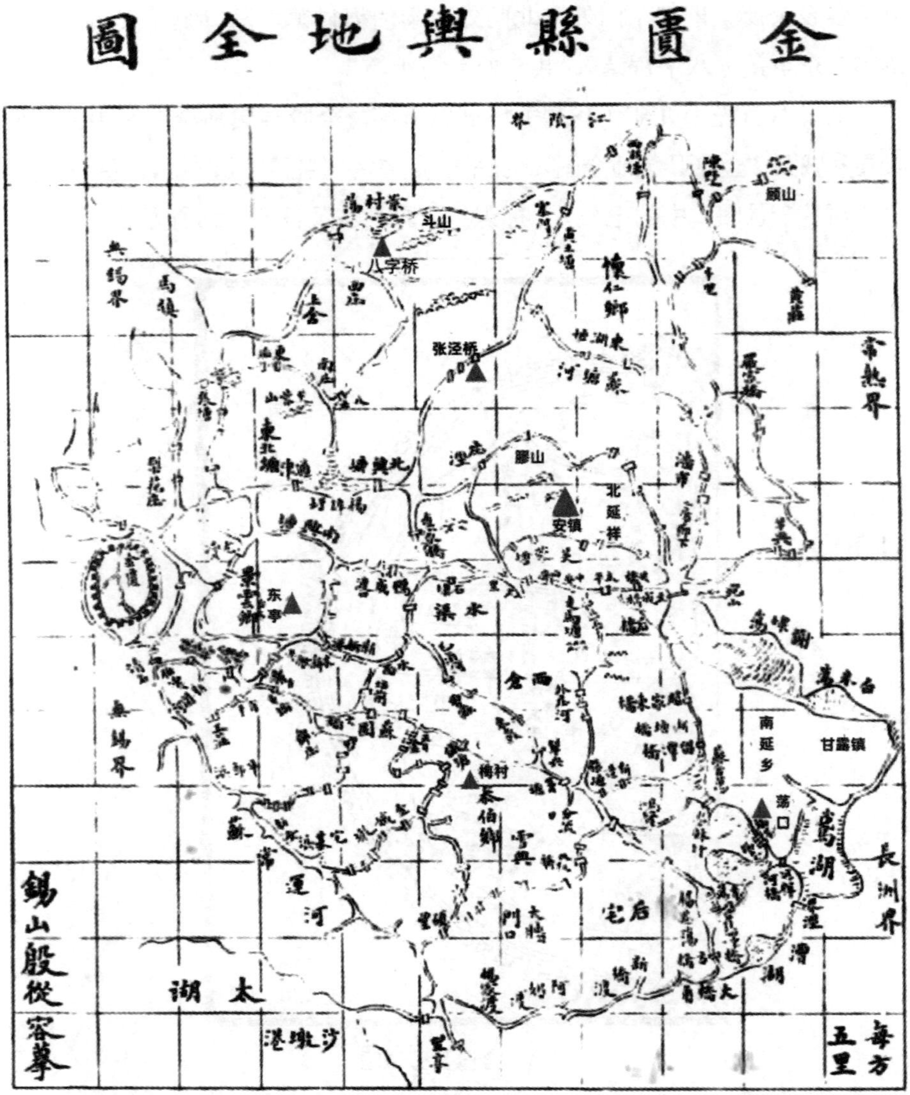

图 2　金匮县舆地全图

［资料来源：道光《金匮县舆地全图》县境全图，《无锡文库》（第二辑），第 324 页］

（一）县城约所

从县城及周边3个乡约所分布来看，交通便利程度及人口数量似乎是选址的首要考量：东、北二门是出入县城的必经之路，明代隆万时期，北门之外即"群商所聚，僧驵之家尤以华侈相眩"[①]。崇安寺则位于"大市桥东北百余步"[②]，不仅该桥周围"市嚣声沸、行者磨肩"[③]；寺院亦有悠久历史，自北宋初即赐额"崇安"，万历朝更获颁《大藏经》。无锡士绅华希闵曾记载，当地居于城中的佛寺只有"北禅、崇安两寺，而崇安居一邑之中，其地弘敞爽垲，故两邑官僚元日朝贺、读法讲圣谕及征发期会、绅耆集议、水旱大雩，咸于其殿庭行事，又非若诸刹仅供佛子之焚修者也"[④]，显然，崇安寺是无锡、金匮二县的公共活动中心。寺内官绅参与、公开习仪的传统似乎确保讲约活动能够长久维持，不仅雍正及乾隆初年设立乡约所，光绪元年还在殿前设立圣谕亭，同样为"朔望拜牌、宣讲圣谕之地"[⑤]。

（二）镇级约所的等级与空间分布

金匮县各乡所属约所分布具有典型的江南特征，即均设立于市镇之内。下面，笔者将主要根据《乾隆金匮县志》卷十一《市镇》条的记载[⑥]，以"商贸繁荣程度""人口规模"及"士绅家族"三个经济、文化要素为标准，将18世纪初金匮县方志所记的31个市镇分为三个等级，并观察乡约所设置与市镇等级间的关系；以"距县·镇间里程数"及"地理及交通条件"两个要素为主，讨论乡约所的分布原则并估计其辐射范围；以各镇"所隶乡、区"的行政要素为准，证明镇级乡约所所具有的跨行政区特征。

[①] （明）周邦杰、秦梁：《万历无锡县志》卷四《舆地志》"风俗"条，万历二年刻本，中国国家图书馆藏，第七页。
[②] （清）王允谦、华希闵：《乾隆金匮县志》卷九《寺观》，第691页。
[③] （清）王允谦、华希闵：《乾隆金匮县志》卷十《桥梁》，第696页。
[④] （清）王允谦、华希闵：《重修大殿记》，《乾隆金匮县志》卷十《寺观》，第691页。
[⑤] （清）秦缃业等撰：《光绪无锡金匮县志》卷六《廨署》"圣谕亭"条，江苏古籍出版社1991年版，第100页。
[⑥] （清）王允谦、华希闵：《乾隆金匮县志》卷十一《市镇》，第700—702页。

新声巧语：人间佛教学术论文集（一）

表1 雍正至乾隆初金匮县各镇行政、经济、文化、交通要素表[1]

距县相对方位	镇名	所隶乡、区	商贸繁荣程度	人口规模	土绅家族	距县·镇间里程数	地理及交通条件
（1）东南[1]	★汤口镇（巡检司署）	延祥乡[三十九都丁舍][2]	什九从商，四方贸易	4000余家	华氏	距县55里	南通长洲，东连常熟
	甘露镇	[延祥乡四十都]【延祥乡有甘露市桥】[3]	治产逐末，汤口更为饶沃	2000余家		距县60里、汤口东北7里	东跨常熟
	谢棣桥	【延祥乡有谢棣桥】		数十家		甘露西南约3里	
（2）东方	★安镇	上福乡（四十四都）[4]	米棉贸易，辐射二三十里	居民千家	安氏	距县40里	胶山南麓

[1] 按，表中各镇排列顺序以《乾隆金匮县志》为准。笔者认为，该志编修者已粗略根据各镇距县治大体方位、各镇间距离等要素，将31镇分别归纳为8大类。因此该表遵循县志归类方式，不做改动。但表中"东南""东方"等方位词，则为笔者依据《金匮县舆地全图》所绘方位添加。
[2] （清）吴存礼，杜诏：《梅里志》卷一"鹅湖"条下有"汤口镇：相传为孝丁兰故里，南有丁公桥"云云，载《中国地方志集成·乡镇志10》，江苏古籍出版社1992年版，第395页。
[3] （清）徐永言等撰：《康熙无锡县志》卷五《桥梁》条，《无锡文库》第一辑），第91页。（清）王允谦、华希闵：《乾隆金匮县志》卷十《桥梁》条则记为"甘露寺桥"，第698页。
[4] （清）吴熙、刘继增：《光绪泰伯梅里志》卷一《地理》"上福乡"下有"安镇"条云："旧名喉村……宏冶邑志有西后村，后当作喉，即其地也。"载《中国地方志集成·乡镇志10》，第472页。再查（明）吴勣、李熙《弘治重修无锡县志》卷二《地理二》"乡都"条，上福乡四十四都下有西后村，弘治七年抄本，上海图书馆藏。

346

续表

距县相对方位	相关要素 镇名	所隶乡、区	商贸繁荣程度	人口规模	士绅家族	距县·镇间里程数	地理及交通条件
	上山	顾二房廊下	[怀仁乡有顾二房桥]① [四十八都顾市]	小市井	近百家，朱氏豪奢		胶山西麓，不通舟楫
（2）东方	★张泾桥镇	[宅仁乡有张泾桥]	诵读声闻，进士起家，可称冠盖	十余家		东北距安镇4里	
	东湖荡	怀仁乡 [四十九都荡上]	散布五六市	八九百家	顾氏	距县40里	逾胶山北5里东
（3）南方	望亭镇	泰伯乡② [三十四都] [新安乡三十二都]		百家，治安不靖		距县50里·南距安镇12里 距县40里	运河下游，上属无锡

① （清）韩履宠、秦瀛：《嘉庆无锡金匮县志》卷五《桥梁》条，怀仁乡下有"顾二房桥，亦名顾二房廊下"，嘉庆十八年刻本，中国国家图书馆藏，第二十六页。

② 按，（明）吴骝、李庶：《弘治重修无锡县志》卷五《公署》条记载，"望亭巡检司：在县南五十里新安乡望亭镇"，弘治七年抄本，上海图书馆藏。然查（清）王允谦、华希闵：《乾隆重修无锡县志》卷首《县境图》，望亭巡检司位于新安、泰伯乡三十四都下亦有望亭。因此，新安乡三十二都《都鄙》条记载，新安乡三十二都下有"顾二房桥，亦名顾二房廊下"。再查，《弘治重修无锡县志》卷五《都鄙》，望亭巡检司录属于泰伯乡。不过，雍正无锡、金匮分县后，新安乡属无锡县，因此笔者在本文中将望亭镇录属于泰伯乡。

347

续表

（3）南方

镇名	所隶乡、区	商贸繁荣程度	人口规模	士绅家族	距县、镇间里程数	地理及交通条件
十房桥	[泰伯乡十房桥沈渎口]①	力田亩，勤纺绩，嗜学	数十家		望亭西5里	
坊桥镇	垂庆乡（泰伯乡）②	百金之家辄迁徙	三四百家，盗有所伏		距县50里	金匮、长洲合治
砖桥	[垂庆乡三十七都][垂庆乡有砖桥]一说泰伯乡③	高门大宅在镇西，余颇贫薄逐末	百余家	明：钱氏 清：王氏④	坊桥西北10里	
小茅泾	[垂庆乡三十七都]	农、商	数十家		砖桥西南4里	
厚宅	泰伯乡	家给人足	200家		距县40里	

---

① （清）韩履宠、秦瀛纂：《嘉庆无锡金匮县志》卷五《桥梁》泰伯乡条，第二十三页。

② （清）吴熙、刘继增：《光绪泰伯梅里志》卷一《地理》，泰伯乡下属"乡镇"条有"坊桥镇"，第469页。然而（清）王允谦、华希闵《乾隆金匮县志》卷十一《市镇》条则云坊桥在梅里乡，第701页。

③ （清）王鏐：《瞻桥小志》卷一《本志》云，"旧志新志皆以瞻桥属垂庆乡，今砖桥属泰伯乡"，《中国地方志集成·乡镇志专辑14》，第110页。

④ （清）王鏐：《瞻桥小志》卷一《名族》、卷二《人物》各传，第111—112页。然与一级市镇相比，砖桥钱王二姓或属中等规模家族。

348

约所与庵寺：明清无锡金匮县教化活动的空间实践

续表

距县相对方位	镇名	相关要素 所隶乡、区	商贸繁荣程度	人口规模	土绅家族	距县·镇间里程数	地理及交通条件
（4）南偏东	★东亭镇	梅里乡［五十五都］①	木棉亚于安镇，镇西冶铁	土著千家，殷实过半	华氏旧第，古墓	城东下18里	
	江陂桥	［景云乡五十九都］【景云乡有江陂桥】			杨氏富而好行，其德以俭	距城10里·北至东亭5里	
	坊前镇	［景云乡五十九都］②【梅里乡有坊前桥】	市肆箐涩，地瘠民贫	六七十家，民多殷富		沿堠阳河5、6里至东亭	距伯渎港口10里，沿塘路
（4）南偏东	★泰伯梅村镇	［梅里乡五十六都］	苎脱为业，远至汤口镇	让圣端委所治处，荆蛮两村尚在③			沿塘路，南可抵望亭镇

① 按，（清）王允谦、华希闵、杜语礼，（清）吴存礼，杜语：《乾隆金匮县志》卷五《都鄙》条记载，梅里乡第五十五都下有村名"隆亭"，疑即东亭，音化之故也。第629页。再按，（清）吴存礼，杜语：《梅里志》卷二"东亭河"条下，有"东亭镇：古名隆亭。"第390页。

② （清）吴熙、刘继增、刘继曾，《光绪泰伯梅里志》卷三《桥梁》"梅里乡"条下有"坊桥"云弘治志有坊前桥，无坊前桥。万历前志始二桥并载，"疑即一桥也"，第486页。

③ （清）徐永言等：《康熙无锡县志》卷十《风俗》条云，荆蛮之先断发文身，至太伯来奔，其民义而从之，遂以立国……故《吴都赋》云，端委之所彰，高节之所兴"云云，第137页。意指梅村乃礼仪之邦。

349

续表

镇名\相关要素\距县相对方位	所隶乡、区	商贸繁荣程度	人口规模	士绅家族	距县·镇同里程数	地理及交通条件
(4) 南偏东						
版村镇	[上福乡四十三都]①	耕读		蔡氏一家之村落	约梅村东10里	
羊尖镇（内史房夹、稽查民船）	怀仁乡[四十八都]	百货所聚，民富尚任侠	1500家		距县75里，县之极东	半隶常熟
(5) 东北						
顾山镇	怀仁乡[四十八都?]②	富席过于澛口	四五千家		距县75里，县之东北	大半属江阴，东少分为常熟
陈墅	[怀仁乡有陈墅桥]③	慕奸富，喜为侠	民居稠密		顾山西5里	西属江阴

---

① 按，（清）韩履宠、秦瀛：《嘉庆无锡金匮县志》卷五《桥梁》条，梅里[李]乡下新增"版村桥"，第二十八页。而《康熙无锡县志》《乾隆金匮县志》则无此桥。

② （清）吴熙、刘继增：《光绪泰伯梅里志》卷三《桥梁》梅里乡下有"版村桥，弘治邑志人上福乡"，第487页。因此，大概明及清前中期版村桥属上福乡，嘉庆光绪之后则属梅里乡。

③ （清）王允谦、华希闵：《乾隆金匮县志》卷五《都鄙》条，怀仁乡四十八都下有"顾市"，疑即"顾山镇"。（清）韩履宠、秦瀛：《嘉庆无锡金匮县志》卷五《桥梁》条，怀仁乡下有"陈墅桥：跨长河二桥，北岸入江阴界"，第二十六页。

续表

距县相对方位 \ 相关要素 \ 镇名	所隶乡、区	商贸繁荣程度	人口规模	士绅家族	距县・镇间里程数	地理及交通条件
黄四房桥头	[胶山乡有黄姑桥]①	地饶确，民获薄	户百余		距县30里	斗山东麓
★八字桥镇	[胶山乡有八字桥]	诵读耕织，各务恒业	民居稠密		向北10里为黄四房桥头	
(6)东偏北正北邑东 太平桥	[胶山乡有太平桥]②[上福乡 四十三都]	富户成市	50余家	过氏	西距八字桥6、7里	
塘头镇	天授乡[天授乡二都]	蠡湖为镇，稻业	三四百户		城北6里	
严隶桥	[天授乡二都]		近百户		塘头东2里	桥北属无锡

① (清)王允谦、华希闵：《乾隆金匮县志》卷十《桥梁》条，"胶山乡黄姑桥，斗山南"，第697页。
② (清)王允谦、华希闵：《乾隆金匮县志》卷十《桥梁》条，胶山乡有太平桥，"北接江阴"，第697页。事实上，太平桥西距八字桥6、7里，笔者推测该地应属胶山乡太平桥市，而非上福乡太平桥村。(清)韩履宠、秦瀛：《嘉庆无锡金匮县志》卷首《县境全图》明确标识出胶山乡八字桥西北有太平港，亦可证笔者推断无误。《县境舆图》第一页。

351

续表

距县相对方位	镇名 \ 相关要素	所隶乡、区	商贸繁荣程度	人口规模	士绅家族	距县·镇间里程数	地理及交通条件
（6）东偏北正北邑东	前旺	[胶山五十四都]① [天授乡一都]②		六七十家		严埭东4里	
	石皮街③		倪氏立市，洽桑麻田畜	200家	倪氏立市	邑正东15里	
（7）邑南	老窑市		市店分布，尤宜夜市	近千口			与南门下塘街似连而实断
（8）邑北	江尖市			111家			整对北门塘

注：[ ] 内标注的乡、都名称乃笔者根据《乾隆金匮县志》卷五《都鄙》条，胶山乡五十四都下有"前王"。第629页。[ ] 内标注各镇的乡属，乃是根据《乾隆金匮县志》卷十《桥梁》条所补，第696—698页。

① （清）王允谦、华希闵：《乾隆金匮县志》卷五《都鄙》条所补。
② （清）王允谦、华希闵：《乾隆金匮县志》卷五《都鄙》条，天授乡一都下亦有"前王"。查《弘治重修无锡县志》卷首《县境图》，天授、胶山二乡相邻，因此前王（旺）当跨两乡。第624页。
③ （清）徐永言：《康熙无锡县志》卷五《坊巷》条，邑"东大街"下有"石皮巷"，第80页。

笔者认为，市镇"人口规模"约1000家，当地有规模较大的"士绅家族"，且依据文意可推断"商贸繁荣程度"较高者，可归类为一级市镇；上述人口、经济、文化三要素中，具备2个，或者三者兼具但人口规模约百户、士绅力量不强者，可归类为二级市镇；三要素中只具备其一者，或具备2个要素但人口数量不足百户、经济实力颇弱者，则视为三级市镇。统计如表2：

表2   雍正至乾隆初金匮县各镇分级表

	一级市镇	二级市镇	三级市镇
（1）东南区	★荡口镇	甘露镇	谢棣桥
（2）东方区	★安镇 ★张泾桥镇	上山 东菏荡	顾二房廊下
（3）南方区		坊桥镇 砖桥 厚宅	望亭镇 十房桥 小茅泾
（4）南偏东区	★东亭镇	★泰伯梅村镇	江陂桥 坊前镇 版村镇
（5）东北区		羊尖镇 顾山镇 陈墅	
（6）东偏北区 正北区 邑东区	★八字桥镇		黄四房桥头 太平桥
		塘头镇	严埭桥 前旺
		石皮街	
（7）邑南区		老窑市	
（8）邑北区		江尖市	

注：镇名前有★者，即表示该镇内设有乡约所。

从上表可见，金匮县5个一级市镇中皆设置有乡约所；在（4）东偏南区下属的二级市镇中，泰伯梅村镇亦设置有乡约所；而 12 个三级市镇中无一乡约所分布。显然，乡约所更偏好设置在高等级市镇，它与商贸繁荣程度、人口规模及士绅家族密切相关。

进一步观察 5 个一级市镇中的乡约所，即可发现，与经济要素相比，似乎文化要素的影响因素更大。例如这几个镇均有知名士绅家族定居："荡口、甘露两镇相附丽而风尚殊不同。荡口科第青衿之多，向甲一邑……甘露民重富而畏罪，力作持赢之外无他事，多不悦学"[①]，因此官方便将乡约所设于荡口；张泾桥镇更以科举而非商业闻名，尤其是顾氏家族在整个东南地区也颇具文名[②]；八字桥镇亦如是。与之相对的是，（1）东南区的甘露镇、（5）东北区的羊尖镇、顾山镇皆有上千户人家，甚至顾山"富庶过于荡口……市店无所不有"[③]，但因隶属金匮县境的部分皆无大姓定居，因此未能设立乡约所。

事实上，在设立乡约所的（1）（2）（4）（6）四个区中，6 个乡约所均有其下属市镇，每个约所均可影响 2—3 个市镇，其辐射范围大约以 10 里为准。根据表 1 "距县·镇间里程数"可知，（1）荡口镇东北 7 里为甘露镇，甘露西南 3 里为谢棣桥，该区即以荡口乡约所为中心。（2）区安镇西南 4 里为顾二房廊下，北 12 里为东菏荡；不过，该区除安镇乡约所外，又有张泾桥乡约所，形成两个中心（原因详后）。（4）区东亭镇乡约所以南 5 里为江陂桥，沿垾阳河 5、6 里又至坊前镇；同样，泰伯梅村镇约所东 10 里即有版村镇，该区同样有两个中心（原因详后）。（6）区八字桥乡约所北 10 里即至黄四房桥头，西 6、7 里即为太平桥。学界一般认为，10 里是乡民一天可以往返的距离，也是乡村组织有效管理的范围界限[④]，因

[①]（清）王允谦、华希闵：《乾隆金匮县志》卷十一《市镇》中修志者对"东南区"的总体概括，第 700 页。

[②]（清）王允谦、华希闵：《乾隆金匮县志》卷十一《市镇》"张泾桥镇"即记载，"顾端文公小心斋在焉"，可见该地即晚明东林党魁家族所居，第 700 页。

[③]（清）王允谦、华希闵：《乾隆金匮县志》卷十一《市镇》"顾山镇"条，第 702 页。

[④] 韩茂莉：《十里八村：近代山西乡村社会地理研究》，生活·读书·新知三联书店 2017 年版，第 68 页。

此，在金匮县河网发达、船运便利的条件下，笔者推测一个乡约所辐射 10 里范围，大致符合实际。

值得一提的是，据表 1"地理及交通条件"的记载可知，（2）区设置安镇和张泾桥镇两个乡约所的原因，在于地形条件的影响。胶山横亘两镇交界处，自然限制乡约宣讲影响的范围。（4）区坊前镇虽经水运 5、6 里即至东亭乡约所，但堠阳河"河身浅狭，大旱则涸"，反而由伯渎港至姑苏的塘路沿线分布坊前、梅村二镇。进一步，梅村镇西南至德庙具备吴太伯礼教标识的文化传承[①]，且乾隆初坊前、梅村面临"地瘠民贫，狙诈健讼而乐斗"的社会现实[②]。因此，从交通水运和社会风俗两项着眼，设置梅村镇乡约所实有必要。

根据表 1 的"距县·镇间里程数"来看，（6）区 7 市镇可分为"东偏北""正北"及"邑东"三片。若以 10 里为限，则八字桥乡约所似乎只能影响"东偏北"片。但邑志编修者认为："八字桥与泾里接壤，为塘头、寺头之外护，相悬仅二里。南北极望则为石皮街。黄四房桥头三十里内均有大姓主之，小民托庇宇下。"[③]换言之，（6）区内三片实可相互影响，且又有大姓主持风俗教化事宜，自然不必设立过多乡约所。

根据表 2 可见，在 31 镇所属的 8 区中，（3）南方区、（5）东北区、（7）邑南区、（8）邑北区皆无乡约所设置，笔者认为这与其独特的地理条件或方位有关。如老窑市"舟行其间，每日蛮烟涨雾、薪屑风卷，打面如雨"[④]，江尖市"运河中流一孤渚……当年萑苇之场，今日笙歌之窟"云云[⑤]，似乎本身均为教化不及的边境地区。

又如（3）（5）两区，根据表 1 中的"距县·镇间里程数"及"地理

---

① （清）吴存礼、杜诏：《梅里志》，《中国地方志集成·乡镇志 10》。
② （清）王允谦、华希闵：《乾隆金匮县志》卷十一《市镇》"坊前镇"条，以及修志者对"南偏东"区的总体概括，第 701 页。
③ （清）王允谦、华希闵：《乾隆金匮县志》卷十一《市镇》中，有修志者对东偏北、东北、邑东三片区的总体评价，第 702 页。
④ （清）王允谦、华希闵：《乾隆金匮县志》卷十一《市镇》"老窑市"条，第 702 页。
⑤ （清）王允谦、华希闵：《乾隆金匮县志》卷十一《市镇》"江尖市"条，第 702 页。

及交通条件"可知,望亭镇与十房桥相距 5 里,可视为一个小区域;坊桥镇、砖桥和小茅泾相距 10 余里,亦属一小区域;此两小区域或与无锡,或与长洲接壤,属金匮县治边缘地带。同理,羊尖、顾山、陈墅三镇属于一区,皆距金匮县治 70 余里,一镇分属常熟、江阴、金匮三县,亦属边缘。(3)(5)两区尽管可能通过跨县贸易而获利,但均有民尚任侠、治安不靖、盗贼所伏的风气与现状,《乾隆金匮县志》的编修者在评价(3)区坊桥镇时称,"金、长合治,支流错互,盗有所窜";而对(5)东北区亦有总体评价,"怀仁乡接壤江阴,好操刃仇杀,其豪役属居民、武断乡曲、藏匿亡命,吏不敢捕……三镇打降人命独多,长吏每为蹙额",甚者视为区脱之地[1],显然,金匮县无法有效控制该区。因此,可以说乡约所主要设置在县治中心及县政府所能控制的各乡镇范围内,其教化功能随着距县治距离的增加而衰退。

进而言之,笔者认为,史料所见在贵州、广东等"化外"县域,清代知县尝试以讲乡约的方式重塑某特定地区乡民道德观念的举措或许只是特例,实情则是,即便在江南的文教核心区,依然存在县境边缘的教化"空白"地带。在雍乾时期,乡约已彻底官方化为一套政治教化与道德灌输机制,乡约所设置即官方意志力的体现。若以金匮县域为观察范围,即可发现自县治所在的核心区到县境边陲区,政治及教化的控制力逐步递减,而社会力量、边陲小区域的独立性及经济活力却可能增强。[2]

(三)镇级约所与乡、区等行政区划的关系

综合考察弘治、万历、康熙、乾隆、嘉庆五朝《无锡(金匮)县志》及道光《金匮县舆地全图》可知,无锡县自明初即形成"乡—都—图

---

[1] (清)王允谦、华希闵:《乾隆金匮县志》卷十一《市镇》中,修志者对"东北区"的总体概括,第 701—702 页。
[2] 该观点主要由施坚雅提出,而许倬云则将"宏区理论"放置在更小的省府范围内进行分析。但通过笔者对金匮县乡约所分布的考察可知,在县域内,该理论同样适用。许倬云:《传统中国社会经济史的若干特征》,《求古编》,商务印书馆 2014 年版,第 1—14 页。

（里）"的管理层级，且在各乡都大体按逆时针顺序编号，稳定保持"22 乡 60 都"的数量，其结构至晚清不变。

《万历无锡县志》卷四《舆地志》"乡都"条记载，彼时在乡 60 都下辖 395 图；而隆庆六年（1572）造册实有 418 里，其中大概包括在城里数。[①] 按照洪武型里甲赋役体系的规定，自明初以降，无锡乡级有乡长、粮长、书手；里级有排年、里长、老人等役。然而嘉靖三十二年（1553）当地清粮均田时，即"二十二乡**以税之多寡**分为十三区"，"区分上下扇，扇各佥粮长一名"，因此形成"13 区 26 扇—22 乡 60 都"的新格局。[②] 需要注意的是，区扇乃在考虑**地段远近、地势高低**的基础上，**按行政原则编排**。[③] 同时，区扇划分纯粹为征收银、粮目的而设，下辖顷亩及随田丁额数，区并非乡里地域的实体单位，村民活动依然强调其"乡都"隶属。

康熙初年，江南巡抚韩世琦奉部文檄行均田均役法。尽管户科柯耸曾建议跨区均田，从而使各区田亩数相等[④]，但康熙五六年（1666、1667）知县吴兴祚推行时，均田均役法依然主要在图级之内划分田地；其地块搭配

---

① （明）周邦杰、秦梁：《万历无锡县志》卷四《舆地志》，万历二年刻本，中国国家图书馆藏，第三至六页。

② （明）周邦杰、秦梁：《万历无锡县志》卷八《食货志二》"役法"条，收录有《王世贞记》文，清晰表明嘉靖朝即有为征收钱粮而设的区。第一至四页。
又，（清）吴熙、刘继增：《光绪泰伯梅里志》卷五《旁祀》"三公祠"条下，有明人华察嘉靖间作《首建三公生祠记》，强调当时推行赋役改革，"设总者民十人、区者民五十有二人、图正弓手算手各四百十有四人，计一县之田凡若干亩，下令区者民各率图正等刻日齐丈，总者民籍记其数，时时觉察"云，可见一区即设者民 4 人，清丈田土。事实上，咸丰光绪时期修该版乡镇志的安起东、刘继增等人已准确指出，无锡清粮一事始于嘉靖三十二年（1553）华察之议。第 503—504 页。
然而，清人修县志者却不察，《乾隆金匮县志》卷五《都鄙》条称乡上 13 区"不知何时并省其半"；《嘉庆无锡金匮县志》卷四《乡都》条称"明万历时并为十三区"；《光绪无锡金匮县志》卷四《乡都》条又将并区与张居正推行一条鞭法相关联，皆误。

③ （清）王允谦、华希闵：《乾隆金匮县志》卷五《都鄙》条序云："今以乡辖都、都辖鄙（图），本此而又以各都鄙就近地段均之为区为扇，扇有上下。此出里书之区画，非任地之通制也。"第 624 页。又，同卷云："今两邑分析，准地势为区画，有以参错为整齐者。"第 630 页。

④ （清）王允谦、华希闵：《乾隆金匮县志》卷五《徭役》条，《户科柯耸均田均役疏略》"倘本区田多则推入下区，按田起役"云云，第 635—636 页。

以区下各扇为最大界限。① 因此，从《乾隆金匮县志》卷五《都图》条记载中清晰可见，各区扇领图数、随田丁数相差较大，可见区扇级别未受均田均役法影响②，其自嘉靖朝至晚清长期保持稳定。

康熙时期无锡有 4 都在城、22 乡辖 60 都，城乡共 414 图。③ 雍正四年（1726）分县，金匮县共有 7 区 13 扇、10 乡 193 图，其中除天授乡紧邻县城，不必另外讲约外，至少 7 个乡均可受到乡约所辐射。④

根据表 1（各镇）"所隶乡、区"栏可见，雍乾之际金匮县乡约所影响范围基本呈跨越乡都级行政区划的特征。如（2）东方区内：安镇乡约所大体影响上山、顾二房廊下两镇，即跨上福、怀仁两乡；张泾桥镇乡约所或辐射东菏荡镇，亦跨宅仁、怀仁两乡。（4）南偏东区内：东亭镇乡约所影响江陂桥、坊前镇两地，即跨梅里、景云二乡；梅村乡约所辐射版村镇，也跨梅里、上福二乡。以上 4 个镇级约所即同时跨乡跨都。

在表 1 的（1）（6）两区内，镇级乡约所未有跨乡现象。（6）东偏北区的八字桥镇乡约所影响黄四房桥头、太平桥两地，由于史料所限，不知其是否跨越胶山乡内各都；（1）东南区荡口镇乡约所影响同属延祥乡的甘露、谢棣桥镇，但至少跨越 39、40 两都。

笔者根据《乾隆金匮县志》卷五《都鄙》条所载区、乡、都隶属关系制作下表：

---

① （清）徐永言等：《康熙无锡县志》卷三十《徭役》"编审"条云，均田时"不许跳入别扇"；小户"听其自择亲知图内，朋役当差"；"编审之年，听民间自相品搭，成甲认役"，第 406—407 页。
② （清）王允谦、华希闵：《乾隆金匮县志》卷六《田赋》条记载，乾隆元年至三年（1736—1738）的知县王允谦即强调："是均田均役尤必在本区之田，均役本区则役从田起，田有著寔，役始得平。"第 651 页。
③ （清）王允谦、华希闵：《乾隆金匮县志》卷五《都鄙》条，第 624—630 页。
④ 笔者按，在金匮县 10 乡中，似乎只有县南泰伯、垂庆二乡既远离县治，又完全未受到约所教化影响。但根据下节讨论可知，这二乡恰恰通过广设庵寺的方式以实现教化职能。

约所与庵寺：明清无锡金匮县教化活动的空间实践

表3　金匮县区、乡、都隶属关系表

区	乡	都
天授区下扇	天授乡	第1·2都
天授区下扇	胶山乡	第52·53·54都
泰伯区上扇	泰伯乡	第33·34都
泰伯区下扇	梅里乡	第34·35·36都
泰伯区下扇	梅里乡	第56·57都
南延区上扇	垂庆乡	第37都
南延区上扇	延祥乡	第39·40·41都
南延区下扇	垂庆乡	第37·38都
南延区下扇	延祥乡	第42都
南延区下扇	梅里乡	第57都
北延区上扇	上福乡	第43·44都
北延区上扇	延祥乡	第39·41都
北延区下扇	上福乡	第43都
北延区下扇	梅里乡	第55·56都
怀仁区上扇	宅仁乡	第45·46·47都
怀仁区上扇	怀仁乡	第48·49·50都
怀仁区下扇	上福乡	第44都
怀仁区下扇	宅仁乡	第45·46·47都
怀仁区下扇	怀仁乡	第48·50都
怀仁区下扇	梅里乡	第55·56都
景云区上扇	天授乡	第1都
景云区上扇	梅里乡	第55都
景云区上扇	景云乡	第58·59都
景云区上扇	在城	东北
景云区下扇	梅里乡	第57都
景云区下扇	景云乡	第58·59·60都
景云区下扇	在城	东北
开原区上扇	在城	东北·东南
开原区下扇	在城	东北·东南

资料来源：(清)王允谦、华希闵：《乾隆金匮县志》卷五《都鄙》条，第630—634页。

有趣的是，上述跨越乡都的镇级乡约所，其影响范围却均未跨越区扇。如（2）区安镇乡约所跨上福乡44都、怀仁乡48都，但均隶属于怀仁区下扇；张泾桥约所跨越宅仁、怀仁两乡，但均隶属怀仁区上扇。（4）区东亭镇约所跨梅里乡55都、景云乡59都，却均隶属于景云区上扇；梅村约所跨梅里乡56都、上福乡43都，但均属北延区下扇。至于跨都不跨乡的（1）区荡口镇约所隶属南延区上扇，（6）区八字桥约所属于天授区下扇。

可以说，**雍乾之际金匮县镇级乡约所辐射范围，有跨越乡都、不跨区扇的典型特征**。如上所述，该县乡都自明代即保持长期稳定性，但成规模市镇的出现则在雍乾时期[①]，与重视行政管理原则的乡都不同，市镇更与人口、交通、商贸繁荣程度等经济地理要素相关，因此清中期突破行政管理区划范围的市镇，其所影响的地域空间在乡约所问题上亦有体现。

然而值得注意的是，嘉靖至康熙年间，区扇属于县内赋役单位，除经济功能外不具有其他民事功用，且其本身由当地里书通过行政手段编排而成，似乎与乡约所辐射范围无关。但实际上，区扇编排之初即充分强调地段距离与地势高低等自然条件，其就近原则本就充分考量了当地乡俗、乡民便利等因素，因此，乡约所影响范围不出区扇，似乎正表明区扇所涵括的地域更贴近民众日常的活动空间。

笔者推测，乡都等行政单位所体现出的僵化性，以及区扇所反映出的灵活实用性，势必使得区扇从一个只负担钱粮的赋役单位演变为具有某种地方认同和民事功能的实体区域，各镇乡约所不跨区扇的特点似乎正反映出这一趋势。无独有偶，据《乾隆金匮县志》卷九《寺观》条记载，在雍乾时期新增的23所庵寺中，天寿庵与广济寺被标识为隶属于南延乡；而樾荫庵则隶属于北延乡。[②] 显然，南延、北延从税收区转化为地域乡。

[①] （清）王允谦、华希闵：《乾隆金匮县志》卷十一《市镇》条云："邑无大市镇，故旧志缺焉。国朝修养百年，湛恩汪濊，民物滋丰，盛于往昔者倍蓰矣。"第700页。

[②] （清）王允谦、华希闵：《乾隆金匮县志》卷九《寺观》条。附带一提，该县志记载天寿庵与广济寺均属南延乡41都1图，从都图编号看，即延祥乡。然而，樾荫庵属于北延乡52都，从编号看应属胶山乡，但胶山隶属天授区下扇，与北延区无关，不知作何解。第693页。

上述转变虽然是从雍正、乾隆时期开始，但将金匮县乡都与区扇隶属关系和嘉庆、光绪朝进行比较后①，发现三者完全一致，可见该趋势自清中期以降的稳定性。例如，自弘治至乾隆县志，均将桥梁明确隶属于各乡，但《嘉庆无锡金匮县志》卷五《桥梁》出现了一个以往各志未有的新现象，即将桥梁隶属于各区扇下，如"垂庆乡（各桥）今入南延下扇兼跨上扇"，"延祥乡（各桥）今入南延上下扇北延上扇"，"上福乡（各桥）今入北延上扇"，"宅仁乡（各桥）今入怀仁上扇"，"胶山乡（各桥）今入天授下扇"，"梅里乡（各桥）今入北延下扇泰伯下扇兼跨南延下扇"②。这一对隶属关系表述上的变化，反映出区扇承担了某种地方行政认同。另外，区、乡转化最直观的表现莫如方志图，本文图2是笔者引用道光十九年《金匮县舆地全图》，从中清晰可见，已出现"北延祥""南延乡"的地名。

（四）镇级乡约所的具体位置：以泰伯梅村镇和荡口镇为例

以上两小节，笔者主要利用县志材料讨论镇级乡约所的等级，其在金匮县各乡的空间分布、影响范围，及其与行政区划乡、区间的关系。然而，彼时有约所的6个镇街长皆有二三里余，乡约所具体设立于镇中何处？接下来，笔者将尝试利用《梅里志》《泰伯梅里志》等乡镇志材料进行解答。

在金匮县东南上福、梅里、延祥、景云、泰伯、垂庆六乡中，安镇乡约所属上福乡、东亭镇与梅村镇两乡约所均属梅里乡、荡口镇乡约所属延祥乡。然而根据有限史料，笔者仅能对梅村镇、荡口镇两约所的具体位置进行推断。

先看梅里乡梅村镇的情况。

---

① 按，笔者利用的是中国国家图书馆藏《嘉庆无锡金匮县志》卷四《乡都》条。以及（清）裴大中、倪咸生《光绪无锡金匮县志》卷四《乡都》条，收录于《中国地方志集成·江苏府县志辑24》。
② （清）韩履宠、秦瀛：《嘉庆无锡金匮县志》卷五《桥梁》条，第二十至二十八页。

梅里乡被视为吴地文明源头①，而其中梅村镇据传为泰伯居所②。弘治十一年（1498）知县姜文魁在镇西南③建泰伯新庙④，且奉祀其象征性人物，该庙此后便成为当地官民宗教活动中心，儒士"即此可以设教"。另外，弘治年间县令姜文魁为政时，泰伯庙即已由道士主持香火⑤；万历四十八年（1620），倪锦又与道士通力合作，在"庙左折而北"建关帝庙⑥。显然，梅村西南泰伯庙已成为该镇的儒家教化⑦与道教奉祀中心。

进而言之，无论修庙抑或崇道，皆与当地蔡氏家族有关。杜诏在康熙五十六年（1717）所作《重修泰伯庙碑记》中云：康熙三十年⑧，道士朱文瓒、吕元德主持修葺泰伯庙时，"里人蔡君鹤龄殆有力焉"。而在弘治朝姜文魁创修该庙时，蔡鹤龄的六世祖蔡孚、蔡济兄弟即董其役⑨，并捐田以为庙基⑩。

《梅里志》卷二《山川》下"至德祠"（泰伯庙）条记载，"祠后有真

---

① （清）吴存礼、杜诏：《梅里志》卷四《文》有王永积《至德庙记》云："维吴地之先纹身断发、杂于龙蛇，泰伯至始去夷即华，文章财富遂甲天下。"第451页。又，汪琬康熙二十四（1685）年《重建泰伯庙碑记》云汤斌率属吏于庙中谕众，"当勾吴之会荆蛮也，语言风俗不达于上国，惟泰伯来居斯土，然后端委以治，而两千余祀之间文教由是大启"。第452页。
② （清）吴存礼、杜诏：《梅里志》卷四《文》有杨文弘治十二年（1499）作《泰伯墓碑阴记》，第438页。
③ （清）王允谦、华希闵：《乾隆金匮县志》卷十一《市镇》"泰伯梅村镇"条记载，至德庙在泰伯梅村镇西南，第701页。
④ （清）吴存礼、杜诏：《梅里志》卷四《文》有邵宝正德十二年（1517）《修泰伯庙记》，第441页。
⑤ （清）吴存礼、杜诏：《梅里志》卷二《祠墓》钱荣正德十三年（1518）《泰伯庙赡田纪略》云，县令姜士元"命道士许元善居之以奉香火"，第402—403页。又，卷四《文》有顾宪成万历二十四年（1596）《重修至德庙碑记》："弘治间，邑侯姜公尝以义倡民，即旧祠之处而别创之……设道士世守以奉香火，示民报本也。"第443页。
⑥ （清）吴存礼、杜诏：《梅里志》附卷四，有无锡知县任大治撰《泰伯庙新建关帝庙记》，第456—457页。
⑦ （清）吴存礼、杜诏：《梅里志》卷四《文》有嘉靖六年（1527）作《至德庙重修记》云在嘉靖五年（1526）"大都宪江右陈公凤梧以巡抚至，振摩扶衰、百废具举，首先谒庙"，第441—442页。同卷汪琬《重建泰伯庙碑记》云，汤斌"甫莅政即涓吉谒庙……下令撤巫祀之淫者，以其余材鸠工而改为之"，并在庙中谕众。第452页。
⑧ （清）吴熙、刘继增：《光绪泰伯梅里志》卷四《陵庙》"泰伯"条，第494页。
⑨ （清）吴存礼、杜诏：《梅里志》卷四《文》杜诏《重修泰伯庙碑记》，第453页。
⑩ （清）吴存礼、杜诏：《梅里志》卷二《祠墓》条，钱荣《泰伯庙赡田纪略》，第402—403页。

武殿"以及晚明倪锦所建关圣殿①；而同属梅村镇且位于庙东②约5里③的犁尖桥东亦有关壮缪庙一所，即为蔡士禄所建，可见蔡氏与道教之因缘。值得注意的是，犁尖桥关帝庙右侧即为宣讲乡约的申明亭。④揆诸史料，讲约、里社祭祀等活动皆在"泰伯庙—犁尖桥"区域内举行⑤，可以说，梅村镇在晚明清初便形成以镇西南泰伯庙为儒家宣讲与教化中心的基本空间格局⑥，且该庙与道教关系甚深，并由同里蔡氏所主导。

再看延祥乡荡口镇的情况。

《梅里志》卷二《山川》条称，自福华桥以东、东沙泾以西皆属荡口镇所辖，并由华氏主导。在荡口东南即有所谓新桥者⑦，明嘉靖朝学士华察曾在新桥北建衍庆道院，康熙五十年（1711）华谦益又在道院后募建文星阁⑧，"每月朔望里之能文者会课于此"⑨。

笔者推测，荡口乡约所或即在鹅湖新桥之北文星阁，朔望生绅集会正便于借机宣讲《圣谕广训》。实际上，新桥本就具有交通优势；而该地除文星阁外又成为兼有三公祠、华察祠（忠佑庙）等祠庙的镇民祠祭中心⑩，

---

① （清）吴存礼、杜诏：《梅里志》卷二《山川》，第388页。
② （清）吴存礼、杜诏：《梅里志》卷二《山川》，"泰伯渎"条云："……又东行为梅村河迳，泰伯庙之北，梅村桥跨其上，其支者为梅花浜，又东行为犁尖河（犁尖桥）。"第387—388页。
③ （清）王允谦、华希闵：《乾隆金匮县志》卷十一《市镇》"版村镇"下云"自梅村东行五里为犁尖口"，第701页。
④ （清）吴存礼、杜诏：《梅里志》卷二《山川》"关壮缪庙"条，第388页。
⑤ （清）吴熙、刘继增：《光绪泰伯梅里志》卷四《陵庙》"泰伯庙"下载，其内东院有"古吴社庙，旧称让王小殿"，第495页。
⑥ （清）吴存礼、杜诏：《梅里志》卷四《文》有杜诏《重修泰伯庙碑记》："邑之士大夫及乡人子弟咸得登降揖让乎其间……嗣是理学昌明而文章蔚起。"第454页。
⑦ （清）吴存礼、杜诏：《梅里志》卷二《山川》："又东过福华桥……又东至新桥入鹅湖，其支者于新桥之西北行经荡口镇，绕出东沙泾……自福华桥以东、东沙泾以西，夹岸居民千有余家，华氏居十之七八，世称荡口华氏，为巨族也。"第387—388页。
⑧ （清）吴熙、刘继增：《光绪泰伯梅里志》卷八《寺观》"衍庆道院"条云："在鹅湖新桥。明学士华察建，金事王问题额。后有文星阁，国朝康熙五十年华谦益募建，集里之能文者，一月辄两会，课于此。"第546页。
⑨ （清）吴存礼、杜诏：《梅里志》卷二《山川》"文星阁"条，第395页。
⑩ （清）吴熙、刘继增：《光绪泰伯梅里志》卷五《旁祀》有三公祠，在鹅湖新桥，嘉靖三十六年（1557）学士华察建。第503页。同卷亦有"华鸿山先生祠，在鹅湖新桥，祀明翰林学士察，今为忠佑庙"，据明代龚勉《鹅湖建华学士鸿山先生祠堂记》称，该祠万历五年（1577）建，祀日"则群族之子姓兄弟享焉"。第505—506页。

人口集中便于宣讲；同时，华氏定居于此，亦可以领导诸种教化活动。

事实上，无论泰伯梅村镇西南泰伯庙及其以东犁尖桥关壮缪庙右侧的申明亭，还是荡口镇东南新桥以北衍庆道院后的文星阁，两地讲约之所皆有如下共性：第一，均位于两镇人口密集、祠庙繁多的核心地区；第二，均借用与道教相关的宗教场所；第三，均设置于交通往来便利的桥边，且尤须注意的是，犁尖桥和新桥皆由华察参与修建①；第四，均有当地大姓如蔡氏、华氏的参与和主导。

三 庵寺的空间分布与教化功能

正如学者所指出，乡约宣讲作为官方"礼教下渗"的手段，其之所以能起到教化庶民的作用，关键在于与乡村社会自身的接受管道相结合。②事实上，除乡约所外，地方呈建置性、实体化的教化单位，主要是社学（家塾）与庵庙。在雍乾之交的金匮县，县志所载社学仅有怀仁乡二所，影响范围有限，且借用佛教东林（芙蓉山）、香林二庵。③因此可以说，庵寺不仅作为地方管道承接了官方教化下渗，并且以其数量优势成功弥补了约所、社学所无法达到的空隙。

笔者以《乾隆金匮县志》卷九《寺观》条所载69所庵寺为主④，并参考《泰伯梅里志》卷八《寺观》条新增11所⑤，制作庵寺与金匮县城、乡隶属关系表如下：

---

① （清）吴熙、刘继增：《光绪泰伯梅里志》卷三《桥梁》"梅里乡"有"犁尖桥：蠡尖桥，学士华察修；周泾河口，康熙中蔡家桢建"。"延祥乡"有"新桥：鹅肫荡口……学士华察修，国朝华进思重建"。第487页。
② 胡成：《礼教下渗与乡村社会的接受和回应：对清中期江南农村地区的观察（1681—1853）》，《"中研院"近代史研究所辑刊》第39期，2003年。
③ （清）王允谦、华希闵：《乾隆金匮县志》卷八《书院》，"社学两所"条，第680页。笔者按，彼时拥有两所社学的怀仁乡，反而没有乡约所的设立，不知是否采用了社学与讲圣谕相结合的方式。
④ （清）王允谦、华希闵：《乾隆金匮县志》卷九《寺观》，第691—693页。
⑤ （清）吴熙、刘继增：《光绪泰伯梅里志》卷八《寺观》，第529—545页。

约所与庵寺：明清无锡金匮县教化活动的空间实践

表4 雍乾之际金匮县庵寺与城乡隶属关系表

城乡名	县城及周边	景云乡	胶山乡	梅里乡	延祥乡	泰伯乡	上福乡①	怀仁乡	天授乡	垂庆乡
庵寺名	崇安教寺（十大刹：一级）在大市桥东北。南禅寺（一级）址在望湖门外。	保安教寺〔十大刹：一级〕 清和庵〔保安下院〕址在埃阳·梅里57都〕⑤	慈云寺（一级：在北塘、54都）② 成福庵（在斗山）	祇陀讲寺〔十大刹：一级〕镇东北祇陀里（55都有祇陀）永锡庵〔隶保安教寺，俗称六庵，在蠡峰〕	圆通禅寺〔十中刹：二级〕 甘露寺〔十中刹：二级〕（甘露镇·40都）	泗州教寺〔十大刹：二级〕 崇先禅寺〔万历时已废〕	胶山教寺〔十大刹：一级〕（胶山西麓） 灵駒庵〔在胶山南麓〕	香山禅寺（顾山东） 崇庆庵	蓉湖庵（城北三里桥）④ 莲居庵（城西北四堡桥）⑥	集福庵〔隶泗州教寺。在界泾〕 报福庵〔隶泗州教寺〕（胡埭·37都）⑦

① 按，（清）吴存礼、杜诏：《梅里志》卷二《山川》条记载，胶山隶属于梅里乡，因此胶山教寺及灵駒庵似乎应划人梅里乡下，第385页。然而，（清）王允谦、华希闵：《乾隆金匮县志》明确记载，安镇在上福乡，又在胶山南麓，则似乎胶山教寺及灵駒的庵似乎又属上福乡。进一步，根据（明）周邦杰，秦梁：《万历无锡县志》卷首图可见，胶首图可见，胶山大概跨越梅里、上福两乡。笔者为求在全文中保持隶属一致，因此将胶山教寺和灵駒庵暂且划入上福乡进行统计。
② （清）王允谦、华希闵：《乾隆金匮县志》卷九《寺观》"慈云寺"条，云其"在北塘"，第692页。查同志卷五《都鄙》条，"胶山乡五十四都"下有北塘。
③ （清）王允谦、华希闵：《乾隆金匮县志》卷五《都鄙》条，第629页。
④ （清）王允谦、华希闵：《乾隆金匮县志》卷十《桥梁》条，三里桥在天授乡，第696页。
⑤ （清）王允谦、华希闵：《乾隆金匮县志》卷十《都鄙》条，埃阳在梅里乡五十七都，第630页。笔者推测，埃阳处梅里、景云二乡交界处，或许亦隶属天授乡五十八都。
⑥ （清）王允谦、华希闵：《乾隆金匮县志》卷十《桥梁》条，三里桥在天授乡，第696页。
⑦ （清）王允谦、华希闵：《乾隆金匮县志》卷五《都鄙》条，第628页。

365

续表

城乡名	县城及周边	景云乡	胶山乡	梅里乡	延祥乡	泰伯乡	上福乡	怀仁乡	天授乡	垂庆乡
庵寺名	东林庵（东林精舍之东）	涌莲庵[保安寺前]	樾荫庵（北延乡52都）①	嵩山禅寺[十中刹；二级]（在嵩山）②	水月庵（东沙泾·汤口镇·39都）	兴教禅院[包庄]（施陀·邑东40里）	乐音庵（安镇·城内药师庵别业）	敬思庵	善任庵（后祁村·1都）③	祈福庵[隶泗州教寺]（俗名店庵·38都）④
	化城庵（县东稍南盛巷内）	雨花庵（1都[图]）		[古朝阳庵：嵩山东麓]	普明庵[隶泗州教寺，在鸿山⑤南坡]	福缘庵[隶南禅禅寺，在庵桥北]		靖节庵	前汤庵（额名普济·在庵前汤）	崇真庵

---

① 按，（清）吴熙、刘继增：《光绪泰伯梅里志》卷八《寺观》条，将樾荫庵归属在延祥乡下，第544页。但据（清）王允谦、华希闵《乾隆金匮县志》，五十二都属胶山乡。此处从邑志。
② （清）王允谦、杜诏：《乾隆金匮县志》卷五《都鄙》条，第624页。
③ （清）吴存礼、杜诏：《梅里志》卷二《山川》条，"嵩山"下有"嵩山禅寺"，第384页。然而，（清）吴熙、刘继增：《光绪泰伯梅里志》卷一《地理》"上福乡"下有"嵩山"，许氏世居，第472页。查本文图3，嵩山在上福乡，疑即庙庵所在地，梅里两乡交界处。
④ （清）王允谦、杜诏：《乾隆金匮县志》卷五《都鄙》条，第472页。垂庆乡三十八都有庙庵，然（清）吴熙、刘继增：《光绪泰伯梅里志》卷一《地理》延祥乡下"乡镇"条有鸿山，鸿山在无锡县东五十里，当为梅里，延祥二乡交界处。
⑤ （清）吴存礼、杜诏：《梅里（乡）志》卷二《山川》，第472页。笔者认为，鸿山在无锡县东五十里，当为梅里，延祥二乡交界处。

约所与庵寺：明清无锡金匮县教化活动的空间实践

续表

城乡名	县城及周边	景云乡	胶山乡	梅里乡	延祥乡	泰伯乡	上福乡	怀仁乡	天授乡	垂庆乡
庵寺名	药师禅院（第四箭河）	默光庵（58都）		金鬘庵（俗名九里庵，距靖海门九里）[东亭镇西]	天授庵（南延乡41都1图）	普庆庵[录南禅禅寺，在塘庄桥东]		龙祠庵（显济庙·芙蓉山顶）①	万寿庵（1都2图）	[商太师庵：双版桥南]
	古观音殿（大市桥东）	拷伽庵（59都）		[恩覆庵：尤图]	广济寺（南延乡41都1图）	利济庵		延福庵（芙蓉山西南）	福林庵（1都2图）	
	增福庵（城北44都）②	龙珠庵（六都）[十都2图]		[铁山寺：在鸿山，即皇山]	[潮音庵：鹅湖新桥]	集福庵（34都1图）		草庵（44都? 2图）	蕭华庵	
	三教庵（控江门外江阴巷）③	祇林庵（六都）[十都4图]		[大士庵：鸿山东岭，今废]	[又盛庵：在荡口镇]	福慧庵［周打鼓桥北］（34都3图）		百草庵（49都）	普静庵（4，5都[图]）	

① （清）王镐：《乾隆无锡县志》卷十二《学校》"社学"条，有"怀仁乡芙蓉山社学"云云，"芙蓉山"条云，哈佛大学汉利图书馆藏，第三十六页。（清）王允谦，华希闵：《乾隆金匮县志》卷三《山水》，"芙蓉山"条云该山东北距城二十五里，第611页。
② （清）王允谦，华希闵：《乾隆金匮县志》：《都鄙》条，卷五《都鄙》条，上福乡四十四都下有西村，第628页。但同志卷九《寺观》卷云"城北西村"，第692页，而上福乡在县东五十里，因此暂目视增福庵在县城周边。
③ （清）王允谦，华希闵：《乾隆金匮县志》卷十《街巷》条，第694页。

367

续表

城乡名 庵寺名	县城及周边	景云乡	胶山乡	梅里乡	延祥乡	泰伯乡	上福乡	怀仁乡	天授乡	垂庆乡
	泰山庵（栅口东斜靠黄天荡）①	永福庵（六都6图）[十都6图]			[一页禅院：在僧伽桥]	锡善庵（34都5图）			梵音庵（天授乡滨黄天荡）	
	菩提庵（东门外）	朝阳庵（57都）[在睺阳，东亭镇东南]②				般若庵36都）				
	绿萝庵（斜面靖海门，临外城河）					[建安庵：在建安里]				
	击竹庵（靖海门僻巷）					[龙泾庵：在龙泾]				
						[归鹤庵：西庄桥西]				

① （清）王允谦、华希闵：《乾隆金匮县志》卷十《街巷》条，第694页。
② （清）王允谦、华希闵：《乾隆金匮县志》卷九《寺观》条，第540页。实则五十七都睺阳属梅里乡，然因《乾隆金匮县志》卷八《寺观》条云"朝阳庵，在睺阳"，第693页。（清）吴熙、刘继增：《光绪泰伯梅里志》明确称朝阳庵在景云乡，因此从乾隆县志。

约所与庵寺：明清无锡金匮县教化活动的空间实践

续表

城乡名	县城及周边								
	景云乡	胶山乡	梅里乡	延祥乡	泰伯乡	上福乡	怀仁乡	天授乡	垂庆乡
城内及各乡庵寺数	（10） （12）	（3）	8 （4） [4]	9 （6） [3]	13 （10） [3]	（3）	（8）	（9）	5 （4） [1]

注：表中根据（清）王允谦、华希闵《乾隆金匮县志》考证的内容，以"（）"标注；根据（清）吴熙、刘继增《光绪泰伯梅里志》考证的内容，以"[ ]"标注。

369

必须强调的是,《泰伯梅里志》主要以泰伯、梅里二乡为纲,兼及其毗邻的垂庆、延祥、上福、景云四乡[①],以金匮县南部乡镇为主;在城及北部天授、胶山、怀仁、宅仁各乡不与。因此,从庵寺数量的统计均衡性角度而言,《乾隆金匮县志》所载69所更适合作县域全境分析;而《泰伯梅里志》新增11所则更便于对县域南部乡镇进行分析。

就县志所载69所而言:城内及其周边庵寺共12所,数量分布最多;其次为景云乡、泰伯二乡各10所;天授和怀仁乡分别有9所及8所庵寺;其余延祥乡为6所,梅里与垂庆乡皆4所,胶山与上福乡皆3所。

实际上,正由于《泰伯梅里志》的补充性记载,可以断定县志偏好以枚举方式对各乡庵寺进行登录,并往往选择规模较大或具有典型性的寺庙,因此县志所记数量仅能反映出各乡庵寺的相对比例,而绝不能视作全部数量。例如梅里乡有古朝阳庵、恩覆庵、铁山寺、大士庵及奚山观音庵[②]等小庵堂,皆为县志所不载;其余如延祥乡、泰伯乡、垂庆乡亦可从表4中见到类似现象。

由于宅仁、怀仁及天授乡无可资利用的乡镇志,笔者将其排除后,从表4明确可见**金匮县庵寺有等级之分**。若将文献记载中的"大刹"定为一级寺院、"中刹"定为二级寺院、其余视作小寺的话,可知除垂庆乡外,其余包含在城的7地皆有二级及以上的大中型寺院。如在城有一级寺2所;景云、胶山、梅里、泰伯、上福五乡皆有1所一级寺,其中梅里乡还包含1所二级寺;延祥乡虽无一级大寺,但有2所二级中型寺院。

另外值得注意的是,《泰伯梅里志》明确揭示了**金匮县南部各庵寺存在以一级大寺为中心的跨乡隶属关系**。例如在城的一级南禅寺下辖泰伯乡的福缘庵、善庆庵;景云乡的一级保安教寺下辖梅里乡永锡庵;泰伯乡的

---

① (清)吴熙、刘继增:《光绪泰伯梅里志》卷一《地理》条云:"兹志务存其旧,仍举泰伯、梅里二乡为纲领,益以顺庄所毗及者曰垂庆、延祥、上福、景云凡四乡。以齐其经界,俾居今稽古。"第468页。

② (清)吴存礼、杜诏:《梅里志》卷二《山川》条,《中国地方志集成·乡镇志10》,第383—385页。

约所与庵寺：明清无锡金匮县教化活动的空间实践

一级泗州教寺下辖延祥乡的普明庵，以及垂庆乡的集福庵、报福庵和祈福庵。显然，泰伯乡是金匮县南部的佛寺中心区，它既与县城寺院保持联系，又辐射其东北部各乡；而县东南的垂庆乡似乎较为特殊，其当地既无高等级寺院，小寺又大多隶属于泰伯乡。

现存明清无锡金匮县的八部方志中，只有弘治、万历二朝方志卷首《县境图》标识了清晰完整的各乡分布情况，因此笔者以《万历无锡县志》中的县境图为底图[①]，并参考《弘治重修无锡县志》图加以修正，制成雍乾之际金匮县各在乡庵寺数量分布图如下：

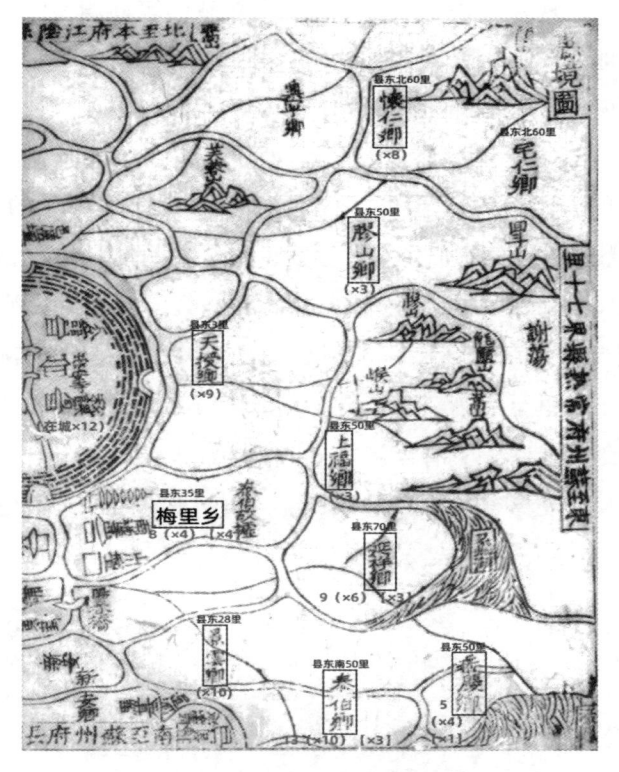

图3 雍乾之际金匮县各在乡庵寺数量分布图

（资料来源：（明）周邦杰、秦梁：《万历无锡县志》卷首，万历二年刻本，上海图书馆藏）

---

① 笔者选取（明）周邦杰、秦梁：《万历无锡县志》，万历二年刻本，现藏于上海图书馆。

371

首先，庵寺在金匮县各乡的空间分布特点。

第一，距县城距离较近各乡分布庵寺数量偏多。仅以《乾隆金匮县志》记载的69所庵寺计，在城、天授、梅里、景云4地共35所，占总数约51%。若加上《泰伯梅里志》的11所庵寺，4地有39所，亦占总数约49%。

第二，县城东南片梅里、景云、泰伯、垂庆、延祥5乡庵寺数量较多，单以县志计即约占总数的49%；若加上乡镇志则占总数的56.25%。与之相比，东北片宅仁、怀仁、胶山乡分布较少，以县志计，仅占总数约16%。其中，除由于东南片乡镇志的丰富记录所导致的统计偏差外，笔者推测该现象与经济地理要素和行政控制能力相关。

如县东南四十三里即至长洲界，"风气颇为所染"，南临太湖、有京杭运河穿过，且泰伯渎贯穿该地五乡，"西枕运河，东连蠡湖……盖农田灌溉之通渠，亦苏锡往来之迳道也"①。便利的水运交通、繁荣的商贸②、较大规模的人口数，甚至使泰伯乡专设望亭巡检司以分防县务③，因此该处"守文无害，长民者柔之其可"的人文环境，正适宜广设庵庙以兴教化。

与之相比，县东北怀仁一带则是"习拳勇、犷悍椎埋剽奸"之风盛行。其东七十余里至常熟、江阴界④，根据表1所见，尽管羊尖、顾山、陈墅三镇由于地处县界，具有经济与人口优势，但"弱肉强食、打降人命独多"的风气使长吏蹙额、胥吏上下其手，而网漏吞舟的政策更使当地形同

---

① （清）吴存礼、杜诏：《梅里志》卷二《山川》条云，"泰伯渎……起自无锡县东南五里许，历景云、泰伯、梅里、垂庆、延祥五乡"，第387页。又，（清）王鑑：《瞻桥小志》卷一《水道》条云，"泰伯渎，贯景云、泰伯、梅李［里］、垂庆四乡，西枕官河、东通蠡湖，又东达于濠湖"，第110页。
② （清）王允谦、华希闵：《乾隆金匮县志》卷十一《市镇》条对县城东南片区的评价云，"大抵机巧僄轻、鲜衣华实而喋喋利口"，第701页。
③ （清）徐永言：《康熙无锡县志》卷六《廨署》条云，"望亭巡检司，在县南五十里望亭镇"，第94页。又，（清）王允谦、华希闵：《乾隆金匮县志》卷七《官司表》条云，"望亭巡检司：今驻荡口，雍正四年分属金匮。巡逻夜禁、缉拿私盐、稽查违禁等物，协捕"，第664页。
④ （清）王允谦、华希闵：《乾隆金匮县志》卷四《疆域》条，第619—620页。

区脱①。在行政管辖无法触及的空白地带，县政府大概也难以有效统计当地庵寺数量。

其次，庵寺与乡约所的关系。

第一，在城设立约所的庵寺多为该区域的大型一级寺院。例如在城崇安寺即为僧会司②"祝圣都道场"所在，统领县域全境庵寺。

事实上在晚明至清中期的无锡金匮县境内，除借用庵寺设立乡约所的情况外，宣讲乡约的申明亭亦可能逐渐演变成庵寺。《洪武常州府志》卷七《申明亭》条云，洪武初常州府及所隶四县创设申明亭134座，其中无锡62座③，即平均每乡约3座、每都1座，1个亭影响约6—7图。史载，嘉靖朝曾在泰伯乡西庄桥西重建申明亭，但该亭在晚明已经演变为天成庵，乾隆四十一年（1776）里人钱易重葺后更名归鹤庵。道光九年（1829）钱庆曾在《重修归鹤庵碑》中依然提到该庵"昔年耆老时饮乡宾，此日淄黄翻成禅窟"④，可见自晚明至晚清，归鹤庵前身作为乡约所的历史记忆并未被消除。

无独有偶，无锡县治南方开化区上扇扬名乡二十四都一图塔上里⑤，在南北去来大道中亦有申明亭庵，据称庵内"静室门楹犹存亭制"，直到清康熙三十四年（1695）寺僧方才撤去。修志者在"申明亭庵"条下按语云：

（1）以此申明者，必宣示条约、训饬闾里，耆老之所莅、众庶之所观也。（2）故当四通五达之区，盖不为一都一图而设，大可见矣。

---

① （清）王允谦、华希闵：《乾隆金匮县志》卷十一《市镇》，第702页。
② （清）徐永言：《康熙无锡县志》卷六《廨署》条，"僧会司在崇安寺"，第95页。
③ （明）张度、谢应芳：《洪武常州府志》卷七《申明亭》条，上海图书馆藏，第23页。
④ （清）吴熙、刘继增：《光绪泰伯梅里志》卷八《寺观》"归鹤庵"条云，"在西庄桥，明嘉靖中申明亭故址也，后改为庵名天成。国朝康熙中重建，乾隆四十一年里人钱易倡捐重葺，易今名。道光九年重修"。第544—545页。
⑤ （清）王抱承、侯学愈：《无锡开化乡志》卷上《寺观庙社志六》有"过王所云：二十四都一图有里名塔上者，询之土人，其西偏尚有塔基，则昔年亦有塔矣"，《中国地方志集成·乡镇志专辑14》，第31页。

（3）大抵今之观音堂即昔之里社坛，则申明亭踵而为静室，固习俗所移乎？亦犹幸而其名终不可没也。[①]

值得注意的是，修志者不仅清晰指出申明亭宣讲集会的功用，更突出设置场所的交通要素及其跨越都图的影响范围。时人已经敏锐地注意到，晚明清初的里社坛普遍演化为社庙，而申明亭亦紧随其后成为庵寺，明初所创行的国家体制已与地方宗教习俗成功结合。例如，与申明亭庵同属二十四都一图的里社，此时已是"土木彩绘、装金塑像、各据一方，供粢盛之馨香"，成为观音堂[②]。在开化区下扇扬名乡二十四都五图石塘里，石塘庵右的徐偃王庙亦是由明初里社坛演化而来，当地人尊称其为"石塘总管大王徐偃王"，并认为"王更冠以总管则石塘里社神更尊矣"[③]。

不独扬名乡社庙，在金匮县垂庆乡三十八都祈福庵（一称"庙庵"）左有春申庙，亦"为里人赛社处也"[④]，应当是由社坛转化而来。同样，梅里乡梅村镇里社在泰伯庙内东院，即"古吴社庙，旧称让王小殿"[⑤]，已由坛演化为社庙。

郑振满对明清福建地区的研究表明，明中叶以后里社逐渐演变成地方性神庙，"社庙合一"具有普遍性。[⑥]笔者通过对无锡金匮县乡镇志的研究，证明该现象在江南地区似乎也普遍存在。不过，除里社坛外，申明亭的庵

---

① （清）王抱承、侯学愈：《无锡开化乡志》卷上《寺观庙社志六》"申明亭庵"条，第28页。
② （清）王抱承、侯学愈：《无锡开化乡志》卷上《寺观庙社志六》"论曰"条，第31页。
③ （清）王抱承、侯学愈：《无锡开化乡志》卷上《寺观庙社志六》"徐偃王庙"条云："凡有功德于民者，生食其户数之禄，没享其户数之祭，此里社之所由来也。北人尊社号曰社公，吴人尊社号曰大王……我锡里社神名氏著于史册者有四焉：东亭诸葛亮；县治东春申君；城东隅吕蒙正；南偏溪湖汇处有石塘总管大王徐偃王，总管为唐时尊官之衔，宋元亦因之，王更冠以总管则石塘里社神更尊矣。"第30页。
④ （清）吴存礼、杜诏：《梅里志》卷二《山川》，"至庙庵桥有祈福庵，左为春申庙，里人赛社处也"，第388页。
⑤ （清）吴熙、刘继增：《光绪泰伯梅里志》卷四《陵庙》"泰伯庙"条，其内东院有"古吴社庙，旧称让王小殿"，第495页。
⑥ 郑振满：《明清福建里社组织的演变》，载氏著《乡族与国家：多元视野中的闽台传统社会》，生活·读书·新知三联书店2009年版，第238—253页。

庙化也在同时期的县域内发生，却未被前人研究所注意。事实上，庵庙化后的里社或申明亭，其影响范围必然突破固定里图而更具开放性，从乡镇志的记载来看，其大多已成为一乡范围内的公共宗教场所。笔者认为，申明亭庵庙化以后，原有的乡约宣讲教化职能逐渐衰退，它与雍乾时期所创设的新乡约所之间似乎没有承继关系，例如皆无文字证据表明在清中期泰伯乡的归鹤庵、扬名乡的申明亭庵内存在乡约宣讲活动。

第二，在雍乾时期，有约所分布的梅里、延祥、上福、胶山、宅仁五乡，恰是庵寺分布相对较少的乡。

从消极方面看，这一现象似乎与儒家宗教观念相关。类似陈凤梧、汤斌等固守儒家正统理论的士人，更倾向于突出乡约宣讲所蕴涵的儒家化特征，并有意图凸显约所与神道设教之庵寺的区别。仅就金匮县而言，设立约所的各市镇，如梅村称其发源于吴太伯，春秋以来即为礼仪之邦；而其他5镇皆有华、安、过、顾等大姓居住并主导，或许影响了过多庵庙的建设。

从积极方面看，则反而可见约所与庵寺在教化功能上的互补作用。最典型者，上节所论的（3）南方区，约所虽然无法辐射到泰伯、垂庆二乡，但该区形成了一个以泰伯乡大寺为中心、垂庆乡小寺为附属的庵寺网络。据方志记载，尽管两乡与长洲交界、商贸繁荣，但其下属的望亭、坊桥诸镇却被评价为饰行鬻慝、盗有所伏、无赖子"昏夜劫人、公为盗贼"[1]；乾隆朝砖桥士人王鑑亦认为当地"虽为泰伯遗墟，鲜好学之佳士"[2]。然而，无论针对良民或"贼民"，佛教皆有其普适性，可以说，庵寺的存在正为金匮县边境儒家教化衰退的地区提供了宗教性补充。

四　结语

自明代嘉万以来，儒家士人有关乡约制度的理论文字大多强调乡约与

---

[1] （清）王允谦、华希闵：《乾隆金匮县志》卷十一《市镇》条，第700—701页。
[2] （清）王鑑：《瞻桥小志》卷首有乾隆二年《瞻桥小志序》，第107页。

社学相结合。史料中尽管不乏在学宫、书院或社学中宣讲乡约的案例，但从地方志中可见，江南各县域内的乡约所超半数设立在庵寺之中。与儒学教育场域有限的数量及开放程度相比，庵庙反而数量繁多且更具普适性。在晚明"三教合一"理念广泛流行的背景下，儒释二家同样强调教化的通俗性，面对庶民宣讲所用浅白的乡约文本，恰恰可吸收并融合不同学说。佛门内部可借用约所宣讲孝行、为善改过；儒家学者亦可借机神道设教、证之果报。

在本文中，笔者以雍乾之际无锡金匮县的个案研究切入，希望反映出约所与庵寺在建置上的深度融合以及空间教化上的相互补充。

相比于钱塘、常熟县乡约所可以定位到具体庵寺的微观研究，无锡金匮县乡约所除梅里乡梅村镇、延祥乡荡口镇及开化乡外，基本属于只能定位到市镇小空间内的中观研究。然而，由于县志记载之便，反而可以分析镇级乡约所的等级、影响范围及其与乡区间的关系。

事实上，金匮县乡约所均分布在规模较大、等级较高的大型市镇内；与商贸、人口等经济要素相比，镇内是否具有士绅家族往往对约所的选址起到关键性作用。而镇间里程、地形条件及交通要素则在很大程度上决定了乡约宣讲的辐射范围，一般而言，一个约所大体影响 2 至 3 个市镇，范围以 10 里为准。然而，作为一种深具儒家特色的官方教化制度，讲约的有效性随着各乡距县治中心距离的延长而递减，县境交界处仍然大多处于空白地带。

进而言之，金匮县镇级约所影响范围跨越乡都、不跨区扇的特征，不仅意味着清代市镇突破旧有行政区划的特点在乡约所身上得到体现；也似乎反映出在江南地区作为一个税收赋役单位的区，自清中期以降有逐步实体化、在地化的趋势。

根据金匮县志、乡镇志的记载，当地庵寺不仅有明确的规模和等级之分，更在高、低等级的寺庙之间形成一种跨越乡都的隶属关系。县域东南五乡庙宇数量繁多，并似乎以泰伯乡作为该区域的中心，在没有乡约所设立的县境边缘地带，佛教寺院恰可提供一种宗教性的教化补充。

另外，通过研究表明乡约所与庵寺大体存在两种合作关系：一方面约所设置在庵庙之中，以扩大乡约宣讲的影响力；另一方面，申明亭（或约所）演变为庵庙，其辐射范围虽然由数里而遍及一乡，却逐渐丧失了固有的儒家教化职能，而此一过程则是与晚明里社坛"社庙化"同步的。

晚明以降，佛教兼具儒家化与世俗化的特征[①]，万历至康熙时期，江南地区乡约所普遍设置在佛寺中的现象，似乎证明了这一点。有清晰的证据显示，雍正帝汲汲运用行政权力重整并收编16世纪以来发展出的士绅与社会力量，如将乡约宣讲彻底制度化，或亲自介入佛教诸事务[②]，但此时约所与庵寺间的关系并未发生转变。二者间有序的互动与互补表明，国家政策无意改变社会中长期发展出的文化趋势，而只是试图调整国家与社会间的关系，并促进佛教与中国传统社会治理体系的进一步融合。[③]正如有学者指出，将历史上的社会文化空间纳入佛教史研究，揭示其中"佛教文明的交流性底质"，亦符合人间佛教的理论要求[④]，而笔者的研究，则希望能对此观点作出一个注脚。

[①] 〔美〕吴疆：《文人士大夫与禅宗》，载氏著《禅悟与僧净：17世纪中国禅宗的重构》，孙国柱等译，中西书局2023年版，第47—87页。事实上，晚明佛寺大多是在当地士绅支持下重建的，这似乎反映出一种佛寺儒家化的趋势。

[②] 〔清〕王允谦、华希闵：《乾隆金匮县志》卷九《寺观》，第689—691页。〔美〕吴疆：《禅宗的崛起》，《雍正帝与王朝干预》，两文均载氏著《禅悟与僧净：17世纪中国禅宗的重构》，第112—116、170—191页。

[③] 程恭让：《人间佛教理论、实践的三大方向——以星云大师〈人间佛教佛陀本怀〉为依据》，《西南民族大学学报》（人文社会科学版）2017年第8期。

[④] 程恭让：《纪念星云大师辞世周年，勇敢面对现代人间佛教发展的第三阶段》，《人间佛教学报·艺文》第49期，2024。

The Place of Community Compact and Temple: The Civilizing Space of Wuxi and Jinkui County in Ming and Qing Dynasties

Han Fei

Abstract: The advantages of temples in number, the kinship of Buddhism and Confucianism since the late Ming Dynasty, and the idea of "Educate people by religion" make the township community compact place in Jiangnan area generally set up in Buddhist temples. At the beginning of the 18th century, community compact place tend to choose to build in towns with larger scale, and the existence of gentry families played a key role. From the point of view of administrative division, the township community compact place has the characteristics of typical cross-township, non-crossing area. From the perspective of spatial scope, the radiation range of each township community compact place is about 3 miles, in the whole county, its educational effect decreases with the increase of the distance from the county. However, a large number of temples provide a religious supplement in the county border areas that are not affected by the community compact place .In other words, the supplement between the two not only reflects the integration of Buddhism and the traditional Chinese social governance system, but also reflects a form of Humanistic Buddhism in the Ming and Qing dynasties.

Key words: community compact place; Temple; Jiangnan town; administrative division.

节日、仪礼与民俗嫁接

——人间佛教的日常生活

高鹏程

中国人民大学博士生

摘　要：无论从历时性还是从共时性角度来看，星云大师的人间佛教相比前人而言，都有着不同的面向。重视日常生活是星云大师人间佛教的一大特征。在关注主体上，大师的人间佛教将普通信众纳入考量范围，关注和肯定了他们的日常生活需求。节日和仪礼是人间佛教日常生活呈现的重要载体，通过民俗嫁接，人间佛教受到了普通信众的广泛欢迎，同样在此过程中，也开辟了一条与以往人间佛教不同的活态化的发展路径。

关 键 词：人间佛教；岁时节日；人生仪礼；民俗佛教；日常生活

基金归属：本文为 2019 年度国家社科基金重大项目"'一带一路'佛教交流史"（编号：19ZDA239）的阶段性成果。

关于日常生活的研究已成为各学科的共同热点。就笔者所关注的民俗学领域而言，日常生活同样引发了民俗学研究者的积极讨论，并成为推动中国民俗学研究转型的重要概念。[1] 自歌谣运动以来，历经百年的中国民俗学，经历了多次研究范式的转向。时至今日，就其研究取向来看，包括

---

[1] 最早将日常生活概念引入中国民俗学研究的是高丙中教授，在其博士论文中，第五章《生活世界：民俗学的领域和学科位置》专门讨论了民俗学与日常生活的问题。参见高丙中《民俗文化与民俗生活》，中国社会科学出版社 1994 年版，第 118—138 页。

了历史学向度的民俗学、文学向度的民俗学和社会学向度的民俗学三种不同的类别。三种研究取向并非平行发展，而是相互交织、错综复杂。关于日常生活的研究，就在这样纷繁的状态中不断发展，学者们立足自身的研究兴趣与领域，不断扩充着这一概念的内涵与外延。

尽管有着各自的研究偏重，但民俗学领域中关于日常生活的既有成果，有着相同的学术追求和现实关照，即要求研究者直面当前的日常生活，将目光转向普通人的日常生活实践，挖掘其中的人生意义与生命价值。[1] 基于这种研究取向，审视星云大师所提倡的人间佛教，有着重要的参考意义和价值。

星云大师曾概括过人间佛教所具有的六大特性，分别是人间性、生活性、利他性、喜乐性、时代性和普济性。[2] 由此可见，重视日常生活，是大师所提倡的人间佛教的明显特征。他特别强调人间佛教对人间生活的指导地位，认为有了人间佛教思想的指导，平凡而普通的日常生活才会充满慈悲与智慧，人生才会更加幸福美满。[3] 为了能够更好地将人间佛教与人间生活融合，大师积极地推动了许多有意义的实践。如大师对岁时节日和人生仪礼等关键时间节点十分重视，在此基础之上融入人间佛教精神，开创了各类佛化的节日、佛化仪礼，如佛化婚礼、佛化寿礼等。[4]

但就具体而言，佛教如何契入日常生活？人间佛教又是如何在日常生活中具体展开的？基于以上问题，本文将从民俗学角度出发，以岁时节日、人生仪礼等实践为考察个案，并提出"民俗嫁接"的概念，以探究人

---

[1] 刘晓春：《探究日常生活的"民俗性"——后传承时代民俗学"日常生活"转向的一种路径》，《民俗研究》2019 年第 3 期。
[2] 星云大师：《人间佛教的基本思想》，载《佛教丛书 27 人间佛教（1）》，星云大师全集电子版，https://books.masterhsingyun.org/ArticleDetail/artcle5013，2024 年 3 月 22 日。
[3] 星云大师：《人间佛教回归佛陀本怀》，人民出版社、宗教文化出版社 2016 年版，第 3 页。
[4] 据相关记载，佛化婚礼并非由星云大师首创，而是可以追溯至 1927 年 2 月太虚大师在上海大华饭店为张歆海先生与韩湘眉女士所主持的佛化婚礼。参见邵佳德《近代中国佛教制度革新的一个尝试：以民国时期佛化婚礼为例》，《佛学研究》2018 年第 2 期；邓劼《民国佛化婚礼的争论与实践》，《普陀学刊》2014 年。

间佛教日常生活面向的具体内涵与展开路径。在非物质文化遗产、中华民族伟大复兴等大背景下，讨论人间佛教对于日常生活的介入，有着重要的文化与现实意义。

一 日常生活：星云大师人间佛教的取向

关注及肯定日常生活是星云大师所提倡的人间佛教的重要特征之一。大师一直强调人间佛教与日常生活的紧密关联，他曾指出："有许多很有学问的人，他们进入佛门几十年，却不能与佛法相应，原因在哪里？就是他不能把自己信奉的佛法应用在生活中。所以，在信仰的历程上，把所信仰的佛法和生活打成一片是很重要的。"①对日常生活的关注，脱胎于星云大师数十年对人间佛教的亲身实践，这就决定了大师所提倡的人间佛教，与前人所提倡的人生佛教有着不同的面向。

对于人间佛教的发展，一些学者以一以贯之的视角论述其发展："追求出世解脱的佛教传到中国来以后，在传统文化的氛围中日益获得了关注现实人生的品格，立足于'众生'（人及一切有情识的生物）的解脱而强调永超人生苦海的佛教在中国则更突出了'人'的问题。"②对人的关注，是人间佛教一直以来的主题，但就人间佛教的内涵而言，本文强调，应以历时性和共时性的视角对其加以区分和判别。

就历时性而言，尽管星云大师的人间佛教受益于太虚，但其覆盖面更加广泛，并且有着更加明显的日常生活指向。太虚提倡的人生佛教有其特殊的时代背景，一方面是内忧外患的生存环境，即外族入侵、民族积弱、庙产兴学等对佛教生存的威胁，如时人疾呼："区区佛门，寥寥寺庙，计三十余年来，一迫于戊戌维新，再挫于辛亥革命，三排于外教，四斥于新

---

① 星云大师：《佛教与生活（一）》，载《讲演集2》，星云大师全集电子版，https:// books.masterhsingyun.org/ArticleDetail/artcle2848，2024 年 3 月 22 日。
② 洪修平：《中国佛教文化历程》，商务印书馆 2023 年版，第 420 页。

潮，若无方便护法，将归天演淘汰。"[1] 另一方面，太虚也批判了当时僧众的无能："现在吾国僧徒虽有数十万之众，而形式散漫纲纪凌乱，实可谓之无组织；负此住持佛法之责，已属勉强，遑敢望其能弘扬乎。"[2] 佛教内部的腐化堕落，加剧了佛教在当时所面临的危机与风险。

太虚以教理、教产和教制改革为核心的人生佛教，得到了一些僧人与居士的积极响应。他们通过开办佛学院、讲经会、图书馆、居士林，创办刻经处、出版社、佛教期刊与报纸等文化实践的方式，[3] 以提升信众的佛教理论水平，培养正知正见的僧俗二众。唐忠毛考察了民国上海地区的佛教共同体，将佛教徒分为僧团、居士及普通信众三类。[4] 尽管从广义来看，所有信奉佛教的在家众都可以被称作居士，但在实际情况中，只有那些拥有一定物质基础、具有一定学识水平或社会地位的人，才会被称为居士。[5] 邵佳德对民国时南京地区佛教改革的考察，也可以从一定程度上反映出太虚改革的不足——忽视了僧众、居士之外普通信众的需求。无论是彼时的政府，还是僧众团体，抑或是精英人士，对普通民众于佛教的信仰需求都是无视的，甚至冠以"迷信"等革命式的话语予以否定，将其视为佛教复兴的阻碍。尽管普通信众的行为看起来并未介入僧团或政府的争辩，却在实践层面深刻地影响了近代佛教的发展。[6] 甚至从一定层面而言，普通民众的需求比政府和精英人士的支持更具影响力。太虚的改革，其覆盖群体只限于僧众及精英居士，而对普通信众的需求缺乏一定的认可。星云大师则意识到普通信众的重要性，在其人间佛教的实践过程中，充分考虑到他

---

[1] 释东初：《民国肇兴与佛教新生》，载张曼涛主编《现代佛教学术丛刊》第九辑六·民国佛教篇（中国佛教史专集之七），台北：大乘文化出版社1978年版，第50页。
[2] 太虚：《佛乘宗要论》，载《太虚大师全书》第一卷，宗教文化出版社2005年版，第178页。
[3] 赖永海主编：《中国佛教通史》第十五卷，江苏人民出版社2010年版，第52—96页。
[4] 唐忠毛：《试论"佛教共同体"的近代演变与当代发展——以近现代上海居士佛教为中心的考察》，载妙凡法师、李向平主编《人间佛教社会学论集》，高雄：佛光文化2018年版，第188—209页。
[5] 潘桂林：《中国居士佛教史》上册，中国社会科学出版社2000年版，第4页。
[6] 邵佳德：《近代佛教改革的地方性实践：以民国南京为中心（1912—1949）》，新北：法鼓文化2017年版，第373页。

们的需求。这些普通信众的构成十分复杂，他们一方面没有固定的组织形式，另一方面对于佛教的教义几乎没有准确理解。时至今日，他们仍是佛教信众的主要成员，如笔者在一次田野调研中对她们进行访谈，发现她们并不理解四圣谛、三法印等佛学知识，甚至也并不知晓如何按佛教教义称呼佛陀，其中大多数受电视剧《西游记》影响，称其为"如来佛祖"。① 尽管如此，普通信众对于佛教的实践，充满了日常生活化的特质。②

就共时性来看，也要关注人间佛教在不同地区发展的差异。出于种种原因，部分学者将台湾地区人间佛教的发展归因于佛教界人士的努力，但刘怡宁认为，考察人间佛教在台湾地区的发展，必须要将其放置于当时特殊的政治环境、经济转型和社会变迁的社会结构中去理解。③ 大陆人间佛教的发展延续了民国以来注重文化发展的面向，因此首先要回应的是如何能够与国家及其他组织形成积极良性的互动。在这样的实践逻辑中，实践人间佛教的团体，必须要转化其宗教组织的神圣性，以一种易为社会接受的组织形式出现，才能与国家及其他组织进行平等互惠的沟通。就人间佛教的具体实践来看，慈善、文化、教育等非营利领域的事业一直是其所关注的重点，这种非政治性的面向，既符合其神圣性与超越性的特质，也符合政府的期待与要求。④

星云大师继承和发扬了太虚的人间佛教精神，并在数十年的实践中形成了更加系统化的人间佛教思想。就日常生活来看，星云大师特别强调生活中的人间佛教，"人间佛教是易懂难行之道，今日的佛教界，讲经说论，可以舌灿莲花，滔滔不绝；讲说人间佛教，何其难哉！即使能讲人间

---

① 访谈对象：刘阿姨，当地进香团团长；访谈人：高鹏程；访谈时间：2021年7月；访谈地点：苏州重元寺大观音阁。
② 唐忠毛：《试论"佛教共同体"的近代演变与当代发展——以近现代上海居士佛教为中心的考察》，载妙凡法师、李向平主编《人间佛教社会学论集》，第188—209页。
③ 刘怡宁：《宗教治理与文化创新：台湾人间佛教的现代性》，台湾大学博士学位论文，2019年，第4页。
④ 圣凯：《地方性、世界性与资本主义——新加坡汉传佛教变迁的实践脉络》，载圣凯、〔新加坡〕惟俨主编《汉传佛教寺院与亚洲社会生活空间》，商务印书馆2021年版，第270—271页。

佛教，也是肤浅的口号，不能身体力行。人间佛教是实用的佛法，行住坐卧、衣食住行、举心动念，哪一项生活能离开人间佛教呢？"[1]与太虚大师相比，星云大师人间佛教中的日常生活有两大特点，一是其行动主体的广泛性，他关注到除僧众、精英居士以外的普通信众的需求；另一则是对于文化活动的重视。因此，节日与仪礼成为星云大师推行和实践人间佛教的重要路径。

二　节日与仪礼：人间佛教的生活面向

根植于农耕文化、传统历法之上的传统节日在当代受到普遍冲击，在此基础上形成的人文活动与伦理关系也随之发生了变化。民国之初，为体现改朝换代的革命性，彼时的政府基于全新历法设立新年元旦以取代传统春节，却遭遇了民间的自发抵触。[2]不同的传统节日在当代有着不同的遭遇，有的因其巨大的影响力和文化惯性，加之媒体宣传、政策扶持等的影响，依然有着巨大的生命力。而有些节日如清明、端午、中秋等，虽然依旧存在，并且在政府支持下成为公众假期，但大部分人过节的方式已流为形式，聚餐、约会成为节日首选，节日与消费主义被紧密联系在一起。[3]这种将仪式感和神圣性与节日剥离开的做法，会导致传统节日与普通假期毫无区别，最终令传统节日仅存其名甚至消亡；还有一些传统节日则在历史的发展中已经消亡，不再成为人们生活中的一部分。

在人间佛教的日常生活中，星云大师对于节日和仪式十分看重，他认为："自古以来，农历春节、浴佛节、中元节、腊八节，乃至端午节、中秋

---

[1] 星云大师：《人间佛教的蓝图（上）》，载《人间佛教论文集 4》，星云大师全集电子版，https://books.masterhsingyun.org/ArticleDetail/artcle784，2024 年 3 月 22 日。
[2] 张娜、季中扬：《结构性传承：传统节日变迁的内在理路及其更新方式》，《中国农史》2021 年第 5 期。
[3] 岳永逸：《官方、消费体制下的节日与狂欢》，《节日研究》2015 年第 1 期。

节等等，都是中华民族共尊的重要节日。"①根据佛光山的具体实践，本文将佛光山的节日体系划分为三类，分别为佛教节日、佛光节日和民俗节日。佛教节日是指以佛菩萨圣诞为主要内容的传统佛教节日，其传承主体较为广泛，包括非佛光山体系的佛教寺院；佛光节日则主要包括为纪念佛光山历史上重大事件的节日，如星云大师出家日等；民俗节日是指由普通民众广泛传承的传统民俗节日，如春节、元宵节、端午节、中秋节、重阳节等。

以腊八为例，佛光山在继承腊八节的同时，注重赋予其一定的时代意义与价值。关于腊八的起源众说纷纭，流传较广的一种说法便是纪念佛陀成道，因此每逢腊八，寺院都会熬煮腊八粥与众结缘，以纪念佛陀成道。据《东京梦华录》卷十载："初八日……诸大寺作浴佛会，并送七宝五味粥与门徒，谓之'腊八粥'。都人是日各家亦以果子杂料煮粥而食也。"②《金陵岁时记》有"吾乡先期各寺僧众庄严仪式，沿门托钵，谓之化腊八米。是日煮粥，佐以果实，供佛之余分饷檀越"的说法。③由此可见，最早在宋时，南方各地便有煮粥以庆贺腊八节的传统。因腊八是纪念佛陀成道，故而星云大师将此日称为"法宝节"，"过去一般人认为吃腊八粥可以消灾，增长智慧，所以每年到了初八早上，都会到寺庙吃一碗腊八粥。直至现在，佛光山海内外各分别院，则是在这一天准备腊八粥，分送给当地信徒、政府机关、公司行号、店家等有缘人，彼此联络感情"④。

在佛光节日中，有些尽管没有具体的名称，但已经成为佛光徒众们重要的节日，如农历二月初一星云大师出家纪念日。伊利亚德在论述神圣与世俗时，特别强调节日的存在，是对于某一神圣时刻的不断追溯与重演，通过举办礼祖修道会、抄经朝山、观看影片、参观寺院、追忆大师弘教艰辛等方

---

① 星云大师：《佛诞节，为何不能国定放假？》，载《星云智慧2》，星云大师全集电子版，https:// books.masterhsingyun.org/ArticleDet-ail/artcle15508，2024年3月22日。
② （宋）孟元老撰，伊永文笺注：《东京梦华录笺注》，中华书局2007年版，第94页。
③ （清）潘宗鼎遗著：《金陵岁时记》，南京市秦淮区地方史志编纂委员会、南京市秦淮区图书馆1993年版，第34页。
④ 星云大师：《三宝节》，载《佛法真义3》，星云大师全集电子版，https:// books.masterhsingyun.org/ArticleDetail/artcle9544，2024年3月22日。

式，不断地重复这一神圣时刻，从而获得一种宗教上的救赎与超越。[1]

在传统民俗节日的传承中，人间佛教也体现出其关注普通民众生活的面向，如流传数千年的清明节。关于清明的起源与发展学界多有讨论，此处不再赘述，但千百年来清明节扫墓祭祖已成为民间的共识。在《金陵岁时记》就载有"吾乡扫墓多在清明"。每年清明，南京当地民众多会携家带口至墓地祭扫，随着政策的引导，祭品已从传统的香烛纸钱变为鲜花花束。随着近年来城市建设的发展，许多家庭的祖墓已经消失或迁至公墓，即使是清明扫墓，也仅仅只能祭祀三代以内的先人。在佛光山各道场中，每逢清明，都会举行如"三时系念法会""瑜伽焰口超度法会""礼拜梁皇宝忏法会"等活动。在法会活动中，都会有牌位登记，上书亡人姓名。尤其是"某姓门宗"的牌位，更是受到信众们的欢迎，这样一个牌位便可达到祭祀所有先人的目的。面对清明节等传统节日内涵的弱化，人间佛教寺院的介入，令清明节节日的神圣性得以强化，更为无法祭祀先人的普通信众提供了空间。

公共性是节日的一大特性，在公共的时间与空间中，人们共享同一种价值观念。[2]在探寻佛教寺院的民俗向度中，唐忠毛、乐晶指出："佛教的世俗化与民俗化相互促进，使得民间日常生活与节令习俗中渗透着佛教的身影，也使得佛教仪式与佛教信仰空间成为一种重要的民众生活公共空间。"[3]在这样的空间里，人间佛教对节日仪式的补充，强化了人间佛教的思想，而人间佛教的思想，又在各种节日仪式中彰显出来对于普通民众、对于日常生活的关注。此外，一些在当代逐渐消失的礼拜、祭祀仪式，会在道场中被恢复和传承。如中秋节的拜月仪式。在过去的中秋之夜，人们

---

[1] 〔罗马尼亚〕米尔恰·伊利亚德：《神圣与世俗》，王建光译，华夏出版社2002年版，第43页。
[2] 季中扬、王静：《传统节日公共性的现代传承——以福建漈城村端午节为例》，《华东师范大学学报》（哲学社会科学版）2023年第2期；王霄冰：《节日：一种特殊的公共文化空间》，《河南社会科学》2007年第4期。
[3] 唐忠毛、乐晶：《试论佛教中国化的民俗化向度》，《西南民族大学学报》（人文社会科学版）2019年第11期。

通常会团聚一堂，用秋季出产的新鲜物产来祭祀月亮，以祈求阖家平安。《金陵岁时记》载："中秋祀月，陈列果实如菱、藕、栗、柿之属。扎香如宝塔式，上加纸斗，名曰斗香。月饼，俗名团圆饼，祀月之余阖家分啖，义取团聚，竟称中秋为团圆节。"[1]时至今日，这种活动在大部分民众家中已经很难见到。而寺院会在中秋之夜举办拜月法会，并融入佛教"月光菩萨"信仰，采用较为复杂的仪式、丰富的祭品、庄严的梵呗，令整场拜月仪式变得非常隆重。

有学者指出，不能以传统佛教戒律的眼光来审视人间佛教仪式，而应将其置于制度的、社会的乃至日常生活的理论中来看待。当然，这些非戒律的仪式成为连接生与死、人与人、人与佛、此岸与彼岸、现实与未来的方式。星云大师通过其智慧，完美平衡了人间佛教教义、宗教仪式、人生仪礼之间的关系。[2]这一关系的展开，正是以日常生活为基础的。

三　民俗嫁接：人间佛教的活态实践

节日与仪式，是人间佛教日常生活彰显的重要路径与手段，作为人间佛教弘传的主体，寺院或僧众"一方面要保持佛教的基本传统，另一方面为了弘扬，要用中国人所能接受的传教方式"[3]。通过以上案例，本文提出"民俗嫁接"的概念，通过民俗嫁接，寺院吸引了更多的人参与到节日的仪式活动中，起到了传承传统节日的目的，取得了十分不错的效果。所谓"民俗嫁接"，是指人间佛教的寺院，基于自身发展的需要，将人间佛教教义与民俗需求相结合。以佛光山各道场为例，节日氛围非常浓厚。无论是佛教节日、佛光节日还是传统佳节，道场总会举办许多活动，并且会

---

[1] （清）潘宗鼎遗著：《金陵岁时记》，第30页。
[2] 赵翠翠：《情感仪式信仰——佛光山"人间佛教"的实践机制研究》，载妙凡法师、李向平主编《人间佛教社会学论集》，第320—341页。
[3] 〔美〕宏正：《佛教从出世到入世的嬗变——以常州天宁寺为例》，载圣凯、〔新加坡〕惟俨主编《汉传佛教寺院与亚洲社会生活空间》，第270—271页。

免费发放寺院制作的食物，如腊八节的腊八粥、端午节的粽子、中秋节的月饼、六月十九的面条寿桃等，前来领取者甚众，甚至形成了一定的影响力，更体现出人间佛教的日常生活面向。

当然，"民俗嫁接"的现象并非星云大师所创造，而是广泛使用于官方及相关组织的一种文化策略与手段。以作为彰显"21世纪海上丝绸之路沿线国家共同精神财富"的妈祖祭典为例，原本妈祖信仰只辐射于中国东南沿海的一小片地区，但随着宋至清代以来的36次敕封，妈祖已成为官方所认证的"福德正神"，并纳入各地的官方祭祀体系之中。如在福建福鼎地区，当地至今仍存有数座建筑规模庞大的天后宫。除了民间对于妈祖的崇拜之外，官方的敕封、认可等也起到了重要的推动作用，"雍正十二年奉文，各府、州、县一体建庙奉祀。乾隆三年又奉文，通行春、秋二祭"[①]。在对民间崇拜的敕封过程中，官方所建构的秩序为民间所拥护，才能"穿透并作用于民众生活的私我领域中"[②]。近代以来，立足现代国家的话语体系，如何延续这种官方与民间的协调成为十分重要的研究取向。长期从事"礼俗互动"研究的张士闪提出了"借礼行俗""以俗入礼"一组概念，以回应地方之俗与国家之礼之间的互动与调适。他以前者来描述民间赋予地方传统贴近国家意识形态的解释，以获得一定意义上合法性的做法；而用后者代指国家立足自身需要对地方传统进行有意识的选择之后将其纳入官方公共文化系统的现象。[③]星云大师也曾采取过一些行动，将妈祖纳入人间佛教的信仰体系中来，以体现人间佛教在文化上的包容。

另外，人间佛教的民俗嫁接，彰显了其活态与当下的特征。一直以来，部分学者批评佛教的发展局限于经文书本，而忽视了日常生活的实践，时间的指向也是过往而非当下。在这一问题上，当前民俗学中的非遗

---

① 嘉庆《福鼎县志》卷四《坛庙》。
② 李向平、姚明辉：《以圣化神：德位信仰的秩序与心态——王权敕封祠神中的双重神圣特征》，《学术月刊》2021年第6期。
③ 张士闪：《"借礼行俗"与"以俗入礼"：胶东亓村谷雨祭海节考察》，《开放时代》2019年第6期。

节日、仪礼与民俗嫁接

运动,对于人间佛教的活态传承有着一定的借鉴与参考价值。无论是冯骥才提出的"非遗后时代"①,还是高小康指出的"后申报非物质文化遗产名录时期"②,都对非遗在申报获批后如何传承与保护的现实问题给予了关注。关于这一问题,学界主要有两种不同的观念。③一种观念立足于"本真性"立场,认为非遗既然作为一种遗产,在传承与保护时则必须守护其本真性,确保其"原汁原味",任何外力的介入都是对于非遗的巨大破坏;而秉持"活态传承"观念的学者则认为,无论是创造还是享有,非遗传承的主体都并非单个个体,虽然形式有所变化,但其文化内涵十分持久。④正如高小康所言:"保护一种文化的生命力,就是保护这种文化的现实性和成长性。所谓活态传承不是单纯地保存原始特征,而是要保护、培育成长机制,保护文化群体的生命力延续与表达。"⑤自非遗被纳入学界的视野之日起,本真与活态之争就并未停歇。但这并不意味着二者的关系是水火不相容的,恰恰相反,从一定意义上来说,推动非遗活态传承的同时,也确保了其本真性的延续。一直以来,在非遗的研究中,有意识地将非遗进行主客体的二元划分并使之形成对立,即将民众视为非遗保护中的主体,而将非遗所指涉的对象如技艺、传说、民俗等视为客体,从而导致活态化与本真性两种不同传统与保护路径的出现。采纳何种保护路径并非非遗工作的最终指向,而"只有让非遗回归日常生活,关联个体生命价值,非遗语

---

① 《"非遗后时代"保护是学者的时代担当——访中国民间文艺家协会主席冯骥才》,《中国社会科学报》2011年12月15日第6版。
② 廖明君、高小康:《从申报非物质文化遗产名录走向"后申报非物质文化遗产名录时期"——高小康教授访谈录》,《民族艺术》2011年第3期。
③ 关于非遗传承与保护的原则不仅于此,还有如自主性原则、生产性原则、整体性原则、活态性原则等不同观点。参见蔡磊《非物质文化遗产价值特征与保护原则》,《理论与改革》2014年第5期;韩宗坡《"非遗"保护的自主性、本真性、整体性研究——以甘肃西和乞巧民俗考察为例》,中央民族大学硕士学位论文,2009年;宋俊华《文化生产与非物质文化遗产生产性保护》,《文化遗产》2012年第1期。
④ 韩成艳:《"非物质文化遗产"概念的理论建设尝试》,《广西民族大学学报》(哲学社会科学版)2020年第2期。
⑤ 高小康:《非遗活态传承的悖论:保存与发展》,《文化遗产》2016年第5期。

境下的非遗研究才有可能实现突围"[①]。否则非遗只能是为人所单向度欣赏的镜花水月。以表演类非遗为例，其核心是观与被观，而非通过舞台、晚会等单方面的呈现，意识不到这一问题，即使进行本真性和活态化两种不同范式的保护，最终也难逃相同的"馆舍化"命运。[②]作为国粹的京剧到底好在哪？就是因为演员与观众通过"表演—叫好"的双向互动与及时反馈完成一场戏剧的演出，打破观与演的明确边界，令观众参与到演出的创作和展演之中。[③]

其实不管本真性、活态化抑或是"馆舍化"，都指向了一个共同且重要的核心，那就是人。[④]"非物质文化遗产的活态保护应该是要构建以传承人为主体和载体的活态空间，以传承人为纽带链接遗产存在的物理空间和精神空间，肯定传承人基于'身体'而形成的具身化（embodied）的知识、经验、技艺、信俗，在情境化的言传身教中完善传承机制，并在身体实践的过程中不断沉淀为可共享的知识形态，从而实现遗产相关的知识和文化能够被识别和有序传承，进而扩大传承人群规模，增强遗产生命力。"[⑤]这种对于人的强调与发现，正是当前人间佛教弘传中的关注重点。人间佛教与非遗一样，其产生、发展、传承、共享等，都是寺院中所生活的群体，这一群体不仅仅局限为僧众和精英居士，同时也应包括广大的普通信众。

四　结语

远绍佛陀，近承太虚，星云大师的人间佛教从民国时期的"宏大"走

[①] 岳永逸：《文化转场、个人的非遗与民族共同体》，《民俗研究》2023 年第 1 期。
[②] 岳永逸：《本真、活态与非遗的馆舍化——以表演艺术类为例》，《民族艺术》2020 年第 6 期。
[③] 郭宝昌、陶庆梅：《了不起的游戏：京剧究竟好在哪儿》，生活·读书·新知三联书店 2021 年版，第 116、128、152 页。
[④] 2003 年的《公约》中所提到了三种主体，即社区、群体与个人，但这些论述都是以人为最基本的单位。参见：《保护非物质文化遗产公约（2003）》，https://www.ihchina.cn/zhengce_details/11668，2023 年 1 月 19 日。
[⑤] 孙发成：《非遗"活态保护"理念的产生与发展》，《文化遗产》2020 年第 3 期。

向了更加关注个体需求的"微观",因而,注重日常生活成为星云大师人间佛教非常重要的一大特征。正因如此,人间佛教的范围更加宽泛,修行方式也更加多元,如星云大师曾言:"人间佛教对于生活即修行的重视,完全表现在五堂功课与三餐饮食,佛弟子们行仪如礼的节度中,也因此能获得信徒的恭敬尊重。所谓'举佛音声慢水流,诵经行道雁行游,合掌当胸如捧水,立身顶上似安油',这许多良好的生活习惯,都渊源于佛陀的行仪教化所致。好比宋代大儒程颐在目睹定林寺众僧入堂,威仪济济的行止,发出'三代礼乐,尽在斯矣'的赞言,则是佛门礼仪受到肯定的最好明证。"[1] 这种日常生活的特征,包括三重内涵,一是将普通信众的需求纳入人间佛教的考量中来;二是通过节日与仪式广泛地传播人间佛教;三是体现出人间佛教的活态性与当下性,基于此,人间佛教在当下才有了继续弘传的条件与可能。

Festivals, Rituals, and Folk Customs Integration: The Daily Life of Humanistic Buddhism

Gao Pengcheng

Abstract: From both historical and contemporary perspectives, Venerable Master Hsingyun's Humanistic Buddhism presents distinctive features compared to his predecessors. Emphasizing the importance of everyday life is a significant characteristic of Venerable Master Hsingyun's Humanistic Buddhism. In terms

---

[1] 星云大师:《人间佛教佛陀本怀》,星云大师全集电子版,https:// books.masterhsingyun.org/ArticleDetail/artcle105,2024 年 3 月 22 日。

of attention to individuals, the Master's Humanistic Buddhism incorporates ordinary believers into consideration and acknowledges their daily life needs. Festivals and rituals serve as important carriers of the presentation of daily life in Humanistic Buddhism, and through integration with folk customs, Humanistic Buddhism has gained widespread acceptance among ordinary believers. In this process, a dynamic development path distinct from traditional Humanistic Buddhism has also been opened.

Key words: Humanistic Buddhism; festivals; rituals; folk customs; daily life

人间佛教教法思想研究

太虚与印顺的人间佛教
——从适应末法机宜到回归佛陀本怀

释智谛

法鼓文理学院博士生

摘　　要：太虚大师至印顺法师，展现了佛教思想的演变与应对现代性挑战的转变。本文旨在探讨太虚大师和印顺法师对人间佛教的贡献，进一步理解他们在诠释人间佛教时所依循的思想发展史观基础。太虚大师根源于大乘后期思想，提倡"人间佛教"，强调"人乘正行"，认为众生的修行机会受到内外因素的制约，唯有依"人乘行果"为最适合的选择。太虚大师对现代机宜的分判与传统相近，是因应末法时期的权宜之计。但印顺法师认为此立场不足以支撑人间佛教的立场。印顺法师深受初期大乘的中观学影响，以"性空唯名"观点重新诠释佛学经典，拒斥客观本质，强调时代的实现与解脱。他倡导基于佛陀本怀的"人间佛教"，以根本佛教为基础，宏扬初期大乘，摄取后期佛教确当部分，致力于佛教的复兴。他以中观学"缘起性空"观点重新解释佛学，强调适应现代语境的方法，展现了大乘中观佛教的开放性和动态性。他强调"性空唯名"，超越对本质执迷的桎梏，以解放创造性的追求，导向未来的知识，并寄望于理想的未来建立神圣性，透过佛法的革新，培养人类世界性的新意识，实现自由、平等、慈悲的世界性文化。

关　键　词：人间佛教；援儒入佛；佛陀本怀

基金归属：本文为2019年度国家社科基金重大项目"'一带一路'佛

教交流史"（编号：19ZDA239）的阶段性成果。

在晚清时期，中国社会正面临政治变革和文化挑战，知识分子急切寻求能够响应现代性挑战的思想体系。佛教，作为一个历史悠久的文化传统，再度成为知识分子瞩目的焦点。在这个时期，一系列思想家崭露头角，太虚大师和印顺法师就是其中引人注目的代表。这两位大师各自提出了人间佛教的理念，试图响应时代需求，并将佛教思想与现代价值体系相融合。本文旨在探讨太虚大师和印顺法师对人间佛教的贡献，进一步理解他们在诠释人间佛教时所依循的思想发展史观基础。

一　人间佛教的时代背景：晚清的政治与佛教的复兴

从印度传入的佛教经过千年的吸收与融合，最终成为中国文化的一部分。在中国文化的语境里，虽然儒释道三家相互影响相互涉入，但在各家思想特征上尚有独立分工的领域，道家的隐逸，佛家的超脱，正与儒家治世相对，而有所谓"以佛治心，以道治身，以儒治世"的说法，融合成为中国文化精髓的三支结构。在此文化的结构中，佛道是内在的、私人的精神领域，而儒家则主导着外显的、公共的社会范畴；在现实生活层面，佛道的意义也不过只是对儒学不足的补充而已，这样的补充也只是对对外部世界缺憾的情绪或精神予以补偿与安慰，而远离具体行动上的实践。但在晚清的政治背景下，佛学的义理迎来一波改革的风潮。佛法被赋予新义，并被援入当时对政治问题的思考，以出世的佛法去应变世局之困，形成了治世理论的"政治佛学"。

晚清时期的知识分子，例如章太炎、康有为等，对佛教的关注主要出于经世致用的考虑，他们追求进行深刻的社会改革，并期望在这场改革中获得救世的精神支持。如章太炎，在对佛教的思考中提出了"上契无生，下教十善"[1]的理念。这一理念中的"无生"被视为佛教的绝对真理,超越了世俗的道德、法律,甚至理性智识的范畴。在他们看来,宗教扮演了社会道德形上学的角色,成为改革的动力。这种动力源于对当时国家和族群面临的现实危机的担忧,当时的知识分子希望透过佛学的济世精神来实现社会的改革,他们对佛教经典的重新诠释,将其与当时政治需要相结合,以佛教的思想为推动政治变革提供依据,旨在发挥佛教在社会转型中的积极作用。然而,随着中国进入民国时期,社会环境发生了翻天覆地的变化。新兴政权尝试建立现代体制,同时面临着多重挑战。民国成立以后,以佛法讲革命的时代已成过去,政治佛学的理念在新的时代潮流中逐渐式微。尽管当时社会仍存在许多问题,但佛教在政治改革中已不再是主要的推动力,晚清政治佛学逐渐淡出历史舞台。当时的佛学大家如内学院的学人欧阳竟无等,逐渐转向对文化的精细研究,不再热衷于从宗教中引申道德,他们对佛法是基于身心而探究,关注的是生命的安顿。一些学者提倡回到原典,强调对佛教经典的精研,广刻唐人章疏,勤勘经典,聚徒讲学,论辩义理,使佛学转趋翔实、精纯。[2]政治佛学虽已退潮,却给予"文化佛教"新的生命,深刻地影响了现代佛教的发展。

二 适应时代机宜:太虚大师的人间佛教

(一)人间佛教的提出

国族的危亡、精神文明的重塑之风也在佛教内部掀起改革的浪潮,太虚大师提出佛教的三大革命:教理、教制、教产革命,他所著的《整理僧伽制度论》是针对教制革命的具体方案,而《佛教人乘正法论》则是教理革命的思想指导,也是人间佛教思想的初步展现。"人间佛教"一词是太虚大师在民国二十二年(1933)十月于汉口商会发表演讲的讲稿

---

[1] 章太炎:《建立宗教论》,《章太炎全集》第4册,上海人民出版社2018年版,第418页。
[2] 请参考龚隽《近代佛学从经世到学术的命运走向》,《哲学研究》1997年第5期。

《怎么样建设人间佛教》中提出的,但在其著作中多用"人生佛教"一词。太虚大师的人间佛教强调在家信徒的佛化道德规范,旨在使在家信徒通过奉行五戒十善净化人生,迈向菩萨境界,从而深入影响民间,达到改良社会、政治和风俗的目的。

(二)人间佛教的四个目的与效果

佛教有五乘:人乘、天乘、声闻乘、缘觉乘、如来乘。道德规范即人乘所行,是五乘共法,是进趣出世道果的基础。而人乘的本源是如来乘,其亦为修道进趣的目标,所以行人乘行进趣如来乘的实践被称为"人乘正法"。太虚大师在《人生佛教开题》一文中所表达的人生佛教实际上即佛法修道的目标或效果,它鼓励现代的佛教应是以五乘共法的人乘正行进趣佛果的菩萨道。佛法的发心分为四个目标:(1)人生改善:通过修行佛法,遵循人民五戒和轮王十善的指导,改善人类社会。(2)后世增胜:修行者希望在来世取得更好的境遇,即后世增胜。这与修行者希望将来的自己比现在更为优越相关,增胜的目标不限于人间,也包括了欲界天和色、无色界天。(3)生死解脱:对于修行者而言,即使后世增胜,仍然不能避免在三界轮回中流转。因此,修行者寻求生死解脱,即成为罗汉。(4)法界圆明:这是大乘佛教特有的目标,是指通过通达法界,超越二乘所知的障碍,达到一切法的真实本相。这是大乘佛教的特有效果,与二乘不能达到法界圆明形成鲜明对比。太虚大师认为中国传统佛教强调后世增胜和生死解脱的目标,而人生佛教则强调人生改善和法界圆明的目标,其中特别突出了人生改善,将其作为发菩提心、趋向大乘佛果的关键。这种人生佛教的理念被认为是对传统佛法的纠偏和补充,但并不否定后世增胜和生死解脱,事实上发菩提心进趣佛果也含摄了后世增胜与生死解脱,所以人生佛教综合了全部佛法,又能适应时代的需要。[①]

---

① 请参考释太虚《人生佛教开题》,《第二编 五乘共学》,CBETA 2023,TX03,No. 2,第 220 页上—222 页上。

（三）人乘正法是援儒入佛

太虚大师的人间佛教思想奠基于人乘正行进趣佛果，人乘即含摄了儒学的成分，人间佛教是将人伦的道德建立在佛教的形上真实之上。在《人生佛教开题》中，太虚大师说：

> 此人乘法其本源出于如来乘，故曰佛教人乘正法。然此非以穷幽体玄，造微证真者也，乃以现今人伦之习惯风俗性情为质地，以佛教人乘正法为准绳，使咸纳乎人道之正轨耳。盖人伦者唯习俗性以为诚谛，离习俗性别无人伦（伦即人类、人群、人道，涵有纶贯思理之义，所以异乎鸟类兽群之乱无道法也），故不务高远，而唯求犁然有所当于群萌之心行也。若夫明心见性，发真归元，洞万化之玄妙，备众德而净妙，则尘垢秕糠陶铸尧舜，在乎有志者自为之耳，非所以论于萌俗也。①

太虚大师认为"人乘法"根源自"如来乘"，所以被称为"佛教人乘正法"；此人乘正法并不是深入玄妙的奥秘，或追求微妙的真理，而是以当前人伦的习惯、风俗和性情为基础，以佛教人乘正法为准绳，使大家都能顺应符合人类正常生活的轨道而已。因为人伦主要是基于传统习俗，它是至诚至真的原则，离开了这种习俗性，就没有了人伦（这里的"人伦"指的是人类、人群、人道，包含了一种贯通思理的义理，所以不同于鸟类、兽群的乱无道法）。因此，人伦不追求高深的道理，只寻求明达在众生中的一念心行。如果能够悟得本心，看清本性，发现真理归于本源，领悟万物的玄妙，具备各种美德并保持纯净的品性，那么即使像尘垢秕糠那样没有价值的凡物也可成就如尧舜一样的贤圣，关键在于铸造自己的决心，而不是在说那些庸俗的事物。

---

① 释太虚：《人生佛教开题》，《第二编　五乘共学》，CBETA 2023，TX03，No. 2，第 129 页上。

太虚大师将儒家的万物之灵与佛法的宇宙之根本融贯起来，这一点与晚清知识分子的理路并无二致。晚清知识分子在寻求佛学的同时，并未完全抛弃传统的经学，而是认为二者相互影响，呈现出儒佛交相融合的现象。以康有为和章太炎为例，他们在思考如何透过佛学提供道德意义的同时，并未完全离开经学的基础。康有为认为佛教在慈悲摄世方面有着独特的价值，他强调佛学的博大精微难以言喻，是一个深奥而超越言语的领域。然而，他更加关心的是佛教对政治理想的影响，将其视为实现理想政治的工具。他认为学问的极致在佛学，但佛教在实践政治理想时仍须倚靠儒家的思想体系。章太炎的出发点是汉学传统，他指出清代汉学缺乏经世的意图。他选择佛教的初衷乃是出于寻找经世的途径以及对道德问题的关切。尽管他一度认定佛学玄言高于经学，但在被软禁时，他重新回到经学的立场，认为儒家更适合具体而微地治理社会。[①]

杨惠南在《"人间佛教"的经典诠释——是"援儒入佛"或是回归印度？》一文中梳理了历史上的佛儒关系，将"援儒入佛"视为佛教衰弱的象征，同时也是佛教救亡图存、争取社会认同的策略。从魏晋南北朝一直到隋唐时期，佛教与儒家之间的竞争和批判相当激烈。一些帝王如梁武帝和一些高僧如隋朝的吉藏，曾经对儒家进行激烈的批评。然而，在这个时期，佛教也从儒家汲取了一些养分，形成了一种"格义佛教"的现象。禅宗的惠能，提倡在家居士的禅法，以及建立节俭、自力更生的经济独立体，以响应儒家的批判。余英时将惠能说的"若欲修行，在家亦得，不由在寺"[②]、"法原在世间，于世出世间，勿离世间上，外求出世间"[③]，视为入世佛教的先河。这种趋势在宋明时期进一步发展，但佛教逐渐式微，新儒

---

① 请参考龚隽《近代佛学从经世到学术的命运走向》，《哲学研究》1997年第5期。
② （唐）惠能：《南宗顿教最上大乘摩诃般若波罗蜜经六祖惠能大师于韶州大梵寺施法坛经》："若欲修行，在家亦得，不由在寺。在寺不修，如西方心恶之人；在家若修行，如东方人修善。但愿自家修清净，即是西方。"CBETA 2023，T48，No. 2007，第341页下。
③ （唐）惠能：《南宗顿教最上大乘摩诃般若波罗蜜经六祖惠能大师于韶州大梵寺施法坛经》："法原在世间，于世出世间，勿离世间上，外求出世间。邪见在世间，正见出世间，邪正悉打却，菩提性宛然。"CBETA 2023，T48，No. 2007，第342页上。

家的理学开始崛起。处于相对劣势的佛教为了应对，提出了"三教同源"的口号，试图使自身在地位上提升至与儒家（以及道家）相等的地位。然而，到了清朝时期，佛教更加衰微，面临着政府打压和社会不理解的局面。清朝皇室对佛教持敌视态度，限制了佛教的发展。加上官给度牒制度的取消导致僧侣人数暴增，佛教与社会脱节，使得"援儒入佛"的契机减少，佛教进入衰亡的道路。① 当代佛教思想家，如太虚、印顺、欧阳竟无等，他们面对时代的苦难和佛教的衰微，采取了不同的方法和态度。

太虚大师的"援儒入佛"相当明显，同时这种观念也是各种"人间佛教"实践的核心理念，如慈济的证严法师主张儒佛义理相通，在阐释人间佛教时常借鉴儒家的价值观念，使佛法更易于理解。如证严法师说：

> 佛陀说人人本具清净佛性，与儒家思想的"性善"之说相通；若能运用方法启发出潜藏在心中的清净自性，就能发挥慈悲喜舍精神救助苦难。②

证严法师将佛教的"心性本净""佛性"与儒家的"性善"等同起来，其"援儒入佛"的策略使得出世的空性、法性、真际具有了具体的道德指引作用，可作为入世的门径。她还认为，大学之道的"明明德"，即认识到人人本具的清净本性。证严法师说：

> "大学之道在明明德"的第一个"明"字，是明白、了解之意，要了解道理的源头；其后的"明德"，就是人人清净无染的本性。"明明德"的大学之道，即是明白人人皆有的清净本性，回归本性之源。③

---

① 请参考杨惠南《"人间佛教"的经典诠释——是"援儒入佛"或是回归印度？》，《中华佛学学报》2000 年第 13 期。
② 证严法师，善慧书苑编撰：《心境平静，净土现前》，《证严法师衲履足迹 2001 秋之卷》2001 年。
③ 释德凡：《理想不是坐等别人给予》，《证严法师衲履足迹 2006 冬之卷》2007 年 1 月。

印顺法师也指出，佛教与儒学在立身处世的道德上确有相通之处，但二者在文化背景、学理来源、欲求的究极目的上还是有所不同的。如印顺法师指出，古人以致良知来比拟心性的彻悟（胜义菩提心），虽然与初修世俗菩提心有相同之处，与（无上）菩提心的彻悟却不相类。心性彻悟的胜义菩提心是佛所圆满、清净、至善的大觉，是究竟的菩提；而世俗菩提心则是在世俗中修行慈悲心、闻思慧，建立成佛的大信愿。他还认为，佛法的成就正见、发大乘信心、发菩提心，都是从自心而类推到究竟深广的修行过程。① 所以人间佛教的核心除人乘正法的事行外，更要探求其源底——如来乘，其为人乘正法的本源，亦是佛法的究极目的。

（四）进趣大乘行果：法界圆明

太虚大师思想的特征在于融贯一切佛法，他对于佛法深义的判教不同于古德。传统的判教在各个教派的法义争论中，突显自宗观点，以之为中心来判别他宗的角色与地位，以保持佛教的整体统一。太虚大师坚持认为，大乘佛教各宗派在义理上是平等的，差异主要体现在时机和观行方法上。太虚大师强调各宗的平等性说："如所谓中国之大乘八宗，无一不从同一原则上，引共同依据的教理去说明去发挥。故宗虽有八，同摄入于大乘法海，平等平等，不得分判谁高谁下。"② 太虚大师思想融贯的特征体现在他既推崇法相唯识，又主张八宗平等，以致有时多元融贯的特色反倒使其模糊了自己的主张。印顺法师评述太虚大师思想时说：

> 大师的学理革命，在适应环境中，不是条理严密，立破精严，以除旧更新。是融摄一切固有，平等尊重；而从这中间，透出自己所要极力提倡的，方便引导，以希望潜移默化的。但融旧的成分太

---

① 请参考释印顺《我之宗教观》，CBETA 2023，Y19，No. 19，第97页上—99页上。
② 释太虚：《大乘位与大乘各宗》，《第四编　大乘通学》，CBETA 2023，TX05，No.4，第845页上。

多，掩盖了创新——大师所说的"真正佛学"，反而变得模糊了。多数人不见他的佛学根源，以为适应潮流而已，世俗化而已。我觉得，大师过于融贯了，以致"真正佛学"的真意义，不能明确的呈现于学者之前。我又觉得，大师的佛学，是真正的中国佛学。①

从回应支那内学院以唯识学为依据而批判中国化的佛教，以及维护《大乘起信论》的地位的立场来看，太虚大师的思想正如印顺法师所说"是真正的中国佛学"。中国佛学的特点在"真常唯心论"，即相应于太虚大师的"法界圆觉宗"。"法界圆觉宗"主张诸佛是一切智者，圆满觉悟宇宙人生的真理，而众生与佛在体性上是平等无差别的，同是真性的显现，中国佛学的"性具""性起"，都表达了圆觉圣智所照见的事事无碍法界，法界圆觉宗才能阐明一佛乘教的究竟真理。而太虚大师所说的"人乘正行"即以如来乘的"法界圆觉"为根源，人间佛教中的"人间"是法界所摄的，处于世俗的"人"，其本体是出世圆满觉悟的如来，由此世间与出世间实际上是一体无二的，入世与出世是圆融无碍的，这也是出世的佛教走入世间的教理依据。典型的理据即六祖惠能所说："佛法在世间，不离世间觉，离世觅菩提，恰如求兔角。"②这句偈子表达了佛法在修行中与世间生活的紧密关系，强调在日常生活中可以实现觉悟，而不需要离开世俗生活去寻找菩提境界。这种表述通过"不离世间觉"强调在尘世中修行觉悟的可行性，同时通过"离世觅菩提"来形象地描绘那些试图在超越世俗中追求菩提的人，实际上只是"求兔角"般不切实际地努力。这样的比喻旨在告诫修行者，真正的觉悟应当在现实生活中寻求，而不是离开现实寻找一种理想化的状态。世俗的表相不离出世的本质，同时，出世的本质也在世俗的事行中体现，因此人间佛教也就融摄世俗知识，将其体现于入世的菩萨行中了，故人间佛教的菩萨行即援儒入佛的人乘正法。

---

① 释印顺：《无诤之辩》，CBETA 2023，Y20，No.20，第224页上。
② （唐）惠能：《六祖大师法宝坛经》，CBETA 2023，T48，No.2008，第351页下。

虽然中国佛学的入世理论非常圆融，但真能实践入世与出世无碍的，唯有体证清净自性心者才能办到，而太虚大师的判教不仅依于其渊博的教理素养，更是经过其禅修悟境而得到了验证。太虚大师说："中国佛学的特质在禅。"[1] 他本人即为禅观的实践者，他自述的禅悟经历共有三次，第一次是在阅读《大般若经》后，感受到整个身心世界的轻安，观察到经典中描述的境界。第二次是验证了《大乘起信论》《楞严经》等经典中描述的外境内心无隔的境界，如他所说："每夜坐禅，专提昔在西方寺阅藏时悟境，作体空观，渐能成片。一夜，在闻前寺开大静的一声钟下，忽然心断。心再觉，则音光明圆无际。从泯无内外能所中，渐现能所内外、远近久暂，回复根身座舍的原状。则心断后已坐过一长夜；心再觉，系再闻前寺之晨钟矣。心空际断，心再觉渐现身器，符《起信》、《楞严》所说。乃从《楞严》提唐以后的中国佛学纲要，而《楞严摄论》即成于此时。从兹有一净裸明觉的重心为本，迥不同以前但是空明幻影矣。"[2] 第三次是在研究唯识学的基础上，阅读相关经典后达到的禅悟境界，证得"真不离俗，俗皆彻真"的境界。太虚大师通过这些悟境，确立了其判教思想的最可靠基础，使他得以超越文字的限制，巧妙运用语言，构建了一套严密而融通的系统，为大乘佛教建立了完整的体系。印顺法师说，太虚大师如卓然具开创性的古德一样，其思想都属于知识与（宗教）经验相结合而特别重视经验的佛学，太虚大师是佛学通家，从自身的修验及卓越的天赋，成为颠覆性思想的创新者。[3]

---

[1] 释太虚：《中国佛学》，《第一编　佛法总学》："中国佛学的特质在禅……禅乃中国通用之名，是禅那的简称，或云定或云禅定，印度多叫做瑜伽。……指戒定慧之'定'的，所以比禅宗之禅的意义来得宽广。禅那即静虑之意，就是在静定中观察思虑，所以禅那虽可名定，而定中有观有慧方为禅那之特义，故禅那亦云禅观。"CBETA 2023, TX02, No.1, 第549页上—550页上。

[2] 释印顺：《太虚大师年谱》，CBETA 2023, Y13, No.13, 第83页上—84页上。

[3] 释印顺：《无诤之辩》："在印度，在中国，凡卓然而有所创建，或开一代之风气的，都属于知识经验相结合，而特重经验的佛学，大师也是属于这一类型的。所以，大师不是偏宗的专家，而可说是通家。但不是'两脚书橱'式的通家，而是从其经验及修学中，凭其卓越的天分，而有惊天动地的思想革新者。"CBETA 2023, Y20, No. 20, 第224页上。

（五）太虚大师的契理契机

太虚大师修学所达的悟境不是发生在闭关阅藏时，就是发生在坐禅观修中，精严隐逸的出世风格与二乘无别，但其悲心与智慧又超越于二乘。太虚大师的人间佛教重视"人生改善""法界圆明"，援儒入佛仅为五乘共法的"人生改善"，而"法界圆明"的悟境还是要经由闻思修慧才能成就，特别是要在禅观的悟境之中才能达致。由此，太虚大师的人间佛教在理论（理想）上是出世入世无碍的，觉悟不离世间，但在实践的过程中还是有入世的"人生改善"和出世的"法界圆明"两个不同阶段，只有久习的实践才有可能将二者打成一片。

太虚大师在《我怎样判摄一切佛法》中谈到三期佛教的"行之当机"，将其分判为三依三趣：

（1）依声闻行果趣发起大乘心的正法时期：佛陀出世的本怀是欲说出自悟自证的实相法门，但因众生根机未熟，先说声闻乘法，使当机者起行证果。此时期强调依声闻行果，藉此趣向发起大乘心，即菩萨行果或佛的行果。

（2）依天乘行果趣获得大乘果的像法时期：在第二个千年的佛法中，代表为密宗和净土宗，依据天乘行果的道理，如成天色身、天国净土，直趣于大乘佛果。这时期的众生理解力较强，但持比丘戒者稀少，因此依天乘行果以期速达成佛的目的。

（3）依人乘行果趣进修大乘行的末法时期：进入佛灭后的第三个千年，像法时期的修行方式不再适应时代机宜。在现代情况下，应进趣大乘行，依人乘行果，先修成完善的人格，保持人乘的业报，然后进一步修行大乘菩萨行。末法期间强调以人乘行果进修大乘行，使人类的人性不失，成为完善美满的人间。[①]

太虚大师认为末法时期众生之"机"有内、外二因素：内是末法众生

[①] 请参考释太虚《我怎样判摄一切佛法》，《第一编　佛法总学》，CBETA 2023，No.1，第 525 页上—528 页上。

无堪能修学声闻或天乘行果者，唯有退而求其次，依"人乘行果"求得来世善得人身，以保留进一步去修佛法所重的大乘菩萨行果的机会；外则是由于时代因缘，"依声闻行果是要被诟为消极逃世的，依天乘行果是要被谤为迷信神权的，不惟不是方便而反成为障碍了"①，末法时期最适合的即"依人乘行果"。

太虚大师"契理契机"的"人间佛教"意味着因应现代末法时期的权宜之计，同时，其分判也与传统相差无几。如天台智者大师针对不同根性的众生，给予不同的药物，以治疗其病症，即根据众生的下、中、上、上上根性，并且针对四类的特点提供相应的药物。这些药物包括"即空药""即假药""即中药"，用以治疗不同根性的人：

（1）下根人：志乐狭劣、行力微弱、五浊障重、智慧极钝。给予解脱的药，修行六度、勤苦对治、断淫怒痴，名为解脱。

（2）中根人：心志小强、行力小胜、生理善。给予即空药，教导因缘即空，生理善破恶因，见真谛。

（3）上根人：乐欲心广、善根开阔、五浊已除、智慧大。给予即假药，教导无量四谛生界外善，断五住，入中道。

（4）上上根人：乐欲至智慧皆极为卓越。给予即中药，教导如理直说，善如空生，障如空灭，入究竟道。②

---

① 请参考释太虚《我怎样判摄一切佛法》，《第一编　佛法总学》，CBETA 2023，No.1，第528页上。
② （隋）智顗：《摩诃止观》卷6："授出世药者，十种因缘所成众生，根性不同则是病异，随其病故授药亦异。谓下、中、上、上上。下根四义：一者，志乐狭劣，二、行力微弱，三、五浊障重，四、智慧极钝。乐小法故说生灭法，行力微弱修事六度，五浊障重勤苦对治，智慧钝故断淫怒痴，名为解脱。是为授因缘生法之药，治下根病也。虽是下根欣乐不同，诸圣作论复开为四：乐闻有者说阿毗昙，生其小善破其五浊，因此方便见于真谛。乐闻无者说《成实论》，生其小善破恶入真。乐闻有说昆勒论，生善破恶入真。乐闻非有非无者说离有无经，生善破恶入真，是为入假。菩萨作四论申四门，授四药治诸病云云。次中根人授药者，此人心志小强，行力小胜，宜生理善。五浊障轻，智慧小利，赴其乐欲为说因缘即空，闻生理善破于恶因，见第一义，是为授即空药治中根人。此又为四，谓下、中、上、上上，即是四门入池，例前云云。次观上根人授药者，乐欲心广善根开阔，五浊已除智慧又大，授无量四谛生界外善；次第断五住得入中道，是为授即假药治上根人。就此又为四，即是四门授药，例上可知。次观

太虚大师与智者大师的分判所不同的是，智者大师按根性的利钝施予不同的法药，而太虚大师则按佛教历史中流行的法门为现代佛教的改革方向提供依据。下根众生无有堪能授予法药者，所以教行"事六度"，与太虚大师"依人乘行果趣进修大乘"所表达的意趣是一致的。

印顺法师作为现代佛学的巨擘，引领着"人间佛教"的转变，使其性质由"权宜之计"转向回归"佛陀的本怀"。在其思想的引领下，人间佛教不再停留在传统的语境中，而是在大乘佛法中取得独特且中心的地位。这种转变也同时响应了"现代性"对佛教所提出的挑战，振兴并弘扬了纯正的佛法。

三　回归佛陀的本怀：印顺法师的人间佛教

（一）传统的中国佛教是急证精神的复活

印顺法师的"人间佛教"受到太虚大师的启发，但在某些观点上二人存在一些差异。太虚大师主张在末法时期应该修持人乘而趋向大乘行，这使佛教在现代社会相对能够适应。然而，有些人强调"称名念佛，是末法时期的唯一法门"，并认为人间佛教缺乏经典依据。因此，印顺法师认为人间佛教应当从佛教思想的演化中找寻理论的基础。

太虚大师的思想核心是中国佛学的台、贤、禅、净，属于大乘后期的思想。相应地，人乘正行在修道理论中占据着最初且边缘的位置，并未处于中心地位。印顺法师将这一思想归纳为"至圆""至简""至顿"三大特色，分别体现在理论、方法和修证上，印顺法师称之为"小乘急证精神的复活"。修行者若具有深厚的信心，通常急于追求成就，并强调"一生取办""三生圆证""直指人心见性成佛"，或"临终往生净土"等法门。然而，真正的大乘精神，如弥勒的"不修深禅定，不断尽烦恼"，

上上根授药者，此人乐欲乃至智慧悉无与等，故名上上，为如理直说善如空生，障如空灭，入究竟道，是名授即中药治上上根人。"CBETA 2023, T46, No.1911, 第78页下—79页上。

在"至圆""至简""至顿"的传统思想下,是难以发扬光大的。[1]

太虚大师强调,中国佛教"说大乘教,修小乘行"的特点,使得思想与实践之间产生了一种看似不相符的现象。然而,这种看似矛盾的现象实际上是中国佛教自视为最上乘的逻辑结果,其修行也正是如此。"秘密大乘佛法"的开展在修持菩萨行的迂缓中,演变成即身成佛的"易行乘",

---

[1] 请参考释印顺《无诤之辩》:"菩萨的不求急证(不修禅定,不得解脱),要三大阿僧祇劫,无量无边阿僧祇劫,在生死中打滚,利益众生:这叫一般人如何忍受得了?超越自利自了的大乘法,面对这些问题(采取偏重信仰的办法,此处不谈),于是在'入世出世'、'悲智无碍'、'自利利他'、'成佛度生'——大乘姿态下,展开了更适应的,或称为更高的大乘佛教。这一佛法的最大特色,是'自利急证精神的复活'。不过从前是求证阿罗汉,现在是急求成佛。传统的中国佛教,是属于这一型的,是在中国高僧的阐扬下,达到更完善的地步。这一大乘的体系,虽也是多采多姿,就同一性来说:一、理论的特色是'至圆':我可以举三个字来说:'一',什么是一?'一即一切'、'举一全收'。简单的说:一切佛道,一切众生,一切烦恼,一切法门,一切因果,一切事理——切一切,无量无边,不可思议,而不离于一。这样,'一即一切,一切即一';'重重无尽',就是'事事无碍'。'心',什么是心?如果说救众生、布施、庄严佛土,真的要向事上去做,那怎么做得了呀!做不了,怎么可说'圆满','波罗蜜多'(事究竟的意思)!原来一切唯是一心中物:度众生也好,布施也好,庄严佛土也好,一切从自心中求。菩萨无边行愿,如来无边功德庄严,不出于一心,一心具足,无欠无余。'性',什么是性?法性平等。如佛法以缘起为宗,那就因果差别,熏修所成。现在以法性而为宗元,如禅宗说'性生'('何期自性能生万法'),天台宗说'性具',贤首宗说'性起'。从无二无别法性而生而起,所以圆通无碍,不同事法界的隔别。二、方法的特色是'至简':理论既圆融无碍,修行的方法,当然一以摄万,不用多修。以最简易的方法,达成最圆满的佛果。根据这种理论,最能表显这种意境的,莫过于参禅、念佛了!三、修证的特色是'至顿':基于最圆融的理论,修最简易的方法,一通一切通,当然至顿了!例如'一生取办'、'三生圆证'、'即心即佛'、'即身成佛'。成佛并非难事,只要能直下承当(如禅者信得自心即佛;密宗信得自身是佛,名为天慢),向前猛进。在这一思想下,真正的信佛学佛者,一定是全心全力,为此大事而力求。这一思想体系,大师说是大乘教理,其实是:大乘中的最大乘,上乘中的最上乘!胜于权大乘,通大乘多多!这一至圆至顿的法门,在中国佛学,中国文化史上,真是万丈光芒!虽说'至顿',其实还得痛下功夫。如禅宗,一闻顿悟的,也许是有,而多数是十年、二十年,或者更久,才能有个入处。清末民初的几位禅匠,隐居终南,见人来就呵斥说:'这不是你来的。'原来悟道以后,还得向深山里养道,绵密用功。念佛是最简易了,要得一心不乱,也非念兹在兹、专心持名不可。什么事有此重要?还有什么不应该放下?凡是于圆顿大乘,肯信肯行,那一定是'己事未明,如丧考妣',全心全力,为成佛得大解脱而精进!这一思想发展起来,成为佛界公认的准则。那么真心修行的,当然是一意专修,决不在事相上费力。入佛门而敷衍日子的,也得装个门面,赞扬赞扬,总不能让人看作甘居下流,骛世事而不务道业。信众自然也钦慕这个;老年来学佛修行,桑榆晚景,更非急起直追不可。中国佛教的重于自修自了,出家在家,一体同风,就是这种最大乘思想的实践。所以,中国的教理是大乘,应该说最大乘。中国佛教的修行,虚大师说是小乘行,其实这正是最大乘的修行!"CBETA 2023,Y20,No.20,第 185 页上—188 页上。

可视为这一思想倾向的最后表现。

  印顺法师注意到佛法原本存在于人间，其中对印度群神的容忍仅是为了减少弘扬佛法所面临的阻力，并且印度群神象征着尊敬与护法的真诚。然而，随着佛陀理想的神圣化，大乘佛法中出现了天（鬼神）菩萨的概念，并与印度群神和神教的仪式融合。这种神化及与神教的结合成为人间佛教的一大障碍。因此，印顺法师在《佛在人间》中明确表示："佛陀怎样被升到天上，我们还得照样欢迎到人间。人间佛教的信仰者，不是人间，就是天上，此外没有你模棱两可的余地！"[①]

（二）修定观念在印度佛教思想发展中日益重要

1. 三学重心由慧学转向定学

  中国佛教重视"禅"是与佛教思想的嬗变密切相关的，印顺法师在《修定——修心与唯心、秘密乘》一文中认为，"心"字在印度思想史中的演变引导了佛教界从"般若的观甚深义"转向"成就三摩地的修持"，强调修心即修定，遂发展为一切是唯心所造，而成为唯识思想的来源。到了3世纪，修心成为修行成佛的一个重大问题，且逐渐变得越来越重要。

  在《佛教哲学精义》一书中，日本学者高楠顺次郎以不同的方法探讨佛教哲学，最终归纳出相似的结论。他将佛教哲学分为两大类：一是着重于"般若"的，被归类为"理性的否定论"，包括一切有部、经部、瑜伽行派（唯识）、中观派；二是着重于"瑜伽"的，被归类为"反省的直观论"，包括天台宗的实相论、华严宗的法界论、禅宗的直观论、密宗的秘密论，以及其他宗派如净土宗、日莲宗等。这样的分类是基于佛教修行方法和理论的角度，区分了那些强调般若和那些强调瑜伽的不同传统。高楠顺次郎强调，被归为"反省的直观论"的宗派，主张信仰和理想中存在如来藏、我、自性清净心、佛性等概念，这些不是理性观慧所能理解的，而

---

① 请参考释印顺《契理契机之人间佛教》，《华雨集（四）》，CBETA 2023, Y28, No. 28, 第44页上—50页上。

是源于定心清净的自觉。他进一步介绍了这些宗派在印度佛教史上的发展位置，特别是后期大乘与秘密大乘的观点。这些流派强调了一种超越理性的层次，认为信仰和心灵觉知是更高层次的修行目标，其中包括如来藏、我、自性清净心、佛性等的存在，这些观念无法被传统的理性分析所捕捉。①

2. 早期菩萨道的波罗蜜多行不重果证及禅定

印顺法师在其佛学思想中强调对大乘初期行解的重视，特别在《初期大乘佛教之起源与开展》中，他深入研究波罗蜜多，指出在早期佛教思想中，禅定及般若（果证）并未被列为波罗蜜多的一环。波罗蜜多一词翻译为"度"或"到彼岸"，在常见语境下带有"究竟""完成"的涵义。然而，不同的部派对菩萨的波罗蜜多行进行分类，意见不一，有的提出四波罗蜜多，有的认为是六、八或十波罗蜜多。迦湿弥罗论师主张六波罗蜜多，包括施、戒、忍、精进、静虑、般若。而铜鍱部则引用《佛种姓》颂，立十波罗蜜多，包含施、戒、出离、智慧、精进、忍、真谛、决定、慈、舍。值得注意的是，这些波罗蜜多的分类中并未包括禅定。在波罗蜜多的体系中，除了迦湿弥罗的六波罗蜜多系统外，大多数佛教派别并未将禅定列为其中一项。印顺法师进一步指出，《六度集经》是最早的大乘经之一，介绍了菩萨因地的波罗蜜多行，其中的"禅度无极"部分，虽有此目但没有本生或譬喻，只有禅数的理论，且释尊在"太子得禅""佛得禅"等情节中，虽然有修禅的描写，但都是释尊最后生的事迹。印顺法师认为，或许是因为禅定偏向个人的静心和内观，较不涉及积极的利他行，呈现独善的隐遁风格，不适合表现菩萨追求无上道的精神，因不见于波罗蜜多体系中。

此外，值得一提的是，大多数佛教部派在其波罗蜜多的体系中并未纳入般若（果证）的元素。在铜鍱部所流传的佛教教义中，并不包括般若波

---

① 请参考释印顺《修定——修心与唯心、秘密乘》，《华雨集（三）》，CBETA 2023，Y27，No. 27，第139页上—219页上。

罗蜜多，这一事实具有深远的涵义。对于菩萨而言，般若波罗蜜多被视为达到证悟的体现，当菩萨拥有足够的智慧时，就需要实际地证入其中。因此，无上菩提被看作一种果证，而非波罗蜜多的实践。印顺法师举《大毗婆沙论》《根有律药事》的本生故事，认为释尊在过去生有关般若波罗蜜多的实践，其具体内容强调的是在世俗层面展现的聪明智能，这与深邃的般若体悟截然不同。①从对波罗蜜多的考察中，印顺法师总结说：

> 在释尊的"本生"与"譬喻"中，当然有修禅的，但禅定带有独善的隐遁风格，不能表现菩萨求无上道的精神。所以部派佛教所传说的菩萨，是不重禅定的。在声闻学者看来，菩萨是"不修禅定，不断烦恼"的。《小品般若经》也说：菩萨不入深定，因为入深定，有退转声闻果的可能。部派佛教所传的（原始的）菩萨，或不重般若，或不重禅定。天台宗称之为"事六度菩萨"，是很适当的名称！那时代传说的菩萨，的确是从事实的实践中去修菩萨行的！②

3. 小结

透过佛教文献的考证，印顺法师发现部派声闻和初期大乘在对般若的果证和禅定的看法上有相似之处。早期佛教所描述的菩萨，或者偏向不强调般若的果证，或者不特别注重禅定，是"不修禅定，不断烦恼"的。天台宗以"事六度菩萨"形容这类修行者，这个名称非常贴切，因为根据传说，这些菩萨确实透过实际的实践修行六度菩萨行。这也符合印顺法师强调的人间佛教，其思想来源于初期大乘。此与大乘后期注重禅定与"入佛知见"的果证——此为太虚大师所重——迥然不同。

---

① 请参考释印顺《初期大乘佛教之起源与开展》，CBETA 2023，Y37，No. 35，第140页上—143页上。
② 释印顺：《初期大乘佛教之起源与开展》，CBETA 2023，Y37，No. 35，第143页上。

(三)迎佛回人间:人间佛教的理论基础

印顺法师在对印度佛教历史的考察中,提出了五期、四期、三期和"大乘佛法"三系的区分,与我国古德的教判相通,但在抉择取舍上存在差异。他基于历史观点,将印度佛教的发展比拟为人一生的阶段:从童真到老死。在印度佛教的兴起、发展和衰落过程中,印顺法师强调了佛教自身内在的原因,如老人终于死亡的原因是身心的老化。通过探求印度佛教史实,明辨佛法适应时代的流变,印顺法师得出这样的结论:"立本于根本佛教之淳朴,宏阐中期佛教(指'初期大乘',引者注)之行解(梵化之机应慎),摄取后期佛教之确当者,庶足以复兴佛教而畅佛之本怀也欤!"①印顺法师崇尚童真般的"佛法",赞扬初期的"大乘佛法",提出以根本佛教为基础,宏扬中期佛法,摄取后期佛教的确当部分,以复兴佛教的结论。他秉持着这一立场深入探索佛法的发展脉络,了解不同时代佛法的多样性,并作出更纯正、适应现代的选择。

印顺法师主张在修行中保持对根本佛教的淳朴理解。所谓"立本于根本佛教之淳朴"即强调佛教的根源是释尊的教导和早期经典,特别是《阿含经》和律(毗尼),它们质朴而亲切,如《增一阿含经》说:"诸佛皆出人间,终不在天上成佛也。"②他强调佛法是人间佛教,不应神化、理想化,甚至是鬼化、天化,而应注重实际生活中的修行。律也是法的一部分,依正见而修行八正道,是解脱者所必修的,其中,正命(正常的经济生活)也是重要的。

在"宏阐中期佛教之行解"方面,印顺法师强调大乘法兴起时对涅盘深层含义的强调,并解释了缘起、空性、涅盘等教义。同时,他倡导僧伽制度应该追求平等、民主、法治。此外,他反对梵化的趋势,即初期大乘时期佛教开始带有与神教相似的元素,例如文殊和普贤的神化,低级天神

---

① 释印顺:《契理契机之人间佛教》,《华雨集(四)》,CBETA 2023,Y28,No. 28,第 33 页上。
② 《增一阿含经》卷 26《34 等见品》:"佛世尊皆出人间,非由天而得也。"CBETA 2023,T02,No. 125,第 694 页上。

的形象被赋予菩萨的形象等,并特别强调应谨慎对待这种趋势,以免偏离佛法的本源。

在讨论后期大乘时,他强调对如来藏、佛性等教义的理解,提醒这些教义的目的是引导人转向佛法,但如果被误解为实我,就可能导致偏差。他主张摄取后期大乘的确当观点,但同时要避免对这些教义的误解,尤其是将其误解为实我。他明确表示,这些教义的目的是引导人转向佛法,而不应该被误解为究竟的真理。

总的来说,印顺法师主张在修行中保持对根本佛教的淳朴理解,同时宏扬大乘法的中期思想,并警惕后期佛教中可能出现的神化趋势。他鼓励人们理解不同时期佛法的多样性,以选择更纯正、更适应现代的修行方式。

(四)源于中观思想的人间佛教

印顺法师因其人间佛教学说引起争议,主要体现在他所采取的文献学治学立场上。其"以经为史"的方法被一些人认为可能削弱佛教作为宗教的神圣性质。然而,在拙著《印顺法师的佛学思想:新实用主义的诠释》中,[1]深入研究了印顺法师思想所牵涉的历史、宗教、伦理和解脱理论,发现其中存在一贯的中观学立场。

龙树的《中观论》成为印顺法师思想的基石,它强调一切法从因缘生,并且真实的自性是不存在的。透过"缘起性空"理念,印顺法师将中观学的观点应用于佛教历史和教义的理解上。他将研究对象——佛教文献,视作引导众生解脱的工具(方便),强调其具有时空的暂时性和流变性。如印顺法师说:

> 佛的正觉,适应人类的根性、知能,一经方便的表现为人类的思想,传达为人类的语文,建立为僧伽的制度,就成为人间现实的佛

---

[1] 请参考释智谛《印顺法师的佛学思想:新实用主义的诠释》,法鼓文理学院硕士学位论文,2019年。

法。这是"法假施设",是缘起,就契合于缘起的法则;而不能不是"诸行无常"而前后流变,不能不是"诸法无我"而自他依存。契合于根本大法(法印)的圣教流传,是完全契合于史的发展,而可以考证论究的。①

这种佛法"施设"的观点旨在超越拘缚,实现自由。印顺法师在研究中使用历史主义和唯名论的方法论来重述佛教思想的历史。

与传统的宏大叙事不同,印顺法师拒绝将佛法描述为超越时间的永恒真理。他将各时期佛教的思想、理论都视为契合于时代的"方便"。中观的"一切法空"视一切言说(包含佛法)都有"工具主义"和"实用主义"的色彩,主张没有离开因缘(历史的时空背景及当时的需要)的"历史自性"可得,唯有随社会历史条件而有的变化。这种缘起性空的观点暗示不存在终极真理和绝对表达,呼吁背弃形而上学,解构终极语汇,并尊重多元性和新奇性。所以在他的佛教历史研究中,印顺法师采取多义性的再描述,不试图以单一的缘起学说或宗派来涵盖佛教的各个面向。这种观点使他得以重新描述佛教历史,解构神话,并提出多元性和新奇性的观点。他将佛学义理、判教、思想等知识视为一种权宜之计,而非超然于相信它们的人的价值观,这种观点使他将希望置于未来的佛教中,来思考如何适应时代并实现佛教的复兴。

印顺法师以中观学"缘起性空"的观点来重新诠释佛学经典,虽强调客观研究和从史的考证求真实,然而,从"缘起"的角度看,这种再描述仅是适应现代语境的方法,并非更接近事物(历史)自在存在的方式——"性空"。印顺法师的再描述不是祛魅,而是一种"性空唯名"论的运用,在"性空"中扫荡自性执着(历史的真实),提倡适合当代需要的"方便"。他强调佛陀的本怀是引导众生超越迷惑,实现"唯名施设"

---

① 释印顺:《无诤之辩》,CBETA 2023,Y20,No. 20,第 233 页上。

的自由，将佛教从超越时间的永恒真理转向面向社会历史层面时刻革新。印顺法师的思想展现了大乘佛教的开放性和动态性，致力于创造性、导向未来的知识，超越迷恋法我的执着，寄望在理想的未来建立神圣性。"人间佛教"的提出，即如同佛教思想史中出现的种种悉檀，印顺法师将各时期的宗趣皆视为源于佛陀本怀的新适应。佛陀本怀的佛教是一种创造性、导向未来的知识，是开放的、动态的，富于创造性的，从无限时空中的一切人类（众生）去观察，超越了自我执着，而没有任何局限性的立场。而印顺法师倡导基于佛陀本怀来陶铸新文化：

> 不是以一套新的来取代旧的，也不是打倒其他宗教而推行佛教，而是从发扬佛法中，化除实体的世界观，销融自我中心的人生观；阐扬世界性原理，培养人类世界性的新意识；从世界性的思想中心，调整、改进，陶练现有一切的文化，而使其融合、进步，适应新的时代，成为新文化的内容。使每一国家、民族、个人，都能和乐善生于新的文化，新的时代里。说到这里，再扼要的指出：法界性的文化——佛教，可说是从文化核心——人类意识内容去革新，主要是从实体的事物，实体的自我执见上去革新。所以革新的有力工具，便是佛法的"空"、"无我"观了。唯有这样，才能有真正的平等、自由与慈悲。①

"性空唯名"强调理想的实现是偶然的，依赖于实践及努力，并将希望寄托于一个自由、平等、慈悲的世界性文化上。印顺法师对佛教思想史的"再描述"是一种中观学"性空唯名"精神的体现，通过适应现代需求，展开新话题，实现新适应，彰显了中观思想的特色。

---

① 释印顺：《佛在人间》，CBETA 2023，Y14，No. 14，第 349 页上—350 页上。

四　结　论

　　太虚大师和印顺法师皆是对人间佛教持有深刻见解的佛教思想家。太虚大师所谓的"仰止唯佛陀，完就在人格，人圆佛即成，是名真现实"[1]，强调人间的伦理道德，视五乘佛法的"人乘正行"为修道的初阶，认为这是保持业报人身并进趣佛果的基础。然而进趣佛果的道路，太虚大师则本于传统中国佛学的立场，主张"法界圆明"的大乘后期思想，尤其强调禅定与果证。

　　太虚大师在因应现代性的挑战与抉择末法之机宜的情境下，提倡"人间佛教"，重视三学中的戒学与慧学，以应对时代的需求。但在"至圆"的法界圆明思想中，他所强调的"人乘正法"仅被视为菩萨道中初阶的基础修行，属于边缘地带，"法界圆明"包含了"至简"及"至顿"的修道方法，即念佛与参禅，贯彻大乘至圆之道的实际上是三学中的"定学"。

　　印顺法师的思想源于初期大乘的中观学，以为重视禅定与果证的大乘后期思想不足为人间佛教的理论依据。他将中观的方法论运用于佛教历史的考究之中，"性空唯名论"的史观拒斥客观本质，历史叙事但依引导众生向于解脱的目的，以及时代的现实因缘而有所不同，"唯名施设"的教法都是世俗谛中的真实，以此来确立"立本于根本佛教之淳朴，宏阐初期大乘之行解"的人间佛教之理论基础。

　　印顺法师将戒学与慧学放置在修学的核心位置，特别强调慧学在整个菩萨道上的贯彻性。相对于定学的辅助角色，慧学被视为更为重要的修行元素。在中观学的语境下，人间佛教消除了我执、法执，无法爱执的解脱，使得度化众生的方式开放且灵活。随缘而施设的度化方便不固执于旧有的形式，而是根据时代和情境的需要随机应变。这需要有志者在现实的

---

[1]　释太虚：《第十四编　支论》，CBETA 2023，TX24，No. 14，第457页上。

情境和时代的需求中，以实际行动去实践和充实这一理念。

Comparing Master Tai Xu's and Master Yin Shun's Humanistic Buddhisms: From Adaptivity in the Age of the Dharma's Decline to Rediscovery of the Buddha's Original Intent

Shi Zhidi

Abstract: From the writings of Venerable Master Tai Xu to those his pupil Master Yin Shun, we witness an ideological perspective shift as well as a differing response to the challenges of modernity. This paper aims to explore the contributions of both Venerables Master Tai Xu and Master Yin Shun to Humanistic Buddhism and to understand in depth the history of intellectual development underlying their respective interpretations of Humanistic Buddhism. Basing himself on later Mahāyāna development, Venerable Master Tai Xu advocated for a Humanistic Buddhism emphasizing the "practice of the vehicle of humans." Because the conditions for the spiritual development of sentient beings are inevitably limited by their individual capacities and external environment, he believed in reliance upon the"path and goal of the vehicle of humans" as the most suitable choice. Venerable Master Tai Xu appraisal of modern circumstances fell in line with that of tradition, and he favored expedient measures to cope in the age of the Dharma's decline. However, Venerable Master Yin Shun believed that this position was insufficient to be a firm foundation for

Humanistic Buddhism. Venerable Master Yin Shun was deeply influenced by the Mādhyamaka philosophy of the early Mahāyāna development. He reinterpreted Buddhist scriptures from the perspective of "Emptiness and Nominalism", rejecting any fundamental objectivity while emphasizing historical realization and liberation of the time. He advocated for a Humanistic Buddhism based on the Buddha's original intent. He decisively devoted himself to the revival of Buddhism with the Buddha's original teachings of the Buddha as the theoretical basis while promoting the values and ideals of the early Mahāyāna and incorporating appropriate elements of the later Mahāyāna. He reinterpreted Buddhism from the Mādhyamaka perspective of "Dependent Origination and Emptiness", emphasizing methods suited to modern circumstances and demonstrating the openness and dynamic nature of Mahāyāna Mādhyamaka Buddhism. His emphasis on "Emptiness and Nominalism" transcended the shackles of ontological speculation, thus liberating creative pursuits and yielding greater possibilities of knowledge, while grounded in the sacred vision of an ideal future, allowing the innovation of Buddhism to cultivate a new consciousness for humanity in order to actualize a global society of freedom, equality, and compassion.

Key words: Humanistic Buddhism; Confucian-Neo-Buddhist syncretism; the Buddha's original intent

现代人间佛教思想双重路径的展开

——以印顺与星云对传统佛教的判摄为中心

潘 飚

中国社会科学院大学博士生

摘 要：印顺与星云对传统佛教判摄的差异在三个方面有集中体现：第一，在八宗的安立方面。他们虽都将八宗视为"方便"，但印顺认为方便与究竟的相通性是或然的，星云认为方便与究竟的相通性是必然的。第二，在大乘菩萨的解读方面。他们虽都重视对菩萨德行的彰明，但印顺认为菩萨是构建而成的象征性存在，星云认为菩萨是确有实体的超人间存在。第三，在传统佛教中的身份认同方面。他们虽都有临济的剃派身份，但印顺不甚认可，星云则高度肯定，并试图恢复剃派与法派的积极意涵。综合来看，印顺对传统佛教的判摄更多地倾向贬抑与解构，星云更多地倾向肯定与升华，这是因前者志在"振兴纯正的佛法"，以正本清源、简别真伪为方法；后者志在"幸福人生之增进"，以引导固有文化走向更积极、更正向的意义世界为方法。两条不同的人间佛教思想路径为各自的人间佛教发展带来了不同的传统性资源与秩序有效性，现代人间佛教的这种多样性开展有助于化解不同的风险，但也容易引起"争艳"，还须拿出"同体共生"的智慧来观照，做到"并艳"而不"争艳"。

关 键 词：现代人间佛教；印顺法师；星云法师；传统佛教

基金归属：本文为2019年度国家社科基金重大项目"'一带一路'佛教交流史"（编号：19ZDA239）的阶段性成果。本文系中国社会科学院国情调研重大项目"我国宗教健康传承现状及相关风险隐患调研"（项目号：GQZD2023018）、中国社会科学院基础研究学者资助项目"汉传佛教藏外佛教文献整理研究"（项目号：XJ2022002）的阶段性成果。

    "现代人间佛教，一般是指中国20世纪以来的人间佛教思想及运动，也就是指以太虚大师作为首倡者，一直持续影响当今海峡两岸的佛教文化，以佛教人本化、人生化、社会化作为理论标志的佛教思潮及其存在。"[①]印顺法师与星云法师是继太虚法师之后出现的两位颇具影响力又风格极为不同的现代人间佛教导师，二者不同的人间佛教思想塑造了不同的人间佛教发展路径，但目前对二者人间佛教思想差异的研究，大都击其一点，未能把握二者思维特质的不同，也未能很好地呈现出二者人间佛教发展路径上的差异[②]，要厘清这一问题也许还要从现代人间佛教与传统佛教[③]的关系着手。

    现代人间佛教脱胎于传统佛教，印顺法师与星云法师也是从传统佛教走出的现代人间佛教导师，对传统佛教的判摄在各自人间佛教思想体系中有着举足轻重的地位，决定了二者用哪些传统佛教资源、怎么用这些传统佛教资源来解决佛教现代性问题。某种程度上说，二者如何判摄传统佛教，就如何呈现出各自的人间佛教形态。因而，笔者试图以印顺法师与星云法师对传统佛教的判摄为切入点，把握二者人间佛教思想差异的关节，

---

① 程恭让：《哲学诠释学视域下的现代人间佛教及佛教传统再发明》，《华东师范大学学报》（哲学社会科学版）2019年第6期。
② 如马俊《人间佛教的判教与发展路径的关系探析》，载释妙凡、程恭让主编《2019人间佛教青年写作论文集》，高雄：佛光文化2021年版，第94—132页。释德谦：《人间佛教教育之发展——以印顺导师与星云大师为例》，载程恭让、释妙凡主编《2015星云大师人间佛教理论实践研究》，高雄：佛光文化2016年版，第658—681页。
③ 相对于"现代人间佛教"而言，"唐宋以来的各种佛教宗派以及沿袭明清佛教特质的佛教"就成了"传统佛教"。这一"传统佛教"概念取自王雪梅《人间佛教融和发展的未来路径》，载释慈惠总编辑《2015人间佛教高峰论坛——人间佛教体认》，高雄：佛光文化2016年版，第96页。

并在此基础上探讨未来人间佛教发展的适宜路径。

印顺法师与星云法师对传统佛教的判摄有很多方面，其中的差异性集中体现在以下三点：第一，不同判教体系下对传统佛教八宗的安立；第二，对大乘菩萨的不同解读；第三，对自身在传统佛教宗派传承中的不同身份定位。八宗是传统佛教的主要宗派，大乘菩萨是传统佛教的重要信仰对象，宗派传承是传统佛教认定法脉合法性与权威性的依据，也包含了传统佛教的传承规范。可以说，这三个方面涵盖了传统佛教最重要的部分，二者对这些方面的不同态度能相当程度地体现他们人间佛教思想的差异。

一 印顺法师与星云法师判教体系下的"八宗"：大乘三系与同体共生

"八宗"指传统佛教中的主要宗派[①]，印顺法师在"大乘三系"判教体系下安立八宗，星云法师在"同体共生"判教体系下安立八宗，虽然二者都将八宗判定为了"方便"，但在各自判教体系下"方便"的意涵却不尽相同，体现了二者对传统佛教主要宗派的不同态度。

（一）印顺法师大乘三系判教体系下的"八宗"

印顺法师对大乘佛教的判教有著名的大乘三系说，即性空唯名[②]、虚妄唯识[③]、真常唯心[④]，这一判教体系发轫于1941年的《法海探珍》，成熟于1943年的《印度之佛教》，于1960年《成佛之道》中予以融贯，可谓贯穿了印顺法师的整个修学历程。

---

① 本文印顺法师部分的"八宗"通常未包含律宗，但为论述方便仍用此称。
② 性空唯名系，即以《般若经》《中观论》等经论为宗依的中观学派。
③ 虚妄唯识系，即以《解深密经》《瑜伽师地论》等经论为宗依的瑜伽学派。
④ 真常唯心系，即以《楞伽经》《大乘起信论》等经论为宗依的如来藏学。

在印顺法师的判摄中，印度大乘佛法传入中国者三系皆有，但以真常系的如来藏说"独张"[1]，至隋唐间"成八宗之瑰奇"[2]。他认为八宗中"台、贤、禅、净，足以代表中国的大乘佛教"[3]。而这些皆属于真常系，三论宗则近于性空系，玄奘所传的法相唯识可归为唯识系，但三论与唯识旋起旋灭，都不是传统佛教的主流，而且都受到真常系的强力浸染，因而他对诸宗做了一综合评判：

> 中国佛教之传统学者，以"真常论"为根基（"三论""天台"融真常于性空，"唯识"则隐常于真常。"贤""禅""密"为彻底之真常者。"净"则随学者所学而出入之）。[4]

可以看到，传统佛教的主要宗派都被印顺法师置于大乘三系的真常系中，贤首、禅宗、密宗更是被判定为彻底的真常论者。

当厘清八宗在大乘三系中的位置后，不免要发问：印顺法师何以将性空系置于首位，以性空、唯识、真常这样的顺序安立三系呢？笔者认为其中不仅有着印顺法师对历史史实的考察，更有着其"究竟"与"方便"的价值判断。

1942年太虚法师看过印顺法师《印度之佛教》第一章书稿后，即撰文对印顺法师将性空系放在首位提出异议，他认为应当先真常后性空，印顺法师从事实判断与价值判断两方面给予了反驳。在事实判断方面，印顺法师考诸印度与中国大乘经典的传出与译介史来证明先性空后真常才符合历史上二者发展的顺序；在价值判断方面，则阐明了性空系的究竟真实：

---

[1] 释印顺：《〈中国佛教哲学概论〉序》，载《华雨香云》，中华书局2011年版，第166页。
[2] 释印顺：《〈中国佛教哲学概论〉序》，载《华雨香云》，第166页。
[3] 释印顺：《高级佛学教科书》，载《青年的佛教》，中华书局2011年版，第154页。
[4] 释印顺：《印度之佛教·自序》，中华书局2011年版，第4页。

> 拙稿于大乘中见龙树有特胜者……言其学,三乘共证法性空,与本教之解脱同归合。……于学派则取舍三门,批判而贯摄之,非偏执亦非漫为综贯也。言菩萨行,则三乘同入无余,……常人于佛德则重其高大,于实行则乐其易而速,"好大急功",宜后期佛教之言诞而行僻。斥求易行道者为志性怯劣……菩萨乘为雄健之佛教,为导者,以救世为己任者,求于本生谈之菩萨精神无不合。以此格量诸家,无著系缺初义,《起信论》唯一渐成义,禅宗唯一自力义;净之与密,则无一可取,权摄愚下而已。①

龙树即性空系的代表人物,无著为唯识系的代表人物,《起信论》、净、禅、密在印顺法师的判摄中都属真常系。印顺法师这里细数"菩萨乘"之特质,认为以此观之,龙树及其所传"无自性之缘起"(性空系)为菩萨乘的特胜者,其余诸家都有所缺陷,甚至有些宗派只是"权摄愚下",他还于《印度之佛教》中盛赞龙树所传的初期大乘广说性空义是"正直舍方便,但说无上道"②。这种将性空系判为特胜、无上的观点在印顺法师最早提出三系说的《法海探珍》中即有所表达,如说:"探索佛教思想的关要,性空者的最为深刻正确,可说明白如绘。"③相对于性空系的"深刻正确",印顺法师在该文中将唯识系与真常系描述为"多少有所滞"④的"方便假说"。太虚法师曾指出印顺法师这种独尊性空系的做法可能引起的后果:"似因庄严'独尊龙树'之主见,将大乘时代揉成离支破碎,殊应矫正。"⑤

---

① 释印顺:《敬答〈议印度之佛教〉——敬答虚大师》,载《无诤之辩》,中华书局 2011 年版,第 81 页。
② 释印顺:《印度之佛教》,第 232 页。
③ 释印顺:《法海探珍》,载《印顺法师佛学著作全集》卷一二《华雨集(四)》,中华书局 2009 年版,第 65 页。
④ 释印顺:《法海探珍》,载《印顺法师佛学著作全集》卷一二《华雨集(四)》,第 66 页。
⑤ 释太虚:《议〈印度之佛教〉》,载《太虚大师全书》第 25 册《第十六编 书评》卷七,CBETA 2023,TX25,No.16,第 49 页上。

事实上印顺法师也尝试了融贯三系，他自称在《成佛之道》中做了这种努力[1]，但即便如此，印顺法师在《成佛之道》中有关三系的论议依然留下了明显的价值判断痕迹。他承认历史上三系的论争源于了义与不了义的分判，"有时会使人迷惑，不免有互相乖角的情形"[2]，但他认为即便如此，也要对三系做个清楚明白的分判，因为这涉及佛法的"真实宗旨"：

> 这是有关于法性的、般若修证的，是不可以笼统颟顸过去的！到底什么是了义不了义？到底谁是了义，谁是不了义？"智者"应"善"巧"抉择"，才能彻见佛法的真实宗旨，也明了佛说的方便大用[3]。

这构成了印顺法师《成佛之道》中关于三系判摄的思维底色，因而当他在该书中具体论议三系时，仍然展现出了浓厚的究竟真实与方便假说之别。

印顺法师在该书中阐明三系都是为了揭示"法空性"[4]这一究竟真实的佛理，性空系是不加掩饰地直接予以阐明："《般若经》、《中观论》等，深广宣说无自性、空、不生灭等，是了义教，是义理决了、究竟、最彻底的教说。"[5]与性空系相应的是"已有'善入'甚深法性"[6]能力的"根机成熟"[7]者。唯识系则是为了摄化无法接受"一切法无性"教说的众生，印顺法师称这类众生为"五事不具"的"钝根"：

> 但"或"有"五事不具"足的，对于一切法无性的教说，就有了

[1] 释印顺："在这一期中，唯一写作而流通颇广的，是《成佛之道》。……其中，贯通性空唯名、虚妄唯识、真常唯心——大乘三系部分，是依《解深密经》及《楞伽经》所说的。不是自己的意见，但似乎没有人这样说过，所以可说是我对大乘三系的融贯。"释印顺：《游心法海六十年》，载《印顺法师佛学著作全集》卷一二《华雨集（五）》，第15—16页。
[2] 释印顺：《成佛之道（增注本）》，中华书局2010年版，第245页。
[3] 释印顺：《成佛之道（增注本）》，第246页。
[4] 释印顺：《成佛之道（增注本）》，第261页。
[5] 释印顺：《成佛之道（增注本）》，第247页。
[6] 释印顺：《成佛之道（增注本）》，第249页。
[7] 释印顺：《成佛之道（增注本）》，第249页。

问题。……对于这信而不解的、信而误解的、不信又不解的钝根,"佛"所以又说"解深密"经……如根机不够,五事不具足,于一切法无自性空,不能成立一切法,或者破坏一切法,这才成为深密难解,而需要佛的浅显解释了。……《般若经》等说一切法无性空,……对般若法会的根性来说,是究竟的了义教。不过在五事不具的根性看来,深而又密,这所以又要解释一番;浅显明了,能信能解,觉得这才是了义法门。①

真常系则是为了摄化"畏于无我句"的众生,这类众生印顺法师称为"愚夫":

在愚夫的心想中,一切是生灭的,……那就不能发现尽苦得乐的希望了!这似乎非有常住不变的我才成。……这类众生,佛说是"畏于无我句"的,就是听了无我,而怕系缚解脱不能成立,死后断灭而畏怯的根性。对于这,"佛又"不能不适应他们,以善巧"方便"来"摄"化了,这就是如来藏法门。……所以要花样新翻,叫做如来藏,似乎神我一样,无非适应"畏无我句"的外道们,免得听了人法空无我,不肯信受,还要诽毁。不能不这样说来诱化他,这是如来的苦口婆心!……但一般凡夫、外道,不信无常、无我(空),不能于无常、无我立一切法,佛就不能不别出方便,说一切众生身中有如来藏了②。

最后印顺法师以"药店喻"对三系进行了融贯:

如卖药一样,卖的是救命金丹。性空唯名系,是老店,不讲究装璜,老实卖药;只有真识货的人,才来买药救命。可是,有人嫌它不

---

① 释印顺:《成佛之道(增注本)》,第249—250页。
② 释印顺:《成佛之道(增注本)》,第255—262页。

425

美观、气味重，不愿意买。这才新设门面，讲求推销术，装上精美的瓶子、盒子，包上糖衣、胶囊。这样，药的销路大了，救的命应该也多了；这如第三时教——虚妄唯识系一样。可是，幼稚的孩子们，还是不要。这才另想方法，掺和大量的糖，做成飞机、洋娃娃——玩具形式，满街兜售。这样，买的更多，照理救的命也更多了！这如真常唯心系一样。其实，吃到肚里，一样的救命。但能救命的，并非瓶子、盒子、糖衣、胶囊，更不是糖和洋娃娃，而还是那救命金丹。这叫做方便，以方便而至究竟。方便是手段，不是目的。所以"方便为究竟"的谬译，真是害尽众生！假使盒子、瓶子精美，竟然买盒子、瓶子，而不要药、不吃药，那可错了！假使买了飞机、洋娃娃，越看越好，真的当作玩具玩，那真该死了！而且，糖和得太多，有时会药力不足，有时会药性变质，吃了也救不到命。所以老实卖药，也有他的好处。……最要紧的是：不能执着方便，忘记真实[①]。

结合前文所述，可以看到印顺法师认为性空系就像"救命金丹"一样，为究竟真实的教说，其所摄的众生为能善入甚深法性的"根机成熟"者，这些"根机成熟"者被喻为"真识货的人"，唯识系与真常系则都是方便假说。唯识系就像是在性空系外"新设门面，讲求推销术，装上精美的瓶子、盒子，包上糖衣、胶囊"而成，其所摄者为五事不具的"钝根"，这些"顿根"被喻为嫌性空系的"救命金丹""不美观、气味重，不愿意买"的众生；而真常系的建立就像是在性空、唯识系外"另想方法，掺和大量的糖，做成飞机、洋娃娃——玩具形式，满街兜售"，其所摄的众生为"畏无我句"的"愚夫"，这些"愚夫"被喻为"幼稚的孩子们"。印顺法师还要求将"方便"与"究竟"严格区分起来："方便是手段，不是目的。所以'方便为究竟'的谬译，真是害尽众生！"

[①] 释印顺：《成佛之道（增注本）》，第263页。

这样，"究竟"的性空系就是纯而又纯的"救命金丹"，"方便"的唯识系与真常系则掺杂了许多其他杂质，"究竟"与"方便"之间完全不是一个层次上的教法，绝对不能说"方便为究竟"。而且印顺法师认为性空系所摄为"根机成熟"者，唯识系所摄为"钝根"，真常系所摄为"愚夫"，这样的说法使笔者想到太虚法师在评论贤、台判教时的话语："贤、台虽可以小始终顿藏通别圆位摄所余佛言，然既为劣机而设，非胜根所必须，纵曰圆人无不可用为圆法，亦唯俟不获已时始一援用之，而学者又谁肯劣根自居！"①印顺法师三系判教中对唯识系与真常系所论亦存在同样的问题，哪有学者愿意以"钝根""愚夫"自居呢？

　　印顺法师如此一尊一贬，形成了究竟与方便间的巨大隔膜。不仅如此，他更进一步指出："糖和得太多，有时会药力不足，有时会药性变质，吃了也救不到命。"这也就是说方便法有时还会因"药力不足""药性变质"，而无法通往救命的究竟真实之道，二者间在这种情况下形成了一道无法跨越的鸿沟。

　　其实，在佛法中"方便"并非贬义，也不和究竟真实相隔膜，或等而下之，程恭让在《善巧方便概念思想视角的大乘佛教新解读——写在拙著〈佛典汉译、理解与诠释研究〉出版后》一文中对"善巧方便"进行了六个意义层面的规定②（以下简称"方便六义"），深刻阐明了"般若

---

① 释太虚：《菩提道次第广论·序》，《太虚大师全书》第30册《第十九编 文丛》卷四六，CBETA 2023，TX30，No.19，第777页上。
② 程恭让认为："基本上说来，我们可以从以下六个意义层面，来界说善巧方便概念之性质、内涵：（一）善巧方便这一概念，在初期大乘佛教经典中，是作为觉者的佛陀的一种特殊佛德的范畴，甚至是作为佛陀诸佛德之统摄性佛德的范畴。……（二）善巧方便这一概念，又是作为重要的菩萨品德的范畴被建构。……而论中以善巧方便为四种摄事之统摄，……这是以善巧方便概念作为菩萨行之本质。……也都是把善巧方便作为一种'波罗蜜多'，即作为一项具有特殊重要价值的菩萨品德，来予以建构。（三）善巧方便根本性质之判定，应当是以阿耨多罗三藐三菩提作为标准，不能指向佛智菩提者，不是真正的善巧方便；唯有以佛智菩提作为目标，能够导向佛智菩提者，才是真正的善巧方便。（四）善巧方便之运作特征，是以众生之根性、趣向作为参考的。……凡是无视众生的实际需要，不能与众生达成有效互动者，则不堪为真正意义上的善巧方便。（五）善巧方便与般若智慧不可须臾相离。凡是与般若智慧可以须臾相离的善巧方便，不是属于菩萨的真正的善巧方便；反之亦然……（六）善巧方便在度

智慧与善巧方便二者之间，应当是不一不二、不即不离、平衡开发、辩证彰显的关系"①，同时他也指出："在一般人的理解中所及的'方便'，可能最多只是在上述第六个意义层面上所讲到的善巧方便——作为佛菩萨圣者度众方法、手段的方便。一般人因为无法理解善巧方便概念的深层意涵，也势必就有可能把作为佛菩萨圣者度众手段的方便，进一步浅化及俗化，误会为是工具理性或世俗理性。"②

可以借助程恭让所揭橥的"方便六义"，对印顺法师在大乘三系中设定的"究竟真实"（性空系）与"方便假说"（唯识系与真常系）做一总结：印顺法师认为究竟真实的价值要远远大于方便假说，方便假说只是为了摄化"钝根""愚夫"而设，即便有了方便假说也不必然会通往究竟真实，方便与究竟之间的相通性是或然的，而非必然。印顺法师这种对"方便"的理解实在只能和"方便六义"中第六个意义层面相对应，即作为佛菩萨圣者度众方法、手段的方便，而且存在进一步将"方便"浅化为"工具理性"的倾向。在同属于"方便假说"范畴的唯识系与真常系中，印顺法师认为真常系要最为"方便"，由此形成性空、唯识、真常三系等而下之的局面，印顺法师以此序安立三系所富含的价值判断昭然若揭。

那么印顺法师将八宗基本都置于"方便"之最、与"究竟"有相当距离的真常系下，自然对其也谈不上很高的评价，因而他多以批判的姿态面对传统佛教的主要宗派，如说："《起信论》唯一渐成义，禅宗唯一自力义；净之与密，则无一可取，权摄愚下而已。"③而且印顺法师认为武宗灭

众实践中，需要借助众生的语言、形象、感知、逻辑，等等，表现为引导众生的种种实际、具体的方法、手段、策略、形式。作为方法意义上的善巧方便，是表层的善巧方便。"（详参程恭让《善巧方便概念思想视角的大乘佛教新解读——写在拙著〈佛典汉译、理解与诠释研究〉出版后》，《宗教与历史》2019 年第 2 期）

① 程恭让：《善巧方便概念思想视角的大乘佛教新解读——写在拙著〈佛典汉译、理解与诠释研究〉出版后》，《宗教与历史》2019 年第 2 期。
② 程恭让：《善巧方便概念思想视角的大乘佛教新解读——写在拙著〈佛典汉译、理解与诠释研究〉出版后》，《宗教与历史》2019 年第 2 期。
③ 释印顺：《敬答〈议印度之佛教〉——敬答虚大师》，载《无诤之辩》，第 81 页。

佛之后禅宗成为传统佛教的主流，但禅宗愈到后期愈展现出真常系这种方便法的弊病，他批判道：

> 吾于《印度之佛教》，于真常唯心论，间致微词，则以印度真常唯心者之末流，其病特甚耳！……中国达摩之禅，即其流亚。及其翕然成风，意向不端，戒行不净者，多求有所成就，病态乃渐著。……承真常论者融化梵我之倾向而扩充之，真常唯心论乃有不可告人之秘密。总之，末流之病，不仅在意向不纯，戒行不净，急求自证而濡染于神秘之环境，其病本也。[1]

不难看出，印顺法师这里的批判极为激烈，直接将禅宗的后期发展判定为滑向"急求自证而濡染于神秘之环境"的真常末流，这与性空之究竟、大乘之济世精神都难以符契，无限接近纯粹的工具理性。

由是，可以说印顺法师将八宗基本判摄为在"方便六义"中第六个意义层面所展开的方便法，而且越发展到后期越接近纯粹的工具理性，虽然有一定的接引之用，但与印顺法师所择取的纯正的佛法——性空系有相当的距离，因而传统佛教的八宗在印顺法师的人间佛教中虽有正向的价值，但较为有限，对于真常之末流更是应警惕。

（二）星云法师同体共生判教体系下的"八宗"

星云法师的判教体系奠基于他对人间佛教"同体共生"观念的发扬上，他在《同体共生》中解释了这一理念的具体内涵：

> "同体"，我们每一个人都有一个身体。……这一家的父母、兄弟都各有各的身体。……一个县城、一个国家，甚至这世界所有的人类，都各有各的体。其实这一个体不是单独能够存在，是和全世界的人同

---

[1] 释印顺：《空有之间》，载《无诤之辩》，第77页。

体一个，都是共生的。……因此在这个世间上，没有哪一个人能离开别人而独立存在，彼此都是同体共生的关系。……所以基本上，我们世间每一个人都是有来往，你助我、我助你，大家相助，"同体共生"，共同在人间维护我们这个整体的地球生命，能这样想这个世界就能和平，就能大家共存共荣。①

星云法师以平实的话语揭橥了佛法中诸事务相依相待的缘起关系，诸事务虽"各有各的体"，但互相影响、互相依存，没有一个能够独立存在，整个世界相互发生作用，成为"同体一个"，在这"同体"中又展开各自的特性，实现"共生"。

"同体共生"是星云法师的菩萨道理念之一，有着极强的包容性、对话性、平等性，他用此来判摄世界宗教，认为各宗教也是"同体共生"的关系，能分亦能和。②同样，在对待传统佛教八宗的问题上，星云法师也以此来进行判摄，并呼吁佛子要以"同体共生"观来理解分宗立派的旨趣。他指出佛法是一味的，只是应机不同才形成了八宗，《佛光山开山碑文》对此有清晰表达：

> 三界大师以一圆音说法，众生随类得解。譬如大雨普润众生，根茎枝叶，所得各如其量，而以根机有异，好乐不同，故教衍而为宗，宗复有派，各擅偏胜。其实百川虽殊，共归于海，等同一味，无有分齐。自大法东来，二千余年间，禅净律密，台贤性相，各放光

---

① 释星云：《同体共生》，《星云大师全集》第一类"经义"第25册《佛法满人间》。（本文所引《星云大师全集》均出自"佛光山资讯中心"协助制作的《星云大师全集》，网址：http://books.masterhsingyun.org/，访问时间：2024年4月5日，下文不再标注）

② 释星云："现在我对各种宗教的看法，觉得不应该去分谁大、谁小、谁高、谁低，彼此各有所专。就像现在的儿童文学、青年文学、妇女文学，不要分哪一个好、哪一个不好，各有特色。所以，最好就是建立'能分能合'的宗教观，这才合乎中道。"（释星云：《佛教对"宗教之间"的看法》，《星云大师全集》第二类"人间佛教论丛"第37册《人间佛教当代问题座谈会2》"主题二：族群伦理探讨"）

430

明。……上人（指星云法师，引者注）之言曰："如来之教，以宗派而歧，以斗诤而晦，今欲使歧者一，晦者明，宜无若壤其屏藩，显其真际……"……四曰宗派之涵容，佛法虽随众生机感而有宗派之分，然溯本寻源，惟有一乘，说二说三，皆成戏论。[①]

这里所说的"三界大师"即指佛陀，星云法师认为佛陀"以一圆音说法"，佛法"惟有一乘"，八宗之分立只是"随众生机感"而设，如百川一样，皆能同入法味。因而他以"方便有多门，归元无二路"来阐释八宗与一乘法味的关系，如说："'方便有多门，归元无二路'，一切佛法都是为了指引我们走向成佛之道。"[②] "但其实'方便有多门，归元无二路'，只要大家不是在人我是非上纷争计较，而是因为对教义的认知、理解，乃至对修持的方法、体验不同，因此有了各自弘化的法门与方向，其实这也不是什么坏事。……因为大家所信仰的，都是同一个佛陀，大家所弘扬的，也都是佛陀根据'三法印'对人间说的一代时教。"[③] "佛法本是一体的，纵有层次上的不同，也是'归元无二路'。"[④] 这样，星云法师便把"八宗"归为"方便"，一乘法味归为"元"（究竟），八宗之方便教法都是契入一乘法味之究竟的方法，它们都不能孤立存在，没有"八宗"便无入道之门，没有"一乘法味"八宗便旨趣全无，二者构成了"同体共生"的平等关系，互相依待、互相成就，共同组成了"佛法"。

"同体共生"并不意味着"个性"的泯灭，星云法师也同印顺法师一样揭示了八宗各自不同的风格，但星云法师铸基于"同体共生"的理念上，在揭示八宗各自不同风格的同时，主张"八宗平等"，并以这一价值

[①] 张龄：《佛光山开山碑文》，《星云大师全集》第三类"教科书"第68册《佛教丛书26》"艺文（3）·碑文"。
[②] 释星云总策划：《第四十课 五停心观》，《星云大师全集》第三类"教科书"第103册《金玉满堂10》"法相"。
[③] 释星云：《人间佛教回归佛陀本怀》，人民出版社、宗教文化出版社2016年版，第9页。
[④] 释星云：《中国佛教阶段性的发展刍议》，《星云大师全集》第二类"人间佛教论丛"第29册《人间佛教论文集2》。

判断确立了"八宗兼弘"[①]的山门宗风,如他在《净土新解》中发出倡议:

> 倡导"八宗兼弘,行解并重",把中国佛教的八大宗派平等看待,分为行门和解门。行门有禅宗、净土宗、律宗、密宗;解门就分为华严、法华、唯识、三论;还做了一首偈语:"禅贫密富方便净,唯识耐烦嘉祥空,传统华严修身律,义理组织天台宗。"借以方便记忆,并且鼓励大家对八大宗派都能够同时平等地奉行,但以释迦牟尼佛为佛教的共主。[②]

星云法师在这里将八宗做了分判,认为可分为行门与解门,二门的关系是平等的,应当"并重",并"以释迦牟尼佛为佛教的共主",这道出了八宗源出为"一"、共归为"一"的实质,故倡导"八宗兼弘,行解并重"。

这是就弘法而言,具体到个人的修持,星云法师认为要根据自身特性从而找到恰当的"下手处"[③],指出:"本山虽八宗兼弘,但徒众要自知自己天资、性格、能力与哪一宗派相契,并一门深入,'解在一切佛法,行在一门深入'。"[④]"'法无高下,应机者妙;药无贵贱,对症者良。'……只要找到适合自己修持的法门,而能心无旁骛的一门直入,必有所成。"[⑤]这样"八宗"在个人修持层面也实现了平等性,每一宗都成为对机者的"下手处",学人选修一门只是因此门对机,其他各宗的完满性并不因此而损毁,

---

① 也称为"八宗并弘""八宗并重"。
② 释星云:《第七讲 净土新解·人间净土与弥勒净土》,《星云大师全集》第一类"经义"第13册《谈净土法门》。
③ 释星云:"能认识自己,就能找到安住及用功的下手处。"(释星云:《要有一颗为佛教的心》,《星云大师全集》第五类"文丛"第207册《如是说5》"二〇〇五年"。)
④ 释星云:《法无定法(1991/09.01~09.15)》,《星云大师全集》第八类"日记"第287册《星云日记7(1991/08.16~11.15)》。
⑤ 释星云总策划:《第四十课 五停心观》,《星云大师全集》第三类"教科书"第103册《金玉满堂10》"法相"。

因而"一门深入"不仅不破坏"八宗兼弘"的理想，反而更能作为"八宗兼弘"在个体修持上的补充来成就它，从而解决了学人具体修持所要求的"一"与山门弘法所要求的"多"间的矛盾，形成"弘"在"八宗"，"解"在"一切佛法"，"行"在"一门"的格局，这也是星云法师所倡导的"能分能合"、合乎中道的理想宗教观。

其实星云法师这里所用的"八宗"只是虚词，"八"亦可做"多""诸"。星云法师以"同体共生"的观念判摄诸宗，认为各种修持法门间都是平等的，可谓之"诸宗平等"。他反对高扬自宗，贬抑他宗的做法，认为这样做有悖于"同体共生"的精神，是破坏佛法的行为，如他在《宗派总论》中所言："假如佛法偏颇起来，而自以为是能通往正觉的大道，那是不合真理的，甚至破坏佛法的特质与圆融，更有碍于佛法的弘传。"[①]星云法师还做"师父喻"，揭示宗门相争对佛教的伤害："师兄弟二人因为师父腿患风湿，每天分别为师父按摩双腿，因为彼此敌对，互相打断对方所按摩的腿，最后受伤害的是师父。"[②]这里的"师父"就是指的佛教本身，"师兄弟"就是各宗门，星云法师认为各宗门以自宗为究竟，争执不下，最终损害的是佛教本身，因而星云法师呼吁佛子以"同体共生"的精神消弭诸宗间的藩篱，走向融合：

> 希望今日佛子们，大家应该敞开胸襟，捐弃法执，本着"同体共生"的精神，毅然走出过去自我执着的藩篱，大家携手同心，不计南传北传，不分显教密教，共同迎接人间佛教的新世纪，共同开创人间佛教世界和平的新时代吧！[③]

[①] 释星云编著：《第一课 宗派总论》，《星云大师全集》第三类"教科书"第75册《佛光教科书5 宗派概论》。
[②] 释星云：《中国佛教阶段性的发展刍议》，《星云大师全集》第二类"人间佛教论丛"第29册《人间佛教论文集2》。
[③] 释星云：《中国佛教阶段性的发展刍议》，《星云大师全集》第二类"人间佛教论丛"第29册《人间佛教论文集2》。

综上，可以看到星云法师在安立八宗上，同印顺法师一样将八宗判摄为"方便"，但不同的是星云法师认为作为方便的八宗与作为究竟的一乘法味之间是"同体共生"的相依相待、互不相离的关系，二者互相贯通，其相通性是必然的，而非或然。同为方便法的八宗之间也是"同体共生"的平等关系，只有应机不同，而这种应机不同全然是为了能和众生形成有效互动，使所有人都能找到适当的"下手处"，没有优劣之分。一言以蔽之，星云法师以"同体共生"的菩萨道理念判摄八宗，不仅八宗之间的关系是平等的，作为方便的八宗与作为究竟的一乘法味之间也是平等的，方便与究竟之间互相依待、互相成就。明晰这一关系后，将星云法师所阐释的八宗之方便与"方便六义"对照，那么星云法师所认为的"方便"符合第三、四、五、六条，而"同体共生"理念也是星云法师菩萨道精神的重要组成部分，在这一理念下开展出的八宗之"方便"属于星云法师所论菩萨品德的范畴，符合"方便六义"之第二条。这样，在星云法师的人间佛教中，传统佛教的八宗就具有了非常重要且极为正向的价值。

至此，印顺法师与星云法师在各自判教体系下判摄八宗之不同已较为清楚，试做一总结：印顺法师在大乘三系判教体系下判摄八宗，将八宗在"方便六义"的第六个意义层面，甚至工具理性的层面展开，作为方便的八宗与究竟之间的相通性是或然的，虽有正向的价值，但较为有限；星云法师在"同体共生"的判教体系下判摄八宗，将八宗在"方便六义"的第二至六个意义层面展开，作为方便的八宗与究竟之间的相通性是必然的，具有极为正向的价值。

二 印顺法师与星云法师对大乘菩萨的解读
——以文殊与普贤为例

大乘佛教有诸多具有超人间力量的大乘菩萨，如文殊、普贤、观音、地藏，在传统佛教中对这些大乘菩萨的崇拜慢慢成为信仰的主流，明清以后的佛教更是流于对菩萨的神力崇拜,而渐渐成为"鬼神佛教"。为了纠正对神力的过分迷执,印顺法师与星云法师对这些大乘菩萨进行了突显"人间性"的再解读,但二者的解读模式并不全然相同,这一点在二者对文殊与普贤菩萨的解读上体现得最为明显,因而此节以印顺法师与星云法师对文殊与普贤菩萨的解读为例,说明二者对大乘菩萨解读模式上的差异。

(一)印顺法师的菩萨观:大乘兴起所构建的"特德"

印顺法师对文殊与普贤菩萨的解读有对菩萨"特德"的解说与对菩萨来源的考证两个维度。

1. 印顺法师对文殊与普贤菩萨"特德"的解说

印顺法师认为大乘佛教的菩萨都是"表德"的,"依德立名"[1],菩萨的特德彰显了大乘佛教的价值体系,构造出大乘佛教的意义世界。其中,文殊、普贤尤其重要,为了说明两尊菩萨之特德在大乘佛教中的地位,印顺法师罕见地以故事化手法进行了解说:

> 佛教的新都,实行法付法臣、法王无事的制度,一切佛事由五百位学德崇高的大菩萨,组织了和合僧团去处理。这里面,自然是分工合作的。从工作的性质上,分为两大部:一叫宣(传)教(育)院,负宣扬教化的责任,院长是一位青年思想家,擅长宣讲而富于感动力的文殊师利童子菩萨。另一个叫行愿院,负责执行艰巨的利他工作,院长是愿宏行健的普贤菩萨。对真佛教的新生运动,二大士确是做到了意和同悦,没有一些隔碍。[2]

这里所说的"佛教的新都"是指"崭新的祇园",代指不同于声闻佛教的大乘佛教,"真佛教的新生运动"就是指大乘佛教运动,而在这场运

---

[1] 释印顺:《净土与禅》,载《印顺法师佛学著作全集》卷七,第92页。
[2] 释印顺:《青年佛教运动小史·三 世界佛教青年大会》,载《青年的佛教》,第4页。

动中文殊、普贤各显其能,"意和同悦,没有一些隔碍"。这里说到文殊负责"宣扬教化",普贤负责"执行艰巨的利他工作",前者依靠的就是文殊的特德——大智,后者依靠的就是普贤的特德——大行。对两位菩萨的特德,印顺法师都有详细说明。

(1)文殊的"特德":信与智合一的"大智"

印顺法师认为文殊曾为诸佛之师,被尊称为"法王子",他的特德是"大智"。文殊的"大智"是"信"与"智"的合一,对此,印顺法师举善财的例子来加以说明:"最初发菩提心,是信解的信,善财初见的文殊代表他。发了信根以后,进一步求解,像善财的参访善知识;到后来,得到证实的智慧(这智慧,就是悟不由他的证信)。善财在普门城再见文殊,就是这信念与理智合一的大智。"[1]

文殊的这种"大智"是大乘佛法的"大智",不同于声闻乘,因而"文殊法门,不拘小行,表现了大乘的风格"[2]。印顺法师将其风格概括为"出格的语句"[3]与"出格的行动"[4]。"出格的语句"是指文殊的语言风格,他常有"超越常情的语句,每使人震惊"[5],"是促使对方反观的,或反诘的、否定的"[6]。"出格的行动"是指文殊的行动风格,他"常以神通来化导"[7],曾于安居期违背声闻律制以"和悦王宫采女"[8]。印顺法师指出:"文殊不拘小行,扩大了化度众生的方便,也缩短了出家与在家者的距离。……'文殊法门'所表现的大乘风格,严重地冲击了传统佛教,在佛教界引起广泛的影响!"[9]

---

[1] 释印顺:《杂华杂记·五 文殊 普贤 释迦》,载《华雨香云》,第 111 页。
[2] 释印顺:《初期大乘佛教之起源与开展》,中华书局 2011 年版,第 798 页。
[3] 释印顺:《初期大乘佛教之起源与开展》,第 800 页。
[4] 释印顺:《初期大乘佛教之起源与开展》,第 800 页。
[5] 释印顺:《初期大乘佛教之起源与开展》,第 797 页。
[6] 释印顺:《初期大乘佛教之起源与开展》,第 797 页。
[7] 释印顺:《初期大乘佛教之起源与开展》,第 798 页。
[8] (西晋)竺法护译:《佛说文殊师利现宝藏经》,CBETA 2023,T14,No. 461,第 460 页上。
[9] 释印顺:《初期大乘佛教之起源与开展》,第 799 页。

（2）普贤所彰显的"特德"：愿与行合一的"大行"

印顺法师认为普贤的特德是"大行"，这种"大行"是"愿"与"行"的合一，他说到二者间的关系："'普贤行愿'一句，就很可明白了。不问是上成佛道、下化众生，愿总是一种崇高的理想意欲，行是伟大的实践。这两者也有一致性，愿是内发的动力，行是意志的实现。合一也不妨先愿后行：从意志的决定，到见于实际；从渐渐的实行，到完全实行的大愿满足。这像善财的愿学普贤行，到面见普贤；普贤就代表这理想与实行合一的大行。"[1]

普贤的这种"大行"是大乘的，重于自他兼济，与"专求己利行"[2]的声闻乘不同，印顺法师认为："普是平等的，普遍的，所以大乘的普贤行，不但是质的，还是量的。一切众生成佛，才是普贤行的究竟。"[3]因而普贤所开演的"十大行愿"围绕成佛展开，而且易于实行，"依普贤的广大行愿而修行，即可以发愿回向，往生极乐"[4]。印顺法师还借助童子之口讲述了广义的"普贤行"："菩萨要修普贤行，就应该普修一切菩萨行，普化一切众生，一切时劫、一切处所都要去，普净一切佛刹，普满一切愿，普供一切佛，普事一切善知识。"[5]因此，印顺法师赞誉菩萨是"普贤行"的成功者："有称为菩萨的……他们是实行普贤行的成功者：见佛，闻法，智光彻了世间的实相，弘布佛陀的正法，适应世间从事不同的工作去拯救人类。"[6]

从文殊与普贤的特德中可以看到一个显著的特征，那就是区别于声闻乘，而彰显大乘佛教的核心价值，一个不同于声闻佛教的意义世界由此建立。

---

[1] 释印顺：《杂华杂记·五 文殊 普贤 释迦》，载《华雨香云》，第111页。
[2] 释印顺：《中观论颂讲记》，载《印顺法师佛学著作全集》卷二，第19页。
[3] 释印顺：《杂华杂记·二 不思议解脱、入法界、普贤行愿》，载《华雨香云》，第106页。
[4] 释印顺：《净土与禅》，载《印顺法师佛学著作全集》卷七，第31页。
[5] 释印顺：《青年佛教参访记·三○ 姊姊与弟弟》，载《青年的佛教》，第78页。
[6] 释印顺：《青年佛教运动小史·二 佛教的新都》，载《青年的佛教》，第4页。

2. 印顺法师对文殊与普贤的考证

印顺法师在肯定文殊与普贤特德所表征的大乘佛教价值体系的同时，用历史考证的视角对二大菩萨的来源进行了审视，他注意到文殊与普贤的"传说"性质，说道："在初期的佛教中，并无文殊与普贤的传说；这也不是印度教固有的大神。文殊与普贤菩萨的出现，真是值得注意的事。"[①]因而他对这两大菩萨的出现进行了详细的考证，他认为文殊的出现与舍利弗、梵王有关，普贤的出现与目犍连、帝释有关。

在文殊与舍利弗的关系方面。印顺法师认为二者在德行与教化的表征上相似，文殊主智，舍利弗则被佛陀记为"智慧第一"，二者都被尊称为"法王子"，负责启迪正见的教化重任，"舍梨子以正见为导，生诸梵行者如生母；文殊教化诸佛发菩提心，被称为诸佛的老师"[②]。"这实为同一事实的不同说明。"[③]印顺法师还认为文殊与舍利弗的出生地有一致性[④]，文殊的坐骑青狮与舍利弗的狮子吼传说[⑤]也有相似性。

在普贤与目犍连的关系方面。印顺法师认为二者所表征的德行相同，普贤主行，目犍连则被佛陀记为"神足第一"，而神足通即为"行"。印顺法师还认为普贤坐骑为白象，这与目犍连的白象传说[⑥]有相似性。

舍利弗与目犍连是佛陀在人间的双贤弟子，印顺法师认为从舍利弗到目犍连与从文殊到普贤所表征的修行次第具有同样的意义。他说："舍利弗教人得正见，入佛法；目犍连护育长养，使比丘们究竟解脱：这是声闻

---

① 释印顺：《文殊与普贤》，载《佛教史地考论》，中华书局2011年版，第154页。
② 释印顺：《文殊与普贤》，载《佛教史地考论》，第155页。
③ 释印顺：《文殊与普贤》，载《佛教史地考论》，第155页。
④ 释印顺："舍利弗是摩竭陀的'那罗'聚落人，文殊也有同一的传说，如《文殊师利般涅槃经》说：'此文殊师利，有大慈悲，生于此国（摩竭陀）多罗聚落……于我所出家学道。'"（释印顺：《文殊与普贤》，载《佛教史地考论》，第156页）
⑤ 舍利弗入涅槃时即是依狮子奋迅定，他也曾自称自己的"狮子吼"，"能一日乃至七日，以各式各样的文义来解说佛说"。（释印顺：《文殊与普贤》，载《佛教史地考论》，第155页）
⑥ 目犍连入涅槃时即依香象嚬呻定，他也曾在定中听到白象哮吼，坐着"六牙白象"飞去满富城。

道的始终次第"[1]；文殊则教人发菩提心，"此后参学修行，末了见普贤菩萨，入普贤行愿而圆满"[2]，这是菩萨道的始终次第。

在文殊与梵王的关系方面。印顺法师认为文殊与梵王的形象相同，文殊像以五髻童子为主，梵王童子像亦"首分五顶"[3]或"头五角髻"[4]，印顺法师对此感叹道："文殊的五髻童子相，岂非即梵王的形态！"[5]而且印顺法师认为二者与梵文字母都有很深的渊源，印度传说梵语即为梵王诵出，"在大乘法中，有阿字为初的四十二字门；字母最初的五字……就是文殊师利的根本咒。《文殊师利问经》，也有关于字母的解说"[6]。印顺法师认为他们还彰显了吠檀多哲学与大乘空性的融合，说道："婆罗门教的吠檀多哲学，在大乘佛教中，被放在缘起无我的基础上，修改而融摄它；平等空性的充分发挥者，在大乘经中，无疑的是文殊菩萨。"[7]

在普贤与帝释的关系方面。印顺法师主要是以密教与夜叉为关节考察了普贤与帝释间千丝万缕的关系：普贤被奉为密教的主持者，在密教中示现为夜叉群的主，有"金刚手"的称谓，而密法主要在须弥山宣说；帝释所住即为须弥山顶，他"是天龙八部，特别是夜叉群的王"[8]，也有"金刚手"的称谓。印顺法师认为帝释、夜叉群与密教有着密切关系，如密咒与夜叉语有关，"夜叉的语句隐密，而秘密教的'语密'，也由夜叉群来住持"[9]。"密宗的双身法，也与欲天——帝释天也还是两性和合有关。"[10]除此之外，"普贤的坐六牙白象，与帝释坐的六牙白象，恰好一致"[11]。

---

[1] 释印顺：《初期大乘佛教之起源与开展》，第 400 页。
[2] 释印顺：《初期大乘佛教之起源与开展》，第 400 页。
[3] （唐）玄奘译：《阿毗达磨大毗婆沙论》，CBETA 2023，T27，No.1545，第 670 页下。
[4] （后秦）佛陀耶舍共竺佛念译：《长阿含经》，CBETA 2023，T01，No.1，第 32 页中。
[5] 释印顺：《文殊与普贤》，载《佛教史地考论》，第 157 页。
[6] 释印顺：《初期大乘佛教之起源与开展》，第 401—402 页。
[7] 释印顺：《文殊与普贤》，载《佛教史地考论》，第 157 页。
[8] 释印顺：《初期大乘佛教之起源与开展》，第 403 页。
[9] 释印顺：《文殊与普贤》，载《佛教史地考论》，第 159 页。
[10] 释印顺：《文殊与普贤》，载《佛教史地考论》，第 158 页。
[11] 释印顺：《文殊与普贤》，载《佛教史地考论》，第 157—158 页。

梵王与帝释曾祈请佛陀说法,佛陀从忉利天下来时以及去满富城长者家时,都是梵王在右,帝释在左,因而印顺法师认为他们"逐渐取得了天国弟子中'第一双'的地位"[1]。这样,印顺法师便建构起了两种胁侍结构:舍利弗—佛陀—目犍连、梵王—佛陀—帝释,前者在佛陀行化的人间,后者在佛陀行化的天国,而华严三圣的胁侍结构则为:文殊—毗卢遮那佛—普贤。印顺法师认为毗卢遮那佛即人间的释迦,只是大乘佛教中真实的成佛,是在色究竟天的最高处,人间的佛陀"这才与摩醯首罗——大自在天相结合。以此为本尊,梵王与帝释也综合了舍利弗与目犍连的德性,融铸成文殊与普贤二大士。毗卢遮那与文殊普贤的佛国,这样的建设起来"[2]。

印顺法师做了进一步总结:

> 梵王为主,融摄舍利弗的德性,形成文殊师利。帝释为主,融摄大目犍连的德性,成为普贤。人间、天上的二大胁侍,成为二大菩萨;二大胁侍间的释迦佛,就成为毗卢遮那。[3]
>
> 大乘佛教的佛陀,可说是虚本位的。真实发扬佛教的,是菩萨,尤其是文殊与普贤。……大乘佛教中,释迦被升到天国的色究竟天,抽象的唯心的德性扩展,缺乏了人间佛教的亲切性,也就缺乏了道德的感化力,这不能成为一般的归信对象。因此,佛的德性,不得不表现于文殊、普贤——梵天与帝释的神性中。[4]

这就是印顺法师对文殊与普贤的出现所考证的最终成果,也揭示了他对大乘特质的一些看法。他认为大乘佛教将释迦"虚本位"化,取消了释迦本所具备的"人间佛教的亲切性""道德的感化力",从而使其不再成为"一般的归信对象",在释迦身上所消失的这一切都转由大乘佛教构建

---

[1] 释印顺:《文殊与普贤》,载《佛教史地考论》,第159页。
[2] 释印顺:《文殊与普贤》,载《佛教史地考论》,第160页。
[3] 释印顺:《初期大乘佛教之起源与开展》,第403页。
[4] 释印顺:《文殊与普贤》,载《佛教史地考论》,第160页。

起来的菩萨来开展,佛的"德性"表现于菩萨的"特德"中,菩萨负担起"真实发扬佛教的"重任。这与他对大乘菩萨出现的基本看法相合,如谓:"大乘初期的佛菩萨,主要是依佛法自身的理念或传说而开展,适应印度神教的文化而与印度文化相关涉。"①

这样,包括文殊与普贤在内的大乘菩萨就成为大乘佛教中"被发明的传统",是大乘佛教勃兴之时依印度神教文化与部派佛教的旧形式,创造性地构建出显扬大乘精神的新菩萨,"它是人的一般化,也是神的超越化"②。质言之,包括文殊与普贤在内的大乘菩萨是大乘佛教勃兴时构建出的新形象,这是"宗教意识之新适应"③,而非佛教固有,也非确有实体的超人间存在,其作用只是表征"特德",作为彰显大乘精神的象征而存在。

那么在这样的认知下,诉诸菩萨的神力护佑意义不大,印顺法师主张大乘行者要重于学习菩萨的"特德",体验并落实其中所彰显的大乘精神,如他在《青年的佛教》中特意摘录了普贤十大行愿"作为大家时常思念、时常诵习、时常发愿、时常实行的准绳"④。印顺法师还为大众阐明人人都能做菩萨的道理,劝人学习菩萨精神:

> 我们如肯学菩萨上求下化的精神,我们当下就已经是菩萨了,不过是初发心菩萨。由浅至深,……如小学一年级到大学,同样名为学生,只是学力的差别而已。所以,如人人能上求下化,人人都发菩提心、行菩萨行,人人即是菩萨。⑤

为了使人不迷惑于神力,印顺法师还特别说明了与菩萨"同类相感"的真义:

---

① 释印顺:《初期大乘佛教之起源与开展》,第 396 页。
② 释印顺:《文殊与普贤》,载《佛教史地考论》,第 159—160 页。
③ 释印顺:《初期大乘佛教之起源与开展》,第 395 页。
④ 释印顺:《高级佛学教科书》,载《青年的佛教》,第 147 页。
⑤ 释印顺:《药师经讲记》,载《印顺法师佛学著作全集》卷二,第 22 页。

> 每一大菩萨，表征了一种不同的德性，慈悲即观音菩萨的德性。我们如果不杀生，而且对一切众生能予以普遍的爱护，那么我们的心行就与观音的慈悲相应。相应则相感，这即是"同类相感"的道理。所以，我们内心的信仰，要能表现在外表的行动上，现实的行为，要能与观音菩萨的慈悲行相应。这才是我们今天对观音菩萨应有的真正纪念！①

印顺法师认为与菩萨的"同类相感"实质上是德性的相合，而非超人间的存在与人的交涉。

可以说，印顺法师对文殊与普贤的解读有两个维度，一个是彰显菩萨之"特德"，一个是对菩萨的来源加以考证。经过印顺法师的考证，文殊与普贤并非像传统佛教认为的那样是佛教固有、确有实体的超人间存在，而是大乘佛教勃兴时构建而成的象征性存在，大乘佛教意在以菩萨的"特德"彰显大乘的价值体系。如此一来学习菩萨"特德"也就成为大乘行者的重中之重，而非诉诸神力。

（二）星云法师的菩萨观：超人间的存在所流出的"特德"

星云法师同印顺法师一样，也肯定了菩萨是以"德行"表征大乘佛教的价值体系，文殊、普贤各有其"特德"，在星云法师编著的《佛光教科书》中对文殊菩萨的"特德"表述如下：

> 文殊曾在过去世教诫、启发如来智慧，……因此又被人称作"三世觉母"。而在诸多经典中，则推崇文殊为诸佛之师。……还有"五髻文殊"的形象，这是表示五智、五佛……在在显露出文殊菩萨的绝妙睿智与灵巧说机。……文殊菩萨善说法要，有些疑难的问题经他解

---

① 释印顺：《佛法是救世之光·观世音菩萨的赞仰》，载《印顺法师佛学著作全集》卷十，第36页。

说，即能恍然大悟。说法时，经常引用说喻、反诘、引证、否决、机锋来警醒众生，善巧开导，具有独到风格。……文殊菩萨是佛陀的法王子，……文殊菩萨是每一个佛子学习的对象，文殊菩萨是佛教的骄傲与光荣，文殊菩萨是智慧的化身……文殊菩萨是力量的示现，他可以拯救众生远离苦难。[①]

该教科书在表述普贤菩萨的"特德"时还提及了文殊菩萨，以阐明二者的关系：

> 普贤菩萨是华严三圣之一，是有名的大愿王，……是毗卢遮那佛的胁侍，与金刚萨埵同体，是佛陀的助理，也是法门的护法。……一般文殊、普贤常是并称的……文殊表示智、慧、证三德，而普贤则显示理、定、行三德，合为解行并重。如善财童子的五十三参，乃文殊菩萨开始，表示为从智慧而契入，最后向普贤问道，五十三参圆满，表示从行而证悟，故有所谓："文殊般若自在，普贤三昧自在。"即为定慧合一之义。……普贤菩萨在因地修行时，发下十大愿行，作为修行法门，期能圆满佛果，吾辈学人可效法"普贤十大愿"作为修行目标。……普贤菩萨是大乘佛教行愿的象征，是实践菩萨道的行为典范，以普贤的行愿加上文殊的智慧，就是把行愿和理论结合在一起，如此则能究竟圆满大乘佛道[②]。

可以看到，星云法师同样表达了文殊的特德——大智与普贤的特德——大行，这些德行被赞誉为"佛教的骄傲与光荣""大乘佛教行愿的象征""实践菩萨道的行为典范"，这和印顺法师对文殊与普贤德行的表述

[①] 释星云编著：《第五课 智者文殊菩萨》，《星云大师全集》第三类"教科书"第73册《佛光教科书3 菩萨行证》。
[②] 释星云编著：《第六课 普贤菩萨的大愿》，《星云大师全集》第三类"教科书"第73册《佛光教科书3 菩萨行证》。

只有详略开合、语言风格上的不同，不存在"质"的差别。

二者间的相异性在于对文殊与普贤的存在形式有不同看法，上文已述印顺法师用考证的方式，将菩萨视为彰显大乘精神的象征性存在，而非确有实体的超人间存在，在星云法师的表述中则找不到类似的看法。

星云法师不宣扬神异、灵感等事，但他并不否认有超人间力量的存在，如他说："我在弘法讲演时，很少讲说灵感的事迹；撰写文章时，我也很少叙述奇异的故事。但这并不表示我不相信灵感的存在。"①"其实在佛光山经常有许多神妙的事情发生，佛门的灵异就是这样不可思议。"②星云法师在自传《合掌人生》中专设"灵感"一节，讲述他对神异灵感的看法，其中提及了一些他亲历的神异灵感事迹，如观音菩萨开智慧，不敬法会者瘫软在地、忏悔后又立刻恢复，大悲殿传出奇妙课诵声，法会时出现的灯花佛菩萨像，迎请舍利时出现的"金光大道"，共修时的"天公作美"，躲过本应死亡的灾难等。

这些神异灵感事迹在非宗教信徒看来或许荒诞不经，其实就连星云法师自身也表示了相当程度的惊讶，他相信这些事迹是超人间力量所发挥的作用，是穷尽了其他可能性的结果，如说："可是大家确确实实都看到了金光大道，这么奇妙的事，我们不赞叹佛陀的威德灵感，又怎么能解得呢？"③"这种情况不但经常发生，甚至数十年都是如此，所以真的应该感谢护法龙天，冥冥之中给我们很多的护持、帮助。"④"照说应该是与土石俱亡了，然而却能侥幸躲过，因此我也只有在心里默默地感谢诸佛菩萨的庇佑了。"⑤当然，在星云法师言说的他自身亲历的神异灵感事迹中尚未发现直接与文殊、普贤菩萨有关的，但他在以上事迹中所选择相信的"佛菩

---

① 释星云：《合掌人生》，江苏文艺出版社 2014 年版，第 225 页。
② 释星云：《佛光会员的自我提升与弘化方向》第四类"讲演集"第 139 册《随堂开示录 16 集会共修（2）》。
③ 释星云：《合掌人生》，第 230 页。
④ 释星云：《合掌人生》，第 231 页。
⑤ 释星云：《合掌人生》，第 232 页。

萨"自然是包括这两位大乘上首菩萨的。

而且佛光山曾编有多册《佛光山灵感录》，其中包括很多佛菩萨的神异灵感事迹。在《普贤殿与普贤农场》的摄制短片中，慧义法师讲述到有台湾南鲲鯓的信众，受到神明指示特意到佛光山普贤殿朝拜的奇异事迹。[1]这些都是经过星云法师审核、推荐的著作与影视作品，说明星云法师相信确实具有神异力量、超人间存在的"菩萨"，至少是不同于印顺法师那样仅仅把"菩萨"视为特德的象征性存在。

星云法师虽不否认"菩萨"是超人间的存在，但他每每说完神异灵感事迹时，总是提醒信众不要执着神异灵感，更不要去刻意宣扬，最重要的是修自己的心，传播道德、智慧、正知正见，如说："佛陀开眼不开眼，不重要；重要的是，要开我们的心。我们的信心门要开，要找到自己内心的宝藏，这个才是重要。"[2]"我们有信仰的人不要传播神迹，反而要传播道德、传播智慧、传播正知正见；传播合理的、必然的、普遍性的、平等性的道理，让大家形成共识，而不是只有某些人看得到，大部分人看不到。"[3]为了使人摆脱对神秘力量的追求，星云法师还对"异相感应"做了符合人间佛教性格的阐扬，如说："异相感应无非是有为诸法的变现，如同空华水月，正信佛弟子应以平常心视之，感应只是启发信心，不应耽着留恋，妄执为所缘。"[4]

可见，星云法师在肯定世间确有包括大乘菩萨在内的超人间力量存在的同时，主张不执着、不宣扬神异灵感。依据这样的认知，文殊与普贤的特德就是超人间的存在——文殊、普贤本体本所具有、流衍而出的

---

[1] 《台湾高雄佛光山·第14集 普贤殿与普贤农场》，《点燃薪火——佛光山的故事》，佛光山电视弘法基金会，2009年，网址：http:// www.fgs.video/，访问时间2024年4月5日。

[2] 释星云：《与佛菩萨感应记》，《星云大师全集》第六类"传记"第239册，《百年佛缘2 生活篇（2）》。

[3] 符芝瑛：《云水日月——星云大师传》，北京出版社出版集团、北京十月文艺出版社2006年版，第255页。

[4] 释星云编著：《第十九课 神异》，《星云大师全集》第三类"教科书"第79册《佛光教科书9 佛教问题探讨》。

伟大德行，这一德行代表了大乘佛教的精神。对于菩萨的信仰应重于对菩萨德行的学习，因而他同印顺法师一样主张以菩萨为修学的榜样。在星云法师所编的《佛教丛书》中，他专门讲述了发心修菩萨道的重要性和必要性，并抄录包括文殊与普贤在内的四大菩萨行愿，"以为佛子效法"①。星云法师认为只要发心行菩萨道，与菩萨的德行相应，人人都能成为菩萨，如说：

> 人人都可做菩萨，只要肯利益社会大众，以自己的能力、知识帮助他人，满足众生需要，当下就是菩萨。②
> 从自身去奉行菩萨大悲救苦救难的精神，自己带给别人感动，谁奉行观世音菩萨的慈悲，谁就是现身的观世音菩萨，我们每个人都可以做观世音菩萨，这是我们应有的认识。③

可以看到星云法师与印顺法师在高扬菩萨的德行，鼓励大众修学菩萨道，从而与菩萨的德行相应方面也是一致的。

至此，星云法师与印顺法师对文殊与普贤的解读模式已较为清晰地展现出来。事实上，二人的解读有高度一致的部分，他们均重于阐明菩萨的德行，极力劝导大众修行大乘佛教的菩萨道，告诫大众做到在德行上与菩萨相契，才是真的与菩萨感应道交，反对将信仰诉诸神力护佑的"怪力乱神"。差异则在于二者对大乘菩萨的存在形式有不同的看法，印顺法师认为大乘菩萨是大乘佛教兴起过程中被构建而出的象征性存在，星云法师则认为大乘菩萨是确有实体的超人间存在。这样大乘菩萨的特德就变成了"大乘兴起时构建而成"与"超人间存在流衍而出"两种形成模式，加诸

---

① 释星云编著：《如何实践佛法·第二篇 发心立愿》，《星云大师全集》第三类"教科书"第44册《佛教丛书2 教理（2）》。
② 释星云：《菩萨的行为》，《星云大师全集》第五类"文丛"第180册《星云法语3》。
③ 释星云：《人海慈航：怎样知道有观世音菩萨·第五章 观音力》，《星云大师全集》第一类"经义"第10册。

二者对诉诸神力的反对，也就形成了两种对大乘菩萨的解读逻辑：印顺法师认为大乘菩萨本身就是构建而出的象征性存在，寻求他们的神力护佑意义不大，所以要重于对菩萨所彰显的德行——大乘精神的学习；星云法师认为虽然大乘菩萨是确有实体的超人间存在，但应平常心视之，重要的是对菩萨所彰显的德行——大乘精神的学习。

二者之所以重于开显菩萨的大乘精神，而反对过分的神力崇拜，一方面自然是"正信"佛法的理论要求，一方面其实也是对明清盛行的"鬼神佛教"的纠偏，但印顺法师用考证的方法消解了传统佛教中大乘菩萨作为确有实体的超人间存在的基础，使之变成纯粹的象征性存在，是一种摧毁式纠偏；星云法师采取的策略则是承认其为确有实体的超人间存在，但不厌其烦地强调学习大乘精神更为重要，这是一种疏导式纠偏。

三 印顺法师与星云法师在传统佛教中的身份认同：非宗派徒裔与临济正传

印顺法师与星云法师都是从传统佛教中走出的现代人间佛教导师，但二者对自身在传统佛教中的身份有着不同定位，这体现了二者在传统佛教宗派传承中不同的认同感，这种不同的身份认同也为各自的法脉合法性带来了不同的境遇。

（一）非宗派徒裔的印顺法师

传统佛教，尤其是禅宗内有剃派与法派之分，剃派是指僧人出家剃度时的传承关系，这一关系可称为"师徒"；法派是指僧人在学习佛法过程中建立起来的传承关系，这一关系可称为"法徒"。虽然僧人具备剃派或法派的其中一种传承时就可自称某某宗传人，但最初两种身份区分明显，僧人出家时剃度即可获得剃派身份，但未必能获得法派身份，法派身份需要一定的修学才能求得，而且所受的法派与其剃派身份不必一致，如获得临济剃派身份的僧人，也可到曹洞处求得付法[1]，佛教内部也更重视法派的传承。但随着法卷的滥传以及明嘉靖礼制改革的冲击，剃派地位开始上升，剃派与法派在禅门内变得同等重要。

印顺法师剃派身份的获得即在其出家处——普陀山福泉庵，他1930年在此处依止清念法师出家，法名印顺，内号盛正。该寺所传为临济宗鹤鸣祖庭支脉，有派辈诗56字："景文广清盛厚长，顿悟妙玄静宗彰。道显一乘中真满，化法如幻普宣扬。圆修三学性本空，达明根源万古同。密解正经方证得，续传慧济永昌隆。"[2] 清念法师为此中的"清"字辈；印顺法师承继其下，为"盛"字辈；印顺法师的男众弟子也依序相接，如"厚"字辈的厚观、厚贤等。为了给女众弟子起名，印顺法师从临济鹤鸣祖庭支脉"盛"字下另演派辈诗16字，曰："盛慧德纯，慈深心彻，志存普济，化道延长。"[3] 因而其女众弟子有"慧"字辈的慧璋、慧润等。这种另演派辈诗的做法，在禅宗中很常见，并非别立他宗，而是在临济鹤鸣祖庭下另立支脉。

按照这一传承关系，印顺法师及其剃度弟子的剃派身份即为禅宗临济宗，但他认为："这是不用接法的，也不能付法，只是出家剃度的关系，毫无'法'派的意义。"[4] 他引用憨山德清的话来阐明自己对仅依剃派就称自己是某某宗传人这种做法的不认可：

> 然明（朝）国初，尚存典型，此后则宗门法系蔑如也，以无明眼宗匠故耳。其海内列刹如云，在在皆曰本出某宗某宗，但以字派为嫡

---

[1] 付法者要在"法卷"上添加被付法者的名号并将该法卷传给被付法者，法卷渐渐成为付法的最重要的标志物。
[2] 侯坤宏：《关于印顺法师的名号、籍贯、年龄与眷属》，《法光》2007年总第218卷。
[3] 慈济精舍"印公导师纪念馆"藏印顺法师墨宝。
[4] 释印顺：《中国佛教琐谈·——付法与接法》，载《印顺法师佛学著作全集》卷一二《华雨集（四）》，第109页。

（传），而未闻以心印心。①

　　五十年来，师弦绝响。近则蒲团未稳，正眼未明，遂妄自尊称临济几十几代。於戏！邪魔乱法，可不悲乎！②

从这里可以看到，印顺法师与憨山德清一样对没有"以心印心"的传承给予了否定，他认为这种纯粹的剃派传承只"以字派为嫡"，缺乏实质的"法"的意义，是可悲的，因而他对自己依剃派所取得的"临济宗"身份并无认同感。

那么印顺法师是否有在法派上寻求临济传人的身份呢？资料显示印顺法师不仅没有在法派上寻求临济传人的身份，而且从未接过禅门内任何一宗的法卷，他直截了当地表达了自己在整个禅宗中都不存在身份认同：

　　因为我不是达摩、曹溪儿孙，也素无揣摩公案、空谈禅理的兴趣。③

"达摩"是中土禅宗初祖，"曹溪"即是禅宗六祖慧能，印顺法师说自己不是他们的儿孙，就是对自己禅宗传人身份的否定；"素无揣摩公案、空谈禅理的兴趣"一句也表达了印顺法师对禅宗义理缺乏兴趣，因而也不可能成为禅宗传人。

印顺法师不仅不承认自己是禅宗子孙，甚至不承认自己是任何宗派的徒裔，如说："我不想做一宗一派的子孙，不想做一宗一派的大

---

① 《紫柏尊者全集》，转引自释印顺《中国佛教琐谈·一一 付法与接法》，载《印顺法师佛学著作全集》卷一二《华雨集（四）》，第109页。印顺法师文中标注该段出自憨山德清在《紫柏尊者全集》（《卍续藏》一二六册）中所说，但笔者未找到，在《憨山老人梦游集》中找到了类似话语："至我明国初，尚存典型。此后宗门法系蔑如也，以无明眼宗匠故耳。其海内列刹如云，在在僧徒皆曰本出某宗某宗。但以字派为嫡。而未闻以心印心。"引自（明）憨山德清：《憨山老人梦游集》，CBETA 2023，X73，No. 1456，第607页下。
② （明）憨山德清：《憨山老人梦游集》，CBETA 2023，X73，No. 1456，第655页上。
③ 释印顺：《神会与坛经——评胡适禅宗史的一个重要问题》，载《无诤之辩》，第40页。

449

师。"[1] "但我不是宗派徒裔,不是学理或某一修行方法的偏好者。"[2] "我不属于宗派徒裔,也不为民族情感所拘蔽。"[3] 印顺法师之所以这样说源于他的修学态度:

> 为学之方针日定,深信佛教于长期之发展中,必有以流变而失真者。探其宗本,明其流变,抉择而洗炼之,愿自治印度佛教始。[4]
>
> 我的修学佛法,为了把握纯正的佛法。从流传的佛典中去探求,只是为了理解佛法……泛神化的佛法,不能蒙蔽我的理智,决定要通过人间的佛教史实而加以抉择。[5]
>
> 但我不是宗派徒裔,不是学理或某一修行方法的偏好者。我是为佛法而学……所以在佛法的发展中,探索其发展的脉络……而作更纯正的、更适应于现代的抉择。[6]
>
> 我不是从事纯宗派的研究,……我不想做一宗一派的子孙,不想做一宗一派的大师。……我要追究佛法的真理,想了解佛法的重要意义。……我之所以东摸一点,西摸一点,只是想在里面找到根本佛法,与它所以发展的情形。[7]

印顺法师认为佛教在长期的历史发展中"必有以流变而失真者",因而希望考察"人间的佛教史实",明乎"发展的脉络",而拣择出"纯正"

---

[1] 释印顺:《研究佛法的立场与方法》,载《印顺法师佛学著作全集》卷一二《华雨集(五)》,第45页。
[2] 释印顺:《契理契机之人间佛教》,载《印顺法师佛学著作全集》卷一二《华雨集(四)》,第21页。
[3] 释印顺:《说一切有部为主的论书与论师之研究·序》,中华书局2009年版,第3页。
[4] 释印顺:《印度之佛教·自序》,第2页。
[5] 释印顺:《游心法海六十年·对佛法之基本信念》,载《印顺法师佛学著作全集》卷一二《华雨集(五)》,第36—37页。
[6] 释印顺:《契理契机之人间佛教》,载《印顺法师佛学著作全集》卷一二《华雨集(四)》,第21页。
[7] 释印顺:《研究佛法的立场与方法》,载《印顺法师佛学著作全集》卷一二《华雨集(五)》,第44—45页。

的佛法。这是正本清源、简别真伪的修学态度，故不能以一宗一派为限制或圭臬，而要超越宗派视角与情结，尽可能以全体佛教史为考察对象。

印顺法师这种"非宗派徒裔"的表态，就修学来说有着恢弘的气魄，但他并不将"非宗派徒裔"的表态圈定在修学的层面，而是内化为自己始终不变的身份定位，从不寻求在宗派内安立自身，凡有人将之归为一宗时，他都予以否定，即便是面对他所青睐的、判定为究竟的性空系，他也说道："我不能属于空宗的任何学派，但对于空宗的根本大义，确有广泛的同情！"[①]印顺法师这种非宗派徒裔的身份定位与非宗派徒裔的修学态度紧密连接在一起，使其抉择纯正的佛法时不受宗派情感的影响，也为他所抉择出的"纯正"佛法提供了更高的价值保障。

可以看到，印顺法师不承认自己业已获得的剃派身份——禅宗临济宗传人，他认为这没有"法"的实质意义，但他也没有接过法卷，不存在禅宗法派传人的身份。而且在佛教其他宗派内他也没有身份认同，这源于其非宗派徒裔而正本清源、简别真伪的修学态度。印顺法师为了保障抉择出的纯正佛法具有客观性与权威性，不惜将非宗派徒裔的修学态度内化为身份认同，至于传统佛教所重视的宗派传承则完全不在他考虑的范畴内。这就意味着印顺法师在传统佛教的宗派传承上没有身份的合法性与正统性，任何宗派在书写自宗谱系时也都不会将其纳入，而且明嘉靖礼制改革后，剃派身份有着相当重要的地位，明末临济宗僧人费隐通容编《五灯严统》时就将那些剃派身份不明的僧人置入带有贬义的"未详法嗣"中，在这一语境下印顺法师对自己临济宗剃派身份予以否定要比"未详法嗣"还严重，近乎是自掘"根脉"之举，这与星云法师对"根脉"的重视形成鲜明对比。

（二）临济正传的星云法师

星云法师同印顺法师一样也有着临济宗的剃派身份，他1938年在栖霞山礼志开法师出家，法名今觉，内号悟彻。按照禅林传统，栖霞山为十

---

① 释印顺：《中观今论·自序》，载《印顺法师佛学著作全集》卷四，第1页。

方丛林，不能收徒纳众，因而星云法师的出家祖庭实质是其师出家地——宜兴大觉寺，该寺所传为临济宗普陀后寺派，有派辈诗48字："湛然法界，方广严宏，弥满本觉，了悟心宗，惟灵廓彻，体用周隆，闻思修学，止观常融，传持妙理，继古贤公，信解行证，月朗天中。"①志开法师有内号"了然"，就是其中的"了"字辈；星云法师继承其下，为"悟"字辈；佛光山剃度的徒众，不分男女都依此字派续接，如"心"字辈的心保、心光等。

按照这一剃派传承，星云法师已经可以称为临济传人，但他不仅有剃派的传承，而且还接了临济宗的法卷，有着法派的传承关系。星云法师的法卷由志开法师的法兄月基法师付给，在法卷中月基法师与志开法师是临济宗"第四七世"，星云法师以"星云镜慈禅师"②的称谓忝列其后，为临济宗"第四八世"，该法派因上承临济宗幻有正传禅师③，故可称"临济正宗"。根据这样的法派传承，星云法师可被称为临济正宗第四十八代传人。

星云法师对其临济宗传人的身份有着相当强烈的认同感，他不止一次公开表示自己是临济宗传人，如说："所谓'临济儿孙满天下'，全世界十分之七、八的出家人，统统都是临济禅师的徒子徒孙，我当然也是。"④与印顺法师认为剃派传承无实质意义而予以否定不同，星云法师这种对临济宗身份的认同是既肯定自身的剃派临济传人身份，也肯定自身的法派临济传人身份。他每每谈到自己的剃派身份时，都流露出了对该传承的认可与对祖庭深深的依恋：

---

① （清）守一编：《宗教律诸宗演派·临济源流诀》，CBETA 2023，X88，No. 1667，第560上。
② 《佛光山开山四十周年纪念特刊·第一册 佛光宗风》第五篇 佛光山的薪传·二、法卷"佛光山法卷"。网址：http:// etext.fgs.org.tw/fgs40/
③ 张雪松：《佛教"法缘宗族"研究：中国宗教组织模式探析》，中国人民大学出版社2015年版，第101页。
④ 释星云：《重振临济祖庭雄风》，《星云大师全集》第四类"讲演集"第149册《随堂开示录26 各类致词（2）》。

> 各宗派有各宗派传承的"字",师父是属于哪一个宗派,就依那个宗派的"字"替徒弟起名字。像我是临济宗的子孙,我也有依这个宗派而取的字号。临济宗派下为弟子起名字,是依据《临济宗法脉偈语》而取……从这个字号一看就知道,我们是属于临济宗普陀派。这首偈语……一代一代传承下来,现在已经到了"弥满本觉,了悟心宗"。①
>
> 在大陆宜兴的大觉寺叫做"祖庭",它的重要性不差本山。我们的法脉是从那里开始的,我们要寻根,不能忘祖。……每个佛光弟子都要关心祖庭。……我在那里住了一、两年,一直感受到那里泥土的芬芳,一草一木都与我的身心、血液融为一体,所以我每天山前山后走,踏在这片土地上的时候,心里就想:"这是我的祖庭!"……我有机会再回去复兴,心情更是激动……大海之水,我只取一瓢饮,认定自己的根很重要!有根,才能成长,没有根,哪里有希望呢?②

星云法师在这里强调了根脉的重要性,他认为有根才能成长、才有希望,他点明自己剃度出家的祖庭及依此而出的临济宗剃派传承就是佛光弟子的"根",一切都从这里开始,并以文学性的手法描写自己与祖庭一草一木融为一体的真挚感情,告诫众弟子祖庭的"重要性不差本山""我们要寻根,不能忘祖"。

在星云法师谈到自己的法派传承时,他昂扬着作为禅宗临济正宗第四十八代传人的自信与喜悦:

> 佛光山是一个有传承的道场。……释迦牟尼佛把佛法的心要传给大迦叶……传到了六祖惠能大师,一花开五叶。……有一个最大的宗

---

① 释星云:《第一讲 常住意义》,《星云大师全集》第三类"教科书"第85册《僧事百讲3 道场行事》。
② 释星云:《有用之人》,《星云大师全集》第四类"讲演集"第133册《随堂开示录10 青年勉励(3)》。

453

派叫做"临济宗"。向各位报告,我就是临济宗第四十八代,可能你们不知道,我是真正受过法、受过传法的,我有证明的法卷,等于是有玉玺、有印章的印证。……我又继续传法给心平法师,是为第四十九代。……我把过去在大陆所受的法传到台湾来,让你们得到我的传法,做第二代的弟子……向大家骄傲地、不客气地说,我要在你们面前作证,我是有资格传法的人。现在有一些信徒也懂得,他们会说:"佛光山不是一个忽然'蹦!'冒出来的寺庙、道场,我们也不是随便去找一个师父皈依的,这个法渊远流长,我们是一个有传承的道场。"你们是主人,要直下承担。……所以,传承是很重要、很重要的。①

星云法师在这里"骄傲地"宣布自己有着临济宗的法派传承,是临济宗第四十八代传人,并且他将这种法派的传承继续传递给了佛光山的第二代弟子。同谈到剃派的"根"一样,星云法师认为法派的这种传承也非常重要,在这样的传承下,佛光山就不会被人说成忽然冒出来的道场,而是成为继承着佛陀心要,"法渊远流长",有着合法性与正统性的道场。

可以看到,星云法师不管是对自己的剃派身份还是法派身份都展现出了深切的认同,他甚至为自己有着这样的身份而感到骄傲,他在制定《佛光山清规》时更是将这一身份认同固定化为整个佛光山的制度性规定:"佛光山法脉传承自临济宗,星云是临济宗第四十八代传人,佛光山第一代开山,亦是祖庭大觉寺中兴第一代开山。"②但星云法师这种对剃派身份与法派身份的认同不是含混的,他十分清楚二者的区别,如说:

现在佛光山这许多人也都是我的徒弟,但是我没有传法给他们,

---

① 释星云:《弘法利生的功德主》,《星云大师全集》第四类"讲演集"第138册《随堂开示录15 集会共修(1)》。
② 释星云:《第三章 佛光山教团组织章程·第十六条》,《星云大师全集》第九类"佛光山系列"第322册《佛光山清规1》。

现代人间佛教思想双重路径的展开

所以他们可以叫我师父，我们是师徒，但不是法徒。今后我必须在很多的弟子当中挑选、传法，未来他们才有根据，也才能传法。①

佛光山的僧众都是我的徒弟，但若是没有经过传法，只是师徒，而非法徒，法徒才具有传法资格。②

星云法师这里点明了剃派与法派的不同，佛光山的所有剃度弟子都有临济剃派的身份，但如只有剃派身份，那么与星云法师只是"师徒"关系，只有在接了法卷后，才具有临济法派的身份，才能成为星云法师的"法徒"。而在佛光山成为临济法派的传人需要一番遴选，也就是说不是所有的佛光山弟子都可以成为法派的传承人，星云法师对此也做了制度性规定："凡序级学士五级以上之徒众，经由宗务委员会评核通过者，得列入法卷之内。"③可见，星云法师对剃派传承有着深厚的情感，但更重视法派的传承，之所以如此是因为星云法师认为法派的传承是一件更为严肃的事情，和"正法久住"息息相关，如说："为令正法久住，'传法'在佛教是很重要的事。一个出家人，要有传法的老师，要有传承，才能上法卷。"④

星云法师这种对法派传承的重视与严格的遴选标准，在他自身的接法上也有着表现，他一生只接受一个法卷——与其剃度师志开法师同一法派的临济正宗，但其实明末以来佛教界就存在法卷滥传的弊病，常有一人接多法的情况，致使法卷的传承渐渐沦为明码标价的生意经，毫无"法"的

---

① 释星云：《弘法利生的功德主》，《星云大师全集》第四类"讲演集"第 138 册《随堂开示录 15 集会共修（1）》。
② 释星云：《佛光宗风》，《星云大师全集》第二类"人间佛教论丛"第 35 册《人间佛教语录 3 宗门思想篇》。
③ 释星云：《第三章 佛光山教团组织章程·第十九条》，《星云大师全集》第九类"佛光山系列"第 322 册《佛光山清规 1》。佛光山僧众序级分有五级："1 清净士：共六级，每级一年。2 学士：共六级，每级二年。3 修士：共三级，每级四年。4 开士：共三级，每级五年。5 长老。"（详参释星云《第四章 佛光山制度·佛光山僧众进级办法》，《星云大师全集》第九类"佛光山系列"第 323 册《佛光山清规 2》）
④ 释星云：《第一讲 常住意义》，《星云大师全集》第三类"教科书"第 85 册《僧事百讲 3 道场行事》。

实质与对"法"的敬意，星云法师在这种环境中并不随意接法，而是秉持着"大海之水，我只取一瓢饮"①的理念，且他自身对人传法时也要予以遴选，这种对传法的严格态度，有着恢复剃派与法派初立时积极意涵的实践倾向，颇具古德遗风。

星云法师对近代以来台湾地区佛教界法派传承的混乱也予以了批判：

> 有些人拜了师父，但是没有法系，也没有得到传承。台湾有许多老和尚收徒弟、传皈依，其实是不合格的，因为他没有法脉传承，传什么法呢？我是临济宗第四十八代的传人，有法卷，能传法、传皈依。②

> 现在，有百分之九十以上的出家人是没有受过法的。一般的出家人，虽然受过戒，但由于没有受过法，他就不能传法，譬如传授皈依，他就没有条件传了。③

这里说的"法系"就是指法派传承，星云法师认为只有真正有法卷的才有资格传法，否则就是不合格的，按照这一标准其实有高达"百分之九十以上的出家人是没有受过法的"，星云法师这一批判颇有捍卫传统佛教法派传承的意味。

那么星云法师对自己临济传人的身份如此热烈地拥护，是否与其"八宗并弘"的理念相悖呢？其实不然，星云法师对临济宗的身份认同只是就佛教的根脉性而言，他强调的是法要有源、尊师重道，临济宗给予了他剃派身份与法派身份，因而是他的"根"，这是对佛教传承的尊重，也是对

---

① 释星云：《有用之人》，《星云大师全集》第四类"讲演集"第133册《随堂开示录10 青年勉励（3）》。
② 释星云：《有用之人》，《星云大师全集》第四类"讲演集"第133册《随堂开示录10 青年勉励（3）》。
③ 释星云：《第一讲 常住意义》，《星云大师全集》第三类"教科书"第85册《僧事百讲3 道场行事》。

法脉合法性与正统性的维护，就如同个人的修行有其"下手处"一样，并不是对其他各宗的否定，也不妨碍在弘法层面的"八宗并弘"。

至此，印顺法师与星云法师在传统佛教中不同的身份定位已清晰显现出来，印顺法师虽有着临济宗剃派身份，但他对此身份毫无认同感，并且认为自己不属于任何宗派；星云法师则既有着临济宗的剃派身份，也有着临济宗的法派身份，他对这两种身份都表达了坚定的认可，并对位列临济正传有着满满的自豪感。二者对自身在传统佛教中的不同身份定位，并非对宗派优劣的判定，而是出于不同的需要，印顺法师为了保证抉择出的纯正佛法具有客观性与权威性，将非宗派徒裔的修学要求内化为身份定位，毫不顾忌传统佛教的传承规范，这在传统佛教的语境中近乎是自掘根脉之举；星云法师则出于对传统佛教传承规范的尊重，以及维护法脉合法性、正统性的需要，对自身的根脉——临济宗极其肯定，并展现出古德遗风激浊扬清，试图恢复剃派与法派在历史上更为积极的原初意涵。

四 结语

综上，由三个方面可以清晰地看到印顺法师与星云法师对传统佛教判摄的差异性。第一，在八宗的判摄方面。他们虽然都将传统佛教的八宗视为"方便"，但有着不同的判教体系，印顺法师在大乘三系的视角下判摄八宗，以"方便六义"的第六个意义层面，甚至工具理性的层面定位八宗，认为方便的八宗与究竟之间的相通性是或然的，虽有正向的价值，但较为有限；星云法师则在"同体共生"的视角下判摄八宗，以"方便六义"的第二至六个意义层面定位八宗，认为方便的八宗与究竟之间的相通性是必然的，具有极为正向的价值。第二，在包括文殊与普贤在内的大乘菩萨的解读方面。他们虽然都重视对大乘菩萨德行的彰明，号召信众学习菩萨精神，而反对沉浸于菩萨的神力崇拜，但印顺法师认为大乘菩萨是随着大乘佛教的兴起而构建出的象征性存在，星云法师则认为大乘菩萨是确有实体的超人间存在。第三，在传统佛教中的身份认同方面。他们虽然都有临济宗的剃派传承，但印顺法师对传统佛教的传承规范不以为然，不仅否定其临济宗的剃派身份，还将非宗派徒裔的修学态度内化为身份定位，以保障抉择出的纯正佛法具有客观性与权威性；而星云法师高度重视传统佛教的传承规范，不仅认可自己临济宗的剃派身份，还接了临济宗的法卷，成为他引以为豪的临济正宗第四十八代传人，并展现出古德风范，试图恢复剃派与法派原初的积极意涵。

可以看到，印顺法师对传统佛教的判摄更多地倾向贬抑与解构，与传统佛教形成了相当程度的紧张与对立；而星云法师对传统佛教的判摄更多地倾向肯定与升华，与传统佛教形成某种和解。这其实是二者人间佛教思想不同的价值追求，以及实现这一价值追求的不同方法所导致的结果。

印顺模式的人间佛教思想志在"振兴纯正的佛法"，如印顺法师所说："我不是复古的，也决不是创新的，是主张不违反佛法的本质，从适应现实中，振兴纯正的佛法。"[①] "确认佛法的衰落，与演化中的神化、俗化有关，那么应从传统束缚，神秘催眠状态中，振作起来，为纯正的佛法而努力！"[②] 因而印顺模式的人间佛教思想以正本清源、简别真伪为方法，抉择出纯正的佛法，并以此为标杆衡定其他佛法，离此越远的评价就越低、否定性就越强，展现出了极强的辨异风格。远离纯正佛法的传统佛教宗派、梵天化的大乘菩萨自然就成了需要贬抑或解构的对象，而无益于抉择纯正佛法的传统佛教宗派传承便被搁置在一旁。

星云模式的人间佛教思想志在"幸福人生之增进"，如星云法师所说："佛说的、人要的、净化的、善美的，凡是有助于幸福人生之增进的教法，都是人间佛教。"[③] "人间佛教的思想理念，主要是倡导生活的佛教，以促进

---

① 释印顺：《契理契机之人间佛教》，载《印顺法师佛学著作全集》卷一二《华雨集（四）》，第1页。
② 释印顺：《游心法海六十年·对佛法之基本信念》，载《印顺法师佛学著作全集》卷一二《华雨集（五）》，第37页。
③ 《我推动人间佛教》，《星云大师全集》第六类"传记"第249册《百年佛缘12 行佛篇（2）》。

人际间的和谐，带来社会的公平，达到世界的相互尊重包容，让所有人都能幸福安乐地生活为目标。"① 因而星云模式的人间佛教思想推崇非破坏性的"宁静革命"——"富有建设性和增上性的，具有除陋更新的意义，是一种让大家在不自觉中欢喜接受的改革。"② 这就注定了星云模式的人间佛教思想不会去树立一个正确的文化标杆来否定其他文化，而是以引导固有文化走向更积极、更正向的意义世界为方法，展现出了极强的圆融风格。因而在面对争讼不止的八宗、陷入神力崇拜的菩萨信仰、混滥的剃派与法派传承时，星云法师并不是予以贬抑或解构，而是在肯定的基础上予以建设和增上，引导八宗之间、究竟与方便之间走向团结平等，引导对神力的崇拜走向对大乘精神的学习，引导混滥的传承恢复原初的积极意涵。

两条不同的人间佛教思想展开路径为各自的人间佛教发展带来了不同的传统性资源，印顺模式的人间佛教所能利用的传统性资源较为稀薄，而星云模式的人间佛教则有较丰富的传统性资源可用。因而当印顺法师以小而精的学堂式道场探索大型丛林、小型子孙庙等传统制度之外的管理模式时，星云法师将传统大型丛林组织模式与现代民主管理体制相结合建立起规模宏大的总本山—别分院式的现代丛林③；当印顺法师的道场拒斥经忏佛事时④，星云法师的道场已经通过开显经忏佛事的积极意义使之成为有力的弘法手段；当印顺法师的道场废弃禅林传法卷的传统时，星云法师已将法卷的传承用于增进佛光山徒众的身份认同及总本山的凝聚力。

这种对传统性资源的不同吸收，使得两种人间佛教模式所具有的效力

---

① 释星云：《合掌人生》，第11页。
② 释星云：《我对佛教的宁静革命》，《星云大师全集》第六类"传记"第248册《百年佛缘11 行佛篇（1）》。
③ 本文讨论的印顺法师与星云法师的道场都是他们在世时亲手或委派徒弟建立的，不包括徒弟自行建立的道场，依这一标准，印顺法师的道场主要有四座：福严精舍、慧日讲堂、华雨精舍、妙云兰若；星云法师的道场则包括以佛光山为总本山的整个佛光山体系。
④ 如印顺法师在谈及为何要建立"慧日讲堂"时所言："我当时有一构想，佛教难道非应付经忏，卖素斋，供禄（莲）位不可！不如创一讲堂，以讲经弘法为目的，看看是否可以维持下去！"引自释印顺《平凡的一生》，中华书局2011年版，第84页。

也不同，韦伯在论述基于传统的秩序有效性时说道：

> 把传统视为神圣的东西而加以维护的态度，是秩序有效性最为普遍也最为悠久的根源。任何对长期习惯了的行为方式的改变，都会碰到心理障碍。不可解释的损失造成的恐惧，强化了这一心理障碍。形形色色的利益，又常常与在曾经有效的秩序里出现的服从关系联系在一起，并且为维持这一服从关系发挥着作用。[1]

如果将现代人间佛教视为这里的"秩序"，那么印顺模式的人间佛教与星云模式的人间佛教就是两种不同的"秩序"，根据前文所述不难发现，相较于印顺模式的人间佛教，星云模式的人间佛教更倾向于把传统佛教"视为神圣的东西而加以维护"，那么星云模式的人间佛教就较印顺模式的人间佛教有着更为普遍、更为悠久的根源，从而也有着更强的基于传统的"秩序有效性"。在现代人间佛教与传统佛教相交涉时，星云模式的人间佛教也更能减少对方的"恐惧"与"心理障碍"，二者更易形成对话之理解，正如星云法师所说："我认为改革并非打倒别人来树立自己，而是应该相互融和，因此我虽然主张佛教要革新，但也不排斥传统。"[2] 这也符合哲学诠释学中"传统，旧的东西，'与新的东西一起构成新的价值'"[3]的见解。也许这就是目前星云模式人间佛教在传统教界有着更广泛的理解，不乏接其法卷者[4]的原因之一，相反，印顺模式人间佛教自1950年代起时不时就会经受来自传统教界"漫天风雨"式的攻击。

目前来看，星云模式人间佛教的发展仍保持在较高水平，星云法师的辞世并未使其陷入"高原期"，也未出现道场的星散，佛光山总本山始终

---

[1] 〔德〕马克斯·韦伯：《社会学的基本概念》，胡景北译，上海人民出版社2020年版，第76页。
[2] 释星云：《合掌人生》，第334页。
[3] 程恭让：《哲学诠释学视域下的现代人间佛教及佛教传统再发明》，《华东师范大学学报》（哲学社会科学版）2019年第6期。
[4] 如隆相法师、真广法师、道坚法师、道极法师等。

保持着对别分院的控制力，而且佛光山近期在尝试塑造新的"卡里斯马型权威"①，这正是佛光山"依丛林古制，采现代民主决议"②的成果；而印顺法师所创立的道场在其辞世后就处于星散状态，各道场无法凝聚在"卡里斯马型权威"下进行统一调度。台湾的其他道场在第一代领导人辞世后，也都有着类似问题。

那么未来人间佛教发展的路径是否就意味着要以星云模式为圭臬？其实未必，星云模式人间佛教有着极大的规模与极强的调度力，犹如人间佛教的火炬，能够引领人间佛教的发展，但其高度的统一性也存在着一损俱损的风险；印顺模式人间佛教以小而精的方式发展，缺乏规模性与调度力，无法承担引领人间佛教发展的重任，但各道场以一流的学术水准享誉教、学两界，也发挥着重要的弘化作用，而且因为没有太多传统的负担，印顺法师之徒证严法师率先开辟了新宗，为现代人间佛教发展提供了更多选项。借鉴生物环保领域"保护生物多样性"能够应对更多生态系统危机的理念来思考，在充满不确定性的现代社会，现代人间佛教的多样性发展也能够提升人间佛教化解不同风险的能力，但多样性的发展也容易引起"争艳"陷入内耗，这就需要拿出星云法师"同体共生"的智慧来观照，在"同体共生"的观念下这些不同的现代人间佛教发展模式无有高下之分，都是人间佛教的正常展开，最重要的是要做到"能分能合"，"并艳"而不"争艳"，共同为现代人间佛教的良性发展贡献力量。

---

① "佛光山开山祖师星云大师二月五日圆寂后，历经半年，佛光山依丛林古制，采现代民主决议，八月八日于宗务委员会中，佛光山长老院的诸位长老和九名宗务委员一致推举现任佛光山宗长心保和尚为'依止大和尚'，是继星云大师之后，佛光山教团依止之剃度师及得戒和尚代表。"引自妙熙《心保和尚传承星云大师 为佛光山依止大和尚》，《人间福报》2023年8月25日第8版。
② 妙熙：《心保和尚传承星云大师 为佛光山依止大和尚》，《人间福报》2023年8月25日第8版。

The Dual Pathways of Modern Humanistic Buddhism Thought：Focusing on the Critiques of Traditional Buddhism by Master Yin Shun and Master Hsing Yun

Pan Biao

Abstract: The differences between Master Yin Shun and Master Hsing Yun in their critiques of traditional Buddhism are concentrated in three areas: First, in the establishment of the Eight Schools. Although both view the Eight Schools as upāyakauśalya, Master Yin Shun believes the connectivity between upāyakauśalya and Ultimate Reality is contingent, while Master Hsing Yun believes it is inevitable. Second, in the interpretation of Mahayana Bodhisattvas. Although both emphasize the elucidation of Bodhisattva virtues, Master Yin Shun considers Bodhisattvas as constructed symbolic existences, while Master Hsing Yun views them as transcendental beings with actual substance. Third, regarding identity in traditional Buddhism. Although both have the Linji school's Tipai identity, Master Yin Shun is less approving, whereas Master Hsing Yun highly affirms it and attempts to restore the positive connotations of both the Tipai and Fapai identity. Overall, Master Yin Shun critique of traditional Buddhism leans more towards depreciation and deconstruction, aiming to "revitalize the pure Dharma" by clarifying the original and distinguishing the true from the false. In contrast, Master Hsing Yun's approach is more about affirmation and sublimation, aiming to "enhance the happiness of life" by guiding the inherent culture towards a more positive and forward-looking world of meaning. These two distinct paths of Modern Humanistic Buddhism thought have brought different traditional resources and order effectiveness to their development, contributing to the modern diversity of Modern Humanistic Buddhism. This diversity helps mitigate various risks but can also lead to competition. Therefore, it requires the wisdom of "co-existence in the same body" to observe and achieve "co-beauty" without competition.

Key words: Modern Humanistic Buddhism; Master Yin Shun; Master Hsing Yun; Traditional Buddhism

"心性本净说"在佛教的展开与转向
——兼论星云法师人间佛教思想"心性本净观"的承继与超越

庞 博

北京大学博士生

摘　要：分别说部所主"心性本净说"虽在部派佛教时期被有部强烈否定，然通过对《成实论》中诃梨跋摩等所共许的此说之经证的研究，该说经证在二部尚未分裂前便已存在的推测得到了证实。而在大乘佛教中，该说不仅作为公认的佛圣教被频繁引用，其理论缺陷也通过"真如心性""缚"等修正得到了补足。可以说，星云大师人间佛教思想对大乘佛教"心性本净说"的继承弘扬，不仅是对久远佛圣教的承许，更是对部派佛教传统解说的超越与完善。

关 键 词：心性本净；真如；缚；人间佛教

基金归属：本文为2019年度国家社科基金重大项目"'一带一路'佛教交流史"（编号：19ZDA239）的阶段性成果。

近代以来，唐宋之后形成的以如来藏自性清净心为核心的中国佛教学说招致了中日两国学者的质疑和非难，其正统性和正确性遭到了极大的挑战。实际上，佛教历史中并非第一次发生与此相关的争论。早在部派佛教时期，分别说部所特弘的大乘佛教佛性思想基础之一的"心性本净说"便已经遭到了有部论师的严厉论破，直至譬喻师诃梨跋摩和顺正理师众贤出现后，其说被有部系学派全面排斥的局面才稍有改善。而在大乘佛教中，由于"心性本净说"同如来藏的结合，"心性本净"似乎毫无疑问地成了大乘佛教所认同的思想主张。然而，"心性本净说"虽被大乘三系经典共许为佛圣教，但其密意相较于部派佛教的释义而言已经经历了多方面的修正。

星云法师自宣传人间佛教思想以来，便对"心性本净"学说报以十分的重视。法师一方面强调"心性本净"确为释迦牟尼所悟所传之佛法，肯定了此说在佛教中的悠久历史与正统性地位，回应了现当代学者及信众对此教说的质疑；另一方面通过广举譬喻、引经据典进行"真如本净心""烦恼性即是般若"以及"本净心因分别受染"等教理层面的论述，展现了大乘佛教三系学说对旧来"心性本净说"解说修正的共同倾向，圆融无碍地安立了各系经典的染污说，阐释了众生迷悟的因缘，为当代众生的佛法修习提供了可信的理论依据。可以说，星云法师"心性本净观"不仅是对大乘佛教"心性本净说"的继承，更是对部派佛教"心性本净说"传统阐释的超越以及对佛教"心性本净说"的贯彻与实践。

一 部派佛教"心性本净说"的论争

（一）部派佛教"心性本净说"论争的展开与转向

原始佛教枝末分裂后，"心本性净，然受客尘烦恼染污，故成不净"的"心性本净说"成为大众部以及与其思想相近的分别说部学者的独特学说，受到了有部系学派的广泛批驳。然而，有部系对此主张的系统性批评并非很早，直至迦湿弥罗的有部师编纂《婆沙论》时才将此论述进行了体系化组织。又因《婆沙论》本为《发智论》的注释书，故《婆沙论》对此说的批评广释也是基于《发智论》传统的。

在《发智论》中，迦多衍尼子曾对"心解脱贪嗔痴"一句经文的解释做出了回应，他引日月不与云翳等和合的契经文否定了"有作是说"者"贪嗔痴相应心得解脱"的主张，肯定了"离贪嗔痴心得解脱"的"心解脱"理论。[1]基于此传统,《婆沙论》更将所谓的"有作是说"者明确为了分别论者,建立了相较于《发智论》更完善的"虽离贪嗔痴心本来解脱无须再解脱,但据行世解脱及相续解脱今说心得解脱"的"心解脱"理论,并从心性的角度广破了该主张者所主"心性本净说"。[2]

然究此论争兴起的缘由,是为《婆沙论》与分别论者对"心性"与"心解脱"二事思考方式的不同。据《婆沙论》所述,分别论者虽亦以"相应"来描述心心所的关系,但以为"相应贪嗔痴等心所可灭,本性净心体则不灭",而《婆沙论》自身则以"相应二法等所作等所缘同生同灭"为"相应"的基本规则。此外,分别说者虽与有部同认为心性(或即心体)分属有为,但又说此心"本来就净",即似将心当成了无为法。因而,《婆沙论》总以"心是有为法刹那灭""心与相应心所必等所作等所缘同生同灭"的二宗说对分别论者"心性本净说"进行了论破。可以说,相较于《婆沙论》对分别说部其他主张的态度,它对此说是完全排斥且不予以会通的。

在其后的几百年中,虽然有部势力影响力逐渐消退,但关于此说的论争还在持续,如试图挽救有部颓势的顺正理师众贤以及从有部分裂而来的譬喻师诃梨跋摩亦对此说进行了一定程度的论述和修正,试图给此论争画上句号。

其中,众贤在《婆沙论》论述的基础上,增引"不失自性""道惑俱行""道起断贪随眠"等《婆沙论》早已提及的,或是在批判"一心相续

---

[1] (唐)玄奘译:《阿毗达磨发智论》卷1,《大正藏》第26册,第922页中。
[2] (唐)玄奘译:《阿毗达磨大毗婆沙论》卷27,《大正藏》第27册,第140页中—141页中。关于此文以及《成实论》《顺正理论》的相应文句,陈兵、屈燕飞以及胜又俊教曾在论文中有相关阐释,中以胜又俊教的阐释最为详细。而对于《成实论》相关论述,屈燕飞将其排逐出有部思想的论述范畴,并以为此是对上座部心性论的论破,而胜又俊教和陈兵则将其放入了有部系范畴中进行讨论。今通过与《婆沙论》相关论述之对比分析,认定《成实论》相关论述与《婆沙》相关论述极为相似,故取陈兵、胜又俊教之说。可参考屈燕飞《论析早期佛教与部派佛教心性思想》,《老子学刊》第五辑,2014年;陈兵:《原始佛教及部派佛学的心性论》,《法音》2002年第9期;胜又俊教:《佛教における心識説の研究》,东京:山喜房佛书林1961年版,第473—483页。

论者"学说时采用的论据,对分别论者"心性本净说"进行评破,以"众生多住无记心,一切位中容有。众生非多住余心,非一切位中可有"的理论通过无记心和余心分别建立了本性心与客性心,完善了《婆沙论》未曾明确的"相续心的染净,是心自性染净"的心性理论。[①]

而诃梨跋摩则承继了有部西方师觉天系学说,将心所定义为心的别相,否定了有部心心所的相应理论,同时,亦以"相应法""有为法刹那灭""自性不失"等类似有部的宗说论破了"心性本净说"。[②]只不过相较于《发智论》《婆沙论》以相续心说解脱的主张,《成实论》还采取了二谛的论法,即在胜义谛中否定相续心的存在,而于世俗谛中建立了区别于上二论的"当下的心有漏即可被称为染相续心,当下的心无漏即可被称为相续心得解脱"的心解脱理论。[③]此外,对于《发智论》《婆沙论》都曾引为经证并予以解释的日月被云翳障喻,《成实论》虽也认为日月与云翳等非相应法,却以为日月有被云等翳障蔽之义。[④]

总的来说,后世中继承了有部理论的论师在论破"心性本净说"时,虽然学说立场不同并且试着引入新的理论进行论述,但由于与《婆沙论》

[①] (唐)玄奘译:《阿毗达磨顺正理论》卷72,《大正藏》第29册,第732下—733页下。
"不失自性"即"诸法唯摄自性"的道理,此说虽不为《婆沙论》直接用于对"心性本净说"的批判,却早为《婆沙论》用于对分别论者所主"诸法唯摄他性"之说的批判。参考(唐)玄奘译《阿毗达磨大毗婆沙论》卷59,《大正藏》第27册,第306页中—307页上。
"道惑俱行""道起断贪随眠"虽实为《婆沙论》中"一心相续论者"所主之说,却被众贤认为是分别论者的主张。参考(唐)玄奘译《阿毗达磨大毗婆沙论》卷22,《大正藏》第27册,第110页上。

[②] 《成实论》"心性非本净说"的论述散布于《心性品》与《非相应品》中。《心性品》叙述道:"有人说:心性本净,以客尘故不净。又说:不然。问曰:何因缘故说本净?何因缘故说不然?"之后论引"又说不然"者论据以作回答,并更与此问者进行了两番对话。"有人说"者应为有部人,"又说不然"者应为分别说部人。而《非相应品》的疑问被设置在《有相应品》中,彼中叙述道:"又说:众生心长夜为贪恚等之所染污。若无相应,云何能染?"
(姚秦)鸠摩罗什译:《成实论》卷3、卷5,《大正藏》第32册,第258页中、277页中、278页上。

[③] (姚秦)鸠摩罗什译:《成实论》卷3、卷5,《大正藏》第32册,第258页中、278页上。

[④] (姚秦)鸠摩罗什译:《成实论》卷5,《大正藏》第32册,第278页上。
(唐)玄奘译:《阿毗达磨发智论》卷1,《大正藏》第26册,第922页中
(唐)玄奘译:《阿毗达磨大毗婆沙论》卷27,《大正藏》第27册,第140页下—141页上。

宗说一脉相承的缘故，其聚焦的重点仍与《婆沙论》相同。然而，与《婆沙论》的论述完全不同的是，这二人虽然也批判地说"分别论者是愚信者""此说是不了义说"，但最终都选择了发展新的理论企图会通"心性本净说"。①

（二）《成实论》揭示的"心性本净说"的经证

据玄畅《诃梨跋摩传》，诃梨跋摩虽出于有部，但由于觉察到了迦多衍尼子等有部学说"浮繁妨情，支离害志"，故与众论师辩论而受其忌惮。②此后，与分别说人学说相近之大众部人听闻跋摩之盛名，便邀请其同止。跋摩赴约之后，更是突破阿毗达磨学说限制，得窥大乘法义。也因这般超越宗派限制的学说立场，其人在论述"心性本净说"时对有部分别说部学说平等而视，从而采用了"有人说……又说，不然。不然者……"的叙述方式。

《成实论》之《立无数品》《立有数品》《非有数品》《有相应品》《非相应品》五品文中有五处记载值得注意。

1. 心意识体一而异名。若法能缘，是名为心。

（质难者）问曰：若尔，则受想行等诸心数法亦名为心，俱能缘故？

---

① 虽相较于屈燕飞等人将《顺正理论》相关论述视为对《婆沙论》相关论述之复述的看法，胜又俊教充分注意到了《顺正理论》在相关论述上的发展，并点出了众贤在立场上的微妙转变，却并未深究众贤立场转变之由。此外，胜又俊教还以为众贤的本客心解说实与《成实论》中分别说者以相续心说心性本净的理论相同。然此是对众贤本客心解说的误解，众贤所说无记性本净心是以"非戚非欣任运转位，诸有情类多住此心。一切位中皆容有故，此心必净非染污故"的理论建立的，此中只说无记心是有情类所多住而非常住，故不能以为相续心中定一直有此心。且者，若众生常有此无记心，偶尔又现起不善等染心，则众贤亦落入了一刹那间有两类心性的谬误。可参考屈燕飞《论析早期佛教与部派佛教心性论思想》，《老子学刊》第五辑，2014 年；陈兵：《原始佛教及部派佛学的心性论》，《法音》2002 年第 9 期；胜又俊教：《仏教における心識説の研究》，东京：山喜房佛书林 1961 年版，第 483—484 页；（唐）玄奘译：《阿毗达磨顺正理论》卷 72，《大正藏》第 29 册，第 733 页中。

② （梁）僧祐撰，苏静仁、萧錬子点校：《出三藏记集》，中华书局 2017 年版，第 407—410 页。

（论主）答曰：受想行等皆心差别名……又经中说：心垢故众生垢，心净故众生净。[①]

2.（质难者）又如说心垢故众生垢，心净故众生净，若但是心，则垢净无因，是人不以无明故垢、慧明故净，应自垢自净，此则不可，是故有心数法。[②]

3.（论主）汝言垢净无因，是事不然，虽无数法而有垢净。又无异相故无心数法。所以者何？汝以心相应故名为心数，相应法无，后当广说。故不从心别有数法。[③]

4.（质难者）又说：众生心长夜为贪恚等之所染污。若无相应，云何能染？

5.（论主）汝言烦恼染心故知相应，此无道理……如言心垢故众生垢，心净故众生净。然则众生亦应相应，若众生不可相应，贪等亦不相应。

此中质难者即是分别论者，第二处与第三处、第四处与第五处是两组相对应的问答。第一处中，论主引"心垢故众生垢，心净故众生净"的经说证明无有心数法。第二处中，质难者引"心垢故众生垢，心净故众生净"的经说证明"因有心数染净，所以心有垢净"。对此，第三处中，论主虽不反驳此经说非佛说，但主张无心数法。第四处中，质难者引"众生心长夜为贪恚等之所染污"的经说证明心被相应法染污。对此，第五处中，论主虽不反驳此经文非佛说，但据"心垢故众生垢，心净故众生净"中"心与众生定非相应法"的推论否定心有相应心数法。

可见，不仅分别论者以"众生心长夜为贪恚等之所染污""心垢故众生垢，心净故众生净"为"心性本净说"之经证，甚至诃梨跋摩似也默认

[①]（姚秦）鸠摩罗什译：《成实论》卷5，《大正藏》第32册，第274页下—275页上。
[②]（姚秦）鸠摩罗什译：《成实论》卷5，《大正藏》第32册，第275页中。
[③]（姚秦）鸠摩罗什译：《成实论》卷5，《大正藏》第32册，第275页中—276页上。

此经文为分别论者"心性本净说"之经证。

  实际上，在公元前1世纪左右便已定本的南传分别部系《相应部·系绳（二）》中的确载有此经证。[①] 彼经中"众生心长夜为贪恚等之所染污""心垢故众生垢，心净故众生净"两文相连且连续出现三次。该经文意说"心如'白布'，长久地被贪等染污。因此心被染污所以众生烦恼，因此心不被染污而众生清净"的道理，较《成实论》所引文字更能清晰地表达"心性本净"的思想倾向。[②] 其余南传分别说部经典中，如《中部·衣服经》虽说"心如洁净布受善染至善趣，然心若如不净布则纵受善染亦唯至恶趣"，以及"比丘清净，如水可涤不净衣，如冶金炉能炼杂矿"，但它事实上是说"净心受善熏习"以及"净心能对治不净"，与"心性本净说"不符。[③] 而《增支部》提到的"心极光净，被客随烦恼杂染；心极光净，从客随烦恼中解脱"，虽同分别论者"心性本净说"的内容实际一致，但并非诃梨跋摩与分别论者共许的"心性本净说"的经证。[④]

  据印顺研究，《婆沙论》所批评的分别论者并非为南传赤铜鍱部，而是活跃于罽宾地区的化地部、法藏部以及饮光部。可此三部派的经典现今

[①] 有关南传经典的成书史，可参考（刘宋）求那跋陀罗译，王建伟、金晖译《杂阿含经校释》卷1，华东师范大学出版社2014年版，第5页。
云庵译：《相应部经典》，《汉译南传大藏经》第15册，第213—214页。
以下论述中所引经文均为对原经文的要义略取。

[②] 庄春江译其为"板或壁或白布"。《相应部经典》虽将其译为"善磨之板、壁、布片"，然经中"善磨之板、壁、布片"仍用来作画，故此处取"白布"之译文。可参考庄春江译《相应部·被皮带系缚的经第二》，2023年5月1日，https:// agama.buddhason.org/SN/SN0618.htm，2024年1月22日。

[③] 通妙译：《中部经典》，《汉译南传大藏经》第9册，第45页、第47页。
庄春江译：《中部7经／衣服经（根本法门品）[MA.93，AA.13.5]》，2023年5月13日，https:// agama.buddhason.org/MN/MNsearch1.php?str=%E8%A1%A3%E6%9C%8D%E7%B6%93&path=MN007.htm，2024年1月22日。

[④] 叶庆春、关世谦、郭哲彰译：《增支部经典》，《汉译南传大藏经》第19册，第12—13页。
印顺虽认为此经文为分别说部"心性本净说"经证，然据诃梨跋摩及分别论者则并非如此。参考释印顺《说一切有部为主的论书与论师之研究》下册，中华书局2011年版，第363页。
陈兵以为此即为众贤在《顺正理论》中评破的分别说部所主"心性本净说"之经证。然彼文只言"圣教亦说心本性净，有时客尘烦恼所染"，并无明示所谓圣教之真实形态。参考陈兵《原始佛教及部派佛学的心性论》，《法音》2002年第9期；（唐）玄奘译：《阿毗达磨顺正理论》卷72，《大正藏》第29册，第733页上。

几乎都已佚失，唯一留存下来的化地部《长阿含经》中虽也两处说到"信心清净，如同洁净白毡（或白叠）易染色，得离尘垢"，却是说的与"心性本净说"不符的"净心受善熏习"之意。①然虽无明文证明三部派契经中到底有无此经证，但思及四部同出一源且都主"心性本净说"，甚至众贤也认为分别部人主张"圣教亦说心本性净，有时客尘烦恼所染"，故而笔者私以为这三部派契经中应当是都传有此经证的。

总而言之，由于分别说部所主"心性本净说"确实有其经典依据，所以诃梨跋摩并非单纯从情感上对分别论者的主张予以同情，而是在确认了分别论者"心性本净说"确有经证的基础上才在一定程度上认同了彼说。

（三）有部经典中的"心性本净说"

《婆沙论》对分别论者学说所持的态度是多数批判、少数（默认）和合的。②批判时，若二派就某一立论有分歧，但都有各自的经证，于是编纂者便先难后会通，若二者都无经证或是有一方有经证而另一方无则不进行会通。③《婆沙论》对分别论者"心性本净说"只批判而不解释不会通的坚定态度正属第三者。而这似乎意味着分别论者的主张对于婆沙人是没有

---

① （后秦）佛陀耶舍共竺佛念译：《长阿含经》卷 2、卷 3，《大正藏》第 1 册，第 14 页下、19 页中。

② 和合类或者不批判类，如："雾尊者言……分别论者亦作是说：自性善谓智，相应善谓识，等起善谓身语业，胜义善谓涅槃。"参考（唐）玄奘译《阿毗达磨大毗婆沙论》卷 51，《大正藏》第 27 册，第 263 页上—中。

③ 都有经证类，如："云何世第一法？……谓分别论者执：……答，彼由契经故作此执。谓契经说：……他人问：彼执应如何通？论答：因如是通。"参考（唐）玄奘译《阿毗达磨大毗婆沙论》卷 2，《大正藏》第 27 册，第 7 页中—下。

都无经证类，如："或复有执：……如分别论者。故彼颂言：'有五遍行法，……为止此等种种异执，显示正理，故作斯论。"参考（唐）玄奘译《阿毗达磨大毗婆沙论》卷 18，《大正藏》第 27 册，第 90 页下。

有一方有经证类，如："问，何故作此论。……谓或有执：'定无退起诸烦恼义'，如分别论者。彼引世间现喻为证，……为遮彼执显有退起诸烦恼义。若无退者便违契经，如契经说……问，若有退义分别论者所引现喻当云何通？答，不必须通。……若必须通，当说喻过，喻既有过为证不成。"参考（唐）玄奘译《阿毗达磨大毗婆沙论》卷 60，《大正藏》第 27 册，第 312 页中。

经证可言的,印顺也曾对此表示肯定。①然而事实并非如此,有部圣教中也是传有上说经证的。

如《杂阿含经·喜足行经》便是与《相应部·系绳(二)》极为相似的一篇短经文。②二经文意大致相同,只不过后者中"'行'画"(即"嗟兰那图")在前者中被译为"嗟兰那鸟","善磨之板、壁、布片"(即"板或壁或白布")被译为"善治素地"。③

此外,《集异门论》释第八种施时亦引用到了此经文。④虽然《集异门论》文与《相应部·绳(二)》《杂阿含经·喜足行经》二经意趣稍异,当是《集异门论》作者引自其他契经的内容,但不仅亦存"心长夜为贪嗔痴之所杂染,心杂染故有情杂染,心清净故有情清净"的契经文,还详释了心解脱贪嗔痴渐至涅槃的次第法门。因此,这部分记载虽然被后世反对"心性本净说"的有部各论书有意无意地忽略,但应当是源自某个早已失传的古老契经的文意。⑤

可见,有部圣教中不仅传承有分别说部所引"心性本净说"的经证,甚至此经证也并非只存于《杂阿含经》中,更有其他早已失传的经文亦载此经证。同时,这或许也解释了以有部正统论师自居的众贤为何在对此说极尽讽刺后却最终仍然选择融会此说的矛盾行为。

此外,有部论典律典的一些记载也从侧面暴露了"心性本净说"在有

---

① 印顺:《说一切有部为主的论书与论师之研究》下册,第363页。
② (刘宋)求那跋陀罗译,释印顺编:《杂阿含经论会编》,《印顺法师佛学著作全集》第20册,中华书局2009年版,第62—65页。
③ (刘宋)求那跋陀罗译:《杂阿含经校释》,第85—86页。
④ (唐)玄奘译:《阿毗达磨集异门足论》卷18,《大正藏》第26册,第441页中—下。《大正藏》中文句的标点划分有误,此处所载为其修正版本。
⑤ 释印顺:《说一切有部为主的论书与论师之研究》上册,第114—116页。
《俱舍论》以及《顺正理论》还有《杂阿毗昙心论》,都提到了八种施。然而,《俱舍论》不释第八施,《杂阿毗昙心》释第八简。众贤虽参考《集异门论》对第八庄严施解说较详,却忽略"我心长夜为贪嗔痴之所杂染,心杂染故有情杂染。心清净故有情清净"的内容不说。
(唐)玄奘译:《阿毗达磨俱舍论》卷18,《大正藏》第29册,第96页中—下。
(刘宋)僧伽跋摩等译:《杂阿毗昙心论》卷8,《大正藏》第28册,第932页中。
(唐)玄奘译:《阿毗达磨顺正理论》卷44,《大正藏》第29册,第593页中。

部经典中曾客观传承的历史事实。

《婆沙论》记载了周利槃陀迦罗汉的悟道故事。论说道:"佛教小路除尘垢颂,让其擦拭外来比丘革履上的尘垢。小路为一比丘擦拭时,一只鞋极净,一只鞋怎样擦拭都不能净,直至心作'外物尘垢的暂时染浊尚且不能清净,何况身内长时被贪嗔痴染污的心能够得变净?'之念时,不净观与持息念现前,次第得阿罗汉果。"①类似的故事,还出现在了《根本说一切有部毗奈耶》、南传《本生经》以及《善见律毗婆沙》中。②后二经论一致说:"小路罗汉拿着佛给的白布,观其受染,而逐渐除其心垢最终悟道。"③《根本毗奈耶》虽不像《婆沙论》的叙述详尽,但也说"小路罗汉遵照佛的教导去给其他比丘擦鞋,然后在此过程中逐渐悟道",没有提及白布以及白布受染一类事。可见,南传版本中表露出的"心性本净说",在有部版本中最多只简单地表现为"心除去垢"。就其形式来看,有部两传说中,由于《根本毗奈耶》的细节较《婆沙论》少很多,也并无那么强的反对"心性本净"说的倾向,所以前者应为有部流传中较早的版本。而《婆沙论》通过"长夜被烦恼杂染,心何能净"的反问,进而强烈地暗示"心性非本净"说的行为,则说明彼时《婆沙论》的编纂者或者更早的有部论师,早已知晓"心长夜为烦恼所杂染,心染众生染,心净众生净"这一经文确可引发"心性本净"说,故而特意将其点出并加以否定。④

总而言之,不仅有部契经中传有分别说者"心性本净说"的经证,甚至连论典律典中的一些记载也暗示了此说在有部中曾客观传承的事实,因此引发"心性本净说"的经文确为有部大众部、分别说部派分化之前就有

---

① (唐)玄奘译:《阿毗达磨大毗婆沙论》卷180,《大正藏》第27册,第902页中—下。
② (萧齐)僧伽跋陀罗译:《善见律毗婆沙》卷16,《大正藏》第24册,第783页中—下。
　　悟醒译:《本生经》,《汉译南传大藏经》第31册,第170—172页。
　　(唐)义净译:《根本说一切有部毗奈耶》卷31,《大正藏》第23册,第796页下—797页上。
③ 此中"白布"喻本性净心,"白布被染"喻心被染污转成不净。
④ 只有存在一个不灭的心才能说其不断地受到种种烦恼的染污。如果心俱刹那灭,且每一刹那心都独立存在,又怎能说有一个心长时受染污而不能净?故而"暂时的染污尚且不能除,何况长夜被烦恼染污的心能变净?"的说法反而表达了对某类非刹那灭心存在的认同。

的、为三系所共传的圣教!

二　大乘佛教"心性本净说"与星云法师"心性本净观"

（一）大乘佛教"心性本净说"的开展与修正

"心性本净说"虽因与大乘佛教如来藏系学说相结合而广泛流传，进而成为中国佛教思想的重要组成部分，受到了人们的广泛关注，然般若唯识二系经典亦常论及此说。

如在《大般若经·劝学品》中，舍利弗与善现（即须菩提）曾就所谓"心云何本性清净"的问题而进行了讨论。① 善现回答舍利弗道："心的本性与贪嗔痴、诸缠结以及诸随眠等烦恼心所都是既非相应亦非不相应的。如是，才是心的本性清净。"接着舍利弗又就"心的性质有无否""心非心性为何"的问题询问善现，善现回答："无心性中，心的性质的有无既然了不可得，自然不能有此问。""所谓心非心性，即是对一切法无变异与分别。"②

又如在《说无垢称经》中，释迦牟尼差优波离探访维摩诘居士时，优波离曾述维摩诘居士开显的"心性本净说"。③ 经说："优波离，你当直直

---

① （唐）玄奘译：《大般若波罗蜜多经》卷36，《大正藏》第5册，第202页上。竺法护及罗什译本同有此文，而《道行般若经》中无，可见此当为下品般若经发展到中品般若经以后才有的讨论。

② 在前文中，分别说部"清净心体为烦恼心所染污"的观点受到了有部难破。而"心本性与烦恼非相应非不相应"的解说一方面为《大般若经》固有的叙述方式，一方面也可以被视为对分别说部有部二类学说的回应。据印顺研究，最晚在公元150年，亦即《婆沙论》开始纂集时，中品般若经已经集成。而中品般若经又是在印度北部地区开始流行发展，曾对阿毗达磨学说特别是有部学说有所吸收。具体参照释印顺《初期大乘佛经之起源与开展》，《印顺法师佛学著作全集》第17册，第587—601页。
既然心与烦恼非相应非不相应，那么烦恼于心即非染非不染，不能定说烦恼染心不染心，也因此有部不染说与分别说部染说都被评破。然非相应非不相应的心本性到底为何？即善现所说"心非心性"。这"心非心性"是远离有无二边的了不可得性，亦即后世大乘所说真如，亦即空性。此心之空性非即心也非为心，非即心故不与贪等相应，非非为心故不与贪等不相应。故本经实以真如空性作为本净的心性，同时评破染非染说。

③ （唐）玄奘译：《说无垢称经》卷2，《大正藏》第14册，第563页中—下。鸠摩罗什及支谦译本中同有此文。

除灭二比丘罪过，不应扰乱他们的心。为何？他们所犯的罪过的性，既不在内，也不在外，更不在二者之间。如佛所说'心是污染的，有情便也污染不净；心是清净的，有情便也清净'。正如此经文，此中所说心，既不在内，亦不在外，更不在二者之间。如心无住处，罪垢亦然，如罪垢无所住处，诸法亦然，不离如如。优波离，你心本净，得解脱时此本净心也不曾有染，众生心之本净性，也是如此不曾有染。所谓烦恼，是分别颠倒所致，其性生灭不住，如幻如化如电如蕴如梦如炎。"①

又如《大方等集经》曾三次以般若系思想论述此说。第一处中先说："众生心性本净。所谓本净之性，不能为烦恼染着，有如虚空。心性与空性等无有二。"又说："众生不知心性本净，为烦恼系缚，如来发起大悲为其演说。"② 其后第二处中，过三恶道菩萨先说："一切诸法无作无变，无觉无观，此即是心性。"其后毕竟净意菩萨又说："若菩萨远离如垢秽的烦恼，如洗衣除烦恼，能使烦恼不污心，如是名为毕竟净。"③ 最后第三处则说："众生心的本性清净如虚空，凡人不知此心性本净而认为这心性是被客尘烦恼染污的对象。然若烦恼能染污清净性心，此心之清净性则如垢秽而定不清净。然众生定能解脱，只是被客尘烦恼障覆而不得解脱。"④

又如融入了如来藏学说的较晚期的般若经典《大乘理趣般若经》曾说："妄想心之本为何？是无为清净的心之性。烦恼如转动的风大等，但

---

① 本段经文中所引"心净众生净，心染众生染"便是前分别说部与诃梨跋摩所许"心性本净说"之经证。
   本文对"心性本净"说的解释同上引《大般若经》相似，只不过相较于前文对非染非非染的强调，此文更偏向于说心的不可被染。
② （北凉）昙无谶译：《大方等大集经》卷2，《大正藏》第13册，第11页下。
③ （北凉）昙无谶译：《大方等大集经》卷11，《大正藏》第13册，第71页上一中。
   过三恶道菩萨所说与前经"于一切无变异，无分别即是心性"的寓意相同，即也非善非恶之性亦即以真如空性为心之本净性。毕竟净意菩萨所举"浣衣除垢"喻是形容"心性本净"时常用的比喻，其所释"毕竟净"亦指"毕竟清净的心性"。该菩萨所说虽似与分别部人染污说同，但其所说清净的心性应为真如空性。
④ （北凉）昙无谶译：《大方等大集经》卷13，《大正藏》第13册，第90页中一下。
   本经在侧重于批判所谓染心说不可取的同时，还开始以"系缚""障覆"释客尘烦恼"染污"以顺圣教。

心之性本来清净如虚空，而妄想心就依托于这虚空，故也无所有。这自性清净无生灭变异的心体，被烦恼无明的污垢障覆。就如病眼看到了二月，众生法我二执也是不实的，这烦恼如蜜蜂，其所障覆的蜂蜜就是如来藏。智者以无相六般若见此如来藏、证得法界身。"①

可见，虽然上引文中除《说无垢称经》以外的般若经典都未明言先前所说"心性本净说"之经证，但无论是早期的《大般若经》还是晚期密教化的《般若理趣经》，对"心性本净说"都是默许而直接引用的。只不过，本类经典通过破诸法定相及说一切法有性不可取等方法否定了分别说部"烦恼心所染心，令本净心不净"的染心说，偏向于将"心非心性""空性"等抽象的真如理释为心之本净体性，并逐渐以"系缚""障覆"等非染词来解说圣教中"染"意。

若至唯识系经典中，譬如较早期的《瑜伽师地论》曾在"为何不依识建立住""自性染还是相应染"二问题的讨论中论及此说。②在第一个问题的讨论中，论说："因为世尊说一切心之性本来清净，所以诸识的自性并非染污性。也就是说，并非由于心的自性是染污的，然后由此生出贪等一切烦恼过失法。'补：因为虽然识体与色都非烦恼性'，但心（即识）不能像色蕴受蕴等，单独成为烦恼产生的因缘。也就是说，识之性是不可能如色等性那样发起染爱的。也因此五蕴中只有识蕴不立为住。如此就被称为识蕴因住而有差别。"③第二个问题的论述稍微补足了上一处对"识性既

---

① （唐）般若共利言等译：《大乘理趣六波罗蜜多经》卷1，《大正藏》第8册，第868页上—中。
② （唐）玄奘译：《瑜伽师地论》卷54，《大正藏》第30册，第595页下。
　（唐）遁伦集撰：《瑜伽论记》卷14，《大正藏》第42册，第626中—627页上。据彼"'以同非烦恼故，亦不独为烦恼因缘如色受等'者，此通外难"一文，补"以同非烦恼故"于"亦不独为烦恼因缘如色受等"前。
　（唐）玄奘译：《瑜伽师地论》卷55，《大正藏》第30册，第601页中。
③ 据遁伦，若以有部解，识不能为住是因刹那之中识没有住于所住的能力；若据大乘解，则心之性既然本净，便不能令识乐住，故不能有识住。可参考（唐）遁伦集撰《瑜伽论记》卷14，《大正藏》第42册，第626页下。
　本处只单纯描述了心的性是清净，却没有说明清净心性究竟为何，更没有对识性既然清净又如何被染的问题进行说明。

然清净又如何其体变染污"问题说明的不足，进而讨论道："有人问：'染心生起的时候，这染心的染应该说是由其心之性导致的呢？还是应该说是由染污的相应心所导致的呢？还是应该说是由染污的随眠导致的呢？'答者回复道：'应该说是由染污的相应心所和染污的随眠所导致，而非因自性所导致。因为心的自性如果是染污的，那么心定当如贪等烦恼而永远不净。然若如此，则有大的过失！因为心的自性非染污，所以才说心生起之时，其心的自性是清净的。'"①

其余的，如《大乘庄严经论》曾说："如清水之污浊，其污秽除去时，清水回归原本的清净，自心的清净也如此，离开了客尘就能得以展现。而此之清净绝非外来，是本性的清净。"又说："余心都不能离心之真如，即说依他起相的自性是清净的。要知道，心之真如即名为心，即以此为心，说其自性清净。"②其后更解说道："如同幻术师用幻力变化出木石等令人迷妄，这虚妄分别的依他起性也是如此，能够发起种种的分别成为有情迷妄的原因。如这幻师所变幻的金等相，这所发起的分别性也是如此，能取所取的两种迷恒时显现。"③

又如《大乘阿毗达摩杂集论》中说："真如者，即是无我性、空性等。一切杂染不行转，故名为空性。虽有时说此有杂染，当知是被客尘染污的

---

① 此处心的自性实不能被认为是真如无为法。一是，文中无有明证，且尚未在论中找到真如心性的类似表述。二是，与此处义理不合。虽然心的自性是清净的，心与染污心法相应时，这清净的心的自性会被染污的心法染污，然心与清净法相应时其清净的心性可以被善心所清净。如果可以，则心性必不能说为本来清净。故心的清净自性至多不过是善心所相应善心体的善性，如何能说是诸法实相的真如空性？三，且据遁论集撰《瑜伽论记》在释此段文时所引景法师（应即顺憬）和基法师所说也应如此。景法师言："小乘论中，毗婆娑婆提分别部能取大乘中此义为宗，故彼说言：'心性本净，客尘障故说为不净。'"据此，分别部所主说应与《瑜伽论》一致。基法师言："此中说心生时自性清净者，此据非自性染名清净，非无漏故清净，如《胜鬘经》中同。"据此，本论所说清净的心之自性决非无漏法。至于其所指的"与《胜鬘经》经同"当是指本论心之清净自性即《胜鬘经》中"刹那善心非烦恼所染"的刹那灭善心的善性，即此刹那灭善心是有漏善。可参考（唐）玄奘译《瑜伽师地论》卷55，《大正藏》第30册，第601页中；（唐）遁伦集撰《瑜伽论记》卷14，《大正藏》第42册，第639页中—下。
② （唐）波罗颇蜜多罗译：《大乘庄严经论》卷6，《大正藏》第31册，第622页下—623页上。
③ （唐）波罗颇蜜多罗译：《大乘庄严经论》卷4，《大正藏》第31册，第611页中。

缘故。何为客尘染污？即指心未能拔除能所二取种子，令依他起性的心于这二类行相转。并非指法性心，因为诸法的法性是自性清净的。心转依者，指的是已证得法性心自性清净永远断除了一切烦恼的人，亦即是真如转依的意思。"①

又如《成唯识论》中先说"心之真如是心真实本性，以此说为心性本净"，又承《瑜珈论》旧义说"有漏净心之体为净，以此说心性本净"②。

可见在唯识经典中，虽然各经典同许"心性本净说"为佛说而进行阐释，但对其密意的讨论变得复杂化。早期《瑜珈师地论》对"心性本净说"的认识同分别说部解说极为相似，不仅以有漏善心为本性净心，甚至明确反对有部类的心自性染净说。但至后来的《大乘庄严经论》等论，便已开始延续般若经典的方法将圆成实性之真如作为心之本净性，尝试将有漏心整体都批为染污性，并以染分依他起相心形容心的染污。

而在如来藏系经典中，如《央掘魔罗经》则叙述此说道："如来藏者，极为难得，世间无有如是难得。比丘自性净心，由于习恶知识，被五垢为首的诸烦恼前后围绕。这五垢坏心，欲除此烦恼，因勤修方便自性清净心力。以这等因缘，说此比丘心有无量客尘烦恼，应当速速拔除其根本。"③

又如《胜鬘经》说："'世尊，如来藏，即法界藏，即法身藏，是出世间上上藏，自性清净藏。这自性清净的如来藏被烦恼染污，只有不可思议的如来境界才能知晓。为何？刹那灭的善心不被烦恼染，刹那灭的不善心也不是烦恼染的对象。烦恼不触心，心也不触烦恼，怎能说这样不触的二法会产生染心呢？世尊，烦恼，烦恼染心以及自性清净心受到染污，这些

---

① （唐）玄奘译：《大乘阿毗达摩杂集论》卷2，《大正藏》第31册，第702页中。
② （唐）玄奘译：《成唯识论》卷2，《大正藏》第31册，第8页下—9页上。
本论在批判难陀胜军等人新薰说时，对分别说部"心性本净说"进行了批判。盖以本论立场，"有漏法不能作为亲因缘生无漏法"，而分别论者正为"无漏法是杂染心离烦恼后转变而成，即杂染心的有漏法是无漏法的亲因缘"的主张者，故被论主以"空理非因难"的一破以及"心非净难"的八破进行了严厉的批驳。论难的分类请参考（唐）窥基纂《成唯识论述记》卷2，《大正藏》第43册，第307上—第308上。
③ （刘宋）求那跋陀罗译：《央掘魔罗经》卷4，《大正藏》第2册，第539页下—540页上。

事是难以了知的。只有佛世尊,通达法可以如实知见。'胜鬘夫人就这样的难解法问于佛的时候,佛欢喜地说:'如是,如是。自性清净心以及此心为烦恼所染,此二法难以了知。这二法只有成就大法的菩萨能够听受,诸声闻只信佛语。'"①

又如《不增不减经》说:"舍利弗,你应当知晓,如来藏本际的、相应的清净的体及法,是真实不虚妄的,是不脱离于智慧的,清净如真如、法界,是不思议法。从无始本际以来,这清净的与(清净)法相应的体就存在了。舍利弗,我依据此清净的真如、法界,为了众生而说自性清净心这样的不可思议法。舍利弗,你应当知晓,如来藏本际的(与烦恼缠)不相应的体与烦恼缠不清净法,此体本际以来离脱,与烦恼缠不清净法不相应,被烦恼缠,不清净法只有如来菩提智才能断。舍利弗,我依此被烦恼所缠缚的、与烦恼不相应的、不思议的法界法,为了众生而说被客尘烦恼染污的自性清净心这样的不可思议法。"②

---

① (刘宋)求那跋陀罗译:《胜鬘狮子吼一乘大方便方广经》,《大正藏》第12册,第222页中—下。
本经中的法界、法身、自性清净藏与如来藏是实同而名异的。又因如来藏是常住不变不离不脱的,如来藏智也即空智,故所谓清净自性就是指真如。请参考(刘宋)求那跋陀罗译《胜鬘狮子吼一乘大方便方广经》,《大正藏》第12册,第221页下。
在论述"心性本净说"时,本经对圣教的解释虽然较为普通,但重复地叙述"自性清净心""自性清净心为客尘染"二事的难可了知,认为只有大菩萨能听受此法,余如声闻众对此圣教只能生硬照搬而不知变通。可见,此段经文的编写者对于部派佛教中"心性本净说"的相关争论是有所自觉且意图予以汇通的。也因此,本经对"烦恼染心"作出了"心不触烦恼,烦恼不触心"的论破后,又以"自性清净心隐覆"说代替了"自性清净心染污"的圣教。请参照(刘宋)求那跋陀罗译《胜鬘狮子吼一乘大方便方广经》,《大正藏》第12册,第223页上—中。
② (北魏)菩提流支译:《佛说不增不减经》,《大正藏》第16册,第467页中—下。
如来藏、法界、真如就是心之清净自性,而当被烦恼所缠时,说此本来自性清净之心体受染,说其与烦恼不相应。然当烦恼无,心所为善时,则说此心体与心所相应。然若这般的无为法是心所对应的心体,那么其心所无论是善还是烦恼都应是不相应的,或者当说是非相应非不相应的,而不是只与善心所相应,但与非善心所不相应。如果说文中的体实际上表示妄心体之性,那么其妄心体所对的心所,无论是善还是烦恼也都应该是相应的。故而本经在此方面的叙述尚未能称得上完善。不过,本经之所以说烦恼与心体不相应,毫无疑问是为了强调清净真如清净心体不能被烦恼染污的道理,而这是三系几乎所有经典共同的看法。总的来说,在以真如释清净心,以"缠"等释"染",批驳烦恼染心等做法,与前些经典大同。

又如《大般涅槃经》说："善男子，诸佛菩萨不定说心是净性或不净性。为何？因为净性的心和不净性的心都无住处。心若从因缘则生贪，如是因缘所生贪非无。然，贪是心从因缘生，故贪即非实有。善男子！心随因缘则心生贪，心随因缘则心无贪。前者的因缘是随于生死的因缘，后者的因缘是随于涅槃的因缘。善男子，是心不与贪结和合，亦不与嗔和痴和合。善男子，譬如日月虽为烟尘云雾和罗睺罗所障蔽，因此众生不能见到日月，然众生虽无法见到日月，但始终不会与五种翳和合。心也是如此，由于因缘，生出贪结。众生虽说心与贪和合，但二者实际上不和合。如果是心是贪心，即二者相合，那么心的性也应该是贪的。如果心不是贪心，即二者不相合，那么心的性就不应该是贪的，而非贪性之心不能是贪心，贪性之心又不能不贪。善男子，因为这样的道理，贪结永远无法染心。诸菩萨能够永破贪结，所以说其心得解脱。一切众生从因缘故，生出贪结，从因缘故，心得解脱。"①

可见在如来藏经典中，"心性本净说"已成为如来藏学说的重要一环而受到了普遍认同。只是诸如《央掘魔罗经》这样较早期的经典虽完成了如来藏与自性清净心的结合，但亦只是简单叙述自性清净心的常住不变以及为烦恼所围绕而不能显现。直至后来的经典或多或少受到般若中观思想的修正，如来藏系经典才逐渐将心的清净自性定义为了真如空性。而对于

---

① （北凉）昙无谶译：《大般涅槃经》卷25，《大正藏》第12卷，第516页中—517页上。
无论是"无住处、非无非有"的烦恼，还是"此生故彼生，此灭故彼灭"的烦恼与解脱，其实都为般若中观学的根基思想。引文出自受般若中观思想修正过的《高贵德王菩萨品》，所以与《大般若经》引文都认为心之性非有非无，故不可以定说心净或心不净。然又因非有非无即真如的一般表述，故引文虽没有直接点明真如为心之性，但意当如此。可与《大般若经》引文不同的是，本经对心与心所的相应与不相应并非等同而观，其后更倾向于表达心与心所的不相应、否定所谓的心所染污说。经对文中心心所不相应论述的观察可知，引文反对二者和合的缘由是认为心不能为贪，故后文又与前所说不同，意欲表达"心净"而非"心不净"。而这种表达的倾向性从本经对日月被障覆喻的理解引用中也得到了一定体现。
总的来说，经文一方面从诸法皆空无实性的角度出发，认为心和烦恼都是生灭因缘法不住实故不能说染净，从根本上消弭了"心性本净说"的论争；一方面又从心性本净的角度出发，认为本净心与贪等虽然不能相应，但如本净日月虽不与云翳和合但被其障覆一般会被贪等障蔽不能得现，在论破分别说部染心说的同时做到了对圣教的承许解说。

分别说部的染污说，大多经典则通过论述净心性与染心所的不相应对其予以否定，并以"障蔽""隐覆""围绕""缠缚"等中性词解释"染污"。

总而言之，除《维摩诘经》外，多数三系经典解说"心性本净说"时虽然并没有直接引用前说经证，但确实是一贯地认可其为圣教的。只不过，对于分别说部的解说，各系经典几乎都不予以认可并进行了批判或修正。而诸经论修正策略的倾向共有三点。第一点，是将传统部派佛教的有为生灭"心性"逐渐升华为无为真如空性。第二点，逐渐以"障蔽""障覆""缠缚""盖"等非染词释"染"。第三点，根据经典系别的不同，采取不同的方法解释圣教中"染污"说，或如般若学派直破染污无实从根本解离此说，或如唯识学派以染分依他起相说"染污"，又或像如来藏学派多以日月被障喻宝珠随变喻等比喻说"染污"。

（二）星云法师"心性本净观"对大乘"心性本净说"的承继

对于"心性本净说"，星云法师坚定地认可其在圣教中的合法性。

因而法师肯定地回答道"佛陀所证悟的宇宙真理是'大地众生皆有如来智慧德相'"后，更开示说："佛陀说：'人人皆有佛性。'所以，若说《妙慧童女经》是女性解脱、成佛的宝典，也是不为过，因为每个众生都会成佛。更何况在《妙慧童女经》里，妙慧童女发愿将来要作佛，而佛陀也授记他未来必将成佛！"[1]

对于此说中的"心性"，法师将其解释为众生生死心的清净自性与佛性本性，认为其即为"圆明寂照，不生不灭"的实相自性般若，亦为涅槃及真如等甚深名相的异名，是远离了一切虚假名相而绝对平等无差别的。

因而法师开示道："心，人人本具，个个不无，但不见得人人都认识它。……因此，人生最要紧的，就是不要任由我们的心在生死烦恼的大海里轮回流转，要让它回到自己的老家，体证自己的佛性本心。……人心日

---

[1] 星云大师：《星云讲经2》，《星云大师全集》第4册，新星出版社2019年版，第289、394页。

日用,我们又何尝知道我们当下的这一念自性清净心呢?……"之后,又解说道:"实相般若,是般若的性体,离言说,绝文字,是众生本具,圆明寂照,不生不灭,犹如目的地,名为实相般若。……比方说:真如、自性、般若、实相、涅槃、菩提、法身、本性……这些名相虽然名称互异,其实意义只有一个,就是指我们的本来面目,也就是本来的自我。……般若就是我们的法身、真如,般若就是众生的平等自性。在般若、法身里,没有生、佛的名词对待,没有自、他的形象差别。所以经中又说:'真如界里,绝生佛之假名;平等性中,无自他之形相。'"①

而对于此说中染心之客尘烦恼,法师则将其解说为心虚妄分别而起的假名相。因而作出了如下解说:"在佛教里,有一句话说'烦恼即菩提,菩提即烦恼'。……其实,在一般凡夫的认识里,有是非、好坏、得失、染净,但是在真如的自性里面,却是'生死自家明',哪有是非、好坏、得失的分别呢?那只是心上分别的名相罢了!……所以,在烦恼的里面,我们知道它有一个清净的自性菩提。烦恼和菩提也可以喻如黄金,黄金可以做成戒指、耳环、手镯等,假相上虽有种种的差别,但是黄金的本质则是不变的。……"②

对于客尘烦恼之染心,法师从万法本空的般若实相角度揭示了烦恼菩提的俱不可求性,以期破除实有烦恼染污心所染污心的定见。

因而法师解说道:"我们平常讲修行,有苦集灭道、有十二因缘,但是在绝对的真理、般若里,没有苦集灭道,没有十二因缘,真空里不会有一点杂质……读到《般若心经》的'无无明,亦无无明尽,无苦集灭道,无智亦无得'。这个'无智',智是什么?智是般若,而空是连般若都不可以讲的。'亦无得',说有佛果可证、有佛果可得,也不行。'无智亦无得',是从否定上来看空,这个不是、那个不是。"③

---

① 星云大师:《星云说偈 1》,《星云大师全集》第 60 册,第 36—37 页。
  星云大师:《六祖坛经讲话》,《星云大师全集》第 1 册,第 84—85 页。
② 星云大师:《六祖坛经讲话》,《星云大师全集》第 1 册,第 91 页。
③ 星云大师:《星云讲经 1》,《星云大师全集》第 3 册,第 115—116 页。

与此同时,法师还从建设法相阐释教理的角度以唯识三性三无性理去解说虚妄分别心所生似义境的烦恼终究不能染心之清净自性的道理。

因而法师解释说:"三、所知相分主要说明依阿赖耶识所现起的诸法,分别其心境空有,也就是建立唯识。……此三相中,依他起相,其因缘,是阿赖耶识为种子;其自性,是虚妄分别所摄;其别相,是由阿赖耶识功能所现起,以妄识为自性的诸识。……遍计所执相,谓于无义唯有识中,似义显现。圆成实相,谓即于彼依他起相,由似义相永无有性。由此可知依他起是虚妄分别的心,遍计执是似义显现的境,圆成实是因空却遍计所执性而显现的诸法空相。"①

此外,法师更从实际教化的角度出发说真如心是常,以期方便度众令生信心,善用诸比喻诫告学者烦恼的不可轻视,并以"障蔽""缠"等解释"染污"。

因而法师开示说:"《金刚经解义》中,六祖惠能大师谈到'信'的功德。……信自身中,佛性本来清净,无有染污,与诸佛性平等无二……源于实信、正信、净信之力,能获无量功德。"后补充说:"佛陀以'是法平等,无有高下',演绎述解此真如菩提,就像真金宝珠,众生与诸佛,人人无欠无缺,只是众生被无明、烦恼所障蔽。如佛性宝蒙尘入泥,不得出头放光。""众生虽然被烦恼所缠,但其本性清净无垢,与如来同等,所以皆具有如来之性(佛性、如来藏)。"②

要言之,星云法师在以真如作为心之清净本性的基础上,不仅以"障蔽"释"染",还从"观空而绝待""以虚妄分别释染污""以现喻说染污"的三面解说圣教。因此,星云法师"心性本净观"无疑是对大乘三系经典"心性本净说"的继承与延续。

---

① 星云大师:《佛教·经典》,《星云大师全集》第14册,第314页。
② 星云大师:《金刚经讲话》,《星云大师全集》第2册,第60—61、251页。
   星云大师:《星云讲经2》,《星云大师全集》第4册,第450页。

（三）星云法师"心性本净观"对部派佛教"心性本净说"争论的超越性

部派佛教时期，分别说部对"心性本净说"的不善解说先是遭到了《婆沙论》的全盘否定，后又经众贤与诃梨跋摩二人改造后被接受。可惜的是，不仅分别说部与《婆沙论》的解说矛盾百出，就连众贤新创立的本客心学说以及诃梨跋摩创建的相续心自性染净学说，亦由于没能解决圣教中"心性为何本有"以及"清净性心如何被染污"的问题而没能完善地阐释圣教深意。

然相较于部派佛教有部系论师对此圣教的贬低与不认同，星云法师承继了大乘经论坦诚且客观的态度，坚定无疑地肯定了此圣教的正当性。同时，相较于部派论师将此圣教中心解释为有为心、将烦恼解释为其心所的做法，星云法师继承了大乘经典以真如之无为法释本净心性的方法，消弭了本净心性与客尘烦恼不能为相应法且不能有客尘染心的争端，弥补了"本净心性"不能常而不灭不顺圣教的缺点。而且，相较于部派论师对此圣教"实有烦恼染污心所"的错解，星云法师除以大乘般若性空学双亡烦恼与心外，还以唯识法相学的虚妄分别解释了烦恼与心的复杂关系，并且延续了如来藏系经典对日月被障碍等比喻的理性使用，以此类比喻形象地表达了本净心性被烦恼障碍的现实状态。此外，相较于部派佛教时期对圣教中"染"的释义，星云法师在继承了大乘佛典对此圣教中"染污"的释义、着重强调"本净心性的实不可染污性"的同时，还以"障蔽"等词避免了无自性法拥有染污实性的弊端。

可以说，星云法师通过对大乘佛教"心性本净说"解释传统的继承与融会，弥补了部派佛教论师解说的种种不足，较完善地阐释了"心性本净"圣教的深意。

三　结语

"心性本净说"虽为佛教早期便已存在的圣教，然而随着部派分裂及其各自学说的发展,该说的存在受到了有部为代表的部派的极端贬斥。作为该说的倡导者的分别说部,由于本身亦主张"有为法刹那灭""心心所相应法"等理论,客观上没能回应有部系的驳难,因此使得该说的正统性在阿毗达摩系的叙述传统中受到了严重动摇。

直至有部继续分裂出学风较为综合的譬喻师,以及到了致力于挽救有部颓势的顺正理师,此说才又逐渐被客观地认识起来。然而,试图重新肯定"心性本净说"在契经中的正统性地位的诃梨跋摩、众贤等人,由于无法摆脱《婆沙论》以来"有为法必刹那灭""诸法不失自性"等宗说的困笼,即使选择发展新的理论来调和"尊经"派与"应理"派之间的立场矛盾,仍旧没能够合适且恰当地解说圣教深义。

而相较于部派佛教对此说的极端看法,年代相近的般若经典已经在认同该说正统性的基础上开始了以"真如心"会通本性净心,其后的大乘经典虽然在染污说的建立上表述有所不同,但对此说也大致遵循了这样的基本态度和解说方式。总的来说,大乘经典构建的三种解读策略,有力地回应了有部系经典所提出的质难,并在"尊经"与"应理"两种立场中找到了平衡点。

从星云法师的著作来看,法师的思想是综合性的、不拘泥于一宗一派的。他不仅通过渊博之学识以及敏锐的洞察力整体把握并继承了大乘三系思想对"心性本净"圣教解说的共同策略,还以随机应化的创新精神将三系思想于染污说的微妙别解以"如理""方便""实际"的多个层次进行了恰当的安立。经由法师的融会贯通,大乘三系解说终成为一圆融无碍的有机结合体,其相较于部派佛教解说的优点得以充分彰显。也因此,亲近佛法之迷茫众生不仅得受大小乘一贯的甚深修行妙道的开显,其羸劣信心亦能得以增长坚定。

可以说,星云大师的"心性本净观"不仅是对大乘佛教"心性本净说"的继承,更是对部派佛教"心性本净说"阐释的超越以及对佛教"心性本净说"的贯彻与实践。

The Development and Change of Theory of Svacitta-śuddhi in Buddhism: And a Discussion on the Inheritance and Transcendence of Venerable Master Hsing Yun's Humanistic Buddhism Thought of Svacitta-śuddhi

Pang Bo

Abstract: Although the theory of Svacitta-śuddhi advocated by the Vibhajya-vādin was strongly denied by the Sarvāsti-vādin during the Sectarian Buddhism, but through the researching for the evidence of this theory that Harivarman and others agreed with in *Satyasiddhi-śāstra*, the hypothesis has been confirmed that this theory existed before the two sects were split. In Mahayana Buddhism, this theory is not only frequently cited as a recognized sacred teaching of the Buddha, but its theoretical flaws have also been supplemented and corrected through theories such as Tathatā and Bandhana.It can be said that Venerable Master Hsing Yun's Humanistic Buddhism's inheritance and promotion of Mahayana Buddhism's Svacitta-śuddhi theory is not only a commitment to the ancient Buddhist teachings, but also a transcendence and perfection of the traditional explanations of Sectarian Buddhism.

Key words: Svacitta-śuddhi; Tathatā; Bandhana; Humanistic Buddhism

盂兰盆伦理的人间化意蕴
——兼谈星云的盂兰盆思想

黄兴旺（如闻） 高争争

戒幢佛学研究所编辑部副主任；韩国高丽大学博士生

摘　　要：根据盂兰盆供从世间的人本道德到出世间的如来藏之伦理进路，盂兰盆供的出世间固然以"遍满性"的解脱为目的，但同时也承认为烦恼所覆的众生有"如来藏"的"隐藏性"特质。由此，将世俗伦理、出世间的正业纳入生命伦理的修道观，正是如来藏的"可证性"所强调的哲学与实践依据。而"报恩"与"临终关怀"则是如来藏在盂兰盆供上的表现，它的生命能力进路有助于有情的精神、灵魂、情感在世俗与神圣的空间中实现交融。

关　键　词：盂兰盆供；孝亲；如来藏；临终关怀；人间佛教

基金归属：本文为2019年度国家社科基金重大项目"'一带一路'佛教交流史"（编号：19ZDA239）的阶段性成果。本文亦为明心慧爱项目"资福荐亡：盂兰盆文化研究"（HZ2021A36）的阶段性成果。

释星云自1973年以"佛欢喜日"的"孝亲"主旨来定位"报恩孝道月"[①]后，七月"祭鬼"的风尚虽有所匡正，但鬼神信仰一直存在。这与中

[①] 释满义：《星云大师年谱》第1册，新星出版社2019年版，第329页。按：下文有关星云法师的文献，不出出版社和出版年月者，同此例。

华文化土壤中"天→天地人之鬼属"或"天地人之鬼属→天"的命定论有关。① 若从印度佛教自"世间"到"出世间"的修道观来看，盂兰盆供的"斋僧救母"精神并不认可命定论，反而在融合鬼神信仰的过程中，肯定"孝亲""报恩""因果""布施""善恶""悲愿"等意蕴在自他救赎中的作用，并将它们贯穿到"净坛""开经偈""诵《盂兰盆经》、净土文、往生咒等""三皈依""回向""献供""开示说法"等轨范中，以引导信众回归佛教场域所诠释的斋僧荐亡精神，进而落实到人间佛教中。② 这种从"世间"到"出世间"，或从"出世间"到"世间"的双向互动，让盂兰盆供与民间鬼神信仰不断磨合，呈现出欢愉且圆融的人间化趣向。③ 其哲学与实践依据，可体现为以下三点。

一　如来藏"可证"视域下的盂兰盆"孝亲"伦理

《宝性论》④围绕《如来藏经》（Tathāgatagarbha-sūtra），从"如来法身周遍一切有情义"（tathāgatadharmakāya-parispharaṇārtha）所对应的遍满性（存在）⑤，"如来如如无有差别义"（tathāgatatathatāvyatirekārtha）所对应的隐藏性（不灭）⑥，以及"有情皆具如来种性义"（tathāgatagotrasambhavārtha）

---

① 董方苑：《"命运天定论"之分析及批判》，载李亦园主编《民间宗教仪式之检讨研讨会论文集》，台北：中国民族学会1985年版，第8—24页。
② 星云大师：《佛教丛书》第7册《盂兰盆会》，第280页。星云大师：《佛教丛书》第21册《教用·佛教与民间节庆》，第246页。星云大师：《怀古慨今》第2册《尊师孝亲》，第281页。星云大师：《星云智慧》第1册《悲苦事：须放下，解人生苦悲》，第106页。星云大师：《佛光教科书》第9册《佛教问题探讨》，第94页。星云大师：《星云日记》第11册，第14页。
③ 星云大师：《佛教丛书》第21册《教用·佛教与儒家》，第182页。
④ 谈锡永：《宝性论梵本新译》，新北：全佛文化事业有限公司2006年版，第63页。谈锡永、邵颂雄：《如来藏论集》，新北：全佛文化事业有限公司2006年版，第11页。
⑤ （后魏）勒那摩提译《究竟一乘宝性论》卷1："知一切众生，皆有如来藏。"《大正藏》第31册，第813页下。
⑥ （东晋）佛陀跋陀罗译《大方等如来藏经》："一切众生虽在诸趣，烦恼身中有如来藏，常无染污、德相备足，如我无异。"《大正藏》第16册，第457页下。（后魏）勒那摩提译《究竟一乘宝性论》卷1："众生贪瞋痴，妄想烦恼等，尘劳诸垢中，皆有如来藏。"《大正藏》第31册，第814页中。

所对应的可证性（可证）[①]三个方面，建构了"生佛不二"思想的路径。由此反观太虚→印顺→星云的"人间佛教"思想所涉及的盂兰盆观念，如来藏的三个特征（见图1）[②]同样呈现在"斋僧救母"的哲学中。

遍满性→存在→一切众生皆无自性、有佛性的双重辩证

隐藏性→不灭→清净的佛性隐藏在烦恼中

可证性→可证→信乐大乘，获得无分别般若，破除虚空的顽见，起悲心，证如来藏

图1 如来藏的三个特征

具体而言，盂兰盆哲学思想在如来藏场域，呈现出三个向度：（一）"遍满"向度。佛的全知性，本身就以"遍满虚空、充满法界、无处不在、无处不有的本来面目"来显示超越分别的"无限生命的真我"。[③]目连同样以禅定证道的"心"，看到"遍满"中有关"时空的普遍性"与"人生的平等性"。[④]不过，目连的"心"并非遍满，在意识到"神通不抵业力"的困境后，立即向佛请求救母的教诫。至于目连之母，虽无遍满之心的显现，却有成就遍满的可能性，故而能在盂兰盆供的回施下得以往生净域。（二）"隐藏"向度。佛已显发出遍满之心，故无须隐藏，但他呈现了成就遍满心的可能性。目连正因在佛陀的指导下，以禅定证六通，进而不断契合遍满，但仍有一定隐藏，其觉性并没有全开发出来。目连之母因烦恼覆

[①] （后魏）勒那摩提译《究竟一乘宝性论》卷1："智成就相应，法中得自在，降伏诸魔怨，体寂静故常。"《大正藏》第31册，第816页中。（东晋）佛陀跋陀罗译《大方等如来藏经》："如是善男子！我见众生种种烦恼，长夜流转生死无量，如来妙藏在其身内，俨然清净如我无异。是故佛为众生说法，断除烦恼净如来智，转复化导一切世间。"《大正藏》第16册，第458页中。

[②] 王早娟：《星云法师如来藏思想探究》，《佛学研究》2017年第2期

[③] 星云大师：《人间佛教回归佛陀本怀》，人民出版社、宗教文化出版社2016年版，第79、94页。

[④] 星云大师：《人间佛教语录》，台北：香海文化2008年版，第19页。星云大师：《人间佛教序文选·〈禅画禅话〉序》，台北：香海文化2008年版，第138页。

盖遍满之心而堕恶道，故需盂兰盆供的遍满之"因"来觉醒隐藏的遍满之"心"。（三）"可证"向度。佛以成就遍满的"果"来说明如来藏可证，故而目连、目连之母将盂兰盆供、菩萨六度等行视为通往"遍满"的进路。

盂兰盆供的"孝"在如来藏的三个向度上，有不断在"可证"的因性中打破"隐藏"而导向"遍满"的作用。对此，宗密以"遍满"的"至道"视角，将"天性流露，天经地义"的"孝"与"戒""顺"等同，[①]认为在"菩提心（包含舍离己见、顺尊教命）"之"顺"的觉性开发中，平衡"戒"之修道逻辑与世俗之"居""养""敬"等行的功能。[②]换言之，"孝"并非后天所生的"经验之道"，它可在先天的"菩提心"上发挥"念恩""崇敬""供养""持戒""修善根"等菩萨道事项。[③]故而星云将"打斋、拜斋、供众""仰仗僧人修行功德以救赎亡亲与鬼道众生""布施"等增长慈悲的菩萨行，看作盂兰盆供"如来藏"思想在生活中的具化。[④]这点同样体现在舍利弗于入灭前辞母以报恩、蕅益四度割臂为病母求寿、虚云用三年朝礼五台山以报父母恩、道明织蒲供母、师备悟道报父、宗赜念佛度母、洞山良价用功修道以报母等案例中，这些菩萨行都是从如来藏生发出来的。[⑤]

同理，目连虽借形躯假聚的权巧方便之法来慈爱割亲、剃度出家，与《孝经》"身体发肤，受之父母，不敢毁伤"[⑥]有所不同，而更强调从如

[①] （姚秦）失佚《梵网经》卷2："孝顺父母、师僧、三宝，孝顺至道之法，孝名为戒，亦名制止……一切男子是我父，一切女人是我母，我生生无不从之受生。故六道众生皆是我父母。"《大正藏》第24册，第1004—1006页。（清）孙希旦《礼记集解》第2册《祭义篇》："君子之所谓孝者，先意承志，谕父母以道。"中华书局1989年版，第1226页。
[②] （唐）宗密：《佛说盂兰盆经疏》卷1，《大正藏》第39册，第505页上。
[③] 郑阿财：《敦煌孝道文学研究》，台北：石门图书公司1982年版，第48—51页。
[④] 星云大师：《迷悟之间》第2册，第69页。星云大师：《佛教管理学》第2册《佛法的管理法》，第4页；同书第3册《佛光山的三宝山》，第240页。
[⑤] 释竺摩：《竺摩长老佛学全书》第5册《佛理论集》，台北：慧天文物开发有限公司1995年版，第5页。
[⑥] （清）皮锡瑞：《孝经郑注疏》，中华书局2016年版，第5页。

来藏的可证性来说明"居""养""敬"的社会伦理道德与修道的关联。[①]比如,目连之"敬"、僧团回施等外缘,让其母有凭借如来藏"可证性"的条件,从内在的"不自悔"转变为"忏悔、发愿"等心行,实现"生天,自在化生,入天华光,受无量快乐"的果报。[②]也就是说,盂兰盆供在如来藏思想的导引下所开展的布施、说经、随念、忏悔、报恩等"不坏善根"的实践,不仅有修道的力用,也有世俗报恩的作用。[③]所以《目连变文》将报恩、尽忠等福行视为获得人身,乃至往生西方的关键。[④]星云亦认可这点,在如来藏的立场上,发挥人本道德(包括慈悲、菩提心等)在弘法家务、利生事业、捍卫僧人生活中的作用,以融摄"居""养""敬"的社会伦理。[⑤]同样的例子,尚有法旷照顾罹病危笃的昙印、布毛照料鸟窠、怀志谨遵真净克文的遗训等。[⑥]

综上,在世间报恩伦理与往生净土的过程中所呈现的"念念不去心""年年不绝供",不仅是救赎自他的净土因行[⑦],也让现在、过去七世父母等众生,在如来藏"可证"且"遍满"的盂兰盆供伦理中,有了在"隐藏"之困境中得到救赎的可能。[⑧]也就是说,盂兰盆供所具足的如来藏三大特征,在为有情从愚痴之"假我"通往解脱之"真我"提供理据的同

---

① 师子比丘述注《折疑论》卷2《论孝第七》:"道有浅深(大圣之道故深,小圣之道故浅)。法有权实(权为暂设,实为真准)。……而我沙门,示父母以福善(垂示父母以福善,乃成德之所基),使行之而不辍(不辍,谓行而不止者也),渐除生死,永息轮回……得果报之真。"《大正藏》第52册,第801页上。
② (西晋)竺法护译:《佛说盂兰盆经》,《大正藏》39册,第779页中。
③ (唐)实叉难陀译:《大方广佛华严经》卷五十七《离世间品》,《大正藏》第9册,第654页下。(唐)菩提流志译:《大宝积经》卷85,《大正藏》第11册,第489页下—490页上。(东晋)竺昙无兰译:《佛说忠心经》,《大正藏》第17册,第551页下。释昭慧:《佛教伦理学》,台北:法界出版社1995年版,第178—179页。
④ 潘重规编:《敦煌变文集新书》,敦煌学研究会1984年版,第715页。
⑤ 星云大师:《人间佛教论文集》第1册《佛教的慈悲主义》,第124页。星云大师:《人间佛教论文集》第2册《中国佛教阶段性的发展刍议》,第110页。
⑥ 星云大师:《人间佛教论文集》第4册《人间佛教的蓝图》,第4页。
⑦ (唐)宗密:《佛说盂兰盆经疏》,《大正藏》第39册,第512页上。
⑧ 星云大师:《人间佛教论文集》第4册《人间佛教的蓝图》,第4页。

时，也让盂兰盆供精神有了社会、人生的现实意义。[①]而这正是人本道德在如来藏的"缘起中道"中平衡世间与出世间的要义。

二 人本道德伦理下的盂兰盆"因缘果报"观

在彰显如来藏于因缘果报的进路上，《盂兰盆经》以两种行"孝"伦理来呈现：（一）世间伦理（分孝）：证得天眼、天耳、他心等六种神通（abhijna）后的目连[②]，通过发善愿、种善因等报恩的心行来尽孝[③]，但也认识到因"神通不抵业力（karma）"[④]而无法救母的困境。（二）出世间伦理（全孝）：目连在释迦的教诫下，以斋僧盆供的方式来度脱亡亲。[⑤]此中斋供的"权教"色彩，让众生在如来藏"可证"的前提下，能够依本智圆满事修与理修，实现"大乘的力用"，而这正是"以以人为本的佛教的道德标准来涵盖世间理法"的诉求[⑥]围绕这两点，星云承慈舟的教学，认为盂兰盆供的意义是有情依"摄善法""摄律仪"，在"道德生活（智、不饮酒）""道德语言（信、不妄语）""道德行为（仁义礼以及不杀、不盗）"中，以"尽未来际"的心态来供养十方僧，帮助自他都能安心办道，回归"三

[①] 星云大师：《人间佛教回归佛陀本怀》，第65页。
[②] （刘宋）求那跋陀罗译《杂阿含经》卷43："尔时，世尊告诸比丘：汝当受持漏、无漏法经，广为人说。所以者何？义具足故、法具足故、梵行具足故，开发神通，正向涅槃。"《大正藏》第2册，第316页下。（刘宋）求那跋陀罗译《杂阿含经》卷19《第508经》："我声闻中，住实眼、实智、实义、实法，决定通达，见是众生，我亦见此众生。"《大正藏》第2册，第135页中。
[③] （隋）阇那崛多译：《佛本行集经》卷48《舍利目连因缘品》，《大正藏》第3册，879页上。（东晋）法显译：《佛说杂藏经》卷1，《大正藏》第17册，第557页中。
[④] 除了兰盆的案例外，尚有（东晋）僧伽提婆译《增一阿含经》卷18《四意断品》（《大正藏》第2册，第639页中），以及（唐）义净译《根本说一切有部毗奈耶杂事》卷18所言"业力最大，然大目连有大气力，以足右指蹴天帝释战胜之宫，能令摇动几欲倾倒，于声闻中如来赞说有大威力神通第一。然由前世业力所持，于神字尚不能忆，况发于通"（《大正藏》第24册，第287页下）可为佐证。
[⑤] （明）蕅益：《盂兰盆经新疏》，《卍新续藏》第21册，第573页上。释慈舟：《佛说盂兰盆经讲录》，台北：原泉出版社1978年版，第3—5页。
[⑥] 星云大师：《在入世与出世之间——星云大师人间佛教文集》，上海人民出版社2010年版，第559页。

好（做好事、说好话、存好心）"、十善业道等伦理。① 很明显，在"伦理道德实践"的根源上，他们不仅秉承了宗密以人为本的"分孝（世俗的孝养）"与"全孝（出世间的救赎）"思想，也尊重了人际关系与家庭生活的伦理。② 这种人、佛关系，正是在保障"人本"的前提下，不断淡化"天道"观念，回归人伦在圆满"佛本"上的合法性，与世俗伦理中"人本"实现融会与互补。③

对于这种互补，蕅益从"物"→"用"→"法"→"愿"→"果"，开展了盂兰盆供在孝亲上的摄心逻辑（见表1）。他认为无论处于分段生死还是变易生死中的有情，若在能生"因"上借助佛（宣讲）、法（盆供法会）、僧（僧众之功德力）之威神势力来救赎自他，就必须回归人间菩萨道的实践与业果之基点来推广"报恩"伦理，并落实在日常生活与修道中。④

表1　　　　　　　　　盂兰盆的因果差异

因果差异	物	用	法	愿	果
盆之"因"	碗钵→	摄心→	念处→	宏愿→	一心
食之"因"	百味五果	十支	四谛行观	六度万行	不思议观
解之"果"	解饿鬼倒悬	解欲界倒悬	解三界倒悬	解关于倒悬	解二边倒悬

按照蕅益的诠释，只要有情还在"爱与欲相应，心恒染着"的三界中轮回，就必受生、老、病、死、愁、怨、受、忧、病恼、流转等"倒悬"

---

① 蒋九愚、王菁菁：《人间佛教的伦理意蕴》，《现代哲学》2009年第4期。圆持编著：《佛教伦理》，东方出版社2009年版，第42页。星云大师：《人间佛教回归佛陀本怀》，《人间佛教学报·艺文》第1期，2016年。
② 星云大师：《佛教丛书》第4册《盂兰盆经》，第136页。星云大师：《佛教丛书》第7册《盂兰盆会》，第280页。星云大师：《人间佛教回归佛陀本怀》，《人间佛教学报·艺文》第1期，2016年。
③ 乔佳：《当代人间佛教的儒学化伦理思想与革新之道——以星云法师为中心》，《佛学研究》2020年第2期。
④ （明）蕅益：《盂兰盆经新疏》，《卍新续藏》第21册，第573页中。

之苦。①可见果报差异根源在于"心"的取向：（一）若以不善之孝心（悭贪、嗔心、欺诳等）来造毁谤、杀生等罪业，只能得到恶果；（二）若以善孝之心进行供养、发愿、持戒、忏悔等善行，则能升天或解脱。也就是说，"拔济先亡，资熏现在"的盂兰盆供之心行，它包含了世间→出世间的斋僧度亡之因果伦理。②关于这点，从宗密《盂兰盆经疏》以及《净土盂兰盆经》改编而来的变文将演绎的炬口鬼、缄咽鬼、臭口鬼等地狱情节落实到梵呗、变相图、讲唱等布道中，以凸显因果伦理在世俗中的效用，亦可为佐证。③星云希望在祭祀中"以素食代替荤食，改善民间杀生、浪费的普度习俗"④，以消解修道理念与传统的传家观念（勤俭、孝道、慈悲、信仰、诚敬等）的冲突，进而在解惑业之系缚的因果缘起中落实盂兰盆供在"救度众生"上的菩萨道之行。⑤

由此反思目连之母的两种形象：（1）世俗的"我执"象征——因心识起我贪、我嗔、我痴等烦恼，轮回在六道中；（2）出世间的"解脱者"象征——在斋供三宝的功德回施中成就解脱。⑥可知目连在世间的救赎事项上虽是救母，但其意蕴在于出世间的"解脱"之理，即通过兰盆斋供来救赎亡亲眷属，帮助他们证得圆智。对此，圆瑛以释迦为例，认为"佛非天

---

① （东晋）提婆译：《增一阿含经》卷17《四谛品》，《大正藏》第12册，第631页上。杨惠南：《佛教思想发展史论》，台北：东大图书出版2008年版，第42页。
② （唐）宗密：《佛说盂兰盆经疏》卷1，《大正藏》第39册，第510页下。
③ 张伶芬：《〈盂兰盆经〉与中元斋醮的融合与实践研究》，中兴大学硕士学位论文，2018年，第37页。（唐）宗密：《佛说盂兰盆经疏》卷2，《大正藏》第39册，第508页下—509页上。
④ 星云大师：《僧事百讲》第3册《道场行事·春秋祭祀》，第192页。
⑤ （唐）窥基：《成唯识论述记》卷1："言解脱者，体即圆寂……即是圆满体寂灭义。……由烦恼障缚诸有情恒处生死，证圆寂已能离彼缚立解名，非解脱体即胜余数。解谓离缚，脱谓自在。障即烦恼，名烦恼障此持业释。……所显之理执为圆寂。"《大正藏》第43册，第234页中。
⑥ （明）蕅益《盂兰盆经新疏》："一切诸经必有正体。若无正体，则邪倒无印，便成魔说。……今经中云：当须十方众僧威神之力。又云：初受食时，先安佛前。僧咒愿竟，便自受食。咒愿即是法，三宝具足。目连亦云：得蒙三宝功德之力，而此三宝即是一切众生自性。……以心佛众生三无差别。迷悟虽异，体性常一。所以诸佛心内众生，依事托理，感于众生心内诸佛，则众生心内诸佛无缘无念，任运应于诸佛心内众生。故以自性三宝为经体。"《卍新续藏》第21册，第573页中。

生自然之佛，乃是人道修成之佛"，同样也有从众生之人（迷）→佛（悟）的过程。①《盂兰盆经》中的"救拔"之意就是借助"佛（已证得觉悟之人）""法（一切修行的依据）""僧（修学教法之佛弟子）"等三宝的威神之力来进行救赎，助他们在业行的因果中超脱生死，趣进觉悟。②尽管这个理念不断在民俗化中融入了变文、戏剧、宝卷等文献所说的地狱与度鬼信仰，但"自作斯业，必须自受。增长熟时，缘变现前，如影随形。必定感报，无余代受。假令经百劫，所作业不亡。因缘会遇时，果报还自受"③的因缘果报观则始终未变。也就是说，盂兰盆文化虽反映了现象界的因果与缘起相状④，诸如青提、目连等供养人的语言、行为、心念（身口意三业）等，但其导向的本质仍是在于超脱"不如实知"⑤的世间。从这点来看，目连之母从地狱超脱的"业力"意象有浓厚的宗教特征。印顺将这种因果缘起的序列视为"生死轮回得以无限延续"的根源，认为它有助于"有限的假我"在"无限的空性"中得以延伸。故而蕅益根据《梵网经》，将"慈（慈悲度脱一切众生）"与"孝"视为同义，认为于七月十五日斋僧供养过去以及现在的父母，即报答亲恩的"孝慈"之行，这让盂兰盆供的人本道德伦理在如来藏的可证性上有了理据。⑥

三　生命伦理学视域下的盂兰盆之"报恩"与"临终关怀"

若将如来藏的"可证性"置于菩萨道的人我关系中进行考察，其人本

---

① 释圆瑛：《佛说盂兰盆经讲义》，上海市佛教协会1989年版，第15—16页。
② （西晋）竺法护译：《佛说盂兰盆经》，《大正藏》第16册，第779页上。（明）蕅益：《盂兰盆经新疏》，《卍新续藏》第21册，第575页下。
③ （唐）义净译：《根本说一切有部毗奈耶药事》卷18，《大正藏》第24册，第94页中
④ 释昭慧：《佛教伦理学》，台北：法界出版社1995年版，第34页。
⑤ （刘宋）求那跋陀罗译《杂阿含经》卷2《第53经》："爱乐于色，赞叹于色，染着心住；彼于色爱乐故取，取缘有，有缘生，生缘老死、忧悲、恼苦，是则大苦聚集。受想行识亦复如是。"《大正藏》第2册，第12页下—13页上。
⑥ （明）蕅益：《盂兰盆经新疏》，《卍新续藏》第21册，第580页中。

道德的质素就有了具备感知能力以及理性能力的"生命伦理"（life ethics）[①]之意蕴。比如，目连在"神通不敌业力"的"理性能力"与"感知能力"困境中向释迦寻求救助，进而在两种能力的结合中寻求出"斋僧度亡"的救赎之道，让"孝亲"与"临终关怀"有了道德属性。[②]其中，"理性能力"是从理性、行动性或道德自主性等自我辩护的道德资格来考量，而"感知能力"主要对缺乏认知能力和道德特质的人或非人的"道德地位问题"而言。具体而言，详见表2[③]所示：

表2　　　　　　　　　理性与感知能力的伦理

	理性能力：道德资格	◁	感知能力：道德地位
功能	功能性活动、行动性：合作立法、信仰、思想、道德关怀等	◁	缺乏认知能力
道德	道德自主性：感知"快乐和痛苦""情感和依恋""道德判断"的能力	◁	缺乏道德特质
临界	冲突→临界值（正义）→避免冲突	◁	冲突→临界值（疼痛与幸福）→避免冲突
过程	并非自身逐步发生的过程，可赋予不同物种不同价值	◁	连续动态的过程，不须赋予不同物种不同价值

由此反思释迦为父担棺、为母说法、让姨母摩诃波阇波提出家修道的孝行，以及目连、富楼那、善财、妙慧、慈行等人知恩报恩、为真理献身的菩萨道案例，他们都将"甘旨奉养"与"功名显亲"的生命伦理融入"上等孝顺"的解脱道中，以引导父母在佛法正见的临界值（正义）中，

---

① 郑文清、高小莲：《生命伦理学的理论与实践》，武汉大学出版社2021年版，第1—2页。
② 陈化、马永慧：《生命伦理学道德地位的理论进路》，《中州学刊》2023年第7期。释太虚：《菩萨行从人道做起》，《太虚大师全集》第18编《杂藏·讲演》，台北：善导寺佛经流通处1998年版，第171—174页。释太虚：《怎样建设人间佛教》，《海潮音》1934年第1期。
③ 〔美〕玛莎·纳斯鲍姆：《正义的前沿》，朱慧玲等译，中国人民大学出版社2016年版，第251、255、266页。Warren M. A. & Brody B., "Abortion and the Sanctity of Human Life", A Philosophical View, No 2, 1980, p.287.

超越痛苦的冲突，走向解脱。[1]在这里，救赎者（Y）扮演了具足理性能力的角色，而被救赎者（X）则处于无感知能力的道德地位，其在受实践理性的引导中获得理性能力，赋予感知更多"规范性"的理性价值，而这正是我们取得"实践身份"来推动盂兰盆供的理由。[2]从这点来说，X若想具备"道德地位"和"道德资格"，就必须先承认在"解脱道"观念预设下的斋僧救母行为，然后将布施、讲经、建寺、抄经、临终关怀等事项纳入利生、护法与护教的菩萨道上。[3]对此，可用《盂兰盆经》所说的孝顺、供养、慈忆三种维度来诠释（见图2[4]）：

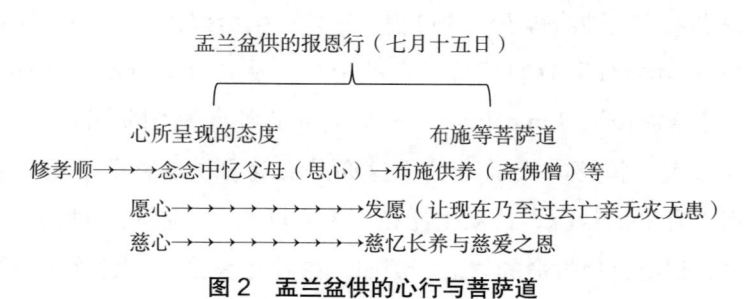

```
         盂兰盆供的报恩行（七月十五日）
        ┌──────────────┴──────────────┐
      心所呈现的态度              布施等菩萨道
修孝顺→→→念念中忆父母（思心）→布施供养（斋佛僧）等
愿心→→→→→→→→发愿（让现在乃至过去亡亲无灾无患）
慈心→→→→→→→→慈忆长养与慈爱之恩
```

图2　盂兰盆供的心行与菩萨道

如图2所示，作为道德主体的目连（X1）与目连之母（X2），其心行蕴含了以"解脱"为航标的愿、正念等内容，且不否认世俗的"居""养""敬""丧""祭"等道德伦理，[5]反而更重视如何让"五事"[6]伦常呈现在道德主体Y的理念中，使X1在"大孝不匮""中孝用劳""小

---

[1] 星云大师：《佛法真义》第3册《佛教常识》，第90、175页。星云大师：《佛教丛书》第14册《教史·世界篇》，第160页。
[2] Korsgadd C., *Kant's Formula of Humanity-Creating the Kingdom of Ends*, Cambridge Lniversity Press, 1996, p.258.
[3] 星云大师：《佛教丛书》第12册《教史·中国篇》，第75、182页。
[4] （西晋）竺法护译：《佛说盂兰盆经》，《大正藏》第39册，第779页下。
[5] （清）皮锡瑞：《孝经郑注疏》卷下《纪孝行章第十》，中华书局2016年版，第92—93页。
[6] （姚秦）佛陀耶舍共竺佛念译：《长阿含经》卷11《善生经》，《大正藏》第1册，第71页下。（后汉）安世高译的《尸迦罗越六方礼经》："东向拜者，谓子事父母，当有五事：一者当念治生；二者早起敕令奴婢，时作饭食；三者不益父母忧；四者当念父母恩；五者父母疾病。"《大正藏》第1册，第251页中。

孝用力"等报恩的心行引导下进入 Y 的道德序列。[①] 换言之，X1 怎样在生命伦理的"分孝（奉养此生父母）"中超越世俗补特伽罗（有生死主体），进入"全孝（度脱多生父母）"的实践理性，这是"解脱"的关键。[②]

上述关于"孝亲"的伦理，同样体现在盂兰盆供所蕴含的"临终关怀"中。对此，Frank Ostaseski 站在生命伦理的立场上指出，"在那里（being there），意味着理解他和家人的需要……聆听，意味着个体在审视自我内心"[③]，并将其纳入持续地自我发现的过程中，进而让 X2 在死亡的恐惧中超脱出来。这种消解恐惧的过程，正是"生命仪式"（Rites of Passage）的盂兰盆供精神对生命的尊重，有助于亡亲从"分离阶段"（separation）过渡到"边缘阶段"（liminalily），进入 X 与 Y 各自神圣的空间，进而"实现精神、灵魂、情感的交融"。[④] 而这亦是盂兰盆供的菩萨道精神在人间佛教中得以开展的根源，让众生能在"生命仪式"中唤醒"理性"与"感知"能力，超越自他生命的阈值。例如，在盂兰盆供中，X2 在 X1 的劝导、赞励、庆慰下，于衣食、医药等所需的奉养与安乐中，转变"无感知"状态，从而滋生出正信、持戒、听法、布施等菩萨行，打破"贪""嗔""恼"等烦恼与冲突的"临界值"。

对于目连在报恩的实践理性过程中所体现的心理补偿机制，固然有对其母的怀胎守护、临产受苦、生子忘忧、咽苦吐甘、回干就湿、洗濯不净、远行忆念、深加体恤、究竟怜悯等恩德的愧疚，但这让如来藏的"可

[①] （汉）郑玄注：《礼记》卷14，相台岳氏家塾本，第649页。（唐）般若译：《大乘本生心地观经》卷2《报恩品》，《大正藏》第3册，第297页上中、301页中。（唐）义净译《根本说一切有部毗奈耶》卷7《四波罗市迦法》："如是诸珍咸持供养令受安乐，虽作此事亦未能报父母之恩。若父母无信心者令住正信，若无戒者令持禁戒，若性悭者令行惠施，无智慧者令起智慧。子能如是于父母处劝喻策励，令安住者方曰报恩。"《大正藏》第23册，第658页下。
[②] （唐）宗密：《佛说盂兰盆经疏》卷2，《大正藏》第39册，第508页上。
[③] Hochschild, Arlie Russell, *The Managed Heart: Commercialization and Human Feeling*, Berkeley: University of California Press, 1983, pp.55-56.
[④] Gennep, A., *The Rites of Passage*, Chicago: University of Chicago Press, 1969, pp.11-13.

证性"在地狱、因果、轮回等信仰中有了"生养死祭"的心理基础。①若以净土教立场来看,善导、莲池认为这种孝亲(包括临终关怀)的补偿心理源于"自业识(内因)"对Y感恩的"感知能力",以及对菩萨道的认同,故而可将念佛视为进入净域的"正业(理性实践)"。②

也就是说,在生命伦理的"理性能力"和"感知能力"下,X在Y的救赎下,凭借Y的"方便示现、劝导、赞励、庆慰,令生净信"③得以超脱。固然X可以在感知的"道德地位"中不断趋向Y的"道德资格",并从中获得所赋能的价值,但X、Y的心理补偿并非单向的,而是建立在如来藏的可证性上来实现的。那么,盂兰盆的孝行文化"有助于佛教徒缅怀佛菩萨的慈心悲愿,并作自我期许,发心立愿去实践佛菩萨的普济精神外,同时也让民众生起慈悲的心,给社会增添和谐、尊重、平等与祥和",就有了让出世间法在人间佛教中有了应用的场域。④也就是说,在道德属性层面,无论是在世间还是在出世间的人伦道德层面去"报恩",或进行"临终关怀",二者终究有相通之处。⑤对此,星云以菩萨道的行孝路径(见表3)来总结,而这正是盂兰盆供精神在如来藏"可证性"上的表现。⑥

---

① (唐)宗密:《佛说盂兰盆经疏》卷1,《大正藏》第39册,第505页中。谢爱卿:《中国佛教的孝道思想研究》,彰化师范大学硕士学位论文,2005年,第42页。郑玉琳:《目连救母故事中的孝道思想——以〈佛说盂兰盆经〉为探讨中心》,花莲师范学院硕士学位论文,2003年,第189页。
② (明)莲池:《竹窗随笔》,福建莆田广化寺2003年版,第239页。(唐)善导:《观无量寿佛经疏》卷2《观经序分义》,《大正藏》第37册,第259页上。按:善导在这里提出报恩心理的四种来源:"自业识(内因)+父母精血(外缘)","怀胎(遭遇行住坐卧等苦难)","婴儿时期的养育(处于眠屎卧尿等不净中)","少年、成年的养育(遭遇子女憎疾、不行恩孝等事情)"。
③ (唐)玄奘译:《本事经》卷4《二法品》,《大正藏》第17册,第682页上。
④ 星云大师:《佛法真义》第3册《佛教常识》,第255页。
⑤ Garces Foley, Kathleen, "Buddhism, Hospice, and the American Way of Dying", *Review of Religious Research*, Vol.44, No.4, 2003. pp. 342-344. John Eric Baugher, "Facing Death: Buddhist and Western Hospice Approaches", *Symbolic Interacation*, Vol.31, No 3, 2008, pp.259-284.
⑥ 星云大师:《人间佛教论文集》第2册《中国佛教阶段性的发展刍议》,第111页。

表3　　　　　　　　　盂兰盆供的菩萨道孝行

	个人→家庭→	社会（种族）→国家→	世界
修道与世俗的关联	皈依三宝（民主），奉行五戒（自由）	实践四摄，广行六度→政治、经济平等，生活富足、喜乐	相处和平，同体共生，自在解脱，走向圆满

余　论

虽然盂兰盆供的道德人伦在实践与义务上有各自的情感与表现形式，但佛教更强调从出世间的菩萨道来行持盂兰盆供的理念，并反馈在人间生活上。这必然要调和真谛（解脱道）与俗谛（权巧方便，比如居致敬、养致乐、病致忧、慎终追远等）围绕孝道所产生的冲突。若将此置于如来藏的"隐藏""可证""遍满"三个维度来考察，盂兰盆供的人本道德与实践，赋予了有情从"世间孝"升华到"出世间孝"的超时空色彩。[①] 有情在盂兰盆供的"孝亲"精神中，将无常、无我、菩提心、空性、正见、布施等"可证"的如来藏之理，融入"承担责任""应机说法""分工合作""护教"等行为中，使如来藏从"隐藏"进趣为"遍满"，让"人成"蜕化为"佛成"。换言之，道德个体若要在身业、口业、意业中，将"感知能力"升格为"理性能力"，就必然要以"可证"的如来藏之心涵摄日常生活与实践，从而圆具如来藏"遍满"之质。正因如此，星云在美、法、英、日等国广设盂兰盆供，偏举孝亲之事来宣化众生，其精神无不契合于"如来藏"的"隐藏""可证"与"遍满"之理。此亦是盂兰盆供的"孝亲"主旨，虽与儒、道、民俗文化有所融合，但在人间佛教的实践中将历久弥新，释放出无限活力。

[①] 星云大师：《云水楼拾语》，第241页。

The Humanising Implications of the Ullambana Ethic: with Reference to the Ullambana Thoughts from Master Hsing Yun

Huang Xingwang (Ru Wen), Gao Zhengzheng

Abstract: The ethical progression of Ullambana moves from humanistic morality to the emergence of the secular world. It aims to liberate the "all-pervading nature" while recognizing the "hidden nature" of the Tathāgatagarbha for all sentient beings who are troubled. The ethical view of life emphasises the "provability" of the Tathāgatagarbha through the incorporation of secular ethics and worldly righteousness. The Ullambana offerings manifest "repayment of kindness" and "palliative care", while the life-competence approach helps to intermingle the spirit, soul, and emotions of sentient beings between the secular and the sacred world, as illustrated in the Tathāgatagarbha.

Key words: Ullambana offerings; Filial Piety; Tathāgatagarbha; Palliative Care; Humanistic Buddhism

应世慈悲 处众智慧
——以《佛光菜根谭》为依据

张颖慧

西南民族大学博士生

摘　要：《佛光菜根谭》以星云大师多年的佛法通俗著述与精彩言说为主，将传统的《菜根谭》与佛教教义相结合，提出对现代社会具有指导意义的教诲，并对如何修心、如何净化心灵提出相关论述。现在，社会节奏很快，大家都很忙碌，工作生活压力都很大，而我们要做到的就是营造温暖和谐的社会氛围，让大家心情愉快，在追逐个人与集体梦想成真的同时，过好当下的出彩人生。在此，佛教积极融入现代社会生活，展现出强烈的社会责任，强调"心的力量奇大无比"，我们期望以佛教智慧作为解决社会问题的方法或关键之一，通过修身养性、无执无着、慈悲利他、智慧解脱等净化心灵、缓解压力、提高个人心理健康水平，让自己在现代生活中获得更好的生活体验。

关　键　词：《佛光菜根谭》；人间佛教；佛教智慧

基金归属：本文为2019年度国家社科基金重大项目"'一带一路'佛教交流史"（编号：19ZDA239）的阶段性成果。

一　引言

人间佛教是强调将佛教教义应用于现实人生，以净化人间、妙化人生的佛教思想。其源自释迦牟尼佛的教诲，后由太虚大师等人进一步阐述和发展。强调佛教应从人做起，即在日常生活中实践佛教教义，以达到净化人间的目的。人间佛教不仅仅是一种宗教信仰，它还涉及社会伦理、心理健康、文化教育等多个方面。通过实践人间佛教，人们可以在现实世界中寻求心灵的净化和社会的和谐。

星云大师几十年来孜孜汲汲驰而不息于文字弘法，无论是小说、散文、杂文，或学术性的论文，皆是为了因应时代、社会需要，以及关照不同根机的读者而作，而在各种类型、体裁的著作中，较为特殊的当属《佛光菜根谭》。本文旨在通过对《佛光菜根谭》中各主题的详细解读，深入分析其中所蕴含的人间佛教思想，揭示其对于个人修养、人际关系、社会责任等方面的深刻见解，并讨论其在现代生活中的应用价值。

星云大师所著《佛光菜根谭》，并不是盲目的、随意的，而是有深远意义的，其中一个重要原因就在于契合中国文化的人本思想。他认为利他为佛教的首要目的，《佛光菜根谭》文字虽言简意赅，却境界宏远，其间传递的情怀与责任，都与菩萨行相应，都表达了对国家、对民族、对社会的担当和责任。佛教是一种以解脱为最后归趣的宗教，在觉者看来，众生的内心深处皆有消除差异、矛盾、对立的理想境界，也有对美好生活的向往。《佛光菜根谭》中所蕴含的人间佛教思想解决人类存在问题的方式并不是进行道德甚至意识形态上的批判，而是从缘起中起慈悲心，它指出现实世界中的个人并不是独立存在的，而是处于自我与他人的关联中，这是独属于佛教救度的方式。作为社会的一员，个人必然要与他人相联系，这使得个人能融洽地与他人、社会处于相即相入的统一环境中，而这是十分重要的。[1]

---

[1] 星云大师：《佛教与自然生态》，载《在入世与出世之间——星云大师人间佛教文集》，上海人民出版社 2010 年版，第 702 页。

二　星云大师的人间佛教思想

星云大师的人间佛教思想是对佛教传统教义在现代社会中应用的深入阐释。

（一）佛教传统的理念与实践

1. 佛教传统理念——如来藏缘起

《大乘起信论》讲一心二门，一心即如来藏心，含摄一切世间法和出世间法；二门是心真如门和心生灭门。该论讲的是我们要相信自己的真心，真心如陶土，无论被烧制成什么样的器物，无论它的形态如何千变万化，它的本质依旧是陶土，永远不会改变。正如一个人的生命，生老病死不断流转，可我们自己本身有个东西是恒常不变的，此即真心。正因为众生心真如恒常不变，而生灭流转是可以改变的，是以，佛才能引导众生从六道轮回中解脱出来。

缘起是因果的普遍法则，"犹如钻木求火，以前有木，然后火生；火亦不从木出，亦不离木。若复有人劈木求火，亦不能得，皆由因缘会合，然后有火"[①]。因缘的本质，表明万物都是和合而生、相依相待、相互关联的。也正是由于"天地与我同根，万物与我同体"，个人所制造出来的问题不仅会影响自己还会影响他人，他人也能影响自己；同样人与社会也是如此，人制造出种种社会问题，种种社会问题又反映到人自己身上。

2. 传统修行方法——见行双修

禅宗的"见行双修"要求修行者在深刻的理论认知基础上，将这种认知转化为实际的行动，通过不断的实践来体验和证实佛法的真理。无论是在静坐冥想中，还是在日常生活的琐事中，都能够保持一颗清净、平静的心，不断地修炼自己，最终达到开悟的境界。"见行双修"强调理论认识（见）与实践行为（行）的统一。在实践中，修行者修般若波罗蜜即

[①] （东晋）僧伽提婆译：《增一阿含经》卷30，CBETA 2023，T02，No. 125，第714页上。

修炼智慧，以期达到对事物本质的洞察，帮助修行者照见诸法实相，从而超脱生死轮回。因此，广说无念。"无念"并不是指没有思想或念头，而是指心无杂念，不被外界事物所动摇，能够保持内心的平静和清净。这种状态有助于修行者直接体验到自己的本性，即见性、见佛性。

见行双修不仅要深入理解佛法的真谛，还要将这些理解融入日常生活的每一个细节中去。教行不拘，意味着修行方式并不固定，不拘泥于特定的形式或仪式。在日常生活中的任何时刻和任何活动中都能够修行，不论是行住坐卧、吃喝拉撒，都可以成为悟道的途径。这种观点打破了传统宗教修行与日常生活之间的界限，使得修行变得更加贴近生活，更加灵活和自然。①

（二）佛教现代化

佛教本身就是一种因地制宜、因时而变的宗教，因此，它作为一种古老的宗教，不仅有其自身的历史和文化传统，也会与时俱进，以适应现代社会的变化和发展。是以，佛教的现代化并不是为了迎合，而是因为佛教本身就需要适应现代化的社会环境和文化背景。此外，佛教的现代化也是为了让更多的人了解和接受佛教的思想和精神内涵。在现代社会中，人们的生活方式和价值观发生了很大的改变，佛教需要通过现代化的手段和方法来在世俗社会中实践，才能更好地传递其思想和文化价值，让更多的人能够理解和接受佛教的理念和实践方法。

现代社会对佛教的影响是复杂而多维度的。在现代社会，佛教的角色逐渐发生了变化。由于现代科学技术的进步和普及，人们对世界的认知发生了深刻变化，这使得佛教的传统教义和修行方式在某些方面与现代社会不太适应。因此，佛教需要重新定位自己在现代社会中的角色和功能。而宗教的多元化和人们信仰的多样性给佛教的发展带来了挑战。新的宗教或信仰流派不断涌现，吸引了部分信众和潜在的信众。佛教需

---

① 李曙豪：《南禅文化的源流及其现代意义》，《韶关学院学报》2012年第3期。

要不断创新和发展，以保持其吸引力和竞争力。同时，不同宗教间的交流和融合也为佛教带来了新的发展机遇。佛教可以通过与其他宗教的对话和交流，吸收其优点，丰富和发展自身。现代科技对佛教传播方式产生了深远影响。传统的佛教传播方式如寺庙、僧侣等在现代化进程中逐渐失去了原有的地位和影响力。然而，新的科技手段如互联网、社交媒体等为佛教的传播提供了新的途径。通过这些平台，佛教可以更广泛地传播其教义和修行方法，吸引更多人了解佛教。

（三）星云大师的人间佛教思想

1. 星云大师人间佛教的内容

星云大师作为现代人间佛教的代表人物，他的思想和实践对于学术界和宗教界都具有重要的参考价值和现实意义。他的教导不仅仅局限于佛教信仰者，更面向所有人开放。其人间佛教思想分为六个方面：五乘共法、五戒十善、四无量心、六度四摄、因缘果报、禅净中道。

五乘共法：这是星云大师强调的人间佛教实践的基础，包括人乘、天乘、声闻、缘觉和菩萨五个层次的修行方法，旨在引导根机不同的众生逐步提升自己的修为。他们或通过皈依三宝、遵守五戒达到超越三途六道；或通过进一步修行，比如持守十善业获得更为幸福的生活；或通过佛法修行追求个人解脱；或通过个人觉悟理解缘起得脱；或其发心就是为了利他，在利他的过程中成就自身得佛果。

五戒十善：星云大师认为戒律和善行是日常生活中应遵守的基本道德规范，是实现人间佛教理念的重要途径。五戒通过尊重他人生命、尊重他人财产、尊重他人身体，做到诚实可靠、时刻保持清醒，避免伤害他人或做出不正当的行为；十善包括身三善、口四善、意三善，是在五戒的基础上进一步做到不两舌、不恶口、不绮语、不贪嗔痴等。这些不仅仅只为佛教信仰者所遵守，更可为社会大众所奉行。每个人在完善人格、提升生活质量的时候，五戒十善皆是其获得社会和谐与个人内心深处宁静的重要途径。

四无量心：星云大师认为慈、悲、喜、舍这四种心态是培养慈悲心和平等心的关键，有助于实现社会和谐与人际关系和睦。四无量心作为佛教修行的一种方法，在有助于个人修行的同时，更偏重于超越个人私欲做到利他。这四种心态可以从身边人扩展到所有人，从维持个人私欲到愿意牺牲自己的利益成就他人，从有所偏颇到面向一切、放下一切，为促进人与人之间相互理解支持，营造更加包容利他的社会做出积极努力。

六度四摄：星云大师认为六度四摄是能成就菩萨道、实现自我净化和利益他人的行为准则和修行方法。[①]六度又称六波罗蜜，是菩萨修行的六种大乘佛教的核心修行方式，旨在以真理保护大众安全无虞；旨在保持道德行为的纯洁性及面对困难和挑衅时的耐心与宽容；旨在持续通过冥想等修行方法不断地努力修行，不懈怠，使心灵达到平静和集中；旨在帮助众生达到觉悟的状态，以及对事物真相的深刻理解。四摄是菩萨度化众生的四种善巧方便，意在通过布施、爱语、利行、同事，吸引众生、引导众生，使其建立对佛法的信心。

因缘果报：这是描述事物因果关系的基本法则，即对世间现象作出的解释。星云大师认为在现实生活中，事物发生的主要原因或动机可以被视为因，那些辅助性的条件或外部环境因素则是缘，因缘共同作用，使得果得以产生，并对未来所要发生的事产生影响，如此最终不断循环往复。因缘果报的概念实际上说明了所有事物都是相互依存、相互影响的，它提醒我们意识到个人行为的重要性，以及它们对个人命运和他人命运的潜在影响。我们可以通过正面的行为和选择，创造出积极的因缘，从而得到更好的果报。同时，在面对困难和挑战时，要寻找其深层的原因，这样有助于我们正视自己的生活和命运，在行动和选择中努力发挥主观能动性，积极地面对生活中的挑战，并通过改善因缘来转变不利的局面。

---

① 星云大师：《智慧人生》，载《星云大师全集·迷悟之间1》，新星出版社2019年版，第159页。

禅净中道：这是一种人间佛教的实践路径，试图在现实生活中体验到佛法的智慧和慈悲，进而影响和改善人与人之间的关系和社会行为。禅净双修，强调的是在人间实践佛教教义，其结合了禅宗的参禅打坐等和净土宗的念佛、持名号、发愿等，有助于个人在繁忙的现代生活中获得适当的精神修养，达到内心的清净。星云大师认为通过禅宗的内观自省和净土宗的信仰念佛，能达到知行合一，旨在直接明心见性和念佛积累功德，以期在此生或来生获得解脱。

2. 星云大师人间佛教的意义

人间佛教在现代社会中具有重要的意义。佛教本身是人间的宗教，佛祖降生于人间，修道于人间，成佛于人间。人间佛教的核心是将佛教的普遍性和现实性结合起来使之更加贴近人们的生活。星云大师以佛理讲人生哲理，讲人的品德培养，帮助人们更好地应对生活中的压力、焦虑和抑郁等问题，提升心理适应能力和幸福感。[①]

三 《佛光菜根谭》中的人间佛教思想

（一）《佛光菜根谭》中的人间佛教智慧

在我们的日常生活中，人际交往是不可避免的。我们需要和家人、朋友、同事等各种人进行交流，是以，《佛光菜根谭》的出现很是及时。该书是星云大师以人间佛教的弘法精神，撷取明代大儒洪应明收集编著的语录集《菜根谭》中的立身处世的人生道理，与自身多年佛教义理相结合，编撰成励志修身的警句，形成了自己圆融的智慧。[②]

1. 做人处世的艺术与感情是非的影响

《佛光菜根谭》中关于和谐人际关系的构建，在于在日常生活中与他

---

① 叶青春：《从现代性困境看当代中国文化软实力的超越性》，《延边大学学报》（社会科学版）2010年第1期。
② 星云大师：《人间佛教的蓝图》，载《星云大师全集·人间佛教论文集4》，第108页。

人相处，要以慈悲、智慧和善行为基础进行结缘。结缘在佛教中作为一种积极的行为，旨在通过助人为乐来建立与他人、与社会的联系。

具体来说，在与他人建立良好的关系时，要学会倾听与微笑等。当然建立关系的对象不仅包括亲近的亲朋好友，也包括陌生人。倾听不仅是要懂得听、听得懂，更要懂得缄默。而每个人发自诚心地展现出微笑，就是对别人最好的供养。微笑是一种积极向上的生活态度和行为方式，同时也能为未来创造更多美好的因缘。"面上无嗔是供养"，如果多多展现自己的笑容，也是为社会和谐与进步作出贡献。《五灯会元》里有"世尊拈花，迦叶微笑"的公案，迦叶尊者的一抹微笑，即代表着与佛陀心意的契合，以及彼此心灵的相通，后人也以此作为禅宗传法的开始。通过微笑的方式，人人都能培养正向的思考，在生活中收获更多的快乐和满足。①

2. 生活勤奋的理念与进德修业的阐释

在日常生活中勤劳努力积极向上是值得我们学习和倡导的生活态度和行为方式。通过勤勉努力、积极向上、负责任、持续学习、自我管理和良好的人际关系，我们可以更好地实现个人成长和社会和谐。

具体来说，从我做起，"自依止，法依止，莫异依止"，意思是要我们反求诸己，即要我们求助于自己。②生活中我们常要求别人要这样、要那样，对他人提出要求或期许，希望别人如何、如何，可我们不妨想一想，我们自己也总是有各种各样的理由，不合理安排时间和资源，不能有效地平衡工作与生活，没有良好的生活习惯，导致事情不能完成。可若他人未达到理想标准，我们的内心就会对其产生许多的埋怨、不平。因此，每个人都应该对自己的工作和生活负责，认真履行自己的职责，不应该到处推卸责任。一个人生存环境的好或坏，与大众都有连带关系，人人都有责任，不能凡事一味地怪罪他人，只知要求别人，不知行动应该从自己先开

---

① 星云大师：《佛光菜根谭》，现代出版社 2018 年版，第 24 页。
② 星云大师：《佛光菜根谭》，第 53 页。

始。若只是一味地用高标准来衡量别人，不但对方痛苦，自己也不快乐。有道德的人，往往能以身教影响大众，所谓："君子之德，风，小人之德，草；草上之风，必偃。"[1]个人成长与社会发展之间的互动关系应该是良性的，积极参与社会活动可以帮助建立人际关系网络，同时也有机会展示自己的道德修养和职业能力。这是一个长期的过程，要保持耐心、毅力和乐观的心态，根据自己的情况和需求进行调整与完善，实现内心平静、人际和谐与生活满足。

3. 社会人群政治的责任与成功进步的道路探索

政治责任是多方面的，不仅仅是政府的责任，每个公民都应该意识到自己在政治生活中的责任，并积极履行这些责任，以促进社会的和谐与稳定。

具体来说，就是服务奉献，成就他人，实现自我。佛经中有句话说："欲为佛门龙象，先做众生马牛。"人与人之间是相互影响的，双方皆能从对方的身上感受到对社会的责任感和对他人的关爱，这是构建和谐社会的基石。如果我们自愿为社会、为他人提供帮助和支持，且不以回报为目的，即以一颗纯净的心，给予大众服务，自身也能因此获得提升。[2]因此，不论用任何方法，"爱"才是根本的原则。[3]爱能让我们成为情理兼备的人，能让我们提升个人气质与人格道德。爱是对众生有满怀的慈心悲愿，希望有情众生都能离苦得乐，解脱烦恼的束缚，如此社会才会充满善意的关爱及理性。

作为社会成员，积极传播正面信息，参与社会公共事务，提升个人的精神境界，通过奉献、通过爱为社会进步贡献力量。如何做呢？[4]主要是要保持平常心，就是要我们能以淡泊、宁静的心境面对生活中的人事物，不为外境的好坏而起心动念，好比没有风吹的湖面就不会产生涟漪。

---

[1] 星云大师：《佛光菜根谭》，第 105 页。
[2] 星云大师：《佛光菜根谭》，第 15 页。
[3] 星云大师：《佛光菜根谭》，第 38 页。
[4] 星云大师：《佛光菜根谭》，第 21 页。

当我们的心不会为不停变化的人事物上下起伏时，就能拥有理性、圆融的智慧。《景德传灯录》中有一公案，问："和尚修道还用功否？"大珠慧海禅师答："用功。"问："怎么用功？"答："肚子饿的时候就吃饭，身体困的时候就睡觉。"问："所有的人都如此，怎么算是用功呢？"答："那不一样，他们吃饭时不肯好好地吃，百般思索；睡觉时不肯好好地睡，千般计较，所以不同啊！"[①] 平常心不是无所谓、淡漠，而是在接受现实的基础上，保持一颗平和、理性的心。是以，道不在奇异，而在平实中。

4. 教化修行的意义与身心安顿的良方

个人或团体在道德、精神和智慧方面对自我和他人的成长和提升承担着一定的义务与责任。我们要通过不断努力提升自己的道德品质、精神境界和知识水平，成为更好的自己，并通过积极的言行举止，促进个人、团体和社会三者之间的和谐共处。

具体来说，身教胜于言教，教化他人与自我修行是统一的。"和羹之美，在于合异；上下之益，在能相济。"生活的意义不完全是为自己，通过自己的行为来教育他人，比口头教育更为有效。一个人的价值观、态度、品质通过行为进行展现，更容易被他人所接受和效仿。当然也要根据大家的不同做出相应的调整，比如对长辈要多听话得欢心，少讲话多领悟；对晚辈要多身教予默化，少言教受尊重。对于晚辈身教胜于言教是因为行为更有说服力和影响力，通过展示出希望他人学习的行为和品质，可以更有效地教育他人，并为他们树立一个积极的榜样。

在压力巨大的现代生活中，我们要找到适合自己身心的安顿之道，予以生活方式、环境和心态的调适策略，提高生活质量和幸福感，使自己的身体和心灵都处于舒适、放松和平静的状态。比如书中所言，"读书足以怡情，足以博彩，足以长才"，通过读书来提升自己的知识水平和思维能

[①] 星云大师：《佛光菜根谭》，第56页。

力，并将所学知识运用于生活、人生，与今日世界、现实人生、自然万象贯通，才真是领略读书三昧。佛说"闻思修入三摩地"，读书不只是对文字的生吞活剥，而是体会其中的妙义，以获得内心平静与精神安宁；若洞察不到古人圣贤的思想内涵，就不算真正的受益。①

5. 修行证悟的智慧与慈悲忍耐的力量

人类文明之所以源远流长，是靠众人智慧延续起来的，智慧不仅仅是知识的积累，更是对生活、人性和社会的深刻理解，"别人看到外，我看到内；别人看到相，我看到理；别人知道点，我知道面"。在探索生命的意义，提升自我修养，实现心灵的可觉醒和成长中，持续地努力和实践是必不可少的。

具体来说，"一粒落土百粒收，一文施舍万文收。与君寄在坚牢库，汝及子孙享不休"，布施如播种，又如储存，种一收十的利益是布施，没有人能抢得走布施的功德。身业方面，莫问前程但行好事，存好心获意业清净，"诸恶莫作，众善奉行"。忍辱方面，对于他人的侮辱伤害保持宽容，但也并非打不还手、骂不还口等的懦弱行为。《佛遗教经》："忍之为德，持戒苦行所不能及；能行忍者，乃可名为有力大人。"因此，忍是一种力量，有忍辱力量的人，会把荣辱毁誉、利衰苦乐皆作为锻炼自己、提高自己抗压能力的器，从而坚定自己的内心。我们心的妄动导致障蔽本自清净的真心，是以在修善断恶、去染转净的过程中，为破除无明与妄见，通过实践六度之利看似是佛教徒的追求，但也是一种普遍的人生智慧，利己利他。②

综上所述，《佛光菜根谭》不仅是一本关于佛教哲学的书籍，它还包含了许多关于如何生活、如何与人相处的实用建议。星云大师人间佛教思想的智慧在短短文字中得到体现。是以，应世慈悲，处众智慧。

---

① 星云大师：《佛光菜根谭》，第 21 页。
② 星云大师：《佛光菜根谭》，第 263 页。

（二）《佛光菜根谭》对佛教即人间佛教的论证

佛教教义在洞察宇宙万物及人类认识的深刻程度方面，是世界其他宗教哲学思想难以企及的。《佛光菜根谭》中，星云大师倾注了佛教本身蕴藏的智慧，深刻分析了客观世界、社会人生、人际关系，高度概括了社会各个领域的各种现象。

星云大师说："人间佛教是'佛说的'，还要顺应'人要的'。人在世间生，不能没有国家的保护，也不能缺少社会大众的因缘成就。可以说，人从出生那一刻开始，就离不开衣食住行等各种资生物用的物质生活，这就有赖士农工商等社会大众的相互帮助。有了吃穿日用，精神方面还要有亲情、爱情、友情、恩情等各种净化的感情生活，乃至提升人格、性灵的艺术生活；更重要的是，人有生死问题，所以不能没有信仰的生活；因此，我提出'光荣归于佛陀，成就归于大众，利益归于社会，功德归于檀那'，我也曾为人间佛教提出四个宗要'家国为尊、生活合理、人间因缘、心意和乐'，我认为让大家共同接受的佛教，才是人间佛教。"[1]

《佛光菜根谭》系统地解释了佛教即人间佛教的理念。首先，它认为人间佛教是贯穿佛陀教导的核心思想，它是普遍适用的，不局限于任何特定的国家、民族或个人。星云大师强调，普通的人只要与佛有缘，都能够接受和实践佛教的教义。他在书中深入探讨了原始佛教的思想，并倡导菩萨道的入世普济。他认为，佛教的教义应当与人们的生活紧密相连，通过实践菩萨道来利益众生。他甚至还汲取了禅宗思想的精要，弘扬生活禅法，提倡在日常生活中实践佛法，以此来成就富足安乐的人生。他鼓励人们通过修行来实现"人成即佛成"的理念。其次，人间佛教的强调在于将佛教教义应用于现实生活，以应对佛教自佛陀时代至今约 2600 年历史中的演变和分化。在这段漫长的时间中，由于人为因素，诸如对"佛陀教法"和"佛所制戒"的不同理解，形成了诸多教派与思想主张，这导致信

---

[1] 星云大师：《人间佛教回归佛陀本怀》，《人间佛教学报·艺文》第 1 期，2016 年。

徒之间难以团结合作，为佛教的传播和发展带来挑战。特别是在佛教传入中国后，受政治和社会变迁的影响，佛教逐渐退隐山林，出现了更多注重出世的修行方式，忽略了现实生活中财富、感情和家庭生活的价值，从而失去了其人间性和生活性，遭到批评。人间佛教的目标是重建佛教与现实生活的联系，恢复其社会性。它倡导一种既符合社会现实又能超越世俗的神圣性。通过实践无相、无我、无着、无求的佛教原则，人间佛教试图在现实世界中营造一个无限、无量、无边的社会环境。最后，从佛教的缘起理论出发，个人不是孤立存在而是宇宙社会中各种关系网络的中心。佛教的信仰和哲学不仅关注心性的净化，还强调精神自信和自立，在人际关系中找到自我定位的必要性和可能性。尽管存在差异，但这种差异应是透明和相互关联的。事物不存在绝对的中心，一切都是世界的一部分，所有事物都是同时、整体地形成的。如果人间佛教基于此来构建社会原理，那么社会关系的本质就是一切事物都没有独立自性，只有在与整体的联系中才能存在。社会的存在就是这些关系的总和。没有独立自性的社会实体依赖于人际间的相互作用，一事物只有在与其他所有事物的交互中才能成为自己。这意味着在一个社会现象中，整个宇宙都在参与。

通过提倡人间佛教，可以真正理解和实现佛陀的基本教法和化世精神，将不同的意见和分歧整合起来，使佛教重新回归人间。

四　结论——菜根有尽　余味无穷

现代社会中的许多问题，如环境保护、人权保障、社会公正等，尤其是现代社会中人们面临的各种心理压力和问题，如焦虑、抑郁等，成为佛教关注的焦点。佛教在现代社会中的适应性和发展潜力，通过不断创新和调整，将继续发挥其作用，为社会问题的解决作出应有的贡献。佛教认为每个人都应该幸福地生活和发展。因此，星云大师与不少佛教团体不断探索并了解人们对现实的需求和期望，在此基础上编著了《佛光菜根谭》，针对性地制定了适合现代人的方案，提供了相应的心理支持和辅导方法，帮助人们缓解压力和提高心理健康水平。星云大师沿用"菜根谭"之名讳，其意谓与洪应明本意相同，皆认为人的才智和修养只有经过艰苦磨练才能获得，"咬得菜根，百事可做"。

（一）个人修养

《佛光菜根谭》中的人间佛教思想，对于个人在当代社会中获得幸福的生活具有非常重要的意义。从佛教本身来说，心是人的主宰，"佛说一切法，为治一切心，若无一切心，何用一切法"[①]。因此，佛教在现代化进程中为更好地适应社会的变化和发展，通过修身养性、无执无着、慈悲利他、智慧解脱等相应的心理支持和辅导，帮助人们缓解或解决在现代社会中所面临的各种心理压力和问题。这不仅有助于佛教自身的传承和发展，也有利于社会的和谐与进步。在缓解压力上，人间佛教帮助人们释放、缓解情绪，提高人们的心理承受能力和素养，促进社会的整体进步和发展；在提供情感支持和安慰上，人间佛教帮助人们更好地应对生活中的挫折和困难，增强人们的自尊心和自信心，促进个人成长和发展；在提高生活质量上，人间佛教帮助人们更好地认识自己、接纳自己，增强人们的幸福感和满足感；在促进人际关系和谐上，人间佛教帮助人们更好地理解和关心他人，增强人与人之间的沟通和交流，促进社会的和谐与稳定。

人们可以运用佛教的理念和方法来促进个体健康，提升幸福感。面对现代社会的变化，星云大师对传统教义进行重新阐释，使之更符合现代人的思维方式和价值观；同时，创新修行方式，使之更加适应现代人的生活方式和需求。如，引入现代心理学、医学等知识，丰富禅修、念佛等修行方法的内涵和形式；开设心理咨询、举办禅修活动等，帮助人们缓解压力、提高心理健康水平。佛教修行强调内心的平静和放松，通过禅修和冥想等方法可以帮助个体缓解焦虑和抑郁情绪，降低心理压力；佛教修行强

---

① （明）德清笔记：《观楞伽经记》卷5，CBETA 2023，X17，No. 326，第419页上。

调慈悲心、平等心、无嗔无怨等正面的情绪和心态，通过禅修和冥想等方法获得的这些心态可以帮助个体更好地应对生活中的挑战和困难；佛教修行强调对念头的控制和对专注力的培养，通过禅修和冥想等方法可以帮助个体提高注意力和专注力，更好地应对日常生活中的各种挑战；佛教修行强调自我反省和内观，发现自己的潜力和优势，促进内心成长和发展；佛教修行强调与人为善、关爱他人等道德修养，通过禅修和冥想等方法获得的道德修养可以帮助个体更好地处理人际关系，提高人际交往能力。[1]

（二）生活哲学

　　星云大师不仅强调个人的道德修养和内心世界的净化，还倡导个人在日常生活中实践这些原则思想，帮助个人成长的同时，也在快节奏的社会中找到平衡点。[2]《佛光菜根谭》针对个体社会生活中的问题，提供了两个解决方向，一个是对外做功，另一个是向内阻断。很多时候我们内心的痛苦和煎熬都来自理想和现实之间的鸿沟，就是想得太多。例如，开悟前，上山是为了砍柴，砍柴是为了做饭。开悟后，上山就是上山，砍柴就是砍柴。如果上山是为了砍柴，那么上山就会很痛苦，上山过程中一路的美景都会被忽略。如果砍柴是为了做饭，那么砍柴也一样痛苦。所以，能专注做一件事，才能看清事物的本质。甚至，很多时候我们没有办法去改变这个世界，那么我们能做的就是换个解读方式，学会自我接纳，只有自己放弃对他人的执念、对自己的执念，才能活出真正的自己。一个人的感受会追随他的目标，而赋予过去的经历什么意义是每个人根据自己的目标而决定的。

　　总之，人间佛教是佛教义理与社会现代化相结合，它在很多方面付出了努力，进行了创新。只有不断适应时代的变化，满足现代人的需求，才

---

[1] 丛日云：《西方文明的困境——后物质主义如何应对全球化的挑战》，《探索与争鸣》2018年第1期。
[2] 星云大师：《如何建设人间佛教》，载《星云大师全集·佛教丛书·人间佛教》，第142页。

能使佛教在当今社会中发挥更大的作用。而《佛光菜根谭》就是在保持佛教核心教义的基础上，与现代生活紧密结合，使得佛教的内容更加贴近现代人的生活，通过通俗的语言和生动的例子，使得佛法的普及化和生活化成为可能。

Be Merciful to all Wisdom: Based on *Fo Guang Caigen Tan*

Zhang Yinghui

Abstract: In the face of the various problems existing in the current society and the great harm brought by it, we all know that everything is created by the heart, so we should not avoid but should face up to the attitude, enlighten people's wisdom of life and work, solve the anxiety and anxiety of the current world due to desire, and then in Prajna freedom, achieve achievements in life. "Fo Guang Caigen Tan" is based on Master Hsing Yun's popular writings and wonderful speeches of Buddhism for many years, combining traditional "Caigen Tan" with Buddhist teachings to put forward the teachings of guiding significance for modern society, and put forward relevant discussions on how to cultivate the mind and how to purify the mind. Nowadays, the pace of society is fast, everyone is very busy, and the pressure of work and life is very big, and what we have to do is to create a warm and harmonious social atmosphere, so that everyone is happy, and at the same time, chase individual and collective dreams come true, live a good life. Here, Buddhism actively integrates into modern social life, shows a strong social responsibility, emphasizes "the power of the heart is extremely great", hopes to use Buddhist wisdom as a method or one of the keys to solve social problems, and purify the mind, relieve pressure, and improve personal mental health through self-cultivation, non-attachment, compassion and altruism, and intelligent liberation. To give ourselves a better experience in modern life.

Key words: *Fo Guang caigen Tan*; Humanistic Buddhism; Buddhist Wisdom

从《维摩诘经·入不二法门品》解析星云大师人间佛教的现代实践

韩壮波

贵州大学博士生

摘　要：《维摩诘经·入不二法门品》阐述了如何把"二"转换为"不二"，这一过程强调了由"二"走向"不二"的途径，展现了"二而不二"的哲学。星云大师通过对《维摩诘经·入不二法门品》的解读，加深了人间佛教在当代的理论发展，并指出了其对现代社会挑战的持续相关性。本文从"宗教实践与生活的融合""普遍平等的实践"以及"修行者与社会的互动"三个方面，不仅分析了星云大师对人间佛教的现代实践，也突出了"不二"理念在当代社会的重要性。

关　键　词：《维摩诘经》；《入不二法门品》；星云大师；人间佛教；现代实践

基金归属：本文为2019年度国家社科基金重大项目"'一带一路'佛教交流史"（编号：19ZDA239）的阶段性成果。

星云大师对《维摩诘经·入不二法门品》的诠释挑战了传统的二元对立思维，提出了一种超越对立、认识到事物本质统一的视角，"宇宙人生在佛眼来看非二是一，能悟世间不二，即可和谐，若有所差别即不能平等，能将身边的人事物看成与自己有关，即无分别心"[1]。在面对现代社会的众多矛盾和冲突时，"不二"智慧指导人们超越表面的对立，洞察事物之间的深层相互关联与统一，星云大师说："我一生提倡人间佛教……以出世的精神，做入世的事业，改变传统，进行佛教现代化。"[2]通过内心的觉醒和智慧的发展，在日常生活中找到和谐与平衡，实现内在的安宁与满足，可为社会和谐贡献重要的思想资源。

一 《维摩诘经》"不二"义蕴之解读

"不二"思想在整部经文中贯穿始终，而在《维摩诘经·入不二法门品》中得到了集中体现和深入阐释。[3]"不二"思想的核心在于消除对立，强调万法本来一体，世间与出世间、相对与绝对之间并无根本的二元对立。这种思想对于理解佛教的实践路径和精神境界有着重要的意义，"出世法看世间，是从理上来解悟，但是在还没有悟的时候，不可以理废事。我们可以用理来解事，可以因事而明理，能够理事圆融，那才是真正的'不二'。吾人若能将'不二法门'的哲学应用在生活上，自能'人我一如''自他不二'"[4]。但在弘法和修行过程中，首先面对的是如何解决世间与出世间行道的问题，即如何在生活中理解及实践"不二"的观点，以此超越表象的对立，达到内心的平和与智慧的提升。

（一）《维摩诘经》传译渊源

《维摩诘经》，其梵文名称为 Vimala-kīrti-nirdeśa，由三个部分组合而成，分别是 vi（无）、mala（污垢）和 kīrti（名），联合起来大体意味着"无污垢之名"，直接指向经文的核心，即阐释一种无垢清净的法门，

---

[1] 星云大师：《星云日记32·求人不如求己》，岳麓书社2013年版，第137页。
[2] 星云大师：《人间佛教序文选·人间音缘·序》，台北：香海文化2008年版，第390页。
[3] 叶根灿：《〈维摩诘经〉不二法门思想试探》，华侨大学硕士学位论文，2019年，第18页。
[4] 星云大师：《迷悟之间·度一切苦厄》，台北：香海文化2004年版，第351页。

nirdeśa 表示"说明"或"阐述",因此,玄奘大师将其译为"无垢称",隐喻"佛陀所说",而鸠摩罗什则把 vimala-kīrti 直接音译为"维摩诘",意指"由维摩诘所说"。因此,《维摩诘经》也被称作《维摩诘所说经》或《说无垢称经》。[1]

据史料记载,《维摩诘经》在汉地的传播和翻译过程中,有七个版本,现存三种,涵盖了从东汉到唐代的广泛时期。这些版本包括东汉的严佛调所译《古维摩诘经》、三国时期吴国的支谦所译《维摩诘经》、西晋时期的竺叔兰所译《异维摩诘经》和竺法护所译《维摩诘所说法门经》,以及东晋的祇多蜜所译《维摩诘经》,后又有姚秦鸠摩罗什所译《维摩诘所说经》和唐代玄奘所译《说无垢称经》。除汉本外,《维摩诘经》还有藏译本,主要包括《圣无垢所说》等。1999 年,《维摩诘经》的梵本于拉萨布达拉宫被发现,由此展示了《维摩诘经》原始的经文面貌。大正大学综合佛教研究所对梵本进行了校订,出版了《梵藏汉对照维摩诘》一书。在当代,《维摩诘经》仍被重译,包括黄宝生先生的梵汉对勘版《梵汉对勘维摩诘所说经》,以及 Sara Boin 的 *The Teaching of Vimalakīrti* 和 Robert A.F. Thurman 的 *The Holy Teaching of Vimalakirti: A Mahayana Scripture*。日本学者植木雅俊则提供了《梵汉和对照·现代语译维摩经》的日文翻译注释版。

(二)《维摩诘经》的组织架构

《维摩诘经》展示了一种无为而无所不为的境界,体现了维摩诘所传达的深邃和广泛的佛法智慧。通过维摩诘的教化,《维摩诘经》不仅指导修行者,也为所有追求精神成长的人提供了宝贵的启示,正如僧肇所言:"维摩诘不思议经者,盖是穷微尽化,绝妙之称也……超群数之表,绝有心之境,眇莽无为而无不为,罔知所以然而能然者,不思议也。"[2] 这一特点从《维摩诘经》的结构中可见一斑,其结构与核心宗旨紧密相扣,因

---

[1] (唐)玄奘译:《说无垢称经》,CBETA 2023,T14,No. 476,第 557 页上。
[2] (后秦)僧肇撰:《注维摩诘经》卷 1,CBETA 2023,T38,No. 1775,第 327 页上。

此，深入理解《维摩诘经》的教义，须先把握其组织架构。

"现存梵文《维摩诘经》分为十二品，而三种汉译本都分为十四品。"[1] 按照道安的"三分科经"可将《维摩诘经》分为三个部分：序分、正宗分和流通分，序分，即经文的开篇第一品，主要记述了法会的起因和背景，设定了整部经文讨论的前提。正宗分，从第二品至第十二品，构成了经文的核心部分，深入展开了不二法门等主题，这些品章通过维摩诘长者与其他人物的讨论和对话，阐释了经文的主旨和教义。流通分，包括最后两品，作为经文的结束语。智𫖮指出，《维摩诘经》从开篇的"如是我闻"到宝积渴求知识的部分，属于引导读者进入经文讨论的序分；接着，经文进入正宗分，这一部分通过维摩居士的病症示现，巧妙展示了其深厚的佛法修为和方便化众的大愿；最后，从《法供养品》到《嘱累品》的部分，属于流通分，强调了经文传播和流传的重要性。

（三）《维摩诘经》"不二"之涵义

相对于"二"，"不二"代表了一种超越对立的状态，是对涅槃解脱世界的描述，"万法云云离真皆名二，故以不二为言"[2]。在"不二"的境界中，不存在任何对立、冲突或执着，一切都处于和谐、安宁和自在的状态。[3] 这是一种超越了相对世界局限的绝对状态，"我们超越了时间，超越了空间，那就是宇宙的真理，也就是'远近不二'——没有此土，没有彼土，当下即是"。达到"不二"的境界意味着超越了轮回的苦恼，实现了真正的解脱和觉醒。为了更好地理解《维摩诘经》"不二"之涵义，下面将分别阐明"二""不二""入""法门"以及"入不二法门"。[4]

"二"体现为人心中的分别和对立，根源于个体的执着与判别，"'二

---

[1] 黄宝生译注：《梵汉对勘维摩诘所说经·导言》，中国社会科学出版社 2011 年版，第 4 页。
[2] （后秦）僧肇撰：《注维摩诘经》卷 8，CBETA 2023，T38，No.1775，第 397 页上。
[3] 程恭让：《〈入不二法门品〉梵本新译及其相关问题的研究》，《哲学研究》2006 年第 2 期。
[4] 程恭让：《佛典汉译、理解与诠释研究——以善巧方便一系概念思想为中心》，中国社会科学出版社 2017 年版，第 564 页。

不二之法'者，二即二边，不二即中，故知所照只是本具一心三千三谛之法耳"①。智圆将"二"定义为"二边"，凸显了由我执所触发的分别，例如判断事物的好坏等。通过《维摩诘经》中的例子，可知一旦有了"分别"，便构成了"二"。"不二"象征着超越分别，"不二"不是简单的"二"的反面，而是一种彻底的超越，是达到没有任何对立和分别的状态。这一境界体现了一种完全不同的存在方式，其中不存在任何对立，是完美无瑕的状态。达到"不二"的境界需要从主体上消除分别心，从客体上去除对差异的执着，通过"二"的现象来揭示"不二"，即通过"二"来说明这些对立实际上是"不二"的表现。

"入"强调了修行不仅是一种内在的心灵修炼，也是一种对生命意义的深刻探索和实践。通过"入"的过程，可从日常生活中的种种分别和执着中解脱出来，逐步体验到超越"二"的认知。"若就照中名不二者，即是照而双寂，亦名为入，双照二谛，名之为二。即是寂而双照，亦名为出。是则二不二，入之与出，皆就悟论。"②"入"即"出"，"出"亦即"入"，因此"入"并非逃离生活，而是在深入生活的基础上，通过修行实践去触及更深层次的"不二"真理。在《维摩诘经·入不二法门品》中，"法"特指达到"不二"本体状态的真理，"不二之理，可轨可摸，故名为法。此能通生死、无漏智解，立以门名"③。"法"是指超越对立和分别的绝对真理，是达到解脱和觉悟状态的根本原理，而"门"喻指进入某种状态或境界的途径。《维摩诘经·入不二法门品》之"门"可被理解为达到超越生死、获得无漏智慧的入口。因此，"法"与"门"在本质上是"不二"的，从分别进入无分别，便是所谓的"法门"。

《入不二法门品》凸显了《维摩诘经》的核心主旨——不二的实践和理解，通过菩萨们的表述和维摩诘的默然，展示了超越言语和概念的智

---

① （宋）智圆述：《维摩经略疏垂裕记》卷10，CBETA 2023，T38，No.1779，第840页中。
② （隋）智顗说，（唐）湛然略：《维摩诘略疏》卷9，CBETA 2023，T38，No.1778，第690页中。
③ （唐）窥基撰：《说无垢称经疏》卷5，CBETA 2023，T38，No.1782，第1091页下。

慧,正如吉藏大师所言:"维摩诘不思议解脱本者,谓不二法门,由体不二之道,故有无二之智。故以不二为众圣之原。夫欲叙其末,要先寻其本,是以建篇论乎不二。"[1]维摩诘的不可思议解脱,本质上源于对不二法门的深刻理解。这种深刻理解来源于对不二之道的体悟,从而孕育出能够自在度化众生的无二智慧。那么,不二法门如何贯穿到日常生活中呢?星云大师于"不二法门的座谈会"及《在人间欢喜修行——维摩诘经》中对此进行了深入的解释。

二 星云大师对《维摩诘经·入不二法门品》的探析

《维摩诘经·入不二法门品》并非简单的非对立思维,而是一种超越世俗对立的绝对境界。"宇宙人生在佛眼来看非二是一,能悟世间不二,即可和谐,若有所差别即不能平等,能将身边的人事物看成与自己有关,即无分别心;人会有烦恼是因自己本身的分别心而生起差别相。故世间对与不对是没有绝对的,而是由心去制造好与不好。"[2]星云大师于此清晰地指出,误解"不二"可能会导致社会的混乱与失序,但真正的理解则是一种平等与和谐的表达。人们只有参悟不二法门,才能达到真正的自在与解脱,超越世俗分别,认识到一切事物的本质统一。

(一)三十一位大士以言显道

三十一位菩萨对不二法门的讨论揭示了一切法的本质是不可分割、不可二分的。这种思想通过各种比喻和对话形式展现,旨在帮助世人超越对立思维,认识到形式(有)与空性(空)的本质上是不可分离的。"《维摩经》中,多位菩萨讨论不二法门,共有三十三个不二法门。有和空,我们认为是两个,其实在菩萨证悟的世界里面,有和空是一体的。你的口袋不

---

[1] (隋)吉藏撰:《维摩经义疏》卷1,CBETA 2023,T38,No.1781,第910页上。
[2] 星云大师:《星云日记32·求人不如求己》,第137页。

空，东西就没有地方放；房子里没有这么大的空间，我们就没有办法聚会。空中生妙有，空就是有，有就是空。这一个拳头你们看到了吗，这不是有吗？把五个手指头一伸，拳头在哪里？这不是空吗？你说是空吗？可这又是有啊。有啊空啊，空啊有啊，是一个，不是两个。"①星云大师认为"有"和"空"的界限是模糊的，它们实际上是相互依存、相互转化的状态，而非完全独立或对立的实体。这就是不二法门的核心思想——认识到所有的对立面实际上都是相互联系、不可分割的，从而达到对生命和宇宙更深层次的理解和觉悟。

星云大师通过诸菩萨的言教和佛光山"不二门"的对联"门称不二二非二俱是自家真面目，山为灵山山非山无非我人清净身"，强调了世间万物的表象虽然多样，但其本质是统一的。在这种视角下，二与非二不再是对立的，而是相互融合、相互成就的。生与灭在表面上看似是对立的两个现象，但从更深层次的宇宙法则来看，它们实际上是统一的。这种观点挑战了我们对存在的常规理解，引导我们认识到，一切法的真相超越了生与灭、有与无的二元对立，"垢、净为二。见垢实性，则无净相，顺于灭相，是为入不二法门"②。星云大师透过德顶菩萨的话语阐释了"不二"。"德顶菩萨说：'秽和清净是不二。'为什么肮脏和干净是一样？在我们心里，分别世间有垢秽、有清净，但另一方面，垢秽未尝是垢秽，清净未尝是清净。"③对于垢与净的理解不仅仅是对物理清洁或污染的讨论，更是一种更深层次的、关于心灵状态和宇宙真理的探究。"人吃五谷杂粮要排泄，肮脏垢秽的粪便，臭不可闻，但是狗闻了，却觉得香气四溢，还当作珍馐美味。"星云大师通过具体的例子——人与狗对垢的不同感受，以及对食物的不同态度——揭示了"垢"与"净"的概念是建立在个体经验和社会文化认知之上的。星云大师进一步阐述了，从非二元的视角看，垢与净的区

① 星云大师：《维摩诘经大义》，佛弟子网，第 4 集，http://www.foyintv.com/watch/6280.html。
② （姚秦）鸠摩罗什译：《维摩诘所说经》卷 2，CBETA 2023，T14，No. 475，第 550 页下。
③ 星云大师：《在人间欢喜修行——维摩诘经》，高雄：佛光山宗务委员会 2017 年印行，第 167 页。

分消融于更广阔的宇宙法则之中，提示我们超越肤浅的对立，触及事物的本质。这种理解促使我们反思个人的认知模式，鼓励我们以更开放、更包容的心态来观察世界，理解万物的本质超越了常规的分类和标签。

在星云大师的教导下，我们被引导去实践这种非二元的思维方式，学习如何在日常生活中超越对垢与净的固有判断，从而实现心灵的净化和自由。"转烦恼为菩提呀。所以把很多复杂的世界，你能一转为自己的不二法门，那就快乐无比呀。不要把烦恼带到床上去，不要把是非忧愁带到明天，每天心中空无一物。"[1] 星云大师的教导不仅仅是关于垢与净的哲学思考，更是一种生活的艺术，一种心灵修行的方法。

（二）文殊菩萨遣言显道

"有口会说：所有语言皆是教化。"[2] 当诸位菩萨各自以言语表达了他们对于入不二法门的见解后，文殊师利菩萨的答案显得格外突出，"如我意者，于一切法无言无说，无示无识，离诸问答，是为入不二法门"[3]。文殊师利菩萨表示，真正的入不二法门应当超越言语与概念的范畴，即"于一切法无言无说，无示无知，离诸问答"。这样的说法，旨在指出到达真理的途径不应依赖于言语或是概念的交流，因为真理本身超越了这些表达方式的限制。星云大师对此有深刻的解读，他认为，三十一位菩萨通过使用言语来阐述不二法门，其实仍未能完全脱离对言语的依赖，"在离开语言，离开文字，离开心缘，离开一切的时候，才是真入不二法门的境界"[4]。文殊师利菩萨则以言泯言，即通过言语来指出言语的局限性，从而达到了真正的超越。

星云大师认为分别心带来的矛盾和苦恼使得人们常常因为过于强调差异和分别，而导致了冲突与不和谐。反之，如果人们能够理解和体验到万

---

[1] 星云大师：《维摩诘经大义》，佛弟子网，第 4 集，http://www.foyintv.com/watch/6280.html。
[2] 星云大师：《星云日记32・求人不如求己》，第 130 页。
[3] （姚秦）鸠摩罗什译：《维摩诘所说经》卷 2，CBETA 2023，T14，No. 475，第 550 页下。
[4] 星云大师：《在人间欢喜修行——维摩诘经》，第 186 页。

事万物在本质上的统一,即"世间彼此你我不二",则可以促进和谐与美好。"许多菩萨、罗汉在这里谈话,他们在讨论一个问题,叫做'不二法门'。宇宙人生,在佛法来看,不是两个,是一个。所谓'唯有一乘法,无二亦无三。'如果有了二和三,这个世间就有差别矛盾,就有困扰了;如果我们能懂得世间彼此你我不二,不是两个,是一个,大概和谐的、美好的时光就出现了。"①此处星云大师通过指出言语的局限性来传达一个深刻的道理:真正地理解和实践不二法门,不仅仅是通过言语和概念来讨论,更是需要在日常生活中实际体验和实践这一理念。文殊师利菩萨的发言标志着一个重要转折点。这不仅是对前述菩萨发言的总结,而且更深层次地揭示了入不二法门的真谛。即便是这些菩萨的见解在理论和实践上都非常精彩和高深,它们仍然局限于言语和概念的范畴之内,未能完全摆脱二元对立的思考模式。

文殊师利菩萨通过指出进入不二法门的途径,实际上是在呼吁一种超越这些对立和分别的认识方式,从而达到一种更深层次的和谐与统一的境界。这种超越不是通过拒绝言语和概念,而是通过了解它们的限制,并在这个认识的基础上,进一步探索超越这些限制的可能性。

(三)维摩居士无言显道

文殊师利菩萨的提问和维摩诘居士的非言语回应,②都在表达一点:真理是无法通过语言和概念完全表达的,因为语言和概念本身就是建立在分别和对立之上的。"我等各自说已,仁者当说何等是菩萨入不二法门?"③当文殊师利菩萨邀请维摩诘居士发表对不二法门的见解时,维摩诘居士选择了沉默,"时维摩诘默然无言"④,即通过不发一言来体现不二法门的实质。

---

① 星云大师:《维摩诘经大义》,佛弟子网,第 4 集,http:// www.foyintv.com/watch/6280.html。
② 程恭让、韩成才:《从僧肇的〈维摩经〉诠释看其对善巧方便概念及思想的理解》,《中国哲学史》2015 年第 4 期。
③ (姚秦)鸠摩罗什译:《维摩诘所说经》卷 2,CBETA 2023,T14,No. 475,第 550 页下。
④ (姚秦)鸠摩罗什译:《维摩诘所说经》卷 2,CBETA 2023,T14,No. 475,第 550 页下。

这个行为本身就是一个强有力的表达，它传达了一个信息：真正的理解和体验超越了语言和思维的范畴。这种沉默不是简单的无言，而是一种充满深意的、能够直接触及心灵的沟通方式。

星云大师将文殊菩萨与维摩诘问答这一情景比喻为"演戏"，意在强调整个讨论过程的渐进性和层次性，以及最终通过维摩诘居士的沉默达到了高潮。"文殊菩萨说过话后，反问维摩居士：'我们都说了，维摩居士，你也说一说什么是不二法门？'等于演戏，愈演愈见高潮。"[1] 星云大师的这种比喻揭示了佛法的传达不仅仅是理论的阐述，更是一种通过不同方式和层次引导人们逐步深入理解的过程。星云大师的解读强调了维摩诘居士沉默的时机和意义。他认为，如果从一开始大家都保持沉默，那么《入不二法门品》的深层意义就无法展开。维摩诘居士的沉默正是在文殊师利菩萨的提问之后，这个时机的选择恰到好处地强调了"不二法门"超越言语的层面。在这个层面上，所有的对立如存在与非存在、一与多、是与非，都被超越。

星云大师通过"演戏"的例子深入浅出地说明了"维摩居士无言显道"的"不二"思想，在表达真实情感和深层理解时的力量。这些例子体现了在某些情况下，沉默或少言可以比冗长的言语更有影响力，更能传达真正的意图和情感。

1. 少言多意

有的人讲话，总是滔滔不绝，却尽是说些无关紧要的话，不如要紧的话说一句、两句就好，无言胜有言。这说明了在实际生活中，言语的多寡并不直接等同于其价值和意义的深度。

2. 言多不如情深

青年男女交往，男孩子为了追求女孩子，不断地写情书，或者口头赞美：你是天上的女神！你好美丽，我好爱你！可是最后，女孩子却嫁给了

---

[1] 星云大师：《在人间欢喜修行——维摩诘经》，第186页。

一个从来没有跟他说过我爱你的男士。为什么？因为爱不是嘴上讲的，心中有爱才更重要！在爱情中，频繁的言语表达（如不停地说"我爱你"）不一定能赢得心上人，相反，真正的情感往往不易用言语表达，但可以通过行动和默默的支持来展示。这说明真正的情感和理解超越了言语，需要更深层次的连接和体验。

星云大师通过以上两个例子强调了"不二"即真实、深刻的理解和情感表达往往超越言语。这与《维摩诘经》中维摩诘居士的沉默相呼应，再次证明了在某些关键时刻，沉默或少言不仅是金，还能深刻地传达不二的真理。同时，星云大师提倡的人间佛教，强调佛法应当与人们的日常生活紧密结合，佛法不仅仅是出世的修行，更是入世的慈悲和智慧。通过实际行动在社会中弘扬佛法，利益众生，体现了不二法门的精神。

三　星云大师人间佛教思想"不二"之现代实践

星云大师以《维摩诘经·入不二法门品》为出发点，深入探讨了二元与非二元，展现了如何在生活的各个层面实践非二元思想，以及通过这一实践达到心灵的超越与解脱。"不二法门的人间化，即指——人在山林，心怀社会；立足地球，放眼宇宙；身居市井，志在佛国；天堂虽好，人间更美；法界无边，家庭第一；今日一会，无限未来。"[①]星云大师将"不二"思想应用于现代生活，不仅是对古典佛教文本的深刻理解，也是对当代人类面临的挑战和问题的一种富有洞见的回应。星云大师视"不二"佛法为日常生活、性别平等、宗派和解以及僧俗互动的桥梁，从"宗教实践与生活的融合""普遍平等的实践"及"修行者与社会的互动"等维度描绘出一幅佛法与世俗生活"不二"的生动画卷。

---

① 　星云大师：《星云日记·生活三昧》，第28页。

（一）宗教实践与生活的融合

星云大师从"佛法与生活不二"的角度强调佛法与日常生活密不可分。"佛法太世俗化，被世俗化固然不可贵，如果太过于出世，则不容易为人所接受，所以要'二谛圆融'——要以佛法为体，世学为用。佛法之体是拔苦与乐，佛法之用是融和方便。"星云大师主张佛法应当深入人心，转化为人们日常行为的指南。这一点体现了佛法不是脱离现实的理论，而是应用于生活的实践智慧。"佛陀出生在人间、修行在人间、成道在人间、弘化在人间。佛陀说法四十九年，讲经三百余会，他不是对神仙、鬼怪说的，也不是为地狱、傍生而说，佛陀主要是以人为说法的对象；佛陀对人的教法，当然就是人间佛教，所以人间佛教就是一切佛法，一切佛法都是人间佛教。"[①] "佛法与世间不二"的核心在于认识到佛法不是一套脱离现实、限于寺庙或修行场所中的教义和实践，而是应当深入人们的日常生活中，解决实际问题，提升生活质量，实现个人和社会的幸福。

星云大师强调，佛教徒应该将这些高远的、深长的义理运用在日常生活中，如衣食住行、行住坐卧等方面。佛陀教我们度众生要用"四摄法"，要发"四弘誓愿"，要重视衣食住行、行住坐卧的修行，并且要能将佛教的义理运用在日用之中，让自己的生活获得安宁、自在和洒脱。这意味着要在生活的每一个细节中都体现佛法的精神，通过修行来实现生活的安宁、自在和洒脱。星云大师向我们展示了佛法不是脱离现实的超脱修行，而是要深入日常生活的每一个角落，通过具体的行为实践来体现佛法的智慧和慈悲，实现个人的精神提升和社会的和谐共生。在佛光山的四大宗旨中，"以教育培养人才，以文化弘扬佛法，以慈善福利社会，以共修净化人心"，慈善只是其中一部分。目前佛光山的慈善事业范围甚广，包括佛光诊所义诊、云水医院下乡施药、冬令赈济、急难救助、友爱服务队（义工

[①] 转引自满义法师《星云模式的人间佛教》，台北：天下远见文化出版股份有限公司2005年版，第329—330页。

组织）、观音护生会、器官捐赠会、大慈育幼院、佛光精舍、老人公寓等，并且以寓文化、教育、净修于慈善之中的理念，兴办各种慈善活动。慈善事业固然重要，但教育、文化更为重要。通过这一系列的实践和努力，星云大师不仅推广了佛法的智慧和慈悲，也促进了社会的和谐与进步，展现了佛教在现代社会中的积极作用和深远影响。

星云大师所倡导的行佛理念深刻体现了佛法在日常生活中的广泛应用，覆盖了从慈悲喜舍的心态培养、救苦救难的积极行动到奉献服务和义行仁道的社会实践；从端正身心的个人修养、生活密行的默默实践，到尊重包容和与人为善的人际关系处理；从惭愧感恩的情感表达、吃亏委屈和忍耐接受的心态调整，到四不坏信的坚定信仰、与时俱进的现代适应性；从胸怀法界的宽广视野、同体共生的世界观，直至佛化人间的最终目标。"慈悲喜舍是行佛，救苦救难是行佛，奉献服务是行佛，义行仁道是行佛，端正身心是行佛，生活密行是行佛，尊重包容是行佛，与人为善是行佛，惭愧感恩是行佛，吃亏委屈是行佛，忍耐接受是行佛，四不坏信是行佛，与时具进是行佛，胸怀法界是行佛，同体共生是行佛，佛化人间是行佛。"[1]这些行佛方式不仅指导佛教徒在个人层面实现精神提升和内心净化，也强调了佛法在社会中的积极角色，通过具体的行为和态度促进了社会和谐与人类福祉。星云大师通过这一系列实践，强调佛法不仅是修行者的内在修炼，也是每个人在日常生活中可实践的生活艺术，呼吁佛教徒将佛法融入生活的每一个细节，实现真正的"行佛"。

（二）普遍平等的实践

星云大师在践行普遍平等的理念时，不仅提倡各个佛教宗派之间的和谐共处，不应因理念或修行方法的差异而分裂对立，体现了他对佛法本质的深刻理解和尊重，还倡导性别平等，强调在修行道路上男女平等，无高

---

[1] 星云大师：《在入世与出世之间——星云大师人间佛教文集》，上海人民出版社2010年版，第415—416页。

低贵贱之分。

1. 宗派不二

星云大师提出的"人间佛教"是一种超越传统宗派划分的佛教实践方式，强调佛教教义应当回归到佛陀本来的教示，即佛法应当服务于人间、解决人间问题。在他看来，佛陀的教化本质上是关注人间福祉的，旨在引导人们实现此生的幸福和解脱。因此，"人间佛教"没有宗派之分，它追求的是一种更加贴近生活、贴近人心、能够直接回应众生需求的佛法实践。"佛教在中国，有大乘八宗。当中，重视修行的有禅宗、净土宗、密宗和律宗四个宗派；偏重学理的也有四个宗派，即华严宗、天台宗、唯识宗、三论宗。人间佛教没有宗派，人间佛教就是佛陀本来的教示；佛陀本来的教化就是人间佛教。"[1] 通过强调"人间佛教"没有宗派之分，星云大师并不否认传统宗派中修行和学理的重要性，而是更提倡在实践中寻找这二者的平衡。他认为，佛教的修行和学理研究都是了解和实践佛法的重要途径，但最终目的都应该是指导人们如何在现实生活中实现佛陀的教导，即通过修行和智慧的提升来解决人间的烦恼，实现众生的幸福和解脱。

星云大师努力推动各佛教宗派之间的相互尊重和理解，从而促进了佛教界的和谐与统一。星云大师组织了"世界显密佛学会议"和"国际佛教僧伽会"等活动，建立了国际佛光会。他认为，各佛教宗派应该基于相互尊重的态度，避免互相批评和排斥。这种理念的实践不仅能够增进各宗派之间的了解和友谊，也能够共同维护和传承佛法的纯正与活力。通过举办各种国际性的佛学会议和僧伽会，佛光山成为促进国际佛教交流与合作的重要平台。"在佛教里，南北传的佛教要融和，传统和现代的佛教也要融和；禅净要融和，显密也要融和；僧信要融和，世出世法也要融和；融和就是中道，中道才是真正的佛法。"[2] 在国际佛光会的建立和运作中，星云

---

[1] 星云大师：《人间佛教当代问题座谈会·佛教对"修行问题"的看法》下，台北：香海文化 2008 年版，第 186 页。
[2] 星云大师：《人间佛教法要》，高雄：国际佛光会世界总会 2012 年版，第 12 页。

大师的融合思想得到了充分的体现。国际佛光会不仅欢迎来自全世界的佛教徒，无论其宗派或背景如何，都可以加入，而且在组织的活动和主题演讲中，始终强调内心与外行的和谐，个人与社会的融合，以及区域与世界的统一。这种做法有效地促进了佛教徒之间的相互理解和支持，推动了佛教的现代化和国际化。

星云大师的这些努力和实践展现了他对佛教"不二"理念的深刻理解和应用，通过推动佛教宗派间的相互尊重和融合，以及鼓励佛教徒参与社会服务，他为当代佛教徒树立了积极参与世界、无负于时代的典范。这些活动和理念对于促进佛教的现代化、国际化以及在全球范围内发挥积极作用具有重要意义。

2. 性别不二

星云大师强调在佛法的修行道路上，性别不应成为区分或限制的因素。在"不二"的视角下，所有众生的本质是相同的，这一点超越了物理身体的性别差异。"佛灭之后，经典的结集与解释，掌握在比丘手里，因而出现对比丘尼不公的戒律内容，甚至说'女人是污秽'、'女人有五障'、'女人不能成佛'。其实净秽在于一心，而非外在的身相，再说，佛说一切众生皆有佛性，佛性无男女；观诸大乘经典，佛陀为女人授记成佛的记载，不胜枚举，为什么我们还要执相而求呢？"[①]星云大师认为，佛法鼓励我们超越外在的形相，认识到所有的分别和区分，包括性别的区分，本质上都是无常的、非实质的。真正的修行和觉悟在于心灵的转变和内在的清净，而非外在身相的差异。因此，在修行的道路上，每个人都拥有相同的潜力和机会去实现觉悟，不应因为性别的不同而有所区别。

星云大师在建立佛光山时提出的"四众共有，僧信平等"的口号深刻体现了他对于性别平等的承诺和实践。通过确保教育机会的平等、制定公平的规章制度，以及提供参与寺务管理的机会，星云大师不仅在理念上，

---

① 星云大师：《"当代问题座谈纪实"之三——佛教对"女性问题"的看法》，《普门学报》2003年第18期。

更在实践层面上推动了性别平等。"我不但设立佛学院,让有心学佛的男、女二众都能入学就读,而且订出规章制度,让比丘、比丘尼们都享有同等的权利义务,让在家、出家的弟子们都有加入僧团,参与寺务的机会。"[1] 星云大师通过设立佛学院并开放给男女二众,确保了修行和学习佛法的机会均等无差。这一措施直接影响了女性在佛教修行和学术研究领域的参与度,为比丘尼提供了与比丘同等的学习和成长平台。通过教育的平等,有效地提升了女性在佛教界的地位和影响力。在制度和管理层面,星云大师确保比丘尼和比丘享有同等的权利和义务,这在传统佛教组织中是一个重大的进步。这种制度上的平等为比丘尼提供了更广阔的发展空间,使她们能够更积极地参与到僧团的管理和决策中,从而在组织内部实现性别平等。星云大师强调,比丘尼应通过接受教育来提升自己的能力,对治习气,这不仅是提升个人修行水平的途径,也是提高比丘尼整体地位和影响力的关键。

星云大师的支持和推动使得佛教女众走出了原先相对狭窄的发展空间,进入了一个更为广阔的实践和修行天地。这种改变不仅体现在教育机会的平等上,更体现在参与佛教事务、决策和社会服务等方面的平等机会。这使得女性在佛教界的作用和地位得到了显著提升,也为佛教的传播和实践注入了新的活力。星云大师通过具体实践和教育平等的推动,不仅在佛光山内部实现了性别平等,也对全球佛教界乃至整个社会的性别平等观念产生了深远影响。

(三)修行者与社会的互动

星云大师人间佛教思想"不二"之现代实践还体现在"僧俗不二"及"自利利他不二"上。首先,"僧俗不二"消弭了传统佛教中对僧俗两界的严格划分,认为僧侣和在家居士都能在各自的生活领域内实践佛法,共同贡献于佛教的现代化与社会的进步;其次,"自利利他不二"强调了在追

---

[1] 星云大师:《人间佛教论文集》下册,台北:香海文化 2008 年版,第 301—302 页。

求个人解脱的同时，也应致力于利益他人，实现自我与他人的双向利益。

1. 僧俗不二

僧俗之争，自古已然，近代以来，佛教界就居士地位了展开讨论。以欧阳竟无为代表的学者重提"居士非僧类、非三乘、非福田、非师范、不应说法、不应阅戒，比丘不可就居士学、绝对不礼拜、不可与居士叙次"①的传统说法。太虚法师、印顺法师等提出相反意见，印顺法师特撰写《建设在家佛教的方针》，强调居士佛教的重要性。又在《教制教典与教学》中从历史、现实等多重角度得出"僧俗平等"的观点："大乘佛教，在家菩萨比起出家菩萨来，无疑的占有更重要的一席。佛教不但是出家人的，信仰、修学、证得，无论从那一点去看，出家与在家，可说是完全平等。"②至星云法师，完善了此僧俗平等的观点，提出僧俗不二的观点："所有僧俗二众的佛光会员，彼此间没有差别的观念，不管出家、在家，都共同为'僧信平等化'而努力，以使佛法能光大寰宇，庇佑全球。"③星云大师对于僧俗平等的观点进一步深化，提出了"僧信平等化"的理念，这一理念不仅是对佛教内部结构的一种革新，也是对佛教在现代社会中应用和发展的一种重要指导。通过强调僧和俗之间不存在本质的差别，星云法师推动了一种更加开放和包容的佛教实践方式，旨在打破传统佛教中对僧俗二众的划分和隔阂，促进佛教的整体和谐与社会广泛的接受。

星云大师对于僧俗平等的看法体现了他对佛法本质的深刻理解和对现代佛教发展的洞察。他认为僧侣和居士在佛教中的地位是平等的，而对在家众的特别关照，源于佛法传播的本质——带给人们欢喜和结缘。"其实我对出家众、在家众是平等的。不过，若说对在家众好，这也是应该的，因为佛法就是一种欢喜、一种结缘，对别人好，就是给人欢喜，

---

① 欧阳渐：《内学年刊·支那内学院院训释上篇》，第三辑，鼎文书局1975年版，第646页。
② 印顺：《教制教典与教学》，台北：正闻出版社2000年版，第82页。
③ 星云大师：《人间佛教语录3·宗门思想篇》，https:// books.masterhsingyun.org/Article-Detail/artcle726。

就是结缘。"①星云大师认为，出家众和在家众各有其独特的角色和贡献，他们之间不应存在隔阂。出家人通过深入的佛法修学和实践，为佛教的教义和传统的保存与传承作出贡献；而在家居士则通过将佛法应用于日常生活和社会实践中，使佛教的教义得以广泛传播和实现。只有二者相辅相成，佛教才能在当代社会中发挥其全面的作用，实现其利益众生的宗旨。"与之相应的是教界与外界的交流活动变多，尤其是由星云大师提出、佛光山践行的更多地继承大陆丛林传统又多有创新的模式。"②其中包括国际交流、学术研究等各方面的活动。

尤其在国际交流上，星云法师于1967年所创立的佛光山，与日本、韩国、东南亚各国及美洲、欧洲、非洲等各国都有交往。2001年4月19日，在国际佛光会于南非召开的理事会上，出现了一个重要的讨论点，即关于总会长职位必须由出家众担任，并且要求其出家受戒20年以上的提案。这一提案在讨论中获得了绝大多数人的赞同，然而，星云大师当场力排众议，坚决否决了这一提案。星云大师的反对基于他一贯倡导的"僧信平等"的原则，认为这一提案违背了他对于佛教应该如何在现代社会中发展的根本理念。星云大师的这一决定和倡议，进一步巩固了他作为现代佛教改革先锋的地位，展现了他对于佛教未来发展方向的深远考量。通过这样的实践，星云大师不仅在佛教内部促进了僧俗平等，也为佛教的现代化树立了典范。

星云大师的僧俗平等和僧俗融和的理念，不仅强调了佛教内部的和谐与团结，也指向了佛教在现代社会中的积极角色和广泛使命。通过这种理念的实践，佛教能够更好地服务于社会，为构建一个更加和谐美好的世界作出贡献。

---

① 星云大师:《星云模式的人间佛教2·慈心悲愿：为教的愿心不同》：https:// books.master-hsingyun.org/ArticleDetail/artcle15685。
② 邓子美、毛勤勇:《星云大师新传》，社会科学文献出版社2013年版，第147页。

2. 自利利他不二

"自觉觉他,自利利他"和"人我不二"是星云大师"不二"思想的集中表现。人常有分别心,但在禅者的心中,却是净秽不二,毫无分别。在一位真正开悟的禅师心中,不管是与非、有与无、好与坏,都是一个,如此才是真正懂得"法无二法"真义的人。一般人若能将"不二法门"的哲学应用在生活中,就能"人我一如""自他不二"。这一理念强调在个人修行和实现自我觉醒的过程中,应当关注的不仅仅是个人的成长和解脱,更包括对他人的帮助和关怀。在达到自我觉悟的同时,应将这种觉悟的果实分享给他人,帮助他人也能达到觉悟的状态。这种做法不仅能够促进个人的精神成长,也能够带动社会整体的精神进步,实现一个和谐共生的社会状态。通过这种实践,自我和他人的利益不再是对立的,而是相互促进、相互成就的。

星云大师认为,佛陀教导的不仅是如何修行并提升自我,更是如何服务于他人,将个人的觉悟转化为对他人的具体帮助。"佛陀降生这个世界,完全是为了'示教利喜',为了教化众生,为了给予众生利益,以利他为本怀。"[①]星云大师不仅强调了佛教的普世价值,也向现代社会传达了一个重要的信息:在面对纷繁复杂的世界和生活挑战时,通过修行、示范、教化和利他,每个人都可以在提升自我的同时,为社会和他人的福祉作出贡献。这种以利他为核心的生活方式,是星云大师所倡导的人间佛教的精髓,也是实现个人和社会和谐共生的重要途径。星云大师创立的"佛光禅"便体现了"自利利他不二"理念,这一理念既是个人修行的指导原则,也是佛教对社会实践的重要贡献。通过参禅共修,星云大师不仅指导众人探索内心、实现个人的精神觉醒,更重要的是,他强调了这种内在觉醒与外在行为之间的紧密联系,即通过个人的行动和觉悟来促进社会和众生的福祉。星云大师坚持"利益众生"的原则,认为佛

---

① 星云大师:《人间佛教书系 5·人间与实践·人间佛教的思想》,上海辞书出版社 2008 年版,第 106 页。

教的修行不应仅限于个人的精神提升，而应拓展到为社会和众生带来福利的实际行动中。通过佛光山及其僧众和信徒的一系列活动，他们不仅提供了灾难救助和社会服务，而且通过弘扬佛法，努力让更多的人了解和体验到佛法的智慧和慈悲。

四　结论

通过以"不二"为核心的实践，星云大师及佛光山展现了一种积极参与社会、致力于人间福祉的佛教实践方式，强调了佛法与现代社会的紧密联系和深远影响。这不仅是对佛教传统的传承和发展，也是对现代社会价值观的重要贡献，体现了佛教在解决人类问题、促进世界和平与发展中的重要角色。

A Research of the Advaya-dharma-mukha-praveśa-parivartas in *Vimala-kīrti-nirdeśa* and Its Practice in Modern Times: A Case Study of the Doctrines of Master Hsing Yun's Humanistic Buddhism

Han Zhuangbo

Abstract: The Advaya-dharma-mukha-praveśa-parivartas in *Vimala-kīrti-nirdeśa* elucidates the transformation of "duality" into "non-duality", highlighting the path from "duality" to "non-duality" and showcasing the philosophy of "being dual yet non-dual". Master Hsing Yun, through his interpretation of this scripture, has deepened the development of Humanistic Buddhism in contemporary theory and pointed out its ongoing relevance to modern societal challenges. This paper analyses Master Hsing Yun's modern practice of Humanistic Buddhism from three aspects: the integration of religious practice with life, the embodiment of universal equality, and the interaction between practitioners and society. It not only examines Master Hsing Yun's application of Humanistic Buddhism but also underscores the significance of the "non-duality" concept in contemporary society.

Key words: *Vimala-kīrti-nirdeśa*; advaya-dharma-mukha-praveśa-parivartas; Master Hsing Yun; Humanistic Buddhism; Modern Practice

星云大师的《维摩诘经》诠释

吴倩倩

上海大学硕士生

摘　要：《维摩诘经》作为大乘佛教的重要经典，所蕴含的佛教义理使其在汉传佛教思想史上占有独特的地位。星云大师高度重视《维摩诘经》，并形成了自身对此经的诠释思想。大师不仅关注其中所蕴含的文学性、人间性以及现实性，还创造性地形成了疾病观、人生观和义理观。梳理并理清星云大师对《维摩诘经》的诠释思想，对研究大师思想特质乃至推动当代人间佛教建设具有重要意义。

关 键 词：《维摩诘经》；星云大师；人间佛教；净土思想

基金归属：本文为2019年度国家社科基金重大项目"'一带一路'佛教交流史"（编号：19ZDA239）的阶段性成果。

前　言

《维摩诘经》是大乘佛教的重要经典，其中蕴涵了丰富的佛教思想义理，在汉传佛教思想史上地位独特。南怀瑾先生曾言，《维摩诘经》是对中国文化影响最深、贡献最大、历史最久的一部经。[1] 人间佛教的卓越创

---

[1] 转引自星云大师《在人间欢喜修行——维摩诘经》，载《星云大师全集》，新星出版社2019年版，第27页。

立者、佛光山的开山宗师——星云大师，在过往几十年的弘法历程中，对《维摩诘经》进行过多次的主题宣讲，形成了自身基于《维摩诘经》的独具特色的诠释理路和实践模式。程恭让教授表示，星云大师的《维摩诘经》诠释遵循太虚大师以人间净土思想为导向理解《维摩诘经》的思路。他认为，星云大师对《维摩诘经》的诠释，既充分彰显了《维摩诘经》思想中重视信众佛教及民众佛教的特点，又试图以《维摩诘经》中人间净土思想为"依据"规划"人间佛教的蓝图"，构建人间佛教的系统理论。[1] 由此可知，星云大师对《维摩诘经》的重视及弘扬一方面继承了太虚大师构建"人间净土思想"的诠释路线，另一方面催生出大师因《维摩诘经》形成的关于"人间佛教的蓝图"的现实构想，对重新理解佛教净土思想的真正意义价值、深刻理解人间佛教思想的本质及旨趣有重大的启示意义。[2]

星云大师对《维摩诘经》的诠释与实践，深刻展现了《维摩诘经》之于当代人间佛教建设的理论指导和实践意义。近年来，涉及星云大师《维摩诘经》诠释的研究已经取得了许多成果，如程恭让在其《星云大师人间佛教思想研究》中，以专章详细探讨了现当代汉传佛教三位导师（太虚、圣严、星云）的《维摩诘经》诠释，展开了对汉传佛教百年来人间佛教理论开展史的研究，是我们进行相关领域研究不可或缺的重要参考书。书中指出，太虚法师凸显了《维摩诘经》中以"佛国"为中心的净土思想及其中重视居士佛教、信众佛教、一般民众佛教的思想旨趣，首次为萌芽中的人间净土思想及人间佛教思想找到了重要的经典证据及理论支持；圣严法师的《维摩诘经》诠释遵循太虚法师以人间净土思想为导向的诠释思路，但侧重于《维摩诘经》对一般佛教信徒"人生观"指导的作用；星云大师的《维摩诘经》诠释同样遵循太虚法师的思路，并将其中的人间净土思想细化为"重视信众佛教及民众佛教"和"将经中人间净土思想作为根据规划人间佛教的蓝图"两个方面，深刻地展现了《维摩诘经》在思想和实践

---

[1] 程恭让：《星云大师人间佛教思想研究》，高雄：佛光文化 2015 年版，第 679—680 页。
[2] 程恭让：《星云大师人间佛教思想研究》，第 679—683 页。

方面的典范作用及对现当代人间佛教转型的推动作用。[①]

另外，部分学者对经中其他的思想义理也有讨论。主要有：释妙松的论文《从〈维摩经〉不二思想谈星云大师人间佛教的弘化》[②]，介绍了大师基于《维摩诘经》形成的"以无为有、以退为进、以空为乐、以众为我"的不二思想，与经中的"净秽不二"思想相契合。常红星的论文《从世俗到净土——星云大师〈维摩经〉诠释理路探究》[③]，分析了大师从"人生""群我""世界"三个视角下对《维摩诘经》的诠释，指出了大师遵循"从世俗到净土"的诠释理路形成的个体与世界的认识承接关系及前者对后者的重要意义。寂合的硕士学位论文《星云大师的中道思想——以〈维摩诘经〉为思想进路》[④]，详细论述了星云大师基于《维摩诘经》形成的中道思想，展现了其中的中道思想特质，凸显了佛教中道普遍性及超越性的真理。尤惠贞的论文《人间佛教与传统佛教之关系——以星云大师之禅教诠解为主之论析》[⑤]，介绍了大师展开的对人间佛教与佛教义理之间关系的讨论，文中除引用《维摩诘经》外，还引用了《六祖坛经》《妙法莲华经》等佛教经典进行比较说明，高度呈现了大师在推行人间佛教过程中的自行与化他。

从学者们的研究中不难看出，星云大师对《维摩诘经》的诠释主要集中在此经的思想义理对现实世界的改造及推动人间佛教的发展上。结合前辈们的研究，本文试图对星云大师基于《维摩诘经》形成的诠释理路和实践模式进行探讨，并以《维摩诘经》中的人间净土思想为脉络，分析人间

[①] 程恭让：《星云大师人间佛教思想研究》，第 658 页。
[②] 释妙松：《从〈维摩经〉不二思想谈星云大师人间佛教的弘化》，载程恭让、妙凡法师主编《2013 星云大师人间佛教理论实践研究》，高雄：佛光文化 2013 年版。
[③] 常红星：《从世俗到净土——星云大师〈维摩经〉诠释理路探究》，载程恭让、妙凡法师主编《2016 星云大师人间佛教理论实践研究》，高雄：佛光文化 2017 年版。
[④] 寂合：《星云大师的中道思想——以〈维摩诘经〉为思想进路》，南华大学硕士学位论文，2017 年。
[⑤] 尤惠贞：《人间佛教与传统佛教之关系——以星云大师之禅教诠解为主之论析》，载妙凡法师、程恭让主编《2019 星云大师人间佛教理论实践研究》，高雄：佛光文化 2020 年版。

佛教发展过程中《维摩诘经》作为大乘经典对星云大师形成的弘法思想及观念的重要指导意义。

一 《维摩诘经》在汉传佛教中的地位

《维摩诘经》，在不同译本中又被称为《维摩诘所说经》《净名经》《不可思议解脱经》等，是大乘佛教极具权威性的哲学经典纲要，思想内容颇为丰富，被誉为"大乘佛教文献宝冠之珠"。[1]法国汉学家戴密微更表示，《维摩诘经》无疑是少数在印度佛教中占有重要地位，而又完全融入中国的文化遗产之一。[2]

《维摩诘经》自传入中国之日起，便对中国文化的各个方面影响深远，在中国的佛经诠释史上更是译本众多、注疏不断。目前存世的三个译本各有特色——支谦本《（佛说）维摩诘经》[3]古老幽深、罗什本《维摩诘所说经》[4]优美流畅、玄奘本《说无垢称经》[5]严整细密。《维摩诘经》的注疏数量庞大，支谦本暂未发现，罗什本相对较多，其中较有影响力的是僧肇的《注维摩诘经》[6]，玄奘本的主要注疏为其弟子窥基的《说无垢称经疏》[7]。历代译本、注疏虽风格各异，但都生动地刻画了经中的主人公——离车族长者维摩诘，以般若智慧与善巧方便的不二融和，深入社会各个阶层，饶益众生、利乐有情；和诸声闻、菩萨进行认识论、方法论的深刻探讨，展现了维摩诘慈悲平等的菩萨精神，及其"深植善本、久于佛道、辩才无碍、游戏神通"的独特个人品质。

---

[1] 赖永海主编，高永旺、张仲娟译注：《佛教十三经·维摩诘经》，中华书局2018年版，"前言"第1页。
[2] 转引自孙昌武《中国文学中的维摩与观音》，天津教育出版社2005年版，第30页。
[3] （吴）支谦译：《佛说维摩诘经》，《大正藏》，第14册，NO.474。
[4] （姚秦）鸠摩罗什译：《维摩诘所说经》，《大正藏》，第14册，NO.475。
[5] （唐）玄奘译：《说无垢称经》，《大正藏》，第14册，NO.476。
[6] （后秦）僧肇撰：《注维摩诘经》，《大正藏》，第38册，NO.1775。
[7] （唐）窥基撰：《说无垢称经疏》，《大正藏》，第38册，NO.1782。

《维摩诘经》共十四品,第一品《佛国品》为序分,主要交代故事背景,并揭出其丰富深刻的"佛国净土"思想;第二品至第十二品为正宗分,主要介绍了维摩诘其人之形象,其生病后佛陀派遣十大弟子和诸菩萨前往问疾皆被推拒,后文殊菩萨前往慰问并与维摩诘讨论佛法义理等内容;末二品为流通分,是为佛陀赞赏此经并嘱咐对其进行流传和弘扬的部分。

总体而言,《维摩诘经》是汉传佛教中的重要经典之一,也是少数以居士形象为主角、记录居士言行的大乘佛教经典,其中经典的问疾场景以维摩诘和文殊菩萨互相问答的方式,深入讨论了大乘佛教不出生死、不住涅槃、不断烦恼、不舍众生的真谛及大乘菩萨如何修行的次第法门,是包含融摄了世间与出世间思想旨趣和修行方法的绝佳修行手册。[①]

二 星云大师对《维摩诘经》的重视

有人问大师什么是人间佛教,大师不假思索地回答道:"佛说的、人要的、净化的、善美的,凡是有助于幸福人生之增进的教法,都是人生佛教。"[②]星云大师倡导的人间佛教努力推动佛教的现代化、大众化、生活化、国际化,不可谓没有受到《维摩诘经》的影响。近年来,记载大师一生弘法言行的《星云大师全集》(以下称《全集》)出版,全面且完整地展示了大师人生各个阶段的开示、讲话和行文。在《全集》中,关于《维摩诘经》的内容不仅体量较大,而且涉及的类别也相当丰富,[③]展现了大师对《维摩诘经》的欣喜赞叹及高度重视此经背后的原因,下文重点聚焦于《全集》,从三个方面进行详细具体的分析。

[①] 星云大师:《在人间欢喜修行——维摩诘经》,载《星云大师全集》,第27页。
[②] 程恭让:《星云大师人间佛教思想研究》,第12页。
[③] 在佛光山万维网界面中,有《星云大师全集》的电子版,通过检索词条"维摩诘经",可见两百多条词频记录。

（一）赞扬《维摩诘经》的文学性

大师在佛学修行的过程中，一直精进无畏、刻苦向上，在《全集》第六类《传记》的《浩瀚星云·人间》一文中，可以看到如下这段话：

> 一九八三年，我受到佛教觉悟思想的震憾，辞去了一切的工作，隐居在大溪与莺歌交界的山间。我每天在山里读经、写作、散步，思惟佛教的义理。我舍弃了一切文学的书，只带了几部最喜欢的佛经：《华严经》《法华经》《金刚经》《六祖坛经》《维摩诘经》《楞严经》。①

从大师的自述当中可以看出，1983年时，大师有过一段隐居山水、悉听禅意的时光，大师每天除了在山中散步、思维佛教义理，还会进行读经、写作方面的自我提升，此时正是大师第二部讲演集编辑出版后不久。②在此期间，大师可谓简装出发，舍弃了文学类书籍，在山水之中依托相对幽静的环境去更好地体会佛法义理，研究佛法的觉悟思想。俗话说，工欲善其事，必先利其器。要做好一件事情，准备工作很重要，要写好文章，必要的前期准备工作之一就是认真筛选参考书籍。虽然大师本次是简装出行，却携带了最喜欢的几部佛经，其中便有《维摩诘经》，可以想见大师对此经的喜爱和重视程度。大师有着极高的文学素养和兴趣，在幽居环境中能舍下文学书籍而携带这几本佛经，可见大师对包括《维摩诘经》在内的这几部经书蕴含的丰富佛法的高度肯定。另外，《维摩诘经》除了具有深厚的佛学义理之外，本身也极具文学艺术性，在某种程度上兼具义理性和文学性色彩。以下两则材料可见大师对此经融摄二者的高度认可。其一，在《文讯杂志》上有一篇文章透露了大师一生和文学的因缘：

---

① 星云大师：《浩瀚星云》，载《星云大师全集》，第222页。
② 星云大师的《讲演集》收录在《星云大师全集》里，总共10册，彼时正是第二集（1982年）发布后不久，具体内容详见程恭让《星云大师人间佛教思想研究》一书中的第120—121页。

佛经给我的影响最大,如《维摩诘经》,两万多字的文体如新诗般优美……①

其二:

我十二岁出家后,在丛林里读书,畅游法海数十年,养成我喜好佛学,也和文学结了不解之缘。我觉得两万多字的《维摩诘经》就像新诗般优美……②

以上两则材料,都是强调《维摩诘经》的文体体裁优美,如新诗一般,在字里行间透露出大师对《维摩诘经》本身具有的文学色彩的赞赏。虽然在丛林法海遨游数十年,但提起佛经,提起佛法和文学之间的不解之缘,大师举的例子依然是《维摩诘经》,可见大师对此经的特殊情感,及对此经具有高度文学性的肯定。

(二)弘扬《维摩诘经》的人间性

佛教有三藏十二部经、八万四千法门,在如此浩繁卷帙的佛经当中,大师对《维摩诘经》格外重视,在《全集》中,用一本专著《在人间欢喜修行——维摩诘经》来介绍《维摩诘经》的思想旨趣,并在各种公开的、正式的讲经场景中,多次专设《维摩诘经》的系列讲座。大师对《维摩诘经》的旨趣探析中,较为重要的内容是"人间净土"思想,详见以下这则材料:

在佛教的诸多经论中,大师一直很喜欢《维摩诘经》,不但欣赏它的富含哲学思想与文学意境,更因为经中充满生活修行的人间性,

---

① 星云大师:《云水日月》,载《星云大师全集》,第204页。
② 星云大师:《百年佛缘》,载《星云大师全集》,第31页。

因此将它视为人间佛教的重要根据经典之一。[①]

这段话，佐证了前述大师对《维摩诘经》的喜爱重视及其强调此经融摄文学性和哲理性的意义，并充分说明大师重视此经的缘由——充满生活修行的人间性，因此可将其作为人间佛教的根本经典之一。人间佛教是由太虚大师提出，其后由印顺法师、圣严法师、星云大师等诸多高僧大德共同提倡、发扬起来的现代化佛教思想体系，有利于当代寺院佛教健康有序的发展。推动人间佛教的当代建设，离不开经典的推广与弘扬，因此星云大师对早期大乘经典之一的《维摩诘经》格外重视。从笔者对《全集》中资料内容的整理来看，星云大师对《维摩诘经》中蕴含的人间性之诠释，还体现在对人间净土的挖掘和强调上，大师曾言：

> 《维摩诘经》说佛国、净土在众生身上求，离开了众生，就没有佛；离开了群众去求道，是没有道可求的。[②]

《维摩诘经》中一直强调佛国净土思想，但是佛国净土的世界并非死后的世界，而是众生存在于其中可以主动断除痴缠、寻求圆满的现实世界。若脱离了众生、脱离了众生存在的人间，便没有了佛，佛陀的教诲便失去了意义，此即"佛法在世间，不离世间觉。离世觅菩提，恰如求兔角"。当然，《维摩诘经》的人间净土思想，并非喊喊口号，而是如第一品《佛国品》所强调的，重视心性的修行，让心性有力量、有追求，从而达到心净则国土净。大师十分重视弘扬其中的净土思想，不仅在公开的《维摩诘经》主题讲座中设专题部分进行讲述，在《在人间欢喜修行——维摩诘经》一书中，更是花大量的篇幅介绍人间净土的理念、世界及如何在生活中建设人间净土，其内容之详细足可见大师对人间净土

[①] 满义：《星云模式的人间佛教》，载《星云大师全集》，第207页。
[②] 转引自满义《星云模式的人间佛教》，载《星云大师全集》，第207页。

这一理念的推广和重视程度，譬如大师总结的人间净土家庭建设的八个蓝图：

1."此室常以金色光照，昼夜无异，不以日月所照为明。"人间净土的家庭里，金光照耀、和风吹拂。用现代的话说，就是采光通风、窗明几净。

2."此室入者，不为诸垢之所恼也。"人间净土的家庭里，非常干净，纤尘不染。所有布置、设备，让人看了心生欢喜。指的是在这个家庭里，没有忧愁烦恼，没有障碍是非。

3."此室常有释、梵、四天王、他方菩萨来会不绝。"人间净土的家庭里，四天王、梵王、他方菩萨经常光临。用现代的话说，就是有很多善友欢喜到家中拜访，如同唐代诗人刘禹锡的《陋室铭》所说："谈笑有鸿儒，往来无白丁。"

4."此室常说六波罗蜜不退转法。"人间净土的家庭里，大家所说的话，都是六波罗蜜等令人"不退转"的话，从不给人伤心、难过、退心、失意、懊悔；彼此相谈，都是讲仁义、讲道德，谈禅说道，爱语赞叹。

5."此室常作天人第一之乐，弦出无量法化之声。"人间净土的家庭里，也有音乐设备，音乐是梵音，一听就能让人心平静下来，不同于现代家庭中卡拉OK的又唱又跳。

6."此室有四大藏，众宝积满，赍穷济乏，求得无尽。"人间净土的家庭里，有许多宝藏，常用来救济贫乏，家人则是量入为出，有多少用多少，不贪心、不妄求；因为满足，大家生活得很快乐。

7."此室释迦牟尼佛、阿弥陀佛、阿閦佛……如是等十方无量诸佛，是上人念时，即皆为来，广说诸佛秘要法藏，说已还去。"人间净土的家庭里，经常有圣贤、善人到访。这些人是为说法，为了鼓舞人们信心而来，他们注重的是精神生活。

8."此室一切诸天严饰宫殿、诸佛净土，皆于中现。"人间净土的家庭，房屋美轮美奂，既重视环境的美化，也重视心灵的庄严。①

以上是大师提出的人间净土家庭建设的八个蓝图，程恭让表示，大师所提倡的家庭蓝图八点建设，彰显了其人间佛教理论实践对于家庭问题高度重视的态度。一个美好的家庭，应该从道德、慈悲、善良、知因识果的正见上面去建设。②

不难看出，大师将理想化的人间净土之相状代入到现代化的现实家庭建设当中，这既是每个家庭在日常生活中可以参考实现的方向标，也是大师对《维摩诘经》中人间净土理想于现实世界实现可能性给出的强心剂。大师提出的人间净土家庭建设蓝图，一来继承佛陀示教利喜的悲智愿行，二来为21世纪人间佛教指明方向。坚持人间净土家庭建设蓝图，就是努力创造"自心和悦、家庭和顺、人我和敬、社会和谐、世界和平"的五和人间净土。③

（三）重视《维摩诘经》的现实性

《维摩诘经》的丰富义理，对于指导现实人生有积极作用，因此大师十分重视《维摩诘经》对于当代精神文明建设的现实意义。大师在《在人间欢喜修行——维摩诘经》一书中，对人间净土的概念进行了详细的说明，主要分为以下十个方面的内容：

> 一是重视家庭的温暖，二是重视心灵的净化，三是重视生活的简朴，四是重视工作的愉快，五是重视人群的融洽，六是重视环境的洁净，七是重视社会的安定，八是重视国家的祥和，九是重视国际的和

---

① 星云大师：《在人间欢喜修行——维摩诘经》，载《星云大师全集》，第217页。
② 程恭让：《星云大师人间佛教思想研究》，第667页。
③ 程恭让：《星云大师人间佛教思想研究》，第14页。

平,十是重视信仰的正见。[1]

此即大师由《维摩诘经》中总结出的"十条重视",既是对人间净土理念的高度概括,也对现代人间佛教具有重要的指导意义。程恭让表示,这"十条意见",实际上勾勒了大师人间净土思想的轮廓及全貌。[2]换言之,这"十条重视"可以浓缩为大师教诲我们的为人准则:"礼貌尊敬讲爱语,乐观满足生欢喜。明理和平有自由,慈悲包容庆安全。"[3]

张载曾言:"为天地立心,为生民立命,为往圣继绝学,为万世开太平。"[4]星云大师一生勤力于实践佛陀的教法,希望佛法给人明白、给人受用。若是人人心怀星云大师提倡的"十条重视"或"为人四则",以信仰的正见去高度要求自己,自觉重视内部的自我修持和维护外部的稳定和谐,人间净土的世界便不再遥远。从自我做起,从点滴小事做起,溪流终将汇聚成江河,人间净土的世界也终将会实现。

总体而言,大师对《维摩诘经》的重视,包括但不局限于其文学性、人间性和现实性三个方面,譬如大师始终强调此经对居士佛教的重要性、对古往今来高僧大德求法之路的影响及其对中国文化的独特意义等,此处限于篇幅不再一一赘述。大师关于《维摩诘经》的独特理解和思路,形成了对《维摩诘经》自成一家的诠释观,下文进行详细论述。

三 星云大师对《维摩诘经》的诠释

在星云大师的讲经说法中,《维摩诘经》无疑是其中讲说次数和讲说内容相对完整丰富的经典之一了,大师对《维摩诘经》也形成了一套独特的理解框架和诠释理路,总体而言,可以分为以下几个方面。

---

[1] 星云大师:《在人间欢喜修行——维摩诘经》,载《星云大师全集》,第219页。
[2] 程恭让:《星云大师人间佛教思想研究》,第668页。
[3] 星云大师《在人间欢喜修行——维摩诘经》,载《星云大师全集》,第242页。
[4] 转引自程恭让《星云大师人间佛教思想研究》,第14页。

（一）慈悲的疾病观

《维摩诘经》中，较为特殊的一品即《文殊师利问疾品》了，此品过去常常被认为是本经的中心品，它以文殊师利为主的慰问团前往维摩诘住处进行问疾并与维摩诘展开佛法义理的激烈探讨为中心展开。大师因此而形成的疾病观主要分为以下几个方面。

首先，大师重视对病者的慈悲心。在《维摩诘经》第五品《文殊师利问疾品》中有一个譬喻：若是一对父母的孩子生病了，父母的心会一直牵挂在孩子身上，甚至会因过分担忧，跟着生病；但若孩子痊愈了，父母也会跟着痊愈，这是父母对孩子的爱护之心。菩萨对众生的慈悲心正如这世间千千万万的父母爱护孩子一般。但当角色调换过来，若是父母年老体弱生病之后，孩子对父母的态度可能会截然不同，大师表示：

> 年轻父母在儿女的心目中好像是篮球，小儿小女拼命叫："我的爸爸、我的妈妈！"抢着要爸爸、妈妈；等到父母年老，就不是篮球了，成了个排球，被儿女推得远远的；到了老、病的时候，父母简直像个足球，儿女互踢，踢得愈远愈好。有的父母老病，儿女把他们送到医院去，就对医师说："你没事不要通知我，我很忙，等到他什么时候死了，再打电话告诉我就好。"也有的儿女每次去探望父母，都是带个录音机，"爸爸（妈妈），你说！究竟财产要归给谁？"所幸我出家了，我的徒弟、信徒都把我看成是橄榄球，抱得紧紧的。不过，从这一点也可以知道，<u>大家平常要广结善缘，要有佛法、有慈悲、有道德</u>，才是避免被当排球、足球，而得成为橄榄球，让人抱着你不放。[①]

大师以各种球类作为比喻，相当贴切，高度概括了当代孝养中的种种

---

① 星云大师：《在人间欢喜修行——维摩诘经》，载《星云大师全集》，第36页。

抉择。正如大师所言，年迈的父母如排球一般被子女推得远远的，若是还生着病便如足球般被踢得远远的。那么，怎样是双向的解决之策呢？大师也给了我们答案，无论是老病的父母还是为生活奔波的孩子，在平常要广结善缘，多行善事。要时常心怀三有：有佛法、有慈悲、有道德，即以慈悲为底色，以佛法为指引，以道德为标杆，才能在生活和修行之中，得到心的解脱，挣脱老病的束缚。

其次，大师强调生病期间个人心态上要乐观积极。大师年轻时曾不慎摔伤了腿，生病期间他仍积极地去各地演讲，听众们看到大师的坚持，对大师的说法听得也更为认真，更为尊重大师。正是大师身上这种遇到困难克服困难，乐观积极面对人生的精神，使得他即使刚刚做完手术也能在病房内和他人谈笑风生，不以生病为苦反以为乐，成就了大师如维摩诘一般的慈悲之心和弘法之意。

最后，大师重视生病期间他者给予的关怀和鼓励。大师举了这样的例子：

> 据一位医生告诉我，有一间病房里住了两位男士，一个患的是轻微的疾病，一个患的是比较严重的病症，两个人的太太都会来探望他们。但是，过不久，医生告诉护士说，那个病轻的会死，病重的会恢复健康。护士不解，问他为什么？医生说，因为那个病重的男士，太太每次来看他，都是给予种种呵护，在他床前百般安慰。另外一位年轻的太太来探病，则总是对着丈夫施以疾言厉色，以怨恨的口气相待："嫁给你真倒霉……"这样不好、那样不好，不断的数落。果真，后来病轻的那个丈夫就死了。①

大师举此例，强调了对生病之人关心爱护的重要性。如果说生病之人自身

---

① 星云大师：《在人间欢喜修行——维摩诘经》，载《星云大师全集》，第36页。

的积极乐观是自我调伏，那么他人的鼓励便是外部调伏，二者相得益彰，才能事半功倍。俗话说，良言一句三冬暖，恶语伤人六月寒。若是人人可以在他人需要时，给予应有的呵护和安慰，这世间便可汇聚更多的慈悲与善意。

综上，大师围绕《维摩诘经》形成了一定的疾病观，主要强调三个方面的内容：一是对老病的父母有慈悲心，常常顾念孝养之情心怀感恩，融摄佛法、慈悲和道德，在日常中多做善事，广结善缘；二是生病之时积极乐观，以平常心看待疾病，不仅可以克服疾病带来的负面影响，甚至还能影响或感染到他人去积极向上地生活，这是疾病中的智慧；三是重视对病者的关怀重视，像文殊师利慰问维摩诘病情一般，以真诚、以关心、以爱护去温暖对方，关注病者的身心健康。大师的这三条疾病观可以指导普罗大众在日常生活中形成对疾病的正确认识，调动起慈悲仁爱的本性和积极面对人生的态度。

（二）圆融的人生观

大师认为，在《维摩诘经》中，维摩诘实行的是圆融的人生观，这是人生通往幸福之道。维摩诘的幸福之道可以概括为：是因果的都是缘起的、是别人的都是自己的、是仇敌的都是友谊的、是绝望的都是希望的、是有限的都是无限的、是肮脏的都是清净的、是退让的都是进步的、是差别的都是平等的、是微小的都是广大的、是分工的都是融合的。[1]

可以看出，以上十条幸福之道较为全面，可以广泛应用于日常生活之中。譬如"是绝望的都是希望的"这一条，在日常生活中，我们都经历过绝望时刻，但逆境之中往往隐藏着顺境，绝望之境也会生出希望之花。大师曾言：

> 有一个女孩子，相貌丑陋，不讨人欢喜，一想到与自己年纪相仿

---

[1] 星云大师：《在人间欢喜修行——维摩诘经》，载《星云大师全集》，第62页。

的青年们各个谈情说爱,却始终轮不到自己,很是灰心失意,不由得怨恨起父母把自己生得这么难看。最后因为想不开,就选择跳河自杀。在少女即将跳河自杀的那一刻,有位居士救了她一命。知道她跳河的原因后,居士说:"人有两个生命,一个生命只想到自己,是自私的生命,刚才投水的那个自私的生命已经死了,现在我救起来的是第二个生命,是为人的、忘我的,是为社会、为大众的。"少女听了居士的话后,一改对人生的态度,从此不再挂碍自己的遭遇,转而设想如何帮助别人。她做义工、看护,为病人、老人洗衣、煮饭,不到一、二年,善名美誉便交相而来。每个人都赞美她、欢喜她,少女的心情也逐渐愉快起来了。心中一愉快,慢慢的,气质改变,人也变得漂亮了。后来居士当媒人,一偿少女宿愿,她和一位有为的青年结为夫妇。[1]

星云大师曾言,肯为人服务奉献的菩萨道精神,即是人间佛教,即是人间佛教的修行。[2] 在这个故事中,女孩因相貌丑陋而自卑,最终选择放弃生命,所幸被路过的居士所救,居士不仅给予了她一个新的生命,更给了她新的人生信条——为人的、忘我的、为社会的、为大众的,即肯为人服务奉献的菩萨道精神。女孩的人生因此彻底改变,从前那个自私脆弱的生命已经消逝,容貌不再是她的枷锁,在奉献中她获得了心的愉悦、他人的赞美和自我价值的认可,为新的生命找到了坚定的人生方向。在日常生活中,我们也应乐观积极地面对人生,以赤忱之心帮助身边的人,以奉献之心服务社会,就会像维摩诘居士一般拥有圆融的人生观。

不过要注意的是,有时候要理事分开、有分寸感,譬如"是别人的都是自己的"这一条,若是错将此条会意成"别人的都是我的",以此指导自己的言行举止,满足自私的占有欲,便是走上了歪路,并不是圆融的人

---

[1] 星云大师:《在人间欢喜修行——维摩诘经》,载《星云大师全集》,第62页。
[2] 程恭让:《星云大师人间佛教思想研究》,第13页。

生观。"是别人的都是自己的"合理的理解应当是"把别人拥有的看成自己的",别人造路,我可以行走;别人盖公园,我可以欣赏公园;别人成功,我为他喝彩,以他为榜样努力追寻自己的目标……有时候转换一下角度,佛国净土便在脚下,日月山川便在眼中。

(三)不二的义理观

"不二法门"是贯穿整部《维摩诘经》的理论核心。依不二之理,则有不二之行;依不二之行,则有不可思议解脱法门。"不二"并非指不加区分,你的便是我的,没有秩序,而是指超越相对之差别,入于绝对平等的境界。人人都是平等不二的,人人也都可以成佛。在《维摩诘经》中,三十一位菩萨都提出了自己的"不二观",如生灭不二、动静不二、世间与出世间不二等。文殊师利提倡"于一切法,无言无说,无示无识,离诸问答"的不二法,维摩诘以"默然无言"表示赞同,即"文殊无言、净名杜口"的真入不二法门。

大师提倡传统和现代有机融合的不二法门,坚持合理地平衡现代价值与传统价值,积极促进中国佛教的现代化转型。过去常常有人批评大师的弘法活动过于现代化,但正是这种将世间矛盾统一起来的圆融不二的思想,恰恰是与时俱进、合情合理的,在保全传统价值和实现现代价值之间达到一定的均衡和融合才是佛教现代化应走的正确道路。[①]那么,如何将不二法门人间化呢?大师认为要做好以下几点:

首先,要心系社会。佛教并不是鼓励去深山老林独自修行,而应该是在现代社会中发挥佛教的作用,不消极避世,以入世之心积极为社会发展做贡献,广结善缘,广种福田。

其次,要放眼世界、立足人间。大师经常强调,要做一个地球人,关心整个宇宙,不局限于国界,打开格局,与世界同呼吸,与人类共命运,一起为建设人间净土而努力。

---

① 程恭让、李彬:《星云大师对佛教的十大贡献》,《世界宗教文化》2015年第3期。

最后，要重视家庭。大师的讲经过程中，往往会举一些家庭不和的例子来论证家庭和谐的重要性。在日常生活中，家庭成员间相互尊重理解并不容易实现，因此有效地沟通很有必要。大师为此创作了四句偈——"早起三句话，相逢要微笑。脾气慢半拍，吵架一回合。"① 如果人人都能遵守这四句偈，相信可以化解家庭生活中的很多矛盾，促进家庭成员间的和睦相处，维护社会的稳定和谐。

以上是大师总结的如何将圆融的不二法门人间化的法门。人间佛教之所以在五大洲遍地开花、欣欣向荣，都是因为人间佛教包含生活层面和精神层面；也包括入世思想和出世思想；更兼具现代特色与传统特色。人间佛教普遍、平等、永恒的性格，是"现实重于玄谈、大众重于个人、社会重于山林、利他重于自利"，包括社会化、生活化、现代化、大众化和人情化，人间佛教可以说是人类所需要的佛教，是引领人类走向新世纪的指针。②

四 大师的《维摩诘经》诠释和实践对现代人生的指导意义

星云大师对《维摩诘经》的诠释和实践，不仅重新挖掘了此经本身蕴含的思想价值，还对现代社会的精神文明建设有重要的指导意义，以下从三个方面进行简要的概括。

（一）人人都是维摩诘

维摩诘是《维摩诘经》的主角，虽然他的身份是一位在家居士，但早已修成菩萨的种种品格。关于维摩诘的角色设定，大师总结出了四十条人物的形象和性格特征，摘录如下：

---

① 星云大师：《在人间欢喜修行——维摩诘经》，载《星云大师全集》，第219页。
② 程恭让：《星云大师人间佛教思想研究》，第14页。

他过去生就与佛有大因缘，曾供养无量诸佛，且久远以来都没有违背过道德。

他深知诸法实相，已证得不生不灭的智慧。

他的口才很好，经常出入乡里、学校、酒家或是街衢大路，演说佛法。

他游戏神通，幽默自在。

他对于世间的好事，不落人后；对于世间的邪恶，也不畏惧，勇敢向前。

他面对各种烦恼障碍、冤家聚头，能有力量降伏。

他已契入究竟的佛法真理。

他很理性，为人处事不情绪用事，善以智慧来教化人、度脱人。

他情理通达，事事给人方便。

他明白众生的心念是善是恶、所发的心是大是小，也能分别众生根性的利钝。

他修学佛道已久，心意纯净。

他所修所行，皆是遵循大乘精神，坚定不移。

他所做所为，十分严谨。

他虽是白衣，但具有诸佛如来的行谊和威仪。说到"威仪"，举凡佛教的"四威仪"：行如风、坐如钟、卧如弓、立如松，八万四千微细的威仪，乃至孔子所说的"非礼勿视""非礼勿言""非礼勿听"等都是威仪。

他的心量如大海一样宽广。一个人的心能容纳一个家庭，就能做家长；能容纳一县，就能做县长；能容纳一省，就能做省长；能容纳一国，就能做领袖。所以，平常要学习包容，心量才能更高、更大。

他的应机说法，不仅获得诸佛称赞，也为诸大菩萨、罗汉、人天所敬重。

他是一个富翁，资财无量，但是乐善好施，经常救济贫穷。

他虽是在家人，但是严持戒律，凡是不善、为恶的事情，一概不毁犯。

他具有忍辱修养，并以此摄化瞋恚心重的人。

他一生乐观进取，非常精进，毫不懈怠。

他经常安住在禅定里，心不散乱。

他平常做人处事，若不是依于禅定，就是依于般若智慧，绝不无明无理。

虽然他是一个在家居士，但是奉持的是出家人的戒法。

他虽然居住在家庭里，但是不把三界的荣华富贵、忧悲苦恼放在心上。

他有妻子儿女，但是心不染着，经常修行梵行。

他有很多的眷属、亲人，但是心中与大家保持距离。人往往因为与眷属太亲密，割舍不得，放心不下，而有很多烦恼；假如能够乐于远离，烦恼也就会减少了。

虽然他穿着美丽的衣服，但是重在身体的端正、心意的美好。

他与一般人一样要吃饭，但是经常都是以禅定、念佛、读经的法喜为食。

他讲学弘法从不落人后，对于社会的移风易俗也很热心，不但经常到学校教导青年学子，也出入赌博场所，化导沉迷博弈的众生。

他有很多的外道朋友，但不会影响他对正法的信仰。

他也阅读世俗的书籍、事典，但是最喜欢的还是佛法、佛书。

他深受世间大众高度的恭敬。

无论老幼，他都能开导做人之道。

他努力经营事业，赚取金钱；所得都用来布施给人，从事慈善，不据为己有。

他经常出外游览观光，但是每到一个地方，都能饶益众生。

他是地方上有名望的长者，欢喜参与政事，但一切都是为了救护人民；凡是有关大众的事情，绝不退让。

  他到讲堂里讲经说法，所讲都是大乘佛法。

  他在学校讲学，教化幼童，引导他们走上正道。

  有时候他也涉足妓院，以正法呵斥淫欲的可怕。

  偶尔他也出入酒家舞厅，向酒友讲说佛法。①

程恭让表示，星云大师继承且凸显了太虚法师的人间佛教革新理念，重视由维摩诘居士形象所彰显的信众佛教及大众佛教的意义与价值。正因为维摩居士就是那些"为社会、国家，从事工作、辛苦的这许多人"，所以大师才在佛教诸多人物中最喜欢他。②上引四十条是大师以通俗易懂的语言、较为生活化的表达方式所概括的维摩诘居士的特点，便于大众重新认识现代化视域下维摩诘"精通佛法、圆融无碍"的鲜活形象。这四十条的描述显示了维摩诘的修行观，并非高深莫测难以琢磨，更不是难以实践，生活中只要肯发心，处处皆可行佛事，人人都可像维摩诘一般，在生活之中修行，在修行之中生活。

（二）从积极面上发展人生

  一个人快乐与否，与物质条件无关，主要看个人的心态，所谓"心中有事世间小，心中无事一床宽"。维摩诘所居虽为丈室，却可容纳无数高大的狮子座；虽现身有疾，却能以身说法、普度众生。这无疑与他乐观积极的人生状态有关，他凡事都从积极面上过人生，没有否定或消极的表现。大师也曾遇到过很多挫折，却能在术后与他人谈笑风生、在摔倒后拍拍身上尘土笑着回家，这份面对人生的积极态度不可谓不受《维摩诘经》的影响。那么，我们应如何学习大师乐观豁达的精神呢？大师给了几条通俗易懂的答案：

---

① 星云大师：《在人间欢喜修行——维摩诘经》，载《星云大师全集》，第36页。
② 程恭让：《星云大师人间佛教思想研究》，第661—662页。

首先,"有钱要会用"。物质本身并不会让生活多么好过或者难过,钱财多多少少都会带来一些烦恼,有钱是福报,但会用钱才是智慧。善用金钱,把钱财用于善道、用于佛道,这样才不会被钱财束缚,从而获得心性的解脱。

其次,"有口要会说"。人有一张嘴,吃饭说话全靠它,吃饭是维持个人的生命力,而好好说话则给予他者生命力。我们应该像维摩诘一样,会讲好话、给人欢喜,即使是棒喝教育,思维之后也会受益无穷。

最后,"有事要会做"。现代人经常自我放弃,认为自己无法做到一些事情,对待生活充满了无能为力之感,这并不可怕,可怕的是主动暗示自己做不到而提前放弃。维摩诘可以出入各种淫舍赌处教化沉沦者,也可以对着魔王的几千魔女讲说佛法,使她们感受法乐并教导她们传递法乐,这些事本身便无比困难,但维摩诘都能一一完成。所以,世上无难事,只怕有心人。应努力地用心做好每件事情,积极面对人生。

(三)给人方便、给人欢喜

方便,或称善巧方便,是指以一定手段、方法达到度脱众生之目标的智慧。因此,方便不仅仅是指方法、手段,更是指与方法、手段有关,或渗透其中的沟通的智慧。①《维摩诘经》中表达的善巧方便思想层次分明、逻辑清晰、内容丰富,如第八品《佛道品》:

> 智度菩萨母,方便以为父;一切众导师,无不由是生。
> 法喜以为妻,慈悲心为女;善心诚实男,毕竟空寂舍……②

程恭让在《星云大师人间佛教思想研究》一书中对星云大师重点讨论

---

① 程恭让:《佛典汉译、理解与诠释研究——以善巧方便一系概念思想为中心》,中国社会科学出版社 2017 年版,第 348—349 页。
② 赖永海主编,高永旺、张仲娟译注:《佛教十三经·维摩诘经》,第 132 页。

的第八品《佛道品》进行高度概括，认为其中"智度菩萨母"一句，解释了何为"人间净土的母亲"，即智慧般若是人间净土的母亲。同理，"方便以为父"就是说，善巧方便是人间净土的父亲。所以，在人间净土里，只要有佛法就有我们的父母、兄弟、姐妹、朋友，就有衣食、住行、床座、事业，一切通通都有。大师表示，他提倡的人间佛教，《维摩诘经》给出了一个很好的说明。①

大师表示，维摩诘的思想特色，还体现在日常生活中。如谈话中有智慧、怒骂中有慈悲、言行中有幽默、嬉笑中有教化等，表达了此经思想上的启迪和哲学上的超越。笔者认为，恰恰是这些被大师反复强调的维摩诘思想的特色，包含了深刻的善巧方便意义，譬如"谈话中有智慧"这一条，大师以"维摩一默"为例，这既是维摩诘体会不二智慧的生动写照，也是维摩诘在表达方式上的善巧方便；再比如"言行中有幽默"这一条，大师举例如下：

> 在佛教里，开大座讲经前，都要敲引磬迎请法师，讲过以后，也要打引磬送法师回去。有个维那师因经验不足，很紧张，本来应该要呼："打引磬送法师回寮！"却误说为："打法师送引磬回寮！"最初大家并没有注意到他讲什么话，倒是讲经的圆瑛老法师很幽默，他怎么回答呢？他说："不要打，我自己会走！"②

圆瑛大师的风趣幽默化解了一场因紧张口误造成的尴尬局面，既给大家带来了欢喜，也体现了在沟通上善巧方便智慧的重要性。大师以此举例，强调了善巧方便在日常生活中积极化解突发事件、给予他人便利的重要意义。

---

① 程恭让：《星云大师人间佛教思想研究》，第 665 页。
② 星云大师：《在人间欢喜修行——维摩诘经》，载《星云大师全集》，第 51 页。

结　语

　　星云大师是现当代汉传佛教中最卓越的人间佛教的导师，他在人间佛教的理论建构和实践运作中取得了杰出的功绩及深厚的经验，堪称是20世纪汉传佛教，尤其是现当代汉传佛教最宝贵的遗产之一。[①] 星云大师关于《维摩诘经》形成的论述颇多，笔者仅总结一二，希望读者可以感受到大师围绕此经形成的基本思想。本文论述了大师对《维摩诘经》的重视和关注，梳理了大师对此经本身具有的文学性、人间性和现实性的发掘和强调，总结了大师就此经形成的极具特色的疾病观、人生观、义理观，从而概括出大师围绕此经形成的基本思想，并将其融入个人乃至听众现实人生的指导之中。在人间佛教的视角下重新发掘大师基于此经进行的弘法活动和佛理讲说，有助于普罗大众更好地理解此经浓厚深刻的佛学义理背后的文化价值和指导现实人生圆满修行的重要意义。

The interpretation of Vimalakīrti Sutra from Master Hsing Yun

Wu Qianqian

　　Abstract: As an important classic of Mahayana Buddhism, the Vimalakīrti Sutra, with its Buddhist doctrine, occupies a unique position in the history of Chinese Buddhist thought. Master Hsing Yun attached great importance to the

---

① 程恭让:《星云大师人间佛教思想研究》，第659页。

Vimalakīrti Sutra and developed his own interpretation of it. Not only did he pay attention to the literary, humanistic, and realistic aspects of the sutra, but he also creatively developed his views on illness, life, and righteousness. Organizing and clarifying Master Hsing Yun's interpretation of the Vimalakīrti Sutra is of great significance to the study of the Master's ideological characteristics and to the promotion of the construction of contemporary Humanistic Buddhism.

Key words: *Vimalakīrti Sutra*; Master Hsing Yun; Humanistic Buddhism; Pure Land Thought

星云大师诠释"五十三参"的三重维度

王 晶

南京大学博士生

摘 要：善财童子五十三参是《华严经·入法界品》的核心，而"法界"在佛教典籍中又有多种内涵，星云大师以"法界即为人间"的观点彰显出人间佛教注重现实、重视人生、重视生活的意义。大师在对"五十三参"的诠释中强调青年人的价值，提出了佛教也是青年人的宗教的观点，以此揭示人间佛教具有重视青年人价值的意义。五十三参历程中善财童子展现出诸多优秀品质，这些品质对治疗现代人的精神状况有积极作用，凸显出人间佛教可以"治心"的积极意义。星云大师对"五十三参"的诠释在地域上立足人间，在身份上聚焦青年，在作用上治愈人心，以此三重维度揭示出人间佛教的现代意义。

关 键 词：人间佛教；现代意义；星云大师；五十三参

基金归属：本文为2019年度国家社科基金重大项目"'一带一路'佛教交流史"（编号：19ZDA239）的阶段性成果。

《华严经》又称《大方广佛华严经》，其传入汉地共有三个译本，一本为东晋佛驮跋陀罗译，因有六十卷三十四品，故称旧译《华严》或六十《华严》；二为唐代实叉难陀译，因有八十卷三十八品，故称新译《华严》或八十《华严》；最后一本为唐般若译，共四十卷，称四十《华严》，此为八十《华严》和六十《华严》中最后一品《入法界品》的别译。《华严经》的整体结构可分为信、解、行、证四部分，其中《入法界品》整品内容为证分，即证入因果，先明佛已经自在证入之果，后明善财童子参访五十三位善知识，在参学修行中证入法界之因。因此，无论从卷数还是从经文内容看，《入法界品》在《华严经》中都占有重要地位，而五十三参又是《入法界品》的核心，在《入法界品》中占有重要地位。善财童子的五十三参蕴含了丰富的哲学思想，星云大师立足于人间佛教的立场对五十三参进行了现代化的解读，这对我们深入挖掘人间佛教的现代意义有重要启示。

一 境之场域：立足人间

"法界"这一范畴在印度佛教史和中国佛教史上有着极为丰富的内涵，星云大师对"法界"也有着自己的诠释。全面梳理原始佛教经典中"法界"的含义是正确理解星云大师"法界"内涵的前提，也是从纵向的视域出发对"五十三参"的全面解读。

（一）佛教经典中的法界内涵

"法界"（dharma-dhātu）这一范畴被小乘佛教和大乘佛教广泛使用，且内涵丰富多样。印度佛教经典中出现的"法界"可归纳为以下三种。

首先，"法界"为"十八界"之一。这种用法在大乘佛教和小乘佛教中均有出现。例如《中阿含经》中记载："眼界、色界、眼识界、耳界、声界、耳识界、鼻界、香界、鼻识界、舌界、味界、舌识界、身界、触界、身识界、意界、法界、意识界，阿难见此十八界知如真。"[1]十八界包含"六根"（眼、耳、鼻、舌、身、意）、"六境"（色、身、香、味、触、法）、"六识"（眼识界、耳识界、鼻识界、舌识界、身识界、意识界）。"法界"作为"六境"之一，和"意根"相对，是"意识"所缘的对象，及自

---

[1] （东晋）僧伽提婆译：《中阿含经》卷47，《大正藏》第1册，第723页中。

识所变，有可缘之义。此外，小乘佛教中还有类似的记载："十八界者，谓眼界、色界、眼识界、耳界、声界、耳识界、鼻界、香界、鼻识界、舌界、味界、舌识界、身界、触界、身识界、意界、法界、意识界。"①大乘佛教中也将"法界"作为"十八界"之一："诸法名色、受、想、行、识、眼、耳、鼻、舌、身、意、色声、香味、触法、眼界、色界、眼识界，乃至意界、法界、意识界，是诸法诸法空，非常非灭故。"②从内容上看，小乘佛教和大乘佛教关于"十八界"的记载基本一致，但是《阿含经》和《阿毗达磨大毗婆沙论》中的"十八界"为现象界，作为"六境"之一的"法界"为"实法"，而《大智度论》中的"法界"包含一切"有为法"和"无为法"，其本质为"空"。

其次，"法界"是一切法的总称。《大般若波罗蜜多经》强调："又施有情一切法，真如，法界，法性，不虚妄性，不变异性，平等性，离生性，法定，法住，实际虚空界。"③这是将"法界"和"真如""法性"等同，揭示其"空"的本质，从而展示出"法界"的真如实性。再如"法界即是一切众生心界"④。众生心即众生所有之心，亦指众生所具之如来藏心。《大乘起信论》对众生心有相关解释："摩诃衍者，总说有两种，云何为二？一者法，二者义。所言法者，为众生心，是心则摄一切世间法、出世间法，依于此心显示摩诃衍义。何以故？是心真如相。"⑤可见，众生心统摄一切世间法和出世间法，"众生心界"便是对一切法的概括。因而"法界"可以理解为一切法之实相，其"非见相……非听相……非闻相……非尝相……非生住灭相"⑥，表现出"法界"通过具体的色法表现出来而非具体法相的特征，这再次印证了"法界"为"万法"的总称。从诸法以"法

---

① （唐）玄奘译：《阿毗达磨大毗婆沙论》卷71，《大正藏》第27册，第366页上。
② 龙树造，（后秦）鸠摩罗什译：《大智度论·释乘乘品第十六》卷46，《大正藏》第25册，第394页上。
③ （唐）玄奘译：《大般若波罗蜜多经》卷4，《大正藏》第5册，第20页中。
④ （东晋）道安译：《不退转法轮经》卷1，《大正藏》第9册，第230页中。
⑤ 马鸣造，（梁）真谛译：《大乘起信论》，《大正藏》第32册，第575页下。
⑥ （元魏）菩提流支译：《佛说法集经》卷3，《大正藏》第17册，第625页下。

界"为本质的层面来说,"于一切法无有差别,此名即是法界,此法界以通一切法,不分别一切义为相"①。"法界"展现出的诸法虽有相之差别,但是其本质相同,这是大乘佛教借用"法界"来摒弃万物之相的一个手段。

最后,"法界"为体。"法界为体,以无差别故。"②这里的"体"为本体,"以无差别"展现现象无差。这一观点是对上述第二点"法界为一切法的总称"的进一步展开。《佛地经论》中也有关于"法界"为"体"的论述:"若一切佛法界为体,应无彼此受用差别。"③这一说法和前者相同,都以"法界"为"体"展示出"用"无差别,其无差别的根本原因在于万法皆空。所以"法界"为"体","体"展现出"用"无差别,其指向为空,这整个过程是揭示大乘佛教终极旨归的一种方式。此外,《集大乘相论》也有"法界"为体的论述,"所言法界者,即十力等果法及诸因法,乃至一切法自性所依,是即法界"④。这虽然没有直接指明法界为"体",但是通过"法界"是一切法"自性所依"暗示出"法界"的"体"性,同时揭示出"法界"清净、明慧的特质。

在印度佛教经典中,除了《阿含经》和《阿毗达磨大毗婆沙论》将"法界"看作"实法",其余或将"法界"看作一切法的总相,或看作"体","法界"都是对现象界的万相进行否定的一个手段,此手段的根本意图是揭示出大乘佛教"空"的本质。

关于"法界",中国佛教也有相关论述。天台宗以"十如是约十法界,谓六道四圣也,皆称法界者"⑤。"六道四圣"又称"六凡四圣",其中六凡指:天、人、阿修罗、恶鬼、畜生、地域;四圣指:佛、菩萨、缘觉、声闻。可见,天台宗的"法界"实际上指的是有情世间。"法界"属于华严宗的核心范畴,其在华严宗中也有丰富的内涵:"何义故名入法界?答:

---

① (梁)真谛译:《摄大乘论释》卷7,《大正藏》第31册,第205页中。
② (元魏)菩提流支译:《佛说法集经》卷1,《大正藏》第17册,第610页下。
③ (唐)玄奘译:《佛地经论》卷4,《大正藏》第26册,第308页下。
④ (宋)施护译:《集大乘相论》卷下,《大正藏》第32册,第149页下。
⑤ (隋)智者大师:《妙法莲华经玄义》卷2,《大正藏》第33册,第693页下。

其法有三种，谓意所知法，自性及轨则也，此中通三也。界者，是一切法通性，亦因，亦分齐也。"① 上述"法"的三种含义和"界"的三种含义共同构成了华严宗法界的内涵，因而华严宗的"法界"分别指有融合之义的共法、事物存在的根据和规定差异的准则。

由上可知，"法界"在佛教发展史上有多种内涵，这多种含义都是从佛教原始文献出发，基于佛教基本教义对"法界"的直接诠释。

（二）星云大师认为"法界"为人间

以对佛教典籍的挖掘和理解为前提，星云大师对"五十三参"中的"法界"也有自己的诠释，这种诠释立足于原始佛教教义而又高于教义，属于对原始文本的创新性理解和创造性诠释。大师认为："法界即是人间，世出世间不二，《华严经·入法界品》是本经的重要思想，以善财童子五十三参，说明走入法界就是走入人间，修行不能舍离人间，圆融无碍的法界是在日常生活中体现，不假他求。"②《华严经》整体分为三大部分，一毗卢遮那佛依正庄严境界；二阐明如何从凡夫到成佛的果位；三善财童子南游参学修行普贤三昧，最后证入毗卢性海。第三部分即《华严经·入法界品》，此品强调实践，是对《华严经》前面经文的融合。善财童子在发菩提心后不知如何修菩萨行，在文殊菩萨的建议下参访五十三位善知识，历经艰辛、虚心求教，求得不同的解脱法门从而证入法界获得解脱境界。在星云大师看来，以上整个证入法界的过程就是走入人间的过程，大师创造性地将"法界"等同于"人间"，把"法界"诠释成一个实有的空间概念，因而证入法界的过程就等同于在人间追求圆满的过程。大师对"法界"人间性的解读使得晦涩难懂的"法界"内涵简洁化，也使得读者对深奥而富有哲理的"五十三参"的起因、过程以及目的有生动而形象的理解。

---

① （唐）智俨述：《大方广佛华严经搜玄分齐通智方轨》，《大正藏》第 35 册，第 87 页下。
② 星云大师：《华严经普贤十大愿》，http:// books.masterhsingyun.org/ArticleDetail/artcle9837，2024 年 1 月 08 日。

星云大师对"法界"的通俗化诠释有其深厚的历史渊源。《华严经·十行品》讲:"菩萨如是解一切法皆悉甚深,一切世间皆悉寂静,一切佛法无所增益,佛法不异世法,世间法不异佛法,佛法世间法无有杂乱,亦无差别。"①经中强调,佛法深奥且世间寂静,佛法和世间法本质上并无差别,因而佛法在世间即为世间法。可见,星云大师将"法界"等同于"人间",认为"入法界"就是"入人间",是在对传统佛教深入理解的基础上基于新的时代需求对佛教进行的创新性解释,这种创新性的解释在遵循佛教原始教义的同时,又极大程度上削减了佛法晦涩而神秘的面纱,使得佛法以一种通俗的方式出现在大众视野中。

对此,大师又以五十三参为例对"法界即为人间"进一步做出了解释。"譬如'自在优婆夷',以蔬食美味供养众生,他先从色身滋养的基本需求开始,然后再到思想上的引导,助人解脱;再如女菩萨'婆须密多',只要你和他拥抱一下,互相握个手,你就会对自己充满信心……种种善知识,各有不同的方便善巧,说明世间无有一法不是佛法,只要契理契机,就能利益众生。"②因为晋译《华严》和唐译《华严》在字词和内容上有细微的差异,大师引用的"自在优婆夷"这一人物出现在六十《华严》而非八十《华严》中,由此可知大师在诠释五十三参时以晋译六十《华严》为底本。五十三参中的每一人物最终都教会善财童子一种法门,而这种法门就是每一参人物所要传授给善财童子的本领。在六十《华严》中,"自在优婆夷"最终所成就的是"无尽功德藏庄严法门",此法门的具体内涵是"以一器食,施百众生,随其所欲,皆得充满"③,也就是以食物施舍众生,并且满足众生的需求,就可以获得此法门。比较上文星云大师对"自在优婆夷"这一法门的解读,可以看出大师以通俗的语言凸显了此法门的人间性内涵,并且将众生的需求分为基本需求(物质需求)和精神需求两种,

---

① (唐)实叉难陀译:《大方广佛华严经》卷19,《大正藏》第 10 册,第 105 页中。
② 星云大师:《华严经普贤十大愿》,http://books.masterhsingyun.org/ArticleDetail/artcle9837,2024 年 1 月 09 日。
③ (东晋)佛驮跋陀罗译:《大方广佛华严经》卷48,《大正藏》第 9 册,第 705 页中。

以对众生的帮助为途径凸显佛法在人间、佛法助众生的特质。"婆须密多"是五十三参中的第二十五参，六十《华严》对此参的解释是："为其说法，皆悉离欲，得无着境界三昧。若有见我，得欢喜三昧。若有众生与我语者，得无碍妙音三昧。若有众生执我手者，得诣一切佛刹三昧。若有众生共我宿者，得解脱光明三昧。若有众生目视我者，得寂静诸行三昧。"[①] 婆须密多所要传授给善财童子的是"离欲法门"，众生得此法门需要以"各种方式"亲近婆须密多，从而心生欢喜摆脱各种欲望的干扰。亲近婆须密多的"各种方式"在经文中充满着神话色彩，而星云大师以"拥抱""握手"等方式对其进行了通俗化、日常化的转化，完全以人间化的方式取代了经文中的神秘。这不仅让读者更加轻松容易地理解了五十三参的内涵，更凸显出法界即为人间以及佛法在世间的特质。

二 人之身份：聚焦青年

将"法界"理解为"人间"，可以说是星云大师站在宏观的、全局的立场从纵向的视域出发对《入法界品》中"五十三参"的理解。善财童子身体力行、历经艰辛、虚心求教最终求得正法，在大师看来这一过程恰恰彰显了青年人的价值。大师通过善财童子看到了青年人的优秀特质，这是站在宏观的视域对"五十三参"的横向考察。对此，大师提出了佛教也是青年人的宗教的观点，并竭尽所能为青年人提供帮助，从而指明了佛教未来需要依靠青年人的发展道路。

（一）星云大师认为佛教也是青年人的宗教

在星云大师将"法界"等同于"人间"的前提下，善财童子五十三参的求法过程自然也是在人间学习和求教的过程。在《入法界品》中，文殊菩萨在善财童子开启五十三参之前讲："汝已发阿耨多罗三藐三菩提

[①] （东晋）佛驮跋陀罗译：《大方广佛华严经》卷50，《大正藏》第9册，第717页上。

心，复欲亲近诸善知识，问菩萨行，修菩萨道。善男子！亲近供养诸善知识，是具一切智最初因缘，是故于此，勿生疲厌。"①善财童子在文殊菩萨的开示中获得了"菩提心"，菩提心旧译为"道"，求真道之心曰菩提心。新译为"觉"，也就是求正觉之心。简单地讲，菩提心为正觉成佛之心。善财童子以获得菩提心为前提去参拜诸位善知识，而其目的在于求"菩萨行"以及"菩萨道"的方法。在佛教中，"菩萨行"是指求得自利利他圆满佛果之菩萨众达行，总的来说是上求佛道、下化众生，以救度众生为己任。"菩萨道"的具体内涵和"菩萨行"类似，其终极目的也是救度众生。而关于自利与他利的关系，《华严经》中有明确的解释，菩萨以"一切众生而为树根，诸佛菩萨而为花果，以大悲水饶益众生，则能成就诸佛菩萨智慧花果"。又说："是故菩提属于众生，若无众生，一切菩萨终不能成无上正觉。"②可见，菩萨先利众生才能成就诸佛菩萨智慧花果，所以利他是自利的前提，这是菩萨以救度众生为自救的辩证目的，也是佛教无常的世界观和菩萨行的人生观的具体实践，更是人间佛教的理论基础。

  星云大师对五十三参的具体内容进行了人间化和生活化的改造，在此过程中突出了大师对青年人的关心与重视。大师认为善财童子五十三参求菩萨行的过程就是当今青年人读书学习的过程。大师说："佛教的《华严经·入法界品》中，叙述善财童子一心勤求佛法，遍访五十三位善知识的艰辛过程，此与今日的游学参访如出一辙，实为今日青年树立了读书求学的典范。"③善财童子的求道过程就是当今青年人读书学习的典范。大师对佛法的"求道"和人生的"求学"进行了巧妙的转化，以通俗易懂的方式对佛教教义进行了人间化的改造，从而强调"自立"的重要性。对于青年来说，读书学习是自我成长的必要途径，也是"自立"

---

① （唐）实叉难陀译：《大方广佛华严经》卷62，《大正藏》第10册，第333页中一下。
② （唐）般若译：《大方广佛华严经》卷40，《大正藏》第10册，第846页上。
③ 星云大师：《人间佛教论文集4》，http:// books.masterhsingyun.org/ArticleDetail/artcle785，2024年1月09日。

的一个必然前提。菩萨行以自利和利他、自救救他为目的，由上文所引《华严经》的内容可知，利他方可自利，而自利、自立以及他利三者之间又存在一个逻辑关系，自立方可利他，利他才能自利。因为只有自我成长起来才有能力、有资格去帮助、救度他人，在帮助他人的同时又是对自我的一种完善。所以，在整个过程中自立—利他—自利的顺序不能改变。星云大师认为善财童子的五十三参是青年人读书学习的典范，这不仅看到了整个"求道"过程中"自立"这一基础工作的重要性，更是以此为契机对青年人进行勉励。

星云大师在勉励青年人多读书多学习的同时，也进一步表达了一个重要的观点，即佛教不是老年人的宗教而是青年人的宗教。"《华严经》中最著名的善财童子五十三参，一个虚心求道的男童，问道行脚，参访五十三位善知识、大菩萨，和他们畅论诸佛的境界、诸菩萨的境界，以一个小小童子，每到一处，都受到隆重的欢迎。所以说，佛教绝不是老人的宗教，而是青年的宗教。"[1]引文中，大师所说的"绝不是"指的是"不全是"，大师想要表达佛教不仅仅是老年人的宗教更是青年人的宗教的观点，不能用年龄对学佛主体进行限制，因此不能简单地将"不是"理解为全盘否定。星云大师之所以强调佛教更是年轻人的宗教，是因为在生活中通常可以听到"青年学儒家，中年学道家，老年学佛家"[2]的观点。这种观点认为青年学儒家，可以奋发进取，寒窗苦读待金榜题名以学而优则仕的方式将个人的荣辱融入社会和国家发展当中，最终实现儒家所倡导的"修身齐家治国平天下"这一积极的人生目标。中年学习道家思想，看淡名利，做到宠辱不惊，以老子"无为而无不为"的态度面对现实的压力和复杂的生活。人到晚年，应该看淡生死、学会养心、学会放下世间的各种声名利禄，看"空"一切、随遇而安。其实，这种观

---

[1] 星云大师：《演讲集 3》，http:// books.masterhsingyun.org/ArticleDetail/artcle2872，2024 年 1 月 09 日。

[2] 搜狐网：《为什么说"青年学儒家，中年学道家，老年学佛家"》，https:// www.sohu.com/a/490565090_121140681，2024 年 1 月 10 日。

点的合理性在于将三种学术特征与人的生活紧密结合，看到了三家之所长，以人的一生为时间跨度，以三家学理的特性对应不同年龄阶段的人生状态、生活经历。仅从佛教立场而言，"晚年学佛"的观点只是笼统地对佛教教义进行概括，仅单一地从"空"的角度对佛教进行理解，并未看到佛教的入世特征，也没有看到佛教积极进取的一面。

星云大师主张"佛教不仅是老年人的宗教，更是青年人的宗教"的观点可以说是对上述观点的补充和完善。佛教有积极的入世的态度，特别是人间佛教始终都在提倡"人成即佛成"，在大师看来善财童子的五十三参就为年轻人树立了积极进取、乐学好问、不惧艰辛且勇往直前的榜样。善财童子参拜善知识后获得菩萨行正法，而这也恰好例证了年轻人需要多读书学习达到自我完善，从而服务社会。

（二）佛光山为青年人提供的帮助

星云大师不仅仅在语言上对青年人进行鼓励，更将对青年人的鼓励落实于实践。大师说："年轻、热忱、和平、慈悲是青年人的特性。像观世音菩萨给人一种年轻、慈蔼的美丽形象，代表智慧的文殊菩萨也具有妙吉祥的庄严相貌。又如《华严经》里面的善财童子五十三参以及《法华经》中八岁龙女成佛的故事，这些例子都证明了年轻人不容忽视的潜力和他们未来无限的希望。因此，凡是有关青年的事情，我都喜欢参与；凡是青年需要我帮助的地方，我都义不容辞。"[①] 大师始终认为年轻人身上有着朝气和活力，具有无限潜力和希望。大师喜欢和年轻人在一起，并竭尽所能对青年人提供帮助。为了帮助鼓励青年人更好地发展自我，佛光山采取了一系列举措。

如佛光山举办的"国际青年生命禅学营"，禅学营以"做好事、说好话、存好心"三好运动为理念，以专题讲座、生活体验、心灵修持三大内

---

① 星云大师：《星云日记 16》，http:// books.masterhsingyun.org/ArticleDetail/artcle2626，2024 年 1 月 10 日。

容为核心，为全球优秀青年提供了一个交流、学习、互动的平台，帮助青年人养成服务、互助、利他的人生观，包容、开放、共享的世界观，从而增强青年人的国际视野和格局，在协助青年自我完善的同时推动各项文化和教育事业的发展。禅学营丰富的活动极度贴合青年人的年龄特征，凸显了佛光山"以教育培养人才，以文化弘扬佛法"的宗旨。青年人应有长远的国际眼光和开放的心态来学习和提升自己，一个有志于成大器的青年，要有包容天地的气魄，而不应该为国界所限制。国际青年生命禅学营无疑为青年提供了一次打开格局、回归生命的良机。而我有幸参加了2015年的禅学营，最让人感动的是年近九十双目接近失明的大师亲自为1300多名青年签书赠书，大师用一颗关爱青年的心完成了庞大的工作。看到签名的那一刻我不禁泪目，我们青年一辈又有何理由不为自己、为社会、为国家而努力呢？

此外，佛光山还举行了"人间佛教奖学金青年学者论坛"，此论坛以高额的奖金鼓励青年学子以现代学术方法对具有学术价值和现实意义的问题展开科学理性的研究，并且学术论文从开题报告到中期审核再到最后的答辩都会受到专家学者的细心指导和点评，这无疑为青年人提供了一个良好的学术训练机会。整个学术写作过程中，青年学者的学术视野可以得到拓展，学术研究方法可以得到训练，科研能力也能得到提升。大师说："今后的佛教还是要继续帮助青年的发展，因为佛教唯有重视青年，才会有未来的希望。"[1] 人间佛教青年学者奖学金的设立也为青年人进一步认识和传承中华优秀传统文化提供了契机。

星云大师对青年的关爱还不仅于此，大师成立了星云文化教育公益基金会，这是全国性非公募类公益基金，主要资金来自星云大师及佛光山捐助。此基金会以公益形式开展各类文化与教育活动，且经常为国内外遇到困难的青年人提供资助。大师十分关注青年人的教育，南京大学

---

[1] 星云大师：《参学琐忆》，http:// books.masterhsingyun.org/ArticleDetail/artcle9990，2024年1月10日。

有一栋壮观的"星云楼",就是大师出资修建的,"南京大学中华文化研究院"就设立于内。大师心系青年,以深厚的家国情怀感染青年,以实际行动为青年人弘扬和传承中华优秀传统文化提供帮助。

大师为人间佛教的发展指明了一条道路,即佛教未来的发展需要依靠青年。"青年会的组织是非常重要的。帮助青年,接引青年,对佛教的未来是很有关系的。因为信徒护持佛教,有的人出钱,有的人出力;出钱比较容易,出力很难。再高一点的层次是说好话,那就更难一点,因为好话也不容易说。在说好话以上,更难得的是出心,青年虽然没有钱,但是他们心地善良、心地光明、发心,都可以用心力来护持佛教。"[1]佛教的发展离不开青年,佛教未来的发展需要依靠青年。青年人有着敏锐的洞察力、无限的潜力、新颖的视角、钻研的精神、前沿的创新力、国际化的眼光。将这些精神带入佛教研究可以为佛教的发展注入新的生命力,大师看到了青年人的潜力,将希望寄于青年人身上,这无疑是为人间佛教的发展指出一条前进的路径。

三　内在作用:治愈人心

本文前两部分是站在整体的立场对"五十三参"进行的纵向和横向诠释,这种诠释建立在星云大师对文本的直接理解的基础上,属于直接诠释。而"人间佛教可以治心"则建立在星云大师对"五十三参"内容的整合和概括之上,以大师对五十三参内容的归纳和整理为基础来揭示其特质,这属于二次诠释也可称为间接诠释。面对现代人精神压力剧增,精神状况堪忧的状况,善财童子在五十三参历程中展现的品质可以为人们提供心理疗法。

---

[1] 星云大师:《僧事百讲》,http:// books.masterhsingyun.org/ArticleDetail/artcle2503,2024 年 1 月 10 日。

（一）现代人的精神状况

随着现代人的生活节奏变快和生活压力增加，一些身体问题和心理问题也日益凸显，在现代社会精神疾病（是指在各种生物学、心理学以及社会环境因素影响下，大脑功能失调，导致认知、情感、意志和行为等精神活动出现不同程度障碍且有临床表现的疾病）已经逐渐成为一种高发病症。

2021年全球疾病负担研究显示，全球精神疾病负担占残疾寿命年的32.4%和残疾调整生命年的13.0%。[1]可见，精神疾病在残疾寿命年和残疾调整寿命年中占比相当之高。再看具体的数据分析，据世界卫生组织统计，目前全球共有3亿人患有抑郁症，约6000万人患有双向情感障碍，2300万人患有精神分裂症。[2]2019年世界卫生组织最新数据显示，全球每40分钟就有一人自杀身亡。[3]可见，心理健康问题已经成为全球较大的公共卫生问题之一。回望中国，我国的精神疾病状况同样不容乐观。据中国疾控中心精神卫生中心数据显示，截止2023年3月，中国各类精神疾病患者人数已超过1亿。[4]根据2019年我国首次全国性精神障碍流行病学调查数据显示，精神疾病总患病率为9.32%（不含老年期痴呆），其中焦虑障碍患病率最高，为4.98%；心理障碍患病率为4.06%；65岁及以上人群老年期痴呆患病率为5.56%。[5]这些疾病患病率呈现逐年上升的趋势，已经成我国第二大致伤残类病因。可见，精神疾病不仅仅是全球疾病的突出问题，也是我国重大公共卫生问题。

精神疾病无论在全球还是在中国，都有很高的发病率。但令人心痛的

---

[1] Vigod Thornicroftg Atunr, "Estimating the True Global Burden of Mental Illness", *The Lancet Psychiatry*, Vol.9, April, 2016, pp.171-178.
[2] 张风雨、赵靖平：《中国面临精神疾病的新挑战》，《国际精神病学杂志》2016年第2期。
[3] Arensmane Scottv Deleod, "Suicide and Suicide Prevention from a Global Perspective", *The Journal of Crisis Intervention and Suicide Prevention*, Vol.13, No.2, June 2020, p.41.
[4] 世界卫生组织：《抑郁障碍》，https:// www.who.int/zh/news-room/fact-sheets/detail/depression，2024年1月11日。
[5] 黄悦勤：《中国精神障碍疾病负担及卫生服务利用的研究》，《中国科技成果》2021年第2期。

是，精神疾病发病率高治愈率低。治愈率低的原因包含三个方面，一是患者并未意识到自己的病症；二是患者知道自己的病症但是拒绝治疗；三是治疗手段单一致使治疗效果不佳。如一项国际性研究报告显示，中国精神疾病存在巨大的"治疗缺口"——需要治疗却没有寻求或未能获得治疗的患者所占比例极高。在我国有92%的严重精神疾病患者没有接受治疗。[1]因此，我国精神疾病患者在总人口中占比持续上升，导致疾病呈现"四高三低"的特点：高发病率、高致残率、高复发率、高自杀率，低知晓率、低治疗率及低预防干预。

精神疾病之所以治疗率低，是因为精神疾病的治疗不能仅仅使用单一的医学手段，一定要将医学手段和心理疗法相结合。"对于大多数精神疾病的治疗一定要依靠药物治疗再辅以心理辅导才能够达成很好的效果，帮助患者成功改善病情甚至治愈。"[2]心理疗法是现代社会治疗精神疾病的主要手段之一，不少医院精神科十分重视心理疗法的作用，通常将其与抗精神疾病药物结合使用，使得心理疗法在近几十年来一直是社会关注的热门话题，相关研究也层出不穷。如2015年欧盟科学中心发布的研究报告，简要总结了精神疾病心理治疗的证据基础，探讨其在欧洲精神疾病治疗中的作用，肯定了心理治疗的有效性。除此之外，报告明确肯定心理疗法在多种精神疾病治疗中都是有效的，并且在"治疗焦虑的相关疾病与进食障碍方面可能优于其他技术"[3]。除国际组织与科研机构外，还有不少医生和学者对各种形式的心理疗法进行了大量研究。例如，2017年发表的研究报告《重性抑郁症的药物和非药物治疗：系统评价的综述》[4]中总结了140多

---

[1] 世界卫生组织：《中国的精神疾病存在巨大的"治疗缺口"》，https:// baijiahao.baidu.com/s?id=1600701511818296280，2024年1月11日。
[2] 尹建春：《对精神疾病的7大认知误区》，《大众健康报》2022年11月3日第6版。
[3] Institute for Health and Consumer Protection, "Psychotherapy for Mental Illness in Europe: An Exploration on the Evidence Base and the Status Quo", *Publications Office of the European Union*, Vol.8, No.3, February, 2019, p.10.
[4] 原标题：*Pharmacological and Non-pharmacological Treatments for Major Depressive Disorder: Review of Systematic Reviews.*

种针对重度抑郁症的药理学和非药理学治疗选择的证据，肯定了心理行为疗法的治疗效果。①2017年的一项对随机对照试验进行的荟萃分析中发现，心理动力学疗法与包括认知行为疗法在内的其他疗法同样有效。②

由上述数据可知，目前无论是在国内还是在国外，精神疾病患者都占据了重大比例，但是精神疾病的治愈率并不高。通过多项研究数据显示，心理疗法是治疗现代精神疾病的重要手段。针对怎样运用心理疗法这一问题，星云大师在对善财童子五十三参的诠释过程中给出了富有洞见的建议。

（二）星云大师的心理疗法

心理疗法主要是通过语言和非语言的行为改善患者的心理状态，星云大师在对善财童子五十三参的诠释过程中就提出了治疗心理疾病的方法。大师说：“佛教里有八万四千法门，法法都是一门管理，帮助我们成就佛道、圆满自觉。对年轻人来说，最好的学习典范，就是《华严经》中的有为青年——善财童子。在五十三参当中，有一些值得我们学习上参考的。”③大师认为任何佛法都是一种管理方式，这里的"管理"不仅包含对自然的、社会的管理，更包含对自我心理的管理。人间佛教始终主张"人成即佛成"，因而大师所说的"成就佛道"指的是"成人"，善财童子五十三参历程中展现了多种品质，这些品质所展现出的作用成为治愈现代人心理疾病的法则。

大师说："善财童子不畏艰难，一路努力参访善知识，都是因为不曾

---

① Gartlehner Gerald, Wagner Gernot, Matyas Nina, "Pharmacological and Non-pharmacological Treatments for Major Depressive Disorder", *Review of Systematic Reviews*, Vol.17, No.4, September, 2017, pp.1-13.
② Steinert Christiane, Munder Thomas, Rabung Sven, "Psychodynamic Therapy: As Efficacious as Other Empirically Supported Treatments?", *The American Journal of Psychiatry*, Vol.23, No.11, June, 2017, p.943.
③ 星云大师：《〈华严经〉善财童子五十三参的学习管理学》，《人间佛教学报·艺文》第24期，2018年。

忘记自己初心的缘故。所以，每回见到善知识，除了表示自己学习的决心，同时还会不断提醒自己：我是发了菩提心的人，但我还不知道要如何修学菩萨道，我要对我的'初心'负责任啊！现代的青年，信心不足，一遇到困难就容易畏缩，找来一堆理由，想要逃避现实，都是因为忘记了自己当初的承诺。"[1]现在很多人在面对压力时选择逃避现实，选择自我放弃，但又因为不能达成目标而苦恼，从而无形中增加了精神困惑，加剧了自我内耗。这些现象都和内心没有坚守自己的本心有一定关联。在日常生活中，困难是不可避免的，坚守本心可以使人们在困难面前能够坚定前进的方向，在这一过程中，人的精力和注意力在很大程度上放在了目标上，而非情绪消耗上。这极大地减少了困难对心理的挫伤力，很大程度上治愈了焦虑的内心。坚守本心、坚定自我，这就是大师以善财童子的故事为例提出的一个治心法则。

此外，"忍"也是一种治心法则。大师讲："善财童子在第五参中，花了十二年的时间，才终于找到了'解脱长者'的自在城；第六参里，善财足足站立了半年，不眠不休地思惟观察三昧法门；第九参里的'胜热婆罗门'，为了考验善财童子是不是真的发起了菩提心，还要求他登刀山、投火聚；甚至在第二十五参里，善财跟淫女参学，还遭到周围人的嘲讽……面对种种的艰难刻苦，都没有让善财打退堂鼓，而这不被逆境打倒的最大原因，不外乎就是'忍'的力量！"[2]"忍"不是忍而不做，而是以忍为力，是在隐忍和坚持中保持前进的动力。以忍为力展现出的是一种不畏磨难、无惧障碍的精神，它提倡在困境中，保持清醒、保持乐观，以从容的心态等待机遇的出现。现代人精神疾病的诱因，一定程度上是在不同程度的压力面前无能为力，从而自我制造焦虑，生活在自我制造的压迫的氛围中，直到出现了一些自己无法控制的心理状态。在这种情况下，学会忍也是一

---

[1] 星云大师：《〈华严经〉善财童子五十三参的学习管理学》，《人间佛教学报·艺文》第24期，2018年。
[2] 星云大师：《〈华严经〉善财童子五十三参的学习管理学》，《人间佛教学报·艺文》第24期，2018年。

种心理疗法,因为忍是一种担当、一种智慧。佛教将"忍"分成生忍、法忍、无生法忍。"生忍",是忍受生活中各种是非荣辱;"法忍",是以佛法的力量,转化生活中的忧悲苦恼;"无生法忍",则是随缘自在,而能觉悟到一切法的不生不灭。以忍为力也是一条治心法则。

大师以善财童子为例,为我们指明了"契理契机"的重要性。"第十六参中,善财童子困惑于普眼长者以世俗医方,而不以佛法度众。长者于是告诉善财,一个生病的人,只想赶紧找到医生来治疗病苦,哪里会想即刻听闻佛法?度众,必先契理契机,契合众生实际的需要,因此长者首先去除众生色身的病痛,再应机施教,使令接受佛法,最终信仰佛教。"[1]显然,大师的"契理契机"通俗地讲就是契合自身的需求,现在很多年轻人为升学和找工作而焦虑,在完成目标的过程中焦虑,最终结果不如意也会痛苦。这个时候就要反思目标定得是否合适,是否有践行的可能性以及完成的可能性。这也就是说,要根据自己的实际情况做自己的本职工作,不好高骛远。学会合理地把控"契理契机"也是一条治心法则。

上述三条治心法则是从星云大师对"五十三参"的诠释中提炼出来的,除了上述几点之外,大师《佛教管理学》中直接提出了"治心十法"。在大师看来:"心的管理非常的麻烦,因为众生的心念错综复杂,不过,佛教对治的法门也无量无边,只要我们勇敢面对我们的烦恼,污泥也会生出莲花。"[2]大师认为心念错综复杂,所以他一直以来都十分重视对心的管理,认为只要敢于面对烦恼就可以对心进行治理,也可以解决心的问题。因此大师提出了治心十法,此十法分别是:认识自心一心二门、用自觉对治无知、用知足对治贪婪、用慈悲对治嗔恚、用律己对治欲望、用谦虚对治傲慢、用喜舍对治悭贪、用正念对治烦恼、用愿力对治习气、用无

---

[1] 星云大师:《〈华严经〉善财童子五十三参的学习管理学》,《人间佛教学报·艺文》第24期,2018年。
[2] 星云大师:《〈华严经〉善财童子五十三参的学习管理学》,《人间佛教学报·艺文》第24期,2018年。

我对治执着。① 回想生活中人们思想上的种种焦虑、种种负担、种种惶恐、种种压力，何尝不是我们个人的无知、贪婪、嗔恚以及无尽的欲望与傲慢而产生的，对于未患有心理疾病的人来说，践行大师的十种治心法门可以在很大程度上减少烦恼，充满欢喜，保持正念，坚定向前。而对于患有精神疾病的患者来说，这十种法门便是一种良药。

星云大师说："人生虽然纷纷扰扰，烦恼无量，追溯其根源主要还是自己的心，只要把心管理好，一切自然顺理成章。"② 无论是大师在对善财童子"五十三参"的诠释中提到的治心之法，还是治心十法，都为我们管理好自己的心提供了正确的践行方法。这也可以彰显出人间佛教的一大意义，即可以治心。

Master Nebula Interprets the Triple Dimension of "Fifty-three Visits"

Wang Jing

Abstract: The Fifty-three Visits of Sudhana are the core of Buddhavatam, and the dharma-dhātu has various connotations in Buddhist classics. Master Hsing Yun view of "the dharma-dhātu is the human world" shows that the significance of Humanistic Buddhism lies in paying attention to reality and life. In his interpretation of "Fifty-three Visits", the Master emphasized

---

① 星云大师：《佛教管理学 2》，http:// books.masterhsingyun.org/ArticleDetail/artcle9674，2024 年 1 月 12 日。

② 星云大师：《佛教管理学 2》，http:// books.masterhsingyun.org/ArticleDetail/artcle9674，2024 年 1 月 12 日。

the value of young people and put forward the point of view that Buddhism is also a religion of young people, so as to reveal the significance of Humanistic Buddhism attaching importance to the value of young people.In the process of In the process of fifty-three participation, Sudhana showed many excellent qualities, which have a positive effect on the treatment of modern people's mental conditions, which highlights the positive significance of Humanistic Buddhism can "cure the heart". Master Hsing Yun interpretation of "Fifty-three Visits" is based on the human world in the region, focuses on the youth in the identity, and cures the human heart in the role, which reveals the modern significance of the Humanistic Buddhism in three dimensions.

Key words: Humanistic Buddhism; Modern Significance; Master Hsing Yun; Fifty-three Visits

试论星云大师人间佛教的涅槃观

谷 龙

华东师范大学博士生

摘 要：星云大师所终生倡导并实践的人间佛教，立足于佛陀出世本怀，以佛陀的智慧，启发众生的智慧，开启众生的心性之光。其基本的初衷，是在当下的人类世界，恢复佛法的本义与精神。星云大师尽管倡导修行者立足人间，深入社会，但并不是与人间的一切杂染"和光同尘"，堕入无边蔓延的烦恼纠葛之中，而是通过人间的生活，开启智慧，了脱烦恼。人间生活不再是一个需要被干预与救治的对象，而是佛法智慧的活的来源。如此，修行者不需要离开人间生活，而是在人间生活之中，开启涅槃的超胜之境。因此，星云大师的人间佛教，具有独特的涅槃的理解与体证，能够为当下时代的佛教修行，提供新的启发。

关 键 词：涅槃；生活；星云大师；人间佛教

基金归属：本文为2019年度国家社科基金重大项目"'一带一路'佛教交流史"（编号：19ZDA239）的阶段性成果。

涅槃是佛教修行者所证得的解脱之境。众生长转于轮回，涅槃即对轮回的超越。在"四谛"中，涅槃属于"灭谛"，意味着断除众生所积聚的烦恼，而契入无执无住的自在之域。要断除烦恼，体证涅槃，就需要能透视烦恼本质的智慧，充分了彻缘起法的深义。因此，智慧与涅槃，相即不二。但出世圣者的智慧不一，声闻、缘觉、菩萨以及诸佛，对于涅槃以及开启涅槃的智慧，有着不同的理解与体证。声闻以了脱生死为涅槃；缘觉以深观十二因缘契入无我为涅槃；大乘菩萨以体证毕竟空、佛性、一乘为涅槃，同时具足无量善巧方便，游戏法界；而诸佛则以清净法身为涅槃，遍一切时、一切处，深入恒沙世界，度无量众生。星云大师以人间佛教恢复佛陀源初的精神，关注众生的终极解脱，也就是涅槃。但人间佛教的涅槃，是毕竟不离人间的日常生活的。佛陀在人间得菩提，证涅槃。因此，众生的日常生活，也就成了人间佛教体证涅槃的修行场域。

一　星云大师对涅槃的定义

1. 涅槃的基本释义

星云大师首先从四圣谛中的"灭谛"解说涅槃。他说：

> 涅槃，就是佛教四圣谛"苦集灭道"中的"灭谛"。"灭"不是一般观念里消灭、幻灭的"灭"；涅槃的"灭"，应该包括动词的灭和名词的灭。动词的灭是指灭除了烦恼、痛苦、人我、是非、差别、障碍等种种无明；灭除之后的灭，就是名词的灭，代表寂灭无染的世界，那是充满快乐、光明、物我合一、自由自在的世界。①

在星云大师看来，涅槃是"灭谛"的异名。所谓"灭"，具有两层含义。一种是否定意义上的，作为动词的"灭"，即断除、消解那些迷惑众生，让众生堕入生死苦海的无明烦恼。如星云大师说："《杂阿含经》说：'贪欲永尽，瞋恚永尽，愚痴永尽，一切烦恼永尽。'可见涅槃首在破除贪瞋痴，断灭一切烦恼。"《大毗婆沙论》说涅槃的意义是'烦恼灭，三火

---

① 星云大师：《涅槃之后的境界》，《星云大师全集·讲演集 7》，新星出版社 2019 年版，第 108 页。

息；三相寂，离诸趣'。因此，一切烦恼灭尽，贪瞋痴三毒火止息；解脱相、离相、灭相三相寂然。"[1]当这些无明烦恼都得以断除后，显现出清净之境。这就是作为名词的"灭"所相应的境域。

由此可见，涅槃实际上就是彼岸，是一个"充满快乐、光明、物我合一、自由自在"的超胜之境。而与之相对的，则是众生现实的生存境域，即被种种"烦恼、痛苦、人我、是非、差别、障碍"所遮蔽的生存境域。由于缺乏涅槃之智的观照力，众生在这些无明烦恼的驱动下，起惑、造业、受苦，辗转无穷。这种生存方式，无疑是颠倒的、虚假的、扭曲的。因此佛法的关怀，在于揭示众生之生存方式的虚妄性，引导其对自身颠倒生存方式的深切观照，从而摆脱颠倒，恢复生命本有的真实与光明。众生认识无明之虚妄性的过程，即断的过程。随着这种认识的不断深入，涅槃之境的光明与清净，就逐渐显露出来。

正因为涅槃具有断除无明烦恼，不住一切法，离一切分别境的含义，因此，对于涅槃的描述，就不能使用限定的概念定义，而是需要考虑涅槃之境的非现成性与充分开放性。对此，星云大师说：

"涅槃的形态怎么样？位置怎么样？年数怎么样？"这些问题也是没有办法用譬喻、数目来表示，因为涅槃不是依靠俗世的任何事物形成的。非已生、非未生、非当生、非过去、非现在、非未来；非前五根所能识别。涅槃超越有漏世间的一切对待，涅槃是"言语道断，心行处灭"，不能用语言文字来直接描绘的。但是，经由对佛法层层渐进的证悟，还是可以体验到涅槃的存在。就像我们不能用手捕捉风，可是我们确知有风存在，好比我们不能以色彩、形状来表示涅槃，却可以经由种种实证来体悟涅槃的存在。[2]

---

[1] 星云大师：《涅槃之后的境界》，《星云大师全集·讲演集7》，第108页。
[2] 星云大师：《涅槃之后的境界》，《星云大师全集·讲演集7》，第116页。

"涅槃不是依靠俗世的任何事物形成的"，指的是涅槃并不是任何现成的结果。任何现成的存在，不论是众生界还是器物，都不离成住坏空，终归是无常的存在。而涅槃并不是无常的。否则，获得涅槃的圣者也会变易、堕落，由"觉"再次堕入"不觉"。但涅槃也不是俗世所理解的永恒、常住。因为诸如梵天、上帝等永恒之神，不论其是人格的，还是非人格的，都不是因缘和合而成，并不内在于众生，而是超越于众生，而作为永恒的、绝对的他者。如此，众生即使突破无明，见到这种作为绝对他者的涅槃，也依旧无法舍离自他的分别。有自他分别，就会有好恶，有好恶就会有执着，进而形成无明。而涅槃的本义，即无明的除灭。因此，涅槃不是任何现成的无常或永恒的存在，而是非现成的，非限定的。因此涅槃"非已生、非未生、非当生、非过去、非现在、非未来；非前五根所能识别"。显然，这种涅槃之境，不是六根的对境。单纯依靠人的感觉器官与智识，无法认识涅槃。但这并不代表涅槃不可知、不可得。因为作为"四圣谛"中的"灭谛"，涅槃与"道谛"构成出世间的因果，处于因缘网之中。而出世间的因果，充分渗入了般若的遣荡、淘汰、融通之精神。因此，这种因果，也不是现成的因果，而是在遣荡一切无明烦恼之后而显现的生命源初的存在境域。这是作为修行之果的涅槃，但不具有任何现成性，而是境域式的"非果而果"。实际上，般若，或空性的智慧，本质上是一种还原，并不是在众生的生命中添加何种东西，而是去除众生所执着的种种障碍、分别，让纯粹的因缘境域得以呈现，从而让众生摆脱那种受颠倒因缘所摆布的境地，而恢复其本真的生命存在方式，在因缘中自在无碍。因此，涅槃确实是可得、可证的，但是"不可得而得""不可证而证"。

既然涅槃的本质，是恢复生命纯粹的存在方式，是非现成、非限定的，那么涅槃必定具有遍在性，不限制于一个单独的个体众生，也不限制于具体的历史时间与地理空间中，而是遍在于一切时，一切处。对此，星云大师说：

（涅槃）"竖穷三际，横遍十方"，充满于一切时间，"亘古今而不变，历万劫而常新"，这样的生命无所不在、无处不有，可以超越死亡和无常的恐惧，在无限辽阔的时空中生生不息。①

由此可见，涅槃其实是个体生命突破无明烦恼的束缚，由被限定的有限生命，恢复为无限生命的心灵跃升，从而"在无限辽阔的时空中生生不息"。而"生生不息"则意味着涅槃并不是落入孤寂之境，消散于法界，而是相反，众生的真实的、源初的生命境域被激活、复苏，经由涅槃的"灭"而展现出真实纯粹的生命活动。这是菩萨与佛的生命状态。

最后，星云大师用平直的白话，对涅槃作了如下总结：

涅槃是佛教最高的理想。
涅槃是佛陀追求真理的目的。
涅槃是人类思想最深究的探讨。
涅槃是最真实，最有价值的人生。
涅槃是人生最究竟的归宿。
涅槃是快乐之境、幸福之地。
涅槃是宇宙之源、万物之本。
涅槃是常乐我净最美满的境界。②

通过星云大师对涅槃的说明，我们可知涅槃的清净、神圣、庄重、无所依着等殊胜性格。它是圣者所住之境，是众生本有的生命相状，离一切杂染，具足无量善妙功德。同时，为了生动描述涅槃的相状，星云大师以"莲花""水""解毒药""大海""食物""虚空""摩尼宝珠""赤旃檀""醍醐""山峰顶"这十个譬喻来说明涅槃所具足的善妙功德。

---

① 星云大师：《涅槃之后的境界》，《星云大师全集·讲演集7》，第107页。
② 星云大师：《涅槃之后的境界》，《星云大师全集·讲演集7》，第112页。

2. 涅槃的分类

星云大师遍参经论，将涅槃分为四种类型。首先是"庸俗的涅槃"。所谓"庸俗的涅槃"，也就是世俗人与外道所理解的涅槃。星云大师说："世俗的涅槃因为建立在变化不定的外缘上，所以随时会消失，会有反效果，享有的时间也很短暂，这种庸俗的涅槃，不是真正的涅槃。"① 世俗人在获得事业成功，以及爱情、豪车、游艇、奢侈品等事物时，会获得感官上的满足。这种满足表现为极致的快乐。或经由苦行，而使得精神进入恍惚之状，如"身尽福德尽，名为涅槃"。但它建立在外缘之上，一旦外缘变动，这种快乐就消失了，而转变为无聊或者痛苦。因此它不是真正的涅槃。而对于外道来说，通过修习世间禅定，能获得美妙的禅喜，进入某种超胜之境。但由于未能突破烦恼、破除根本无明，外道所收获的那些喜悦，也会变易，消失。

其次，"有余依涅槃"。当修行者断除贪嗔痴，生发无漏见，就可以获得清净离染的觉境。但此时，修行者因过去生中的业力与习气而获得的业报之身，并未被舍离，过去生的业力与习气也就在起作用，因此尽管修行者不再产生新的"集谛"，但"苦谛"依旧存在，依旧会遭受衰老、疾病与死亡。星云大师说："在有余依涅槃的境界里，虽然还有肉体存在，仍有饥寒苦乐，可是，心性能断尽一切烦恼，不受饥寒苦乐的影响，平静安然面对人生世事，这就是有余依涅槃。"②

再次，"无余涅槃"。相比于依旧受业报之身的"有余依涅槃"，"无余涅槃"则是舍弃了业报之身，此时不再受过去生的业力与习气所感召的"苦谛"，不再造作新的"集谛"，获得完全的身心解脱。星云大师说："此时业报已尽，身体亦无，身与心的组合都离散了，不再引发新的身体、新的苦果，而能将自己的真如本性流露于造化之间，与万事万物合而为一，

---

① 星云大师：《涅槃之后的境界》，《星云大师全集·讲演集7》，第109页。
② 星云大师：《涅槃之后的境界》，《星云大师全集·讲演集7》，第109页

无迹可寻。"①

最后,"大涅槃",也就是显露诸佛法身,究竟成佛。星云大师说:"就是'阿耨多罗三藐三菩提',也就是如来的法身……大涅槃是诸佛的法界,是诸佛甚深的禅定。"②

此外,大乘经中对涅槃有不同的名称与说法,星云大师归纳说:"各具经义上的不同风貌:《大涅槃经》说'佛性'就是涅槃;《华严经》讲一切诸法的自性就是涅槃;《法华经》说最上的一乘道就是涅槃;《般若经》说'理无所知、无所不知'的'般若'就是涅槃;《楞严经》则说证显了'理绝动静'即是涅槃;《维摩经》的'十地不二法门'就是涅槃;《胜鬘经》里说'如来藏''自性清净心'也是涅槃;另外,禅宗的证得'本来面目'就是涅槃。"③

值得注意的是,"有余依涅槃"与"无余涅槃"是通于三乘的,即三乘皆有自身的"有余依涅槃""无余涅槃"。声闻与缘觉的"有余涅槃",属于烦恼灭尽,但业报还在,依旧感受苦报,等到死后,身报消解,入"无余涅槃"。但由于断除了贪嗔痴,因此虽受诸苦,而无所受,如同虚空,不落诸境。所以,对于觉者来说,虽具诸苦,而无苦受。同样,大乘菩萨也具"有余依涅槃"与"无余涅槃"。大乘菩萨的涅槃,不会"灰身灭智",而是于恒沙世界开展无量菩萨行,示现无量生死。在大乘菩萨行持菩萨行时,随众生之因缘,示现种种苦相。虽然在显现上具足诸苦,但这些苦在菩萨看来,皆是清净的,当体即空,不可取,不可得。菩萨于诸苦,无有"能受"与"所受"。因此,菩萨为众生而示现"有余依涅槃",受种种业报与苦相。等到菩萨与这一世界众生的因缘耗尽,菩萨即示现"无余涅槃"。但菩萨生命并未因此而隐没,而是在同一时间里,菩萨应化于无量世界,无量"有余依涅槃"与"无余涅槃"同时显现。因此在大乘

---

① 星云大师:《涅槃之后的境界》,《星云大师全集·讲演集 7》,第 109 页。
② 星云大师:《涅槃之后的境界》,《星云大师全集·讲演集 7》,第 109 页。
③ 星云大师:《涅槃之后的境界》,《星云大师全集·讲演集 7》,第 110 页。

佛教中，"有余依涅槃"与"无余涅槃"皆是菩萨自行化他的善巧方便。菩萨在行持广大菩萨行的过程中，不仅以佛法化度众生，亦不断清净自身的无明，积累无量功德资粮。等到菩萨完全断除无明，开显"一切种智"，于一切法的总相、别相，如实观照，菩萨则完全显露自身所本具的诸佛法身，如此即入诸佛的"大涅槃"。

二 涅槃与生活

大乘的修行并非离群索居，而是深入众生界行持菩萨行。因此，大乘成佛的过程，离不开自他的生活世界。自他的生活世界总是处于因缘境域之中，呈现为种种关联。菩萨的涅槃，就是对这些纯粹的关联境域，如实了知，如实揭示，并不取不执，充分显露生命之存在方式的开放性。因此，菩萨的涅槃并不是脱离于原先的生活世界，而是开显出生活世界的实相性，即其本真的面向。我们可以认为，自他的生活世界，是菩萨的成佛因果的展开境域。星云大师的人间佛教，以积极深入人类世界的生活为显著特色，因此星云大师的涅槃观呈现出与人类生活世界深度交涉。

1. 入世与出世的生活

所谓入世的生活，就是众生的生存活动，具有多种面向，如星云大师说：

> 入世的生活是以物质为主的生活；入世的生活是以感情为主的生活；入世的生活是以人群为主的生活；入世的生活是以根身为主的生活。[①]

星云大师从"物质""感情""人群"与"根身"四个方面归纳了入

[①] 星云大师：《从入世的生活到出世的生活》，《星云大师全集·讲演集7》，第256页。

世生活的面向。首先，人的生活离不开基本的食物与器物。食物保证了日常的热量和营养的摄入，器物则是衣食住行所必不可少的工具。我们每天都需要和食物与器物打交道，以至于我们并不会对其予以特别的关注。但一旦食物匮乏或器物损害，则日常生活的秩序就会被打破。然而生活所需的"物质"，是无常的存在，总是变易的，难以长久维持。人们如果过多地执着吃穿用度，热衷于各种美食、豪车、奢侈品，反而会造成身心的痛苦。其次，人是具有丰富情感的动物。在人所处的各种关联中，亲情，友情，爱情，师生情，战友情，如此种种，构成了人的感情生活的基本相状。这些情感，对于丰富人生体验，培养健全人格，无疑具有重要的作用。但这些情感，并不总是良性的，而是掺杂着大量非健康、非正常的纠葛，反过来对人的心理造成压抑乃至扭曲。再次，人是群居动物，参加传统宗族的祭祀活动，对公共政治事务的参与，在经济活动中分工与协作，以及在工会、宗教组织、公益组织等非政府团体中的活动等，构成了人的"群体性"。人在参与群体活动中，获得了身份认同与自我价值的实现。但毕竟群体是由一个个具有无明烦恼的人所组成的，群体并不意味着良善与公义，反而可能堕入群体的失智与躁动，对个体造成严重的精神压抑乃至肉体伤害。最后，人的生活，必定以身体的参与为主体。人的感觉器官，如眼、耳、鼻、舌、皮肤等，是人接触外境，获得最鲜活信息的接收器。通过接受光影、颜色、形状、声音、气味、味道以及触感，生活世界的鲜活面貌被人所感知。迷人的风光，悦耳的音乐，新活的气味，诱人的美食，柔顺的触感，构成了人的幸福享受。但人也因此容易陷入繁花锦簇的迷乱，在声色犬马中纵情声色，放浪形骸，造作诸多恶业。

由此可见，入世的生活，尽管是人的日常生活，是生存之所需，却是无常的，存在种种缺陷。与之相比，出世的生活则呈现出独特的气质。星云大师在讨论出世的生活时，首先区分了小乘与大乘的出世生活。对于小乘或原始佛教的出世生活，他说：

原始佛教的出家众如何过出世间的生活？他们不以世间的物质、感情、人群、根身来维持自己的生活，因此他们放下感情，隔绝人群，过着物质贫乏、感情淡泊、孤单沉寂的简朴生活。①

原始佛教的僧人修习"远离法"，远离人类的城市聚落，前往山林，栖息于树下、河边，观修身心的空、苦、无常、不净，远离对身的执着，舍离贪嗔痴等烦恼。因此，人的入世生活，在他们看来，都是有漏的，是需要被舍离的对象。只有摆脱了俗世生活的干扰，才能生起无漏智慧。如此，小乘行人所得的涅槃，不需要参与到人类社会的日常生活与事务当中，而是一个与世隔绝的清净之境。

但由此会引发一系列问题，即如果涅槃需要远离世间而获得，并且在契入涅槃之境后，依旧处于寂灭之态，那么这种涅槃，其实依旧是限定的，不究竟的，因为它无法容纳并渗入无量的假名世界，而是需要将其舍离，才能维持住涅槃之境。

因此，大乘的涅槃是对小乘限定的涅槃的超越，其出世的生活，也表现出与小乘的孤寂所完全不同的气质。对此，星云大师说：

> 出世的菩萨，过的是无住生活，这个无住是"不惟不住有，亦且不住无；不惟不住无，亦且不住无无"。因为无住，才能无所不住……菩萨无住的生活境界，是人生最美的生活，好比出家人，出家无家，以每个寺院为家，所以说"出家无家处处家"。②

由此可知，在星云大师看来，大乘菩萨的出世生活，并不与入世生活相隔绝，相反，大乘菩萨充分进入众生的日常生活世界之中，在其间行菩萨行、化度众生。其中的原因，在于大乘菩萨对于诸法实相的体证。一切法的

---

① 星云大师：《从入世的生活到出世的生活》，《星云大师全集·讲演集7》，第258页。
② 星云大师：《从入世的生活到出世的生活》，《星云大师全集·讲演集7》，260页。

实相，是毕竟不住的，既不住有，亦不住无，连"不住"本身，也是不住的。这就是终极的舍离，不住一切法。因此，菩萨于一切法自在无碍。因其开显这种究竟的无碍之境，故菩萨能"无所不住"，能深入众生生活世界的各个层面，现众生相，观察其机缘。虽示现种种众生相，但于种种相不取不执。因此，证悟涅槃的菩萨，也过着与世间人无二无别的生活。在菩萨的觉境之中，这些日常的生活所具足的无限法味获得全然的开显。星云大师以禅宗大德的悟后生活为例子说明大乘的出世与入世，他说：

> 六祖惠能禅师曾在五祖弘忍禅师处担任舂米的工作，天衣义怀禅师曾在翠峰处担任多年的水头，庆诸禅师在沩山任职米头，雪峰禅师在洞山做过数百人的饭头，寒山和拾得二位大士在天台山做过行堂。一般人以为煮菜舂米是低贱的工作，但在悟道的禅师们眼中，却是最庄严的使命。①

星云大师所列举的六祖慧能、天衣义怀、庆诸、雪峰、寒山和拾得，是禅宗中开悟者的代表性禅师。这些禅师在了悟生命本来面目之后，并未远离人间，或行为放浪颠沛，而是依旧安住于人间，从事日常的工作。对他们来说，舂米、打水、做饭以及洒扫庭除等平常事务，既是生活，亦是修行。他们不以这些劳作为卑贱之事，因为他们早已断除人、法二执，了知诸法实相的毕竟不住，因此无有高低贵贱的分别念，而是将这些事务化作自行化他的善巧方便。

我们现在回顾星云大师弘法利生的一生，正是这种大乘的涅槃观、出世观在当代的具象化。大师早年颠沛，但不忘修行，而是在大时代的动荡年岁中磨练出坚强的意志。其后经过深入的思考与修行实践，体证佛陀的纯正佛法，即是人间佛教。佛法需要深入人类社会，回应当今时代的种种

---

① 星云大师：《从入世的生活到出世的生活》，《星云大师全集·讲演集7》，第264页。

议题，对当下人类世界的危机与苦难，保持深切悲悯，并从佛法智慧中，开出时代议题的解决思路与方案。星云大师不辞劳苦，创立佛光山，建立清净的人间佛教僧团，带领众弟子，前往社区、大学、军营、监狱、各大灾难现场，传播朴素的佛法理念与精神。同时积极推动人间佛教的研究，撰写或编撰众多人间佛教研究论著，与学术界、文学界、文化界等保持积极的互动。此外，星云大师又致力于积极推动人间佛教的国际化与本土化，在亚、欧、美、澳等地开设道场，建立大学，与当地的居民社区保持积极的互动与交流。星云大师以大乘佛教的传承，全方面地介入当代人类事务之中。并且这种介入，并不是与佛法修行相割裂的，而是将大乘的修行，完全融入人类日常事务中，在生活中断烦恼，在实践中开智慧。可以说，星云大师弘法利生的事业正是大乘出世观的当代开展。

2. 大乘涅槃的五种生活面向

上面我们提到了大乘的出世境界，是毕竟不住的。因其不住一切法，所以菩萨能"无处不住"。就此"无所不住"在生活世界之中而展开，则呈现为星云大师所说的五种生活面向，如他说：住世的涅槃生活，至少要能随遇而安、随缘而住、随心自在、随机应化，以及自然的生活。下面我们分别考察之。

首先，星云大师认为，大乘主张不舍世间而入涅槃，由于菩萨已经断除我、法二执，因此对于住世没有任何执着，一切时一切处，皆可安住。因此菩萨涅槃之后的生活，是"随遇而安的生活"。星云大师列举了六祖慧能大师在初得道后，在猎人队伍中生活了十五年，随缘吃"肉边菜"，随机为猎人说法，并放生落入陷阱的小动物。对此，星云大师评价说："如此刻苦艰难的群居生活，惠能过了十五年犹不以为苦，因为他早已体证涅槃常乐的妙谛，所以能随所遇而逍遥自在，安住于不说法而随时说法，不持戒而处处持戒的境界。"[①]

---

① 星云大师：《涅槃之后的境界》，《星云大师全集·讲演集7》，第114页。

其次，星云大师认为，菩萨涅槃后，展现出一种"随缘而住的生活"。所谓"随缘而住"，是对自身的衣食住行没有任何执着，不会因衣物的朴素，食物的粗劣，住处的简陋而产生不满，而是在这种朴素的生活环境中，享受清净的法味，并为众生说法。星云大师以《金刚经》里佛陀讲经之前的乞食、洗足、入坐为例，说明大乘涅槃后的生活的朴素性。《金刚经》云："尔时，世尊食时，着衣持钵，入舍卫大城乞食。于其城中，次第乞已，还至本处。饭食讫，收衣钵，洗足已，敷座而坐。"对此，星云大师评论说："这一段穿衣、托钵、乞食、用饭、洗脚、打坐的生活，表面上看起来是庸俗平常的生活，可是在佛法上，佛陀却完整的显现了涅槃境界的随缘生活。"①也就是说，尽管佛陀已经证得"大涅槃"，但其生活和普通人并无二致，一粥一饭之中，早已泯除世间的贪爱痴迷，涵蕴着随缘而化的般若光芒。

再次，星云大师认为，菩萨涅槃之后的生活，是"随心自在的生活"。凡俗众生在日常生活中，与各种人事物打交道，但因为其具足无明烦恼，无法体证空性，因此其沉沦于日常生活之中，各种情感纠葛、琐事、自身的欲念，遮蔽其本有的心性光明。因此日常生活对于凡俗众生来说，是沉沦之境，混沌之境，杂染之境。但对于业已体证涅槃的菩萨来说，尽管显现种种相，或欢喜相，或愤怒相，或颠沛相，乃至杀盗淫妄等相，但对于其所觉证之境来说，是"不动本际"的。菩萨于一切相，皆不起分别想，不会着境。因此，菩萨在日常生活中，"终日行之，终日不染"，内心恒时处于清凉境界，自在无碍。②

最后，星云大师认为，菩萨涅槃的生活，必定是"随机应化的生活"。佛是"随一大事因缘"而出现于世，即为众生说法，引导其趣入涅槃之境。因此，菩萨在体证涅槃后，非但不"灰身灭智"，反而对众生的生存境域生发出极度的悲悯心，因此会随众生之机缘，施设种种善巧方便，为

---

① 星云大师：《涅槃之后的境界》，《星云大师全集·讲演集7》，第114页。
② 星云大师：《涅槃之后的境界》，《星云大师全集·讲演集7》，第114页。

众生说法，引导其契入中道不二之境。星云大师以佛陀觉悟后的行迹说明大乘涅槃的应化生活。他说："佛陀证悟后，并没有耽住于涅槃境界中，五十年间，他风尘仆仆地往来恒河两岸，踏着滚滚黄沙，走进众生的家中，把佛法的甘霖带入众生干涸的心田。今日的佛教徒，也要秉持佛陀度众的大悲愿，走出山林，投入社会，随机应化，反馈众生，使社会更祥和乐利，充满幸福。"①

此外，除了上述四种生活，还应有第五种生活，即"自然的生活"。大乘虽然主张积极地参与世间生活，在生活中悟道，弘法，但并没有忘记自然山水。菩萨云游各大山川，寻师，参禅，访友，在山水之乐中感受生命的本真之态。如星云大师说，悟道的生活是泯除一切机用，随缘放旷的自在生活，是超绝较量计度，绝对纯真纯美的自然生活。这是因为佛法不仅是佛陀的音声、文字，一色一香，一花一木，皆具足佛法的真义。山水之境，即涅槃之境，即诸佛法身所住之境。

三 人间佛教的修证涅槃之道

佛陀在人间成佛，在人间涅槃。涅槃所揭示的中道不二之境，即对日常生活之境的本真开显。因此证得涅槃之道，也内在于人的日常生活之中。星云大师人间佛教的涅槃之道，即将日常的衣食住行、人际关系融入观心之中，在日常生活中断烦恼，证涅槃，成就人间净土。

1. 建立众生皆可涅槃的信念

星云大师认为，修行需要建立必要的信念，即对自身能获得涅槃保持强烈且稳固的确信。这种信念表现为以下几个方面。

首先，星云大师认为，"证悟涅槃与年龄无关"。由于众生的智慧、福报、所处的外界环境、值遇佛法的时机等皆存在差异，因此有的修行者年少时即遇到佛法，潜心修习，再加上根性敏利，因此在很年小的年

---

① 星云大师：《涅槃之后的境界》，《星云大师全集·讲演集7》，第114页。

纪就断除烦恼，证得涅槃。而有的众生或因为根性钝劣，或因为值遇佛法的时机太晚，再加上外境存在诸多修行的逆缘，因此要等到老年才得以悟道。因此，佛法修行者应当确信，任何年龄都有证得涅槃的可能。星云大师引用佛经的典故说："须跋陀罗活到一二〇岁，才证得涅槃，舍利弗的弟子均头沙弥，七岁的时候，就证得涅槃。"①

其次，星云大师认为，"证悟涅槃与智愚无关"。佛法不舍众生，如同太阳，既照智者，也照愚夫愚妇。佛法是应机而生的，佛陀于不可说的涅槃之境中，生起无碍般若观智，充分了达众生的根性，对智者说"一佛乘"，对于钝根者则说三乘法，或以五戒十善等因果业报之法，培植其根性，等其根性成熟，再为其说出世法，向其揭示大乘涅槃之道。因此，不论是智者还是愚者，皆可在佛法中找到适合自身的法门，从而通达涅槃。星云大师说："聪明的舍利弗能证得涅槃，笨拙的周利槃陀伽也一样可以证得涅槃。"②

最后，星云大师认为，"证悟涅槃与时间无关"。此处的时间，指的是闻法修行的时间长短。利根众生可在短时间内，比如几天之内，甚至听闻一场法会，即可发明本心。而有的众生，由于烦恼厚重，智力羸弱，因此需要长时间的佛法熏习，才能领悟法义，将其融入自心，开显心性智慧光明。星云大师列举了佛陀众弟子悟道的情况，如憍陈如体证无漏智慧是在其听闻佛法数天之后；周利槃陀伽由于根性愚钝，则需要二十天的时间，反复思维法义，证得无生法忍；优波离则是在为佛陀剃头时证得涅槃；而"多闻第一"的阿难，虽然跟随佛陀数十年，但直到佛陀入无余涅槃，阿难才证得涅槃。因此，证得涅槃，与修行的时间长短无关。③

综上可知，涅槃的证得，观待众生的机缘，与年龄、智慧以及修行时间的长短并不必然相关。因此，众生可建立这样的信念，即只要机缘成

---

① 星云大师：《涅槃之后的境界》，《星云大师全集·讲演集7》，第116页。
② 星云大师：《涅槃之后的境界》，《星云大师全集·讲演集7》，第116页。
③ 星云大师：《涅槃之后的境界》，《星云大师全集·讲演集7》，第116页。

熟，自身必定能够证得涅槃。

2. 在人间生活中契入涅槃的善巧方便

在建立稳固的修行信念之后，就需要开展具体的修行。修行以发菩提心，断除烦恼，开发般若智慧等为主要内容。人间佛教的修行，是不离人间生活而契入涅槃，因此，菩提心的生发与般若智慧的开启，需要在日常生活中进行。具体表现为以下四个层面。

首先，就是衣食住行的方面。星云大师说："般若乃是从吃饭穿衣之中而来，由行住坐卧之中而来，在平常待人接物处世之中就要有般若。"[①]其中，穿衣是为了蔽体，需要整洁、朴素，远离对时尚奢华的探求。佛陀曾教弟子于穿衣时，当念偈："整衣束带，当愿众生，检束善根，不令散失。"[②]饮食是为了调养身心，需要的只是食材干净，口味清淡，远离荤腥。佛弟子在领受众生食物供养时，应忆念："正事良药，为疗形枯；为成道业，应受此食。"对于住和行，应当遵循方便的原则，不应贪求奢华的住处与舒适的出行工具。星云大师认为，佛弟子的修行，不应执着于现实的衣食住行的享乐，而是在满足基本生存需求之下，"以禅悦为食，以道德为衣，以虚空为安住，以无牵挂、自在的心境为行"[③]，如此即可不为物质享乐所束缚，进而感受佛法的清净之乐。佛弟子在日常的衣食住行之中，需要随时保持观照力，以般若智慧抉择衣食住行的发生过程，从而体证"能""所"皆不可得，毕竟空，既无食者，也无食物，亦无食的过程，食者、食物、食相，三者皆不可得。佛弟子日常不离饮食，但不住于饮食，饮食因而当体即是般若。对衣、住、行的观照，亦是如此。

其次，星云大师认为，佛弟子应当在人际关系中修行般若智慧，建立和谐的人际关系。在我们日常生活中，我们总是处于各种人际关系中，承担各种身份角色，与各种具体的人打交道。因此，一个和谐健康的人际关

---

① 星云大师：《从金刚经说到般若空性的研究》，《星云大师全集·讲演集7》，第4页。
② 星云大师：《生活与修持》，《星云大师全集·讲演集2》，第150页。
③ 星云大师：《生活与修持》，《星云大师全集·讲演集2》，第150页。

系，对于生活和修行，至关重要。那么如何在人际关系中修行呢？如何利用佛法智慧建立良善的人际关系呢？星云大师总结了十六个字来说明人我之间的相处之道："你大我小，你有我无，你乐我苦，你对我错。"这其实就是要求佛弟子放下对自我的执着，而尊敬他人，成就他人。所谓人与人之间的非健康的关系，往往在于双方皆有强烈的自我执着。作为修行者，要化解这种非健康的人际关系，当他人无法摆脱强烈我执时，自身就需要放下自我，秉持"你大我小""你对我错"的观念，退一步海阔天空。同时，在工作或享乐的过程中，需要与他人分享，积极布施，实践"你有我无""你乐我苦"，在这个过程中，让自身处于般若智慧的观照之下，不住相布施，不住我相、人相与物相。如此即可化解人际关系中的障碍，恢复健康的、符合中道的人际交往的模式。[1]

再次，在日常生活中，需要随处观心，将佛法的基本理念融入日常生活的一切时、一切处。因此，佛法修行者并不是以迷乱的状态卷入生活之中，而是在生活之中，恒时保持对佛法的忆念与觉知，以此开显日常生活的意义。星云大师认为，我们需要在日常生活中秉持基本的戒行，遵守望"五戒十善"，不放逸，不随波逐流，培养正直的人格。同时，我们在日常生活中，需要恒时忆念"三法印"，即"诸行无常，诸法无我，涅槃寂静"，了知一切生灭现象的无常，一切法的无我，以及体证涅槃之境的寂静安乐。如此即可随时对治贪嗔痴等烦恼，自净其心。并且，作为大乘行人，星云大师认为，在日常生活中修行"四摄""六度"是不可或缺的。他说："用'布施、爱语、利行、同事'四摄法，作为应化度众的方便法门，并且从日常生活的行住坐卧，精进修持六度，日日摄心守正，时时转迷成悟，成就无量清净功德、无边殊胜力量；圆满大般若智慧，具足种种利生弘法的妙用，则同于大乘涅槃所行。"[2]

最后，星云大师认为，大乘的修行者，需要在日常生活中，建立人间

---

[1] 星云大师：《生活与修持》，《星云大师全集·讲演集2》，第162页。
[2] 星云大师：《涅槃寂静》，《星云大师全集·佛教丛书2》，第52页。

净土，以此作为自行与化他之善巧方便。所谓"人间净土"，并不是在我们这个世界之外，建立一个超越的世界，而是立足于当下的人类世界，以佛法智慧，化解人类所面临的危机，提升人类的智慧觉悟，将我们这个世界转变为净土世界。人间净土包含了经济、政治、文化、伦理、科技、生态环保等方方面面的议题，但它又是"具体而微"的。人间净土的落实，就在于我们的日常生活中，就在于我们自心的光明智慧的开显。也就是说，人间净土是面向全人类的宏大议题，同时，又是根植于每个个体的心灵世界，因此，人间净土即是一个整全的概念，同时又对任一个体开放。《维摩诘经》中菩萨庄严国土的根本逻辑，在于"心净土净"。而佛陀以足触地，为众弟子示现佛陀自身所受用的清净琉璃世界，则进一步说明此娑婆世界之当下，即是清净世界。而佛陀与众生的差异，在于佛陀彻悟诸法实相，开显了彻般若智慧，而众生则落入无明烦恼与业力的缠缚之中，如此才有净土与秽土之分别。因此，建立人间净土的关键，在于自净其心，了彻诸法实相。[1]

四 结语

星云大师人间佛教致力于恢复佛陀源初的生命精神。佛陀在人间得菩提，在人间传法化众，在人间得涅槃。因此，星云大师人间佛教的涅槃观，圆具一切人间日常生活，充分渗入人类社会各个层面，在日常生活中断除烦恼，在与众生打交道之中开显心性光明。人间佛教的涅槃观是以般若的无碍观照作为根本智慧，抉择一切法毕竟空，不可得，不住于一切法。正因为其不住一切法，故菩萨能"无所不住"，以无量善巧方便充分介入人类世界的议题。弘法、办学、行医、慈善、环境保护、学术交流，乃至日常生活中的衣食住行、人我关系等，皆不与涅槃之境相违背。同时，人间佛教的修行者在参与种种人类事务时，皆具足般若观智慧，于一

---

[1] 星云大师:《在人间欢喜修行——维摩诘经》,《星云大师全集·第一类经义》, 第 208 页。

切事相不取不执，以这些生活事务为自行化他的善巧方便，在自净其意的同时，将佛陀的生命关怀播撒于人间，建立人间净土。

On Master Hsing Yun's Concept of Nirvana in Humanistic Buddhism

Gu Long

Abstract: Master Hsing Yun advocated and practiced Humanistic Buddhism throughout his life, based on the original intention of Buddha's birth in the world, to enlighten sentient beings with the wisdom of Buddha and awaken the inner light of sentient beings. The fundamental purpose is to restore the true meaning and spirit of Buddhism in the present human world. Although Master Hsing Yun advocated for practitioners to be rooted in the human world and deeply engage in society, it does not mean merging with all the mundane impurities, falling into endless worldly troubles, but rather, through human life, to awaken wisdom and transcend afflictions. Human life is no longer an object that needs to be intervened and cured, but rather the source of the wisdom of the Buddha's teachings. Thus, practitioners do not need to leave human life, but rather, within human life, open up the transcendent realm of Nirvana. Therefore, Master Hsing Yun's Humanistic Buddhism possesses a unique understanding and realization of Nirvana, which can provide new inspiration for Buddhist practice in the present era.

Key words: Nirvana; Human Life; Master Hsing Yun; Humanistic Buddhism

星云大师人间佛教的超越性问题研究

张迅齐

南京大学博士生

摘　要：超越性问题是人间佛教理论中备受关注的问题。在应对人间佛教是否存在超越性问题上，星云大师给予了积极而肯定的回答。星云大师人间佛教的超越性是一种信仰的超越、内在的超越、对传统的超越，是通过佛法修行、奉献社会、中道生活等途径完成自我生命的超越和自身真如佛性的圆满，最终实现人间性与超越性的统一。

关　键　词：星云大师；人间佛教；超越性

基金归属：本文为2019年度国家社科基金重大项目"'一带一路'佛教交流史"（编号：19ZDA239）的阶段性成果。

超越性是宗教学的一个重大问题。"人作为个体，意识到自身生命存在时间上的有限性，从而试图超越，统摄各种维度。"[1]没有对时间空间、生命意义的超越，缺失出世性，就失去了宗教的本质与精神。

近年来，人间佛教因其人间性、入世性色彩浓重，一些对人间佛教有误解的人，以其"超越性"不足而质疑其宗教性，如"人间佛教是庸俗的，缺少境界"、"人间佛教过于世俗化"、"人间佛教没有修行、缺少超越

---

[1] 黄玉顺：《关于佛道儒的"宗教超越性"问题》，《北京理工大学学报》（社会科学版）2002年第2期。

性","人间佛教是在家的,缺少神圣性",等等①。对于人间佛教是否存在超越性,星云大师给出了正面回答。星云大师人间佛教的超越性实质上是一种信仰的超越、内在的超越、对传统的超越。

一 关于人间佛教超越性问题的一些讨论

人间佛教是根植于传统文化,立足于现代文明的宗教,协调佛教传统与现代世界的冲突融合、均衡佛教的人间性与超越性,是当今人间佛教需要面对和回应的问题。

佛教本身立足于人间,佛陀在人间弘法立说、度人济世。明清以后,传统佛教逐渐衰颓,面对信仰危机的局面,太虚大师适应社会需求,提出"人生佛教"。而后印顺法师、赵朴初居士、星云大师、圣严大师等一批宗教家、改革家进一步对传统佛教进行积极的改造,提出满足社会需要、适应大众需求、符合佛陀本怀的"人间佛教"理论。随着全球市场经济的深入,佛教不断走出丛林,走向社会,逐渐社会化与大众化。"人间佛教"产生之初具有鲜明的时代性与世俗性基因,"人间佛教一开始所面临的是一个衰败的社会和一个衰败的僧团,而这种衰败又是现代化对传统社会的冲击造成的。因此从根本上说,现代性是人间佛教的直接原因。人间佛教的产生与发展,都是为了应对这种现代性"②。因适应现代化而产生的社会化、世俗化、人间化是人间佛教无法回避的问题。

对于人间佛教的超越性的质疑,主要集中在三个方面:

第一,宗教层面的质疑。超越性通常指的是超出世俗,抵达更深、更宏大的理智和精神境地。这在传统佛教中表现为追求涅槃、解脱生死轮回等追求终极解脱的过程。人间佛教的重点在于把握和理解人的生活体验并尝试通过实践佛法来优化这些体验。然而,这种做法被一些人视为低级

---

① 《星云大师全集》007册《人间佛教佛陀本怀》,新星出版社2019年版,第8页。
② 成建华:《人间佛教:中国佛教的机遇与挑战》,《世界宗教研究》2016年第5期。

的，认为其对终极现实的理解缺乏深度。他们认为超越性是对终极现实，也就是生命、宇宙最深层的认知与追求，而人间佛教似乎过于强调对个人生活体验的把握，忽视了对终极现实的追求。

第二，经典诠释层面的质疑。人间佛教的理论是在现代社会的文化背景下提出的，人间佛教主张，任何时代人们都有权利对佛教经典进行自己的理解和阐述，并根据自己的需求和理解去实践佛法，这是宗教发展和适应社会变迁的一种方式。然而，有人认为，这种解读佛经的方式可能会带有一定的主观性，而且可能会因为适应现代社会需求而违背了佛教经典的原始含义。这样的经典诠释方式也被一些人视为对佛教经典的误读和泛解，其对佛教经典的理解偏离了原意从而不能求得正道。

第三，修行方式层面的质疑。有人认为，人间佛教理念把修行场所放在了社会生活中，使得修行看起来和日常生活无异，可能使修行的精神内涵被稀释。佛教从山林之中进入嘈杂的市井，处理好凡世当中的生活、工作、人际关系，甚至体育、音乐、艺术、义工等方式都被泛化为佛教修行。他们质疑这种世俗化的、简单化的修行方式是否真的能达到佛教中开悟、证悟的目标。

对于人间佛教超越性问题的回应，有诸多学者进行了探讨。有的观点认为人间佛教是一种内在超越。比如汤一介先生曾以"非宗教的宗教"和"内在超越"来形容禅宗的特性，他说："禅宗作为一种宗教，它不仅破除一切传统佛教的规矩，而且认为在日常生活中不靠外力，只靠禅师的内在自觉，就可以成佛，这样就可以把以'外在超越'为特征的宗教变成以'内在超越'为特征的非宗教的宗教，由出世转向入世。"[①]作为继承禅宗传统的佛光山人间佛教，包括星云大师在内，认为人间佛教是内在超越性的，这是与传统佛教一脉相承的，是佛教进化发展以及与中华传统文化深契交融的结果。从中国的传统精神来看，超越性更多地表现

---

① 汤一介：《论禅宗思想中的内在性和超越性问题》，《北京社会科学》1994年第4期。

为一种内在的超越。赖永海教授认为:"星云大师人间佛教的精神和超越性,主要表现在两个方面,一个是内在的超越,一个是当下的超越。有人质疑人间佛教太过于注重世间,太生活化了,失却了其宗教的特性,或曰宗教的超越性。这种说法在某种程度上是以西方的宗教为标的,以西方宗教的外在超越性来质疑人间佛教的宗教性和超越性。"[1]

有的观点认为人间佛教的超越性不能单纯以宗教世俗化来作为单一价值考量,而应当从佛教理论实践的方向进行综合评估。如程恭让教授说:"要真正理解人间佛教,首先就要理解其佛法化的精神品质和价值方向。而仅仅从诸如推进世间事业的所谓'宗教世俗化'角度来考量人间佛教,就会在根底上发生偏差!"[2]应当关注佛教"佛法化"的发展态势,佛教的理论和现代境遇,与近代西方宗教诸如基督教神学差异甚大,用西方宗教世俗化理论来研究佛教,包括研究人间佛教,实际上,容易造成对人间佛教的误读。

有的观点认为人间佛教具备超越性,人间佛教是世间性与超越性的统一。如高永旺认为:"人间佛教要点有二:一是注重'人本',提倡做人即作佛;二是强调'入世',世间即出世间。打通了出世与入世的界限,圆满解决了人间性与超越性的矛盾。"[3]石义华也认为,人间佛教是"世间与出世间、佛与人、真与俗的统一"[4]。对于作为宗教的佛教来说,入世和出世并不是对立的概念,超越性在人间性当中也能得到统一,洪修平教授提道:"中国佛教的入世化倾向并不影响它从本质上说仍然是一种讲求'出世'的宗教,因为它毕竟不是以入世为最终目的,而是视入世为方便法

---

[1] 赖永海:《试论星云大师人间佛教的理论特质》,载《2015星云大师人间佛教理论实践研究》,高雄:佛光文化2016年版,第42—45页。
[2] 程恭让:《人间佛教理论、实践的三大方向——以星云大师〈人间佛教佛陀本怀〉为依据》,《西南民族大学学报》(人文社会科学版)2017年第8期。
[3] 高永旺:《论人间佛教的世俗性与超越性》,《青海社会科学》2011年第2期。
[4] 石义华:《在向生活世界的回归中超越——"人间佛教"的伦理思想》,《伦理学与德育研究》2007年卷。

门，以出世解脱为旨归的。"①

有的观点认为人间佛教具备人间性的部分，但在发展过程中更应该关注其超人间性的超越性部分，更应当把握佛教人间性和超越性的辩证统一关系。如李利安教授认为："宗教作为一种文化现象，都是立足人间的，从而天然具备人间性特色。但宗教不同于其他文化体系的本质特色在于宗教解释问题、解决问题时所蕴含的超人间性。佛教作为一种宗教，也就是不同于一般世俗性文化的本质特色也正在于其明显的超人间性。"②超人间性是佛教的本质特色。那么在对人间性问题的处理上，就要尤为小心，不应当过分突出人间佛教的人间性，而忽视、回避、对立其超越性的部分。

在人间佛教的超越性问题上，首先，星云大师肯定了人间佛教的目标就是超越，"我们学道的主要目的，就是要从无常的世间超越出来，寻求一个不生不灭的涅槃世界"③。学习佛法的目的就是超越，人间佛教的终极旨趣同样也是证得涅槃世界。与此同时，人间性的目标也是超越，"归根究底，就是人生要喜悦、要解脱、要超越，要让每一个众生都能得度，和我佛如来同样地把精神、心胸扩大到虚空，那才是真正的佛心佛意"④。超越性是与人间佛教相契合的。

其次，星云大师肯定超越性与神圣性对于人间佛教发展的重要性。悟道成佛是人间佛教赖以发展和传播的基础，星云大师谈道："我们为化导世间，在五欲六尘中作佛事，必须保持宗教的超越性、神圣性，有无私无我的言行，才能为世人所敬仰，并生起追随我们的信心。所以，'非佛不作'是未来佛教行事的方针。"⑤人间佛教不能舍弃超人间性不谈。

最后，一个人要完成宗教意义的超越，必须要实现从物质到精神的超

---

① 洪修平：《关于人间佛教的理论与实践的若干思考》，《宗风》2009年第2期。
② 李利安：《佛教的超人间性与人间教》，《哲学研究》2005年第7期。
③ 《星云大师全集》001册《六祖坛经讲话》，第369页。
④ 《星云大师全集》006册《佛法真义》，第51页。
⑤ 《星云大师全集》006册《佛法真义》，第274页。

越、从个体到群体的超越、从有限到无限的超越三个方面的超越。星云大师人间佛教的超越性是一种信仰的超越、内在的超越、对传统的超越，是境、行、果的超越。

二 星云大师人间佛教的超越性内涵

（一）星云大师人间佛教的超越是信仰的超越，信仰超越是境的超越

在星云大师看来，"一个正确的信仰具备信实、信德、信能三大特点，信有超越能力的。信仰的对象，他自身已能超越内心的痛苦烦恼，并且有能力帮助我们超越，给予我们身心安稳的力量"[1]。佛法的信仰，给人提供了具体的能力。信仰的超越主要表现在以下三个方面。

一是信仰内涵的超越。传统观念中，人们对于信仰往往局限于对未知世界的敬畏以及对生活困厄的寄托。而在星云大师的人间佛教观中，信仰的内涵超越了这种单纯的敬畏和寄托，更突出人生的道义价值和意义。它强调以信仰为基础，实现道义的人生，从而引导个体超越个人的有限世界，开展舍己为人、淡泊名利的精神实践。在星云大师看来，信仰是一个多元且复杂的概念，人间佛教在一定程度上，是一种超越且兼容多元的信仰。佛性具有包容性和非排他性，具有成就其他宗教的能力。"尽管信仰的层次不同、种类多元，但人间佛教会圆满一切宗教的说法。这是人间佛教的包容，也是可以做全人类的信仰。"[2]因此，人间佛教是超越迷信到正信，超越一元排他到多元兼容。

二是信仰对象的超越。星云大师提出"不以佛教为信仰"的观念。他强调佛教应该是生活的艺术，是一种人生的智慧和态度。这种观念打破了传统宗教以某一神祇为主的信仰模式，提倡"以生活为佛教"，实现了信仰对象的超越。星云大师以人性中具有超越的潜能为依据，认为宗教的对

---

[1]《星云大师全集》002册《金刚经讲话》，第59页。
[2]《星云大师全集》007册《人间佛教佛陀本怀》，第9页。

象都只是假名，他说："菩萨、罗汉、佛祖都是假名，人类本身就具备超越现实的能力和精神，人性是广博的，信仰是有层次的。"[①]人间佛教强调，人性和生命具有无限的可能，每个人都有自己的信仰层次。信仰本身应该是自求的而非外求的，人间佛教的信仰旨在超越佛教的名相，依托佛法真义实现超越自我、了脱生死。

人间佛教肯定个人的信仰价值。无论别人如何分别，自己的信仰都是具有内在价值的。信仰有阶段的分别，但是没有优劣之别。每个人的信仰都能被充分尊重，各有各的可取之处，值得被尊重。人间佛教的超越性，是将信仰的价值等同于人格价值，信仰就是自我的扩大、升华、解脱与圆融，是依托自我去完成和实现的。生命是个体的，也是关联统一的。每个人的自我信仰，都在无限的时空和关系当中相互成就。"认识本来面目（自我真如佛性），那就是人间佛教的神圣性。"[②]信仰对象的超越是从崇拜外在对象转到生命的自我提升。

三是信仰实践的超越。在正念、正语、正业等八正道的实践中，星云大师提出"行佛教"的观念，主张将佛教原则融入日常生活，教导人们怎样生活，怎样行善，怎样与他人交往，以实际行动落实信仰，实现了从信仰到行为的超越。人生所有的行为，在信仰的指引下而具备了超越性。例如布施、持戒，在日常的修行当中是否有信仰作为实践的前提至关重要。星云大师认为，如果进行法布施，能在布施过程当中传播佛法，使人产生信仰，就是最大最好的布施。[③]只有在实践当中产生了信仰、融入了信仰，才能使得实践真正具有超越性。这种信仰的超越，使得星云大师的人间佛教观具备了更丰富的内涵，更贴近人们的生活实际，更能引导人们在道德实践中追求超越，实现人生的升华。

---

① 《星云大师全集》007册《人间佛教佛陀本怀》，第10页。
② 《星云大师全集》007册《人间佛教佛陀本怀》，第12页。
③ 《星云大师全集》006册《佛法真义》，第107页。

（二）星云大师人间佛教的超越是内在的超越，内在超越是行的超越

星云大师人间佛教的超越根本上是一种内在超越。星云大师将人的生命分为四个层次："肉体的生命、大众的生命、超越的生命、不死的生命。"[1]肉体的生命是基于身体生存的生命。大众的生命强调在社会当中人所要承担的责任。超越的生命是为他人、团体、社会努力奉献的生命。不死的生命是"法身慧命"，就是摆脱烦恼、超脱轮回，达到一种涅槃的生命。逐级的生命提升就是个人生命系统的内在超越，内在超越注重心灵的涤荡和智慧的增长，将自己的生命打开，无限延展，将生命融入国家、民族、宇宙之中。内在超越具体有以下几个方面的内涵。

一是对自我本质的超越。传统的佛教认为，人的苦难主要来源于无明和贪欲，需要通过修行打破生死轮回，达到涅槃的境地。而星云大师提倡的人间佛教，则更强调在日常生活中了解自我，超越自我中的贪嗔痴暗，达到本心的清净。在星云大师看来，对自我本质的超越是人天生的宗教属性所决定的。"人基本上是具宗教性的，除了物质的需求外，还要精神的、心灵的、超越的，需要很多的东西。"[2]对于自我本质的超越，可以理解为人对于自己的理解和认识不断深化，不断超越以前的自我，获得更深入的洞察。这种超越性并非简单地否定自我，而是通过自我内省，透过现象看到本质，从而对自我有更深更全的理解。在这个过程中，个体可能会面对自我的局限，体验到人生的困厄和痛苦，但同时也可以通过超越这些困厄和痛苦来实现自我价值和意义。人间佛教提供了诸多实践方法来帮助个体去超越自我，在生活当中修行，诸如观想、禅修，以提炼思想，超越痛苦，最终达到涅槃状态。

二是对个体意识的超越。在生活中，我们常常会受自身的欲望、恐惧、情绪、固有观念等影响，而无法清晰地认知自己和世界。星云大师倡导的人间佛教主张通过聆听、思考、冥想等方式，超越个体意识的局限，

---

[1]《星云大师全集》002册《金刚经讲话》，第362页。
[2]《星云大师全集》030册《金玉满堂3》，第237页。

对生活有更深入、全面的理解。一方面，星云大师人间佛教强调"无我"的解脱自在，以"性空"妙理来洞察"我"的虚妄性，破除烦恼痛苦的根本，从而实现对个体自我的超越。另一方面它注重人格的完成，即"人成即佛成"。人间佛教看重言行品德的修养，注重身心的调愈，强调真如自性的发显，通过戒定慧的功夫和人格教育，破除个体意识的执迷与局限。"从理论到实践、从思想到生活、从出世到入世、从人格到佛道"[1]，通过阶段性的修为而成就个体意识的圆满与超越。

三是对心灵境界的超越。星云大师主张通过内在的成长和修炼，超越世俗的追求，达到心灵的自由和宁静，实现"生死一如，富贵一如，名誉一如，侮辱一如"的境界。星云大师特别强调"忍"在精神超越中的作用与力量。在人间佛教看来，忍是对生活环境的认识，是对前后因果的体察，是对好坏境遇的接纳与容忍，是高级的解决纷争和问题之道。"忍的当中，就内生着心灵的智慧与力量，忍不是对违逆之境的硬吞，或者是懦弱、退缩的压抑，而是一种认识真相、直下担当、懂得化解的生活智慧。"[2]忍是一种对当下境遇的超越，是心灵境界的超越。人间佛教的忍，并不是强调在佛教修行上的忍耐，而更多的是生活上的忍。忍是一种担当，让人担得起失败和误解。忍具有化解的力量，是一种心灵境界的处理、运用、化解与超越，是心识的调伏。忍中内涵着转机，可以"转迷为悟、转忧为喜、转明为暗、转败为胜、转嗔怒为悲心、转婆娑为净土"[3]，完成对心灵境界的超越。

四是对人性理解的超越。人间佛教的人性论，不仅揭示人性的罪恶与矛盾，更强调人性中的善良与潜能。人间佛教把人定位为自我解脱与救赎的工作者，实现了对人性理解的超越。传统的中国思想，以"性善论""性恶论"，或者"性无善无恶论"来界定人性，而星云大师主要以一种多维

---

[1] 《星云大师全集》008 册《人间佛教论文集》，第 247 页。
[2] 《星云大师全集》008 册《人间佛教论文集》，第 313 页。
[3] 《星云大师全集》001 册《六祖坛经讲话》，第 322 页。

的视角去理解人性的复杂，同时强调人性中具有佛性的一面。佛性是"超越时空、超越人我的一种无分别、无计较的状态"[①]。体察到了自具的佛性，便能超越对人性理解的二元障碍，进入不比较、不计较的融合境界。

五是对生活态度的超越。星云大师认为人们应把佛教应用于生活，而不是脱离生活。人间佛教提倡的不是逃避生活的痛苦，而是在接受和应对一切生活困境中找到本性，找到和平，这是对生活态度的一种超越。星云大师提倡佛教的生活学，认为在日常的生活当中，做人与做事的点点滴滴都是要学习的。生活是一连串的学习，是今日之我超越昨日之我，是对每日生活的超越以及日常生活的再学习，包括"学习认错、学习柔和、学习生忍、学习沟通、学习放下、学习感动、学习生存、学习灵巧"[②]。同时，星云大师在生活当中提倡许多积极的理念，如"烦恼是成就道业的肥料"，"忙就是营养"，"以忍为力"，"以空为有"，"以苦为乐"等，对当下一些生活态度进行了圆融不二的再阐释。凡有利益于社会大众，善用宝贵的生命，人们最终就能实现超越。

六是对固有观念的超越。星云大师强调佛教的"空"，即打破所有的形而上的教条和束缚，去承认和尊重生活的多样性。这是对人们固有观念和成见的超越，也是对极端主义和狭隘的人生观的超越，为人们提供了一种更开放、更包容的人生观。大多数人都被固有的狭隘观念所禁锢，被所谓的"相"所迷惑。星云大师认为："我们唯有超越'有无'对待的妄执，超越'大小'对待的分别，才能透视诸法'是无是有，非无非有，是可有是可无，是本有是本无'的实相。这种超越向上，是禅家必经的途径，这种境界才是禅家的本来面目。"[③] 人间佛教的根本智慧就是般若，般若智慧就是意识到"缘起"和"性空"，从而破除传统的思维定式。

---

① 《星云大师全集》001 册《六祖坛经讲话》，第 239 页。
② 《星云大师全集》008 册《人间佛教论文集》，第 153 页。
③ 《星云大师全集》029 册《金玉满堂 2》，第 88 页。

（三）星云大师人间佛教的超越是对传统的超越，是果的超越

人间佛教是对过去佛教宗教超越性问题的再超越，是对佛陀本怀的回归。星云大师谈道："当今的社会，人人都欢喜有积极的人生，有幸福的人生，有希望的人生，有未来的人生，人间佛教还不值得我们大家一致来宣扬、发挥，回归佛陀的本怀吗？倡导人间佛教，这才是佛教未来的前途，这才是人间世界的一道光明。不要沉湎于过去传统的、消极的、偏差的、曲解的佛教，今天我们倡导人间佛教，就是要把佛教还给它原来真实的面目：一个积极的佛教、超越的佛教、自我圆满的佛教。"[1]人间佛教积极进行创新和转型，面对宗教超越性问题，不再固守传统，不再拘泥于形式，而是用更积极、更开放、更实际的方式，去解读和实现佛教的超越性。

人间佛教基于传统佛教理论，其出世性的根基是建立在人天善法的正道上的，是基于佛陀的"五乘佛法"的发展与完善。星云大师说："五乘佛法是以人天乘位基础，能把人做好，进而发菩提心、实践菩萨道，如此才完成佛道。"也正因为基于五乘佛法，人间佛教实现了对传统佛教范围的超越。"由于佛教是五乘共有的真理，佛教不光是出家人所特有的修行准则，而是大众共有的人生指南。"[2]因为人间佛教受众群体的扩大，因而要实现理念和教法上的超越。

星云大师主张人间佛教要"弘法布教现代化、文教信息现代化、事业经济现代化、建筑设备现代化、组织行政现代化、会议礼仪现代化"[3]。在面对时代变革与佛教现代化的问题上，星云大师提出十六个方面的改革，即从传统到现代、从独居到大众、从梵呗到歌咏、从经忏到事业、从地区到世界、从散漫到制度、从静态到动态、从山林到社会、从遁世到救世、从唯僧到和信、从弟子到讲师、从寺院到会堂、从宗派到尊重、从行善到

---

[1] 《星云大师全集》007册《人间佛教佛陀本怀》，第89页。
[2] 《星云大师全集》008册《人间佛教论文集》，第522页。
[3] 《星云大师全集》008册《人间佛教论文集》，第408页。

传教、从法会到活动、从老年到青年。[①]就实践形式而言，人间佛教强调的是将佛道修持融入日常生活，而非专注于僧团生活或者寺庙的闭关修行。人间佛教重视生活中实实在在的问题，注重解决如何活得更好，如何与人相处，如何对待生死等现实问题。就对社会的关注而言，人间佛教强调佛教应该关注和参与社会问题，因此公益慈善、社会公正、环保自然等各种社会问题都成为人间佛教关注的内容。在对佛教教义的解读上，人间佛教强调将佛教教义的智慧提炼出来，用更简单通俗的方式让更多的人理解和接受。可以说，人间佛教是传统佛教理念在现代社会中的创新运用，使其更好地服务于现代社会和现代人，为他们提供精神支持和生活指导。这种超越并不否定传统佛教，而是丰富和拓宽了佛教的实践形式和内涵，使得佛教更加贴近人、贴近生活、贴近社会。

三 星云大师人间佛教的超越路径

（一）奉献社会是星云大师人间佛教超越性的价值诉求

在星云大师看来，生命的绝对超越，是一种对时间和空间的超越。人的身体是有生有灭的，是有为法；但是生命、心灵是无为法，可以不生不灭。"'无量寿'是阿弥陀佛的名号；阿弥陀佛不但'无量寿'，又叫'无量光'。无量寿是超越了时间，无量光是超越了空间。如果我们能把我们的精神、智慧、贡献，都流入到无限的时空中，我们不就是'无量寿'了吗？"[②]要实现时间与空间的现世超越，就要过一种有价值和奉献的人生。星云大师倡导的人间佛教强调奉献与慈悲的精神，奉献是对社会和他人生命的尊重和关怀，它所包含的包容与付出是超越自我、献身大众的一种实践。

星云大师"人间佛教"的理念是一种将佛教从寺庙延伸到社会、从禅

---

① 《星云大师全集》008册《人间佛教论文集》，第87—99页。
② 《星云大师全集》046册《迷悟之间2》，第12页。

坐拓宽到人生、从自我修行推扩到利他愿景的思想。人的生活就是佛法的应用，人间即是净土，生活即是修行，人人皆可成佛。在星云大师看来，奉献的人生不仅是对人间佛教超越性价值的实现，也是对个人、社会和宇宙间和谐的推动。

具体而言，星云大师将在社会当中的贡献实践划分为八个维度的超越扩展：事业、文化、言教、信仰、道德、智慧、功德、共生。这八个维度的奉献，最终汇聚为时间意义的无量寿，并通过社会实践实现超越。这种奉献社会的实践，就是以出世的精神，做入世的事业。具体而言，入世的修行、贡献就是"无相布施，无我度生，无住生活，无得而修，就是从此岸度到彼岸，达到波罗蜜多的法门"[①]。人间佛教的现代化，就是将"要"的佛教转化为"给"的佛教，是将祈求变为奉献，进而人生在奉献的实践中，获得"时间寿命、言语寿命、道德寿命、事业寿命、文化寿命、信仰寿命、智慧寿命、功德寿命、共生寿命"[②]，进而使人性得以通过宗教的熏陶而提高升华，实现超越。

（二）佛法修行是星云大师人间佛教超越性的基础门径

星云大师的人间佛教并没有脱离传统佛教修行，人间佛教强调持守戒法，提倡"五戒十善"，实践"四摄六度"，明白因果报应，奉行八正道法，这些也是建立人间净土、实现自我超越的根本基础。

"五戒十善"是星云大师提倡的最基础的道德规范，五戒包括不杀生、不偷盗、不邪淫、不妄语、不饮酒；行十善，即善言、善业、善心、敬父母、尊师长、怜悯生、施舍贫、勤劳勇、嫉恶如仇、抱负宏大。他认为遵守五戒十善，每个人都能在日常生活中修习佛教道德，实践人间佛教。人间佛教就是遵从佛陀本有的教化，是人格的完善，人成即是佛成，即人道完成了自然佛道就会完成。"四摄六度"的修行，是指在具体的人生日常

[①]《星云大师全集》002 册《金刚经讲话》，第 362 页。
[②]《星云大师全集》008 册《人间佛教论文集》，第 357 页。

的身口意的行为里，要内含道德、慈悲，要说好话、做好事、存好心，要布施、持戒、忍辱、禅定，要信佛、行佛，如此在法身慧命的修为当中，人生的境界和状态就可以升格、超越。

星云大师认为，佛法的修行是内在超越的基础。"凡夫要想超越自己，希望成贤成圣，必得要修行。好比破旧的衣服不缝补，穿起来就不体面；漏水的房屋不修补，住起来会不安心。同样的，妄想纷飞的心不清理，又如何能超越自我呢？以佛教禅门的打坐为例。身口意三业若想要与佛心相应，首先可以用'毗卢遮那七支坐法'调身，以'九住心'令心专注一境，或是智者大师的'六妙门'、六祖惠能大师的'无相颂'等作为修持，如此定慧等持，日久修行必能渐露曙光。"[1] 虽然人格可以在世俗中不断地完善，但是心的完善、心的超越需要在佛法修行中实现。

另外，星云大师不否定传统佛教仪式的作用，并且认为佛教传统中的修行方式能积极促进个人的超越。如大师认为传统的朝山仍具有修行的意义，"自古以来，朝山拜佛一直是维护信徒虔诚信仰的一种活动，也是一种修行、一种运动。朝山一般是从山下三步一拜，一路拜到山上。最初离佛好远，但一步一步拜得与佛愈来愈接近，拜到最后，身心都会有超越的感觉"[2]。大师对传统佛教中闭关修行的态度也是开放的，他认为只要修行得当，闭关依然是实现人生超越极好的修为方式。"闭关是一种超越凡间的自我提升方式，其境界如人饮水，就像封得很紧闭的酱缸一般，经过长期的贮放，才会更香醇。闭关的人进步会很快，人虽然被关闭起来了，心却很自由，所以思想自然会开阔。"[3] 佛教的传统修行方式，均是超越的基本法门。

人间佛教的人间化绝不是淡化或者去除传统佛教的戒律。传统的佛教制度过于注重止恶，给佛法修行增添了诸多障碍，现代的佛法修行更应该

---

[1]《星云大师全集》052 册《人间万事 4》，第 408 页。
[2]《星云大师全集》006 册《佛法真义》，第 548 页。
[3]《星云大师全集》006 册《佛法真义》，第 414 页。

注意积极激发人们佛法修行境界的方面。星云大师认为："在戒律中，大都不可这样、不可那样；我们今天需要的是应该这样、应该那样。"①星云大师推崇切合佛法、方便人需的修行法门，只要是佛说的、人要的、净化的、善美的，就都是人间佛教的修行法门。无论是在丛林中还是在社会世俗当中，"宗教徒，即使在家庭生活，他也要起个大早，要把对信仰的承诺，对信仰的诚心，藉着诵经、礼佛，作为自己的早课；晚睡前，他也会静坐、冥想、祈愿，作为晚间的功课。寺院里的晨钟暮鼓，终年不断；寺院里的僧侣，对早晚功课尤其认真。在朝朝暮暮的早晚课中，他们的人格逐渐的升华了，终于把人生带入到另外一个超越的境界"②。人间佛教旨在纠正僵化的传统制度，并非否认修行的必要，没有佛法信仰与戒律修行，是无法实现最终的超越的。

（三）中道生活是星云大师人间佛教超越性的最终实现

在如何实现超越的问题上，星云大师给出的回答是"中道生活"。星云大师谈道："世间诸法，皆为对待之法，如上下、去来、有无、生灭、大小、内外、你我、是非、善恶、好坏等，都不是究竟的，六祖大师要弟子们明白对待法，就是要弟子们能从对待法里取一个中道义。因为唯有中道才能超越。佛法最主要的，就是要我们能够离开偏执的两边，甚至善恶一起蠲除，一起放下。对于世间上的对待法，如果你能通达，能够超越它，就能够超越自己，超越对待，如此自能任性逍遥，随缘自在地过生活了。"③中道生活即实现了对相对性与二元性的超越，以空的智慧去生活，而不被偏见和固定观念所束缚。中道的超越是高度的动态平衡能力，不仅有对生命深切的理解和体验，也需要有无畏的勇气，以及慈悲的心态，这是一种理想与现实并存、伦理与生活结合的修行生活，同

---

① 《星云大师全集》008册《人间佛教论文集》，第522页。
② 《星云大师全集》046册《迷悟之间2》，第346页。
③ 《星云大师全集》001册《六祖坛经讲话》，第414页。

样也是佛法智慧的具体体现。

中道生活实质上是一种宗教的生活，区别于物质生活、精神生活、艺术生活，本质上是一种"佛教的生活"①。在星云大师看来，物质生活、精神生活和艺术生活都是人生短暂的满足，并非永恒的、真正意义上的能给人生以长久支持的生活方式。星云大师谈道："在经过物质、精神、艺术生活之后，二十一世纪的人类发现这些还是不能满足他们的需求，因此又开始追求调和精神与物质的'宗教生活'，亦即超越一切的'中道生活'，从而走向和平安乐的境界。"②

中道生活的表现就是在日常生活中实践般若智慧，在般若智慧世界中实现对当下世界的超越。"如果不入、不住、超越，要住在哪里？住于般若，这是另外一个超越的世界。甚至在那一个世界里，你一样可以在色声香味触法里感到自在，因为人在世间要生活，有家庭、有儿女，一样可以有大修行。"③中道生活超越了世间，因为世间的有为法都是对待的，有善恶、美丑、苦乐，因此就无法超越。般若智慧将人的生命安住在一个不生不灭的境界，超越时空，超越生死，超越一切的对待，使人摆脱烦恼的流转。

星云大师提倡的"中道"生活涉及生活中的方方面面，一方面表现在生活的节制。在饮食、行走、坐卧起居当中均可以进行中道的修行，"凡事以中道为宜，否则贪图睡眠容易造成昏沉；贪求美味，吃过多的高脂、高糖的食物，容易引起诸多慢性病；缺乏运动、噪音过高等，容易造成现代人的文明病"④。另一方面表现在对执迷的超脱。"白云乌云，一样会遮碍日光；金索铁索，一样会拘缚我们。顺逆因缘皆是佛道，善恶事理用之得法，皆可以成为度众方便，应该以更超越的眼光来看待这个世间，才能无

---

① 《星云大师全集》041册《随堂开示录6》，第523页。
② 《星云大师全集》040册《随堂开示录5》，第99页。
③ 《星云大师全集》002册《金刚经讲话》，第436页。
④ 《星云大师全集》008册《人间佛教论文集》，第360页。

住、自在。"① 中道生活是适度克制,既非过于严格的禁欲,也非过于放纵的享乐,而是取两者之间的一个中庸之道。修行并非逃离社会,而是要在生活中寻找和谐与平衡,以解脱、清净、智慧、善良为方向而实践。

  总之,星云大师的人间佛教理论绝非单一的世俗化、绝对的人间化,而是超越的、神圣的、升华的。如大师所言:"生命永恒、生命不死,这就是真如佛性,就是神圣性,就是人间佛教。人有志于超越、扩大,信仰的净化、升华就是神圣性,有超越的能量,这就是人间佛教。"②

Study on the Transcendence of Master Hsing Yun's Humanistic Buddhism

Zhang Xunqi

Abstract: The question of transcendence is a matter of great concern in the theory of Humanistic Buddhism. In response to the question of whether there is transcendence in Humanistic Buddhism, Master Hsing Yun gave a positive and affirmative answer. The transcendence of Human Buddhism is a transcendence of faith, an inner transcendence, a transcendence of tradition, a transcendence of one's own life and a consummation of one's own true Buddha-nature through the practice of Dharma, dedication to society, and a life in the middle way of life, and ultimately a unification of the secular and the transcendent.

Key words: Master Hsing Yun; Humanistic Buddhism; Transcendence

---

① 《星云大师全集》002 册《金刚经讲话》,第 444 页。
② 《星云大师全集》007 册《人间佛教佛陀本怀》,第 12 页。

论《佛光祈愿文》对愿文体式的开拓

王 帅

中国社会科学院世界宗教研究所助理研究员

摘 要：愿文，是中国佛教特有的文体。本文先考证愿文的文体概念，并结合具体愿文分析总结其体式特征。在此基础上，详细讨论了《佛光祈愿文》对愿文体式的开拓：从形式上看，它以现代语法为基础构成齐言句式，并利用句法之间的意义逻辑组成不同的骈散意义单元，再以平行、递进、对比等不同的章法逻辑结构全篇，而且在句法、章法、篇法结构上充分借鉴佛经的内容与表达方式，形成一种雄朴、典雅、浑厚的独特美感。从功能上看，它以"人间佛教"的理念为支撑，将"祈愿"功能人间化、现代化、生活化，在保留"为法事时述施主愿意"传统功能的基础上，极大地开拓了愿文承载一切佛教修行活动的功能。

关 键 词：愿文，佛光祈愿文，人间佛教，文体，体式与功能

基金归属：本文为2019年度国家社科基金重大项目"'一带一路'佛教交流史"（编号：19ZDA239）的阶段性成果。本文系国家社科基金青年项目"佛教中国化视域下的印光法师研究"（22CZJ013）的阶段性成果。

《佛光祈愿文》是星云大师鉴于传统的祈愿文"文长意深，实非初学者所能领会"的实际情况，"为全佛教、全社会撰写一套普为大众所通用"

的愿文合集。[1] 该书继承中国佛教愿文写作传统，密切联系当下社会，且文字优美，韵律和谐，自出版以来，受到社会的广泛欢迎。但是，目前学界对这一著作体式特征的研究暂未得见。所谓"体式"可以从两个角度来考察：一是文体的形式因素，包括其字法、句法、章法、篇法结构等基本内容，关于这些因素的考察可以使我们充分体会该文体生成的基本原理，以及由这些结构所产生的节奏、风格等文体特征；一是文体的功能因素，包括该文体的使用场景、使用方式等等内容，仔细探讨这些因素可以使我们更好地理解该文体的艺术风格、语言特色等因素。本文拟以"体式"为核心，详细考察《佛光祈愿文》对传统愿文写作的开拓。

一　愿文的概念辨析

愿文，也称祈祷文、祈愿文、咒愿文、祝愿文，是中国佛教文学中特有的文体之一。最早给出愿文明确定义的是吴曾祺，他指出："此亦祝词之遗意，而施之于供佛者，谓之愿文。以文中必有云所愿如何，冀其称情以相予也。或以所应尽之功德，预告于佛前，故有发愿之语。"[2] 这一定义指出了愿文文体几个突出的特征：第一，愿文本是"以人告神"的祝文的一种；第二，愿文的应用范围是佛教法事活动；第三愿文在内容上一般由两部分组成："所愿如何"即陈述自己的愿望，而且还要详细阐述如愿后"所应尽之功德"。吴氏此说是在其《文体刍言》一书中提出的，该书继承刘勰、姚鼐以来的传统文体思想，详细阐述了中国古代的 213 种文体及其相互关系，其意见可以代表中国文学传统对于这一文体的认识。近代学术界，最早提出愿文文体定义的是丁福保，他认为："愿文，为法事时述施主愿意之表白文也。"这个定义基本上与吴的定义类似，突出强调愿文的适用范围（佛教）和内容结构（发愿）两个特征。吴氏和丁氏的两个定

---

[1] 星云大师：《佛光祈愿文》，东方出版社 2013 年版，前言第 1 页。
[2] 吴曾祺：《涵芬楼文谈》，商务印书馆 1933 年版，附录《文体刍言》第 49 页。

义，可以视为中国传统文体学对于愿文问题的基本认识。

但是，随着敦煌文献的不断发展，"敦煌文学"开始成为学术界研究的一个热点，在20世纪末期，"愿文"这一文体概念的外延逐渐扩大，其内涵也开始模糊。《敦煌学大辞典》将"愿文"归入了"斋文"，认为愿文是表达宗教意愿的文章。① 陈晓红据此界定敦煌佛教愿文即敦煌遗书中以佛教信仰为出发点的表达人们祈福避祸的文章，并将其分为佛教礼仪愿文、佛教修持愿文、佛教祈福禳灾愿文、佛教丧葬愿文和综合类愿文五类。② 《敦煌文学概论》认为：发（还）愿与祈愿（诗、安）文，一般略称为愿文……都是用于发愿或祈愿的，大多具有文学的特点。③ 这一概念在《敦煌愿文集》一书中被沿用，该书认为："以祈愿禳灾为主要内容的文章都是愿文。"④ 这些定义完全放弃了从文体特征区别愿文的传统方法，而是根据具体文献中的具体内容来进行分析，这就造成分类中存在大量的交叉，难以真正呈现出愿文体式特征。已经有学者指出这种文体概念泛化的研究存在不足，如饶宗颐就曾指出既往的愿文（咒愿文）研究有泛化的嫌疑，认为在具体研究中，一定要重视其佛教"发愿"的特征，"佛教的咒愿与世俗祝愿不同"，要从修行的角度考虑这一问题⑤，就非常有针对性地抓住了这一问题的核心。仔细考察这些分类产生的学术环境，它们大多是在综合性工具书或教材图书编撰过程中提出的，相较于专题研究，这些著作力求纲举目张，所以，在面对复杂多样的佛教文体时，为了避免繁琐，他们用类型学的手段加以概括，从而将一些边缘类的小众文体纳入相近的常见文体中去。这种方法在宏观研究上属实起到了"快刀斩乱麻"的作用。但是，具体到每一种文体，尤其是小众文体上，确有"囫囵吞枣"之嫌。所

---

① 季羡林主编：《敦煌学大辞典》，上海辞书出版社1998年版，第458页。
② 陈晓红：《试论敦煌佛教愿文的类型》，《敦煌学辑刊》2004年第1期。
③ 颜廷亮主编：《敦煌文学概论》，甘肃人民出版社1993年版，第558页。
④ 黄征、吴伟：《敦煌愿文集》，岳麓书社1995年版，第2页。
⑤ 饶宗颐：《谈佛教的发愿文》，《敦煌吐鲁番研究》第4卷，北京大学出版社1999年版，第480—487页。

以本文认为，想要真正了解愿文的体式，必须要还原到其最本质的定义。因此，本文将愿文定义为：进行佛教法事活动时，表达参与者愿望的文体。

二　愿文的体式特征

在厘清愿文概念的基础之上，可以进一步分析愿文的体式特征。我们选择梁武帝《东都发愿文》、北图6460《〈大般涅槃经〉令狐阿咒题记愿文》、S.2687《舍施发愿文》[①]三篇典型作品，对愿文体式进行阐释与分析。这三篇愿文创作者的身份、创作目的、使用功能都非常具有代表性，从中可以归纳出愿文体式的一般特征。

先来看形式特征，有以下几个显著的特点：第一，在句法结构上，以齐言句式为主，句与句之间通过对仗的关系组织起来，构成独立的意义单元。如S.2687《舍施发愿文》一文，在祈愿时所采取的"府主宠禄，膺五岳而长隆；寿比王乔，等五星而永唯"等句式，是标准的骈文结构。而且具体的句式大量模仿佛经的句法结构，如梁武帝《东都发愿文》中，"仰愿十方尽虚空界一切诸佛，仰愿十方尽虚空界一切尊法，仰愿十方尽虚空界一切圣僧"的表达，完全照搬佛教三皈依的相关文辞，形成浑厚典雅的语言风格。第二，在章法结构上，采用骈散结合的方法，以骈句为叙述和祈愿的绝对主体，散句只起到组织各骈体单元的组织性功能。第三，在篇法结构上，主要通过"礼赞＋述功＋发愿"的固定模式结构全篇。如《〈大般涅槃经〉令狐阿咒题记愿文》，该文先志诚称赞佛陀的妙法，接下来详细陈述自己的抄经功德——"仰为亡夫敬写《大涅槃经》一部三十卷,《法华经》一部十卷,《大方广经》一部三卷,《药师经》一部一卷"，最后表明自己的志诚祈愿——"愿亡夫神游净乡，历侍众圣，餐教悟玄，万惑摧碎。又愿己身，现家眷属，宅富人昌，七珍满藏。万恶冰消，众善普会。一切含生，等同斯愿，一时成佛。"

[①] 黄征、吴伟编校：《敦煌愿文集》，岳麓书社1995年版，第283—286页

再来看功能特征，有以下两个显著的特点：第一，愿文的适用场合都是佛教的法事活动。三篇愿文涉及的场合包括修行、抄经、开窟，都是典型的佛教法事活动，这是愿文最重要的功能特征。纵览《敦煌愿文集》，其中明确标有"愿文"的作品，全部具有这样的特征。第二，愿文撰写的直接目的就是为自身（撰写者）祈福，是一种个人性极强的文体。梁武帝的《东都发愿文》的核心目的就是祈愿自己修行精进；令狐阿咒的祈愿文就是希望通过流布经典的功德超度亡夫；《舍施发愿文》虽然涉及国泰民安的祈福，但是其重点仍然是希望通过开窟功德增益自身。这两点构成了愿文功能上独有的特征。

三 《佛光祈愿文》的结构特征

《佛光祈愿文》是近现代以来愿文发展的一部集大成作品，它继承了中国佛教文学传统中愿文创作的传统，同时又联系当下社会发展的实际情况进行了开拓与创新，促进了愿文文体的开拓。从形式上看，《佛光祈愿文》的开拓可以从以下几个层面来进行考量。

1. 句法结构

《佛光祈愿文》在具体的句法创新上是非常有特色的：首先，在句子结构上，它充分继承了愿文以齐言句式为主，以散句为辅的形式。在此基础上，用现代汉语的语法规则造句。既保留了古典诗歌的韵味、节奏，又融合了现代汉语的流畅、完整，形成了独特的韵味。其次，在句子与句子之间的联系上，充分利用排比、类比、对比等方法，强化句与句之间的联系，更重要的是，充分利用骈句句群与散句句群之间的搭配，形成回环往复的诵读美感。最后，《佛光祈愿文》大量运用了具有现代性的语言，并且巧妙地化用了佛经内容，这种化用也保留了佛经的原意和精髓，让读者在阅读过程中能够领悟到佛教的深刻内涵和慈悲智慧。在这一方面《向阿弥陀佛祈愿文》可以视为代表。祈愿文中对于阿弥陀佛极乐世界的概括如下：

您于十劫前圆满佛道，庄严了极乐净土。您那里，
七宝池中莲华朵朵，
八功德水柔软清凉，
行树楼阁井然有序，
香风时来舒悦众心，
梵音妙乐处处飘荡，
奇花异鸟宣扬佛法，
衣食无缺随心所现，
诸上善人聚会一处，
每日清旦供养诸佛。
您那里，
国土，没有环境的污染；
经济，没有财产的占有；
生活，没有恶人的残害；
处众，没有人我的是非；
交游，没有猜疑的误会；
政治，没有迫害的冤屈；
交通，没有事故的发生；
社会，没有阶级的差别。[1]

  首先，整个这一段的句子内容，基本上是对佛教经典《佛说阿弥陀经》的化用，而且，这种化用是利用现代汉语的语法形式对于佛经内容的改写，既保留了佛经的韵味，同时兼顾现代人的阅读和理解。其次，全篇的骈体单元采用齐言句式，句式整齐，节奏统一，兼顾了古典诗歌和佛教偈颂的语言建筑美。最后，在两组骈文单元中，第一组句与句之间的连接

---

[1] 星云大师：《佛光祈愿文》，第348—349页。

关系参照佛经叙述的空间逻辑逐层递进结合在一起,第二组则按照生活的现实逻辑以平行的方式组织在一起。

2. 章法结构

在《佛光祈愿文》中,一种特别常见的章法结构便是通过"四句偈"来构建每一段骈体的结构单元。这种结构不仅深深植根于佛教经典的传统之中,还赋予了祈愿文一种独特的韵律和节奏。每一段都由四个相互呼应、意义完整的句子组成,例如,"我要以五戒十善自利利他,我要以三学增上福慧双修,我要以四恩总报回馈大众,我要以四摄六度饶益有情"[①]。这四句偈便是一个典型的例子。它们分别代表了佛教修行中的不同方面和层次,从个人的戒律修行到智慧的增长,再到对众生的回馈和饶益,构成了一个完整而系统的修行蓝图。这种四句偈的结构不仅使得祈愿文在诵读时具有鲜明的节奏感和韵律美,更在意义上形成了紧密的逻辑链条。每一句都是对前一句的补充和深化,四句又共同构成了一个完整的思想体系。这样的章法结构在《佛光祈愿文》中是非常常见的。每一段骈体的结构单元基本上都是由这种佛教中常见的"四句偈"组成的。

除此以外,在具体的章法上,还大量运用排比的修辞方法排列各章,比如《为探险者祈愿文》:

> 但是,佛陀啊!那许多伟大的探险者——
> 有的命丧于深海之中,
> 有的暴尸于漠漠黄沙,
> 有的葬身于虎狼之腹,
> 有的罹难于高山深谷。
> 您看深海的探险者——
> 有时在滔天巨浪中翻腾,

---

① 星云大师:《佛光祈愿文》,第90页。

> 有时在险恶漩涡里挣扎,
> 您看旷野的探险者——
> 有时被蔓藤荆棘纠缠,
> 有时被石块树枝绊倒。
> 您看荒漠的探险者——
> 有时在茫茫黄沙中不知所止,
> 有时在飞灰烟瘴中迷失方向,
> 您看高山的探险者——
> 有时在悬崖峭壁中进退两难,
> 有时在崇山峻岭间上下无路。[①]

作者先是以一句总领全文的呼唤"但是,佛陀啊!那许多伟大的探险者——"引出主题,然后运用排比的手法,列举了深海、旷野、荒漠和高山等不同类型的探险者及其所遭遇的种种艰险。每一类探险者的描绘都以"您看"为引导,形成一种直接的呼告和呈现,使读者能够更加身临其境地感受到探险者的艰辛与危险。在具体的描绘中,作者通过生动的语言和形象的描绘,将探险者们在不同环境中挣扎求生的情景展现得淋漓尽致。如深海探险者在"滔天巨浪中翻腾","在险恶漩涡里挣扎",荒漠探险者在"茫茫黄沙中不知所止","在飞灰烟瘴中迷失方向"等,这些描绘不仅具有很强的画面感,更在情感上给读者以强烈的冲击和震撼。

通过这种排比的修辞方法,作者不仅成功地塑造了各种类型的探险者形象,更在篇章结构上实现了一种平行推进的效果。每一个探险者的描绘都是一个独立的意义单元,它们之间相互独立又相互联系,共同构成了整篇文章的主题和内容。这种排比的结构方式不仅增强了文章的节奏感和韵律感,更在意义上形成了紧密的逻辑链条,使得整篇文章在表达上更加鲜

---

① 星云大师:《佛光祈愿文》,第257页。

明和有力。

3. 篇法结构

首先,《佛光祈愿文》借鉴了传统愿文的"套子式"结构,所有的祈愿文都以"慈悲伟大的佛陀"开篇,中间详细陈诉自己所祈求的愿望,以及实现愿望的努力,最后以"慈悲伟大的佛陀!请求您接受我至诚的祈愿"结尾,构成一个固定的篇章体系。其次,在具体篇章结构上,都是先陈述该项愿望的重要性和意义,接下来表达自己对这一愿望的希冀,最后陈述如愿以偿后所做的功德。如《为社会失业者祈愿文》[①]一文,先详细阐释了失业对于自身和社会所带来的痛苦;接下来表明希望佛陀加倍使他们重新增长信心,获得工作;最后写出失业者重新获得工作后应该振奋精神回报社会的希望。最后,在具体的结篇方法上,采用骈散结合的方法,比如《为好战斗者祈愿文》:

> 慈悲伟大的佛陀!祈求您让后世的人都能知道:自我毁灭之路,是好战好斗者的结果。祈求您让好战好斗的人都懂得:
> 兄弟反目,受害的是父母;
> 夫妻吵闹,受害的是儿女;
> 同事相争,受害的是主管;
> 政要互斗,受害的是国家;
> 两国交攻,受害的是人民;
> 最后受害最大的,还是他们自己!

> 慈悲伟大的佛陀!请让那些好战好斗的人都了解:大家要相亲相爱,互尊互敬,这才能同体共生,和平共荣。您曾说过:"去胜负心,无诤自安。"祈求您感化所有的好战好斗者,

---

[①] 星云大师:《佛光祈愿文》,第180—183页。

用宽容打开他们褊狭的心扉；

用慧光照亮他们黑暗的心房；

用慈悲修补他们创伤的心版；

用喜舍填满他们贪婪的心坎。①

文章以"慈悲伟大的佛陀"为呼告起始，充满了崇敬与祈求之情，随后通过一系列对仗工整、意义相对的骈文句子，如"兄弟反目，受害的是父母；夫妻吵闹，受害的是儿女"等，展现了人际关系中冲突与受害的普遍现象。这些骈文结构单元不仅使得文章诵读起来节奏鲜明、韵律和谐，更通过对比和并列的手法突出了和谐相处的重要性。而在这些单元之间，散文的叙述方式则如一条柔美的纽带，将它们有机地串联起来，使得整篇文章在表达上既灵活自由又不失连贯性和完整性。结尾处再次以"慈悲伟大的佛陀"为呼告，总结了全文的主旨，并与开头形成呼应，使得整篇文章在结构上呈现出一种圆满的美感。这种骈散结合、呼告反复的写法不仅充分利用了语言节奏和韵律的优势，更在表达上实现了情感与理性的完美结合。这样的结篇方法充分地利用语言节奏，既利用了散文叙述见长的优势，也保留了骈文诵读优美的优势，使得篇章富有变化之美。

在具体的创作之中，这些句法、章法、篇法结构并不是单独的，而是有机地融为一体。我们选取《梁皇宝忏祈愿文》一篇进行简要的分析，全文如下：

慈悲伟大的佛陀！"往昔所造诸恶业，皆由无始贪瞋痴，从身语意之所生，一切我今皆忏悔。"我们在人间的生活——往往因眼根贪着诸色，作了恩爱的奴隶；往往因耳根追逐音声，迷惑本性的清净；往往因鼻根执着香气，染着世间的尘缘；往往因舌根口出恶言，犯下

---

① 星云大师：《佛光祈愿文》，第176—179页。

无边的罪业；往往因身根贪恋世间，侵害别人的所有；往往因意根起贪瞋痴，积聚许多的烦恼。种种罪恶，可谓深广无边，至今想来，涕泪交流，愧悔无比，只有依照梁皇宝忏的仪轨，虔诚顶礼，披陈往昔的罪业，祈求您放光加被，祈求您慈悲护持，增上我的力量，坚定我的善念，让我已作之罪，迅速灭除；让我未作之罪，不再复造。自今尔后，我要学习以慈眼慧眼法眼佛眼，洞察世间的实相；我要学习用善听谛听兼听全听，免除人我的是非；我要学习说爱语、做善事、存好心，散播"三好"的种子；我要学习讲仁义、讲道义、讲恩义，发扬"三义"的气节。

慈悲伟大的佛陀！请求您俯垂监证，祈愿所有忏悔善根，悉皆回向阿耨多罗三藐三菩提。愿法界一切众生——业障消除，诸根清净；无诸忧恼，快意安然；远离畏惧，自在无碍；共生净土，同登彼岸。

慈悲伟大的佛陀！请求您接受我至诚的祈愿。[①]

这篇愿文在全集中非常具有代表意义，接下来本节以此篇为核心，结合相关篇章对于《佛光祈愿文》的体式加以分析。

在篇法结构上，该文采用了套子式结构，这与传统祈愿文的结构非常类似。全文以"慈悲伟大的佛陀"为呼告起始，奠定了虔诚的基调，并贯穿始终，形成了一种套子式的结构框架。在这种框架下，文章先陈述了忏悔的重要性和意义，即认识到自身所造恶业及其后果，表达了深切的悔过之情；接着表达了对消除业障、清净诸根等愿望的希冀；最后陈述了如愿以偿后所做的功德，即祈愿所有众生共享法界净土的快乐。同时，文章在结篇方法上采用了骈散结合的方法，既有骈文的整齐划一，又有散文的灵活多变，使得全文在节奏和韵律上更加和谐优美。

在章法结构上，《梁皇宝忏祈愿文》表现出了独特的特点。首先，文

[①] 星云大师：《佛光祈愿文》，第364—367页。

章以齐言偈语的形式构成小的意义单元。如通过六个"往往因"的排比句式，列举了人们在生活中因六根所犯下的罪业及其后果；又如通过四个"我要学习"的排比句式，表达了作者对未来修行的决心和期望。这种排比的方式不仅增强了文章的气势和节奏感，而且形成了相对独立的意义单元。在此基础上，作者再以散句将各个骈句单元组合在一起，形成章法之间的紧密联系。

在句法结构上，《梁皇宝忏祈愿文》利用了现代汉语构成整齐的句式。这些句式既符合现代汉语的语法规范，又体现了佛教文学的独特风格。同时，文章在内容上大量化用了佛经原文，如"作了恩爱的奴隶""迷惑本性的清净"等，都是对佛经的高度概括和引用。这种化用不仅增强了文章的佛教色彩和权威性，也使得文章的表达更加精炼准确。尤其是文中"眼耳鼻舌身意"六根所造过往错误的描述，正是对《梁皇宝忏》愿文的精炼概括和改写。

四 《佛光祈愿文》的功能创新

正如上文所考，愿文创作最主要的功能就是进行佛教法事活动之时为自己祈福。《佛光祈愿文》全面继承了这些功能。如《皈依三宝祈愿文》《受持五戒祈愿文》《为三时系念祈愿文》《梁皇宝忏祈愿文》《慈悲三昧水忏祈愿文》《佛诞节祈愿文》以及《佛像开光祈愿文》等愿文，是皈依、受戒、三时系念、忏悔、浴佛、开光等佛教传统法事的祈愿文，其主要功能都是希望能够通过这些愿文的创作和诵读增长自己的福德智慧。如《皈依祈愿文》中希望自己在挫败困厄的时候，能够不气不馁不恼；在遭受批评的时候，能够反省惭愧忏悔；在遇到瓶颈的时候，能够积极奋斗进取；在恐惧彷徨的时候，能够无忧无虑无苦。再如《开光祈愿文》中希望佛陀护佑供奉者"身体健康，精神愉快；事业顺利，不虞匮乏；家人平安，所求如意；眷属和谐，护持佛法；朋友相助，获得善缘"等，

论《佛光祈愿文》对愿文体式的开拓

都是对愿文传统的一个创新。

除此以外,《佛光祈愿文》还立足于现代社会不断地开拓愿文的功能。关于这一点,星云大师在前言中有着比较明确的阐述:

> 我在二十岁以前,也跟一般人一样,总是祈求佛陀加持我,让我聪明,让我进步;让我能冲破一切难关,让我能顺利学佛求道。
>
> 到二十岁以后,我从佛学院结业出来,忽然觉得每天都是为着自己向诸佛菩萨求这求那,岂不太自私了吗?自此以后,我就改为替父母师长、亲朋好友,乃至为有缘信徒而祈求,愿他们身体平安,福慧增长。
>
> 慢慢地,到了四十岁以后,有一天,我反观自照,发现这仍然是一种自私的贪求。因为所求都是"我的"师长、"我的"父母、"我的"朋友,不尽如法。于是从四十到五十岁,我的祈愿又有了一番突破,我就为世界和平、国家富强、社会安乐、众生得度而求。这个时候,自觉自己是在实践《华严经》所说的"但愿众生得离苦,不为自己求安乐"。
>
> 当五十岁过去的时候,我又忽然心有所感:每天都要求佛菩萨为世界、为社会,那我自己是做什么的呢?所以,五十岁以后,我开始祈求诸佛菩萨,让我来代替天下众生负担业障苦难,让我来承受世间人情的辛酸冷暖,让我来实践佛陀的大慈大悲,让我来学习如来世尊的示教利喜。[①]

从这段序言中,我们可以看出《佛光祈愿文》功能的一个最大创新:它超越了传统"法事活动为自己祈福"的功能,将愿文视为自己精进修行、自觉觉他、普度众生的一种工具。根据序言可以看出,星云大师对于愿文的探索经历了三个阶段:第一阶段是"二十岁以前",将愿文(即祈

---

① 星云大师:《佛光祈愿文》,前言第1—2页。

631

愿行为，下同）看作自己增长福慧的一种修行方式；第二阶段是"二十岁以后"到"五十岁"，是在"但愿众生得离苦，不为自己求安乐"的语境下理解愿文的。第三阶段，则是在"五十岁过去的时候"，此时星云大师将"祈愿"看成了"发愿"，希望通过向佛陀学习，"荷担全人类的罪恶"。从这三个阶段我们可以看出，《佛光祈愿文》对于愿文功能的开拓——它超越了愿文向佛陀祈愿实现某事的功能，而具备了自身发愿实现某件事的功能。纵观全书中《为不务正业者祈愿文》《为好战好斗者祈愿文》《为社会失业者祈愿文》《为流浪者祈愿文》《为贫苦大众祈愿文》《为残障者祈愿文》《为受虐儿童祈愿文》《为受难妇女祈愿文》等，都是站在"让我来代替天下众生负担业障苦难"的角度进行的发愿行为。这是《佛光祈愿文》对于愿文功能的第一重开拓。

《佛光祈愿文》对于愿文功能的第二重开拓就是其宣传功能的增强。传统的愿文只是在法会时宣告，受众非常有限。但是，《佛光祈愿文》则超越了这一点。它以极强的传播性和普适性，开拓了愿文的功能。很多愿文都是结合社会热点时事撰写的，如《恭迎佛牙祈愿文》《为九一二台湾大地震祈愿文》等，这些针对特定事件或时机的祈愿文，不仅表达了对相关事件的关切和祈福，更在无形中加强了与信众之间的联系和共同信仰，成为佛教界回应社会热点、参与社会公益的重要方式。另外这些祈愿文的广泛传播也进一步扩大了佛教的影响力。通过互联网、社交媒体等现代传播手段，这些充满慈悲和智慧的文字得以迅速传播到世界各地，让更多的人了解和接触到佛教的教义和精神。这不仅有助于提升佛教的社会认知度和影响力，也为促进不同文化、不同信仰之间的交流和理解提供了有益的桥梁。

《佛光祈愿文》对于愿文功能的第三重开拓来源于其"佛法生活化，生活佛法化"的修行模式。① 文章通过列举各种日常生活中的祈愿文，如《晨起祈愿文》《睡前祈愿文》《生日祈愿文》《旅游出行祈愿文》《佛化婚礼祈愿文》等，进一步强调了人间佛教"随处可以修行"的理念。这些祈

---

① 星云大师著，赖永海选编：《禅与人生——星云大讲演选·从入世的生活说到佛教出世的生活》，江苏古籍出版社 1991 年版，第 86 页。

愿文将佛教的修行巧妙地融入到了日常生活的方方面面之中,使得信众能够在平凡的生活中也时刻保持一颗虔诚和慈悲的心。无论是早晨起床时的祈愿、晚上睡觉前的回向,还是生日时的感恩、旅行时的祈福,甚至是婚礼上的祝福和誓言,都可以成为修行的契机和载体。

五 《佛光祈愿文》与人间佛教

综上所述,《佛光祈愿文》既继承了中国佛教文学中的愿文创作传统,同时结合现代社会、人群的特征与要求对其形式和功能进行了全方位的创新与发展,成为中国愿文发展史上一部非常具有代表性的作品,意义是非常重大的。除此以外,借由《佛光祈愿文》的创作,我们还可以进一步理解其人间佛教的思想内涵与价值取向。星云大师的人间佛教观念以"佛法生活化,生活佛法化"为核心内容,一方面,把佛教落实并融入现代人的生活中;另一方面,用佛法来净化与提升现代人的生活,生活与佛法是一而二、二而一的关系,生活即佛法,做人即做佛。他曾说:"佛教一旦离开了生活,便不是我们所需要的佛法,不是指导我们人生方向的指南针。佛教如果不能充实我们生活的内涵,那么佛教的存在是没有意义的。"[①]

《佛光祈愿文》集中体现了星云大师"佛法应与生活打成一片"的观点。早在1975年星云大师在台北志莲精舍发表"佛教与生活"的演讲,其中就曾阐明这样的观点:人间重视的是"此时、此地、此人",换言之,佛法就是人间的法、人生的法。[②]"衣食住行、行住坐卧之间,乃至做人处事、交友往来、举心动念、晨昏时空,都可以修行……所谓人成即佛成!"[③]佛法并非遥不可及的神圣之物,而是与我们日常生活紧密相连的实用智慧。因此,他期望信众们能够在生活的点滴中找到修行的契

---

① 星云大师:《星云大师讲演集》第二集,高雄:佛光出版社1982年版,第670页。
② 李尚全:《人本佛教:现代化语境里的佛教话语》,甘肃人民出版社2009年,第97页。
③ 星云大师:《生活中的修行》,《欢喜:处事秘笈》,中华书局2010年版,第193—194页。

机，将修行融入每一个细微之处。无论是清晨从睡梦中醒来，还是品味一日三餐的美味佳肴，抑或是夜幕降临时的安然入睡，这些看似再普通不过的日常行为，都可以成为我们修行的起点。而当我们在娱乐中放松身心，在旅行中感悟自然之美，在婚礼上许下爱的誓言，在成年礼上迎接新的人生阶段时，修行的脚步也从未停歇。即便是在面对生病、受难等人生低谷时，星云大师也鼓励我们以一颗平和、觉悟的心去面对，将这些挑战视为修行的机会，从中汲取力量，提升自我。与此同时，星云大师坚信佛法具有历久弥新的魅力。他认为，佛法并非陈旧过时的教条，而是一种能够与时俱进、与现代社会相契合的生活智慧。为了让更多的人能够领略佛法的奥妙，他致力于用现代化的语言和方式对佛法进行全新的阐释和解读。这样一来，佛法不仅能够为现代人提供精神上的慰藉和指引，更能够帮助我们解决现实生活中的种种困惑和难题。在星云大师的眼中，佛法是一种全方位的生活指南。无论是面对心慌意乱的内心纷扰，还是身处贫苦无依的困境，甚至是濒临生命死亡的严峻时刻，佛法都能为我们提供有力的支持和帮助。通过佛法的修行和实践，我们可以逐渐摆脱内心的束缚和烦恼，获得真正的自由和幸福。这种自由和幸福不仅仅体现在精神层面上，更会渗透到我们生活的每一个方面，从而提升我们生活的整体质量和幸福感。

结　论

《佛光祈愿文》对传统愿文体式做出了重要开拓：它以现代语法为基础构成齐言句式，并利用句法之间的意义逻辑组成不同的骈散意义单元，再以平行、递进、对比等不同的章法逻辑结构全篇，它以"人间佛教"的理念为支撑，将"祈愿"功能人间化、现代化、生活化，在保留"为法事时述施主愿意"传统功能的基础上，极大地开拓了愿文承载一切佛教修行活动的功能。而这些问题的更新都来源于其"人间佛教"的核心理念。

On the Exploration of the Style of Vows in Master Hsing Yun's *Prayer for Fo Guang Shan*

Wang Shuai

Abstract: Prayer is a unique literary style in Chinese Buddhism. This article first examines the stylistic concepts of voluntary texts, and combines specific voluntary texts to analyze and summarize their stylistic characteristics. On this basis, a detailed discussion was conducted on the development of the wishing style in the *Prayer of Fo Guang Shan*: from a formal perspective, it is based on modern grammar to form the samelength sentence structure, and used the meaning logic between syntax to form different parallel and scattered meaning units. Then, the entire text is constructed with different logical structures such as parallel, progressive, and contrast, and fully draws on the content and expression methods of Buddhist scriptures in syntax, structure, and discourse structure, forming a unique beauty of simplicity, elegance, and richness. From a functional perspective, it is supported by the concept of "Humanistic Buddhism", and transforms the function of "prayer" into human, modern, and daily life. On the basis of retaining the traditional function of "expressing the willingness of the donor when performing rituals", it greatly expands the function of prayer texts to carry all Buddhist practice activities.

Key words: prayer; Prayer for Fo Guang Shan; Humanistic Buddhism; literary style; form and function